한자 원리와
개념으로 풀이한 **논어** 하

한자 한자 읽는 동양고전 ❷

한자 원리와 개념으로 풀이한 논어 – 하

2022년 11월 25일 초판 1쇄 인쇄
2022년 12월 10일 초판 1쇄 발행

편저자 | 임헌규
펴낸이 | 김태화
펴낸곳 | **파라아카데미 (파라북스)**
기획 · 편집 | 전지영
디자인 | 김현제

등록번호 | 제313-2004-000003호
등록일자 | 2004년 1월 7일
주소 | 서울특별시 마포구 와우산로 29가길 83 (서교동)
전화 | 02) 322-5353   팩스 | 070) 4103-5353

ISBN 979-11-88509-63-8 (04140)
      979-11-88509-59-1 (04140) (전 2권)

* 값은 표지 뒷면에 있습니다.
* **파라아카데미**는 **파라북스**의 학술 분야 전문 브랜드입니다.

한자 한자 읽는 동양고전 ❷

한자 원리와
개념으로 풀이한 논어하

제11~20편

임헌규 편저

파라아카데미

I

공자孔子는 추인陬人(읍재邑宰) 숙양흘叔梁紇(당시 66세)과 안징재顔徵在(15
세)가 야합野合으로 노魯나라 창평향昌平鄕 추읍陬邑에서 태어났다(기원전
551년, 이름은 구丘고, 자字는 중니仲尼). 공자의 아버지 숙량흘이 세상을 떠나
자(공자 3세), 어머니는 공씨 가문에서 나와 노나라 수도인 곡부曲阜 궐리
闕里로 이주했다. 그래서 공자는 홀어머니 슬하에서 어렵게 유년시절을
보냈지만, "아이들과 놀이할 때면, 항상 제기祭器를 진설하고, 예禮를 행
하는 모습이었다."〈사기〉는 기록이 전하듯, 재주가 뛰어난 예의 바른 소
년이었다. 그런데 그 어머니마저도 공자 나이 17세에 세상을 등지고 말
았다.

공자의 학문여정은 두 시기(하학과 상달)를 나누어 볼 수 있는데, 먼저 하
학의 시기(지우학~불혹)이다. 공자는 15세부터 학문에 뜻을 두고(지우학志于
學)고 서른에 자립하여(이립而立), 마흔에 "사물의 당연한 바에 의심할 것
이 전혀 없으면, 앎이 밝아져서 지킴에 종사할 필요가 없는 불혹不惑의
경지에 도달했다. 이 시기(지우학~이립~불혹)의 공자에게 실제로 일어났
던 주요한 사건들을 살펴보면 다음과 같다.

- 17~19세. 어머니 상喪을 마치고 조상의 모국인 송나라로 가서 그 예禮
  를 배우고 견관씨幵官氏와 결혼했다.
- 20~21세. 송나라에서 돌아와, 아들(이름은 리鯉, 자는 백어伯魚)을 낳으니,
  소공이 잉어를 하사하자 영광스럽게 생각하다. 계손씨의 위리委吏(창고관
  리), 사직사司職吏(가축관리)를 지냈다('태묘문례太廟問禮'도 이 과정에서 있었을

것이다).

- 27세. 담郯 군주가 노나라를 방문하니, 가르침을 청해 고대관직의 유래를 배우다.
- 29세. 사양자師襄子에게 거문고를 배우다.
- 30세. 제경공齊景公과 안영晏嬰이 노나라에 방문했을 때 만나 '목공穆公이 패자가 될 수 있는 이유'에 대해 답하다. 계씨의 가신을 사임하고 사학私學을 열다. 대부(맹의자와 남궁경숙南宮敬叔)들도 사사하다(정자산鄭子産에게 배우다).
- 34세. 남궁경숙과 함께 주周나라에 가서 노자에게 예를 묻고(노례노담問禮老聃), 장홍에게 악에 관한 자문(방악장홍訪樂萇弘)하고, 그리고 주나라의 사당(관주명당觀周明堂)과 동상의 격언을 보다.
- 35세. 노나라로 귀국하다. 팔일무八佾舞사건이 발생하고, 소공이 삼환과의 전쟁에서 패해 제나라로 망명하자, 공자 역시 제나라로 가다. 태산을 지나다가 '가혹한 정치는 호랑이보다 사납다苛政猛於虎也'는 현실을 경험하다(태산문정泰山問政). 제경공이 정치에 대해 묻고 공자를 등용하고자 했지만, 안영의 반대로 무산되다. 순임금의 음악을 듣고問韶, 석 달 동안 고기 맛을 잊다.
- 37~51세. 노나라에 귀국하여, 벼슬하지 않으면서 행단을 이끌면서(행단강학杏亶講學) 교학상장하다. 『시』·『서』를 편수하였다(퇴수시서退修詩書). 47세 때 양화의 관직제의를 완곡히 거절하다.

다음은 상달의 시기로 지천명知天命, 이순耳順, 그리고 존재와 당위가 일치(종심소욕불유구從心所欲懲不踰矩)한 완성의 단계이다. 이때 주요 사건들을 살펴보자.

- 51(정공 9년)~55세. 중도재中都宰로 관직 시작.
- 52세. 소사공小司空, 대사구大司寇, 행섭상사行攝相事(협곡회맹).

- 54세. 예타삼도禮墮三都(후·비·성읍)정책 시행(주례에 의한 정치질서 회복, 공실公室강화).
- 55세. 사직하고 노나라를 떠나 이후 14년간 주유열국(위衛·조曹·송宋·정鄭·진陳·채蔡·초礎 등 7국) 시작.
- 56세. 위나라로 가서, 영공과 부인 남자를 만나다.
- 57(?)세. 광 땅에서 포위되어 경계하다(광인해위匡人解圍).
- 60세. 송나라를 지나면서 환퇴桓魋의 위협을 받고(송인벌목宋人伐木), 정나라로 가다 상갓집 개(喪家之狗)와 같은 형상이라는 말을 듣다(미복송과微服宋過).
- 63세. 진陳·채蔡사이에서 곤액厄을 당하다(재진절량在陳絶糧).
- 67세. 부인사망
- 68세. 계강자의 청으로 주유열국을 멈추고 노나라로 귀국. 교학과 고대문헌정리. 아들(리鯉) 사망.
- 71세. 안회顔回 사망. 노의 군주가 기린을 포획하니, 『춘추』 집필 중단.
- 72세. 자로子路 전사.
- 73세(기원전 479년, 애공 156년) 사망. 제자들은 3년 복상했으며, 자공은 홀로 묘를 지켰다.

당시 가장 한미한 가정환경에서 태어나, 끊임없이 호학정신으로 마침내 성인의 경지에 올랐던 공자의 삶이 보여주는 것은 무엇인가? 그것은 바로 원형회복原型回復을 통한 인간의 자기완성이다. 학문을 좋아하여 성인이 되고자 하는 인간은 언제나 '현재 사실로서의 인간'과 '미래 완성된 이상'의 사이에서 삶을 영위한다. 인간의 이상이 동경의 대상이 되려면 어떤 내용을 지니고 일정한 경지에 도달해야 하며, 그 내용과 경지가 이미 주어져 있다는 측면에서 보면 인간의 이상은 언제나 과거의 형태를 갖지 않을 수 없다. 인간의 미래적 자기완성은 과거의 본래 자기의 회복일 수밖에 없다. 유교가 미래 도래해야할 지선의 공동체를 과거 당우唐

虞시대 정치를 회복하는 데 있다고 말한 것 또한 바로 이 이유에서이다. 과거 성인의 후예였지만, 당시 가장 한미한 환경에서 태어났던 공자가 끊임없는 호학을 통해 마침내 성인의 경지에 도달하여 죽음을 맞이한 것은 과거 조상의 원형회복을 보여주고 있다고 하겠다. 플라톤 이래 "철학이란 영원한 향수를 가슴에 품고 고향을 찾아가는 것이다."라고 하듯이, 지혜사랑으로 철학의 원의는 진선미眞善美의 통일자인 지혜에 대한 에로스적 희구, 즉 "완전한 정신을 향한(이루기 위한) 불안전한 정신의 자기 초월적 귀향편력이다."〈신오현〉. 공자의 삶은 바로 이러한 철학적 생명의 전형을 보여주는 것이라 하겠다.

II

『한서』「예문지」에 따르면, "『논어』란 공자께서 제자 및 당시 사람들에게 응답하신 것과 공자께 직접 들은 말들을 그 당시 제자들이 각자 기록한 것으로, 공자께서 돌아가시자 문인들이 모아서 편찬하였기에 붙여진 명칭이다." 이에 대해서는 정현鄭玄이 다음과 같이 상세하게 잘 풀이해 주고 있다.

> 중궁·자유·자하 등이 찬했다. '논論'이란 륜綸·륜輪·리理·차次·찬撰이다. 이 책으로 세상일을 경륜經綸할 수 있기에 륜綸(經綸世務)이라 하며, (그 작용이) 원만하게 두루 통하여 무궁하기에 륜輪(圓轉無窮)이라 하며, 온갖 이치를 온축하기에 리理(蘊含萬理)라 하며, 편장에 순서가 있기에 차次(編章有序)라 하며, 서로 현인들이 모여 찬정했기에 찬撰(群賢集定)이라 한다. 답술을 '어語'라 하는데, 이 책에 기록한 것은 모두 공자께서 제자 및 당시 사람들에게 응답한 말씀이므로 어語라 했다. ─『논어주소』「서해書解」

유가 경전 가운데 『논어』는 성인 공자의 가르침敎이 직접 드러난 유일한 원 자료이며, 불교의 표현을 빌리면 '경장經藏'에 해당한다. 학습學習의 기쁨으로 시작(『논어』 1.1)※하여 군자의 앎知命, 知禮, 知言.(20.3)으로 종결되는 『논어』는 배우기를 좋아하고好學, 인仁(59장/498장, 109회)을 실천할 군지의 양성에 주력했던 공자의 언행록이다. 그래서 주자는 "『논어』의 주제는 인仁이며, 하나같이 예를 회복하여 인으로 돌아가는 것復禮歸仁을 말하면서, 모두가 본성의 인을 조존操存 · 함양하는 요령을 제시했다." (『어맹강령語孟綱領』)고 평가했다. 요컨대 공자에 따르면, "인仁은 인간의 본성이기 때문에, 인간 마음은 인을 지향하여志於仁, 인을 어기지 않고不違仁, 인을 자기의 임무로 삼아以仁爲任 종신토록 실현해야 한다."고 말한다. 그렇다면 공자는 왜 이렇게 인을 강조한 것일까?

인류의 기축基軸시대에서는 이른바 '4대 성인聖人'이 출현하고, 그들의 언행을 정리한 고전이 형성되어, 문명사적인 패러다임의 변동이 있었다. 그리스적 사유에서는 소크라테스와 그 계승자들이 출현하여 관습적 신화神話로부터 대화를 통한 정신의 자각을 추구하는 철학驚異感시대가 개막되었다. 히브리적 사유에서는 예수가 출현하여 율법에 의한 정죄를 기본으로 하는 구약으로부터 사랑과 구원을 약속하는 신약의 시대로 이행했다. 인도 또한 부타가 출현하여 브라만교의 업業에 의한 윤회로부터 깨달음을 통한 해탈의 자유를 추구했다. 여기에는 전통적 관습과 신화에 대한 맹신으로부터 비판적 반성으로(태도변경), 외재적인 경배의 대상神으로부터 인간 내면에 대한 자각으로(초점 이동), 형식적 · 타율적 · 기복적 율법으로부터 자율적 실천의 윤리학으로 이행이 있었다. 이러한 변화의 근저에는 인간의 자기 자각(애지자, 보디샤트바, 크리스찬)에 의한 새로운 인간관의 형성이 있었다.

※ 이하 『논어』의 표기는 별도로 하지 않고 편과 장만 표기한다.

공자로부터 비롯된 유교의 패러다임 전환은 우선 태도의 측면에서 전통적인 형식위주의 예禮에 대한 반성적 물음을 제기하고, 형이상학의 측면에서 우주의 궁극자를 화복禍福의 주재자上帝가 아니라, 도덕의 근원으로 재정립했다. 덕德은 본래 궁극자인 천天과 유일하게 교섭하는 천자天子의 외적 행적行을 의미했지만, 점차 그런 치적을 가져온 인간의 내면 상태心에로 관심이 바뀌었다. 공자는 무릇 인간이란 금수와 구별되는 덕仁을 지니고 태어났다는 자각五十而知天命을 바탕으로 인간에 근본人本한 자율적 윤리관을 모색했다. "인간이 도를 넓히는 것이지, 도가 사람을 넓히는 것이 아니다人能弘道, 非道弘人."(15.28)는 공자의 선언은 바로 그런 관심의 결과였다.

그런데 인간은 그 자신의 본성을 정립해야만, 그 본성에 따르는 사람을 영위할 수 있다. 공자는 본능에 의해 추동되는 생물학적 신체生가 아니라, 그 신체生를 주재心하여 인간다운 특성을 발현하는 데에 (금수와 구별되는) 인간의 본성이 있다고 생각했다. 공자는 성性개념을 제기하고, 또한 군자君子의 필수 요건으로 명(天)命의 인식을 요구했다. 공자의 성性과 명命 개념을 발전시킨 『중용』에서는 천명과 성을 동일시하면서天命之謂性, 인간 본성에 따라는 길이 바로 인간의 길이라고 했다率性之謂道. 그리고 『맹자』는 측은지심惻隱之心을 단서로 인간 본성이 인仁하다는 것을 증명했다. 인仁이 깊이 가련하게 여기는 마음惻隱之心으로 드러난다는 것은 곧 인간은 잔殘(歹+戔: 죽은 시체를 조각 조각내는 것)·인忍(心+刃: 칼날로 마음을 찌름)한 금수와 구별되는 고유본성을 지니고 있음을 나타낸다. 무릇 인간이란 다른 사람에게 동정同情·불인不忍·불안不安·측은惻隱·친애親愛하는 고유의 마음을 지닌 존재라는 것이다. 이렇게 잔인한 금수生와 구별되는 인간 본성性의 개념이 정립됨에 따라 이제 신체적 본능(욕망)에서 자기부정을 통한 본성의 의지를 추동하는 인간의 전형으로서 군자(신분→인간됨의 추구) 개념이 확립된다.

그리고 정치는 힘에 의한 강제적·타율적 형벌政刑에서 자발적·자율적 교화를 목표로 하고, 또한 인간과 국가(사회)는 생존본능에 의한 만인에 의한 만인의 투쟁으로부터 친친親親(仁)·존현尊賢(義)에 의한 공존의 질서를 표방하게 된다. 이렇게 공자가 추구한 것은 인문이념의 정립이었고, 그 인문이념은 바로 인간을 본능과 욕망에 의해 추동되는 자연적 존재로부터 당위의 윤리적 차원으로, 필연의 사실을 목적적 가치의 영역으로 인도·승화하고자 하는 것이었다.

III

필자는 학부 때에 박사과정 선배들의 지도로『소학』·『노자』 등을 읽었고, 그 후 대학원에 진학하여 한국학대학원의 정규과정(노상복, 심경호 선생님 등)과 민족문화추진위원회(현 고전번역원)에서 틈틈이 고전을 익혔다. 그리고 마침내 유도회 부설 한문연구원에서 권우 홍찬유 선생님 등으로부터 3년간 사서삼경을 체계적으로 배우고, 이후 한서대부설 동양고전연구소를 운영하시던 일평 조남권 선생님으로부터 여러 경서들에 대한 가르침을 받았다.

그런데 수년간 한학을 배우고 익혔음에도 불구하고, 필자는 학생들에게 가르칠 때나 논문을 쓰고 번역을 할 때에나, 그 언제나 부족함을 느꼈다. 그런 가운데 필자는 한국연구재단으로부터 저술지원사업의 프로젝트(『3대 주석과 함께 읽는 논어』)를 수주했다. 이 과제를 수행하면서 필자는 『논어』의 고주·주자의 신주·다산의 고금주를 면밀히 번역·대조·분석하고, 그에 대한 약 20~30여 편의 논문을 썼다. 그러니까 필자는 어쩌면 학자로서 전성기인 50대를『논어』한 권을 연구하는 데에 거의 바쳤다고 하겠다.

『논어』에 관한 과제를 수년간 수행하면서 필자는 이전의 한학을 배울 때 권우 홍찬유 선생님께서 항상 "한 글자 한 글자 정확히 새기면서, 있는 글자 빼지 말고, 없는 글자 넣지 말라!"고 호통 치셨던 기억이 떠올랐다. 요컨대 동양고전을 배우려면 뜻글자인 한자와 개념부터 체계적으로 익히고, 나아가 그 정신을 밝혀 체득해 나아가야 한다는 지론이었을 것이다.

이미 시중에는 필자가 펴낸 것을 포함하여 『논어』에 관한 수많은 번역 및 해설서가 있다. 그렇지만 필자가 보기에 여전히 불만족스러운 것은 기존의 『논어』에 관한 책들이 원문에 대한 정확한 번역, 개념에 대한 명확한 해설, 그리고 주석서에 대한 체계적인 인식이 결여된 것이 허다하기 때문이다. 이 책은 바로 이런 점에 착안하여 기획되었다. 즉 『논어』를 구성하고 있는 모든 한자의 형성원리와 용례를 한 글자도 빠짐없이 새기면서 정확히 해석하고, 그 철학적 개념의 형성과 정립, 그리고 시대적 전개과정을 명확하게 이해하고, 역사상 출현했던 여러 주석들 가운데 가장 좋은 것을 선별하여 그 의미를 종합적으로 유추하도록 하는 것이다.

아무쪼록 필자의 이러한 시도가 동양고전으로서의 『논어』를 직접 읽어보고, 개념들에 대한 정확한 인식을 통해 그 지혜를 터득하고자 하는 이들에게 조금이나마 도움이 되었으면 하는 마음 간절하다.

2022년 10월 1일
청덕동에서 임헌규 합장

1. 이 책은 한문 교육을 거의 받지 않거나 해설서만 막연하게 읽은 초학자들
   이 한자로 구성된 『논어』를 한 글자도 빠짐없이 직접 읽어 나가면서, 기본
   개념에서부터 공자가 제시한 최상의 학문 이념에 이르기까지 전반을 가장
   안전하게 터득할 수 있도록 기획되었다.

2. 이 책은 다음과 같이 구성되었다.

   ① 원문 : 음과 토를 모두 제시했다.

   ② 번역 : 논어 원전에 충실하게 한 자도 빠짐없이 직역하는 것을 원칙으
   로 삼았으며, 원문에 대한 가장 전형적인 해석을 (논란이 많은 구절은 다
   른 해석도 함께) 제시하고, 초학자도 쉽게 읽을 수 있도록 번역과 함께
   한자원문을 병기했다.

   ③ 원문 해설 : (편자가 지금까지 살펴본 여러 주소들 중) 본문을 가장 잘
   이해할 수 있도록 이끌어 주는 정통적인 해설 혹은 여러 주석들을 종합
   한 편자의 의견을 제시했다.

   ④ 개념 해설 : 원문에 제시된 중요한 철학적 개념과 용어들을 공자 이전
   및 『논어』에서의 용례, 그리고 후대 주석가들의 정의에 이르기까지 각
   사항별로 다소 달리하며 제시하되, 혹은 간략하게 혹은 심화시켜 해설
   했다. 이 책의 성과 가운데 가장 주목해 주기를 바라는 부분이다.

3. 한자 풀이

   ① 『논어』에 제시된 모든 한자(인명과 지명 제외)의 형성원리와 그 용례를 자
   전에서 찾아 기본적으로 알아야 할 용례를 살피되, 특히 사서삼경四書三
   經에 나타난 것들을 중심으로 정리·제시하고자 노력했다.

   ② 원문의 이해와 해석에서 핵심이 되는 한자어는 반복해서 그 원리와 용
   례를 해설하되, 가급적 다른 한자 자전의 상반되는 풀이도 심화시켜 제
   시했다.

③『논어』에 대한 최상의 주석가인 주자朱子와 다산茶山의 주석에서 원문의 한자를 해설한 것은 모두 인용하여 제시했다. 그리고 현대 자전에서 찾아 반복해서 해설하되, 사안에 맞게 정리·심화시켜 풀이했다.

④ 한자는 상형에서 시작하였으나 시간의 변화에 따라 뜻이 변화하거나 다른 한자와 결합하여(형성, 회의, 지사) 뜻이 다양해지고, 문장 내에서도 위치나 문맥에 따라 다양하게 쓰였기에 그 뜻을 알기 어려운 경우가 많다. 따라서 이 책의 의도인 '한 자 한 자' 읽기에 부응하여 '한자 해설'에서 가장 적확한 뜻에 밑줄을 그어 표시해 정확한 의미를 인지하도록 하였다.

※ 편자는 오랜 한문 학습 경험상(특히 하영삼 교수의 『한자어원사전』을 접하면서), 한자는 반드시 그 형성원리字源를 먼저 이해하고, 이후에 그 용례를 살펴야 한다고 생각한다. 물론 형성원리는 후대 학자들의 편의적 설명으로 절대적인 것은 아니지만(필자가 여러 한자사전들을 비교·고찰한 결과, 그 형성원리에 일치된 의견을 드러낸 경우는 많지 않았다), 글자에 대한 기본적인 이해에 많은 도움을 준다는 사실이다.

※ 이 책은 편자가 이전에 펴낸 『3대 주석과 함께 읽는 논어』1~3(모시는 사람들, 2020)의 보완편이라 할 수 있다. 이전의 책은 한당의 훈고학을 대표하는 고주, 신주로서 송대 주자의 집주, 그리고 이전 및 당대의 주석을 종합한 한국의 다산 정약용의 고금주를 제시·해설하고, 그에 대한 필자의 논문(20여 편)으로 구성되어 있었다. 그에 비해 이 책은 초학자들을 위한 『논어』의 자구와 개념, 그리고 한자 해설에 주력한 것이다. 주자朱子가 『논어』에 대한 체계적이고 발전적인 주석서(『논어집해』, 『논어요의論語要義』, 『논어정의論語精義』, 『논어집주』와 『논어혹문』)를 간행했으면서, 논어의 자구의 훈고를 취합한 『논어훈몽구의論語訓蒙口義』를 편찬하여 동몽들의 습독의 교재로 삼았듯이, 이 책 또한 그런 의도에서 편집된 것이다.

앞편「향당」에는 부자께서 향당鄕黨에 계실 때의 일을 논했으니 성인의 행실이고, 이 편에는 제자들을 논하였으니 현인의 행실이다. 성인과 현인은 순서대로 기술한 것이니 마땅하다. 〈형병〉

이 편은 대부분 공자 제자들의 현명함 여부를 평한 것이 많다. 모두 25편이다. 호인胡寅이 말했다. "이 편에 민자건閔子騫의 언행을 기술한 것이 넷인데, 그 하나는 곧바로 '민자閔子'라고 칭했으니, 아마도 민씨閔氏 문인이 기술한 것인 듯하다." 〈주자〉

子曰 先進이 於禮樂에 野人也오 後進이
자왈 선진 어예악 야인야 후진

於禮樂에 君子也라하나니 如用之則吾從先進호리라
어예악 군자야 여용지즉오종선진

공자께서 말씀하셨다. "선진先進들은 예악에서於禮樂 야인이고野人也, 흑
진後進들은 예악에서於禮樂 군자이다君子也고 하는데, 만일如 예악을 쓴
다면(그들을 등용한다면)用之則, 나耳는 선진先進을 따르겠다從."

선배들은 예악禮樂에서 문질의 마땅함을 얻었지만, 지금 사람들은 도리어
질박質朴하다고 평하면서 야인이라 한다. 후배들은 예악에서 문文이 그 질
質에 비해 과도했지만, 지금 사람들은 도리어 문질이 빈빈彬彬하다고 평하
면서, 군자답다고 말한다. 대개 주나라 말기에 문이 지나쳤기周末文勝 때문
에 당시 사람들의 말이 이와 같았는데, 그 자신들은 문文에서 과도했다는
것을 알지 못했다. 〈정자程子, 1033~1107〉

선진先進·후진後進은 선배先輩·후배後輩라는 말과 같다. 야인野人은 교외
郊外의 백성이다. 군자君子는 어진 사대부賢士大夫를 말한다. '그것을 쓴다用
之'는 것은 예악을 쓴다는 말이다. 공자께서는 이미 당시 사람들의 말을 기
술하시고, 또한 스스로 이와 같이 말씀하셨으니, 대개 과도한 것을 덜어내
어損過 중용中을 취하시고자 하신 것이다. 〈주자朱子, 1130~1200〉》※

공안국이 말하길, '선진先進·후진後進은 벼슬의 선후배를 말한다.'고 했다.
야인野人은 농부農夫이다. 군자는 사대부士大夫이다. 종從은 자自(부터)와 같
다. 공자께서 문인들 중에 벼슬한 자를 책망하여 말씀하시길, '너희들은 예

※ 주자는 성리학의 집대성자로 역사상 『논어』에 대한 가장 정치最精한 주석서인 『논
어집주』와 『논어혹문』을 편찬했다. 이에 대한 상세한 논의로는 다음을 참조. 임헌규,
『주자의 사서학과 다산 정약용의 비판』, 파라북스, 2020.

악에 익숙하다고 하여 선진을 경시輕視하여 야인으로 여기면서(질質이 문文을 능가하면 야野하다), 스스로는 군자로 자처하지만(스스로 문질이 빈빈하다고 여긴다), 만일 나로 하여금 등용하게 한다면 반드시 선진에서 시작할 것이다.'고 하셨다. 먼저 선진을 등용하겠다고 말씀하신 것이다(순후 · 질박한 것을 귀하게 여길 만하다). 〈다산茶山 , 1762~1836〉※

한자 해설
• 野야는 里(마을 리)+予(나 여)의 회의자인데, 본래는 埜(土+林: 들 야)으로 흙과 숲이 우거진 교외, 들판을 말했다. 민간, 시골, 성 밖, 구역, 야생의, 질박하다, 촌스럽다, 서투르다, 거칠다, 어둡다, 미개하다 등으로 쓰인다.

11.2 子曰 從我於陳蔡者皆不及門也로다
① 자 왈 종 아 어 진 채 자 개 불 급 문 야

공자께서 말씀하셨다. "진陳·채蔡나라 사이에서於 (곤액을 당하면서) 나를 따랐던 제자從我者들이 모두皆 문門(門下 혹은 城門)에 이르지는 않았다."

공자께서 일찍이 진陳 · 채蔡나라 사이에서 곤액厄을 당하셨을 때 제자들 중 따른 자가 많았지만, 이 말씀을 하셨을 당시에 모두가 문하에 있지는 않았다此時皆不在門. 그러므로 공자께서 그들을 회상하였다. 대개 환란 중에 서로 함께 했던 것을 잊지 못하신 것이다. 〈주자〉

노魯나라 애공哀公 6년에 공자께서 진 · 채나라에서 곤액을 당하셨다. '종아從我'는 문인들 중 따라다녔던 사람이고, '불급문不及門'은 공자께서 먼저 위

※ 다산 정약용丁若鏞은 한국 실학의 집대성자로 『논어』에 관한 가장 방대한最博 주석의 하나인 『논어고금주』를 편찬했다. 이에 대한 상세한 논의로는 다음을 참조. 임헌규, 『3대 주석과 함께 읽는 논어』1~3, 모시는 사람들, 2020.

나라로 위나라에 돌아왔지만 따라다녔던 제자들 전부가 위나라의 성문에 도달하지는 않았다는 것을 말한다. 〈다산〉

• 及급은 人(사람 인)+又(또 우)의 회의자로 도망하는 사람의 등에 뒤쫓는 사람의 손이 미치는 것을 말하여, 뒤쫓아 따리기다往言不可及, 능력을 견줄 만하다非爾所及也, 그곳 또는 그 시각에 대다及是時明其政刑, 미치게 하다老吾老 以及人之老, 및 予及女偕亡, 더불어 하다周王于邁 六師及之, 급제及第의 준말 등으로 쓰인다. 다산: 及이란 체逮(미친다. 도달하다. 뒤따라가 붙잡다)이다(『설문』).

• 門문은 두 문짝의 상형자로 문在堂旁曰戶 在區域曰門, 문전有荷蕢而過門者, 집안將興我門, 문벌, 일가, 인재를 기르는 곳門下不見一賢者, 배움터願留而受業於門, 사물이 생겨나는 곳乾坤是 易之門, 구별號曰通典 書凡九門 計二百卷, 직업이나 학술의 분야中世儒門 賈鄭名學, 대포를 세는 단위自走砲 五門, 생물 분류학상의 한 단위脊椎動物門 등으로 쓰인다. 여기서는 공자의 문하(주자), 벼슬길에 오르는 문仕進門, 登龍門, 卿大夫之門(고주), 성인聖人으로 나아가는 문, 운수의 문開泰之門, 위나라의 성문城門 (다산) 등으로 해석된다.

11.2
❷

德行엔 顏淵閔子騫冉伯牛仲弓이오 言語엔 宰我子貢이오
덕 행   안연민자건염백우중궁   언 어   재 아자공

政事엔 冉有季路오 文學엔 子游子夏니라.
정 사   염유계로   문학   자유자하

(제자들이 공자의 말씀에 근거하여, 열 사람의 장점을 사과四科로 나누어 말하기를) 덕행德行에는 안연顏淵·민자건閔子騫·염백우冉伯牛·중궁仲弓이고, 언어言語에는 재아宰我·자공子貢이고, 정사政事에는 염유冉有·계로季路이며, 문학文學에는 자유子游·자하子夏이다.

제자들이 공자의 말씀에 근거하여 이 열 사람을 기록하면서, 그들의 장점을 지목하여 사과四科로 나누었다. 공자께서 사람을 각각 그 자질에 따라 가르쳤음을 여기서도 볼 수 있다. 덕행이란 내면 깊이 도를 체득하고 중도에 부합하여, 뜻이 돈독하며 실천에 힘쓰니, 말하지 않아도 미더운 자이다. 언어란 응대하는 말을 잘하는 자이다. 정사란 나라를 다스리고 백성들 다리스리는 일에 뛰어난 자이다. 문학이란 시서예악詩書禮樂의 문장을 배워 그 뜻을 잘 말하는 자이다. 공자께서 사람들을 가르칠 때에 각각 장점에 근거해 도로 들어가도록 하셨다. 그러나 그 순서를 반드시 덕행을 먼저 해야 한다. 〈주자〉

마땅히 주자의 설명과 같아야 하지만, 단지 합하여 한 장으로 할 수는 없다. 열 사람 모두 자字로 칭하였으니, 공자의 말이 아니다. 언어言語는 (외교의) 사령辭令을 말한다. 〈다산〉

11.3 子曰 回也는 非助我者也로다 於吾言에 無所不說이온여
자 왈 회 야   비 조 아 자 야   어 오 언   무 소 불 열

공자께서 말씀하셨다. "안회는回也 나我를 돕는 자助者가 아니다非也! 나吾의 말에於言 기뻐하지 않는 것所不說이 없다無."

안자는 성인의 말씀에 묵묵히 깨닫고 마음으로 통하여, 의심을 품거나 질문할 것이 없었다. 그러므로 공자께서 이렇게 말씀하셨다. 〈주자〉

다른 사람들에 있어서는 미열媚悅이 되지만, 공자와 안자에 있어서는 계합契合이 된다. 〈다산〉

한자 해설
• 助조는 且(또 차: 비석)+力(힘 력: 팔)의 회의자로 비석을 세우려고 힘을 합친다는 의미에서 돕다, 힘을 빌리다, 거들다, 기리다, 유익하다, 이

루다, 완성하다, 도움, 구조, 원조, 구실(온갖 세납을 통틀어 이르던 말), 조세, 문체의 하나 등으로 쓰인다. **공안국**: 助는 유익益이다. '나를 돕는다助我'란 '자하가 나를 불러일으킨다子夏之起予.'(3.8)처럼 의문을 품고 질문함으로써 서로 성장함이 있음이다

• 說열은 言(말씀 언)+兌(기쁠 태)의 형성자로 기쁘다(열), 유세遊說하다, 설명說明하다 등으로 쓰인다.

11.4 子曰孝哉라 閔子騫이여 人不間於其父母昆弟之言이로다
자 왈 효 재   민 자 건   인 불 간 어 기 부 모 곤 제 지 언

공자께서 말씀하셨다. "효성스럽구나孝哉! 민자건閔子騫이여! 사람人들이 민자건閔子騫의 부모父母·형제昆弟들의之 (칭찬하는) 말에於言 (모두 믿어) 사이에 끼어들지間 않는不구나!"

'부모·형제가 민자건의 효성·우애를 칭찬하니, 사람들이 모두 신뢰하여 다른 말이 없었다.'는 것은 대개 그의 효성·우애의 실질이 마음 가운데에 쌓여 밖으로 드러난 것이 있었다. 그래서 공자께서 감탄하여 찬미하셨다. 〈**호인**胡寅, 1098~1156〉

한자 해설

• 孝효는 老(늙을 노)+子(아들 자)의 회의자로 자식子이 늙은 부모老를 업은 형상으로 효의 개념을 그렸다.

• 間간은 門(문 문)+日(날 일)의 회의자로 틈, 안攘臂於其間, 들이다遠近間三席, 무렵七八月之間, 잠깐夷子憮然爲間曰, 가만히間行, 간격醜美有間, 빈틈彼節者有間, 불화不和(君臣多間), 떨어지다間歲而給, 바뀌다皇以間之, 갈마들다笙鏞以間, 헐뜯다, 엿보다用間有호, 병이 조금 낫다病間 등으로 쓰인다. **다산**: 間이란 틈에 끼어드는 것介於隙이다(間은 '끼이다廁'이다). 부모 형제들이 말하여 '효성스럽도다! 우리 민자건이여'라고 하였고, 당시

22

사람들 역시 '효성스럽다, 민자건이여!'라고 하였다. 이것이 부모형제
의 말 사이에 끼어들 다른 말이 없었다는 것이다.

- 昆곤은 日(날 일)＋比(견줄 비)의 회의자로 해 밑에 사람이 많이 줄서는
것을 나타낸다. 맏형昆, 자손, 후예, 벌레昆, 산의 이름昆, 종족 이름,
같이, 함께, 나중 많다, 잡다하다, 뒤섞이다 등으로 쓰인다.

11.5 南容이 三復白圭어늘 孔子以其兄之子로 妻之하시다
　　　남용　삼복백규　　공자이기형지자　처지

남용南容이 「백규白圭」라는 시를 (하루에) 세三 번씩 반복復하여 암송하
니, 공자孔子께서 그其 형의 딸로써以兄之子 그의 아내 삼게 하셨다妻之.

『시』는 「대아, 억」편으로, 내용은 다음과 같다.

質爾人民질이인민	그대 백성들 안정시키고
謹爾侯度근이후도	그대 제후들이 법도를 삼가여
用戒不虞용계부우	뜻하지 않은 일에 대비하고
愼爾出話신이출화	그대들 말을 삼가며
敬爾威儀경이위의	그대는 위의를 공경하여
無不柔嘉무부유가	좋지 않은 일 없도록 했어야 하리라
白圭之玷백규지점	흰 구슬의 흠집은
尙可磨也상가마야	그래도 갈아 버리면 되나
斯言之玷사언지점	말을 잘못한 흠은
不可爲也부가위야	어찌할 수도 없도다!

남용이 『시경』을 읽다가 이 「억」편에 이르러 세 번 되풀이하여 읽었으니, 이
는 그 마음이 말을 삼가는 데 있는 것이다.'고 했다. 〈**공안국**孔安國, ?~?〉

남용南容이 하루에 이 말을 세 번 반복했는데, 이 일은 『공자가어』에 나온다. 대개 말을 삼가는 데에 깊이 유의한 것이다. 그래서 공자께서 형의 딸로 아내를 삼게 하셨다. 〈주자〉

한자 해설

- 復복(부)은 彳(조금 걸을 척) | 复(갈 복: 되돌이키는 모습)의 회의자로 (길을) 되돌아오다, 회복하다(복), 갚다, 중복되다, 되풀이하다, 뒤집다, 실천하다, 이행하다, 복괘復卦, 복명復命, 다시(부), 거듭하여 등으로 쓰인다.
- 圭규는 土(흙 토)가 겹친 회의자로 땅을 차지한 표징인 홀笏을 말한다. 천자가 제후를 봉할 때 내리던 신표以靑圭禮東方, 깨끗하다夫圭田無征, 부피나 무게의 단위, 모서리磨涅出角圭 등으로 쓰인다.
- 妻처는 女(여자 여)+又(또 우)+一(가로 획)의 회의자로 머리에 비녀를 꽂은 여자를 말한다. 아내娶妻不取同姓, 시집보내다以其子妻之는 뜻이다. **주자**: 妻는 그의 아내가 되게 하는 것爲之妻이다. **형병**: 딸을 남에게 시집보내는 것을 일러 처妻라 한다.

11.6 季康子問 弟子孰爲好學이니잇고 孔子對曰 有顏回者好學하더니
계 강 자 문 제 자 숙 위 호 학　　공 자 대 왈 유 안 회 자 호 학
不幸短命死矣라 今也則亡하니라
불 행 단 명 사 의　금 야 즉 무

계강자季康子가 물었다問. "제자弟子 중에 누가孰 배우기를 좋아好學 합니까爲?" 공자孔子께서 대답하여 말씀하셨다對曰. "안회라는 제자가 있어有顏回者 배우기를 좋아好學했는데, 불행不幸히 단명短命하여 죽었으니死矣, 이제는今也則 (호학하는 자가) 없습니다亡."

같은 질문(6.2)에 대해 형식과 내용에서 상세함과 소략함의 차이가 나는 것은 묻는 사람의 신분의 차이 혹은 질문자의 과오를 깨우쳐주기 위함이라는 설명이 있다. 공자는 경우에 따라 이 두 가지 방식으로 대답했다.

11.7 顔淵이 死커늘 顔路請子之車하여
안 연 사   안 로 청 자 지 거

以爲之槨한대 子曰 才不才에 亦各言其子也니
이 위 지 곽   자 왈 재 부 재   역 각 언 기 자 야

鯉也死커늘 有棺而無槨호니 吾不徒行하여
리 야 사   유 관 이 무 곽   오 불 도 행

以爲之槨은 以吾從大夫之後라 不可徒行也니라
이 위 지 곽 이 오 종 대 부 지 후   불 가 도 행 야

안연顔淵이 죽자死, 안로顔路가 공자의 수레로써子之車以 곽을 마련하기
爲之槨를 청請했다. 공자子께서 말씀하셨다曰. "재주가 있든才 재주가 없
든不才, 또한亦 각자各 자기 아들其子이라 말한다言也. (나의 자식) 리가
鯉也 죽었을死 때도 관은 있었지만有棺而 곽은 없었다無槨. 내吾가 (수레
를 팔아) 도보로 걸어 다니면서徒行以 곽을 마련해 주지爲之槨 않는 것不
은 내吾가 대부의 뒤大夫之後를 따르기從 때문이니, 도보로 걸어 다닐徒行
수 없기 때문이다不可也."

안연은 공자로부터 유일하게 호학자로 인정받은 인물이다. 공자가 가
장 아낀 이 제자의 죽음에 누구보다 애석해 했던 공자가 왜 자신의 수레
를 팔아 제자의 바깥 관을 마련해 주자는 아비의 청을 간곡하게 거부하
고 있는 것일까?

그것은 우선 아들의 장례에서 속널에 덧널을 두르는 것이 비록 예법
에 맞지만, 가난하여 갖출 수 없다면 형편에 맞게 장례를 치를 뿐, 다른
사람에게 폐를 끼쳐가면서 갖출 필요는 없다는 것이다. 그리고 대부였
던 공자는 걸어 다닐 수 없을 뿐만 아니라, 임금의 명령으로 받은 수레命
車는 내다팔 수도 없다. 나아가 나의 형편을 무시하고, 과도하게 궁핍한
자를 돕는 것 또한 바른 도리가 아니다.

문인들이 후하게 장례하자, 공자께서 크게 애통해 하셨다. 만일 그 본래
실정이 도행徒行에 있다면 수레를 주지 않는 것으로 충분할 것인데, 또한

어찌 후하게 장례지낸 것을 비통해 했겠는가? 바로 여기에 성인의 실정이 나타나 있다. 성인은 생사의 이치를 통달하여, 상사의 예가 지나치면喪之過禮 본래 깊이 억제하려고 하셨는데, 하물며 가난한 선비의 장례에 있어서랴! 〈다산〉

- 死사는 '歹(살을 바른 뼈 알)+匕(비수 비: 사람의 죽음으로 곧 變化)의 회의자로 사람이 혼백과 형체가 떨어져서 땅속에 뼈만 남아있는 죽음을 나타낸다.
- 才재는 새싹이 땅에서 돋아나는 것으로 재주旣竭吾才, 재능이 있는 사람東里多才, 바탕三才理通, 겨우才小富貴 便豫人家事 등의 뜻이다.
- 棺관은 木(나무 목)+官(벼슬 관)의 형성자로 널, 입관入棺을 말한다. 곽槨곽은 木+郭(성곽 곽)의 형성자로 관棺을 넣는 궤, 덧널, 외관外棺을 말한다. 주자: 곽槨은 바깥 관外棺이다. 곽槨을 마련하기를 청했다는 것은 수레를 팔아 곽槨을 사려고 했던 것이다.
- 徒도는 彳(조금 걸을 척)+走(달릴 주)의 회의자로 보행을 말하지만, 후에 같은 길을 함께 걸어간다는 의미가 파생되면서 '무리'나 '제자'를 뜻했다. 동류, 문하생, 종, 일꾼, 맨손, 맨발, 헛되이, 보람 없이, 홀로, 다만, 보행하다 등으로 쓰인다.

11.8 顏淵이 死커늘 子曰 噫라 天喪予샷다 天喪予샷다
안 연 사 자왈 희 천 상 여 천 상 여

안연顏淵이 죽으니死, 공자께서 말씀하셨다. "아噫! 하늘天이 나予를 버리시는구나喪, 하늘天이 나予를 버리시는구나喪!"

인증한다. 『춘추』 애공 14년 봄에, '서쪽으로 사냥 나가 기린을 잡았다.'고 하였다. 『공양전』에서 '기린麟이란 어진 짐승이니, 왕도정치를 수행한 자가 있으면 이르고, 왕도정치를 수행할 자가 없으면 오지 않는다.'고 했다. 보고하는 사람이 '노루처럼 생겼고, 뿔이 있습니다.'고 하자, 공자께서 '누구를 위해서 왔는가? 누구를 위해서 왔는가?' 하시고는 소매 자락을 뒤집어 얼굴을 훔쳤는데 눈물이 도포자락을 적셨다. 안자가 죽자 공자께서, '아! 하늘이 나를 버리시는구나!'고 하셨다. 자로가 죽자, 공자께서는 '아, 하늘이 나를 끊어버리셨구나!' 하셨다. 서쪽으로 사냥을 나가 기린을 잡자, 공자께서 '나의 도는 다되었구나!' 하셨다.

살핀다. 안연이 죽었을 때 공자의 연세가 이미 70이였으니, 어찌 다시 왕도를 일으킬 뜻이 있었겠는가? '하늘이 나를 버리셨다.'는 것은 도가 전해짐이 없음을 애도한 것이다. 한유漢儒들은 매번 왕도를 일으킬 보좌역이 없어진 것을 애도한 것처럼 말하지만, 매우 그릇되었다. 〈다산〉

한자 해설

- 噫희는 口(입 구)+意(뜻 의)의 형성자로 탄식하다噫嗚 歎傷之貌也, 감탄사噫 言游過矣, 하품, 문득噫亦要存亡吉凶 등으로 쓰인다. 주자: 噫는 상심·애통하여 내는 소리傷痛聲이다.

- 喪상은 哭(곡할 곡)+亡(망할 망)의 회의자로 잃어버리다, 상복을 입다, 사망하다, 상제喪制 노릇을 하다, 망하다, 달아나다, 잊어버리다, 허비하다, 복(服: 상중에 있는 상제나 복인이 입는 예복), 초상初喪, 시체, 재해 등으로 쓰인다. 하안: '하늘이 나를 버리셨다天喪予'란 자신을 죽인 것 같다는 말이다. 주자: 도가 전해지지 않음을 마치 하늘이 자신을 버린 것처럼 애도하신 것이다.

11.9 顔淵이 死커늘 子哭之慟하신대 從者曰 子慟矣사소이다 曰 有慟乎아
안연 사   자곡지통   종자왈 자통 의   왈 유 통 호
非夫人之爲慟이오 而誰爲리오
비 부 인 지 위 통   이 수 위

안연顏淵이 죽자死, 공자子께서 곡함이哭之 (슬픔이 지나치게) 통곡慟하셨다. 여러 제자從者들이 말했다曰. "선생님子께서 (슬픔이 지나치게) 통곡하십니다慟矣." (공자께서) 말씀하셨다曰. "통곡慟함이 있었던가有乎? 저 사람을 위해夫人之 통곡하지 않으면非慟而 누구誰를 위해 하겠는가爲?"

통慟은 슬픔이 지나친 것哀過이니, 슬픔과 상심이 지극하여 스스로 알지 못하신 것이다. 안연의 죽음이 애석하여, 곡을 함에 통곡함이 마땅한 것이니, 다른 사람과 비교할 바가 아니라는 말이다. 〈주자〉

애통·애석함이 지극하셨으며, 마땅히 그렇게 할 만한 데에 베푸셨으니, 모두 성정의 올바름情性之正이다. 〈호인〉

한자 해설
- 哭곡은 두 개의 口(입 구: 울부짖을 훤)+犬(개 견)의 회의자로 상중喪中에 있는 사람이 울다, 곡하다, 노래하다, 사람의 죽음을 슬퍼하여 우는 예 등을 말한다.
- 慟통은 心(마음 심)+動(움직일 동)의 형성자로 서러워하다, 서럽게 울다, 대단히 슬퍼하다, 애통하다는 뜻이다. 다산: 慟이란 통恫이니, 애통함 痛이다(육서 중의 해성諧聲이다). 공자께서 제자들에게 '천하에 이른바 애통哀慟이란 것이 있는가? 애통이란 것이 없다면 그만이겠지만, 있다면 안연을 위하여 애통해 하지 않으면, 또한 장차 누구를 위하여 애통해 하겠는가?'라고 말씀하신 것이다.

11.10 顔淵이 死커늘 門人이 欲厚葬之한대 子曰 不可하니라
　　　 안 연 사 문 인 욕 후 장 지 　 자 왈 불 가
門人이 厚葬之한대 子曰 回也는 視予猶父也어늘
문 인 후 장 지 　 자 왈 회 야 시 여 유 부 야
予不得視猶子也호니 非我也라 夫二三子也니라
여 부 득 시 유 자 야 비 아 야 부 이 삼 자 야

안연顏淵이 죽자死 제자門人들이 흑厚하게 장례를 치르려 하니欲葬之, 공자께서 말씀하셨다. "옳지 않다不可." 제자門人들이 흑厚하게 장례를 치렀다葬之. 공자께서 말씀하셨다. "회回也는 나予를 아버지처럼猶父 보았지만視也 나予는 자식처럼猶子 보지 못하였으니不得視也, 나我 때문이 아니라非也 저 몇몇 문인들夫二三子也 때문이다(나를 그르다고 하겠구나非也夫! 몇몇 제자들이二三子也)."

자유가 상례의 기물에 대해 묻자, 공자께서 말씀하시길. '집안의 재산 유무에 걸맞게 해야 한다.'고 하셨다子游問喪具 夫子曰稱家之有無. ─『예기』「단궁」

상구喪具는 집안(재산)의 있고 없음에 맞추어야 한다. 가난한데 후厚하게 장사함은 이치에 따르지 않는 것이기 때문에 공자께서 못 하게 하셨다. 리鯉를 장례할 때 합당함을 얻은 것처럼 하지 못한 것을 탄식하며, 제자들을 책망하신 것이다. 〈주자〉

자왈子曰 이하는 슬프게 상심傷心하며 안자를 저버린 것을 '자책'한 것이다. 형병이 말하길, '비아야非我也 부이삼자야夫二三子也란 후장厚葬한 일은 내가 한 것이 아니라, 저 문인 몇몇이 한 것이라는 말이다.'고 했다. 살펴건대 공자께서 이미 그 허물을 자신의 허물이라고 말씀하였는데, 문득 또한 이삼자二三子에게 돌리다니, 이럴 리가 있겠는가? (형병과 주자가 해석한 방식대로) 그 어법을 살피면, 마치 송사하는 법정에서 서로 힐책하는 것과 같음이 있으니, 필시 성인의 말씀이 아니다. 이삼자二三子란 대개 제자들 중에서 연배나 덕이 조금 높던 자들로 다른 나라에 있었던 자들을 가리킨다. 젊은 문인들이 의리義理를 알지 못하여, 이 대사를 그르쳤다. 공자께서는 이삼자들이 돌아와서 책망하여 말하길, '선생님께서 이미 계셨는데, 어찌 금지하지 않으시고, 수수방관하셨다는 말인가!' 할까 염려하신 것이다. 이것이 본래의 뜻이다. 〈다산〉

• 葬장은 艸(출 초)+死+廾(두 손으로 받들 공)의 회의자로 관에 누워있는 사람과 그 위로 풀이 우거진 모습으로 <u>장사지내다</u>, 매장하다, 장사葬事 등으로 쓰인다. **다산:** 후장厚葬이란 의금衣衾·관곽棺槨·관식棺飾·명기明器·거마車馬·회탄灰炭 등을 말하는데, 모두 문식을 갖추는 것들이다.

11.11 季路問事鬼神_{한대} 子曰 未能事人_{이면} 焉能事鬼_{리오}
　　　계 로 문 사 귀 신　　　자 왈 미 능 사 인　　언 능 사 귀

敢問死_{하노이다} 曰 未知生_{이면} 焉知死_{리오}
감 문 사　　　왈 미 지 생　　　언 지 사

계로季路가 귀신鬼神 섬기事는 것을 물으니問, 공자께서 말씀하셨다. "아직未 사람人을 능能히 섬기지事 못하면, 어찌焉 능能히 귀신鬼을 섬길事 수 있겠는가?" (계로가 다시) 말했다曰. "감敢히 죽음死을 묻습니다問." (공자께서) 말씀하셨다曰. "아직未 삶生을 알지知 못하면, 어찌焉 죽음死을 알겠는가知?"

『주역』「계사상전」에 다음 구절이 있다.

우러러 천문을 관찰하고 구부려 지리를 살핀다. 이런 까닭에 어두움과 밝음의 연고를 알며, 시작을 근원으로 하여 끝을 돌이켜 보기 때문에 삶과 죽음의 이치를 안다. 정기는 모여서 사물이 되고, 혼은 흩어져 변하는 까닭에 귀신의 정상을 안다仰以觀於天文, 俯以察於地理, 是故知幽明之故, 原始反終, 故知死生之說, 精氣爲物, 遊魂爲變, 是故知鬼神之情狀.

삶과 죽음은 존재론적으로 상보의 과정이면서, 논리적으로 불가분의 상관관계이다. 즉 삶·죽음生死은 마음·몸心身, 하늘·땅天地, 사람·

사물人物, 부모·자식父子, 임금·신하君臣, 낮·밤晝夜 등과 마찬가지로, 동·정動靜하는 음·양陽陰의 이치가 드러난 것이다. 봄의 시작을 근원으로 미루어 보면 반드시 겨울이 있고, 겨울로 마침을 미루어 돌이켜보면 반드시 봄이 있는 것처럼, 생사·유명幽明의 도리 또한 이와 같다. 따라서 사람을 섬기는 도리를 다하면 귀신을 섬기는 도리를 다하는 것이고, 삶을 알면 죽음을 알 수 있는 것이다. 그런데 인식에서는 이승으로부터 저승으로, 처음으로부터 마지막으로 나아가는 순서가 있다. 사람을 섬기지 못하면서 먼저 귀신을 섬기려 하고, 삶을 알지 못하면서 먼저 죽음을 알려고 하는 것은 엽등獵等이기 때문에 공자가 이렇게 대답하셨다.

귀신 및 죽음을 섬기는 일은 밝히기 어렵고, 말해 주어도 무익하기 때문에 대답하지 않으셨다. 〈진군〉

살아있는 사람도 오히려 섬기지 못하는데, 하물며 죽은 자의 귀신을 어찌 섬길 수 있겠는가? 너는 아직 살아있는 때의 일도 알지 못하는데, 어찌 죽은 이후를 알겠는가? 모두 자로를 억제하기 위해 하신 말씀이다. 〈형병〉

낮과 밤이란 삶과 죽음의 도리이다. 삶의 도리를 알면 죽음의 도리를 안다. 사람을 섬기는 도리를 극진히 하면 귀신을 섬기는 도리를 극진히 하는 것이다. 삶·죽음, 사람·귀신은 하나이면서 둘이고, 둘이면서 하나이다. 어떤 사람은 공자께서 자로에게 알려주지 않으셨다고 하지만, 이는 곧 깊이 알려주셨다는 것을 알지 못한 것이다. 〈정자〉

한자 해설
- 事사는 손又에 붓聿을 잡고 관리가 문서를 기록하는 모습으로 통상 일 혹은 직무事有終始를 말하는데, 왕조시대의 관료가 직무를 보는 것은 곧 임금을 섬기는 것이었으므로 섬기다事君以忠는 뜻이 나왔다.
- 鬼귀는 가면을 쓰고 제사를 지내는 사람의 상형자로 귀신鬼神, 혼백魂

魄, 도깨비, 상상의 괴물 등을 말한다.

- 神신은 示(보일 시)＋申(아홉째지지 신)의 형성자로 번개申→電 신示으로, 귀신鬼神, 평범하지 않는 것, 신비神秘, 신성神聖, 정신精神 등의 용어가 나왔다. 여기서 '시示'란 하늘이 상象을 드리워 길흉을 나타내어 사람에게 보여주는 셋으로 이二에서 나왔다(二는 고문에서 上자이다). 세 개로 드리워진 것三垂＝小은 해, 달, 그리고 별이다. 천문天文을 살펴 시時의 변화를 살피니, 示는 귀신의 일神事이다. 대체로 示를 부수로 하는 글자는 모두 示에서 유래하는데, 신神은 지극히 절신하다(『설문』). **다산:** 귀신鬼神이란 천신天神·지시地示·인귀人鬼의 통칭이다. 선왕의 도는 사람 섬기는 데에서 시작한다(오교五敎·오륜五倫이 모두 사람 섬김이다).

- 死사는 歹(뼈 부서질 알)＋匕(비수 비←化: 사람의 죽음 곧 변화變化)의 회의자로 사람이 죽어 영육이 생명력을 다하고 뼈만 남은 상태로 변한 죽음을 말한다. '생生'이 땅 속에서 잠재되어 있던 것이 현실로 나타나는 것이라면, '사死'란 사람이 정기를 다하여 천지로부터 부여받은 혼백과 형체가 분리되어 다시 땅 속의 잠재적인 장소로 되돌아감歸을 의미한다. 이는 죽음학 혹은 생사학으로 번역되는 'thanatology'가 '어둠dark' 혹은 '구름이 잔뜩 낀 어두운 하늘cloudy'을 뜻하는 'thanatoy'라는 말에 학문 혹은 연구를 의미하는 접미사 'logia'가 합해져서 이루어졌다는 측면에서 주로 어두운幽冥 측면으로 조명된 그리스적 전통과 상당한 대비를 이룬다.

11.12 閔子는 侍側에 誾誾如也하고 子路는 行行如也하고
　　　민 자　시 측　은은여야　　자 로　항항여야
再有子貢은 侃侃如也어늘 子樂하시다 若由也는 不得其死然이로다
　　염 유 자 공　간간여야　　자 락　약 유 야　부 득 기 사 연

민자건閔子은 곁側에서 모실侍 때 은은한 듯했고誾誾如也(中正之貌 外和內

32

자락子樂이란 공자께서 영재를 얻어 교육하신 것을 즐거워하신 것이다. 〈주자〉

형병이 말하길 '은은誾誾은 알맞고 바른 모습中正之貌이다. 간간侃侃은 조화롭고 즐거운 모습和樂之貌이다.'고 했다. 정현이 말하길, '항항行行은 굳세고 강건한 모습剛强之貌이다.'고 했다. 〈다산〉

자로는 굳세고 강건하여 그 자신의 명에 죽을 이치를 얻지 못함이 있었으므로, 이것으로 인하여 경계하셨다. 그 후 자로는 끝내 위나라 공회孔悝의 환난에서 죽었다. 〈윤돈〉

한자 해설

- 侍시는 人(사람 인)+寺(절 사)의 회의자로 모시다侍膳曾調鼎, 시중 드는 사람解官充侍, 양육함以養疾侍老也, 임하다大夫之喪 大胥侍之, 기다리다待, 믿다. 권하다侍以節財儉用 등으로 쓰인다.
- 側측은 人(사람 인)+則(곧 칙)의 형성자로 곁子食於有喪者之側, 한쪽으로 기울다無反無側, 기울이다側聽側看以撞, 뒤척거리다反側, 미천하다虞舜側微, 어렴풋하다側聞屈原兮 自沈汨羅 등으로 쓰인다.
- 誾은은 言(말씀 언)+門(문 문)의 형성자로 화평하게 이야기하는 모양 또는 온화하게 삼가는 모양誾誾, 중정中正한 모양與上大夫言 誾誾如也, 향기가 성한 모양 등으로 쓰인다.
- 行행(항)은 彳(척: 왼발로 걷는 모양)과 오른 발로 걷는 모양이 합해져서 교대로 걷는 모양으로 다니다, 행실, 항오行伍, 의지가 굳센 모양(항) 등의 뜻이다. 行行항항이라 하면 쉬지 않고 나아감, 상황이 진전됨(세월로

흘러감), 줄줄이, (의지가) 군세고 강한 모양으로 쓰인다.

- 侃간은 仢(信의 옛 글자)+川(내 천)의 회의자로 끊임없는 강물처럼 신의를 다한다는 뜻이다. 강직하다侃諤, 화락하다傍聽鐘鼓侃之樂는 의미로 쓰인다.

11.13 魯人이 爲長府러니 閔子騫이 曰仍舊貫如之何오 何必改作이리오
　　　　노 인 위 장 부　　　민 자 건　　왈 잉 구 관 여 지 하　　하 필 개 작

子曰夫人이 不言이언정 言必有中이니라
자 왈 부 인　　불 언　　　언 필 유 중

노나라 사람魯人이 장부長府(=府庫)를 새로 고쳐 지으니爲(=改作), 민자건閔子騫이 말했다曰. "옛舊 것貫(=事)을 그대로 이어서仍 쓰는 것이 어떠한 가如之何? 어찌何 반드시必 고쳐改 짓는가作?" 공자께서 말씀하셨다. "저 사람夫人은 말을 (함부로) 하지 않으며不言, 말을 하면言 반드시必 알맞음中이 있다有."

고쳐 만들면 백성들을 수고롭게 하고 재물을 손상하니, 할 수만 있다면 옛 것 가운데 좋은 것을 그대로 이어받는 것만 못하다. 〈왕안석〉

한자 해설

주자: 장부長府는 창고 이름藏名이다. 재화를 보관하는 곳을 일러 부府라 한다. 위爲는 대개 고쳐 짓는 것改作이다. 잉仍은 (그대로) 이음因이다. 관貫은 일事이다. 말은 함부로 하지 않지만, 말하면 반드시 이치에 합당하게 하는 것은, 오직 유덕자만이 할 수 있는 것이다.

다산: 장부長府는 돈 이름錢名이다. 돈을 꿰는 것串錢을 일러 관貫이라 한다(관毌과 패貝자를 따른다). 잉구관仍舊貫은 새 돈新錢이 옛 돈舊錢보다 크지만, 백성들에게 부과하는 부세는 그대로 옛 돈의 꾸러미 숫자와 동일하게 하는 것을 말한다. 개작改作은 주조를 고치는 것改鑄이다(작作·주做·주鑄는 모두 해성諧聲이다). 부인夫人은 이 사람此人이다(형병).

- 府부는 广(집 엄)+付(줄 부)의 형성자로 곳집, 도성未嘗入城府, 영묘登於淸府, 관아治官府 등으로 쓰인다.

- 仍잉은 人(사람 인)+乃(이에 내)의 형성자로 인하다, 그대로 따름, 거듭되다仍世, 여전히仍然, 7대손仍孫, 이에仍父子再亡國 등으로 쓰인다.

- 舊구는 雈(부엉이 환)+臼(절구 구)의 형성자로 옛台小子 舊學于甘盤, 오래됨告爾舊止, 오래도록舊勞于外, 예로부터舊有令聞, 옛벗故舊不遺, 유서 있는 집안, 묵은 사례, 易의 건乾(舊井无禽), 부엉이 등으로 쓰인다.

- 貫관은 貝(조개 패)+毌(꿰뚫을 관)의 회의자로 화폐貝를 꿰어 놓은毌 것으로 꿰미(돈꿰미, 돈), 꿰다, 꿰뚫다, 총괄하다, 명중하다, 지나가다, 잇다, 일(사정, 사례), 조리條理, 섬기다, 차례, 익히다, 당기다(완) 등으로 쓰인다.

- 中중은 『설문』에서 "丨(뚫을 곤)+口(나라 국)로 구성되어 사방으로 둘러싸인 안口의 가운데를 관통丨함"을 나타내는 지사문자, 혹은 씨족사회를 상징하는 깃발纛을 의미한다. 나아가 中은 치우침偏과 구별되면서도 다른 것들과 알맞은 상태에 놓여 있는 것合宜을 말한다. 그래서 주자는 '치우치거나 기울지 않으면서, 지나침과 모자람이 없는 것이 중中이다'고 말했다. 가운데, 안, 중등中等, 중도中道, 중매中媒, 마음心中, 장정壯丁, 그릇이름, 내장, 절반, 중국, 몸, 중복中服, 고르다, 중화中和, 중기中氣, 맞히다(표적에 적중하다), 바람맞다, 맞다(부합하다, 일치하다), 응하다(해당하다), 가득 차다, 간격을 두다, 급제及第하다 등으로 쓰인다.

11.14 子曰 由之瑟을 奚爲於丘之門고 門人이 不敬子路한대
　　　 자 왈 유 지 슬　해 위 어 구 지 문　문 인　불 경 자 로

子曰由也는 升堂矣오 未入於室也니라
자 왈 유 야　승 당 의　미 입 어 실 야

공자께서 말씀하셨다. "유의由之 슬瑟을, 어찌奚 나의 문정에서於丘之門 타는가爲?" 제자門人들이 자로子路를 공경하지 않았다不敬. 공자께서

말씀하셨다. "유는由也 당堂에는 올랐지만升堂, 아직 실에於室 들어오지 못했을 뿐이다未入也."

『공자가어』에 이르길, '자로가 슬을 타니, 북쪽 변방의 살벌한 소리가 들어 있었다.'고 했다. 대개 그 기실이 굳세고 용감하시만 중화中和에는 부족했기 때문에, 그 소리에 드러난 것이 이와 같았다. 문인들이 공자의 말씀에 의해 드디어 자로를 공경하지 않았기 때문에, 공자께서 그 말을 풀어주셨다. 당에 오름升堂과 방에 들어감入室은 도에 들어가는 순서를 비유한다. 자로의 학문이 이미 정대正大·고명高明한 영역에 나아갔지만, 다만 아직 정미精微한 오묘함에는 깊이 들어가지 못했을 뿐이니, 한 가지 잘못된 일을 가지고 성급하게 홀대해서는 안 된다는 말이다. 〈주자〉

자로가 슬을 타는 운율이 「주남」·「소남」에 부합하지 않는 것을 책망한 것이다. 옛날에는 사람들을 예악禮樂으로 가르쳤는데, 자로는 악을 잘 익히지 못하여 공자로부터 배척을 당하였기에, 문인들이 공경하지 않았다. 처음에 문門으로써 배척하였기 때문에 당堂·실室로써 비유했다(문門·당堂·실室, 세 글자는 상호 조응한다). 도에 들어가는 것은 실에 들어가는 것入室과 같다. 자로의 슬 연주 솜씨는 성음의 도聲音之道로 논하면, 이미 당에 올랐지만 아직 실에 들어가지 못한 것과 같다. 〈다산〉

한자 해설
• 瑟슬은 珏(현악기 각)+必(반드시 필→슬)의 형성자로 슬搏拊琴瑟, 많은 모양瑟彼柞棫, 엄숙하다瑟兮僩兮, 차고 바람이 사납다悲哉秋之爲氣也 蕭瑟兮, 쓸쓸하다瑟居, 선명한 모양瑟彼玉瓚, 바람소리瑟瑟 등으로 쓰인다.
• 奚해는 爪(손톱 조)+幺(작을 요)+大(큰 대)의 회의자로 '어찌'로 가차되었다.
• 室실은 宀(집 면)+至(이를 지)의 회의자로 사람이 도착하여 사는 집으로 건물, 방, 거실, 사는 곳, 아내, 가족, 몸, 신체, 가재家財, 굴窟, 칼집, 장가들다, 시집보내다 등으로 쓰인다.

36

- 堂당은 土(흙 토)+尙(오히려 상: 집)의 회의자로 집을 그린 尙자에 土자를 더한 것으로 터를 돋우어 지은 큰 집金玉滿堂, 당당하다容貌堂堂, 8촌 안쪽의 친족堂叔, 문지방侯我乎堂 등으로 쓰인다. 가옥의 큰 대청을 당堂이라 하고, 당堂 뒤쪽의 중간 방을 실室, 실의 동서 양쪽의 방을 방房이라 했다.

11.15 子貢이 問 師與商也孰賢이니잇고
자공 문 사 여 상 야 숙 현

子曰 師也는 過하고 商也는 不及이니라
자 왈 사 야 과 상 야 불 급

曰 然則師愈與잇가 子曰 過猶不及이니라
왈 연 즉 사 유 여 자 왈 과 유 불 급

자공子貢이 물었다問. "자장과 자하는師與商也 누가孰 더 현명賢합니까?" 공자께서 대답하셨다. "자장은師也 지나치고過, 자하는商也 모자란다不及." (자공이 물어) 말했다曰. "그렇다면然則 자장師이 더 낫습니까愈與?" 공자께서 말씀하셨다. "(현명함과 지혜로움이) 지나친 것過은 모자라는 것不及과 같다猶."

중용의 덕 됨이 지극하도다. 무릇 지나침과 모자람은 마찬가지이다. 털끝만큼의 차이가 천리千里나 어그러지게 한다. 그러므로 성인의 가르침은 그 지나침을 억누르고, 그 모자라는 것을 끌어올려, 중용에로 돌아가게 할 따름이다. 〈윤돈〉

자장은 재주가 높고 뜻이 넓어 어려운 일을 구차하게 하는 것을 좋아했기 때문에 항상 중용을 넘어섰다. 자하는 독실하게 믿고 삼가 지켰지만 규모가 협소하여 항상 모자랐다. 도에서는 중용이 지극한 것이 된다. 현명함과 지혜로움이 지나친 것은 비록 어리석고 불초하여 모자라는 것보다 더 나은 것

같지만, 중용을 잃었다는 점에는 마찬가지이다. 〈주자〉

안연은 자주 공자께서 자신을 예로써 단속하여 주셨다고 말했다. '나를 예로써 단속했다約我以禮'는 것은 중용을 제정하는 방법이다. 공자께서 우리 당의 제자들은 광간狂簡하여 제재할 방법을 알지 못한다(공야상)고 말씀하신 것은 예로써 제재하는 줄 모른다는 것이다. 이것으로 보면, 자장의 지나침은 예에서 지나침이고, 자하의 모자람은 예에서 모자람이다. 〈다산〉

- 賢현은 貝(조개 패)+臤(구휼할 현)의 형성자로 재화를 잘 관리하고 남에게 잘 나누어 주는 재능 많은 신하로 재지才智와 덕행이 있다使仁者佐賢者, 아성의 재덕賢者 亞聖之名, 어진 사람野無遺賢, 착하다必以肆奢爲賢, 낫다某賢於某若干純, 재물이 넉넉함賢貨貝多於人也, 많다賢於千里之地, 지치다我從事獨賢, 두텁다賢於兄弟, 존경하다賢賢易色, 재물을 나누어 어려운 사람을 구제하는 일(以財分人 謂之賢), 남에 대한 존칭 등으로 쓰인다.

- 過과는 辶(쉬엄쉬엄 갈 착)+咼(입이 삐뚤어질 와→과)의 형성자로 바른 길을 지나쳤다, 한계를 넘어선다는 뜻이다.

- 及급은 人(사람 인)+又(또 우)의 회의자로 사람人의 뒤에 손又이 닿음을 나타내며, 앞지른 사람을 따라 붙는 뜻으로 사물이 미침을 나타낸다. 과유불급過猶不及을 흔히 '지나친 것은 모자란 것과 못하다'고 해석하는데, 이는 잘못된 것이다. 중용을 넘어서거나, 중용에 도달하지 못했다는 점에서 지나친 것은 모자라는 것과 같다는 의미이다.

- 愈유는 兪(점점 유)+心(마음 심)의 형성자로 본래 '(병이) 점차 나아지다'라는 뜻이지만, 후에 '뛰어나다', '근심하다', '점점'과 같은 다양한 뜻을 표현하는 글자로 쓰이게 되었다. 더 우수하다, 병이 낫다昔日疾 今日愈, 더욱, 근심하다憂心愈愈 是以有悔, 유쾌하다, 구차하다(투)愈 一小夫耳. 주자: 愈는 나은 것勝과 같다.

11.16 季氏富於周公이어늘 而求也爲之聚斂而附益之한대
계 씨 부 어 주 공 　　 이 구 야 위 지 취 렴 이 부 익 지

子曰 非吾徒也로소니 小子아 鳴鼓而攻之可也니라
자 왈 비 오 도 야 　 소 자 　 명 고 이 공 지 가 야

계씨季氏가 주공보다於周公 부유했지만富而, 염구는求也 계씨를 위해爲之
세금을 거둬들여聚斂而 그 부유함之을 더 불려주었다附益. 공자께서 말
씀하셨다. "(염구는) 나의 제자吾徒가 아니니非也, 소자小子들은 북을 울
리며鳴鼓而 성토攻之하는 것이 옳다可也."

주공周公은 왕실의 지친至親으로 큰 공이 있었고, 지위가 총재冢宰였으니,
그가 부유한 것은 마땅하다. 계씨季氏는 제후의 경卿으로 부유함이 주공을
넘었으니, 그 군주에게서 훔치고 빼앗거나 그 백성에게 수탈한 것이 아니
라면 어찌 그것을 얻었겠는가? 염구는 계씨의 가신이 되고, 또한 그를 위
해 부세賦稅를 독촉하고, 부유함을 늘려주었다. '우리의 무리가 아니다非吾
徒'는 절교한다는 것이다. '제자들은 북을 울리며 공박하라小子鳴鼓而攻之'함
은 문인들에게 염유의 죄를 성토하여 꾸짖으라는 것이다. 성인께서 악인
과 무리지어 백성에게 해를 끼치는 것을 싫어하심이 이와 같다. 그러나 스
승은 엄하지만 친우는 친밀하기 때문에 자신은 그와 절교하지만, 오히려
문인들에게 그를 바로잡게 하였으니, 또한 공자께서 사람을 사랑하심이
끝이 없음을 볼 수 있다. 〈주자〉

한자 해설
- 聚취는 耳(귀 이)+取(모을 취)의 형성자로 모으다, 거두어들이다, 갖추어
  지다, 저축하다, 함께하다, 무리, 동네, 한 주먹으로 쥘 만한 분량 등
  의 뜻이다.
- 斂렴은 僉(다 첨)+攵(칠 복)의 형성자로 거두다, 저장하다, 숨기다, 염殮
  하다, 단속하다, 부체負稅, 세금稅金, 대략 등의 뜻이다. 취렴聚斂이란
  백성의 재물을 탐내어 함부로 거둬들이는 것을 말한다. 취렴지신聚斂

之臣이란 지위를 이용하고 윗사람의 권세에 기대어 백성을 가혹하게 다루고, 세금이나 뇌물을 긁어모으는 신하를 말한다.

- 附부는 阜(언덕 부)+付(줄 부)의 형성자로 본래 작은 흙더미를 뜻했지만, 付자의 의미가 강해지면서 후에 붙다, 의탁하다, 부합하다와 같은 다양한 뜻을 갖게 되었다. 부착하다, 너하나, 맞추나, 따르나, 합사하나, 부쳐 보내다, 의탁하다, 부여하다, 작은 흙산 등으로 쓰인다.

- 益익은 水(물 수)+皿(그릇 명)의 회의자로 물이 그릇에서 넘치는 모습을 그려 점차 증가하다, 부유하다, 이익利益을 뜻한다. 더하다, 돕다, 넉넉해진다, 유익하다, 더욱, 진보하다, 많다, 가로막다, 주다, 넘치다.

- 徒도는 彳(조금 걸을 척)+走(달릴 주)의 회의자로 보행을 말했지만, 후에 같은 길을 함께 걸어간다는 의미가 파생되면서 '무리'나 '제자'를 뜻했다.

- 鳴명은 口(입 구)+鳥(새 조)의 회의자로 새가 우는 소리로 울리다, (소리를) 내다, 부르다, 이야기하다, 놀라다는 뜻이다.

- 鼓고는 壴(악기이름 주: 받침대 위의 북)+支(가를 지)의 회의자로 북을 두드리는 모습이다(고취鼓吹). 북, 북소리, 맥박, 시보時報, 경점更點, 되, 두드리다, 타다, 연주하다, 북돋우다, 부추기다 등으로 쓰인다. **정현**: 명고鳴鼓는 그 죄를 성토하여 꾸짖는 것이다. **다산**: 왕충이 말하길, '공攻이란 책責이니, 꾸짖는 것責讓之이다.'고 했다. 논박하여 말하면, 그릇되었다. 북을 울려 죄를 공벌하는 것鳴鼓伐罪은 군려의 일軍旅之事이다. 염구의 죄는 백성들을 해친 조목을 범한 것이므로 공자께서 군려의 법으로 다스려야 한다고 말씀하시면서, 그것이 『주례』에서는 바로 명고의 율鳴鼓之律에 해당한다고 하였다. 제자들이 정말로 북채를 잡고 북을 치며 염구의 실책을 공벌할 수 있다는 것이 아니다. 선유先儒들이 이 글을 오해하여, 지금 태학생들 가운데 죄 지은 자가 있으면, 이른바 명고법을 적용하여 죄 지은자로 하여금 북을 지게하고 많은 사람들이 시끌벅적하게 그 북을 치면서 교문 밖으로 축출하면서, 그것을 공자의 명고법이라고 명명한다. 아, 어찌 이치에서 벗어난 것이

아니겠는가? 심히 부끄러운 것이다.

- 攻공은 工(장인 공)+攵(칠 복)의 회의자로 땅을 세차게 내리치는 도구工로 세차게 공격한다는 뜻이다. 때리다, 공격하다, 다듬다, 책망하다, 치료하다, (건물을) 짓다, 뚫다, 조련하다 등의 의미이다. **다산**: 공攻은 다스리다治와 같다(옥을 다스리는 것治玉을 일러 공옥攻玉이라 한다).

11.17 柴也는 愚하고 參也는 魯하고 師也는 辟하고 由也는 喭이니라
시 야 우 삼 야 노 사 야 벽 유 야 언

시는柴也 우직愚하고, 삼은參也 노둔魯하고, 사는師也 편벽辟되고, 유는由也 거칠喭다.

네 가지愚, 魯, 辟, 喭는 성품의 치우침이니, 말씀해 주시어서 스스로 노력해야 할 것을 알게 하신 것이다. 〈양시〉

한자 해설

주자: 우愚란 지혜는 부족하지만, 후하여 남음이 있다는 것이다. 노魯는 노둔鈍이다. 벽辟은 편벽便辟이니, 의용과 행동거지만 익혀 성실함이 모자란 것이다. 언喭은 조야하고 속된 것粗俗이다.

다산: 우愚는 어리석음(무)愁이다. 노魯는 둔둔鈍이다(공안국이 말했다. 증자의 성품이 지둔遲鈍했다). 벽辟은 치우침偏(벽辟은 벽僻과 같다). 언喭은 비루鄙이다(언喭은 언諺과 통하니, 비루한 말을 일러 언諺이라 한다).

- 愚우는 禺(원숭이 우)+心(마음 심)의 회의자로 슬기 없는 원숭이의 생각이란 뜻이다. 시비를 가리지 못하다靡哲不愚, 정직하여 고지식하다, 어리석은 사람嚇愚欺庸, 자기의 겸칭愚不識方今夷狄之憂爲未 등으로 쓰인다.

- 魯로는 魚(고기 어)+口(입 구)의 형성자로 노둔하다魯質, 주공周公 단旦을 봉한 나라이름으로 공자의 출생지이다.

- 辟벽은 辛(매울 신: 죄인을 표식하는 도구로 고통과 아픔: 신고辛苦)+尸(주검

시)+口(입 구)의 회의자로 형벌의 결정하는 주군下民之辟, 천자, 제후百辟卿士, 지아비夫日皇辟, 하늘蕩蕩上帝 下民之辟, 본받다辟 爾爲德, 실을 잣다妻辟纑, 절름발이辟馬毀輿, 사특하다其命多辟, 개간함辟土地, 마음이 치우치다人之其所親愛而辟焉, 땅이 궁벽하다國小處辟, 가슴을 치다寤辟有摽 등으로 쓰인다. 벽僻은 人(사람 인)+辟(임금 벽)의 회의자로 편벽偏僻되다는 뜻이다.

- 언唁은 口(입 구)+彦(선비 언)의 형성자로 조상하다, 조문하다, 애도하다, 거칠다, 조잡하다, 예의 바르지 않다, 굳세다, 강직하다, 상말, 속담 등으로 쓰인다. 언언唁唁이란 거칠고 사납다는 뜻이다.

11.18 子曰 回也는 其庶乎오 屢空이니라
자왈 회야 기 서 호 누 공

賜는 不受命이오 而貨殖焉이나 億則屢中이니라
사 불수명 이화식언 억즉누중

공자께서 말씀하셨다. "회는回也 (도에) 거의 가까웠으니其庶乎, 자주屢 비웠다. 사賜는 명命을 받아들이지 않고不受而 재화를貨 이식殖했지만, 헤아리면億則 자주屢 적중中했다."

서庶는 가깝다近이니, 도에 가깝다는 말이다. 누공屢空은 곡식 함匱이 자주 비었다는 것이니, 가난 때문에 마음이 흔들리지 않고 부를 구하지 않았기 때문에 곡식 함이 자주 비었다는 말이다. 안회는 도에 가깝고, 또 가난을 편하게 여길 수 있었다는 말이다. 명命은 천명天命을 말한다. 화식貨殖은 재화를 불린 것이다. 억億은 생각하여 헤아리는 것意度이다. 자공은 안자의 안빈낙도安貧樂道만은 못하였지만 그 재주와 식견이 밝아 역시 일을 잘 헤아릴 수 있어 적중할 때가 많았다는 말이다. 〈주자〉

안회는 거의 성인의 도에 근접하여 비록 자주 공궤空匱하였지만, 즐거움이 그 가운데 있었다. 자공은 교명敎命을 받지 못하여(공자의 명을 받지 못한 것을 말한다), 오직 재화만 증식하고, 시비를 억측하여 헤아렸다. 대개 안회를 찬미하고, 자공을 권면한 것이다. 〈하안〉

다산: 루屢는 자주數이다(형병), 공空 궁핍窮이다. 귀貴하지 않으면서도 부유함을 추구하는 것이 천명을 받지 않는 것이다. 판매를 화貨라 하고 (재물의 변화), 종축種畜을 식殖이라 한다(생물의 번식). 안회의 병통은 누공屢空에 있고, 자공의 병통은 화식貨殖에 있었는데, 그가 억측하면 자주 적중하는 것 또한 하나의 하자—疵였다. 여섯 사람 중에서 오직 '기서호其庶乎' 세 글자만 허가하는 말이고, 나머지는 모두 폄사貶辭이다.

- 屢루는 尸(주검 시)+婁(별이름 루)의 형성자로 여러 자주簞瓢屢空, 屢次, 번거롭다日進豈厭屢, 빠르다屢豊年의 뜻이다.

- 空공은 穴(구멍 혈)+工(장인 공)의 회의자로 공구로 파서 만든 굴의 공간을 말한다. 다하다杼柚其空, 근거 없다皆空語無事實, 크다在彼空谷, 허심한 모양空空如也, 실체가 없음空者理之別目, 곤궁하다不宜空我師 등으로 쓰인다.

- 貨화는 貝(조개 패)+化(될 화)의 회의자로 재화(돈값을 지닌 모든 물건의 총칭: 不貴難得之貨), 물품(日中爲市 致天下之民 聚天下之貨 交易而退), 뇌물을 주다曹伯之豎侯獳貨筮史, 팔다今遂有貨者 등으로 쓰인다.

- 殖식은 歹(부서진 뼈 알)+直(곧을 직)의 형성자로 시신이 벌레 먹다蝕, 육체의 기름 등이 썩다가 원뜻이다. (자손, 초목, 식물 등이) 불어나다, (재산을) 불리다不殖貨利, 심다農殖嘉穀, 세우다, 바르다殖殖其庭. 화식貨殖이란 재물을 늘림(재산을 불림), 상인商人, 재물 또는 상품을 말한다.

- 億억은 人(사람 인)자와 意(뜻 의)자가 회의자로 사람이 많은 생각을 한다, 무수히 많다, 숫자 단위인 억을 말한다. 혹은 사람人의 마음意에 들다는 뜻으로 사람이 마음으로 만족하는 최고의 숫자라는 뜻이다. 『설문』이 나왔을 당시에는 최고의 숫자를 10만이라고 했지만, 청나라의

단옥재는 주석에서 1억이라 했다. 억億, 많은 수, 편안하다, <u>추측하다</u>
<u>(미루어 생각하여 헤아리다)</u>, 고구하다, 아!(감탄사) 등으로 쓰인다.

11.19 子張이 問善人之道한대 子曰 不踐迹이나 亦不入於室이니라
자 장　　문 선 인 지 도　　자 왈 불 천 적　　역 불 입 어 실

자장子張이 선인의 도善人之道를 묻자묻, 공자께서 말씀하셨다.
"자취迹를 밟지 않고不踐, 또한亦 방에於室 들어가지 못한다不入."

선인은 인仁을 실천하고자 하지만, 아직 배움에 뜻을 두지 않는 자이다. 인을 실천하고자하기에 비록 완성된 법도成法를 밟지 않지만, 악에 빠지지도 않는다. 자기 안에 (선을) 지니고 있지만, 배움으로 말미암지 않기 때문에 자연히 성인의 방에는 들어갈 수 없다. 〈장재〉

한자 해설

- **善**선은 "길상吉한 것으로 의롭고義 아름다운 것美이다"(『설문』). 착하다 聞一善言 見一善行, 좋다(아름답다, 훌륭하다, 상서롭다, 상쾌하다, 긴밀하다, 솜씨가 좋다), 좋아하다施民所善, 잘하다惟截截善諞言, (알맞게, 교묘하게, 가락 맞게, 크게, 자주)하다. 좋은求善賈而沽諸, 많다(풍성하다: 善歲), 닦다善刀, 선인禁姦舉善, 선행積善之家, 좋다고 하다, 착하게 하다, 다스리다 窮則獨善其身, 성공善敗, 소중히 여기다善日者王 善時者霸). **주자:** <u>선인善</u><u>人</u>은 바탕이 아름답지만, 아직 배우지 않은 사람質美而未學者也이다. **다산:** 선인의 도善人之道는 곧 사람을 가르치는 방법即敎人之術이다(선善은 '세상을 선하게 하다善世.'라고 할 때의 선善과 같이 읽어야 한다). 하학상달下學上達 은 문門을 경유하고 계단을 한 계단 두 계단 올라 이에 그 당堂에 오름으로써 실室에 들어간다(실室이란 오묘한 이치를 깨달아 신묘함에 들어간 경지精 義入神之地이다).

- **踐**천은 足(발 족)+戔(쌓일 전)의 회의자로 발로 디디다毋踐屨, <u>따르다</u>不踐

44

迹, 걸어가다經宜陽而東踐, 이행하다不足以踐禮, 오르다踐其位, 차리다邊
豆有踐 엷다有踐家室 등으로 쓰인다.

- 跡적은 足(발 족)+亦(또 역)의 형성자로 발자국將皆必有車轍馬跡焉, 족적
足跡, 흔적畫空而尋跡, 뒤를 밟다自然遭跡捕 등을 의미한다. **정자**: 천적踐
跡은 길을 따르고 바퀴자국을 지켜간다는 말과 같다. **다산**: 천적踐迹은
옛 자취를 따르면서, 엽등하지 않는 것을 말한다.

11.20 子曰 論篤을 是與면 君子者乎아 色莊者乎아
자 왈 논 독   시 여   군 자 자 호   색 장 자 호

공자께서 말씀하셨다. "언른論이 독실篤함, 이것是만으로 허여與한다면,
군자일까君子者乎, 얼굴빛色만 장엄한 자일까莊者乎?"

다만 그 언론이 독실한 것으로만 허여한다면, 그가 군자인지, 외모한 장엄
한 사람인지, 알지 못하겠다는 말씀이다. 말과 외모로 사람을 취해서는 안
된다는 뜻이다. 〈주자〉

한자 해설

한유: 론論이란 토론討論이다. 독篤은 극진함極이다. 시是는 이것此이다.
성인의 도를 극진히 토론함으로써 자장을 경계한 것이다

다산: 논독論篤은 언론이 독실한 것이다(주자가 말했다). 여與는 허여許이다.
군자는 표리가 한결같은 사람이다. 색장色莊은 외모는 장엄하나, 내면
은 나약한 자이다. '그 말만 듣고 가벼이 허여하면, 그가 몸소 실천하
는 자인지 외모만 꾸미는 자인지 나는 알지 못하겠다'는 말이다.

- 論론은 言(말씀 언)+侖(둥글 륜: 책을 모아 읽고, 생각하여 정리하는 일)의 형성자
로 여러 사람과 의견을 교환하며 정리하여, 말하다, 논의論議하다(시비
를 따지고 말하다), 평정하다, 언론言論, 용어, 논어의 준말, 문체 이름, 순
서에 따라 배열하다, 연구하다, 조사하다 등의 뜻이다. 또한 조리, 도

리, 무리 등과 같이 명사로도 쓰인다.

- 篤독은 竹(대 죽)+馬(말 마)의 형성자로 말이 천천히 안정적으로 걸을 때 나는 말발굽 소리로 도탑다, 진심이 깃들어 있다, 전일하다, 견실하다, 감독하다, 위독하다, 고생하다, 매우, 몹시 등으로 쓰인다.
- 莊장은 艸(풀 초)+壯(씩씩할 장)의 회의자로 풀이 무성히 자라다, 장중하다, 장엄하다, 엄숙하다, 공경하다, 엄정하다 등의 뜻이다.

11.21 子路問 聞斯行諸잇가 子曰 有父兄이 在하니
　　　　자 로 문 문 사 행 저　　　자 왈 유 부 형 　재

如之何其聞斯行之리오 冉有問 聞斯行諸잇가
여 지 하 기 문 사 행 지　　염 유 문 문 사 행 저

子曰 聞斯行之니라 公西華曰 由也問聞斯行諸어늘
자 왈 문 사 행 지　　공 서 화 왈 유 야 문 문 사 행 저

子曰 有父兄在라하시고 求也問聞斯行諸어늘
자 왈 유 부 형 재　　　　구 야 문 문 사 행 저

子曰 聞斯行之라하시니 赤也惑하여 敢問하노이다
자 왈 문 사 행 지　　　　적 야 혹　　　감 문

子曰 求也는 退故로 進之하고 由也는 兼人故로 退之호라
자 왈 구 야　퇴 고　진 지　　유 야　겸 인 고　퇴 지

자로子路가 물었다問. "(의義를) 들으면聞 곧斯 행해야 합니까行諸?" 공자께서 말씀하셨다. "부형이有父兄 계시는데在, 어찌如之何 그其 들었다고 聞 곧斯 행하겠는가行之?" 염유冉有가 물었다問. "(의義를) 들으면聞 곧斯 행해야 합니까行諸?" 공자께서 말씀하셨다. "(의義를) 들으면聞 곧斯 행해야 한다行之." 공서화公西華가 (물어) 말했다曰. "유가由也 들으면聞 곧斯 행해야 합니까行諸? 하고 묻자問, 부형이有父兄 계시다在고 하시고, 구가求也 들으면聞 곧斯 행해야 합니까行諸? 하고 묻자問, 선생님子께서 는 들으면聞 곧斯 행해야 한다行之고 말씀하셨습니다曰. 저는赤也 의혹惑되어, 감히 묻습니다敢問." 공자께서 말씀하셨다. "구는求也 물러나기退

때문故에 나아가게 했고進之, 유는由也 남보다 나으려고兼人 하기 때문故
에 물러나게 했다退之."

성인께서 한 사람은 나아가게 하고, 한 사람은 물러나게 하셨으니, 의리 가
운데 단속함으로써 지나치거나 모자랄 우려가 없도록 하신 것이다. 〈장경부〉

공자의 인재 양성법의 핵심은 인재시교因材施教, 즉 개개인의 특성과
재질에 따라 교육을 달리한다는 원칙이다. 즉 공자는 제자들에게 획일
적으로 지식을 주입시킨 것이 아니라, 재질과 그릇에 따라 적절하게 이
끌면서 중용中庸을 실천할 수 있도록 했다. 그래서 '겸인兼人'하여 과도하
게 나서려 했던 자로는 뒤로 물러나게 하고, 유약하여 미치지 못하던 염
유에게는 앞으로 나아가도록 지도하여, 중용을 취하도록 이끌었던 것이
다. 중국의 알리바바의 마윈馬雲 회장은 공자의 교육철학을 경영에 원용
하여, 다음과 같이 말했다.

각각의 인재가 가진 장점을 먼저 발굴하는 것이 중요합니다. 부하를 비판
하기란 쉽습니다. 하지만 그 전에 그 직원이 가진 장점부터 알아야 하고,
그것을 인재 양성의 기초로 삼아야 합니다. 피터 드러커는 '조직의 목적은
평범한 사람이 비범한 일을 하도록 만드는 데 있다.'고 말했습니다. 그런데
도 많은 리더는 자기 밑에 유능한 직원이 없다는 말을 달고 다닙니다. 뛰
어난 지도자는 우선 우수한 인재를 자기한테 끌어들여야 하지만, 한편으
로는 평범한 사람을 평범하지 않은 사람으로 키워낼 수 있어야 합니다.

이러한 알리바바의 마윈 회장이 강조하는 리더십은 손오공, 저팔계,
사오정이라는 3인 3색 구성원들을 큰 도량으로 품고 뚜렷한 방향을 제
시해 최종 목표를 달성해내는 삼장법사 리더십의 현대판이라고 말하는
데, 그것은 곧 공자의 교육 방법이었다.

- 斯사는 其(그 기)+斤(도끼 근)의 회의자로 가차되어 지시대명사 '여기', 쪼개다, 떨어지다, 희다, 천하다, 모두罪人斯得, 곧, 이에 곧如知其非義斯未己矣으로 쓰인다. **신안 진씨**: (여기서) 사斯 자는 매우 요긴하다. '이 사람이 이에 황의 극을 주리라如時人斯其惟皇之極'(『서경』「주서, 홍범」)에서 斯와 같은 것으로, 즉차卽此(이에 곧)라는 두 글자의 의미가 斯에 있다.

- 退퇴는 辶(갈 착)+艮(어긋날 간)의 회의자로 뒤로 물러나다賓三退負序, 옮기다以袂拘而退, <u>소극적으로 행동하다</u>, 쇠약해지다外強火未退 中銳金方戰, 줄이다退食自公, 그치다退嗜慾, 빛깔이 변함退色 등으로 쓰인다.

- 兼겸은 禾(벼 화)+禾+又(또 우: 손)의 결합으로 손에 여러 개의 벼를 움켜쥔 모습으로 겸하다, 아우르다, 두 배, 다하다, 모두의 뜻이다. **겸인**兼人이란 능력이 다른 사람의 두 배가 됨 혹은 다른 나라를 합병하는 것을 말한다兼併. **주자**: 겸인兼人은 남을 이기는 것을 말한다謂勝人也. **다산**: 겸인兼人은 한 사람이 두 사람의 짐을 드는 것이니, 이른바 겸인의 용기이다. 염유는 (스스로) 한계를 지웠으니畫, 스스로 물러난 자이다. 자로는 들음이 있었는데 아직 행하지 못했으면 오히려 더 들음이 있을까 염려하였으니, 겸인자이다(진퇴에 용감하여, 다른 사람의 두 배가 된 것을 말한다).

11.22 子畏於匡하실새 顏淵이 後러니 子曰 吾以女爲死矣라호라
　　　　자 외 어 광　　　안 연 후　　　자 왈 오 이 여 위 사 의

曰 子在어시니 回何敢死리잇고
왈 자 재　　　회 하 감 사

공자子께서 광 땅에서於匡 두려운畏 일을 당하셨을 때, 안연顏淵이 뒤쳐져後 왔다. 공자께서 말씀하셨다. "나吾는 네가以女 죽은 것으로 알았다爲死矣." (안연이) 말했다曰. "선생님子께서 살아계신대在, 제回가 어찌何 감敢히 죽겠습니까死?"

여기서 안회의 언명은 자신이 싸워서 공자를 보호했다고 말하지 않고, 겸손하게 "선생님께서는 염려하지 마십시오. 저는 불필요한 데에서 과감하게 싸우지 않습니다."라 하였다. 이는 한편으로는 그의 노고를 자랑하지 않은 것이며, 한편으로는 공자의 마음을 안심시킨 것으로 참으로 군자다운 말이라고 하겠다.

'후後'는 서로 잃어버렸을 때 뒤쳐졌음을 말한다. '하감사何敢死(어찌 과감果敢히 죽겠느냐?)'는 전투에 나아가되 죽기를 기필하지는 않는다는 말이다. 〈주자〉

어버이께서 살아계시면 자식은 과감하게 몸을 가벼이 하거나, 환난에서 함부로 행하지 않는다. 안회는 나를 아비처럼 보았다回也視予猶父고 했듯이, 자식의 도리를 했다. 안회는 이미 공자께서 위해를 모면하고, 샛길을 따라 몸을 피해 광인들의 칼날에 부딪치지 않았다는 것을 알았기 때문에 어찌 과감히 죽겠습니까? 라고 말한 것이다. 〈다산〉

한자 해설
- 畏외는 가면을 쓴 귀신의 형상으로 겁을 내다永畏惟罰, 꺼리다魚不畏網, 경외畏天命, 심복하다畏而愛之, 삼가고 조심하다子畏於匡, 두려움君子有三畏, 조문하지 않는 죽음死而不弔者三 畏厭溺 등으로 쓰인다.

11.23 季子然이 問 仲由冉求는 可謂大臣與잇가
계 자 연 문 중 유 염 구 가 위 대 신 여

子曰 吾以子爲異之問이러니 曾由與求之問이로다
자 왈 오 이 자 위 이 지 문 증 유 여 구 지 문

所謂大臣者는 以道事君하다가 不可則止하나니
소 위 대 신 자 이 도 사 군 불 가 즉 지

今由與求也는 可謂具臣矣니라 曰 然則從之者與잇가
금 유 여 구 야 가 위 구 신 의 왈 연 즉 종 지 자 여

子曰 弑父與君은 亦不從也리라
자 왈 시 부 여 군 역 부 종 야

계자연季子然이 물었다問. "중유仲由와 염구冉求는 대신大臣이라고 평가할 만합니까可謂與?" 공자께서 말씀하셨다. "나吾는 그대가以子 특이한 질문異之問을 할 것으로 여겼는데爲, 곧曾 중유仲由와 염구冉求에 관한 질문이군요之問. 이른바所謂 대신大臣이란 도리로以道 임금을 섬기다가事君 할 수 없으면不可則 그만둔다止. 지금今 자로와 염구는由與求也 구신具臣(신하의 수나 채우는 신하)이라고 할 수 있습니다可謂具臣矣." (계자연이) 말하였다曰. "그렇다면然則 측종만 하는 자從之者들입니까與?" 공자께서 말씀하셨다. "아비와 임금父與君을 시해弑하는 것은 또한亦 측종하지 않을 겁니다不從也."

계씨는 권력을 전횡하여 참람히 훔쳤는데, 두 사람이 그 집안에 벼슬하면서 바로 잡을 수 없었고, 바로 잡는 것이 불가능하다는 것을 알면서도 그만 둘 수 없었으니, 구신具臣이라 할 수 있다. 이때 계씨는 이미 임금을 업신여기는 마음을 지녔기 때문에, 그가 인재를 얻은 것을 스스로 대답하게 여기고, 그들이 자기를 따르게 할 수 있다고 여겼다. 그래서 '어버이와 임금을 시해하는 일은 또한 추종하지 않을 것이다.'라고 말씀하셨다. 〈윤돈〉

한자 해설

주자: 이異는 일상적이지 않다非常이다. 증曾은 이에乃와 같다. '도로써 임금을 섬긴다以道事君'는 것은 임금을 맹목적으로 추종하지 않는 것이고, '할 수 없으면 그만둔다不可則止'는 것은 자기의 뜻을 반드시 실행함이다. 구신具臣이란 신하의 숫자를 채우는데 불과하다는 말이다. 두 사람이 대신大臣이 아니라면, 계씨가 하는 일의 추종자일 뿐이라고 생각한 것이다. 두 사람이 비록 대신의 도리에는 부족하지만 군신의 의리는 익히 들었기에, 시역弑逆의 큰 변고에서는 반드시 따르지 않을 것이라는 말씀이다.

다산: '종지從之'는 두 사람이 오직 섬기는 대상의 뜻에 순종하고 받들기
만 한다는 말이다. 공안국이 말하길 '두 사람이 비록 그 주군을 추종
하지만, 또한 대역大逆을 저지르는 일에는 참여하지 않을 것임을 말한
것이다.'고 했다.

- 臣신은 임금 앞에 엎드려 있는 사람의 상형자로 신하事君不貳 是謂臣,
섬기다諸侯臣伏, 신하로서의 직분을 다하다君君臣臣, 하인臣妾逋逃, 포
로臣則左之, 백성率土之濱 莫非王臣, 신하의 자칭朔初來 上書日 臣朔 少失父
母, 무엇에 종속되는 것 등으로 쓰인다.

- 異이는 기이한 가면을 쓴 사람으로 일반인들은 하지 않는 기이한 행동
을 하는 것을 말한다. 다르다, 괴이하다, 특별하다의 의미이다.

- 曾증은 그릇을 포개 놓은 것甑으로 중첩하다는 뜻이지만, '일찍'으로
가차되었다. 원뜻은 瓦(질그릇 와)를 더해 甑이 되었다. 일찍이未曾有, 날
아오르다, 겹치다, 깊다, 어찌鳴呼曾謂泰山不如林房乎, 이에(곧: 爾何曾比
不如於管仲), 두 대를 건너뛰다, 더하다.

- 具구는 鼎(솥 정→貝)+廾(두 손으로 받들 공)의 회의자로 솥을 양손으로 받
들고 있는 모습으로 갖추다, 구비具備하다, 온전하다, 모두, 일일이, 차
림, 도구, 설비, 기량(技倆·伎倆)등의 의미이다. 구신具臣이란 수효數爻나
채우는 신하로서 신하의 자격은 갖추었으나 대신은 못 된다는 뜻이다.

- 弒시는 殺(죽일 살)+式(법식)의 형성자로 윗사람을 죽이다弒害, 엿보다는
뜻이다.

11.24 子路使子羔로 爲費宰한대 子曰 賊夫人之子로다 子路曰
　　　　 자로사자고　　 위비재　　 자왈 적부인지자　　 　자로왈

有民人焉하며 有社稷焉하니 何必讀書然後에 爲學이리잇고
유 민 인 언　　 유 사 직 언　　 하 필 독 서 연 후　 위 학

子曰 是故로 惡夫佞者하노라
자왈 시고　 오부영자

자로子路가 자고子羔를 비費땅의 읍재宰費로 삼자使爲, 공자子께서 (자로에게) 말씀하셨다曰. "남의 자식夫人之子(자고)을 해치는구나賊." 자로子路가 말했다曰. "백성民人이 있고有 사직社稷이 있는데有焉, 어찌 반드시何必 책 읽은讀書 연후然後에야 학문하는 것爲學이라 하겠습니까?" 공자子께서 말씀하셨다. "이런 까닭是故에 지 말 잘하는 것夫佞者을 미워惡하느니라!"

자고는 타고난 재질이 아름다웠지만 아직 배움이 충실하지 못했지만, 자로는 성급하게 읍재가 되게 했다. 즉 자고는 근본이 아직 정립되지 않았는데도 실무에 종사하게 되었기 때문에, 공자께서 "남의 자식을 해치는구나!"라고 탄식했던 것이다.

백성을 다스리는 것과 사직을 모시는 것 역시 배움이라고 할 수 있다. 그러나 먼저 독서를 통해 과거의 사례를 익혀 일을 처리하고, 시비선악을 구분할 수 있는 능력을 함양한 연후에 실무에 종사해야 한다. 그런데 자로의 말대로 이러한 배움 없이 개인의 능력만을 보고 성급하게 실무에 종사한다면, 개인의 총명만을 믿고 자의적으로 일을 처리하여 수많은 시행착오를 가져올 수 있다. 그래서 공자께서 깊이 힐난했다

한자 해설

다산: 형병이 말하길 '저 남의 아들夫人之子은 자고子羔를 지칭한다.'고 했다(보충하여 말하면, 부인夫人은 인人이다).

• 賊적은 貝(조개 패)+戎(병기 융)의 회의자로 창을 들고 무력으로 재물을 강탈했다는 뜻이다. 도둑, 도둑질, 역적, 사악한, 나쁜, 해치다, 학대하다는 뜻이다. **주자**: 賊은 해치는 것害이다.

• 社사는 示(보일 시)+土(흙 토)의 회의자로 토지 신社 所以神地之道也, 제사 이름擇元日命民社, 단체(25호戶의 자치 단체), 동지, 벗 등을 뜻한다.

• 稷직은 禾(벼 화)+畟(날카로울 측)의 회의자로 기장彼稷之苗), 오곡의 신祭 社稷五祀五嶽, 농관農官(稷 田正也), 빠르다旣齊旣稷 등으로 쓰인다.

52

11.25 子路曾晳冉有公西華侍坐러니 子曰 以吾一日長乎爾나
❶ 자로증석염유공서화시좌　　　　자왈 이오일일장호이

毋吾以也하라 居則曰 不吾知也라하나니 如或知爾이면 則何以哉오
무오이야　　거즉왈 불오지야　　　　　여혹지이　　즉하이재

자로子路, 증석曾晳, 염유冉有, 공서화公西華가 (공자를) 모시고 앉아 있었
는데侍坐, 공자께서 말씀하셨다. "내吾가 너희들보다乎爾 (나이가) 하룩
라도一日 많다以長고 해서, 나 때문에吾以 (말하기를 어려워難言) 마라
毋. 평소에居則 말하길曰 '나吾를 알아주지 않는다不知也'고들 하는데, 만
일如 누군가或가 너희들을 알아준다면知爾則, 무엇何으로 쓰여지겠는가何
以哉?"

너희들은 내가 어른이라 하여 대답하기를 어려워 말라. 너희들은 평소 사
람들이 자기를 알아주지 않는다고 말하였다. 만일 너희들을 등용하는 자
가 있다면, 어떻게 정치를 하겠는가?'라는 말이다. 〈공안국, 다산〉

내가 비록 나이가 너희들보다 좀 많기는 하지만, 너희들은 나를 나이가 많
다고 해서 말하기를 어려워하지 말라. 너희들이 평소에 사람들이 나를 알
아주지 않는다고 말하는데, 만약 누군가가 너희들을 알아준다면, 너희들
은 장차 무엇으로 쓰여 지겠는가? 하는 말씀이다. 〈주자〉

한자 해설

• 侍시는 人(사람 인)+寺(절 사)의 회의자로 높은 분을 모시다, 받들다, 시
중들다, 기르다, 부탁하다, 기다리다, 대기하다, 권하다, 맡다, 관장하
다, 진언하다, 따르다, 수행하다, 시중드는 사람으로 쓰인다.

• 爾이는 아름답게 빛나는 꽃 혹은 누에가 뽑아낸 실의 모습에서 성대하
다는 뜻이었는데, 상대자를 부르는 말棄爾幼志, 귀인에 대한 2인칭天保
定爾, 천한 자에 대한 2인칭爾汝, 그爾爲爾 我爲我 등으로 쓰인다.

11.25 ❷

子路率爾而對曰 千乘之國이 攝乎大國之間하여
자 로 솔 이 이 대 왈 천 승 지 국   섭 호 대 국 지 간

加之以師旅。 因之以饑饉이어든 由也爲之면
가 지 이 사 려   인 지 이 기 근   유 야 위 지

比及三年하여 可使有勇이오 且知方也게호리이다 夫子哂之하시다
비 급 삼 년   가 사 유 용   차 지 방 야   부 자 신 지

자로子路가 가볍고 갑작스럽게率爾而 대답하여 말하였다對曰. "천승의 나라千乘之國가 대국들 사이에乎大國之間 끼여攝, 군대의以師旅 침공을 받고加之, 거듭 잇달아因之 기근으로以饑饉 곤란을 겪어도, 제가由也 다스려爲之 3년三年에 다달으면比及 용기를 갖게有勇 하고, 또한且 방향方을 알 수 있도록使 하겠습니다可." 공자夫子께서 빙그레 웃으셨다哂之.

[한자 해설]

주자: 솔이率爾는 가볍고 갑작스런 모습輕遽之貌이다. 섭攝은 관속管束이다. 2,500인이 사師가 되고, 500인이 려旅가 된다. 인因은 잉仍(인하다, 거듭하다)이다. 곡식이 익지 않은 것을 기饑, 채소가 자라지 않는 것을 근饉이라 한다. 방方은 지향向이니, 의를 지향한다向義는 말이다. 백성이 의를 지향하면 능히 그 윗사람을 친애하고, 그 어른을 위해 죽을 수 있게 된다. 신哂은 미소微笑이다.

다산: 섭攝은 끌어서 잡음引持이다. 사려師旅는 군대가 일어나는 것軍興이다. 기근饑饉은 흉년歲儉이다. 가지加之는 이웃국가가 우리에게 군사로 공격하는 것鄰國加兵於我을 말한다. 비比는 이르다至와 같다. 방方이란 사람들이 향하는 것所嚮이다. 후재 풍씨가 말하길, '자로·염유가 모두 3년으로 끊은 것은 옛날에 3년에 한번씩 공적을 고과해 그 이루어 놓은 것을 검토했기 때문이다(공자 또한 3년이면 이룸이 있다고 하셨다).'고 했다.

• 率솔은 玄(검을 현←糸: 실타래)에 十(열 십)의 형성자로 본래 동아줄(綷: 동아줄 률)로 이끌다, 거느리다, 비율로 쓰인다. 거느리다(솔), 좇다, 소탈하다, 경솔輕率하다, 대강, 비율(율), 제한, 우두머리(수), 장수將帥 등으로 쓰인다.

- 攝섭은 手(손 수)+聶(소근거릴 섭)의 회의자로 다스리다, 잡다, 가지다, 걷다, 돕다, 거느리다, 겸하다兼, 성내다, 빌리다, 추포追捕하다, 대신하다, 끼다, 당기다, 잡아매다, 두려워하다. 포함: 攝은 핍박迫이다.
- 旅려는 㫃(나부낄 언)+从(좇을 종)의 회의자로 군기㫃를 앞세운 병사들从의 편제를 말했지만, 군대는 이동하기 때문에 여행을 뜻했다. 나그네, 군대, 군중, 자제, 객지살이하다, 여행하다 등으로 쓰인다.
- 饑기(주리다=飢)는 食(밥식)+幾(드물 기)의 형성자로 주리다寧─月饑, 흉년五穀不收 謂之饑 등으로 쓰인다.
- 饉근은 食(먹을 식)+堇(노란 진흙 근)의 형성자로 주리다, 흉년 들다, 흉년, 기근飢饉·饑饉 등으로 쓰인다.
- 方방은 쟁기로 밭을 갈면 올라오는 흙덩이에서 사방, 나라, 지방, 방향, 방정, 정직, 입방, 방법 등으로 쓰인다.

11.25
❸
求아 爾는 何如오 對曰 方六七十과 如五六十에 求也爲之면
구 이 하여 대왈 방육칠십 여오륙십 구야위지
比及三年하여 可使足民이어니와 如其禮樂엔 以俟君子호리이다
비 급 삼 년 가 사 족 민 여 기 예 악 이 사 군 자

"구求야, 너爾는 어떠하냐何如?" (염유가) 대답하였다對曰. "사방方 육六
~칠 십七+리 혹은如 오육십五六十리(의 작은 나라)를 제가求也 다스린
다면爲之 3년에三年 이르러比及, 백성民들을 넉넉足하게 하겠으며可使, 그
예악其禮樂의 경우如는 君子를 기다리겠습니다以俟."

한자 해설
공안국: 염유가 스스로 '능히 백성들을 넉넉하게 하겠다'고 말한 것은 '의
식을 풍족하게 할 수 있다.'는 말이다.
주자: 사방 육칠십 리는 작은 나라小國이다. 여如는 혹或과 같다. 족足은
부유하고 풍족한 것이다. '군자를 기다린다俟君子'란 자기가 할 수 있는

것이 아니라는 말이다. 염유는 겸양하여 물러남이 있는데다, 또한 자로가 웃음을 당하였기 때문에 그 말이 더욱 겸손하였다.

11.25
❹ 赤아 爾는 何如오 對曰 非曰能之라 願學焉히노이다 宗廟之事와
　　　적　이　하여　대왈　비왈능지　원학언　　　　종묘지사
如會同에 端章甫로 願爲小相焉하노이다
여　회　동　단　장　보　　원위소상언

"적赤아! 너爾는 어떠하냐何如?"(공서화가) 대답하여 말하였다對曰. "능히 할 수 있다能之고 말하는 것은 아니지만非曰, 배우기學를 원합니다願焉. 종묘의宗廟之 일事(=祭祀)이나 혹은如 (제후들의) 회동會同 때 현단복端을 입고 예관章甫을 쓰고, 소상小相이 되기를 원합니다願爲焉."

한자 해설

주자: 종묘宗廟의 일이란 제사祭祀를 말한다. 제후가 때때로 알현하는 것을 회會라 하고, 여럿이 알현하는 것을 동同이라 한다. 단端은 현단복玄端服이다. 장보章甫는 예관禮冠이다. 상相은 임금의 예식을 돕는 자이다. 소小라고 말한 것 역시 겸양하는 말이다.

다산: 소상小相은 『주례』의 소종백小宗伯과 같은 것으로 제사에서 임금을 도와 예를 진행하고 빈객에게는 임금을 도와 빈상이 된다. 상相이란 돕다佐이다.

• 端단은 立(설 립)+耑(시초 단)의 형성자로 이파리가 앞으로 곧게 뻗어 나가는 모습에서 시초, 바르다는 뜻이다. 바르다必端平, 바르게 하다以端其位, 가장자리執其兩端, 실마리剛柔淸濁 各有端序, 처음仁之端也, 근본天下之大端, 포백布帛 길이, 주周대의 조복朝服:其齊服有 玄端素端 등으로 쓰인다.

• 章장은 본래 도구로 표식을 새겼다는 뜻인데, 문채維其有章矣, 악곡·시문詩文의 한 단락讀樂章, 문장下筆成章, 조목約法三章耳, 규정政令者氣之章, 표징變前之大章, 밝다章民之別, 은殷의 관 이름章甫 등으로 쓰인다.

- 相상은 木(나무 목)＋目(눈 목)의 회의자로 나무를 바라보다에서 자세히 보다, 관찰하다는 뜻이었는데, 나무와 눈의 대치 관계에서 '서로'라는 뜻을 나왔다. 서로, 바탕, 도움, 보조자, 시중드는 사람, 접대원, 담당자, 정승, 모양, 형상, 방아타령, 악기 이름, 자세히 보다, 돕다, 다스리다, 이끌다, 빌다(양) 등으로 쓰인다.

11.25
⑤

點점아 爾이는 何하如여오 鼓고瑟슬希희러니 鏗갱爾이舍사瑟슬而이作작하여 對대曰왈

異이乎호三삼子자者자之지撰선이이다 子자曰왈 何하傷상乎호리오 亦역各각言언其기志지也야니라

曰왈 莫모春춘者자에 春춘服복이 旣기成성이어든 冠관者자五오六륙人인과 童동子자六육七칠人인으로

浴욕乎호沂기하여 風풍乎호舞무雩우하여 詠영而이歸귀호리이다

夫부子자喟위然연歎탄曰왈 吾오與여點점也야하노라

"점點아! 너爾는 어떠하냐何如?" (대답을 생각하여) 슬 타기鼓瑟를 늦추고希, 댕그랑하며鏗爾 슬瑟을 놓고舍而 일어나作 대답하여 말했다對曰. "세 사람이三子者之 갖춘 것撰과 다릅니다異乎." 공자께서 말씀하셨다. "무엇何이 해롭겠는가傷乎? 또한亦 각자各 그 뜻其志을 말했다言也." (증석이) 말하였다曰. "늦은 봄莫春者에 봄옷春服이 이미旣 완성成되면, 어른冠者 대여섯 사람六人과 어린 이童子 예닐곱 사람六七人과 함께 기수에서乎沂 목욕浴하고, 무우에서乎舞雩 바람風을 쐬고, 시를 읊으며詠而 돌아오겠습니다歸." 공자夫子께서 크게喟然 감탄歎하며 말씀하셨다曰. "나吾는 점點과 함께 하겠다與也."

증점의 학문에는 대개 저 인욕人欲이 다 없어진 곳人欲盡處에 천리가 유행하여天理流行 가는 곳마다 충만하여 조금의 흠결도 없는 것을 봄見이 있는

듯하다. 그러므로 그 움직이거나 가만히 있을 때其動靜之際에 차분하고 침착함從容이 이와 같았다. 세 사람이 말단적인 일을 하는데 얽매여 있는 것과 견주어 보면, 그 기상氣象이 같지 않다. 그래서 공자께서 탄식하며 깊이 허여하셨다. 〈주자〉

주생렬이 말하길, '증점만 홀로 때를 안 것을 좋게 본 것이다.'고 했다(형병이 말하길, '세 사람은 때를 살피지 못하고 뜻이 정치하는 데에 있었지만, 오직 증석만이 홀로 능히 때를 알고 있었다.'고 했다). 〈다산〉

주자: 희希는 간헐間歇이다. 작作은 일어섬起이다. 찬撰은 갖춤具이다. 모춘暮春은 온화하고 따스한 때和煦之時이다. 춘복春服은 홑옷과 겹옷單袷之衣이다. 욕浴은 씻는 것盥濯이니, 오늘날 상사上巳일의 불제祓除가 그것이다. 기沂는 강 이름이다. 풍風은 시원한 바람을 쐬는 것乘涼이다. 무우舞雩는 하늘에 제사하여 비를 비는 곳으로 제단과 수목이 있다. 영詠은 노래歌이다.

다산: 희希란 소략疏 · 미세微이다. 갱鏗이란 슬을 놓는 소리이다. 찬撰은 진열陳列이다(음식을 진열하는 것을 일러 찬饌이라 한다). 포함이 말하길, 모춘莫春이란 계춘季春 3월이다. 춘복春服은 가볍고 시원한 누빈 옷이다. 욕浴은 몸을 씻는 것洒身이다.(『설문』) 무우舞雩는 우제를 지내며 춤추던 곳이다. 여與는 허여許이다.

• 希희는 巾(수건 건)+爻(효 효)의 회의자로 천巾에 새긴 자수爻로 비쌌기 때문에 바라다, 동경憧憬하다, 희망希望하다, 사모思慕하다, 앙모仰慕하다, 드물다, 성기다(疎: 물건의 사이가 뜨다), 적다(=少) 등의 뜻이다.

• 鏗갱은 金(쇠 금)+堅(굳을 견)의 회의자로 금옥의 소리, 거문고 타는 소리, 종 따위를 치다, 기침 하는 소리, 거문고 등 악기타는 것을 말한다.

• 撰찬은 手(손 수)+巽(공손할 손)의 회의자로 많은 것을 모아서 가지런히 하는 것으로 시문을 지음探撰前紀, 품음結撰至思, 갖추어진 것, 일天地之

撰, 만들다, 가리다撰良辰而將行, 화폐 이름 등으로 쓰인다. **공안국**: 撰은 갖추다具이다. **다산**: 撰찬과 譔찬은 통하는데, 선유들은 논찬論譔 혹은 찬술撰述이라고 했으니, 그 본뜻이 명확하지 않다. 음식을 진열하는 것을 찬饌이라 하니, 언사를 진열하는 것을 찬撰이라 했는데, 옛날의 이른바 해성諧聲이다

- 暮모는 莫(없을 막)+日(해 일)의 회의자로 풀숲에 해가 잠기는 모습으로 저물다, 늦다, 늙다, 노쇠하다, 밤, 저물녘, 해질 무렵, 끝, 마지막 등으로 쓰인다.

- 春춘은 日(해 일)+艸(풀 초←屯: 새싹)의 회의자로 봄 햇살을 받고 올라오는 새싹과 초목을 그려, 봄과 젊음을 말했다.

- 浴욕은 水(물 수)+谷(골짜기 곡: 물줄기)의 회의자로 계곡물에 '목욕하다'라는 뜻이다. **다산**: 물놀이하고 때를 씻는 것 또한 욕浴이라고 할 수 있는데, 하필이면 온 몸을 물에 넣어야만 바야흐로 욕浴이라고 하겠는가?

- 舞무는 無(없을 무)+舛(어그러질 천)의 회의자로 무용하다不知足之蹈之 手之舞之, 기뻐서 깡충깡충 뛰다百獸率舞, 무용樂容曰舞, 고무하다鼓之舞之以盡神, 종鐘의 윗부분鉦上謂之舞 등으로 쓰인다.

- 雩우는 雨(비 우)+亏(=于: 어조사 우)의 형성자로 기우제祈雨祭, 기우제를 지내다龍見而雩, 춘추필법(기우제를 지내어 비가 내리면 雩 자를 쓰고, 안 내리면 한旱 자를 씀), 무지개, 우무羽舞, 땅 이름(하남성河南省 수현睢縣) 등으로 쓰인다.

- 詠영은 言(말씀 언)+永(길 영)의 형성자로 시가를 읊다搏拊琴瑟以詠, 사물에 빗대어 노래하다則文詠物以行之, 새가 노래하다耳悲詠時禽, 시가를 짓다夫令聞令望 詩人所作詠, 시가詩歌(絳以藻詠) 등으로 쓰인다.

- 喟위는 口(입 구)+胃(밥통 위)의 형성자로 한숨을 말한다.

- 歎탄은 難(어려울 난)+欠(하품 흠)의 회의자로 근심·걱정에 한숨을 내쉬는 모습이다. 탄식하다, 한탄하다, 읊다, 노래하다, 화답하다, 칭찬하다 등을 의미한다.

11.25 三子者出커늘 曾晳이 後러니 曾晳이 曰 夫三子者之言이
삼자자출   증석   후   증석   왈 부삼자자지언

6

何如하니잇고 子曰 亦各言其志也已矣니라
하여   자왈 역각언기지야이의

曰 夫子何哂由也시니잇고 曰 爲國以禮어늘 其言이 不讓이라
왈 부자하신유야   왈 위국이례   기언 불양

是故로 哂之호라 唯求則非邦也與잇가
시고   신지   유구즉비방야여

安見方六七十과 如五六十而非邦也者리오
안견방육칠십 여오륙십이비방야자

唯赤則非邦也與잇가 宗廟會同이 非諸侯而何오
유적즉비방야여   종묘회동   비제후이하

赤也爲之小면 孰能爲之大리오
적야위지소 숙능위지대

세 사람三子者이 나가고出, 증석曾晳은 뒤後에 남았다. 증석曾晳이 말했
다曰. "저夫 세 사람의 말三子者之言은 어떻습니까何如?" 공자께서 말씀
하셨다. "또한亦 각자各 그 뜻其志을 말했을 뿐이다言也已矣." (증석이)
말했다曰. "선생님夫子께서는 어찌何 자로由의 말에 웃으셨습니까哂也?"
(공자께서) 말씀하셨다曰. "나라國는 예로써以禮 다스리는데爲, 그 말其
言이 겸양讓하지 않았다不. 그런 까닭是故에 웃었다哂之." (증석이 물었
다.) "오직唯 구가 말한 것求則은 나라邦가 아닙니까非與?" (공자께서 말
씀하셨다.) "사방方 육칠십 리六七十 혹은如 오육십 리나 되는데五六十而
나라가 아닌 것非邦을 어디서 보겠는가安見也者?" (증석이 물었다.) "오
직唯 적이 말한 것赤則만이 나라가 아닙니까非邦也與?" (공자께서 말씀
하셨다.) "종묘宗廟의 제사와 제후들의 회동會同이 제후의 일이 아니고
非諸侯而 무엇何이겠는가? 적이赤也 작은 것을 한다면爲之小, 누가孰 능能
히 큰 것을 하겠는가爲之大?"

세 사람은 모두 나라를 얻어 다스리려 했기 때문에 공자께서 취하지 않
으셨다. 증점은 광자狂者이기 때문에, 아직 성인의 일을 반드시 할 수 있

는 없지만, 성인의 뜻은 알 수 있었다. 그래서 '기수에서 목욕하고 무우에서 바람을 쐬고 노래하며 돌아오겠다.'고 했으니, 즐거워하면서 마땅히 있어야 할 곳을 얻었다는 것을 말해준다. 공자의 뜻은 '늙은이는 편안하게 해 드리고, 친구는 미덥게 하고, 어린이는 품어주어 주는 데에 있었으니,(5.26) 만물로 하여금 그 본성을 완수하지 않음이 없게 하는 것이었다. 증점이 그것을 알았기 때문에 공자께서는 찬탄하시면서 나도 증점과 함께 하겠다고 하신 것이다. 〈정자〉

공자께서는 본래 나라를 다스리는 일을 질문하셨는데, 세 사람이 대답을 잘못한 것이 아니다. 증점이 논의를 다르게 한 것은, 시운時運이 비색否塞하여 세 사람의 말이 모두 허언이라는 것을 말한다. 부유함을 구할 수 없다면, 내가 좋아하는 것을 따를 것이기 때문에, 공자께서 좋게 여기셨다. 세 사람의 대답이 잘못된 것은 아니다. 〈다산〉

안연
顏淵

이 편은 인정仁政·명달明達, 군신君臣·부자父
子, 변혹辨惑·절옥折獄, 군자君子·문위文爲를
논했는데, 모두 성현의 격언格言으로 벼슬길로
나아가는 계단이다. 그러므로 「선진」의) 다음이
다. 〈형병〉

12.1 顔淵이 問仁한대 子曰 克己復禮爲仁이니 一日克己復禮면
안 연 문 인 자 왈 극 기 복 례 위 인 일 일 극 기 복 례

天下歸仁焉하나니 爲仁이 由己니 而由人乎哉이
천 하 귀 인 언 위 인 유 기 유 인 호 재 아

顔淵이 曰 請問其目하노이다
안 연 왈 청 문 기 목

子曰 非禮勿視하며 非禮勿聽하며 非禮勿言하며 非禮勿動이니라
자 왈 비 례 물 시 비 례 물 청 비 례 물 언 비 례 물 동

顔淵이 曰 回雖不敏이나 請事斯語矣로리이다
안 연 왈 회 수 불 민 청 사 사 어 의

안연顔淵이 인을 묻자問仁, 공자께서 말씀하셨다. "자기를 이기고克己 예에로 돌아가는 것復禮이 인이 된다爲仁. 하루라도一日 자기를 이기고克己 예에로 돌아가면復禮, 천하天下가 인仁하다고 허여歸할 것이다(인에 귀화할 것이다). 인을 행함爲仁은 자기로 말미암는 것由己이지, 남으로부터 말미암는 것由人이겠는가乎?" 안연顔淵이 말했다曰. "청請컨대, 그 조목其目을 묻습니다問." 공자께서 말씀하셨다. "예가 아니면非禮 보지 말고勿視, 예가 아니면非禮 듣지 말고勿聽, 예가 아니면非禮 말하지 말고勿言, 예가 아니면非禮 움직이지 말라勿動." 안연顔淵이 말했다曰. "제回가 비록雖 불민하지만不敏, 청請컨대 이 말씀斯言에 종사事하겠습니다."

이 장의 문답은 곧 심법心法의 핵심을 전수한 말이다. 지극히 밝지 않으면 그 기틀을 살필 수 없고, 지극히 강건하지 않으면 그 결단에 이를 수 없다. 그러므로 오직 안자만이 그것을 들을 수 있었으나, 모든 배우는 사람 또한 힘쓰지 않을 수 없는 것이다. 〈주자〉

인간과 금수의 차이는 무엇인가? 금수는 본능상 잔인殘忍하지만 인간은 본성상 측은惻隱해 할 줄 안다는 점에서 차이 나며, 그렇게 측은해 하는 감정의 근원이 본성에 갖추어져 있다는 것이 유교의 주장이다. 서양의 아리스토텔레스가 '인간은 이성적 동물이다.'고 했듯이, 유교는 "인간

은 (측은해할 줄 아는) 인仁한 동물이다."라고 정의한 셈이다. 이성적 동물로서 인간이 이성을 잘 발휘하기 위해서는 동물적 신체에서 유래하는 욕망을 잘 제어할 줄 알아야 한다. 그와 마찬가지로 신체적 욕망을 잘 극복하고, 인간 본성을 잘 실현해야 할 때 인간은 인간다운 존재가 되는 것이다.

인간 본성은 예로 대표되는 도덕규범의 실천을 통해 현실화된다禮者天理之節文. 따라서 인간의 본성인 인을 실현하는 것은 신체적 욕망을 조절하여, 도덕규범인 예를 회복하는 것이다. 이런 까닭에 공자는 "자기를 이기고 예에로 복귀하는 것이 바로 인이다."고 말했다. 여기서 '극복해야 할 자기'란 주로 이목구비에서 유래하는 신체적 욕망이다. 그래서 공자는 그 조목을 물었을 때에 예가 아니면 보거나 듣거나 말하거나 움직이지 말라고 했다. 그리고 인을 행함은 천명으로 우리 인간에게 주어진 본성을 실행하는 것이기에, 그 근거가 나에게 있는 것이지 남에게 있지 않다. 그래서 "인을 행함은 자기로 말미암는 것이지, 남으로부터 말미암는 것이겠는가?"라고 말하였다. 바로 이점에서 공자의 학문은 '자기를 정립하는 학문爲己之學'이지, 남에게 평가받는 상대적인 학문爲人之學'이 아니다. 이것이 바로 인과 극기복례에 대한 주자의 해석이다.

다산은 인이란 무엇인가에 대해서는 주자와 해석체계를 달리하지만, 극기克己에 대해서는 대체로 동의하고 있다. 다만 주자는 천리·인욕의 관점에서 극기를 해석했지만, 이에 비해 다산은 인심人心, 도심道心의 관점에서 해석했다.

공자가 말한 인의예지와 도덕의 관계를 살펴보면 다음과 같다. 인간됨의 도리로서 인仁은 도덕 행위의 근거가 되며, 의義는 인간의 도덕 행위의 동기가 되며, 예禮는 도덕 행위의 표준이다. 그리고 지智란 도덕행위의 근거와 동기 그리고 도덕의 표준을 아는 것으로 모든 도덕 행위를 가능하게 하는 필요조건의 역할을 한다.

주자: 인仁이란 본심의 온전한 덕本心之全德이다. 극은 이김勝이다. 기己 는 몸의 사욕身之私欲을 말한다. 복復은 돌아옴反이다. 예禮란 천리의 절도와 문식天理之節文이다. 인을 행한다爲仁란 그 마음의 덕을 온전히 하는 방법이다. 귀歸는 허여함與이다. 목目은 조목條件이다. 예가 아닌 것非禮이란 자기의 사사로움己之私이다. 물勿은 금지사이다. 사事는 일 에 종사한다事事고 할 때의 종사와 같다. 청사사어請事斯語는 안연이 그 이치를 묵묵히 깨달았고, 또한 스스로 자신의 능력이 사사로움을 이길 수 있다는 것을 알았기 때문에 곧바로 자신의 임무로 삼고 의심 하지 않은 것이다.

다산: 유현劉炫이 말하길, '극克은 이김勝이고, 기己는 신체身를 말한다. 신체에 기욕嗜慾있으면 마땅히 예의禮義로써 가지런히 해야 한다. 기 욕과 예의가 싸우면, 예의가 그 기욕을 이기도록 하면 신체는 예에로 귀복하게 되니, 이와 같다면 이에 인이 된다.'고 했다. 기己란 나我이 다. 나에게는 두 개의 체體가 있고, 또한 두 개의 마음心이 있다. 도심 이 인심을 이기면 대체가 소체를 이긴다. 일일극기一日克己란 어느 아 침에 분발하여 그것을 힘써 행하는 것을 말한다. 공안국이 말하길 '복 復은 돌아감反이다(쌍봉 요씨가 말하길, 극克이란 전쟁에서 승리를 획득하는 것을 말하며, 복復이란 잃었다가 다시 환수하는 것을 말한다).'고 했다. 귀歸란 귀화歸化 이다. 천하귀인天下歸仁은 가깝게는 구족九族에서 멀게는 백성에 이르 기까지 어느 한사람도 인仁에 귀화하지 않음이 없음을 말한다. 유기由 己는 나로부터 말미암음由我을 말한다. 인은 두 사람 사이에서 생겨난 다仁生於二人之間. 그러나 인을 행함은 나로 말미암지 남으로 말미암지 않는다(두 사람이 함께 공동으로 인을 이루는 것이 아니다). 목目은 극기의 조목 이다(극기克己는 강綱이 되고, 사물四勿이 그 조목其目이다). 사事란 전심전력하 여專心專力以 종사從事함이다.

• 克극은 十(열 십)+兄(맏 형)의 상형자로 투구를 쓰고 창을 쥔 병사의 모

습으로 <u>이기다</u>, 이루다, 참고 견디다, 능하다, 정하다, 죽이다, 해치다, 같다, 미치다, 그램 등으로 쓰인다.

- 己기는 만물이 몸을 웅크려 숨은 형상의 지사문자로, 본뜻은 중앙이며, 남에 대해 안에 있는 <u>자기</u>를 뜻한다. 자기舍己從人, 삿된 일克己復禮爲仁, 천간天干의 여섯째, 방위로는 중앙, 오행으로는 토土, 다스리다(式夷式己) 등으로 쓰인다.

- 禮예는 示(보일 시)+豊(예도 례)의 형성자로 제기에 음식을 진설하여 제사하는 모습에서 예도禮度, 예절禮節 등의 의미가 나왔다.

- 仁인은 "친애親愛한다는 의미로 두 사람人+二에서 유래했다仁 親愛也 由 '人' 由二 會意"고 한다. 『논어』의 주도적인 개념으로 <u>모든 덕목들의 토대이자 그 완성</u>이다. 주자는 '인仁이란 본심의 온전한 덕本心之全德이며, 인을 행한다爲仁란 그 마음의 덕을 온전히 하는 방법이다.'고 말했다.

- 歸귀는 阜(언덕 부)+止(발 지)+帚(비 추)의 회의자로 집안에 쌓인 먼지를 쓸어내는 모습으로 <u>돌아가다</u>薄言還歸, 돌려보내다久暇而不歸, 시집가다之子于歸, 의지하여 따르다民歸之 由水之就下, 결과天下同歸而殊途, 자수하다, 편들다, 모이다, 몸을 의탁할 곳則仁人以爲己歸矣 등으로 쓰인다.

- 目목은 사람의 눈을 그린 상형자로 눈(감각 기관), 시력, 견해, 안목, 요점, 제목, 표제, 목록, <u>조목, 중요 항목</u>, 이름, 명칭, 그물의 구멍, 우두머리, 두목, 품평, 지칭하다 등으로 쓰인다.

- 事사는 손에 붓을 들고 직무를 보는 모습니다. 일事有終始, 관직無功受事, 국가대사, 직업, 공업工業(立功立事), 섬기다事君之道, <u>일삼다</u>事商賈爲技藝, 변고事變, 재능昊起之裂 其事也, 다스리다勞力事民而不責焉, <u>힘쓰다</u>先事後得, 부리다無所事得, 벌管絃三兩事, 전고典故.

12.2 仲弓이 問仁한대 子曰 出門如見大賓하며 使民如承大祭하고
중궁 문인 자왈 출문여견대빈 사민여승대제

己所不欲을 勿施於人이니 在邦無怨하며 在家無怨이니라
기소불욕 물시어인 재방무원 재가무원

仲弓이 曰 雍雖不敏이나 請事斯語矣로리이다
중궁 왈 옹수불민 청사사어의

중궁仲弓이 인을 묻자問仁, 공자께서 말씀하셨다. "문을 나서면出門 큰 손님大賓을 뵙듯如見 하고, 백성을 부림使民은 큰 제사大祭를 받들 듯如承이 하고, 자기己가 하고자 하는 않은 바所不欲를 남에게於人 베풀지 말라勿施. (그리하면) 나라에 있을 때在邦도 원망이 없고無怨, 집안에 있을 때在家도 원망이 없어질 것이다無怨." 중궁仲弓이 말했다曰. "제雍가 비록雖 민첩하지 못하지만不敏, 청請컨대 이 말씀斯語에 종사하겠습니다事矣."

"문을 나서면 큰 손님을 접견하듯이 하고, 백성을 부림은 큰 제사를 받들 듯이 해야 한다."는 것은 마음을 경건하게居敬 유지하는 것이다. 경건함敬이란 '마음을 하나에 집중하여 대적함이 없는 것主一無適'을 말한다. 여기서 하나一란 하늘(天: 一+大)을 상징하며, 하늘은 중中이다. 따라서 마음을 치우치거나 기울어짐이 없이 중으로 정립하여 혼란스럽게 하지 않은 것은 곧 충忠(=中心)이다.

'자기가 하고자 하지 않은 것을 남에게 베풀지 않은 것'은 서恕(如+心)이다. 따라서 곧 자신의 마음을 중(中= 不偏不倚無過不及)으로 정립하여, 자기를 미루어 타자에 나아가면 인仁을 실천하는 것이 된다. 자신의 마음을 치우치거나 기울지 않고, 자신을 미루어 다른 사람에게 나아가서 자기가 하고자 하지 않는 것을 남에게 베풀지 않으면, 나라와 가문에 원망이 없게 된다.

한자 해설

주자: 경敬으로 자기를 유지하고, 서恕로써 다른 사람에게 미치면, 사의私意가 용납될 곳이 없어져서 마음의 덕이 온전해진다. 안팎으로 원망

이 없다는 것은 그 효과를 언급함으로써 스스로 생각하게 한 것이다.

다산: 형병이 말하길, '대빈大賓은 공후의 빈公侯之賓이다.'고 했다. 대제大祭는 체禘·교郊 따위이다. 문을 나서면 만나는 사람은 길을 가는 사람이다. 윗자리에 있으면서 부리는 대상은 밭두둑에서 농사짓는 백성이다. 길가는 사람을 공후公侯를 만나듯이 하고, 소민小民을 부리기를 체禘·교郊 제사 받들 듯이 하는 것은 지극히 경건함敬之至이다. 재방在邦은 나라에서 벼슬하는 것을 말하고, 재가는 그 집에 기거함을 말한다.

• 承승은 꿇어앉아 무엇을 받드는 모습을 나타낸 회의자로 받들다承寡君之命以請, 계승함弟子敢不承乎, 받아들임是謂承天之祐, 돕다請承, 순서子産爭承, 후사鄭師爲承, 둘째 구承句, 起承轉結 등으로 쓰인다.

• 賓빈은 宀(집 면)＋止(발 지)＋貝(조개 패)의 회의자로 손님이 선물을 들고 방문하는 손님相敬如賓, 국빈, 체류함鴻雁來賓, 존경하다以禮禮賓之, 인도하다賓者以告, 따르다其不賓也久矣, 어울리다諸侯賓服, 사위賓東面答拜 등의 의미이다.

• 施시는 㫃(＝旗깃발 기)＋也(어조사 야)의 형성자로 깃발을 중심으로 사람을 모아놓고 정령을 공포하는 것에서 시행施行하다, 주다, 보시布施, 베풀다 등의 뜻이다. 연장하다(이), 흩뿌리다 등으로도 쓰인다.

• 邦방은 본래 초목이 무성한 논의 모양으로 도읍을 나타내어 나라王此大邦, 도읍至于邦門, 제후의 봉토邦國若否 仲山甫明之, 천하顏淵問爲邦, 제후로 봉하다乃命諸王 邦之蔡 등으로 쓰인다.

• 家가는 宀(집 면)＋豕(돼지 시)의 회의자로 돼지우리 위에 사람이 기거하는 고대 가옥의 형태, 혹은 돼지가 새끼를 많이 낳듯 사람이 모여 번성하는 가문을 나타낸다. 사람이 사는 건물平原君家樓 臨民家, 가족上地家七人, 남편罷女無家, 아내泄又貪夫厥家, 가계克定厥家, 친척宜其室家, 거주하다往家焉, 도성國家宮室, 학파罷黜百家, 전문가上嘗使諸數家射覆 등을 나타낸다.

12.3 司馬牛問仁한대 子曰仁者는 其言也訒이니라 曰 其言也訒이면
사 마 우 문 인　　자 왈 인 자　기 언 야 인　　왈 기 언 야 인

斯謂之仁矣乎잇가 子曰 爲之難하니 言之得無訒乎아
사 위 지 인 의 호　　자 왈 위 지 난　　언 지 득 무 인 호

사마우司馬牛가 인을 물으니問仁, 공자께서 말씀하셨다. "인자仁者는 그
말하는 것其言也을 참고·어려워한다訒(=忍·難)." (사마우가) 말했다曰.
"그 말하는 것其言也을 참고·어려워하는 것訒, 그것斯을 인仁이라고 말합
니까謂之矣乎?" 공자께서 말씀하셨다. "(말을 참고·어려워하는 것을)
행하기爲之가 어려우니難, 말에言 참고·어려워함訒이 없을 수 있겠는가
得無訒乎(인을 말하는 것言之도 참고 어려워함이 없을 수 있겠는가得無訒乎)?"

사마우가 어찌 안자나 중궁의 공부를 해낼 수 있겠는가? 모름지기 사람
의 수준에 따라 이해시켜야 한다. 인仁을 집에 비유하면, (안연에게 일러주
신) 극기克己는 대문을 두드려 열고 들어가는 것이고, (중궁에게 일러주신)
경敬과 서恕는 두 번째 문이고, (사마우에게 일러주신) 언인言訒은 작은 문
이다. 비록 모두 집안으로 통할 수 있지만, 작은 문은 약간 돌아간다. 이는
그의 병통에 따라 말씀해 주신 것이다. 〈주자〉

한자 해설

주자: 인訒은 참음忍이고, 어려워함難이다. 인자仁者는 마음이 보존되어
방기되지 않기 때문에 그 말이 마치 참는 바가 있어 쉽게 발설하지 않
는 듯하니, 대개 그 덕의 한 단서이다. 공자께서는 사마우가 말이 많
고 조급하였기 때문에 이것으로 일러주시어 그로 하여금 이에 대해
삼가게 하셨으니, 인을 행하는 방법이 이것을 벗어나지 않는다.

다산: 인訒이란 말하는 것을 어렵게 여기는 것言難出이다 공안국이 말하
길, '인을 행하는 것이 어려우니, 인을 말하는 것 또한 어렵지 않을 수
없다.'고 했다. 살피건대, 대개 공안국의 주석은 인을 행하기가 어렵
고·말하기도 어렵다고 하였지만, 『집주』는 마음을 보존하기도 어렵
고·일을 행하기도 어렵다고 하였기 때문에 그 뜻이 도리어 어두워졌

다고 의심했다. 일찍이 가만히 생각해 보니, 우리 사람들의 평생의 행사行事는 인仁이란 한 글자에 지나지 않는다. 왜 그런가? 인이란 인륜의 사랑이다仁者, 人倫之愛也. 천하의 일이란 인륜에서 벗어남이 있는가? 부자父子 · 형제兄弟 · 군신君臣 · 붕우朋友에서 천하 만민에 이르기까지 모두 윤리에 속한 것이다. 이것을 잘하는 것은 인仁이 되고, 이것을 잘하지 못하면 불인不仁이 된다. 공자께서 인 이외에 어떠한 일도 없다는 것을 깊이 아셨기 때문에, 그것을 행하기가 어렵다고 하셨다. 공안국이 주석하여 인을 행하기가 어렵다고 하였으니, 진실로 또한 본지에 적중했다. 만일 인을 행하는 것 이외에, 별개로 한가롭고 잡스런 일에서 구하여 '위지난爲之難' 세 글자를 해석한다면, 통할 수 없다.

- 訒인은 言(말씀 언)+刃(칼날 인)의 회의자로 말을 더듬거리다, 둔하다, 말을 참고 아니함, 사랑하다, 알다, 인정하다는 뜻이다.

- 難난은 堇(노란 진흙 근)+隹(새 추)의 회의자로 곤란함爲君難 爲臣不易, 어려워하다惟帝其難之, 새 이름, 잎이 우거진 모양隰桑有阿 其葉有難, 근심君子以儉德辟難, 고통臨難毋苟免, 거절하다而難任人, 꾸짖다於禽獸又何難焉, 문체이름論辯類 등으로 쓰인다.

12.4 司馬牛問君子한대 子曰君子는 不憂不懼니라 曰 不憂不懼면
사마우문군자　　　자왈군자　　　불우불구　　　왈 불우불구

斯謂之君子矣乎잇가 子曰 內省不疚어니 夫何憂何懼리오
사위지군자의호　　　자왈 내성불구　　　부하우하구

사마우司馬牛가 군자君子에 대해 물으니問, 공자께서 말씀하셨다. "군자君子는 근심하지 않고不憂 두려워하지 않는다不懼." (사마우가) 말했다.曰 "근심하지 않고不憂 두려워하지 않으면不懼, 곧斯 군자君子라고 말합니까謂之矣乎?" 공자께서 말씀하셨다. "안內으로 반성省하여 병폐가 없으면不疚, 대저夫 무엇何을 근심憂하고 무엇何을 두려워懼하겠는가?"

군자는 자기정립을 통해 자기완성을 도모하는 사람이다. 그렇기에 『논어』에서는 "군자는 자기에게서 구하고, 소인은 다른 사람에게서 구한다君子求諸己 小人求諸人(15.20) 혹은 다른 사람이 알아주지 않아도 화내지 않으면, 또한 군자가 아닌가?(1.2)"라고 말했다. 이렇게 군자는 자기정립을 통해 모든 노력석 시비선악의 근원을 자기에게서 주구한다. 그렇게 때문에 군자는 안으로 반성하여 허물이 없으면, 무엇을 근심하고 무엇을 두려워하겠는가?

향퇴의 난에 자기子順와 자거子車는 참여하였으나, 사마우는 참여하지 않았다. 그 형이 위나라로 달아나면 사마우는 제齊나라로 갔고, 그 형이 제나라로 달아나면 사마우는 오吳나라고 갔다. 마침내 노나라 성곽 문 밖에서 죽으니, 그 실정이 슬프다. '불우불구不憂不懼'의 가르침과 '사생유명死生有命'의 말은 아마도 난을 일으킨 뒤에 있었던 듯하다. 아직 난을 일으키기 전이라면, 사마우가 남몰래 근심하고 탄식했을 것이다. 어찌 차마 이와 같이 말을 꺼낼 수 있었을까? 〈다산〉

한자 해설

• 憂우는 頁(머리 혈)+心(마음 심)+夂(뒤쳐져서 올 치)의 회의자로 애태움樂以忘憂, 근심하다仁者不憂, 환난君子在憂, 질병某有負薪之憂, 친상丁憂, 앓다文王在胎 母不憂, 괴로워함小人道憂也,

• 懼구는 心(마음 심)+瞿(볼 구)의 회의자로 겁이 나다勇者不懼, 조심하다臨事而懼, 위태로워하다上下猜懼, 걱정多男子則多懼, 으르다懼士卒 등으로 쓰인다.

• 疚구는 疒(병들어 기댈 녁)+久(오랠 구)의 형성자로 고질병을 말한다. 또한 가난하다維今之疚 不如兹, 슬퍼하다, 상중喪中, 부끄러워하다內省不疚, 해치다履帝位而不疚의 뜻이다. **포함과 주자:** 疚는 병폐病이다.

72

12.5 司馬牛憂曰 人皆有兄弟어늘 我獨亡로다
사 마 우 우 왈 인 개 유 형 제   아 독 무

子夏曰 商은 聞之矣로니 死生이 有命이오 富貴在天이라호라
자 하 왈 상 문 지 의   사 생 유 명   부 귀 재 천

君子敬而無失하며 與人恭而有禮면 四海之內皆兄弟也니
군 자 경 이 무 실   여 인 공 이 유 례   사 해 지 내 개 형 제 야

君子何患乎無兄弟也리오
군 자 하 환 호 무 형 제 야

사마우司馬牛가 근심憂하여 말했다. "남人들은 모두皆 형제兄弟가 있지만有, 나我만 홀로獨 없게는 될 것이다." 자하子夏가 말하였다曰. "내商가 들으니, '사생死生에는 명이 있고有命, 부귀富貴는 하늘에 달려 있다在天'고 한다. 군자君子는 경건하여敬而 잃음이 없고無失, 다른 사람을 접할 때與人는 공손하되恭而 예가 있으면有禮, 사해 안四海之內의 모두皆가 형제兄弟이다. 군자君子가 어찌何 형제가 없음을乎無兄弟也 근심患하겠는가?"

하늘로부터 부여받은 운명은 자연적으로 주어진 것으로 내가 의도적으로 어떻게 할 수 있는 것이 아니기에, 편안히 받아들이면 된다安命. 이미 운명을 편안히 받아들였으면, 마땅히 자신에게 있는 본성의 덕을 닦아야修身 군자라고 할 수 있다. 만일 운명을 평안히 여기고 수신하지 않는다면 이는 운명만 있고 의리는 없는 것이며, 하늘의 명령만 듣고 사람의 도리를 다하지 않는 것이 된다. 자신을 닦아 도리를 다하는 길은 우선 내면으로 경건하고, 외면으로 공손한 것이다. 한 번 우연히 경건했다고 완성되는 것이 아니라, 경건함을 계속 유지해야하기 때문에 '경건하면서 잃지 않는다'라고 말했다. 또한 "공손하지만 예禮가 없으면 피곤하기(8.2)" 때문에 공손하면서 예가 있어야 한다고 말했다. 사생·부귀를 운명처럼 받아들여 편안해 하면서, 내면으로 항상 경건하고 밖으로 공손하여 예에 부합하면 세상의 모든 사람들이 마치 형제처럼 사랑하고 존경할 것이라는 말이다.

주자: 명命은 처음 태어날 때 품부된 것稟於有生之初이니, 지금 바꿀 수 있는 나가 아니다非今所能移. 하늘天은 작위하지 않아도 자연히 이루니天莫之爲而爲 내가 기필할 수 있는 것이 아니다非我所能必. 다만 순응하여 받아 들여야 할 뿐이다但當順受而已.

운봉 호씨: 「서명」에서도 또한 '백성은 나의 동포이다.'고 하고, '모두 내 형제이다.'고 했다. 다만 이것은 하늘을 아버지로 하고, 땅을 어머니로 한다는 점에서 말한 것이니, 구구절절 '이치는 하나이지만 품부되면 다르다理一而分殊'는 것을 설명한 것이다. 자하가 말한 '사해가 모두 형제이다'는 것은 '이치는 하나이다.'는 것을 말한 것에 가까운 듯하지만, 어찌 '형제가 없는 것을 걱정하겠는가?'라는 말에 이르러서는 '품부되면 다르다.'는 것을 몰랐던 것이다.

다산: 잃음이 없다無失란 내 안에 있는 도를 잃지 않는 것이다. 여與는 교제交와 같다. 공경敬 · 공손恭하면 벗을 얻는데, 벗에게는 형제의 의리가 있다.

• 命명은 『설문』에 口(입구)+令(명령 령)의 형성자로 입을 열어 호령하는 모습으로 시킨다使는 뜻이라고 했다. 명命이란 우선 요수 · 사생 · 도의 흥폐를 결정하는 운명으로, 외재적 · 객관적 제약과 한계라는 뜻命定之命이다. 그런데 명命에는 외재적으로 정해진 운명 이외에, 내재적 · 주체적 · 자율적인 성명性命(인성人性 · 천명天命)의 명命이 있다德命義, 使命. 즉 성명의 명 또한 주체에게 주어졌다는 점에서는 명이고 할 수 있지만, 주체가 자각하여 자율적으로 실현해야 하는 도덕명령이라는 점에서 그 성격을 완전히 달리한다. 즉 어찌할 수 없는 것으로 주어진 운명은 인간에게 주어진 객관적인 제약 · 한계를 의미하지만, 자각과 자율로 실천해야 할 사명으로 주어진 천명은 인간의 가능성과 자유의 실현을 의미한다. 『논어』에서 공자는 처음으로 자율적으로 실천되는 천명의 인간 본성을 문제시하였다고 할 수 있다.

- 天천은 '일一'과 '대大'의 형성자로 사람이 머리 위에 이고 있는 장소이다人所戴. 고원高遠·광대廣大·존대尊大를, 그리고 존경尊敬·외경畏敬의 대상이며, 공자는 천을 만물의 근원이자 사시를 운행하는 주재천이자 덕의 근원德生德於予으로 정립했다.
- 敬경은 苟(진실로 구)＋攵(칠 복)의 회의자로 진실하도록 하다는 뜻이다. 『주역』「곤괘·문헌」에서는 "군자는 경건함으로써 안을 바르게 한다君子敬以直內."고 하였다. 성리학에서는 경을 '마음을 일一에 집중하면서 산란하게 하지 않는 것主一無適·항상 깨어있음常惺惺·정제엄숙整齊嚴肅 등으로 풀이했다. 마음을 경건하게 유지하는 것居敬은 이치를 궁구하는 것窮理과 함께 성리학적 공부의 양 날개이다.

12.6 子張이 問明한대
자 장   문 명

子曰 浸潤之譖과 膚受之愬 不行焉이면 可謂明也已矣니라
자 왈 침 윤 지 참   부 수 지 소 불 행 언   가 위 명 야 이 의

浸潤之譖과 膚受之愬不行焉이면 可謂遠也已矣니라
침 윤 지 참   부 수 지 소 불 행 언   가 위 원 야 이 의

자장子張이 밝음明에 대해 물으니問, 공자께서 말씀하셨다. "서서히 스며들고 적시는浸潤之 참소譖와 살갗에 와 닿는 듯한膚受之 하소연愬이 행行해지지 않게 하면不焉, 밝다明고 말할 수 있다可謂也已矣. 서서히 스며들고 적시는浸潤之 참소譖와 살갗에 와 닿는 듯한膚受之 하소연愬이 행行해지지 않는다면不焉 원遠대하다고 말할 수 있다可謂也已矣."

참소譖는 남을 헐뜯고 비방하는 것으로 무관심한 말처럼 슬그머니 늘어놓아 듣는 사람이 부지불식간에 믿게 하는 말이기 때문에, 물처럼 스며들고 적시는 참소(침윤지참浸潤之譖)라고 했다. 하소연愬＝愬은 자신의 절박한 일을 하소연하는 것을 말한다. 느릿느릿 급하지 않은 듯 말하면 알

아주지 않으니, 긴박하게 말하여(예컨대 욕을 먹으면 맞았다고 하거나, 맞았으면 곧 죽이려 한다는 등) 듣는 이를 촉발하기 때문에 피부에 와 닿는 하소연膚受之愬이라 한다.

이러한 참소와 하소연은 살피기 어렵지만, 능히 살필 수 있다면 그 마음은 밝다고 할 수 있으며, 또한 가까운 것에 가려지지 않기 때문에 원대遠大, 혹은 고원高遠하다고 할 수 있다.

주자: 침윤浸潤은 물이 스며들고 적시는 것처럼如水之浸灌滋潤, 점차 스며들어 갑작스럽지 않은 것이다漸漬而不驟也. 참譖은 남의 행실을 헐뜯음이다毁人之行也. 부수膚受는 살갗에 와 닿는 것을 말하니, 이해가 자신에게 절실한 것이다. 소愬는 자신의 원통함을 하소연하는 것이다愬己之冤也. 남을 헐뜯는 자가 조금씩 젖어들게 하면서 갑작스럽지 않으면, 듣는 자는 그 들어오는 것을 깨닫지 못하고 깊이 믿게 된다. 원통함을 하소연하는 자가 급박하고 자신에게 절실하게 하면, 듣는 자는 상세하게 살피는데 미치지 못하고도 폭발한다. 두 가지는 살피기 어려운데 능히 살필 수 있다면, 그 마음이 밝아서 가까운 데에 가리어지지 않음을 알 수 있다.

다산: 부수膚受는 살결腠理에 생긴 병을 말하니, 장차 차츰 골수에 들어간다. 참소하는 말이 얕은 데에서 깊은 데에로 들어감이 이와 같다. 참譖이란 남의 악을 들추어내는 것이고, 소愬란 자기의 원통함을 하소연하는 것이니, 실제로는 한 가지이다. 명明은 어두움으로 돌아가지 않음을 말한다(능히 사물을 밝힐 수 있다).

• 浸침은 水(물 수)+寢(잘 침)의 회의자로 물속에 담그다別時茫茫江浸月, 잠기다城不浸者三版, 물 대다浸彼稻田, 나아가다剛浸而長, 차츰 스며듦浸淫日廣 등으로 쓰인다.

• 潤윤은 水(물 수)+閏(윤달 윤)의 형성자로 물에 젖다山雲蒸而柱礎潤, 젖게 하다雨露之所潤, 윤기比日密雲 遂無大潤, 광택玉在山而木潤, 꾸미다富潤屋

德潤身 등으로 쓰인다.

- 讒참은 言(말씀 언)+毚(토끼 참)의 형성자로 참소하다好言人之惡 謂之讒, 중상함傷良曰讒, 아첨함, 사특하다讒愿勝良 등으로 쓰인다. 침윤지참이란 물이 서서히 젖어들고 스며들어 가듯, 남을 여러 번 조금씩 헐뜯어 곧이듣게 만드는 참소讒訴라는 말이다. 소訴는 言(말씀 언)+斥(물리칠 척)의 회의자로 배척하는 말이라는 뜻에서 참소讒訴라는 말이 생겼다.

- 愬소는 心(마음 심)+朔(초하루 삭)의 형성자로 하소연하다薄言往愬 逢彼之怒, 비방하다公伯寮愬子路, 하소연 등의 의미이다.

- 膚부는 肉(고기 육)+盧(성 로)의 형성자로 피부身體髮膚 受之父母, 식물의 겉껍질用樹膚麻頭及敝布魚網以爲紙, 제육膚鮮魚鮮腊, 저민 고기麋膚魚醢, 얕다所謂未學膚受, 아름답다公孫碩膚, 크다殷士膚敏, 깔개剝牀以膚 등을 의미한다.

12.7 子貢이 問政한대 子曰 足食足兵이면 民이 信之矣리라 子貢이 曰
자공 문정 자왈 족식족병 민 신지의 자공 왈
必不得已而去인댄 於斯三者에 何先이리잇고 曰 去兵이니라
필부득이이거 어사삼자 하선 왈 거병
子貢이 曰 必不得已而去인댄 於斯二者에 何先이리잇고
자공 왈 필부득이이거 어사이자 하선
曰 去食이니 自古皆有死어니와 民無信不立이니라
왈 거식 자고개유사 민무신불립

자공子貢이 정치政를 묻자問, 공자께서 말씀하셨다. "(위정자는) 식량食을 풍족足하게 하고, 병력兵을 충분히足 갖추어, 백성民들이 신뢰하도록 해야 한다信之." 자공子貢이 말했다曰. "반드시必 부득이하여不得已而 버린다면去, 이 세 가지 중에서於斯三者(이 세 가지 중에서於斯三者 반드시必 부득이 하여 不得已而 버린다면去) 무엇何을 먼저先 해야 합니까?" 공자께서 말씀하셨다. "병력兵을 버려야去 한다." 子貢이 말했다曰. "반드시必 부득이하여不得已而 버린다면去, 이 두 가지 중에서於斯二者(이 두 가지 중에서 반드시 부득이 하여 버린다면) 무엇何을 먼저先 해야 합니까?" 공자께서 말씀하셨다. "양식食을 버

려야 한다去. 예로부터自古 사람은 모두皆 죽지만有死, 백성民들의 신뢰가
없으면無信 설 수가 없다不立."

'인정人情'과 '민덕民德'의 관점에서 나누어 해석해야 한다. '인정'의 관
점에 본다면, 위정자 시행해야 할 성책의 순위는 첫째, 백성들에게 물
질적으로 풍요롭게 해주고, 둘째, 군대를 강건하게 하여 국방을 견실하
게 유지하고, 그런 연후에 교화가 행해져서 셋째, 궁극적으로는 백성들
의 신뢰를 받는 정부를 지향해야 한다. 즉 '의식衣食이 풍족해야 예의禮儀
를 안다.'고 하듯이, 먼저 의식주를 풍족하게 하여 백성들의 삶을 풍족하
게 하고, 그 다음으로 국방을 튼튼히 하여 외침으로부터 백성을 보호하
고, 최종적으로 교화를 통해 백성들의 신뢰를 받고, 백성들 또한 자기정
립을 할 수 있도록 해야 한다는 것이다.

그런데 이러한 정책을 실행하는 위정자의 입장에서 부득이하여 이 가
운데 버려할 것이 있다면, 먼저 군사력을 포기하고, 나아가 최악의 경우
의식을 풍족하게 해 주지 못하는 일이 발생한다고 하더라도, 도덕적인
선함만은 끝까지 유지하여 백성들의 신뢰를 받는 정부가 되어야 한다는
목표만은 버릴 수 없다는 것이다.

> 사람의 성정人情으로 말하면 군비와 식량이 충분한 뒤 나에 대한 신뢰가
> 미덥게 될 수 있다. 그러나 백성의 덕民德으로 말하면 신뢰는 본디 사람들
> 이 본래 지니고 있는 것이므로, 군비나 식량이 신뢰보다 우선할 수 없다.
> 이런 까닭으로 정치를 하는 사람은 마땅히 백성에게 솔선하여 죽음을 무
> 릅쓰고 신뢰를 지켜야 하고, 위급하다고 해서 신뢰를 저버려서는 안 된다.
> 〈주자〉

> 식량은 안을 채워주고, 군대는 밖을 막아주니, 모두 죽지 않게 하는 것이
> 다. 민신지民信之란 윗사람의 법령을 신뢰하는 것이다. '거어사삼자去於斯

78

'三者'가 하나의 구를 이룬다. 군대를 버리면 반드시 죽지는 않지만, 식량을 버리면 반드시 죽는다. 백성들이 윗사람을 신뢰하는 마음이 없으면 무너지고 흩어져서 서지 못한다. 백성들이 서지 못하면 비록 군대가 있을 지라도 외환으로부터 방어할 수 없고, 비록 식량이 있을지라도 즐거움을 향유할 수 없다. 〈다산〉

한자 해설

- 足족은 무릎에서 발끝을 나타내는 상형자로 발(족), 뿌리, 근본, 넉넉하다, <u>충족하다</u>, 족하다, 충분하다, 이루다, 지나치다(주), 과도하다, 더하다, 보태다, 배양하다는 뜻이다.
- 去거는 土(흙 토)+厶(사사 사: 문)의 회의자로 사람이 문밖으로 나가는 것을 나타내어 떠나다, <u>버리다</u>, 내몰다, 물리치다, 덜어 없애다, 거두어들이다, 풀다, 죽이다, 과거過去 등으로 쓰인다.
- 信신은 '가치상 추구할 만한 것을 일러 선(좋음)이라고 하고, 그 <u>선을 자기 안에 지니고 있는 것을 말한다.</u>'(맹자) 즉 도덕적인 선한 착안 본성仁義禮智을 지니고서, 그 본성을 실현하기 위해 성실하게 행위하는 것을 신이라 한다以實之謂信.

12.8 棘子成이 曰君子는 質而已矣니 何以文爲리오
극 자 성   왈 군 자   질 이 이 의   하 이 문 위
子貢이 曰惜乎라 夫子之說이 君子也나 駟不及舌이로다
자 공   왈 석 호   부 자 지 설   군 자 야   사 불 급 설
文猶質也며 質猶文也니 虎豹之鞹이 猶犬羊之鞹이니라
문 유 질 야   질 유 문 야   호 표 지 곽   유 견 양 지 곽

극자성棘子成이 말했다曰. "군자君子는 질質일 뿐이니而已矣, 어찌何 문으로以文 하겠는가爲?" 자공子貢이 말했다曰. "애석하군요惜乎! 부자의 말씀夫子之說은 군자답지만君子也, 사두마차駟도 혀舌를 따라잡을 수 없습니다不及. 문文은 질質과 같고猶也, 질質은 문文과 같으니猶文也, (만일에

극자성은 당시 사람들이 지나치게 문文彩, 形式에 치중하는 것을 염려하여, 이런 말을 했다. 극자성의 말은 군자다운 생각이지만, 말이 혀에서 일단 나오면 네 필의 말로도 따라잡을 수 없다고 말했으니, 또한 그 실언을 애석하게 여긴 것이다. '문文과 질質은 같은 비중을 차지하는 것으로 서로 없을 수 없다. 만약 필시 그 문文을 다 제거하고 오직 그 질質만 남긴다면, 군자와 소인도 구별할 수 없다.'는 말이다.

대저 극자성이 당시 폐단을 바로잡은 것도 과도했지만, 자공이 극자성의 폐단을 바로잡은 것 또한 본말과 경중의 차이를 간과했기 때문에, 서로 잘못을 범했다고 하겠다. 〈주자〉

이 장은 당연히 세 가지 양상으로 보아야 한다. 극자성의 뜻은 그 문文을 완전히 제거해 질質만 홀로 남겨 두려는 것이고, 자공의 뜻은 문과 질은 서로 같은 것이라고 여긴 것이고, (주자의)『집주』는 질은 본本이고, 문은 말末이라고 여긴 것이다. 본은 중하고, 문은 가볍다. 그러나 그 문을 완전히 제거해 질만 남겨두는 것, 그것이 흘러가면 장차 예禮를 버리고 법法을 없애는 폐단이 있게 된다. 문과 질을 같다고 하면, 본말을 구분하지 않아 경중輕重의 차이가 없어진다. 그러므로『집주』는 극자성과 자공이 둘 다 잘못이라 했다. 〈쌍봉 요씨〉

'문은 질과 같고文猶質, 질은 문과 같다質猶文'는 것은 군자는 모름지기 고르게 갖추어야 한다는 말이다(둘 중 어느 하나도 빠질 수는 없다). 만약 털 무늬를 제거한다면 호표와 견양을 어떻게 구별할 것이며(귀천이 없어진다), 만약 예악을 제거한다면 군자와 야인을 어떻게 가리겠는가? 살펴건대 공자가 문질文質을 말한 것은 또한 어느 것을 중하게 여기거나 어느 것을 가볍게 여

긴 것이 아니다. '질이 문보다 지나치면 촌사람이고, 문이 질보다 지나치면
문서리이다質勝文則野 文勝質則史.'고 말했으니, 일찍이 (문질 간에는) 경중輕
重이 없었다. 〈다산〉

한자 해설

- 質질은 貝(조개 패: 돈)+所(모탕 은: 저당물)의 회의자로 담보로 맡는 저당
  물의 가치로 바탕大圭不磨 美其質也, 품성太素者質之始也, 뿌리, 근본君子
  義以爲質, 실체原始要終 以爲質也, 적게 하다君子多聞質而守之, 이루다虞芮
  質厥成, 답하다雖質君之前, 모탕解衣伏質, 저당 등으로 쓰인다.
- 駟사는 馬(말 마)+四(녁 사)의 회의자로 사마駟介百乘, 말 네 필乃獻良馬十
  駟, 말若駟之過隙 등으로 쓰인다.
- 文문은 『설문』에서 "획을 교차하다는 뜻으로 교차한 무늬를 형상했다
  錯劃也 象交文"고 했다. 글월以能誦詩書屬文, 글자, 문치文治·문사文事,
  글을 짓다帝親文其卑, 무늬·문채文彩, 현상觀乎天文, 문물 등 문화적 산
  물, 법령의 조문, 아름답다·선善하다禮減而進 以進爲文, 어지럽다(＝紊
  亂), 화미華美하다君子質而已矣 何以文矣, 주 문왕, 꾸미다文之以禮樂, 가
  리다小人之過也 必文, 노력하다文莫吾猶人也.
- 虎호는 상형자로 범, 호랑이, 용맹스럽다는 뜻이다.
- 豹표는 豸(벌레 치)+勺(구기 작)의 형성자로 표범을 말한다.
- 鞹곽은 革(가죽 혁)+郭(성곽 곽)의 형성자로 무두질한 가죽, 생가죽, 털만 벗
  긴 날가죽, (가죽으로) 싸다는 뜻이다. 주자: 鞹은 털을 제거한 가죽이다.

12.9 哀公이 問於有若曰 年饑用不足하니 如之何오 有若이 對曰
애공 문어유약왈 연기용부족 여지하 유약 대왈

盍徹乎시니잇고 曰二도 吾猶不足이어니 如之何其徹也리오
합철호 왈이 오유부족 여지하기철야

對曰百姓이 足이면 君孰與不足이며
대왈백성 족 군숙여부족

百姓백성이 不足부족이면 君군孰숙與여足족이니잇고

애공哀公이 유약에게於有若 물어 말했다問曰. "올해 기근年饑이 들어 재용用이 부족不足하니, 어떻게 해야 하는가如之何?" 유약有若이 대답하여 말했다對曰. "어찌盍 철법撤을 실행하지 않습니까?" (애공이) 말했다曰. "2/10二를 징세해도 내吾가 오히려猶 부족不足하거늘, 어찌何 그 철법其撤을 실행하겠는가如之也?" (유약이) 대답하여 말했다對曰. "백성百姓이 풍족足하면 인군君께서는 누구孰와 더불어與 부족不足하겠으며, 백성百姓이 부족不足하면 인군君께서는 누구孰와 더불어與 풍족足하시겠습니까?"

주나라의 세법은 정전제井田制를 통해 8가구가 개별적으로 경작한 사전私田을 제외하고, 공동으로 경작한 공전公田의 수확물, 대략 1/10을 세금으로 거두었기 때문에 철법撤法이라 했다. 하지만 노나라는 선공宣公 이래 공전에 농사를 지어 나라에 바치는 세금 이외에 추가로 사전에도 1할의 세금을 부가하여 세금은 모두 2할이 되어 철법이 무너졌다. 그런데 흉년이 들어 세금을 인상하려는 애공에게 유약은 오히려 본래의 철법으로 되돌아가서 1/10로 세금을 줄여야 한다고 충고했다. 과연 유약은 우원한 것인가? 여기에는 유교에서 주장하는 바 군주는 백성과 함께 즐겨야 하며與民偕樂, 與民同樂, 與百姓同之, 與百姓同樂, '백성들의 이익을 고려하여, 백성을 이롭게 해주는 것' 즉 의義를 실천하는 것이 바로 진정한 군주의 이로움이 된다는 민본주의 정신이 관철되고 있다.

자장이 공자께 물었다. "어떻게 하여야 정사에 종사할 수 있습니까?" 공자께서 말씀하시길, "은혜롭고 낭비하지 않으며惠而不費 … 백성들이 이롭게 여기는 것에 근거하여 이롭게 해주니因民之所利而利之, 이 또한 은혜롭고 낭비하지 않는 것이 아니겠는가?"子張問於孔子曰 何如 斯可以從政矣 子曰 君子惠而不費 …因民之所利而利之 斯不亦惠而不費乎(20.2)

- 饑기는 食(먹을 식)+幾(기미 기)의 형성자로 주리다寧─月饑, 흉년 듦五穀 不收 謂之饑 등으로 쓰인다.

- 用용은 卜(점 복)+中(가운데 중)의 형성자 혹은 화살을 그릇에 넣는 모습의 상형자로 물건을 속에 넣는다는 뜻에서 꿰뚫고 나가다, 물건을 쓰다, 일이 진행되다, 부리다, 사역하다, 베풀다, 등용하다, 다스리다, 행하다, 작용, 용도, 효용, 비용, 도구, 연장, ~로써(능以) 등으로 쓰인다. 주자: 用은 국가의 재용國用을 말한다.

- 盍합은 물건을 담은 접시에 뚜껑을 덮은 모양을 본뜬 상형자로 덮다, 합하다, 모이다, 어찌 아니하다 등으로 쓰인다.

- 徹철은 본래 鬲(솥 력)+又(또 우)의 회의자로 식기 도구를 치우는 모습으로 거두다, 치우다는 뜻이었다. 통하다透徹, 뚫다, 구실이름(전조田租제도로 1/10을 거둬들이는 세법: 撤法), 벗기다, 치우다(철상撤床), 버리다 등으로 쓰인다. 주자: 徹은 통通하고, 균등均하다는 뜻이다. 주나라 제도周制에서는 가장 한 사람이 경지 백무를 받는데, 도랑과 우물을 함께 하는 사람들과 힘을 모아 함께 경작하고通力合作, 이랑을 계산하여計畝 균등하게 거두었다. 대체로 백성이 그 아홉을 얻고, 국가가 그 하나를 취하였다. 그래서 철徹이라 하였다. 다산: 정현이 말하길, '철徹은 통通이니, 천하의 통법通法이다.'고 했다. 모장毛萇이 말하길, '철徹은 다스린다治이다.'고 했다. 『후한서』「육강전」에서 말하길, '철徹은 통通이니, 그 법도가 만세를 통通하여 행해질 수 있음을 말한다.'고 했다. 조기趙岐가 말하길, '철徹은 취取와 같으니, 사람이 재물을 철취하는 것人徹取物이다.'고 했다. 손석孫奭이 말하길, '그 철취徹取하는 부세는 10분의 1일 뿐이다.'고 했다. 살피건대, 철徹이란 글자는 본래 '취해 간다取去'는 뜻이다. 무릇 재물을 취하여 가면 곧 통활通豁할 수 있기 때문에, 육서가六書之家가 그 글자를 가차하여 철徹은 통通이다고 하였다. 한나라 무제의 이름을 피하여 철徹을 통通이다고 했으니, 이는 철徹 자의 원의

가 아니다. 힘을 모아 함께 경작한다通力合作는 말 또한 확실한 전거가 없다. 총괄하면 철徹이란 취取이다. 하후씨의 법은 여러 해 수확을 비교하여 항상常으로 삼아 더하거나 덜함이 없었기 때문에, 백성들이 스스로 공貢(공물)을 바쳤다. 은인의 법은 백성의 힘을 빌려 경작하고 백성들이 거기서 나온 소출만 공정으로 보냈기 때문에 소助라 했다. 수나라 사람들의 법은 은의 조助법에 따라 관에서 스스로 취하였기官自取之 때문에 철徹이라 하였다(철徹은 취거取去이다. 가만히 여러 설을 자세히 살피니, 조기趙岐의 『맹자』 주석이 이치상 뛰어나다).

12.10 子張이 問崇德辨惑한대 子曰 主忠信하며 徙義崇德也니라
자 장 문 숭 덕 변 혹   자 왈 주 충 신   사 의 숭 덕 야

愛之란 欲其生하고 惡之란 欲其死하나니
애 지   욕 기 생   오 지   욕 기 사

旣欲其生이오 又欲其死 是惑也니라 誠不以富오 亦祇以異로다
기 욕 기 생   우 욕 기 사 시 혹 야   성 불 이 부   역 지 이 이

자장子張이 덕을 숭상崇德하고 미혹을 분별辨惑하는 것을 묻자問, 공자께서 말씀하셨다. "충신忠信을 위주主로 하고, 의에로 옮겨가는 것徙義이 덕을 숭상하는 것이다崇德. 어떤 사람을 사랑하면愛之 그其가 잘 살기를 바라고欲生, 어떤 사람을 미워하면惡之 그其가 죽기를 바란다欲死. 이미旣 그其가 살기를 바라면서欲生, 또한又 그其가 죽기를 바라는 것欲死이 곧是 미혹이다惑也. '진실로誠 부유하게 될 수 없고不以富, 또한亦 단지祇 특이하게 여겨질 뿐이다以異.'"

충忠·신信을 위주로 하면 근본이 수립되고日新, 의로 옮겨가면徙義 나날이 새로워진다日新. 사랑하거나 미워하는 것은 사람들의 일상적인 감정이다. 그러나 사람의 생사에는 명命이 있으며, 바라는 대로 되지 않는다. 사랑하거나 미워하여 그가 살거나 죽기를 바란다면 미혹된 것이다. 이미 그가 살

기를 바라면서, 또한 그가 죽기를 바란다면 미혹됨이 심하다.

이 구절誠不以富, 亦祇以異은 『시경』「소아小雅, 아행기야我行其野」편의 말이다. 정자가 말하길, '이것은 착간이니, 제16편의 "제경공유마천사齊景公有馬千駟"란 구절의 위에 있어야 한다. 이 아래 글 또한 제경공齊景公이라는 글자가 있기 때문에 잘못되었다.'고 했다. 〈주자〉

한자 해설

다산: 숭崇은 높임高이니, 숭덕崇德은 진덕進德과 같다. 공안국은 '변辨은 변별함別이다.'고 했다. 포함은 '(사의徙義란) 의義를 보고 뜻을 옮겨 따르는 것이다.'고 했다. 기욕생지旣欲生之란 전지를 나누어 주는 것이다分田. 우욕기사又欲其死는 과세를 무겁게 부과하는 것이다重斂(重賦稅). 덕을 숭상함으로써 자신을 닦고, 의혹을 변별하여 백성을 다스린다. 정현은 '지祇란 다만適이니, 이러한 행실은 진실로 부자가 되지도 못하면서, 다만 이상하다고 의심받을 뿐임을 말한 것이다.'고 했다. 형병이 말하길, '『시경』의 시를 인용하여 단장취의斷章取義했기 때문에 본뜻과 다르다.'고 했다. 세금을 취렴하는 정치는 진실로 부를 이루지 못하고, 단지 선왕이 제정한 법도를 어겨 백성들에게 이상하게 보일 뿐이다.

• 崇숭은 山(뫼 산)+宗(마루 종)의 회의자로 가장 높은崇 봉우리의 산으로 높다崇於軫四尺, 높이大侯之崇 見鵠于參, 우러러 공경하다崇尙, 소중하게 여기다崇財利, 모으다福祿來崇, 마치다曾不崇朝으로 쓰인다. **형병**: 崇은 채움充이다.

• 辨변은 辡(따질 변: 두 명의 죄수)+刀(칼 도)의 회의자로 잘잘못을 판가름하다, 분별하다, 나누다, 밝히다, 쟁론하다, 변론하다, 다스리다, 총명하다, 바로잡다, 준비하다 등으로 쓰인다.

• 誠성은 言(말씀 언)+成(이룰 성)의 회의자로 순수한 마음誠者自成也, 공평무사한 마음誠者天之道也, 실정以嫗爲不誠, 자세하다繩墨誠陳, 진실함是之謂誠君子, 만약 …라면誠聽臣之計 可不攻而降城, 정성스럽게 하다誠之者人之道也, 진실로是誠何心哉 등으로 쓰인다.

- 徙사는 彳(조금 걸을 척)+步(걸을 보)의 회의자로 발을 끌며 간다는 뜻으로 옮기다范蠡三徙 成名於天下, 감화됨使人日徙善遠罪 而不自知也, 넘기다 是月禪 徙月樂 등으로 쓰인다.
- 祇기(지)는 示(보일 시)+氏(근본 제)의 형성자로 기로 읽을 때는 지신地神, 크다(无祇悔)의 뜻이다. 지로 읽을 때는 다만(단지), 정말로, 공경하다의 뜻이다.

12.11 齊景公이 問政於孔子한대 孔子對曰 君君臣臣父父子子니이다
제 경 공 문 정 어 공 자   공 자 대 왈 군 군 신 신 부 부 자 자

公이 曰善哉라 信如君不君하며 臣不臣하며 父不父하며 子不子면
공 왈 선 재 신 여 군 불 군   신 불 신   부 불 부   자 부 자

雖有粟이나 吾得而食諸아
수 유 속   오 득 이 식 저

제齊 경공景公이 공자에게於孔子 정치를 묻자問政, 공자孔子께서 대답하셨다對曰. "임금은 임금답고君君, 신하는 신하답고臣臣, 부모는 부모답고父父, 자식은 자식다워야子子 합니다." 경공公이 말했다曰. "좋습니다善哉. 진실로信 만일如 임금君이 임금답지 못하고不君, 신하臣가 신하답지 못하고不臣, 부모가父 부모답지 못하고不父, 자식子이 자식답지 못하면不子, 비록雖 곡식이 있더라도有粟, 내가쯤 먹을 수 있겠습니까得而食諸?"

정치란 공적인 물리적 권력攵으로 정의正를 구현하고, 공공의 이익을 넓히는 데(治＝水+台)에 있다. 여기서 정의를 구현한다는 말은 우선 모든 사회적 구성원들이 사회적 제 관계에서 주어진 직책에 알맞게 제 역할을 온전히 수행하고, 그에 따른 정당한 몫을 향유하는 것正名을 말한다. 그래서 공자는 '정치란 무엇인가?'라는 제 경공의 질문에, "군주는 군주답게, 신하는 신하답게, 부모는 부모답게, 자식은 자식답게 자신의 역할을 다하는 것입니다."라고 대답했다. 나아가 존재론적으로 말하자면, 정명

이란 모든 존재가 그 존재의 근거를 충족시키는 존재함(삶을 영위함)을 말한다. 즉 "모난 그릇이 모나지 않다면, 모난 그릇일 수 없듯이觚不觚 觚哉 觚哉"(6.23) 이름을 지니고 태어난 천하 만물은 모두가 다 그 이름에 합당한 존재 근거를 지니고 있으며, 그 존재 근거를 충족시킬 때에 비로소 명실상부한 그 존재 자체가 된다. 이렇게 이름을 지닌 만물이 그 존재 근거를 충족시키는 것, 그리고 인간이 타자와 더불어 생활을 영위하면서 사회적 제 관계에서 부여된 직책에서 그 명칭에 요구되는 역할을 온전히 알맞게 구현하고, 거기에 합당한 몫을 누리는 것이 바로 공자의 정명론이다. 즉 정명正名에서 '正'이란 一(하늘, 공평, 형평, 균형)+止(머무르다)로서 하늘이 명한 본성에 도달하여, 구현하는 것을 말한다(인간이 인을 구현하는 것이다: 居仁). 따라서 정명正名이란 "이름은 지닌 모든 존재에는 하늘이 부여한 고유한 덕德 혹은 몫(分數)이 있는데, 그 고유한 덕과 분수를 구현하는 것이 바로 그 존재의 올바른 목적을 구현하는 윤리적으로 좋은 삶이다."고 정의할 수 있다.

이는 인도의 크나큰 원리人道之大經이고 정사의 근본이다. 〈주자〉

정政이란 정正이니, 자기를 바르게 한 이후에 남을 바르게 하는 것이다. 〈다산〉

한자 해설
- 粟속은 米(쌀 미)+覀(덮을 아)의 회의자로 오곡중 하나로 조를 말한다. 조, 오곡五穀, 겉곡식, 좁쌀, 과립顆粒, 식량, 녹祿, 녹봉 등으로 쓰인다.

12.12 子曰 片言에 可以折獄者는 其由也與인저 子路는 無宿諾이러라
자 왈 편 언 가 이 절 옥 자 기 유 야 여   자 로   무 숙 락

공자께서 말씀하셨다. "반 마디 말片言(한쪽 말)로도 옥사獄를 결단할 수 있는 사람可以折者은 아마도其 자로由일 것이다也與." 자로子路는 (신속하게 실천하여) 승낙諾한 것을 묵혀둠이 없었다無宿.

소주小邾의 역射이 구역句繹의 땅을 가지고 노나라로 도망하여 말하기를, '자로로 하여금 나와 협상하게 한다면, 나는 (노나라 군주와) 맹약할 필요가 없다.'고 하였다. 천승의 나라와 맹약을 믿지 않으면서, 자로의 한 마디 말은 믿었으니, 그가 얼마나 남들에게 신임을 받았는지를 알 수 있다. 한 마디 말로 옥사를 결단할 수 있었던 것은, 말하기 이전에 신뢰가 있어 사람들이 저절로 믿었기 때문이다. 승낙한 것을 묵히지 않았기 때문에 그 신뢰를 온전히 할 수 있었던 것이다. 〈윤돈〉

한자 해설

주자: 편언片言은 절반의 말半言이고, 절折은 결단斷이다. 숙宿은 묵히다 留이니, 숙원宿怨(묵은 원한)의 숙宿과 같다.

다산: 공안국이 말하길, '편片은 편偏과 같으니, 옥사를 청리할 때는 반드시 양쪽 말로 시비를 정해야 하지만, 한 편의 말만 믿고도偏信一言 옥사를 결단할 수 있는 사람은 오직 자로만 가능하다.'고 했다. 하안이 말하길, '숙宿은 예豫와 같다. 자로는 돈독·신실하여, 때에 이르면 변고가 많을까 두려워하여 미리 승낙하지 않았다.'고 했다. 형병이 말하길, '이 장은 자로가 명쾌한 결단과 돈독·신실한 덕이 있었음을 말했다.'고 했다.

• 片편은 나무의 오른쪽 면(→爿)을 그린 상형자로 조각, 한쪽, 쪼개다, 절반의 뜻이다.

• 折절은 手(손 수)+斤(도끼 근)의 회의자로 손으로 도끼질하는 것으로 부러뜨리다無折我樹杞, 굽히다三折肱 知爲良醫, 굽다河九折注於海, 윽박지르다輕折辱秦士卒, 어려서 죽다凶短折, 결단하다君子以折獄致刑는 뜻이다.

• 獄옥은 犭(큰개 견)+言(말씀 언)+犬(개 견)의 회의자로 두 마리의 개가 서로 으르렁거리듯, 서로 자신이 옳다며 서로 다투는 모습으로 시비를 논쟁하다는 뜻이다. 감옥獄舍, 소송하다禁民獄, 판결使者覆獄, 재판하다獄者 核實道之名, 죄襄人襄妁有獄, 형법遂使書獄 등으로 쓰인다.

• 宿숙은 宀(집 면)+人(사람 인)+百(일백 백)의 회의자로 본래 침대에 누워있는

사람을 나타내어 자다, 묵히다不宿肉, 오래 머무르다破宿血, 숙위宿衛하다, 미리(사전에: 學不宿習 無以明名), 숙소宿所, 재계齋戒하다三日宿, 잠든 새弋不射宿, 평소, 나이가 많다, 한 해 묵다有宿草而不哭焉 등으로 쓰인다.

• 諾낙은 言(말씀 언)+若(같을 약)의 회의자로 대답하는 말莫敢不諾, 좋소大師曰 諾, 승인하는 말輕諾必寡信, 수긍拜跪讀之 每句應諾, 승낙하다得黃金百斤 不如得季布一諾, 허락하다子路無宿諾 등으로 쓰인다.

12.13 子曰 聽訟이 吾猶人也나 必也使無訟乎인저
자 왈 청 송 오 유 인 야 필 야 사 무 송 호

공자께서 말씀하셨다. "송사訟를 청리聽하는 것은 나듬도 남人들과 같겠지만猶也, 반드시必也 송사訟가 없게 하겠다使無乎!"

공자의 정치이념은 "덕德으로 정치하는 것은 북극성이 마땅히 있어야 할 곳에 있으면 뭇 별들이 북극성을 향해 따라 회향하는 것에 비유할 수 있다."(2.1)는 말에 잘 나타나 있다. 즉 정치하는 자가 덕으로 정치하면, 모든 백성들이 교화되어 자율적인 도덕주체가 되어 소송이 필요하지 않게 된다. 법제나 금령에 의한 형벌로 다스려지는 것이 아니라, 예를 자각하고 자율적이며 자발적으로 행위하도록 해야 한다는 것이다. 그래서 강제와 훈육으로 시행되는 정치(政=正+攵: 바르게 되도록 침, 治=水+台: 수양시켜 크게 되도록 함)의 세계를 정치 밖으로 추방함으로써 "정치의 목적은 정치가 필요 없는 공동체를 지향한다."는 역리, 정치과학이 아니라 오히려 '정치미학'의 차원을 제시한 것이 공자의 정치이념이라 하겠다.

정情이란 실정實과 같다. 실정이 없는 자는 허탄한 말이 많다. 성인께서 송사를 청리함은 다른 사람과 같을 뿐이나, 반드시 백성들 중에 실정이 없는 자에게 감히 그 말을 다하지 못하게 하여 그 마음을 크게 두렵게 하면, 그

의지를 성실하게 하여 송사하지 않을 것이다. 〈정현〉

범조우가 말하길, '송사를 청리하는 것은 그 말단을 다스려 그 말류를 막는 것이다. 그 근본을 바로 잡고 그 근원을 맑게 하면 송사는 없어진다.'고 했다. 〈주자〉

신안 진씨가 말하길, '몸소 실천하여 백성을 교화시키니, 백성들이 스스로 쟁송하지 않은 것이다. 청리할 송사가 없는 것은 금지하여 그렇게 시킨 것이 아니라, 묵묵히 교화되어 은연중에 신복하는 것으로 마치 시킨 것 같을 따름이다.'고 했다. 〈다산〉

한자 해설
- 聽청은 耳(귀 이)+悳(덕 덕)+壬(드릴 정→청)의 형성자로 귀를 기울여 자세히 듣다聽其言而信其行, 말을 들어서 단정하다, 들어 주다王勿聽其事, 기다리다以聽天命, 살피다王何不聽乎, 허락하다三月而聽, 사물을 보고 듣는 기관且仁人之用十里之國 則將有百里之聽 등으로 쓰인다.
- 訟송은 言(말씀 언)+公(공변될 공)의 회의자로 재산을 다투다以兩造禁民訟, 죄를 다투다分爭辨訟, 시비곡직을 가리다, 송사必也使無訟乎, 논쟁分徒而訟, 꾸짖다吾未見能見其過而內自訟者也, 다스려 바로잡다使尹氏與聃啓訟周公于晉, 송괘(감하건상坎下乾上)로 서로 다투어 흉하다爭訟可乎, 법정何以速我訟 등으로 쓰인다. 소송訴訟의 '소訴(言+斥)'는 부당한 말을 배척한다는 뜻이다.

12.14 子張이 問政한대 子曰 居之無倦하며 行之以忠이니라
　　　자 장　문 정　　　자 왈 거 지 무 권　　행 지 이 충

　자장子張이 정치政에 대해 묻자問, 공자께서 말씀하셨다. "거함에서는居之 게으름이 없게 하고無倦, 행함에서는行之 충으로 해야 한다以忠."

자장은 인仁이 부족했다. 마음을 성실하게 하여 백성을 사랑함 없으면 반드시 게으르고, 마음을 다하지 않았기 때문에 이것으로 일러주셨다. 〈정자〉

왕숙: 정치를 행하는 도리는 가령 직권職權이 자신에게 있으면 게을리 함이 없어야 하고, 백성에게 행할 때에 반드시 충신으로 해야 한다는 말이다.

주자: 거居는 마음에 보존하는 것存諸心을 말하니 謂存諸心, 게으름이 없으면無倦 처음부터 끝까지 한결같다存諸心. 행行은 일에서 발현함發於事을 말하니, 충忠으로 하면 안과 밖이 한결 같다表裏如一.

다산: 정政이란 바로 잡음正이니, 자기를 바로 잡아 남이 바르게 되게 하는 것이다. 거居란 자신이 바름에 거처함이다. 행行이란 남을 바르게 하는 것이다. 무권無倦이란 직책에서 부지런한 것勤於職이고, 이충以忠이란 정성됨으로 미덥게 하는 것이다.

• 居거는 尸(주검 시)+古(옛 고)의 회의자로 살다, 머무르다, 앉다居 吾語女, 처하다居上克明, 쌓다, 차지하다, 평소居則日 不吾知也, 벼슬길에 나서지 않다, 무덤, 산 사람, 본받다禮居成物, 다스리다士居國家, 경과하다居數日는 뜻으로 쓰인다.

• 倦권은 人(사람 인)+卷(굽을 권)의 형성자로 게으르다, 나태하다, 진력盡力나다, 고달프다, 피곤하다, 걸터앉다, 쇠하다, 줄어 들다는 뜻이다.

---

12. 15 子曰 博學於文이오 約之以禮면 亦可以弗畔矣夫인저
자 왈 박 학 어 문　　약 지 이 례　　역 가 이 불 반 의 부

공자께서 말씀하셨다. " 군자君子가 글에서於文 널리 배우고博學, 예로써以禮 단속하면, 또한亦 어긋나지畔 않을 것이리라可以弗矣夫!"

거듭 나왔다.(6.25) 〈주자〉

정현이 말하길, '불반弗畔은 도를 어기지 않음不違道이다.'고 했다. 형병이 말하길, '이 장은 「옹야」편과 같다. 제자들이 각자 들은 것을 기록했기 때문에 거듭 실린 것이다.'고 했다. 〈다산〉

12.16 子曰君子는 成人之美하고 不成人之惡하나니 小人은 反是니라
자 왈 군 자　성 인 지 미　　불 성 인 지 악　　　소 인　반 시

공자께서 말씀하셨다. "군자君子는 남의 아름다움人之美을 이룩어주고成, 남의 악人之惡을 이룩지 못하게 한다不成. 소인小人은 이와 반대된다反是.

　　군자는 인의예지의 본성을 실현하면서 자기를 정립하는 사람이다. 군자는 다른 사람을 사랑한다仁 愛人也. 군자는 나의 잘못을 부끄러워하고, 다른 사람의 악을 미워한다羞惡之心 義之端. 군자는 자기가 서고자 하면 남을 세워주고, 자기가 하고자 하지 않는 것을 남에게 베풀지 않는다. 소인은 이익에 준거를 두고 행위하는 사람이다. 따라서 군자는 다른 사람의 아름다움을 진정 자신의 것인 것처럼 좋아하여 그 아름다움을 이루어주려고 노력하고, 다른 사람의 악을 미워하면서 바로잡아 주려고 노력한다. 소인의 마음은 각박하기 때문에, 다른 사람의 허물을 다행으로 여기고, 다른 사람이 자신보다 더 나은 것을 싫어한다. 그래서 다른 사람이 아름다움을 이루어지지 않기를 바라면서 시기·비방·훼방할 뿐만 아니라, 악으로 들어가는 것을 좌시거나 그 악에 영합한다.

한자 해설

형병: 군자는 남들이 잘 하는 것은 가상하게 여기고嘉善 잘할 줄 모르는 것不能은 긍휼히 여기며, 또한 인仁과 서恕를 회복시켜 주기 때문에 남의 아름다움을 이루어준다. 소인은 현명함을 질투하고 화禍를 끼치는 것을 좋아하여, 남의 악을 이루어준다.

주자: 성成이란 끌어주고 부축하고 권장하여 그 일을 완성하게 하는 것

92

이다. 군자와 소인은 보존한 것에서 이미 후厚·박薄의 차이가 있고, 또한 그 좋아하는 것에도 선·악의 차이가 있다. 그러므로 그 마음 씀이 이처럼 같지 않다.

다산: 미美란 미명美名이다. 악惡이란 악명惡名이다(미악美惡과 선악은 같지 않다). 성미成美란 찬양함으로 이루어주는 것이다. 성악成惡이란 단련하여 이루어주는 것이다.

• 成성은 戊(다섯째 천간 무)+丁(넷째 천간 정)의 형성자로 한창 때戊의 장정丁이란 뜻이다. 이루다成己仁也, 이루어지다地平天成, 다스리다以成宋亂, 중재하다以民成之, 층계九成之臺, 정성成不以富 등으로 쓰인다.

• 美미는 羊(양 양)+大(큰 대)의 회의자로 아름답다(모양이 예쁘다, 경치가 아름답다, 소질이 훌륭하다, 예술성이 강하다, 순박하고 선량하다), 아름다운 품덕品德(君子成人之美), 아름답게 하다夫明王不美宮室, 비옥하다必壞美地, 무성하다夫牛山之木嘗美, 큰 업적美見乎天下, 맛있다膾炙與羊棗孰美, 잘하다彼將惡始而美終, 찬미하다美齊侯之功也, 풍년들다歲適美, 자라다故薺以冬美, 즐거움天下皆美之爲美 斯惡已 등으로 쓰인다.

• 惡악은 亞(버금 아: 사방이 꽉 막힌 집, 시신을 안치한 묘실)+心(마음 심)의 회의자로 갇혀있는 마음이란 의미에서 악하다, 나쁘다, 더럽다, 추하다, 질병, 재난, 잘못, 미워하다(오), 헐뜯다, 기피하다, 싫어하다, 어찌로 쓰인다.

• 是시는 日(날 일)+正(바를 정)의 회의자로 세상에서 가장 올바른正 것은 해日라는 의미에서 옳다是非, 바로잡다是正文字, 다스리다王弗是, 진실則貴是而同今古, 규칙, 이곳若是則弟子之惑 滋甚, 이에桑土旣蠶 是降邱宅土 등으로 쓰인다.

12.17 季康子問政於孔子한대 孔子對曰 政者는 正也니 子帥以正이면
계 강 자 문 정 어 공 자 　 공 자 대 왈 　 정 자 　 정 야 　 자 솔 이 정

孰敢不正이리오
숙 감 부 정

계강자季康子가 공자께於孔子 정치政를 묻자問, 공자孔子께서 말씀하셨다對曰." 정치란政者 바로잡는 것이니正也, 그대子가 바름으로써以正 이끈다면帥, 누가孰 감敢히 바르게 되지 않겠습니까不正?"

정치이념은 한사어 '정치'라는 말에도 그대로 담겨 있다. 우선 '정政' 자는 正(바루다)＋攵(치다)의 형성자로 회초리로 쳐서 바르게 함正, 즉 공권력을 행사하여 정의正義를 구현함을 뜻한다. '치治' 자는 본래 하류명河流名으로, 고대 중국문명의 발생기에 가장 중요한 국가사업이 하수 유역의 물길水을 다스리는 것台이었기 때문에 뜻이 확장되었다. 즉 '治'란 水(→修)＋台(兌·泰·太: 크다, 빛나다, 기름이자, 양육하다, 기쁘다 등)의 형성자로 범람하는 물길을 다스려 비옥한 옥토를 만들고, 농사지어 많은 곡식(재화)을 생산하여 사람들을 기쁘게 한다는 의미이다. 유교적 정치란 "하늘의 뜻을 계승한 성인이 만든 예악·형정으로 다스려攵 정의正義를 구현하고, (치수治水와 같은) 다양한 국가사업을 통해 공익을 증대시키고, 그것을 기반으로 하여 백성들을 양육·교육·수양시켜 위대한 자아 및 인류이상을 실현하게 하는 일체의 공적 행위이다."고 규정할 수 있다.

공자는 '政'이란 '正'을 의미한다고 말하여, 정치의 작용과 목표를 설정해 주면서, 정치가는 먼저 자신을 바루어서 남을 바루게 하며正己而物正, 나아가 정치를 담당하면서 반드시 먼저 정명正名하겠다고 말했다.

한자 해설
주자: 범조우가 말하길 '자기가 바르지 않으면서 남을 바르게 할 수 있는 사람은 없다.'고 했다.

다산: 솔帥은 거느리다率이다(글자가 상통한다). 바른 사람正人이 정치를 하면, 마치 장자長子가 군사를 거느리는 것과 같아, 삼군三軍이 감히 명령에 따르지 않음이 없는 것이다.

• 政정은 正(바를 정)＋攵(칠 복)의 회의자로 합법적 공권력攵으로 정의正를 구현하는 것이 정치임을 나타내어, 정사夫子至於是邦也 必問其政, 정

권天下有道 則政不在大夫, 정책政寬則民慢, 금령道之以政, 직책棄政而役, 사무, 정사를 행하는 사람均五政, 바루다寬以政之, 정벌하다臨衛政般 등으로 쓰인다.

- 正정은 一(한 일)+止(머무를 지)의 회의자로 절대적 표준인 하늘一에 나아가 합일하여 머무르는 것이 '바르다'는 뜻이다. 다른 한편 성곽口에 정벌하러 가는止 모양으로 정벌은 정당하기에 '정의' 혹은 바르다는 뜻이 나왔다고 한다. 바르다(치우치지 않다, 단정하다, 반듯하다, 곧다, 정확하다), 올바르다(정직하다, 공정하다), 바로 잡다(도리나 원칙에 어긋난 것을 바로잡다), 결정하다, 다스리다, 관장하다, 정실(정처, 본처, 적장자), 정(주가 되는 것), 바로, 막, 정사(=政), 상법常法, 군대 편제의 단위三領爲一正, 정벌하다 天子失義 諸侯力正, 노역勞役 등으로 쓰인다.

- 帥수(솔)은 阜(언덕 부)+巾(수건 건)의 회의자로 언덕 위에 깃발이 꽂혀있는 모습으로 병사들을 거느리고 통솔하는 것으로 장수元帥, 통솔자帥長, 부하를 통솔하다長子帥師, 앞장서다, 인도하다帥大夫以入, 좇다奉帥天子, 바루다初帥其辭로 쓰인다.

12.18 季康子患盗하여 問於孔子한대 孔子對曰 苟子之不欲이면
계 강 자 환 도　　문 어 공 자　　공 자 대 왈 구 자 지 불 욕

雖賞之라도 不竊하리라
수 상 지　　　부 절

계강자季康子가 도둑盗을 걱정患하여 공자께於孔子 묻자問, 공자께서孔子 대답하여 말씀하셨다對曰. "진실로苟 그대가子之 탐욕하지 않는다면不欲, 비록雖 (백성들에게) 상을 주더라도賞之 훔치지 하지 않을 것입니다不竊."

계씨는 정권을 훔쳤고竊柄 계강자는 적자嫡子 자리를 탈취했으니, 백성이 도둑이 되는 것은 진실로 당연하다. 어찌 또한 그 근본을 되돌아보지 않는가? 공자께서 탐욕하지 말라는 것으로 계도했으니, 그 뜻이 깊다. 〈호인〉

그대(계강자)가 탐욕을 부리지 않는다면子不貪欲 비록 백성에게 상을 주며 도둑이 되라도 하더라도, 백성들 또한 부끄러움을 알아 도둑질하지 않을 것이라는 말씀이다. 〈주자〉

불욕不欲은 계강자가 '백성들이 절도하기를 바라지 않는다.'는 것을 말한다. 진실로 백성들이 절도하는 것을 원하지 않을 수 있다면, 반드시 교화의 근원을 맑게 하고 민생을 두텁게 할 수 있어야 한다(교화를 숭상하고, 부렴賦斂을 적게 해야 한다). 이와 같이 한다면, 비록 상을 주더라도 절도하지 않을 것이다. 〈다산〉

한자 해설

• 患환은 串(꿸 관)+心(마음 심)의 회의자로 마음心에 걸리는 일이 염주 알을 꿰듯이 이어짐을 나타낸다. 걱정思則有備 有備無患, 재해君子以思患而豫防之, 병遇風患 手足不隨, 근심하다不患人之不己知, 앓다疾患不能自存는 뜻이다.

• 盜도는 沆(침을 흘릴 연)+皿(그릇 명)의 회의자로 접시 속의 것을 먹고 싶어 군침을 흘리다, 훔치다, 도둑, 비적匪賊, 도둑질 등을 말한다.

• 苟구는 艹(풀 초)+句(글귀 구)의 상형자로 꿇어앉은 모습으로 구차苟且하다, 구차하게 굴다, 진실로苟日新, 만약苟志於仁, 잠시苟免於咎, 바라건대苟無饑渴, 탐하다不苟於利, 낮다. 다산: 苟는 진실로誠이다.

• 賞상은 尙(오히려 상: 높이다)+貝(조개 패)의 회의자로 상을 주다賞上報下之功也, 기리다善則賞之, 상賞延于世, 완상玩賞奇文共欣賞, 증여賞越人章甫, 숭상함賞賢使能以次之을 말한다.

• 竊절은 穴(구멍 혈)+釆(분별할 변←米)+离(사람이름 설: 쌀벌레)의 형성자로 쌀벌레가 쌀을 갉아먹는 모습으로 훔치다賢人不爲竊, 범하다竊仁人之號, 헛되이 녹을 받다竊位, 도둑鼠竊狗盜, 몰래竊負而逃, 분명하다竊其有益, 물리다詭銜竊轡 등으로 쓰인다.

12.19 季康子問政於孔子曰 如殺無道하여 以就有道인댄 何如하니잇고
계강자문정어공자왈 여살무도 이취유도 하여

孔子對曰 子爲政에 焉用殺이리오 子欲善이면 而民이 善矣리니
공자대왈 자위정 언용살 자욕선 이민 선의

君子之德은 風이오 小人之德은 草라 草上之風이면 必偃하나니라
군자지덕 풍 소인지덕 초 초상지풍 필언

계강자季康子가 공자께於孔子 정치政에 대해 물으면서問 말했다曰. "만약
如 무도無道한 자를 죽여서殺 유도有道한 세상을 성취한다면以就(도가 있는
곳으로 나아간다면), 어떻겠습니까何如?" 공자孔子께서 대답하여 말씀하셨다
對曰. "그대子는 정치를 하면서爲政, 어찌焉 살육殺의 방법을 쓰려고用 합
니까? 그대子가 선하고자 하면欲善而 백성民도 선해질 것입니다善矣. 군
자의君子之 덕德은 바람風이고, 소인의小人之 덕德은 풀草입니다. 풀草에
바람風이 불면上(尚=加), (풀은) 반드시必 눕습니다偃."

군주가 군주답게 군주의 본문을 온전히 다하여 솔선수범하면, 다른 모
든 관리들과 백성들 또한 자신의 직분에 알맞게 올바른 삶을 영위한다는
것이 공자의 덕치이자 정명론이었다. 그래서 그는 "진실로 자신을 올바
르게 한다면, 정치에 종사함에 무슨 어려움이 있겠는가? 그러나 자신이
올바르지 않다면, 어찌 다른 사람들을 올바르게 할 수 있겠는가苟正其身
矣 於從政乎 何有 不能正其身 如正人何?"(3.13)라고 반문하였다. 그리고 "군주
가 올바르면 명령하지 않아도 행해지고, 군주가 올바르지 못하면, 비록
명령을 하더라도 행해지지 않는다其身正 不令而行 其身不正 雖令不從."(13.6)
고 말한다. 바로 이런 이유에서 공자는 "정치政란 올바름正이란 뜻입니
다. 그대가 올바름으로 이끌면 누가 감히 올바르지 않겠습니까?"라고
말하였다. 즉 "치자의 덕을 바람에 비유할 수 있다면, 일반 백성의 덕은
풀에 비유할 수 있는데, 풀에 바람이 불면 풀이 눕듯이" 군주가 올바르
면 다른 백성들 또한 그에 교화되어 올바르게 되며正己而物正, "군주가
탐욕을 부리지 않으면, 비록 상을 준다고 하더라도 일반 백성들 또한 도

둑질하지 않을 것입니다."라고 대답하였다. 이렇게 공자의 정치방법론은 군주가 솔선수범하는 교화의 방법이다. 그래서 비록 무도한 사람이라고 할지라도 죽이는 방법을 쓰는 것이 아니라, 군주의 솔선수범으로 교화시켜 바른 사람이 되도록 이끈다는 것이었다.

또한 계강자로 하여금 먼저 자신부터 바르게 하고자 하신 것이다. 〈공안국〉

위정자爲政者는 백성이 보고 본받는 존재인데, 어찌 살생을 행한단 말인가? 선하고자 하면, 백성이 선해진다. 〈주자〉

죽인다殺는 말이 어찌 윗사람이 된 자가 할 말이겠는가? 몸소 가르치면 (백성이) 따르고, 말로 가르치면 소송하니, 하물며 죽임이랴? 〈윤돈〉

한자 해설
- 殺살(쇄)은 杀(죽일 살)+殳(몽둥이 수)의 회의자로 몽둥이로 죽이다刺人而殺之, 베다利以殺草, 제거하다殺生, 마르다殺草, 희생물牲殺器皿, 깎아내다抹殺, 덜다非帷裳必殺之, 쇠하다隆殺, 등차親親之殺也, 감하다 등으로 쓰인다.
- 就취는 京(서울 경: 사람이 쌓은 언덕)+尤(더욱 우: 높다)의 회의자로 높다, '이루다'는 뜻이다. 성취함可以就大事, 좇다就有道而正焉, 나가다此人可就見不可屈致也, 시작하다三徑就荒, 이에就加詔許之, 가령就其能鳴者 등의 뜻이다. **공안국**: 就는 이루다成이다. **다산**: 就는 나아가다卽, 따르다從이니, 악인을 주살하여 의로 옮겨가서 선을 따르게 한다는 말이다. 백성들은 쉽게 따르고 교화하니, 죽일 필요는 없다.
- 草초는 艹(풀 초)+早(일찍 조)의 형성자로 풀, 잡초, 황야, 초원, 시초, 초고, 초안草案, 초서草書, 암컷, (풀을) 베다, 거칠다, 천하다 등으로 쓰인다.
- 風풍은 凡(무릇 범)+鳥(새 조)의 회의자로 본래 봉황鳳凰을 뜻했는데, 봉황이 바람을 몰고 온다고 생각했다. 바람, 가르침, 풍속, 습속, 경관, 기질, 감기感氣, 중풍中風, 기세, 절조, 노래, 악곡, 민요, 풍도, 풍문,

(바람을) 쐬다 등으로 쓰인다.

- 上상은 하늘을 뜻하는 지사문자로 위쪽天上, 나은 쪽上品, 높은 쪽上官, 표면海上, 임금主上, 처음上篇, 존장長上, 곁大同江上樓, ~에서理論上, 오르다雲上於天, 가하다草上之風必偃, 숭상하다上賢以崇德, 올리다毋上於面, 간절히 바라건대上愼旃哉 猶來無止, 상성上聲 등으로 쓰인다. **주자**: 上은 한편 상尙으로 되어 있으니, 더한다加는 뜻이다

- 偃언은 亻(사람 인)+匽(울안에서 편히 쉴 언)의 형성자로 나부끼다, 쓰러지다, 눕다, 눕히다, 쉬다, 편안하다, 그치다, 교만하다, 쏠리다, 깃발이 나부끼는 모양 등으로 쓰인다. **주자**: 偃은 눕다仆이다.

12.20 子張이 問 士何如라야 斯可謂之達矣니잇고
　　　자 장　문 사 하 여　　사 가 위 지 달 의

子曰何哉오 爾所謂達者여 子張이 對曰
자 왈 하 재　이 소 위 달 자　자 장　대 왈

在邦必聞하며 在家必聞이니이다 子曰 是는 聞也라 非達也니라
재 방 필 문　　재 가 필 문　　　　자 왈 시　문 야　비 달 야

夫達也者는 質直而好義하며 察言而觀色하여 慮以下人하나니
부 달 야 자　질 직 이 호 의　　찰 언 이 관 색　　여 이 하 인

在邦必達하며 在家必達이니라 夫聞也者는 色取仁而行違오
재 방 필 달　　재 가 필 달　　　부 문 야 자　색 취 인 이 행 위

居之不疑하나니 在邦必聞하며 在家必聞이니라
거 지 불 의　　　재 방 필 문　　재 가 필 문

자장子張이 물었다問. "선비士는 어떻게 하면何如, 곧斯 통달達했다고 평謂할 수 있습니까可之矣?" 공자께서 말씀하셨다. "무엇이냐何哉? 너爾의 이른바所謂 통달이란達者?" 자장子張이 대답하여 말했다對曰. "나라에 있어在邦 반드시必 알려지고聞, 가문家에 있어도在家 반드시必 알려지는 것입니다聞." 공자께서 말씀하셨다. "이것是은 알려짐이지聞也, 통달達이 아니다非也. 대부저 통달이란達也者 질박·정직하여質直而 의를 좋아하고好義, 말을 살피고察言而 안색을 살펴觀色 사려하여慮以 남에게 낮추니

下人, 나라에 있어在邦 반드시必 통달하고達 가문에 있어도在家 반드시必 통달하는 것이다. 대저夫 알려짐이란聞也者 안색色은 인에서 취하지만取 仁而 행실은 어긋나고行違, 그것을 차지하고도居之 의심하지 않으니不疑, 나라에 있어도在邦 반드시必 알려지고聞, 가문에 있어도在家 반드시必 알려진다聞."

통달達이란 덕스러움이 자연스럽게 다른 사람으로부터 인정을 받아 행하는 일마다 이루어지지 않은 것이 없는 것이다. 명성이 알려짐聞이란 덕스럽지 않으면서도 의도적으로 꾸며내어 거짓으로 구하여 얻는 것이다. 여기서 질박함質이란 소박하고 진실한 것이고, 정직함直이란 치우치거나 굽지 않은 것이다. 의로움을 좋아한다好義는 것은 일을 처리함에 마땅함을 구하는 것이다義宜也. 다른 사람의 말과 안색을 살피는 것은 내 말이 옳은지 그른지를 확인하려는 것이다. 만일 그렇게 하지 않고 자기의 주장을 임의대로 강요한다면, 스스로 높이는 것으로 남에게 겸손할 수 없다. 질박·정직하면서 의로움을 좋아하면 다른 사람과 다른 사람과 충돌할 수 있지만, 다른 사람의 말과 안색을 살피고 고려하여 자기를 낮추면 남과 충돌을 피할 수 있다.

겉으로만 인仁한 척하지만 행위는 어그러지는데, 마음에 불안감이 남아 있다면 아직도 실질을 향한 마음은 미약하나마 남아 있다고 할 수 있다. 오로지 '스스로만 옳다'는 사실에 대해 회의조차 하지 않으면서, 자리만 차지하고 있는 것은 명성에 힘쓰는 자이다.

한자 해설

주자: 달達이란 덕이 남에게 신뢰를 받아서 행하는 일이 모두 이루어지지 않음이 없음德孚於人而行無不得을 말한다. (자장이 말한 達이란) 명예가 알려짐을 말한다. 알려짐聞과 통달達은 서로 비슷하지만 같지 않으니, 곧 진실과 거짓이 나누어지는 까닭이니, 배우는 자는 살피지 않으면 안 된다. 안으로 충신忠信을 위주로 하고, 행하는 것이 마땅함에

합치하고, 남과 접할 때에 잘 살펴서 자신을 낮춤으로써 스스로 기르는 것卑以自牧은 모두 안에서 자신을 닦으며, 남이 알아주기를 구하지 않는 일이다. 그러나 덕이 자신에게서 닦여 남들이 신뢰하게 되면 행하는 것이 자연히 막힘이 없게 된다. 그 안색을 좋게 하여 인에서 취한 듯하지만取於仁, 행실은 그와 배치되고, 또한 스스로를 옳다고 여기면서 아무런 거리는 것이 없다면, 이는 실제에 힘쓰지 않고 오로지 명성에만 힘쓰는 자이다. 따라서 헛된 명예는 비록 융성하더라도 실제의 덕은 병든다.

다산: 달사達士에는 두 종류가 있다. 덕의德義가 사방에 통달한 사람四達者을 달인達人이라 한다. 명성名과 알려짐聞이 사방에 통달한 자 또한 달인이라고 한다. 그러므로 공자께서 의심하여 질문한 것이다. 재방필문在邦必聞은 조정에 벼슬하여 명예가 있는 것이고, 재가필문在家必聞은 가정에 기거하여도 명예가 있는 것이다. 질직質直은 안이 실한 것內實이고, 호의好義는 외적 행위外行이다. 색취인色取仁이란 그 안색을 수식함으로써 인의 이름을 취하는 것이다(질직質直과 상반된다). 행위行違란 이름은 인이지만 실제는 그것과 배치된다(호의好義과 상반된다). 달사의 행실은 충忠하고 서恕하고, 그리고 겸손謙하다. 알려진 사람聞人의 행실은 속이고詐, 전횡專하고, 교만驕하다. 그 실정이 상반되니, 마치 음·양 혹은 흑·백과 같다.

• 達달은 辶(쉬엄쉬엄 갈 착)+羍(어린 양 달)의 회의자로 양을 모는 사람을 그렸는데, 본래 '막힘이 없다'는 뜻이었다. 통달하다理塞則氣不達, 이르다專達於川, 눈트다驛驛其達, 꿰뚫다蹶達膝, 자라다先生如達, 깨닫다能達虛實之數者, 막힘 없이 통하다賜也達, 통하게 하다寡人其達王於甬句東, 엇갈리다挑兮達兮, 두루則達觀于新邑營, 모두君子達亹亹焉, 좋다受小國是達 受大國是達, 갖추어지다非達禮也, 공공연하夫三年之喪 天下之達喪也, 영달하다達則兼善天下, 사리에 밝음性明達好謀, 새끼 양先生如達 등을 의미한다.

• 聞문은 耳(귀 이)+門(문 문)의 회의자로 귀로 소리를 알아듣다聽而不聞, 들

어서 알다我未聞者, 들어서 관여하다必聞其政, 들어서 알다友多聞, 가르침을 받다願聞所以行三言之道 可得聞乎, 알림不敢以聞, 소문百聞不如一見, 들리다雞犬之聲相聞, 널리 알려진 이름舊有令聞 등으로 쓰인다.

- 質질은 所(모탕 은)+貝(조개 패)의 회의자로 바탕, 꾸미지 않은 본연 그대로大圭不磨 美其質也, 순박함遺華反質, 본성太素者質之始也, 근본君子義以爲質, 실체原始要終 以爲質也, 형체此人者質壯以秋冬, 적게 하다君子多聞質而守之, 아름답다靑黃白墨 莫不質良, 슬기롭다王公之子弟之質, 바르다質明行事, 이루다虞芮質厥成, 당하다君子於其所尊弗敢質, 답하다雖質君之前, 어음聽賣買以質劑, 모탕解衣伏質, 도끼今臣之胷 不足以當椹質, 주인因以己爲質, 주춧돌以鍊銅爲柱質, 보증以順子爲質, 저당, 폐백 등으로 쓰인다.

- 直직은 目(눈 목)+十(열 십)+乚(숨을 은)의 회의자로 굽은 데가 없다其直如矢, 굽히지 않다骨直以立, 바름爰得我直, 공정하다王道正直, 꾸미지 않다尤簡直, 바른 길友直, 바로잡다正直是與, 향하다直東序, 대적하다直秦之銳士, 숙직하다候其上直, 다만直不百步耳, 즉시直使送之, 세로有神人直目, 직면하다直夜潰圍 등으로 쓰인다.

- 慮려는 虎(범 호)+思(생각할 사)의 회의자로 산길을 가다 호랑이를 만날까 우려한다는 의미로 생각하다考慮, 꾀하다子爲寡人慮之, 걱정함念慮, 생각困於心 衡於慮, 연결함何不慮以爲大樽, 조사하다凡繫囚 五日一慮 등으로 쓰인다.

- 疑의는 匕(비수 비)+矢(화살 시)+疋(발 소)의 회의자로 지팡이를 짚고 고개를 돌린 사람으로 의심하다中心疑者 其辭枝, 의문하다以斷天下之疑, 미혹迷惑되다, 두려워하다皆爲疑死, 시샘하다非俊疑傑今, 머뭇거리다去邪勿疑, 비슷하다, 아마도, 괴이하게 여기다遇雨之吉 羣疑亡也, 견주다擬 등으로 쓰인다. 평성으로는 한데 뭉치다(=응凝), 안정되다靡所止疑, 멈추다賓西階上疑立는 뜻이 있다.

12.21 樊遲從遊於舞雩之下러니 曰 敢問崇德修慝辨惑하노이다
번지종유어무우지하　　　왈감문숭덕수특변혹

子曰善哉라 問이여 先事後得이 非崇德與아
자왈선재　문이여　선사후득이　비숭덕여

攻其惡이오 無攻人之惡이 非修慝與아
공기악이오　무공인지악이　비수특여

一朝之忿으로 忘其身하여 以及其親이 非惑與아
일조지분으로　망기신하여　이급기친이　비혹여

번지樊遲가 무우단 아래에서於舞雩之下 따라 노닐 때從遊에 물었다曰. "감敢히 덕을 높이고崇德, 사특함慝을 닦아내고修, 미혹惑을 변별辨하는 것을 묻습니다問." 공자께서 말씀하셨다. "좋구나善哉, 질문問이여! 일을 먼저 하고先事 얻는 것을 뒤로 하는 것後得이, 덕德을 높이는崇 것이 아니겠는가非與? 자신의 악其惡을 다스리고攻(=治)하고, 남의 악人之惡을 공격攻함이 없으면無 사특함慝을 닦아내는修 것이 아니겠는가非與? 하루아침의一朝之 분노忿로 그 자신其身을 망각忘하고 그 부모其親에게 (화난禍難이) 미치게 하는 것以及이 미혹惑이 아니겠는가非與?"

　　마땅히 해야 할 일은 본성의 덕에서 유래한 것이고, 자신의 이익을 헤아리는 것은 사사로운 마음이다. 따라서 마땅히 해야 할 일을 먼저하고 그 일로 인해 돌아올 이익을 나중으로 여긴다면 본성의 덕이 높아진다崇德.
　　대부분 사람들은 남을 관찰하는 것에는 밝고 엄하며 스스로를 관찰하는 것에는 어둡고 가볍다. 남의 허물이나 악을 공격하는 마음을 자신에게 향하게 하여 자신을 점검할 때 비로소 스스로의 악을 다스릴 수 있다修慝.
　　하루아침의 분노는 아주 작은 일이고, 화가 부모에 미치는 것은 아주 큰일이다. 작은 분노 때문에 큰일을 망치는 것은 크게 미혹된 것이다. 분노를 다스려야 미혹을 해소할 수 있다辨惑.

한자 해설
주자: 좋은 질문이다善哉問고 말씀하신 것은 질문이 자기를 정립함에 절실切於爲己하므로 좋게 여기신 것이다.

다산: 선사후득先事後得이란 노고勞苦는 남보다 먼저하고, 이록利祿은 남보다 뒤에 취한다는 뜻이다. 공攻은 다스림治이다.(『주례』「고공기」에서 말했다. 쇠를 다스리는 공인과 나무를 다스리는 공인이 있다有攻金之工攻木之工). 사람이라면 자신을 사랑하지 않음이 없고, 사람이라면 어버이를 사랑하지 않음이 없는네, 작은 분노로 말미암아 큰 사랑을 망각하여 재앙과 환난禍難을 불러오게 하니, 이것이 미혹이다. 숭덕崇德은 인仁이고, 수특修慝은 용勇이고, 변혹辨惑은 지智이다.

- 遊유는 辵(쉬엄쉬엄 갈 착)+斿(깃발 유: 깃발 아래 아이가 놀이하는 모습)의 회의자로 즐기다, 사귀다, 배우다, 공부하다, 유세하다, 놀이, 유원지, 벗, 친구, 까닭, 이유 등의 의미이다.

- 雩우는 雨(비 우)+亏(어조사 우)의 형성자로 기우제祈雨祭, 기우제를 지낸다는 뜻이다.

- 慝특은 匿(숨을 닉)+心(마음)의 회의자로 간사함之死矢靡慝, 악하다觀其奇慝, 악한 일無俾作慝, 결점崇德修慝, 더럽혀지다慝禮, 숨기다慝則大惑 등으로 쓰인다. **공안국:** 특慝은 악惡이고 수修는 다스림治이니, 악을 다스리면 선이 된다. **호인:** 특慝이란 글자는 心(마음 심)과 匿(숨을 닉)으로 구성되어 있는데, 대개 악이 마음에 숨어 있는 것이다. '수脩'는 다스려 제거함治而去之이다.

- 忿분은 分(나눌 분)+心(마음 심)의 회의자로 찢어진 마음으로 성내다身有所忿懥, 원망하다懲違改忿兌, 가득함忿滀之氣 등으로 쓰인다.

- 惑혹은 或(혹시 혹)+心(마음 심)의 회의자로 헷갈리어 마음이 어지럽다用之不惑, 탐닉함莊公惑於嬖妾, 의혹함門人惑, 현혹됨不惑於詳, 도리에 어긋나다以爲大惑, 미혹知惡而不改 謂之惑 등으로 쓰인다.

12.22 樊遲問仁한대 子曰 愛人이니라 問知한대 子曰 知人이니라
번지문인　자왈애인　　문지　자왈　지인

104

樊遲未達이어늘 子曰 擧直錯諸枉이면 能使枉者直이니라
번지미달　　　　자왈 거직조저왕　　　능사왕자직

樊遲退하여 見子夏曰 鄕也에 吾見於夫子而問知하니
번지퇴　　　견자하왈 향야에 오현어부자이문지

子曰 擧直錯諸枉이면 能使枉者直이라하시니 何謂也오
자왈 거직조저왕　　　능사왕자직　　　　　　하위야

子夏曰 富哉라 言乎여 舜有天下에 選於衆하사 擧皐陶하시니
자하왈부재 언호 순유천하 선어중 거고요

不仁者遠矣오 湯有天下에 選於衆하사 擧伊尹하시니 不仁者遠矣니라
불인자원의 탕유천하 선어중 거이윤 불인자원의

번지樊遲가 인을 묻자問仁, 공자께서 말씀하셨다. "사람人을 사랑愛하는 것이다." 지知를 물으니問, 공자께서 말씀하였다. "사람人을 아는知 것이다." 번지樊遲가 알아듣지 못하니未達, 공자께서 말씀했다. "곧은 이를 들어서 쓰고擧直 여러諸 굽은 이枉를 버려두면錯(굽은 이枉 위에諸 두면錯=置), 능能히 굽은 이枉者를 곧아지게直 할 수 있다使." 번지樊遲가 물러나退 자하子夏를 만나見 말하였다曰. "일전에鄕也 내吾가 선생님을於夫子 뵙고見 지知를 여쭈었더니問, 선생님子께서 말씀하시길曰, '곧은 이를 들어서 쓰고擧直 여러諸 굽은 이枉를 버려두면錯(굽은 이枉 위에諸 두면錯=置), 능能히 굽은 이枉者를 곧아지게直 할 수 있다使.'고 하셨는데, 무슨何 말씀인가謂也?" 자하子夏가 말했다曰. "풍부하구나富哉, 말씀이여言乎! 순舜임금이 천하天下를 소유有하셨을 적에 뭇사람들 중於衆에 선택選하여 고요皐陶를 등용擧하니, 어질지 않은 이不仁者들이 멀어졌고遠矣, 탕湯 임금이 천하天下를 소유有하셨을 적에 뭇사람들 중於衆에 선택選하여 이윤伊尹를 등용擧하니, 어질지 않은 이不仁者들이 멀어졌다遠矣."

　　주자에 따르면, 인仁이란 인간 마음이 지니고 태어난 보편적인 덕이다. 따라서 '사람을 사랑하는 것愛人'이란 인의 덕을 베푸는 것으로, 곧 두루 보편적으로 사람을 사랑하는 것을 말한다. 그리고 지知 또한 인간 마음이 지니고 태어난 보편적인 덕이다. 옳고 그름을 분별하는 것是非

之心 知之端은 우리에게 내적인 앎의 덕이 있다는 것을 드러내나는 하나의 단서이다. 사람을 아는 것知人이란 이러한 마음의 덕인 지知의 작용用이다. 아는 것 가운데 사람을 아는 것이 가장 중요하다. 모든 앎은 인간의, 인간에 의해, 인간을 위한 것으로, 인간을 아는 것이 앎의 궁극이 된다. 앎의 일로서 사람을 아는 것知人이란 인자仁者·불인자不仁者를 분별하여 선택할 줄 하는 것을 말한다. 따라서 '두루 모든 이를 사랑하는 보편적인 인仁'과 '인자·불인자를 분별하여 선택하는 지知' 사이에는 모순이 있는 듯하다. 번지는 바로 이 점을 이해하지 못했다는 것이다. 그런데 공자에 따르면, 인자와 불인자를 분별할 줄 아는 앎을 통해 곧은 이를 등용하고 굽은 이를 등용하지 않으면, 굽은 이들 또한 등용되거나 교화되어 곧게 된다. 따라서 분별하는 지知가 궁극적으로는 보편적인 인仁을 실현하는 데에 기여하게 되어, 보편적인 인과 분별하는 지 사이에는 모순은 없다는 것이다. 바로 이 점을 알아 차렸기 때문에 자하는 "순임금이 천하를 다스릴 적에 뭇사람들 중에 골라 고요를 등용하니 어질지 않은 이들이 멀어졌다."는 말을 인용하여 공자의 말을 풀이해 주었다.

그런데 다산은 인仁이란 두 사람(人+二)에서 유래한 것으로 친애한다는 의미를 지닌다는 데에 착안하여 그 구절을 해석한다. 따라서 그에 따르면, 『논어』의 원문 그대로 사람을 사랑하는 것이 곧 인仁이다. 인이란 내재적인 마음의 덕이 아니라, 사람과 사람과의 상호 관계에서 마땅히 해야 할 도리를 온전히 다할 때 비로소 성립하는 것이다. 지知 또한 마찬가지다. 내재적인 마음의 덕으로 지知가 있고, 그 발현으로 지가 밖으로 실현되는 것이 아니다는 것이다.

한자 해설

주자: 사람을 사랑하는 것愛人은 인仁을 베푸는 것仁之施이다. 사람을 아는 것知人은 지知를 쓰는 것知之務이다. 곧은 이를 천거하고 굽은 이를 버리는 것은 지知이다. 굽은 이를 곧게 하는 것은 인仁이다. 이와 같이 한다면, 두 가지는 서로 어긋나지 않을 뿐만 아니라 도리어 서로 쓰이

게 된다.

다산: 인仁이란 두 사람二人이다. 자식이 어버이를 사랑하고子愛親, 신하가 인군을 사랑하고臣愛君, 목민관을 백성을 사랑하는 것牧愛民이 모두 인仁이다. '번지미달樊遲未達'이란 사람을 아는 것知人이 지知가 된다는 것을 알지 못했다는 것이다(사람을 사랑하는 것이 인이 된다는 것은 의심할 것이 없다). 거擧는 드는 것擡이고, 조錯는 두는 것置이다. 먹줄을 나무에 튕겨서 굽은 것을 바르게 할 수 있다. 번지가 다시 자하에게 물은 것은 공자께서 단지 굽음枉과 바름直만 말씀하시고, 굽음과 바름이 어떤 것인지 말씀하시지 않으셨기 때문에, 깨닫지 못한 것이다. 향鄉은 '지난번(낭曩)'이다(『정자통正字通』에서 말하길, '지나간 것은 앞에 있고, 올 것은 뒤에 따르기 때문에 지나간 날을 일러 향일鄉日이라 한다.'고 했다). 공안국이 말하길, '부富는 성盛하다.'이다. 여럿 중에서 선발하면 천거된 사람은 곧고, 나머지는 굽은 사람이다. 곧은 사람을 모든 관료들 위에 두면, 곧은 사람을 천거하여 굽은 사람의 위에 두는 것이다.

• 擧거는 舁(마주들 여)+手(손 수)의 회의자로 두 손으로 들다擧臼而進之, 천거하다諸公多薦擧之者, 일으키다擧廢國, 등용하다擧賢人, 열거함過而擧君之諱則起, 잘 행해짐其政擧 등으로 쓰인다.

• 直직은 많은 사람들이 보기 때문에 숨긴 것까지도 모두 바르게 본다는 뜻으로 굽은 데가 없다其直如矢, 바르게 보다爰得我直, 공정하다王道正直, 순직하다洵直且侯, 바른 행실友直, 바로잡다正直是與, 다만直不百步耳 등으로 쓰인다.

• 鄉향은 식기를 두고 양옆에 앉아있는 사람(→食, 饗)의 모습으로 시골鄉稱善人, 행정 구역五州爲鄉 使之相賓, 고향富貴不歸故鄉 如衣繡夜行, 곳于此中鄉, 동료故君子之朋友有鄉, 향하다樂行而民鄉方, 음향如影鄉之應形聲也, 접때鄉也吾見於夫子而問知 등으로 쓰인다.

• 錯착은 金(쇠 금)+昔(옛 석)의 회의자로 섞이다翹翹錯薪, 어지러워지다殷旣錯天命, 교대로譬如四時之錯行, 무늬約軝錯衡, 숫돌錫貢磬錯, 시행하다

禮義有所錯, 버리다擧直錯諸枉 등으로 쓰인다.

- 諸제는 言(말씀 언)+者(놈 자)의 형성자로 모든, 여러邦人諸友, 갈무리함桃諸, 말린 과일, 절인 것桃諸梅諸, 땅 이름, 어조사(之于, 之於의 줄인 말: 제) 등으로 쓰인다.

- 枉왕은 木(나무 목)+王(임금 왕)의 형성자로 나무가 휘다枉矢, 마음이 굽다能使枉者直, 굽히다枉道而事人, 사곡邪曲한 사람擧直錯諸枉 등으로 쓰인다.

- 選손은 辶(쉬엄쉬엄 갈 착)+巽(유순할 손: 공손하게 앉아있는 사람)의 회의자로 '가리다'나 '뽑다'는 뜻이다. 가리다, 분간하다, 뽑다, 고르다, 선거하다, 선택하다, 임용되다, 열거하다, 좋다, 뽑힌 사람, 선별된 작품, 잠깐, 잠시 등으로 쓰인다.

- 皐陶고요는 순舜임금 때 구관九官의 한 사람으로 법리法理에 통달하여 법을 세우고 형벌을 제정하였으며, 옥獄을 만들었다고 전해지는 인물이다.

12.23 子貢이 問友한대 子曰 忠告而善道之호대 不可則止하여
자공 문우 자왈 충고이선도지 불가즉지
無自辱焉이니라
무 자 욕 언

자공子貢이 벗友에 대해 물으니問, 공자께서 말씀하셨다. "충忠으로 말해주고告而, 잘봄 이끌어주되道之, (그러나 의합義合인 때문에) 할 수 없으면不可則 그쳐서止, 스스로自 모욕辱을 당하지 말아야 한다毋焉."

벗이란 인仁으로 상호 보완해주는 존재이다. 그러므로 그 마음을 다해 충고하고, 좋은 말로 이끌어 주어야 한다. 그러나 의로움으로 합한 사람인 까닭에, (충고를) 받아들지 않으면 그친다. 만일 너무 빈번하여 소원해진다면 스스로 모욕을 당한다. 〈주자〉

다산: 포함이 말하길 '충고忠告하여 옳고 그름을 말해주고(보충하여 말한다.

벗에 과오가 있으면, 중심의 말中心之言로써 고해준다), 선한 도로 이끌어 준다.'

고 했다. 도道는 '도지이덕道之以德(덕으로 이끌어준다)'의 '도道(이끌다)'와 같

이 읽어야 한다. 충忠을 다하여 일러 주고, 선을 베풀어 인도한다. 포

함이 말하길, '(충고를) 따르지 않으면 그만두어야 한다. 기필코 말한

다면 혹 모욕을 당한다.'고 했다.

• 友우는 구부린 손又과 손을 맞잡고 의좋게 감싸 주는 사이를 뜻하는

회의자로 벗同門曰朋 同志曰友, 벗하다無友不如己者, 우애友愛甚篤, 惟孝

友于兄弟 등으로 쓰인다.

• 忠충은 中(가운데 중)+心(마음 심)의 형성자로 알맹이가 가득 차서中 빈틈

없는 마음心으로 충직한 정성其忠至矣, 임금을 섬기는 도臣事君以忠, 정

성을 다하다忠恕而已矣 등의 뜻이다.

• 辱욕은 辰(별 신: 농기구)+寸(마디 촌: 손)의 회의자로 밭일하는 모습으로

풀을 베다는 뜻이었는데, 일이 고되어 '욕되다'는 뜻이 되었다.

• 毋무는 여자女를 함부로 범하지 못하게 하라—는 회의자로 ~하지 마

라(금지사), 없다毋必毋固, 아니다, 하대의 치포관 이름 등으로 쓰인다.

12.24 曾子曰君子는 以文會友하고 以友輔仁이니라
증 자 왈 군 자   이 문 회 우   이 우 보 인

증자曾子가 말했다曰. 군자君子는 문으로써以文 벗友을 모으고會, 벗으로
써以友 인을 보완한다輔仁.

자기완성을 목표로 하는 군자가 벗을 만나 함께 학문을 연마하면 앎이

넓혀지며, 인을 보완輔仁할 수 있다. 인을 행함은 자기로 말미암는 것이

기 때문에爲仁由己 벗은 인을 보완해줄 뿐이다. 벗이란 상호 인을 보완해

주는 관계이다. 따라서 상호 충심으로 알려주어 잘 이끌어주어야 한다.

또한 공자는 익자삼우益者三友라 하여 곧은 벗友直, 성실한 벗友諒, 보고
들은 바가 많은 벗友多聞이 유익하다(16.4)고 말했다.

공안국: 벗은 문과 덕으로 합한다友以文德合. 벗에게 서로 절차탁마하는
　도가 있는 것은 사기를 완성하는 인을 북돋아주는 것이다.

주자: 학문을 강론하여 벗을 모으면 도가 더욱 밝아지고, 선을 취하여 인
　仁을 북돋우면 덕은 날로 진보한다.

다산: 문文은『시』·『서』·『예』·『악』을 말한다. 인仁은 효孝·제弟·충
　忠·신信을 말한다. 문文이 아니면 벗을 모을 수 없고, 이미 모였으면
　인仁을 북돋우어야 하며, 문을 주主로 삼아서는 안 된다. 보輔란 수레
　의 바퀴살을 도와주는 덧방나무車之助인데, 수레가 전복되지 않도록
　떠받치는 것이다. 벗이란 자기를 북돋아주는 존재이다.

• 會회는 음식을 보관하는 찬합을 그려 모이다會同, 모으다會其什伍, 모
　임詩會, 만나다千載一會, 합치다筆與手會, 때機會, 깨닫다會得, 일주聖王
　因其會而分之 등으로 쓰인다.

• 輔보는 車(수레 거)＋甫(보완할 보: 田+艸으로 밭의 채소)의 형성자로 무거운
　짐을 실을 때 수레바퀴를 튼튼하게 하기 위해 바퀴에 묶어 보완하는
　(甫=補) 덧방나무로 돕다, 보좌하다는 뜻이다.

이 편은 선인善人·군자가 나라를 다스리고 백
성을 가르침에는 인정仁政·효제孝弟, 중행中
行·상덕常德이 모두 나라를 다스리고 자신을
닦는 요도要道임을 논했다. 대의는 앞편「안연」편
과 같다. 안회顔回는 입실入室하였고, 자로子路
는 승당升堂하였기 때문에, 「안연」편의 다음이
다. 〈형병〉

子路問政한대 子曰 先之勞之니라 請益한대 曰 無倦이니라
자로문정　　자왈 선지노지　　청익　　왈 무권

자로子路가 정치政를 물으니, 공자께서 말씀하셨다. "솔선先之(=率)하고,
수고로워야勞之(위로慰勞) 한다." 더益 말씀해주길 청請하니, (공자께서)
말씀하셨다. "게으름倦이 없어야 한다無."

무릇 백성의 행실을 솔선하면, 명령을 내리지 않아도 행한다. 무릇 백성의
일을 몸소 수고로이 하면, 비록 힘이 들더라도 원망하지 않는다. 〈소식〉

자로가 정치를 묻자 공자께서 이미 일러주셨지만, 더 말씀해주시길 청하
니, '게으르지 말라.'고만 말씀을 뿐, 다시 더 일러주신 것은 없으셨다. 잠
시 자로로 하여금 깊이 생각하게 하신 것이다. 〈정자〉

한자 해설

- 勞로는 熒(등불 형)+力의 회의자로 불을 밝혀 일하다任士之所勞, 애쓰다
犧牲不勞 則牛馬育, 근심하다勞萬民, 수고先勞後祿, 공적事功曰勞 治功曰力,
위로하다以勞王爵, 돕다神所勞矣는 뜻이다. 주자: 勞란 백성들을 위해
근로하는爲勤勞 것으로, 예컨대 논밭 사이를 순찰하거나 농업이나 잠
업을 권장하는 것이다. 다산: 勞자가 평성이면, 위정자의 뜻이 백성을
부리는 데에 있지 백성을 사랑하는 데에 있지 않게 되는데, 결국 백성
을 수고롭게만 하는 것이 어찌 경문의 뜻이겠는가? 노역勞役하는 하
나의 일로 덕정德政으로 삼으려 하니, 노역이 어찌 족히 덕정德政이
되겠는가? (정현은 로勞를 위로慰勞로 읽었다:『석문』)
- 益익은 水(물 수)+皿(그릇 명)의 회의자로 더하다而益之以三怨, 돕다於是出
私金 以益公賞, 증가請益則起, 효험終夜不寢以思 無益, 이득小損當大益 初貧
後富 必然理也, 넓다益 以弘裕爲義, 익괘(진하손상震下巽上) 등으로 쓰인다.
다산: 옛 예법으로 스승이 말씀하신 것 이외에, 한 말씀 더 구하는 것
을 청익請益이라 한다.

• 倦권은 人(사람 인)+卷(굽을 권)의 형성자로 <u>게으르다, 나태懶怠하다</u>, 진력盡力나다, 고달프다, 피곤하다, 걸터앉다, 쇠하다 등으로 쓰인다. **다산**: 무권無倦은 맡은 일에서 게으르지 않은 것이다.

13.2 仲弓이 爲季氏宰라 問政한대 子曰 先有司오 赦小過하며 擧賢才니라
　　　중궁　위계씨재　문정　　자왈선유사　사소과　　거현재
日 焉知賢才而擧之리잇고 日 擧爾所知면 爾所不知를 人其舍諸아
왈 언지현재이거지　　　왈거이소지　이소부지　인기사저

중궁이仲弓 계씨季氏의 가재宰가 되어爲 정치政를 물으니問, 공자께서 말씀하셨다. "먼저先 유사有司에게 맡기고, 작은 과오小過는 사면赦하며, 어질고 재능 있는 이賢才를 천거擧하라." (중궁이) 말했다曰. "어떻게焉 어질고 재능 있는 이賢才를 알아서知而 등용하겠습니까擧之?" (공자께서) 말씀하셨다曰. "네爾가 아는 이所知를 천거擧하면, 네爾가 알지 못하는 이所不知를 사람人들이 버려두겠는가舍諸?"

중궁은 당시 노나라의 세도가였던 계씨의 가재家宰가 되었다. 유사有司는 실무를 담당하는 관리이다. 총괄하는 가재는 현재를 등용하여, 개별적인 실무를 책임지도록 해야 성과를 요구하고 책임을 규명할 수 있다. 그런데 책임을 규명할 경우, 큰 과오는 어쩔 수 없지만 사소한 과오는 용서하여야 형벌의 남용을 막아 사기를 진작시킬 수 있다는 것이다.

먼저 아는 사람 가운데 현재들을 등용하고 그렇지 않은 이들을 내버려두면, 다른 사람들 또한 현재를 천거하게 된다. 그렇게 되면 모르는 이들 중에 현재들 또한 등용된다. 그런데 여기서 주자는 정자의 말을 인용하여 중궁의 말과 공자의 조언에는 공公·사私의 차이가 있다고 말한다. 즉 중궁은 단지 사적으로 자신이 아는 현재를 천거한다고 생각했지만, 공자는 이를 공적으로 해야 함을 말하고 있다는 것이다. 정자의 해석은 분명 사적 정실주의情實主義를 넘어서는 장점이 있다.

정자의 관점은 『예기』 「예운」의 소강小康과 대동大同사회의 차이에 착안한 것이라 할 수 있다. 대도가 은폐되어 천하가 가문의 소유가 된 소강사회에서는 "각자 그 어버이만 친하고, 그 자식만 자식으로 여긴다各親其親, 各子其子." 그런데 대도가 행해지는 대동사회에서는 "각자 그 어버이만을 어버이로 여기지 않고, 그 자식만을 자식으로 여기지 않는人不獨親其親, 不獨子其子, 천하가 공공의 것天下爲公이 된다." 여기서 공자가 제시한 현재賢才의 등용방법론은 궁극적으로는 이러한 대동사회를 지향하는 것이라 하겠다.

한자 해설

주자: 유사有司는 여러 직책衆職이니, 가재는 여러 직책을 겸하지만, 실무는 반드시 유사에게 맡기고, 후에 그 성공을 고과하면 자신은 수고롭지 않으면서 일은 모두 거행될 수 있다. 과過는 실수失 · 착오誤이다. 현賢은 덕이 있는 자이고, 재才는 능력 있는 자이다. 이들을 천거, 등용하면 유사로 모두 마땅한 사람들을 얻어 정사는 더욱 정비된다.

다산: 형병이 말하길 '유사有司는 속리屬吏이다.'고 했다. 각각 맡은 바가 있기 때문에 유사有司라 했다. 선先이란 솔선先之이다. 정치를 할 때 마땅히 솔선하여 유사를 창도해야 한다. 사소과赦小過는 아래에 임하여, 관용하는 것이다. 거현재擧賢才는 사람을 얻어 정무를 보좌하게 하는 것이다. 네가 아는 이를 천거하라擧爾所知는 것은 어진 이를 보고도 천거하지 못하는 것을 경계한 것이다.

• 宰재는 宀(집 면)＋辛(매울 신: 칼)의 회의자로 벼슬아치乃命宰祝, 宰相, 다스리다宰割天下, 도살하다損膳省宰, 무덤 등을 의미한다.

• 司사는 后(임금 후)자를 거꾸로 그린 것으로 제사를 주관하는 사람 혹은 팔을 들어 명령을 내리는 사람으로 맡다, 살피다, 지키다, 관아, 마을, 벼슬, 관리 등으로 쓰인다.

• 赦사는 赤(붉을 적)＋攴(칠 복)의 형성자로 죄를 용서하다君子以赦過宥罪, 탕감하다足攴一歲以上可時赦, 버리다得國無赦, 사면赦免 등으로 쓰인다.

13.3 子路曰 衛君이 待子而爲政하시나니 子將奚先이잇고 子曰
자로왈 위군 대자이위정 자장해선 자왈

必也正名乎인저 子路曰 有是哉라 子之迂也여 奚其正이리잇고
필야정명호 자로왈유시재 자지오야 해기정

子曰 野哉라 由也여 君子於其所不知에 蓋闕如也니라
자왈야재 유야 군자어기소부지 개궐여야

名不正則言不順하고 言不順則事不成하고 事不成則禮樂이
명부정즉언불순 언불순즉사불성 사불성즉예악

不興하고 禮樂이 不興則刑罰이 不中하고 刑罰이
불흥 예악 불흥즉형벌 부중 형벌

不中則民無所措手足이니라 故로 君子名之인댄 必可言也며
부중즉민무소조수족 고 군자명지 필가언야

言之인댄 必可行也니 君子於其言에 無所苟而已矣니라
언지 필가행야 군자어기언 무소구이이의

자로子路가 말했다曰. "위나라 임금衛君이 선생님을 기다려待子而 정치를 하려고爲政 하니, 선생子님께서는 장차將 무엇奚을 먼저先 하시겠습니까?" 공자께서 말씀하셨다. "반드시必也 이름名을 바로 잡을 것이다正乎!" 자로가 말했다. "이러是실 수 있습니까有哉? 선생님의子之 우원하심이여迂也! 어떻게奚 그것其(이름)을 바로 잡겠습니까正?" 공자께서 말씀하셨다. "비록하구나野哉, 자로여由也. 군자君子는 그其 알지 못하는 것을於所不知 대개蓋 빼놓는다闕如也. 이름名이 바르지 않으면不正則 말이이 순조롭지 않고不順, 말이 순조롭지 않으면不順則 일이 이룩어지지 않고事不成, 일事이 이룩어지지 않으면不成則 예악禮樂이 일어나지 않고不興, 예악禮樂이 일어나지 않으면不興則 형벌刑罰이 알맞지 않고不中, 형벌刑罰이 알맞지 않으면不中則 백성民이 손手과 발足을 둘 곳所措이 없어진다無. 그러므로故 군자君子는 이름을 붙였다면名之 반드시必 말할 수 있는 것이고可言也, 말했다면言之 반드시必 준행할 수 있다可行也. 군자君子는 그 말에 대해於其言 구차한 것所苟이 없을 따름이다無而已矣."

정명에 대해서는 온갖 사물의 명칭을 바로 잡는다正百事之名(고주)라고

해석하였고, 위나라 출공은 그 아버지를 아버지로 여기지 않고 그 할아버지를 아버지로 모셔, 이름名과 실제實가 문란했기 때문에 이것을 바로잡는 것名實相符(주자) 등의 해석이 있었다. 이에 대해 다산은 정명이란 인륜의 관계에서 나온다고 말한다. 즉 다산에 따르면, (정명의) 명名이란 부자父子·군신君臣 등의 관계에서 형성된 정해진 명칭定名인데, 정명定名의 전도는 곧 인륜의 상실이라는 것이다. 따라서 정명正名을 통해 정해진 명칭을 회복하는 것은 바로 인륜의 회복이라는 것이다. 다산의 이러한 해석은 주자의 해석보다 진일보한 명확한 해석이라 할 수 있겠다.

공자는 정명正名이 이루어질 때 비로소 '말이 순조롭고言順', 말이 순조로우면 '일이 성립되고事成', 일이 이루어져야 '예악이 일어나고禮樂興', 예악이 일어날 때 비로소 '형벌이 알맞아刑罰中' '백성들의 행위규범을 제시할 수 있다民有所措手足'고 말하고 있다. '말이 순조롭다言順'는 것은 말이 존재 및 사태의 실상에 부합하는 것을 말한다. 순조로운 말이란 실제 및 하늘의 이치에 부합하는 말이다. 말이 실제 및 천리에 부합하지 못하면 실제를 살필 방법이 없다. 그래서 말이 순조롭지 못하면 일이 이루어지지 않는다고 했다. 그리고 일이 순리적으로 이루어져야 인간 행위에 합당한 절도와 문식을 규정해주는 예와, 구분된 인간들을 상호 조화롭게 해주는 악樂이 일어날 수 있다. 그런데 '선왕이 예악禮樂을 제정한 것은 신체적 욕망을 충족시켜주려는 것이 아니라, 백성들에게 장차 호오好惡를 공평하게 가르쳐서 인도의 바름으로 되돌아오게 한 것이다是故先王之制禮樂者也 非極口腹耳目之欲也 將以敎民平好惡 而反人道之正也.'(『禮記』 「樂記」) 그러므로 '예악이 일어나지 않으면 형벌이 알맞지 않고, 형벌이 알맞지 않으면 백성이 손과 발을 둘 곳이 없게 된다.'고 말했다.

한자 해설

주자: 우迂는 사물의 실정에서 멀다는 뜻이니, 오늘날의 급선무가 아니라는 말이다. 야野는 비루하고 저속함을 말하니, 의심스런 것을 빼놓지 못하고 경솔히 망령되이 대답한 것을 책망한 것이다.

사량좌: 정명正名은 비록 위나라 군주를 위해 말한 것이지만, 정치를 하는 도리는 모두 마땅히 정명을 우선으로 삼아야 한다.

양시: 이름이 실제와 합당하지 않으면 말言(주의·주장)이 순조롭지 않고, 말이 순조롭지 않으면 실제를 고칠 수 없어 일이 이루어지지 않는다.

범조우: 일이 그 마땅한 순서를 얻은 것을 예禮라 하고, 사물이 그 조화를 얻는 것을 일러 악樂이라 한다. 일이 이루어지지 않으면 순서가 없으면서 조화롭지 못한 까닭에 예악이 일어나지 않는다. 예악이 일어나지 않으면 베푼 정사가 모두 그 도를 잃기 때문에 형벌이 알맞지 않게 된다.

정자: 이름과 실제는 서로 필요로 하는 것이니, 한 가지 일이 구차해지면 그 나머지는 모두 구차해진다.

다산: 명名은 부자父子·군신君臣간에 정해진 이름定名이다. '반드시 이름을 바로 잡겠다必也正名'는 것은 위나라의 정치가 이것보다 급한 것이 없으니, 반드시 먼저 해야 할 것에 있다는 것이다. '유시재有是哉'란 의문을 가졌는데, 이제 증험되었다는 말이다. 야野란 문文이 없거나, 예를 알지 못하는 것을 칭한 것이다(비속하고 천한 야인과 같다는 말이다). 궐闕은 비우다空이다. '언불순言不順'이란 칭위稱謂가 순서가 없는 것이다. '사불성事不成'이란 시행하지만, 아무 것도 이루어지지 않는다는 것이다. 구苟란 이끌리고 얽혀서 펴지 못한다는 뜻이다.

- 名명은 어스름한 어둠 속夕에서 자신의 존재를 소리口로 알린다는 뜻으로 이름姓李氏 名耳 字伯陽, 명분·칭호·언어·문자·표현 따위必也正名乎, 名實相符, 평판立身揚名於後世, 유명하다名山大川, 명명自名秦羅敷, 부르다國君不名卿老世婦, 학파 이름名家 등으로 쓰인다.

- 迂우는 辵(쉬엄쉬엄 갈 착)+于(어조사 우)의 형성자로 빙 돌아 멂其次迂塗, 물정에 어두움不我知者 將謂之迂, 마음을 비뚤어지게 하다迂乃心, 잘못하다失之己反之人 豈不迂乎哉 등으로 쓰인다.

- 野야는 里(마을 리)+予(나 여)의 형성자로 흙과 나무가 많은 들판이나 교외遠送于野, 채지采地(以歲時徵野之賦貢), 논밭沃野千里, 시골出入塵野, 지역

上游宵霓之野, **촌스럽다**質勝文則野, **거칠다**, 비천하다, 사리에 어두움野
哉由也, 길들지 않다狼子野心 등으로 쓰인다.

- 闕궐은 門(문 문)+欮(그 궐)의 형성자로 대궐詣闕上書 書久不報, **빠지다**는
  者闕之, **부족하다**聚必有闕, 부수다入自闕, 다하다三五而盈 三五而闕, 결원
  缺員 등으로 쓰인다.

- 順순은 川(내 천)+頁(머리 혈)의 회의자로 물이 흐르듯이 머리를 돌려서
  나아가는 것으로 순하다師衆以順爲武, **도리를 따르다**以順王與儀之策, 거
  스르지 아니하다六十而耳順, 복종하다四國順之, 듣다祇順德意, 만족하다
  父母其順矣乎, 화순豫順而動 등으로 쓰인다.

- 刑형은 幵(평평할 견: 형틀, 법)+刀(칼 도)의 회의자로 법을 집행할 때 칼을
  사용하는 형벌折獄致刑, 벌함利用刑人, 정해져 있는 규칙天地之刑, 본받
  다刑于寡妻, 이루어지다敎之不刑 등으로 쓰인다.

- 罰벌은 刀(칼 도)+詈(꾸짖을 리)의 회의자로 **형벌**刑罰淸而民服, 죄淫爲大罰,
  벌하다三讓而罰, 죽이다致天之罰 등으로 쓰인다. **형刑이 체형**體刑이라
  면, **벌罰은 벌금형**罰金刑에 해당한다.

- 措조는 手(손 수)+昔(옛 석: 포개어짐→조)의 형성자로 놓아 둠民無所措手足,
  베풀다時措之宜也, 그만두다學之弗能 弗措也, 조처함措置 등으로 쓰인다.

- 苟구는 艸(풀 초)+句(글귀 구)의 형성자로 **구차**苟且하다, 구차하게 굴다,
  진실로苟日新, 만약苟志於仁, 잠시苟免於咎, 바라건대苟無饑渴, 탐하다不
  苟於利, 낮다 등으로 쓰인다.

13.4 樊遲請學稼한대 子曰 吾不如老農호라 請學爲圃한대
　　　번 지 청 학 가　　자 왈 오 불 여 노 농　　청 학 위 포

日 吾不如老圃호라 樊遲出커늘 子曰 小人哉라 樊須也여
왈 오 불 여 노 포　　번 지 출　　자 왈 소 인 재 번 수 야

上이 好禮則民莫敢不敬하고 上이 好義則民莫敢不服하고
상　호 례 즉 민 막 감 불 경　　상　호 의 즉 민 막 감 불 복

上이 好信則民莫敢不用情이니
상　호신즉민막감불용정

夫如是則四方之民이 襁負其子而至矣리니 焉用稼리오
부여시즉사방지민　강부기자이지의　　언용가

번지樊遲가 곡식 가꾸는 법稼에 대해 배우기學를 청請하자, 공자께서 말씀하셨다. "나吾는 늙은 농부老農만 못하다不如." (다시) 채소 가꾸는 법爲圃에 대해 배우기學를 청請하자 (공자께서) 말씀하셨다曰."나는 늙은 채소 가꾸는 사람老圃만 못하다不如." 번지樊遲가 나가자出, 공자께서 말씀하셨다. "소인小人이로다哉 번수여樊須也! 윗上사람이 예禮를 좋아하면好則 백성民들은 감敢히 공경敬하지 않을 수 없고莫不, 윗上사람이 의義를 좋아하면好則 백성民들은 감敢히 복종服하지 않을 수 없으며莫不, 윗上사람이 신의信를 좋아하면 백성民들은 감敢히 진실情하지 않을 수 없다莫不. 대저夫 이렇게만 되면如是則 사방의 백성四方之民들이 그 자식其子을 포대기에 싸 업고襁負 이를 것인데至矣, 농사짓는 법稼을 어디焉에 쓰겠는가用?"

　공자가 제자들에게 가르친 학문은 인간 본성의 덕으로 자기를 완성하는 '위기지학爲己之學'이다. 그렇기에 그의 교과목에는 밭을 갈아 씨를 뿌리거나 채소를 가꾸어 농사짓는 생산 활동과　여타의 기예爲人之學들은 포함되지 않았다. 그래서 공자는 의식주를 위한 기술의 하나인 곡식 기르는 일은 경험 많은 농부에게, 채소 가꾸는 일 또한 경험 많은 정원사에게 배우라고 말했다.

　성학聖學으로서 군자의 학은 인간 생활에 필요한 상대적인 수단(의식주 등)을 생산하는 데에 요구되는 각 분야별 전문 지식이 아니라, 모든 전문 지식과 수단이 '인간의 목적'에 봉사하도록 수단의 세계에 상대적인 가치와 질서를 부여하고, 거기에 종사하는 모든 전문직종의 사람들이 조화롭고 통일적인 인간 공동체에 가장 적절히 봉사하도록 통치하는 '가장 높고 포괄적인 지혜의 학문이자 목적의 학문'이다. 바로 이런 의미에서 공자는 "군자는 그릇이 아니다君子不器"(2.12)라고 말하였다. 번지가 수단의 세계에 종사하는 방법에 대해 묻자, 공자는 그보다 높은 차원의 목적의 학문이 있음을 상기시키고 있다. 맹자 또한 신체의 노동을 통해 수단세계에 종사하는 자勞身者와 공동체의 목표를 설정하고 정의롭게 다스리는 자勞心者의 분업관계를 '천하의 통의通義'라고 규정하였다.

> 대인大人이 할 일이 있고, 소인小人이 할 일이 있다. … 그렇기에 어떤 이는 마음을 수고롭게 하고, 어떤 이는 몸으로 힘을 쓰나니, 마음을 수고롭게 하는 자는 다른 사람을 다스리고, 몸으로 힘쓰는 자는 다른 사람에게 다스려진다고 했다. 다른 사람에게 다스려지는 자는 다른 사람을 먹여주고, 다른 사람을 다스리는 자는 다른 사람에게 얻어먹는 것이 천하의 통의通義이다有大人之事 有小人之事 …故曰 或勞心 或勞力 勞心者 治人 勞力者 治於人 治於人者 食人 治人者 食於人 天下之通義也 ―『맹자』「등문공」 상편 4

이 구절에 대한 주석에서 주자는 양시의 글의 인용하여, 농사와 원예를 하는 방법에 대해 질문한 번지를 비루하다고 여기고, 오직 군자의 학인 도학道學만이 있을 따름이라고 말하고 있는 듯하다. 이에 대해 다산은 농사를 짓는 법 또한 성인의 문하에서 칭술했던 것으로, 나라를 다스릴 때 반드시 농사의 이치에 밝은 사람을 농관農官으로 임용해야 했으니, 공자의 의도는 예의를 먼저하고 식화를 뒤로 하자는 것일 따름이라고 해설했다. 앞서 살펴보았지만 주자는 도학적 엄숙주의의 입장에서 인간이 자신의 생업을 해결하기 위해 의식주를 개량하는 기술, 말하자면 '(~의) 학'에 대하여 사소한 것微이라 하였다. 그러나 다산은 이러한 기술학技術學이 결코 사소한 것이 아니라, 성문에게 근본으로 칭술했던 것이라고 말하여 적극적인 의미를 부여하고 있다.

한자 해설
주자: 오곡을 심는 일種五穀을 가稼라 하고, 채소 심는 일種蔬菜을 포圃라

한다. 소인小人은 세민細民을 말하니, 맹자의 이른바 소인의 일小人之事이라는 것이다. 예禮, 의義, 신信은 대인의 일大人之事이다. 의를 좋아하면好義 일이 마땅함에 부합한다合宜. 정情은 성실誠實이다. 경敬, 복服, 용정用情은 대개 그 유형에 따라 감응한 것이다. 강복襁褓은 실로 짜서 어린애를 등에 업고 매는 것이다.

다산: 공안국이 말하길, '정情은 정실情實이니, 백성들이 윗사람에게 교화되어 각각 실상으로 응함을 말한다.'고 했다. 포함이 말하길, '아이를 업을 때는 쓰는 기구를 일러 강복襁褓이라 한다.'고 했다. 번지는 대개 신농神農·후직后稷의 (농사 짓는) 기술로 다스려, 사방의 백성을 불러들이려 했다. 살피건대, 번지는 도가 실행되지 않는 것을 알고, 농사짓는 기술을 배워 사방의 백성을 오게 하려고 하였으니, 이 역시 선왕의 도를 배운 자가 두루 다스림의 방도로 할 수 있는 것이다. 공자께서 그것을 배척한 것은 예의를 먼저로 하고先禮義 식화를 뒤로 하자는 것後食貨이었을 뿐이다. 번지의 한 질문이 어찌 반드시 대죄大罪가 되었는가? 성인이 나라를 다스릴 때 농사의 이치에 밝은 자를 얻어 농관農官으로 삼은 뒤에 직職을 다할 수 있었다. 만약 하나같이 농사짓는 일을 엄하게 배척한다면, 사람들이 어떻게 살겠는가?

- 稼가는 禾(벼 화)+家(집 가)의 형성자로 농사樊遲請學稼, 익은 벼 이삭+月納禾稼, 베지 아니한 벼曾孫之稼 등으로 쓰인다. **정현:** 곡식을 심어 가꾸는 것을 가稼라 하니, 딸을 시집보내어 낳음이 있는 것과 같다.

- 農농은 曲(굽을 곡: 田)+辰(별 진: 농기구)의 회의자로 농기구로 밭을 가는 모습으로 농사, 농부, 농가, 농사짓다, 노력하다 등으로 쓰인다.

- 圃포는 口(에워쌀 위)+甫(클 보)의 형성자로 밭에 풀이 자라난 모습으로 채마밭, 채소밭, 농사일, 농사일을 하는 사람, 들, 들판, 정원, 뜰, 넓다, 크다는 뜻이다.

- 情정은 心(마음 심)+生(날 생)+井(우물 정)의 회의자로 마음에서 피어나온 감정으로 뜻感情, 愛情, 性慾, 본성夫物之不齊 物之情也, 진리兵之情主速, 소

망, 사정私情, 정황(實情, 實際), 자태, 흥취, 민심 등으로 쓰인다.

- 襁강은 衣(옷 의)+強(굳셀 강)의 형성자로 **포대기**幼在襁褓之中, **업다**襁負其子而至矣, 어린애를 담아 지고 다니는 기구 등으로 쓰인다.

- 負부는 人(사람 인)+貝(조개 패)의 회의자로 사람이 금품을 메어 나르다, (짐을) 시다, 떠맡다, 빚지다, **업다**, 힘입다, (부상을) 입다, 패하다, 짐 등으로 쓰인다.

13.5 子曰 誦詩三百하되 授之以政에 不達하며
　　　자 왈 송 시 삼 백　　　수 지 이 정　　부 달
使於四方에 不能專對하면 雖多나 亦奚以爲리오
시 어 사 방　　불 능 전 대　　수 다　　역 해 이 위

공자께서 말씀하셨다. "『시詩』 삼백三百 편을 외우고誦도, 정치를以政 맡기면授之 통달하지 못하고不達, 사방에於四方 사신使가서 능能히 단독專으로 응대對하지 못한다면, 비록雖 많이多 외운다고 할지라도 또한亦 무엇奚에 쓰겠는가以爲?"

예로부터『시경』은 시문학과 정치학의 교과서라 했다. 주자에 따르면, "시는 인간 감정에 근본을 두고 사물을 이치를 갖추고 있어, 풍속의 성쇠를 체험하고 정치의 득실을 알 수 있게 해준다. 그 말은 온후하고 화평하며 비유로 깨우쳐주기 때문에, 외우는 자는 반드시 정치에 통달하고 대화할 수 있다."

"예컨대 서민이나 천하 노예, 여염집의 일에서부터 비루하고 상스러운 일에 이르기까지, 군자가 평소 보고 듣지 못한 것에 대해서 그 실정과 상황을 모두『시경』에 실려 있는 것으로 인해 알 수 있고, 성인께서 덕을 닦으신 것과 일에 베푸신 것이 다 갖추어져 있지 않은 것이 없다. 거기에 실려 있는 것의 아름다움과 추함에 대해 읽고 외우면서 노래하여 이런 것은 선

한 것이 되고 저런 것은 악한 것이 되고, 내가 몸을 닦음에 이런 것은 마땅히 해야 하고 저런 것은 마땅히 하지 말아야 할 것이고, 사람을 다스리기를 시행할 수 있게 되면 이런 것은 마땅히 상을 주어야 하고 저런 것은 마땅히 벌을 주어야 하고 등등. … 시에서 얻은 것이 있으면 틀림없이 응대하고 대화할 때 완곡하고 화평하게 된다."

한자 해설

다산: 『시』는 민정民情을 살피고 임금의 마음을 바로 잡는 것이기 때문에 배우면 정치에 통할 수 있다. 시의 말은 온유溫柔·돈후敦厚하기 때문에 배우면 말을 잘 할 수 있다. 수다雖多란 『시』 300백 편 이외에 또한 육경六經을 배운 것이 많다는 것을 말한다. 형병이 말하길, '많이 배우고도 응용하지 못하면, 배우지 않은 것과 같다.'고 했다.

• 誦송은 言(말씀 언)+甬(길 용)의 형성자로 **암송하다**誦習之, 거침없이 읽어 가다或曰 大功誦可也, 여쭙다臣請爲王誦之, 왈가왈부하다, 악곡에 맞추어 노래하다春誦夏弦, 노랫말家父作誦 등으로 쓰인다. **다산**: 誦은 암송하는 것諷이다고 형병은 말했다. 『주례』의 주에서, 글을 암송하는 것을 풍이라 하고倍文曰諷, (암송하면서) 소리를 절도 있게 하는 것을 송이라 한다以聲節之曰誦고 했다. 황간이 말했다. 글을 등지고 외우는 것을 송이라 한다背文而念曰誦.

• 授수는 手(손 수)+受(받을 수)의 회의자로 **손에서 손으로 건네주다**男女不親授, 교부하다則從而授之, 내려 주다授鉞四七, 가르치다立精舍講授, 받다登再拜授幣 등으로 쓰인다.

• 專전은 한 쪽으로만 도는 방추를 손으로 돌리는 모습으로 **오로지**(오직, 혼자서), 전일專一, 전단專斷(祭仲專), 전공專攻, 독점己有善 勿專, 가득 차다名譽專四海, 관장하다 등으로 쓰인다. **주자**: 專은 단독獨이다. 전專은 천단擅과 같다. 대부가 사방에 사실갈 때에 명命은 받았으나, 말辭은 받지 않는다(『공양전』). 그곳에 도달하면 물음에 따라 천단하여 대답해야 한다.

13.6 子曰 其身이 正이면 不令而行하고 其身이 不正이면 雖令不從이니라
자 왈 기 신 정 불 령 이 행 기 신 부 정 수 령 부 종

공자께서 말씀하셨다. "그其 자신身이 바르면正, 명령令하지 않아도不而
행行하지만, 그其 자신이身 바르지 못하다면不正 비록雖 명령令하더라도
따르지 않을 것이다不從.

12편 17장季康子問政於孔子. 孔子對曰: 政者, 正也. 子帥以正, 孰敢不正 등과 같은
의미의 구절이다.

윗자리에 있는 사람이 그 자신이 바르게 한다면 백성들이 스스로 교화되
어 행하지만, 그 자신이 바르지 않다면 비록 교령을 더욱 밝혀도 백성들
또한 따르지 않는다는 말이다. 〈형병〉

몸소 가르치는 자에게서는 (백성들이) 따르고, 말로써 가르치는 자에게는
소송한다. 〈쌍봉 요씨〉

한자 해설
• 令령은 스(삼합 집)+卩(병부 절)의 회의자로 관청에서 명령을 내리는 사
람으로 하여금, 가령假令, 이를테면, 법령法令, 벼슬, 남을 높이는 말,
장관, 관아의 우두머리, 아름답다, 좋다, 착하다, 부리다, 일을 시키다
등의 뜻이다. **하안**: 令은 임금의 명령敎令이다.

13.7 子曰 魯衛之政이 兄弟也로다
자 왈 노 위 지 정 형 제 야

공자께서 말씀하셨다. 노魯나라와 위衛나라의之 정치政가 형제이다兄弟也.

이 해는 노나라 애공 7년, 위나라 출공 5년이다. 위나라의 정치는 어버이
가 어버이답지 못하고, 자식이 자식답지 못했다. 노나라의 정치는 임금이

임금답지 못하고, 자식이 자식답지 못했다. 마침내 애공은 주邾나라에 망명했다가 월나라에서 죽고, 출공은 송나라로 망명했다가 또한 월나라에서 죽었다. 이들이 서로 멀지 않음이 이와 같았다. 〈소식〉

위衛나라는 주나라 무왕 사후에 은殷의 유민들이 반란을 일으키자, 주공이 무왕의 동생 강숙康叔을 시조로 봉한 제후국이다. 그 후 전성기를 구가하다가, 춘추시대에서는 제齊·진晉·송宋 등의 압박으로 점차 쇠퇴하여 기원전 600년에는 적狄의 침략으로 국토를 크게 잃었다. 전국시대에서는 강국인 진秦·위魏 감에 겨우 명맥을 유지하다가 기원전 209년 진나라에 의해 멸망했다. 이 구절은 "제나라가 한 번 변한다면 노나라에 이를 수 있고, 노나라는 한 번 변한다면 도에 나아갈 수 있다子曰 齊一變 至於魯 魯一變 至於道."(6.23)는 구절과 대비를 이룬다.

한자 해설

주자: 노魯나라는 주공의 후예이고, 위衛나라는 강숙康叔의 후예이니, 본래 형제의 나라이다.

다산: (노나라는) 계손季孫이 소공昭公을 축출하고 세자를 폐하고 정공定公을 세워 국정을 전횡했다. (위나라는) 석만고石曼姑가 제나라 세력을 끼고 세자를 막고, 출공을 협박하여 국정을 전횡했다. 군신과 부자의 윤리가 모두 없어져서 그 정치가 마치 형제와 같았다.

13.8 子謂衛公子荊하시되 善居室이로다 始有에 曰 苟合矣라하고
자 위 위 공 자 형   선 거 실   시 유   왈 구 합 의

少有에 曰 苟完矣라하고 富有에 曰 苟美矣라하니라
소 유   왈 구 완 의   부 유   왈 구 미 의

공자子께서 위衛나라 공자公子 형荊을 일러謂 말씀하셨다. "집안에 거처하기居室를 잘善 하였다. 처음始 (가산을) 지니자有, 말하길曰 구차苟하

나마 합치했다苟合고 했다. 조금少 더 지니자有 말하길曰 구차하지만 완비했다完矣고 했다. 부유富하게 지니자有 말하길, 구차苟하지만 아름답다美矣고 했다."

완전한 아름다움을 이루기 위하여 힘쓰면, 사물에 얽매여서 교만하고 인색한 마음이 생긴다. 공자 형은 모두 '구차하나마 그런 대로'라고 말했을 뿐이니, 외물에 마음을 두지 않아서 그의 바라는 바가 쉽게 충족되었기 때문이다. 〈양시〉

한자 해설

주자: 구苟는 부족하나마 그런 대로의 뜻聊且粗略之意이다. 합合은 모음聚이고, 완完은 갖춤備이다. 순서에 따르되 절도가 있어서 서두르려 하거나 아름다움을 다하려는 것에 그 마음을 얽매이지 않게 하였다는 말씀이다.

다산: 선거실善居室은 집안 살림居家을 잘 하는 것을 말한다. 구합苟合 · 구완苟完은 궁실宮室 · 의복衣服 · 거마車馬 · 기용器用 등을 말한다. 공자가 처음 궁실을 나왔을 때 이미 전지와 재산이 있었으니, 이것이 시유始有이다. 몸소 검소하고 절용하여 집안 살림이 점차 넉넉하게 되었으니, 이것이 소유少有이다. 저축이 상승효과를 내어 만년에 더욱 넉넉해졌으니, 이것이 부유富有이다. 합合이란 마땅함에 합치하는 것合宜이니, 절도에 맞는 것中節을 일러 합合이라 한다. 완完이란 완전히 갖춤全備이니, 결핍되지 않는 것을 일러 완完이라 한다. 미美란 화려華麗이니, 조악하지 않은 것을 일러 미美라한다. 공자 형의 집안 살림을 하는 법居家之法은 수입을 헤아려 지출하고, 사치와 검소를 절도에 맞게 하여 시종 모두 구차하나마 그런대로苟라고 했을 뿐이었으며, 또한 그가 위주로 삼았던 것은 검소함에 있었다.

• 居거는 尸(주검 시)+古(옛 고)의 회의자로 **살다**上古穴居而野處, **사는 곳**各長于厥居, 머무르다, 앉다居, 吾語女, 처하다居上克明, 차지하다恒十居

七八, 평소居則曰不知也, 벼슬길에 나서지 않다居士錦帶, 살게 하다度地而居民, 무덤歸于其居, 다스리다士居國家, 앉은 채로則居可知矣, 지나다居數日 등으로 쓰인다. 거가居家는 집에서 한가롭게 지냄, 집안에서의 일상생활, 주택 등을 의미한다.

• 室실은 사람이 이르러至 사는 집宀이란 의미의 형성자로 집作于楚室, 거실由也上於堂矣 未入於室也, 거처歸于其室, 아내三十曰壯 有室, 일가不得罪於巨室, 무덤室猶塚壙, 가재家財(施二師而分其室) 등으로 쓰인다.

• 苟구는 艹(풀 초)+句(글귀 구)의 상형자로 구차苟且하다, 구차하게 굴다, 진실로苟日新, 만약苟志於仁, 잠시苟免於咎, 바라건대苟無饑渴, 탐하다不苟於利, 낮다 등으로 쓰인다.

• 合합은 뚜껑과 그릇을 나타내는 상형자로 합하다九合諸侯, 일치함若合符節, 만남會合, 적합함駕出行狩 合格有獲, 교합함鴒喜合, 겨루다一日數合, 홉, 화和하다 등으로 쓰인다.

• 完완은 宀(집 면)+元(으뜸 원)의 형성자로 둥글게 에워싸 이지러짐이 없이 완전함不如伐蜀之完也, 보존하다子胥智而不能完吳, 다스리다父母使舜完廩, 완결함完工, 단단하다輪敝 三材不失職 謂之完, 둥근 모양完完, 스스로 만족해하는 모양完然 등으로 쓰인다.

• 富부는 宀(집)+畐(가득할 복)의 회의자로 넉넉함富而無驕 貧而無諂, 재보富潤屋, 행운維昔之富 등으로 쓰인다.

• 美미는 羊(양 양)+大(큰 대)의 회의자로 아름답다(모양이 예쁘다, 경치가 아름답다, 소질이 훌륭하다, 예술성이 강하다, 순박하고 선량하다), 아름다운 품덕品德(君子成人之美), 아름답게 하다夫明王不美宮室, 비옥하다必壞美地, 무성하다夫牛山之木嘗美, 큰 업적美見乎天下, 맛있다膾炙與羊棗孰美, 잘하다彼將惡始而美終, 찬미하다美齊侯之功也, 풍년들다歲適美, 자라다故薺以冬美, 즐거움天下皆美之爲美 斯惡己 등으로 쓰인다.

13.9 子適衛하실새 冉有僕이러니 子曰庶矣哉라 冉有曰 旣庶矣어든
자 적 위   염 유 복   자 왈 서 의 재   염 유 왈 기 서 의

又何加焉이리잇고 曰富之니라 曰旣富矣어든 又何加焉이리잇고
우 하 가 언   왈 부 지   왈 기 부 의   우 하 가 언

曰敎之니라
왈 교 지

> 공자子께서 위衛나라에 가실適 때에, 염유冉有가 수레를 몰았다僕. 공자
> 께서 말씀하셨다. "(백성이) 많구나庶矣哉!" 염유冉有가 말했다曰. "이미旣
> 많다면庶矣, 또又 무엇何을 더加해야 합니까?" 공자께서 말씀하셨다. "부
> 유하게 해야 한다富之." (염유가) 말했다曰. "이미旣 부유富하면, 또又 무
> 엇何을 더加해야 합니까焉?" 공자께서 말씀하셨다. "가르쳐야 한다敎之."

공자는 정치의 방도를 논할 때, 항상 "백성들을 먼저 의식주를 충족시
켜 준 다음 교육을 시켜야 한다."고 역설한다. 그래서 주자는 "백성들이
많기만 하고 부유하지 못하면 민생이 이루어지지 못하므로, 토지와 주
택을 마련해 주고 세금을 가볍게 하여 부유하게 한다. 이미 부유하기만
하고 가르치지 않으면 금수에 가까워진다. 그러므로 반드시 학교를 세
워 예의를 밝혀 가르쳐야 한다"라고 해설했다. 맹자의 왕도정치王道政治
를 주장하면서, 일반 백성들이 꾸준한 소출이 없으면無恒産 꾸준한 마음
을 유지할 수 없다無恒心고 주장하면서, 먼저 삶에 필요한 물질적 측면을
충족시켜 주는 바탕 위에 교육을 시킴으로써 왕도정치가 시작된다고 역
설했다.

순임금이 관직을 임명할 때, 직稷을 먼저 임명하고 설契을 뒤에 임명했다.
기자箕子가 홍범의 구주를 베풀 때에 먹는 것을 정사의 첫째로 삼았다. 그
러므로 『관자』는 다스림을 논하면서, 의식을 먼저하고 예절을 뒤로 하였
다. 맹자가 도를 논하면서, 백묘百畝를 먼저하고 상서庠序를 뒤로 하였으
니, 이것이 군자가 알아서 힘쓴 것이다. 그러나 대저 군자가 자신을 다스

리는 경우에는 반드시 먹음에는 배부르기를 구하지 않는다고 말해야 하며, 단사표음簞食瓢飮에도 그 즐거움을 고치지 않는다고 해야 한다. 〈다산〉

• 適적은 辵(쉬엄쉬엄갈 착)+商(밑동 적)의 형성자로 가다(향하여가다: 子適衛), 따르다(순종하다: 處分適兄意), 시집가다少喪父母適人, 맞다(부합하다: 適我願兮), 조절하다聖人必先適欲, 때마침, 기쁘게 하다, 만족시키다, 안일하다, 가령, 한 가지 일에만 열중하다(無適: 일설에는 가까이하다)로 쓰인다.

• 庶서는 广(집 엄)+芆(빛 광)의 회의자로 집 안에 불이 있어 많이 사람이 몰려들어 많다(庶民, 庶子), 혹은 거의庶幾의 뜻이다. 주자: 庶는 많다衆이다. 다산: 나라에 들어가 인민이 많은 것을 보고, 천하의 생령들이 많음을 깨닫고 감탄하여 '많구나!'라고 하였다.

• 僕복은 人(사람 인)+業(번거로울 복)의 형성자로 (사내) 종, 마부馬夫, 저(자기의 겸칭), 무리, 벗, 관리하다, 지배하다, 따르다, 따라 붙다, 숨기다의 뜻이다. 주자: 僕은 수레를 모는 것御車이다.

13.10 子曰 苟有用我者면 朞月而已라도 可也니 三年이면 有成이리라
자 왈 구 유 용 아 자 기 월 이 이   가 야   삼 년   유 성

공자께서 말씀하셨다. "만일苟 나를 등용하는 이用我者가 있다면有, (1년을 주기로) 돌아오는 달이면朞月而(혹은 만1개월이면), (이전에 좋지 못한 일들을 겨우 개혁) 할 수 있고己可也, 3년三年이면 성취가 있을 것有成이다."

요임금이 말씀하셨다. 아! 너희 희씨와 화씨야. 기朞(한 해)는 366일이니, 윤달을 사용하여야 사 계절이 정확히 한 해를 이루고, 진실로 백관을 다스려서 모든 공적이 다 넓혀질 것이다帝曰 咨汝羲曁和, 朞 三百有六旬有六日, 以閏月 定四時成歲, 允釐百工 庶績 咸熙. — 『서경』「요전」

『사기』를 살피니, 이는 위령공이 등용하지 못하자 말씀하신 듯하다. 〈주자〉

주자: 기월朞月은 1년을 주기의 달을 말한다. 가可는 겨우僅이니, 강기綱紀가 펼쳐진다는 말이다. 이룸이 있음有成은 다스림의 공효가 이루어진다는 것이다.

다산: 형병이 말하길, '구苟는 진실로誠이다.'고 했다. 기월期月은 한 달을 주기로 도는 것周一月이다. 이이而已는 그 기간이 짧음을 말한다. 성인이 정치를 하면, 비록 한 달간이라고 할지라도 필시 보탬이 있을 것이기 때문에 가可라고 말했다. 공안국이 말하길, '반드시 3년이어야, 이에 공을 이룸이 있다.'고 했다. 삼년유성三年有成은 사공事功이 성립되는 바가 있음을 말했다.

• 期기는 其(그 기)+月(달 월)의 형성자로 달의 주기처럼 기약하다期我乎桑中, 모이다期於司里, 기대하다刑期于無刑, 정하다期死 非勇也, 기한不知其期, 적합하다以弼五教 期于予治, 돌(=朞), 기복期服(=朞年服), 일백 살耈期倦于勤, 기다리다無經緯本末 以期年者者 등으로 쓰인다. 기朞는 其(그 기)+月(달 월)의 형성자로 기期와 같이 쓴다. 시간적으로 한 바퀴 돌아서 다시 돌아오는 만 하루, 1개월, 1년(朞 三百有六旬有六日), 기공朞功(朞年服), 기년朞年, 기년제朞年祭 등으로 쓰인다. 기월朞月은 만 1개월, 혹은 1주년이다.

13.11 子曰善人이 爲邦百年이면 亦可以勝殘去殺矣라하니
자 왈 선 인   위 방 백 년   역 가 이 승 잔 거 살 의

誠哉라 是言也여
성 재   시 언 야

공자께서 말씀하셨다. "선한 사람善人이 나라를 다스려爲邦 백 년百年이되면, 또한亦 잔악한 사람을 이겨서勝殘 형살殺을 쓰지 않을去 수 있다可以矣(겨우亦=僅可, 의를 해치는 것과 살해하는 풍속이 없어진다:勝殘去殺=無殘暴殺害之俗)고 했으니, 진실되도다誠哉, 이是 말이여言也!"

선인이란 자질은 아름답지만, 아직 성인의 학문을 제대로 닦지 않은 사람으로 악을 행하지 않는 사람이다子張問善人之道 子曰 不踐迹 亦不入於室(11.19). 이러한 선인이 오래 동안 나라를 다스린 지가 오래되면 선으로 교화하여 잔혹함을 제압하고, 백성들이 대죄를 짓지 않게 되어 사형 제도를 쓸 필요가 없게 된다는 것이다.

한자 해설

주자: 나라를 100년 동안 다스린다는 것은 (선인들이) 서로 계승하기를 오래됨을 말한다. 승잔勝殘은 잔인하고 포악한 사람을 교화시켜 악을 행하지 않게 하는 것이다. 거살去殺은 백성이 선에 교화되어 형살刑殺을 쓰지 않아도 되는 것이다. 대개 예로부터 이런 말이 있었는데, 공자께서 그것을 칭찬하신 것이다.

다산: 선인善人은 그 일을 잘하는 사람을 말한다(나라를 잘 다스리는 사람이라고 말하는 것과 같다). 적인賊人이란 잔殘을 말한다(『맹자』에서 말했다. 의를 해치는 자를 잔殘이라 한다). 사람을 해치는 것을 일러 살殺이라 한다. 승잔거살勝殘去殺은 백성들이 선에 교화되어 잔포하고 살해하는 풍속이 없어진 것을 말한다. 성재誠哉는 실제로 그러함을 말한다.

- **善**선은 『설문』에서 "길吉하다는 뜻으로, 두 개의 언言과 양羊이 합쳐진 것으로 의義·미美와 같다."고 했는데, <u>착하다</u>聞一善言 見一善行, 좋다(아름답다, 훌륭하다, 상서롭다, 상쾌하다, 긴밀하다, 솜씨가 좋다), 좋아하다施民所善, 능력있다惟截截善諞言, 잘하다(알맞게, 교묘하게, 가락 맞게, 크게, 자주), 좋은求善賈而沽諸, 많다(풍성하다: 善歲), 닦다善刀, <u>선인</u>禁姦擧善, 선행積善之家, 좋다고 하다, 착하게 하다, 다스리다窮則獨善其身, 성공善敗, 소중히 여기다善日者王 善時者霸 등으로 쓰인다.

- **勝**승은 朕(나 짐←천자가 자신을 뱃사공에 비유하여 나라를 이끌어간다)+力(힘 력)의 회의자로 <u>이기다</u>一勝一負, 낫다勝境名山, 지나치다樂勝則流, 성하다獨勝而止耳, 곧다訟而不勝者, 견디다武王靡不勝, 모두不可勝讚 등으로 쓰인다.

- **殘**잔은 歹(뼈 부서질 알)+戔(쌓일 잔: 해칠 잔: 戈+戈)의 회의자로 <u>해치다</u>是上

慢而殘下也, 죽이다放是其君則殘之, 흉악하다(잔인하다: 猛則民殘), 없애다,
남다, 삶은 고기髮殘象白, 모자라다惜乎 舊史殘略, 상처是天下之殘也 등으
로 쓰인다.

- 殺살(쇄)은 殳(죽일 살)+殳(몽둥이 수)의 회의자로 몽둥이로 죽이다刺人而殺
  之, 베다利以殺草, 세서하다殺生, 마르다殺草, 희생물牲殺器皿, 깎아내다
  抹殺, 덜다非惟裳必殺之, 쇠하다隆殺, 등차親親之殺也, 감하다 등으로 쓰
  인다.

13.12 子曰如有王者라도 必世而後仁이니라
자 왈 여 유 왕 자   필 세 이 후 인

공자께서 말씀하셨다. "만일如 왕자王者가 있더라도有, 반드시必 1세대世
가 지난 이후而後에 인仁하게 될 것이다."

세世는 부모와 자식이 연속으로 계승하는 것을 말한다. 인仁이란 '천하를
인으로 이끄니, 백성들이 그것을 따르는 것'을 말한다. 맹자가 말하길, '사
람마다 그 어버이를 친애하고, 그 어른을 어른으로 대우하면, 천하는 편안
해진다.'(『맹자』「이루」상편)고 했다. 살피건대 탕湯이 붕어하자 이윤伊尹이 사
왕嗣王을 보좌하였고, 문·무가 붕어하자 주공이 사왕을 보좌했으니, 모두
세世를 겪은 뒤에 명덕明德이 천하에 밝혀졌다. 그러므로 왕자王者가 있다
고 할지라도, 반드시 세가 지난 뒤에 인仁하게 되었다. 〈다산〉

한자 해설

주자: 인仁은 교화가 두루 퍼진 것을 말한다.

다산: 인仁이란 인륜의 완성된 덕人倫之成德이다. 부모가 자애롭고 자식
이 효도하고, 형은 우애하고 동생은 공경하는 것이 이른바 인仁이다.
『대학』에서 '옛날에 명덕明德을 천하에 밝히고자 했던 사람은 먼저 그
나라를 잘 다스렸다.'고 말했다. 그러므로 「치국」·「평천하」 두 장은 오

로지 효孝·제弟·자慈로 설명하였다. 명덕明德이란 효·제·자를 말한다. 순임금이 삼가 오전五典을 아름답게 한 것과 설契이 공경히 오교五教를 베푼 것, 고요가 오전五典을 삼가 지킨 것은 모두가 천하의 백성들로 하여금 사람마다 그 어버이를 친히 하고, 그 어른을 어른으로 대우하여 각각 그 인仁을 이루게 한 것이다. 공자의 이른바 '세가 지난 이후에 인해질 것이다.'는 말은 그 가리키는 것이 여기에 있으니, 공안국이 인정仁政으로 설명한 것이 어찌 성글지 않겠는가? 인정이란 정전법을 시행하는 데에 있고(『맹자』), 고아를 구휼하고, 홀아비를 불쌍히 여기고, 가난한 이를 진휼하고, 재앙을 구제하는 것 또한 인정이다. 이것은 오직 한달 간에도 마칠 수 있는 일인데, 하필이면 세가 지난 이후에 이루겠는가?

- 王왕은 三(석 삼)+ㅣ(뚫을 곤)의 지사문자로 하늘天과 땅地 및 사람人을 하나로 꿰뚫는 ㅣ 존재로 왕(천자, 전국시대 이후의 제후, 진한이후 황족이나 공신에게 수여한 최고의 작위, 군주), 천자를 찾아뵙다四夷來王, 크다春獻王鮪, 할아버지祭王父曰皇祖考, 수령, 광정하다四國是王, 성姓이름. 또한 왕업을 이루다, 왕 노릇하다, 왕으로 삼다, 성盛하다 등의 뜻이다. **주자**: 왕자王者란 성인聖人이 천명을 받아 흥기함受命而興也을 말한다.

- 世세는 세 개의 十(십)을 이어 삼십 년, 한 세대를 뜻한다. 인간, 일생, 생애, 한평생, 대代, 세대, 세간, 시대, 시기, 백 년 등을 뜻한다. **다산**: 옛날에 서른이면 아내를 두고, 아내를 둔 이후에야 자식을 낳았기 때문에 할아버지-아들-손자, 삼세三世는 대략 90년이 되는 경우가 많았다. 허신이 『설문』에서 30년을 1세라 한 것 또한, 부자를 세世로 본 것이다. **공안국**: 30년을 세世라고 한다. 천명을 받은 왕자王者가 있어도, 반드시 30년이 되어야 인정이 이루어진다.

13.13 子曰 苟正其身矣면 於從政乎에 何有며
자왈 구 정 기 신 의   어 종 정 호   하 유

不能正其身이면 如正人에 何오
불 능 정 기 신   여 정 인   하

공자께서 말씀하셨다. "진실苟로 그其 자신身을 바르게 한다면正矣, 정치政에 종사함에於從乎 무슨何 어려움이 있겠는가有? 능能히 그其 자신身을 바르게 하지 못하다면不正, 다른 사람을 바르게 하는 것을如正人 어찌何 하겠는가?"

이 구절은 季康子問政於孔子. 孔子對曰 : 政者, 正也. 子帥以 正, 孰敢不正(12.17) 및 子曰 : 其身正, 不令而行, 其身不正, 雖令 不從.(13.6) 등에서 비슷하게 반복되었다.

한자 해설
다산: 형병이 말하길, '구苟는 진실로誠이다. 정政이란 바로 잡다正이다. 다른 사람을 바로 잡으려고 한다면 먼저 그 자신을 바로 잡는 데에 달려 있다.'고 했다. '여정인하如正人何'란 그 근본이 어지러우면, 그 말단이 다스려지는 자가 없음을 말한다. 종정從政이란 사대부를 통칭한다 (이미 앞에 나왔다).

13.14 冉子退朝어늘 子曰 何晏也오 對曰 有政이러이다
염 자 퇴 조   자 왈 하 안 야   대 왈 유 정

子曰 其事也로다 如有政인댄 雖不吾以나 吾其與聞之니라
자 왈 기 사 야   여 유 정   수 불 오 이   오 기 여 문 지

염유冉子가 조회朝에서 퇴청退하니, 공자께서 말씀하셨다. "어찌何 늦었는가晏也?" (염유가) 대답하여 말했다對曰. "국정政이 있었습니다有." 공자께서 말씀하셨다. "그것其은 (계씨의) 가사事겠지! 만일如 국정政이 있었다면有, 비록雖 내가 등용되지 않았지만不吾以, 나름도 마땅히其(=必當) 참여하여 들었을 것이다與聞之."

134

예법에 따르면, 대부는 비록 일을 관장하지 않더라도 국정에 참여하여 들을 수 있다. 이때 계씨가 노나라를 전횡함에, 그 국정에 대해서 대개 공조 公朝에서 동렬들과 의논하지 않고, 혼자서 가신들과 사실私室에서 모의했을 것이다. 따라서 공자께서 짐짓 알지 못하는 것처럼 말씀하시면서, '이는 필시 계씨 가문의 일뿐이다. 만약 이것이 국정이었다면, 나도 일찍이 대부였으니, 비록 쓰이지는 않지만, 마땅히 참여하여 들었을 것이다. 지금 아직 듣지 못했으니, 그것은 국정이 아니다.'고 하셨다. 이로써 명분을 바로 잡고, 계씨를 억제하고 염유를 가르치신 뜻이 깊다. 〈주자〉

하안: '공자께서는 효도하고 우애하는 것 역시 정政이다.'고 하셔서, 정政과 사事는 통용하는 말임을 밝히셨으나, 다만 일의 크고 작음에 따라 그 이름을 다르게 할 뿐이다.

마융: 정政이란 고쳐서改更 광정匡正할 바가 있음이다(형병이 말했다. 광정할 바가 있기 때문에 늦게 퇴조한 것이다. 사事란 항상 행하는 평범한 일이다).

형병: 소공 25년 『좌전』에서 말하길, '정政·사事, 용庸·력力·행行·무務는 네 계절에 맞추어서 시행한다.'고 했다. 두예杜預가 말하길, '임금에게서 정政이 되고, 신하에게는 사事가 된다.'고 했다.

주자: 염유冉有는 당시 계씨의 가재季氏宰였다. 조朝는 계씨의 사적인 조정私朝이다. 안晏은 늦음晩이다. 정政은 국정國政이고, 사事는 가문의 일家事이다. 이以는 쓰다用이다.

다산: 정政이란 교령이 올바름에서 나온 것이고(공자께서 말씀하시길, 정政이란 올바름正이다), 사事란 교령이 번잡하되 올바름에서 나오지 않은 것이다. 여與는 예預(참여, 간여)와 통한다. 교령이 바른 데에서 나왔으면 부끄러워할 바가 없어서 필시 나로 하여금 참여하여 듣게 하였을 것이다. 지금 이미 나에게 참여하여 듣지 못하도록 하였으니, 그 일이 잡사雜事라는 것을 알 수 있다.

• 朝조는 艹(풀 초)＋日(해 일)＋月(달 월)의 회의자로 초목 사이로 떠오르는

해와 아직 가시지 않은 달을 그려 아침, 조정朝廷, 왕조, 임금의 재위, 정사政事, 하루, (임금을) 배알하다, 문안, 부르다, 회동하다, 조하를 받다, (정사를) 펴다 등으로 쓰인다.

- 晏안은 日(날 일)+安(편안할 안)의 형성자로 시간이 늦다何晏也, 해가 저물다及年歲之未晏兮, 안심하다海內晏如, 화락하다言笑晏晏, 아름답고 깨끗함羔裘晏兮 등으로 쓰인다.

- 政정은 攵(칠 복)+正(바를 정)의 형성자로 합법적 공권력攴으로 정의正를 구현한다는 의미로 정사夫子至於是邦也 必問其政, 정권天下有道 則政不在大夫, 정책政寬則民慢, 금령道之以政, 직책棄政而役, 사무, 정사를 행하는 사람均五政, 바루다寬以政之, 정벌하다臨衛政殷 등으로 쓰인다.

- 事사는 손又에 붓聿을 잡고 관리가 문서를 기록하는 모습으로 직무事有終始를 말하는데, 왕조시대의 관료가 직무를 보는 것은 곧 임금을 섬기는 것이었으므로 '섬기다事君以忠'는 뜻이 나왔다. 일事有終始, 관직無功受事, 국가대사, 직업, 공업工業(立功立事), 섬기다事君之道, 일삼다事商賈 爲技藝, 변고事變, 재능吳起之裂 其事也, 다스리다勞力事民而不責焉, 힘쓰다先事後得, 부리다無所事得, 벌管絃三兩事, 전고典故 등으로 쓰인다.

如其善而莫之違也인댄 不亦善乎잇가
여 기 선 이 막 지 위 야   불 역 선 호

如不善而莫之違也인댄 不幾乎一言而喪邦乎잇가
여 불 선 이 막 지 위 야   불 기 호 일 언 이 상 방 호

정공定公이 물었다問. "한 마디 말이—言而 나라邦를 일으킬 수 있다可以興고 하는데, 그런 말이 있습니까有諸?" 공자孔子께서 대답하여 말씀하셨다對曰. "말씀이란 그와 같이若是其 기약幾=期(희망: 希, 殆)할 수 없습니다不可以也. 사람들의 말人之言에 이르길曰, '임금 노릇하기爲君는 어렵고難, 신하 노릇하기爲臣도 쉽지 않다不易'고 했으니, 만일如 임금 노릇하는 것이爲君之 어렵다難는 것을 안다면知也, "한 마디 말로—言而 나라邦를 일으키기興를 기약幾(희망)하지 않겠습니까不乎? (정공이 물어) 말하였다曰. "한마디 말이—言而 나라邦를 잃는다喪고 하는데, 그런 말이 있습니까有諸?" 공자孔子께서 대답하여 말씀하셨다對曰. "말씀이란 그와 같이若是其 기약幾(희망)할 수 없습니다不可以也. 사람들의 말人之言에 이르길曰, '나予는 임금 노릇하는 데에乎爲君는 (다른) 즐거움은 없지만無樂, 말하면言而 아무도 나予의 말을 어기지 않는 것莫違이 오직唯 그것其이 즐거울 뿐이다也'고 했습니다. 만일如 임금의 말이 선한 것이어서善而 아무도 어기지 않는다면莫之違也, 또한亦 선善하지 않겠습니까乎? 만일如 선하지 않는 데不善而에도 아무도 어기지 않는다면莫之違也, 한 마디 말로—言而 나라邦를 잃기喪를 기약幾(희망)하지 않겠습니까不乎?"

한 마디 말이 나라를 흥하게 혹은 망하게 할 수 있다고 유세하는 자가 있을 수 있지만, 아마도 그런 자들은 거의 간사한 권모술수가에 불과할 것이다. 다만 한마디 말을 잘 실천하면 나라를 흥하게 하는 데에로 나갈 수 있고, 한마디 말로만 행한다면 나라를 거의 망하게 하는 데에로 나갈 수 있다. 즉 임금 노릇을 하는 것이 어렵다는 것을 알아 모든 일을 신중히 처리한다면, 나라를 흥하게 하는 데에로 나아갈 수 있다. 임금이 자신의 말을 신하들이 어기지 않는 것을 즐거움으로 삼아 아무렇게나 명령

하고 무조건 따르게 하면서 충언을 듣지 않는다면, 나라를 잃는 데에 거의 가까이 갈 수 있다.

- **公공**이란 厶(사사로울 사)+八(여덟 팔: 破:깨다, 등지고 떠나다)의 회의자로 사사로움을 등지고(깨다), 공적으로 된다는 뜻이다. 공후백자남公侯伯子男의 하나이며, 어른의 존칭이기도 하다. 정공定公의 공公은 제후諸侯라는 뜻이다.

- **幾기**는 戈(창 과: 베틀)+人(사람 인)+幺(작을 요)의 회의자로 본래 옷감을 짜는 직조기인 베틀의 상형자이다. **주자**: 幾는 기약期이다. 『시경』에서 말하길, "기약과 같이 법식과 같이如幾如式"라고 하였으니, 한마디 말一言之間이 이와 같이 반드시 그 효과를 기약할 수 없다는 말이다. **다산**: 幾는 희망希하다(희希는 바란다望이다), 거의殆이다(서기庶幾의 뜻은 본래 희망希·거의殆이다). 언어의 효험은 이와 같이 희망할 수는 없다. 그러나 임금 노릇하기가 어렵다는 것을 안다면, 또한 한마디 말로 나라를 일으키기를 바랄 수 있지 않겠는가? 라는 말이다. 살펴건대, 기幾·희希 두 글자는 본래 모두 미微이다. 사람이 바라보는 것은 미의微意에 있기 때문에, 기幾·희希 두 글자는 또한 바라본다는 뜻이니, 이는 육서六書의 가차이다. 정도丁度는 『집운』에서 기幾는 망望으로 풀이하였으니, 기覬라는 글자와 통한다. 그러나 기幾라는 글자는 본래 희망의 뜻인 까닭에 『이아·석언』에 서기庶幾는 바란다尚이다.'고 하였다(주소에서 말하길, 상尚은 마음이 희망하는 바를 말한다). 『맹자』「공손추」하편에서 말하길 '왕께서는 그것을 고치기를 바란다王庶幾改之'고 하였다.

13.16 葉公이 問政한대 子曰 近者說하며 遠者來니라
섭 공 문 정 자 왈 근 자 열 원 자 래

섭공葉公이 정치政에 대해 묻자問, 공자께서 말씀하셨다. 가까이 있는 자近者가 기뻐說하고, 멀리 있는 자遠者가 오게來 된다.

『공자가어』에서 말하길, '형荊 땅은 넓으나 도읍은 좁고, 민심은 이반되어 자신들이 기거하는 곳을 편안하게 여기지 않았다.'고 했다. 그러므로 공자께서 (섭공이) 정치에 대해 묻는 것을 기회로 이렇게 일러 주셨다.〈다산〉

마땅히 가까이 있는 자에게 은혜를 베풀어 기쁘게 하면, 멀리 있는 자들이 마땅히 사모하고 감화되어 오게 된다. 〈형병〉

그 은택을 입으면 기뻐하고, 그 풍문을 들으면 온다. 그러나 반드시 가까이 있는 자가 기뻐한 이후에 멀리 있는 자가 찾아온다. 〈주자〉

- 近근은 辶(쉬엄쉬엄 갈 착)+斤(도끼 근)의 회의자로 길을 나누듯, 거리를 줄인다는 뜻이다. 거리의 짧음과 사람 관계에서의 친분이나 시간의 가까움을 말한다.
- 說설은 言(말씀 언)+兌(기쁠 태)의 회의자로 설명說明, 유세遊說, 기쁘다 (=悅) 등으로 쓰인다.
- 遠원은 辶(쉬엄쉬엄 갈 착)+袁(옷 길 원)의 회의자로 옷깃이 늘어져 있듯, 길이 매우 멀다는 뜻이다. 오래되다, 심원하다의 뜻이다.

13.17 子夏爲莒父宰라 問政한대 子曰 無欲速하며 無見小利니
자 하 위 거 보 재　문 정　자 왈 무 욕 속　무 견 소 리

欲速則不達하고 見小利則大事不成이니라
욕 속 즉 부 달　견 소 리 즉 대 사 불 성

자하子夏가 거보莒父의 읍재가 되어爲宰 정치政를 물으니問, 공자께서 말씀하셨다. "속速히 이루려 하지 말고無欲, 작은 이익小을 보려고 하지 말라無見. 속히 이루려 하면欲速則, 달성하지 못하고不達, 작은 이익小利을 보려고 하면見小利則 큰 일大事이 이루어지지 않는다不成."

자장이 정치를 묻자 공자께서 말씀하시길, '마음에 두기를 게으름이 없게 하고, 행하기를 충으로 해야 한다.'고 하셨다. 자하가 정치에 대해 물으니, '마음가짐은 나태함이 없고, 행실은 충직해야 한다.'(12.14)고 말씀하셨다. 자하가 정치를 묻자, 공자께서는 '빨리하려고 하지 말고, 작은 이익小利을 보려고 하지 말아야 한다.'고 하셨다. 자장은 항상 지나치게 높아 인仁하시 못하였고, 자하의 병통은 항상 천근하고 작은 데에 있었다. 그러므로 각각 그들에게 절실한 일로써 일러 주셨다. 〈정자〉

벼가 빨리 자라게 하기 위해 묘苗를 억지로 뽑아 올린다면助長, 오히려 농사를 망치게 된다(『맹자』 「공손추」 상편). 효과나 이익을 먼저 계산한 후에 빨리 이루려고 하면, 오히려 제대로 이루지 못하여 낭패를 초래한다. 그래서 '빨리하려고 하면 제대로 이루지 못한다.'고 하였다.

사사로운 이익私利에 준거를 두고 행동하는 사람들은 소인이라 한다. '사私'는 '공公'의 반대말이다. 사사로움厶이란 본래 스스로 테두리를 지어 자신의 경계를 짓는 것이며, 여기서 사私(禾+厶= 곡물을 자신의 것으로 만들어 버림) 자가 나왔다. '공公'은 사사로움厶을 등지고 떠남八을 말한다. 따라서 공리公利란 개인의 사사로운 이익을 버리고, 인간의 도리에 합당한 행위를 하여 전체적인 조화를 이룩한 이후에 얻어지는 결과물이라고 할 것이다. 특히 위정자가 당장 눈앞의 현실적인 자신의 작은 이익小利에 눈이 멀어 전체적인 맥락과 조화에서 나오는 큰 이익大利을 놓쳐 버릴 수 있다. 바로 여기서 작은 이익와 큰 이익의 구분이 생겨났다. 그래서 공자는 '현실의 위정자가 자신의 작은 이익에 눈이 멀면, 백성들 전체에게 돌아갈 큰 이익, 즉 공익公益을 이룰 수 없다.'고 경고했다.

이렇게 위정자가 자신의 사사로운 이익을 헤아리지 않고, 백성의 이로움을 자신의 이로움으로 삼아 마땅히 해야 할 일을 차근차근 해나가면 가까이 있는 백성들은 기뻐하고, 멀리 있는 이들은 은택의 소문을 듣고 찾아와 열복悅服하게 된다.

- 速속은 辶(쉬엄쉬엄 갈 착)+束(묶을 속)의 회의자로 갈 길을 재촉할 때는 채비를 단단히 갖추는 것으로 빠르다, 도래하다, 자주 등으로 쓰인다.

- 達달은 辶(쉬엄쉬엄 갈 착)+羍(어린 양 달)의 회의자로 막힘없이 통달하다 理塞則氣不達, 이르다專達於川, 눈트다驛驛其達, 꿰뚫다躓達膝, 자라다先生如達, 깨닫다能達虛實之數者, 막힘없이 통하다賜也達 등으로 쓰인다.
  다산: 達은 완수하다遂이다.

- 成성은 戊(창 모)+丁(못 정)의 회의자로 무기를 써서 적을 굴복시킨다(평정하다), 이루다, 구비되다, 우거지다, 성숙하다, 평정하다, 고르게 하다, 끝나다, 완성한다는 뜻이다.

13.18 葉公이 語孔子曰 吾黨에 有直躬者하니 其父攘羊이어늘
섭공   어공자왈 오당   유직궁자   기부양양

而子證之하니이다 孔子曰 吾黨之直者는 異於是하니
이자증지   공자왈 오당지직자   이어시

父爲子隱하며 子爲父隱하나니 直在其中矣니라
부위자은   자위부은   직재기중의

섭공葉公이 공자孔께 일러語 말하였다曰. "우리 향당吾黨에 몸가짐을 곧게 행하는 자直躬者(직궁이라는 자)가 있으니有, 그 부모其父가 (그 집으로 들어온) 양羊을 가로채자攘(몰래 양을 훔치자) 자식而子이 증명했습니다證之." 공자孔子께서 말씀하셨다. "우리 향당의吾黨 곧은 자直者는 그와於是 다릅니다異. 부모父는 자식을 위해爲子 숨겨주고隱, 자식子은 부모를 위해爲父 숨겨주니隱, 곧음直은 그 가운데其中 있습니다在矣."

가족 윤리와 국가 규범이 상충할 때 무엇이 우선인가? 이 문제에서 공자는 윤리규범이란 인간의 자연스런 마음에 근거해야 자발적 준수가 가능하다고 판단하고, 가족윤리를 근간으로 삼아 사회윤리를 정립한다. 그래서 공자는 '곧음'이란 부모가 자식을 자애하고, 자식이 부모에게 효도하는 자연스런 감정에서 정직함이 나온다는 것이다. 그런데 여기서 주의할 것은 공자는 '곧음은 그 가운데 있다.'고 하였지, '그것이 곧 곧음이다.'고 말하지 않음으로써 사적 영역과 공적 영역이 상충할 때 사적 영역을 우선시해야 한다고 주장하는 것은 아니다. 그는 공적인 국가의 일과 사적인 가정의 일을 대립시킨 것이 아니라, 각자가 처하는 구체적인 시·공적 상황과 직분(명분) 따라 주어지는 역할과 의무를 본말론에 따라 앞서 해야 할 것과 뒤에 해야할 것을 알아 축차적으로 시행해야 한다고 말했다. 다음의 맹자의 주장은 이를 잘 설명해 준다.

> 도응이 물어 말했다. "순이 천자가 되고, 고요가 법의 집행관가 되었는데, 고수(순의 아버지)가 사람을 죽였다면 어떻게 하겠습니까?" 맹자께서 말씀하셨다. "(법을) 집행할 따름이다." "그렇다면 순임금은 금지하지 않습니까? 맹자께서 말씀하셨다. 순임금이 어떻게 금지할 수 있겠는가? 전수받은 바가 있는 것이다." "그렇다면 순임금은 어떻게 하시겠습니까?" 맹자께서 말씀하셨다. "천하를 버리되 마치 헌신짝처럼 버리는 것처럼 보고, 몰래 업고 도망하여 바닷가를 따라 거처하며, 종신토록 흔쾌히 즐거워하며 천하를 잊으셨을 것이다." – 『맹자』「진심」 상편 35

유가의 입장은 세 가지로 정리된다. 첫째, 사회 윤리의 문제로 공직에서 공적 업무를 수행하는 자는 자신의 사적 감정을 개입하지 않고 법의 원칙을 따라야 하며, 둘째, 임금의 부모라도 살인죄와 같은 중범죄의 경우 똑같이 법의 지배를 받아야 하지만, 셋째, 공적인 질서의 준수에 앞서 부자간의 인륜적 사랑이 먼저 선행되어야 한다고 주장하는 것을 확인할 수 있다

몸을 정직하게 하는 자直躬者의 이야기는 『한비자』「오두」편과 『여씨춘추』「당무」편, 그리고 『장자』와 『회남자』에도 나온다. 법가의 한비자는 개인의 사적 영역보다는 국가규범에 우선을 두고 있기 때문에 도둑질한 부

모를 고발한 자식의 행위에 정당성을 부여하고, 도둑질 한 아비에게 죄를 주어야 한다고 생각된다. 그런데 『한비자』에는 "군주에게는 곧았지만直, 아비에게는 곧지 않았다曲는 취지로 판결하여 죄를 물었다."고 말했다.

초나라에 직궁直躬이 있었는데, 그 아비가 양을 훔치니 관리에게 고하였다. 영윤이 말했다. '직궁을 죽여라.' 군주에게는 곧았지만直, 아비에게는 곧지 않았다曲는 취지로 판결하여 죄를 물을 것이다. 이것으로 본다면, 대저 임금에게 곧은 신하는 부모에게는 포악한 자식이 된다. — 『한비자』「오두」

"초나라에 직궁直躬이라는 자가 있어, 그 아비가 양을 훔치자 상부에 고발했다. 상부에서 그 아비를 잡아 장차 주살하려고 하니, 직궁이 아비를 대신하여 (죽기를) 청하였다. 장차 (직궁을) 주살하려 하니, (직궁이) 관리에게 아뢰어 말하였다. '아비가 양을 훔치자 고발하는 것은 또한 신의가 아닌가? 아비가 주살을 당하는데, 대하여 죽는 것은 효성이 아닌가? 신의와 또한 효성이 있는데도 그를 죽인다면 나라에 장차 죽여야 하지 않을 자가 있겠는가? 형왕荊王은 이 말을 듣고 죽이지 않았다." 공자께서 이 말을 듣고 말씀하였다. 괴이하구나, 직궁이 신의를 행함이여! 한 아비인데, 두 번이나 이름을 취하다니! 직궁의 신의는 신의가 없는 것만 못하다. — 『여씨춘추』「당무」

직궁이 아비가 (양을 훔쳤다고) 고발하고, 미생尾生이 익사溺死한 것은 신의에서 나온 환난이다. — 『장자』「도척」

직궁은 그 아비가 양을 훔치자, 자식이 그것을 고발하였다. 미생은 부인과 (다리 밑에서 만나기를) 기약하였다가 죽었다. — 『회남자』「사론훈」

『한비자』에서 직궁의 사례를 제시한 것은 유가의 가족주의(사적 윤리의 옹호)를 비판하고자 했던 것이다. 여기서 도둑질한 부모를 고발한 직궁은 군주에게는 곧았지만, 부모에게 곧지 않았다는 이유에서 처벌을 받았다. 이 말은 곧 개인적인 사적 윤리가 사회적인 공적 윤리보다 우선시해야 한다는 것이다. 그런데 만일 모든 백성들이 『한비자』에서 인용된 직궁의 사례에서 교훈을 얻어, 공적 윤리보다 사적 윤리를 우선시한다고 가정해 보자. 그렇다면 효도를 핑계로 병적 의무를 기피하고, 부모 봉양을 구실로 세금 납부를 거부하는 등과 같이, 공적 질서가 무너지는 사태가 초래될 것이다. 이렇게 된다면 국가는 온통 사적 온정주의가 난무하고, 결국 공적 질서가 무너져 세상은 무질서로 가득찰 것이라는 것이다. 법가인 『한비자』가 말하고자 하는 것은 바로 이것이다. 즉 사적 윤리를 우선시하면 공적 질서가 무너져 무정부 상태가 초래된다는 것이다. 따라서 공적 질서(법)를 우선해야 한다는 것이다.

그런데 잡가雜家인 『여씨춘추』에서는 중립적인 입장으로 좋은 점만을 취하여, "직궁이 아비가 양을 훔치자 고발하는 것은 또한 신의이며, 아비의 죽음을 대신함은 효성이다"고 결론짓고 있다. 그러면서도 이러한 직궁의 행위는 인간의 일차적인 자연스런 감정에 근원을 둔 것이 아니기 때문에, 두 번씩이나 곧음이라는 이름을 도명했다고 한다. 그것은 우선 자연스런 가족 간의 사랑이 우선임에도 불구하고 그 사랑을 무시하고 부모를 고발한 것이 첫 번째 과오이고, 그리고 공적질서를 집행하는 데에 있어 사적 윤리를 내세워 부모를 대신하여 죽겠다는 것이 두 번째 과오이다. 나아가 재판관 또한 공적 질서를 유지시켜야하는 책무를 지니고 있기에 공정한 재판과 그에 따른 집행을 해야 함에도 불구하고, 직궁을 방면한 것은 잘못이라고 할 수 있다.

한자 해설
주자: 직궁直躬은 몸가짐을 곧게 하여 행하는 사람이다. 까닭因이 있어 훔치는 것을 일러 양攘이라 한다. 부모와 자식이 서로 숨겨주는 것은 천리天理와 인정人情의 지극함이다. 그러므로 곧게 되기를 추구하지 않아도 곧음이 그 가운데 있다.

사량좌: 이치에 따르는 것이 곧음이니, 부모가 자식을 위해 숨겨주지 않고, 자식이 부모를 숨겨주지 않으면, 이치에 따르는 것이겠는가?

다산: 그 사람의 이름은 궁躬이고 곧다고 여겼기에, 호號를 직궁直躬이라고 하였다. 隱은 숨기다匿之이다. 주생렬이 말하길, '연유가 있어 훔치는 것有因而盜을 일러 양攘이라 한다.'고 했다. 형병이 말하길, '양이 자기의 집으로 들어왔던 까닭因에, 아비가 즉시 그 양을 취하자 자식이 양을 잃은 주인에게 말하여 아비의 도둑질을 고발한 것이다.'고 했다. 살피건대, 양攘이란 몰래 훔친 것竊이니, 반드시 까닭이 있어 훔친 것이라고 풀이할 근거가 없다.

• 黨당은 尚(숭상할 상)+黑(검을 흑)의 형성자로 <u>무리</u>, <u>친족</u>其黨也食之, 편들다不偏不黨 王道蕩蕩, 아첨하다比而不黨, 돕다羣而不黨, <u>마을</u>(鄕黨: 1당黨은 25호戶), 장소, 정당 등으로 쓰인다.

• 直직은 회의자로 많은 사람들이 보기에 숨긴 것까지도 모두 바르게 본다는 뜻으로 <u>굽은 데가 없다</u>其直如矢, <u>기울지 않다</u>頭容直, 바르게 보다爰得我直, 공정하다王道正直, 순직하다洵直且侯, 바른 행실友直, 바로잡다正直是與, 상당하다正直其地, 다만直不百步耳, 즉시直使送之 등으로 쓰인다.

• 躬궁은 身(몸 신)+弓(활 궁)의 형성자로, 활弓처럼 약간 휜 몸체라는 의미를 그려 몸, <u>자기 자신</u>, 몸소, 굽히다, 곤궁하다의 뜻이다.

• 證증은 言(말씀 언)+登(오를 증)의 형성자로 증거采前世成事 以爲證驗, <u>증명하다</u>所以證之不遠, 규칙人不攻之 自然證也, 간하다不可證移, 병의 증세因告其子之證, 체득함涅槃之證幽讚于宸階 등으로 쓰인다.

• 攘양은 手(손 수)+襄(도울 양)의 형성자로 물리치다以服東夷 而大攘諸夏, 침탈하다南夷相攘, 물러나다隨流而攘, 어지럽히다於攘天下, <u>훔치다</u>(제 발로 들어온 것을 숨겨 제 것으로 만들다, 가로채다:伯尊其無積乎攘善也), 제거하다, 많다. 사양하다左右攘辟, 보내다攘其左右 등으로 쓰인다.

• 隱은은 阜(阝:언덕 부)+㥯(조급할 은)의 회의자로 조급히 산속으로 <u>숨다</u>, 점치다, 가엾어 하다, 근심하다, 기대다 등으로 쓰인다.

13.19 樊遲問仁한대 子曰 居處恭하며 執事敬하며
번 지 문 인　　　자 왈 거 처 공　　　집 사 경

與人忠을 雖之夷狄이라도 不可棄也니라
여 인 충　수 지 이 적　　　불 가 기 야

번지樊遲가 인仁을 물으니問, 공자께서 말씀하셨다. "거처居處에서 공손
恭하고, 일을 집행執事할 때는 경건敬하고, 남과 더불어 사귈 때與人는
충忠해야 하니, 비록雖 이적夷狄에 가더라도之 버릴棄 수 없다."

중궁이 인仁을 청문했을 때(12.2) 공자는 "문 밖을 나서면 큰 손님을 접
견하듯이 하고, 백성을 부림은 큰 제사를 받들 듯이 하고, 자기가 하고
싶지 않은 것을 남에게 베풀지 마라."고 말하여, 경敬과 서恕를 인을 실
천하는 방법으로 제시했다. 여기서는 공恭과 경敬, 그리고 충忠으로 대답
했는데, 결국 같은 맥락이다.

거처할 때(아직 일을 하지 않을 때: 靜)에 용모에서 공손히 한다는 것은 내
면에 경건함의 표현이다. 일을 집행할 때動에 경건하다는 것은 일에 마
음을 집중하여 혼란스럽지 않음을 말한다. 다른 사람과 함께 할 때 충
(忠=中+心)하라는 것은 마음을 치우치거나 기울지 않고 지나침과 모자람
이 없이 중심을 잡는 것을 말한다. 이렇게 충으로 자아를 정립하여, 미
루어 남에게 나아가는 것은 서(恕=如+心)이다. 충과 서는 표리관계이다.
혹 오랑캐 땅에 가더라도 버려서는 안 된다는 것은 언제 어디서나 항상
실천해야 한다는 말이다.

한자 해설

주자: 공손恭은 용모를 위주로 하고, 경건敬은 일을 위주로 한다. 공손은
외면에 드러나고, 경건은 마음 가운데에서 주장한다. 이적의 나라夷狄
에 가더라도 버릴 수 없다는 것은 굳게 지켜 잊지 말 것을 권면한 것
이다.

호인: 번지가 인仁에 대한 물은 것은 세 번인데, 이것이 가장 먼저이고,
선난先難(6.22)이 다음이고, 애인愛人(12.22)이 마지막이다.

다산: 거처居處는 앉고 눕고 기거하는 것이다. 여與는 더불어 사귐交與이다. 포함이 말하길, '비록 예의가 없는 이적夷狄의 거처에 가더라도, 버리고 가거나 행하지 않을 수는 없다는 말이다.'고 했다.

- 중국인들은 자신을 중심에 놓여 동서남북에 기거하는 이민족을 각각 동이東夷, 서융西戎, 남만南蠻, 북적北狄이라고 하였는데, 이적夷狄이란 이민족을 총칭한다. 이夷는 大(큰 대)+弓(활 궁)으로 큰 활을 지닌 동쪽 오랑캐를, 융戎은 甲(갑옷)+戈(창)으로 침략해 왔던 서쪽 오랑캐를, 만蠻은 야만의 남쪽 오랑캐를, 적狄(犬+大→火)은 북쪽 유목민을 말했다.

- 棄기는 木(나무 목)+弃(버릴 기)의 회의자로 죽은 아이를 바구니에 담에 버리는 모습으로 버리다, 그만두다, 돌보지 않다, 꺼리어 멀리하다, 물리치다, 잇다는 뜻이다.

13.20 子貢이 問曰 何如라야 斯可謂之士矣잇고
자 공 문 왈 하 여 사 가 위 지 사 의

子曰 行己有恥하며 使於四方하여 不辱君命이면 可謂士矣니라
자 왈 행 기 유 치 시 어 사 방 불 욕 군 명 가 위 사 의

曰 敢問其次하노이다 曰 宗族이 稱孝焉하며 鄕黨이 稱弟焉이니라
왈 감 문 기 차 왈 종 족 칭 효 언 향 당 칭 제 언

曰 敢問其次하노이다 曰 言必信하며 行必果 硜硜然小人哉나
왈 감 문 기 차 왈 언 필 신 행 필 과 경 경 연 소 인 재

抑亦可以爲次矣니라 曰 今之從政者는 何如하니잇고
억 역 가 이 위 차 의 왈 금 지 종 정 자 하 여

子曰 噫라 斗筲之人을 何足算也리오
자 왈 희 두 소 지 인 하 족 산 야

자공子貢이 물어 말했다問曰 "어떻게何如 해야 곧斯 선비士라고 할 수 있습니까可謂之矣?" 공자께서 말씀하셨다. "자기의 행동行己에 부끄러워함 있고有恥, 사방에於四方 사신使 가서 군주의 명령君命을 욕되게 하지 않으면不辱 선비士라고 할 수 있다可謂矣." (자공이) 말했다曰. "감敢히 그 다음其次을 묻습니다問." (공자께서) 말씀하셨다曰. "종족宗族이 효孝

자라고 칭송하고稱焉, 향당鄕黨이 공손弟하다고 칭찬하는 자이다稱焉." (자공이) 말했다曰. "감敢히 그 다음其次을 묻습니다問." (공자께서) 말씀하셨다曰. "말言은 반드시必 신실信하고, 행동行은 반드시必 과단성果이 있는 것은 조그만 돌의 단단함처럼硜硜然 (식견과 도량이 좁은) 소인小人이랴哉! 그래도抑 또한亦 그 다음次이 될 수 있을 것이다可以爲矣." (자공이) 말했다曰. "오늘날의今之 정치에 종사하는 자從政者들은 어떻습니까何如?" 공자께서 말씀하셨다. "아噫!, 한 말斗 한 말 두 되 정도의筲之 (비속하고 자잘한) 사람人들을 어찌何 셀 필요가 있겠는가足算也?"

선비란 그 행실을 부끄러워할 줄 알아 그 몸을 욕되게 하지 않으며, 사방에 사신을 가서 그 직무를 다할 줄 알아 임금을 욕되게 하지 않는 능력을 지니고 있어야 한다. 효제를 행할 수 있는 사람은 근본은 정립되었다고 할 수 있기에 그 다음이라고 할 수 있다. 비록 도량은 좁은 소인이지만 약속은 지키고 행동은 과단성이 있는 사람은 스스로를 지킬 수 있기自守에 또 그 다음이라고 했다. 맹자는 다음과 같이 말했다.

> 대인이란 말은 반드시 신뢰성이 있지 않고, 행동은 반드시 과단(결실)성이 있지 않더라도, 오직 의가 있는 곳에 있다孟子曰 大人者 言不必信 行不必果 惟義 所在. ─『맹자』「이루」하편 11

오늘날 정치에 종사하는 자들이란 당시 노나라의 삼가三家 등의 무리들로 무엇이 정치인지 조차 알지 못하는 사람들이기에 공자께서 이렇게 말씀하시고 경계하셨다.

한자 해설
주자: 과果는 반드시 실행함必行也이다. 경硜은 단단한 작은 돌小石之堅確者이다. 소인은 그 지식과 도량이 얕고 좁음을 말한다. 이는 그 근본과 말단이 모두 볼 만한 것이 없지만, 자신을 지키는 데에는 지장이 없기

때문에 성인께서는 오히려 인정하셨다. 이 이하는 시정의 사람市井之人이니 더 이상 선비士라고 할 수 없다. 오늘날 정치에 종사하는 자今之從政者들이란 대개 노나라 삼가三家와 같은 무리들이다. '희嘻'는 마음이 평안하지 않을 때 내는 소리心不平聲이다. 두斗는 용량의 이름으로 열 되들이容十升이다. 소筲는 대나무 그릇竹器으로 한 말 두되들이容斗二升다. 두소지인斗筲之人이란 비루하고 자잘하다는 말이다. 산算은 세는 것數이다.

다산: 벼슬하는 사람仕을 사士라 한다(경대부 · 사의 통칭하는 이름이다). 욕辱은 굽힘屈이고, 부끄러움恥이다. 사신으로 예禮를 잃고 응대를 잘못하여 사행의 일을 그르치면, 이는 임금의 명령을 욕되게 하는 것이다. 형병이 말하길, '종족宗族은 같은 성씨로 그 효를 보고 칭찬한다. 향당은 조금 멀어 그 공손함을 보고 칭찬한다.'고 했다. 명성이 종족과 향당의 밖을 벗어나지 않는다면, 오직 내행內行에서는 결함이 없는 자이다. 언필신言必信이란 약속이 있으면 반드시 실천하고, 때를 넘기지 않는 것이다. 행필과行必果란 일이 있으면 반드시 결실을 맺는 것이니(과果란 반드시必이니, 초목이 반드시 결실을 맺는 것과 같다), 의리를 헤아리지 않는 것이다. 경경硜硜은 돌소리인데, 그 스스로의 행실이 거칠지 않은 것不麤이 마치 돌소리와 같다. 소인小人은 덕이 작은 사람이다. 억역가이抑亦可以란 겨우 가능하다는 뜻僅可之意이다(위의 두 등급과 비교하면 그 차이가 현격하다). 오늘날 정치에 종사하는 자今之從政란 당시의 대부 · 사士이다. 두소斗筲는 작은 용기이니, 그 사람의 국량이 좁고 작은 것이다.

• 士사는 "일事을 처리한다는 뜻으로, 일—과 십十이 합해서 이루어진 회의자이다."(『설문』) 선비(학식이 있으나 벼슬하지 않은 사람, 士民其擦), 지식인의 통칭智能之士, 남자(성인이 된 남자, 남자의 미칭), 벼슬이름(제후가 두었던 대부 다음의 자리: 諸侯之上大夫卿 下大夫 上士 中士 下士 凡吾等), 관리殷士膚敏, 병사, 일蹕執鞭之士, 일삼다勿士行枚, 벼슬하다, 전문적 학식을 지닌 사람을 말한다. 다산: 형병은 말하길, '사士는 덕이 있음을 지칭한다.'고

말했는데, 논박하여 말하면, 그릇되었다. 사士·농農·공工·가賈를 네 백성이라 하니, 사士란 벼슬하는 사람仕이다. 벼슬하는 사람이란 남을 다스리는 사람이다. 그러므로 남을 다스리는 기술을 배우는 자 역시 사士라 한다. 그러나 자공이 물었던 것은 곧 조사朝士이지 학사學士가 아니다. 그러므로 끝에서 '오늘날 정치에 종사하는 자들을 어떻습니까?'라고 말했다.

- 辱욕은 辰(지지 잔날 신)+寸(마디 촌)의 회의자로 욕되게 하다曩者辱賜書 敎以順於接物, 욕보이다不辱其身 不羞其親, 수치吾幽囚受辱, 더럽히다大白若辱, 잃음寵辱若驚 등으로 쓰인다.

- 必필은 八(여덟 팔)+弋(주살 닉)의 형성자로 땅을 나눌 때 말뚝을 세워 경계를 분명히 하여 나눈다는 데에서 반드시必也使無訟乎, 기필하다毋意毋必, 오로지石赤不奪 節士之必, 기대함且漢王不可必, 구차히必進易儢也 등으로 쓰인다.

- 果과는 나무의 과실을 그린 상형자로 과실五穀百果乃登, 결과由其道者有四等之果, 과감하다(결단성: 言必信 行必果), 실현하다未果 尋病終, 과연果能此道矣, 만약果遇 必敗, 싸다(=裹), 등으로 쓰인다.

- 硜경은 石(돌 석)+巠(지하수 경)의 형성자로 돌소리를 형용하는 것으로 돌처럼 고집스럽다는 뜻이다. 경경硜硜이란 하나만을 고집하여 융통성이 없는 모양, 고집스럽다硜硜然, 곧고 씩씩하다硜硜以才顯, 곧고 씩씩한 모양, 소리의 형용이다.

- 噫희는 口(입 구)+意(뜻 의)의 형성자로 한숨 소리噫嗚 歎傷之貌也, 아아!噫 言游過矣, 하품噯, 문득噫亦要存亡吉凶 등으로 쓰인다.

- 斗두는 구기의 상형자로 용량(말)의 단위를 뜻한다. 말, 구기, 조두ㅋ斗, 별의 이름, 홀연히 등으로 쓰인다.

- 筲소는 竹(대 죽)+肖(작을 초)의 회의자로 대그릇, 둥구미, 밥통, 수저통, 적은 분량, 평범한 사람을 말한다. 두소斗筲란 용량이 적은 그릇 혹은 적은 양의 양식이며, 두소지인斗筲之人이란 도량이 좁고 식견이 얕은

150

사람을 말한다.

- 算산은 竹(대나무 죽)+目(눈 목)+廾(받들 공)의 회의자로 산가지로 계산하는 것으로 셈, 계산, 수, 수효, 산가지, 나이, 수명, 지혜, 대그릇, 세금, 셈하다, 미리 알다, 계획하다 등으로 쓰인다.

13.21 子曰 不得中行而與之인댄 必也狂狷乎인저
자왈 부 득 중 행 이 여 지　　필 야 광 견 호
狂者는 進取오 狷者는 有所不爲也니라
광 자　진 취　견 자　유 소 불 위 야

공자께서 말씀하셨다. "중도中行(=道)의 선비를 얻어得 함께與之 할 수 없다면不, 반드시必也 광狂자나 견狷자와 함께 하겠다乎. 광자狂者는 진취進取적이고, 견자狷者는 하지 않는 바所不爲가 있다有也."

맹자가 말하길, '공자께서 어찌 중도를 (실천하는 선비를) 바라지 않았겠는가? 얻음을 기필할 수 없었기 때문에, 그 다음을 생각하신 것이다. 금장琴張, 증석曾晳, 목피牧皮 등이 공자께서 말한 광자狂者이다. 그 뜻이 매우 커서 '옛 사람이여!, 옛 사람이여!'라고 말하지만, 그 행동을 살펴보면 덮지 못하는 자이다. 광자 또한 얻지 못하면 불결不潔을 기꺼워하지 않는 선비를 얻어 함께 하고자 했으니, 이것이 견자狷者인데, 이는 또한 그 다음이다. – 『맹자』「진심」하편 37

광자狂者는 뜻이 지극히 높지만 덕행이 덮어 주지 못한다志極高而行不掩. 견자狷者는 지혜는 모자라지만 지킴은 남음이 있다知未及而守有餘. 대개 성인께서는 중도의 사람을 얻어 가르치고자 했지만, 이미 얻지 못하였다. 한갓 근후謹厚한 사람을 얻는다면, 스스로 떨쳐 일어나 일을 해낸다고는 기필할 수 없기에, 이러한 광자와 견자를 얻어 오히려 그 의지와 절개에 기반하여 격려하고 억제하여 도에 나아가도록 하는 것만 못하였다. 그러나 그들이

끝내 광자와 견자의 수준에 머물고 마는 것을 허여한 것은 아니다. 〈주자〉

한자 해설

다산: 중행中行은 중도中道이다(『맹자』에 보인다). 광자狂者는 조급하고 방자
躁而肆하기 때문에, 능히 진취할 수 있다(앞을 향하여 행군하여, 그 성읍을 취
하는 것과 같다). 견자狷者는 고결하지만 편협潔而狹하기 때문에 하지 않
는 것이 있을 수 있다能有所不爲.

- 狂광은 犭(개사슴록변)+王(임금 왕)의 회의자로 얼빠지다吾以是狂而不信也,
  상규를 벗어나다幼而狂, 경솔하다其蔽也狂, 허둥거리다狂顧南行, 가다我
  其發出狂, 어리석음狂者 下愚之稱, 한 가지 일에만 골똘한 사람映畫狂, 뜻
  은 높고 행동이 소략한 사람을 뜻한다.

- 狷견은 犭(개사슴록 변)+肙(장구벌레 연)의 형성자로 성급하다不罪狂狷之言,
  고지식하다(절의를 굳게 지켜 뜻을 굽히지 않다), 혼자만 깨끗하다는 뜻이다.

13.22 子曰 南人이 有言曰 人而無恒이면 不可以作巫醫라하니
자왈 남인 유언왈 인이무항   불가이작무의

善夫라 不恒其德이면 或承之羞라하니 子曰 不占而已矣니라
선부   불항기덕   혹승지수   자왈 부점이이의

공자께서 말씀하셨다. "남쪽나라 사람南人들의 말이 있어有言 이르길曰,
'사람으로서人而 꾸준함恒이 없으면無 무당巫이나 의원醫도 될 수 없다不
可以作(치료할 수 없다: 作=治).'고 말했다曰. 좋구나善夫!"(『역』「항괘」九三爻
辭에) 그其 덕德이 꾸준하지 않으면不恒, 누군가或가 (혹:或=疑之) 수치羞를
보내 준다承之(수치가 이르게 된다고 하였다). 공자께서 말씀하셨다. "점치지 않
았을不占 (점칠 필요가 없을) 뿐이다而已矣."

꾸준함(항상성)이 없는 사람은 자신에게 있는 것도 일정하게 지키지 못
한다. 점占은 귀신과 통하고, 의술은 질병을 치료하는 것인데, 항상성
을 가지고 꾸준히 종사하지 않으면 정밀할 수 없다. 그래서 『예기』「곡례

하,에는 "의술은 삼대를 계속하지 않으면 그 약을 복종하지 않는다不三世, 不服其藥."고 하였다. 그런데 여기서 '인이무항人而無恒, 불가이작무의不可以作巫醫.'를 고주에서는 '사람으로서 꾸준함이 없으면 무당이나 의사도 치료治할 수 없다.'고 해석했다. 그런데 주자는 '불가이작무의不可以作巫醫'를 '꾸준함이 없으면 무당이나 의사도 될 수 없다'로 바꾼다. 주자 당시 무의巫醫란 사士가 종사하지 않는 천한 직업이었기 때문에, 그것조차도 할 수 없다는 것이 주자의 생각이었다. 이에 대해 다산은 "그 옛날에는 신성한 사람(신농, 황제, 기백, 무함 등)만이 무당과 의원이 될 수 있었지만, 마땅히 고주를 따라야 한다고 말했다.

또한 "불항기덕不恒其德, 혹승지수或承之羞"(『역』항괘 구삼의 효사)를 고주는 "그 덕을 꾸준하게 유지하지 않으면, 항상(或=常) 수치가 이른다."라고 해석하였다. 그런데 정이천은 『역전』에서 혹승지或承之를 "때로 이름이 있음을 말한다謂有時而至也"라고 풀이했고, 주자는 "그 덕을 항상(항구적, 철두철미하게) 유지하지 않으면, 누군가가 수치를 안겨줄 것이다."라고 풀이하여, 꾸준함(항상성)이 없는 사람은 어떠한 역할도 할 수 없고, 치욕을 면할 수 없다고 했다.

주자: 남인南人은 남쪽 나라의 사람南國之人이고, 항恒은 상구常久이다. 무巫는 귀신과 교감하는 사람所以交鬼神이며, 의醫는 생사를 의탁하는 사람所以寄死生이기 때문에, 비록 천한 역할이지만 더욱더 꾸준함이 없으면 안 된다.

다산: 정현이 말하길, '무당과 의원도 꾸준함이 없는 사람을 치료할 수 없다는 말이다. 『역』은 길흉을 점치는 책인데, 꾸준함이 없으면, 『역』으로 점칠 필요도 없다.'고 했다. 점을 쳐서 이미 괘를 얻으면, 세 사람이 그 괘상을 보고, 그 길흉을 살펴서 점친 결과를 따르느냐 따르지 않느냐를 결정하는 것을 점占이라 한다(『서경』「홍범」에서 말했다. 세 사람이 점치면, 두 사람의 말을 따른다). 꾸준함이 없는 자는 점을 쳐서 결정할 수 없기 때

문에, 『역』의 효사에 '혹 치욕이 이른다.'고 했으니, 여기서 혹或은 의심하면서 결정짓지 못했다는 말이다.

- 恒항은 心(마음 심)+亘(널리 궁)의 형성자로 하늘과 땅二 사이의 해日와 달月이 변함없이 운행되듯 항상 꾸준한 마음心을 말한다. 항상不恒其德, 변하지 아니하다恒星不見, 64괘의 하나(巽下震上: 항구불변의 상), 고법文繡有恒, 5악의 하나恒衛旣從, 현월如月之恒 등으로 쓰인다. **다산:** 恒자는 옛날에 긍㥘(두루 미치다, 항구적이다)으로 썼다. 그것을 설명하여 한 척의 배의 양 끝(이물과 고물)이 물가에 기대고 있는 모습을 그린 것이라고 했으니, 철두철미徹頭徹尾하다는 뜻임을 알 수 있다.

- 承승은 꿇어앉아 무엇을 받드는 모습을 나타낸 회의자로 받들다承寡君之命以請, 계승함弟子敢不承乎, 받아들임是謂承天之祜, 돕다請承, 순서子產爭承, 후사鄭師爲承, 둘째 구承句, 起承轉結 등으로 쓰인다. **주자:** 承은 봉승奉承(뜻을 받들어 이어받음)의 승承과 같으니, 예컨대 사람이 수치와 치욕羞辱을 보내 주는 것과 같다如人送羞辱與之也.

- 巫무는 무당이 춤출 때 소매를 나타내는 상형자 혹은 하늘과 땅을 이어주는 사람으로 해석하기도 한다. 무당, 무녀, 의사, 고을 이름, 산 이름, 망령되다, 터무니없다 등으로 쓰인다.

- 醫의은 殹(앓는 소리 예: 몽둥이와 화살)+酉(닭 유)의 회의자로 몸에 꽂혀있던 화살을 빼내어 상자에 담아놓고医 다친 상처殳를 알코올酉로 소독한다는 뜻으로 의원, 의술, 의학, 무당, 보살피는 사람, 유모, 단술, 매실, 초醯, 고치다, 치료하다 등으로 쓰인다.

- 羞수는 羊(양 양)+又(또 우)의 회의자로 손에 음식을 들고 권함의 뜻으로 부끄러워하다, 두려워하다, 싫어하다, (음식을) 올리다, 드리다, 나가다, 추천하다, 천거하다, 부끄럼, 수치, 치욕, 음식 등을 뜻한다.

- 占점은 卜(점 복)+口(입 구)의 회의자로 점괘를 말하는 모습이다. 점령하다, 차지하다, 점치다, 자세히 살피다, 입으로 부르다, 구술하다, 엿보다, 헤아리다, 점, 징조徵兆 등으로 쓰인다.

13.23 子曰 君子는 和而不同하고 小人은 同而不和니라
자 왈 군 자   화 이 부 동   소 인   동 이 불 화

공자께서 말씀하셨다. "군자君子는 화합하지만和而 동일화되지 않고不同, 소인小人은 동일화되지만同而 화합하지 않는다不和."

『좌전』(「소공」20년조)에서 말했다. 제후齊侯가 사냥에서 돌아오자 안자晏子가 천대遄臺에서 모시고 있었는데, 자유子猶(양구거梁丘據)가 말을 달려 나아왔다. 공이 말하길, "오직 거據만이 나와 화합和한다고 했다." 안자가 말하길, "동일同일 뿐이니 어찌 화합이겠습니까?" 공이 말하길, "화합과 동일은 어떻게 다른가?" 안자가 대답하길, "다릅니다. 화합은 국을 끓이는 것과 같습니다. 물, 불, 식초, 젓갈, 소금, 매실을 써서 어육을 삶을 때에 나무를 때서 끓이면서 요리사가 그것을 화합시켜 맛을 맞추는데, 모자란 것을 더 넣고 지나친 것을 덜어냅니다. 군자가 그 요리를 먹고 그 마음을 평온하게 합니다. 임금과 신하 사이도 또한 그와 같습니다. 임금이 옳다고 하여도 옳지 않음이 있으면 신하가 그 옳지 못함을 아뢰어 그 옳음을 이루고, 임금이 옳지 않다고 말하여도 옳은 것이 있으면 신하가 그 옳음을 아뢰어 그 옳지 못함을 제거합니다. 그러므로 정치가 공평하여 어긋나지 않고, 백성들은 다투는 마음이 없어지는 것입니다. 지금 거據는 그렇지 않습니다. 임금이 옳다고 하면 거據 역시 옳다고 하고, 임금이 옳지 않다고 말하면 거 역시 옳지 않다고 말합니다. 마치 물을 물에 타는 것과 같으니, 누가 그것을 (맛있게) 먹을 수 있겠으며, 마치 금琴 하나만으로 연주한다면, 누가 (조화롭게) 들을 수 있겠습니까? 동일同이 옳지 못한 것은 이와 같습니다."(『좌전』「소공」20년조). 살핀다. 화합和과 같음同의 논변은 이보다 상세한 것은 없다. 〈다산〉

한자 해설

하안: 군자는 마음이 조화롭지만, 그 보는 것이 각각 다르기 때문에 같지 않다. 소인은 기호하는 바는 같지만, 각각 이익을 다투기 때문에 조화롭지 못하다

주자: 화和란 어긋나려는 마음이 없는 것無乖戾之心이고, 동同은 아첨하거나 편드는 뜻이 있음有阿比之意이다.

윤돈: 군자는 의義를 숭상하기 때문에 같지 않음不同이 있다. 소인은 이익을 숭상하니 어찌 화합할 수 있겠는가?

- 和화는 禾(벼 화)＋口(입 구)의 형성자로 원래는 龠(피리 약)자가 들어간 龢(화할 화)자로 피리 소리가 고르게 퍼져나간다는 의미에서 '조화롭다'를 뜻했다. 혹은 조 이삭禾이 둥글게 숙어진 모양을 본뜬 글자로 모나지 않음의 뜻한다. 조화됨和 不堅不柔也, 화목하다地利不如人和, 온화하다君子和而不同, 도에 맞는 것和也者 天下之達道也, 유순하다吾馬賴柔和, 화답王和之, 小大嚮和, 更唱迭和, 남의 운韻을 따서 시를 짓다詩成遺誰和 등으로 쓰인다.

- 同동은 凡(무릇 범: 큰 그릇, 모두)＋口(입 구)의 회의자로 모두가 같은 말을 하다는 뜻으로 한가지歲歲年年人不同, 균일하게 함與民同之, 모이다福祿攸同, 상응함附和雷同, 같이踏花同惜少年春 등으로 쓰인다.

13.24 子貢이 問曰 鄕人이 皆好之면 何如니잇고 子曰 未可也니라
자공 문왈 향인 개호지 하여 자왈 미가야

鄕人이 皆惡之면 何如니잇고 子曰 未可也니라
향인 개오지 하여 자왈 미가야

不如鄕人之善者好之오 其不善者惡之니라
불여 향인지선자호지 기불선자오지

자공子貢이 물어 말했다問曰. "동네 사람鄕人들이 모두皆 그를 좋아한다면好之 어떻습니까何如?" 공자께서 말씀하셨다. "아직 안 된다未可也." (자공이 물었다.) "동네 사람鄕人들이 모두皆 그를 싫어한다면惡之 어떻습니까何如?" 공자께서 말씀하셨다. "아직 안 된다未可也. 동네 사람들 중에鄕人之 선한 사람善者이 좋아하고好之, 그其 불선한 사람不善者이 싫어하는 사람惡之만 못하다不如."

동네 사람들이 다 좋아하는 사람은 아마도 (향원鄕愿처럼) 유속에 동조하고 세상에 영합하는 사람들일 가능성이 크다. 그래서 공자는 아직 괜찮다고 할 수 없다未可고 말했다. 동네사람들이 다 싫어하는 사람은 아마도 세상을 속이고 풍속을 해치는 사람일 가능성이 크다. 그러므로 공자는 아직 괜찮다고 할 수 없다고 말했다.

그런데 선한 사람은 선한 사람들끼리, 불선한 사람은 불선한 사람끼리 각각 비슷한 사람들끼리 모이는 경향이 있다. 선한 사람은 대개 순리대로 행하기 때문에 자신처럼 순리대로 행하는 사람을 좋아하고, 그렇지 않은 사람을 싫어한다. 선하지 않은 사람은 욕심대로 행하기 때문에 그런 사람과 어울리고, 그렇지 않은 사람을 싫어한다. 그러므로 향당의 사람들이 전부 좋아하거나 혹은 전부 싫어하는 사람보다는, 선한 사람이 좋아하거나 악한 사람이 싫어하는 사람이 더 훌륭한 사람일 가능성이 높다는 것이다.

한자 해설

주자: 한 동네 사람들에게는 의당 공론公論이 있겠지만, 그 사이에도 각각 부류에 따라 저마다 좋아하거나 싫어한다. 그러므로 선한 자가 좋아하고 악한 자도 미워하지 않는다면, 그 사람은 반드시 구차하게 영합하는 행실이 있을 것이다. 악한 자가 미워하는데 선한 자도 좋아하지 않는다면, 그 사람은 반드시 좋아할 만한 실질이 없을 것이다.

다산: 향인鄕人은 같은 동네 사람同鄕之人이다. 호好는 기뻐하다悅이다. 오惡는 싫어하다厭이다. 공안국이 말하길, '선한 자가 자기를 좋아하고, 악한 자가 자기를 미워한다면, 이는 선을 좋아함이 분명하고, 악을 미워함이 현저한 것이다.'고 했다.

• 鄕향은 갑골문에 식기를 두고 양옆에 앉아있는 사람(→食, 饗)의 모습으로 정감이 넘치는 마을, 고향을 뜻한다. 시골, 고향, 행정구역, 향대부, 향하다(= 向), 추세 등으로 쓰인다.

• 可가는 괭이로 노동하며 부르던 노래에서 괜찮음子曰可也, 수긍함大夫

辭之不可, 정도飮可五六斗, 가능·허용·인정·추측·당연(할 수 있다: 可使足民), 해도 좋다可與矣, 할 만한 값어치가 있다可以爲師矣, 할 것이다 數口之家 可以無饑矣, 해야 한다可急使守函谷關 등으로 쓰인다.

　　　자왈 군자　　이사이난열야　　　열지불이도　　　불열야

及其使人也하여는 器之니라 小人은 難事而易說也니
급기사인야　　　기지　　소인　　난사이이열야

說之雖不以道라도 說也오 及其使人也하여는 求備焉이니라
열지수불이도　　　열야　급기사인야하여는　구비언

공자께서 말씀하셨다. "군자君子는 섬기기事는 쉬워도易, 기쁘게 하기說 는 어려우니難也, 기쁘게 하기說之를 도로써以道 하지 않으면不 기뻐하지 않으며不悅也, 그其가 사람들을 부림使人에 이르러서는及也 그릇에 따른 다器之. 소인小人은 섬기기事는 어렵지만難而 기쁘게說 하기는 쉬우니易也, 기쁘게 하기를說之 비록雖 도로써以道 하지 않아도不 기뻐하며悅, 그其가 사람들을 부림使人에 이르러서는及也 갖추기備를 요구한다求焉."

　군자는 공公적이며 자기의 마음을 미루어 나아가 남의 마음을 헤아리 고恕, 남의 장점을 인정하고, 그 선을 이룰 수 있도록 도와준다. 소인의 마음은 사적이며, 자신의 이익을 기반으로 하여 상대방을 이용하려고 한다. 군자는 올바른 이치에 따르는 것을 좋아하고, 소인은 자신을 따르 는 것을 좋아한다.

　군자는 정당한 방법으로 최선을 다하면 다른 불평을 하지 않기에, 오 히려 섬기기 쉽다. 그러나 정당하지 않는 방법으로 아첨하면 기뻐하지 않기 때문에, 기쁘게 하기는 어렵다. 자신의 마음을 미루어 다른 사람의 마음을 헤아리는 군자는 다른 사람의 선을 그대로 인정하기 때문에, 사 람을 부릴 때에 그 사람이 잘하는 것을 하도록 하고, 모든 것에 완벽함을 요구하지 않는다. 그래서 버려지는 사람이 없다.

이에 비해 사적인 소인은 자기중심적이며 이익에 따라 수시로 변하기 때문에 섬기는 것은 항상 어렵다. 그러나 바르지 못한 방법으로 아첨하여도 기분만 맞추어 주면 기뻐하기 때문에, 기쁘게 하기는 쉽다. 그리고 소인은 남의 능력과 마음을 헤아리지 않기 때문에 인재를 경시하고, 완전하기를 요구하여 마침내 쓸 만한 사람이 없게 된다.

한자 해설

주자: '기지器之'는 사람을 그 재주와 기량에 따라서 부리는 것隨其材器而使之也을 말한다. 군자의 마음은 공평하고 서恕(자기를 미루어 남에게 나아감)이나, 소인의 마음은 사사롭고 각박하다. 천리와 인욕 사이에서 매번 상반될 따름이다.

다산: 사事는 받듦承奉이다. 열說은 미열媚悅(남에게 잘 보이려고 비위를 맞추며 알랑거림)이다. '불이도不以道'란 간사하고 바르지 못한 일로써 아첨을 구하는 것을 말한다. 기器·사使란 각각 쓰임에 알맞게 하는 것이다(공안국이 말했다. 재능을 헤아려 관직을 주는 것이다). 구비求備란 능력이 되지 않은 것을 책망하는 것이다.

- 事사는 손又에 붓聿을 잡고 관리가 문서를 기록하는 모습인데 왕조시대의 관료가 직무를 보는 것은 곧 임금을 섬기는 것이었으므로 섬기다事君以忠, 일事有終始, 관직無功受事, 국가대사, 직업, 공업工業(효功효事), 변고事變, 다스리다勞力事民而不責焉, 힘쓰다先事後得의 뜻이다.

- 易역은 日(陽, 낮)＋月(陰, 밤)의 회의자로 고치다聖人易之以書契, 교환하다以小易大, 옮김易種于茲新邑, 장사하다貿易, 만상의 변화生生之謂易, 화복 등을 아는 일掌三易之法, 주역孔子晚而喜易 韋編三絶, 도마뱀易在壁曰蝘蜓 在草曰蜥蜴, 쉽다乾以易知, 편안하다君子居易以俟命, 기쁘다我心易也, 생략하다簡易, 다스리다易其田疇 등으로 쓰인다.

- 器기는 여러 기물口을 개犬가 지키고 있는 형상으로 관직, 등급, 사람의 자질을 나타내고, 형이상의 도에 대비되는 형이하의 구체적인 사

물을 나타낸다.

- 備비는 人(사람 인)+用(쓸 용)+矢(화살 시)의 회의자로 화살집에 화살이 담겨있는 것으로 구비하다才備文武, 미리 설치하거나 부족한 것을 채우다補備之, 구비됨易之爲書也 廣大悉備, 참가시키다願君卽以遂備員行矣, 대비囧爲之備 등으로 쓰인다.

13.26 子曰 君子는 泰而不驕하고 小人은 驕而不泰니라
자 왈 군 자　태 이 불 교　　소 인　교 이 불 태

공자께서 말씀하셨다. 군자君子는 태연하되泰而 교만하지 않고不驕, 소인小人은 교만하되驕而 태연하지 않다不泰.

군자는 자기를 정립하고(위기지학) 도리에 마땅함을 추구하기 때문에, 언제 어디서든 자득하지 않음 없어 편안하다. 소인은 다른 사람에게 가치의 기준을 두고(위인지학), 탐욕스럽게 구하여 구차하게 얻어 스스로 자랑하기 때문에, 항상 교만하다. 군자는 두루 친하면서 조화를 이루지만, 이익에 의해 무리를 짓거나 획일적으로 동질화되지 않는다. 소인은 이와 반대된다.

군자는 이치를 따라 행하기 때문에 편안하고 느긋하되 자만하거나 방자하지 않지만, 소인은 욕심을 부리기 때문에 이와 반대이다. 〈주자〉

한자 해설
다산: 태泰란 안이 가득차서 밖에서 구하지 않는 것內實而無求於外이다. 교驕란 안이 비어서 밖의 기운에 부림을 당하는 것內虛而使氣於外이다. 태괘泰卦로 말하자면, 세 개의 양三陽이 내괘內卦에 있는 것으로, 세 개의 양이 안에 가득차서 밖에서 구하는 것이 없기 때문에 흡사 교만한 듯하지만, 교만한 것이 아니다. 교驕란 말馬의 높음喬으로, 이는 단지

밖에 있는 빈 기운일 따름이다.

- 泰태는 水(물 수)+大(큰 대)+艸(받들 공)의 회의자로 매우 큼橫泰河, 넉넉하다泰風, 편안하다天下泰平, 너그럽다用財欲泰, 통하다泰者通也, 교만하다今拜乎上 泰也, 매우昊天泰憮, 하늘泰元, 태괘(乾下坤上: 음양이 조화를 이루어 만사형통하는 상) 등으로 쓰인다.
- 驕교는 馬(말 마)+喬(높을 교)의 회의자로 남을 업신여기다富而無驕, 무례하다在上而不驕, 교만得志而覺驕, 속이다果而不驕, 길들지 않다譬若畋犬驕用逐禽, 건장한 모양四牡有驕 등으로 쓰인다.

13.27 子曰 剛毅木訥이 近仁이니라
자왈 강 의 목 눌 　 근 인

공자께서 말씀하셨다. "강剛하고, 굳세毅고, 질박木하고, 어눌訥하면, 인仁에 가깝다近."

강剛의 반대말은 유약柔이고, 의毅의 반대말은 취약脆이며, 목木의 반대말은 화려華이며, 눌訥의 반대말은 달변辯이다. 유약하면서 취약하고, 화려하게 꾸며 말을 잘하면 인仁에서 멀다는 말이다. 강직하고 굳세다는 것은 견고하여 그치지 않으려는 기상을 말하고, 질박하고 우둔하다는 것은 교언영색巧言令色(2.3)하여 꾸미려 하는 것이 없음을 말한다. 물욕에 굴하지 않기 때문에 강직하고 굳세며, 물욕을 추구하여 밖으로 내달리지 않기 때문에 본디 질박하고 우둔하다(양시). 이는 학문을 말하는 것이 아니라, 자질을 말한 것이다. 이 네 가지를 바탕으로 하여 완전한 인仁의 체현을 이루기 위해 노력해야 한다는 말이다.

한자 해설
왕숙: 강剛은 무욕無欲이고, 의毅는 과감果敢이고, 목木은 질박質樸이고, 눌訥이란 더디고 둔함遲鈍이다.

주자: 강剛이란 체질이 단단하고 굳세어 유약하지 않고 굽히지 않는 것을 말하고, 의毅는 분발하여 일어나는 기상을 말한다.

정자: 목木이란 질박質樸이고, 눌訥이란 더디고 둔함遲鈍이다.

다산: 의毅란 잡아서 지킴이 강한 것執守之强이다. 목눌木訥하면 그 말을 참고 어려워한다訒.

- 剛강은 岡(산등성이 강)+刀(칼 도)의 회의자로 칼刂로 위협해도 산岡처럼 버티고 서서 굴하지 않음을 나타내어 의지가 굳세다吾未見剛者, 굳다剛性, 기수奇數의 날(外事以剛日), 양陽, 수컷剛柔相推, 임금得中而應乎剛 등으로 쓰인다.

- 毅의는 호(설 립)+豕(돼지 시)+殳(창 수)의 형성자로 굳세다, 함부로 성을 내다毅 妄怒也 등으로 쓰인다.

- 木목은 나무의 상형자로 관목灌木, 목재朽木不可雕也, 오행의 첫째, 방위로는 동東, 사철로는 봄, 오상五常으로는 인仁, 오미五味로는 산酸에 해당異爲木, 목제 악기金石土革絲木匏竹, 질박함 등으로 쓰인다.

- 訥눌은 言(말씀 언)+內(안 내)의 회의자로 말이 입 안內에 있어 말을 더듬다는 뜻이다.

13.28 子路問曰 何如라야 斯可謂之士矣니잇고
자 로 문 왈 하 여 사 가 위 지 사 의

子曰 切切偲偲하며 怡怡如也면 可謂士矣니
자 왈 절 절 시 시 이 이 여 야 가 위 사 의

朋友엔 切切偲偲오 兄弟엔 怡怡니라
붕 우 절 절 시 시 형 제 이 이

자로子路가 물어 말했다問曰. "어떻게 하면何如 곧斯 선비士라고 말할 수 있습니까可謂之矣?" 공자께서 말씀하셨다. "간절切切하고 자상偲偲하며, 화열하면怡怡 선비士라고 말할 수 있다可謂矣. 붕우朋友 간에는 간절切切하고 자상偲偲하며, 형제兄弟 간에는 화열怡怡해야 한다."

162

선비士는 작爵(황제皇帝, 제후諸侯, 경卿, 대부大夫, 사士)의 대열에 들어갈 뿐만 아니라, 민民에는 네 가지(사士, 농農, 공工, 상商)가 있는데 선비는 그 처음에 들어가니, 선비는 진정 귀한 존재이다. 선비가 귀한 것은 왜인가? 선비가 귀한 것은 인륜을 밝히는 존재이기 때문이다. 〈각헌 채씨〉

'절절切切'은 정성이 지극함懇到이다. '시시偲偲'는 상세하게 권면함詳勉이다. '이이怡怡'는 화목하며 기뻐함和悅이다. 모두 자로가 부족한 것이므로 일러 주었다. 또한 베푸는 데에서 혼동하면 형제간에 은혜를 해치는 화禍가 있고, 붕우 간에는 쉽게 굽히는 잘못善柔之損이 있을까 염려하신 까닭에 또한 구별하여 말씀해주셨다. 〈호인〉

한자 해설

마융: 절절시시切切偲偲는 상호 절실하게 책선하는 모습이다(형병이 말했다. 붕우는 도의로써 절차탁마한다). 이이怡怡는 화순和順한 모습이다.

주자: 절절切切이란 가르치고 알려주는 것은 간절하지만 그 허물은 드러내지 않는 것이고, 시시偲偲란, 권면하는 것은 상세함을 다하지만 따를 것을 강요하지 않는 것이다.

다산: 사士란 벼슬仕이며, 도를 배워學道 장차 벼슬하려고 한다. 절切이란 바로잡아주고 책선하기를 지극한 정성으로 하는 것規責懇조이다(할절割切과 같다). 시偲란 안색이 장엄한 것이다.

- 士사는 하나一 배우면 열十 깨우치는 사람(선비)의 회의자로 선비(학식이 있으나 벼슬하지 않은 사람 士民其擦, 지식인의 통칭: 智能之士), 남자(성인이 된 남자, 남자의 미칭), 벼슬이름(제후가 두었던 대부 다음의 자리:諸侯之上大夫卿 下大夫 上士 中士 下士 凡吾等), 관리殷士膚敏, 병사, 일雖執鞭之士, 일삼다勿士行枚, 벼슬하다, 전문적 학식을 지닌 사람 등으로 쓰인다.

- 切절은 七(일곱 칠: 뼈마디)+刀(칼 도)의 회의자로 끊다切之爲膾, 갈다切齒腐心, 정성스럽다親切, 절실함適切, 몹시切親, 삼가다切切, 가까워지다州期切促, 소리의 구슬픈 모양切切, 부지런한 모양, 진맥하다不待切脈

등으로 쓰인다. 절절切切은 서로 격려하는 모양, 깊이 생각하는 모양, 근심하는 모양, 소슬한 바람 소리를 나타낸다.

- 偲시는 人(사람 인)+思(생각할 사→시)의 형성자로 서로 선을 권면한다, 재주가 많다 혹은 수염이 많다其人美且偲는 뜻이다. 시시偲偲란 서로 권면하고 권상한다朋友切切偲偲는 뜻이다.
- 怡이는 心(마음 심)+台(기쁠 태)의 회의자로 기뻐하다下氣怡色, 화기和氣가 있음眄庭柯以怡顏 등으로 쓰인다.

13.29 子曰善人이 教民七年이면 亦可以卽戎矣니라
자 왈 선 인 교 민 칠 년 역 가 이 즉 융 의

공자께서 말씀하셨다. 선인善人이 백성民들을 가르치고教 7년七年이 되면 또한亦 전쟁戎에 나아갈卽 수 있을 것이다可以.

선인善人은 선천적으로 자질이 좋은 사람이지만 아직 성인의 궤적을 밟지는 못한 사람이다. 교민教民이란 효孝 · 제弟 · 충忠 · 신信의 실천과 농업에 힘쓰고, 무예를 강마하는 방법務農講武之法을 가르치는 것이다. 즉卽은 나아감就이다. 흉戎은 군대兵이다. 백성들이 그 윗사람을 친애하고 그 어른을 위해 죽을 줄 아는 까닭에 전쟁에 나아갈 수 있다. 정자가 말하길, '7년이라고 말한 것은 성인께서 그 정도의 시간이면 가능하다고 헤아리신 것이다.'고 했다. 〈주자〉

선인善人은 그 일을 잘하는 사람이다(「술이」편 참조). 교민教民은 인의로써 가르쳐 그 윗사람을 친애하고 그 어른을 위해 죽을 줄 알도록 하고(자로의 이른바 방도方을 알도록 한다는 것이다), 무용武勇으로써 가르쳐 앉았다가 일어나고 · 나아가고 · 물러나는 법도를 알게 하는 것을 말한다. 〈다산〉

- 善선은 羊(양 양:吉祥)＋口(입 구)의 회의자로 군자의 아름답고 바른 말을 뜻한다. 착하다隱惡而揚善, 덕목又盡其善, 잘故善戰者服上刑, 많이女子善懷, 크게覆背善詈, 친절히齊善待之, 닦다善刀而藏之, 길하다善必先知之, 좋게 여기다王如善之, 아끼다善日者王 善時者霸, 다스리다有善適而遠至 등으로 쓰인다. **형병**: 선인善人은 군자이다.

- 敎교는 爻(본받을 효)＋子(아들 자)＋攵(칠 복)의 회의자로 깨닫게 하다十三敎汝織, 올바른 길로 일깨우다吿者易子而敎之, 바로잡아 주다願仲父之敎寡人也, 교리佛老 異方敎耳, 스승置助敎十五人 以敎生徒 등으로 쓰인다.

- 卽즉은 皀(어긋날 간)＋卩(병부 절)의 회의자로 곧·즉시項伯卽入見沛公, 가까이하다子不我卽, 자리에 나아가다漢王卽皇帝位, 불똥左手執燭 右手折卽 등으로 쓰인다. **포함과 주자**: 卽은 나아감就이다.

- 戎융은 戈(창 과)＋甲(갑옷 갑)의 회의자로 병장기, 병거, 군사, 병사, 오랑캐西戎, 싸움, 전쟁, 너, 그대, 돕다, 크다, 난잡하다 등으로 쓰인다. **포함**: 戎은 전쟁이니 전쟁에서 공로를 세움이다. **주자**: 戎은 군대兵이다.

13.30 子曰 以不敎民戰이면 是謂棄之니라
자 왈 이 불 교 민 전　　시 위 기 지

공자께서 말씀하셨다. "가르치지 않은不敎 백성民을 부려서以(＝用) 전쟁戰하면, 이是를 일러 백성을 버리는 것棄之이라 한다."

선인이란 선천적으로 자질이 좋은 사람으로 아직 성인의 궤적을 밟지는 못했지만(주자), 일에 잘 대처하는 사람이다(다산). 백성에게 가르치는 내용은 효제충신과 무용武勇 등이라고 할 수 있다. 7년이란 예로부터 소성小成이라 하여, 가르침이 어느 정도 성숙되는 기간을 말한다. 백성들에게 7년 정도 효제충신의 행동과 무예를 익히는 법을 가르치고, 왜 전쟁을 하고 어떻게 대처하는 방법을 알도록 한 이후에 전쟁에 내보낼 수 있다는 것이다. 그렇지 않고 전쟁에 내보는 것은 백성들을 사지에 내보내는 것과 같다. 이 말에 근거를 두고 맹자는 '백성을 교육시키지 않고 전쟁에 쓰는 것은 백성에게 재앙을 주는 것이다不敎民而用之 謂之殃民.'(『맹자』「만장」하편 8)고 말했다. 이렇게 내용과 맥락이 이어지기 때문에, 다산은 이 장을 마땅히 앞장과 합하여 하나의 장으로 해야 한다고 말했다.

한자 해설

마융: 훈련하지 않은 백성을 부려서 공전攻戰하게 하면, 반드시 패배할 것이라는 말이다.

주자: 이以는 부림用이다. 가르치지 않은 백성을 부려 전쟁을 하면 반드시 패망의 화가 있을 것이니, 이것이 그 백성을 버리는 것이라는 말씀이다是棄其民也.

다산: 의로움과 병법을 알지 못하고 전쟁을 하면 반드시 궤멸하니, 이는 그 백성을 구렁텅이에 버리는 것이다. 마땅히 앞장과 한 장으로 합해야 한다.

• 以이는 사람이 연장을 사용하여 밭을 갈 수 있다는 데서 ~로써, 까닭(쟁기의 상형자)로 하다, 거느리다以其後行, 닮다 등의 의미이다. '以＋명사'로 수단, 방법, 재료, 대상, 내용, 이유, 조건, 때, 경우 등을 나타낸다.

• 敎교는 爻(본받을 효)＋子(아들 자)＋攴(칠 복)의 회의자로 자식에게 (성현, 효도, 결승문자 등을) 모방 혹은 본받으라고 매질하며 가르치는 것을 말한다.

• 戰전은 單(홑 단: 무기)＋戈(창 과)의 회의자로 싸움大戰于甘, 전쟁戰者 逆德, 두려워하다見豺而戰, 흔들리다怯敎蕉葉戰 등으로 쓰인다.

• 棄기는 양손(𠬶←𠦒)에 쓰레받기를 들고 쓰레기를 내버린다㐬는 뜻으로 내버림棄兒, 폐함棄稷不務, 꺼리어 멀리하다棄妹不仁也, 떠나다不撫壯而棄穢兮 등으로 쓰인다. 기지기棄之란 내던지듯 백성을 버리는 것若棄擲이다.

제14편

헌문

憲問

이 편은 삼왕三王과 이패二霸의 업적, 제후와 대부의 행실, 위인爲仁·지치知恥, 수기修己·안민安民을 논했는데, 모두 정치의 중대한 절목이다. 그러므로 같은 부류를 모아 (자로가 정치를 물은 편의) 다음이다. 〈형병〉

호인이 말했다. "이 편은 아마 원헌原憲이 기록한 듯하다." 모두 47장이다. 〈주자〉

14.1 憲이 問恥한대 子曰 邦有道에 穀하며 邦無道에 穀이 恥也니라
　　 헌　문치　　자왈방유도　곡　　방무도　곡　치야

원헌憲이 부끄러움恥에 대해 묻자問, 공자께서 말씀하셨다. "나라邦에 도가 있을有道 때에 녹穀만 먹는 것(녹을 먹지만), 나라邦에 도가 없을無道 때에도 녹穀을 먹는 것은 부끄러워할 만한 것이다恥也(부끄러운 것이다)."

나라에 도가 있을 때는 마땅히 봉록을 먹어야 한다. 임금이 무도한데도 그 조정에 있으면서 그 봉록을 먹으면, 이는 치욕이다. 〈공안국〉

나라에 도가 있을 때는 유익한 일을 하지 못하고, 나라에 도가 없을 때는 홀로 선하지 못하면서, 단지 복록만 받아먹을 줄 아는 것은 모두 수치스러워할 만하다. 〈주자〉

군자의 도는 방정하되 원만하지 않아, 치세에는 부합하지만 난세와는 어긋난다. 만일 난세든 치세든 어디에 가서든 봉록을 먹는다면, 그 사람됨을 알 수 있으니, 이것은 수치이다. 〈다산〉

- 恥치는 心(마음 심)+耳(귀 이)의 회의자로 부끄러워하다其心愧恥 若撻于市, 도에 어긋남을 부끄러워하는 마음人不可以無恥, 치욕越王苦會稽之恥 등을 뜻한다.
- 穀곡은 禾(벼 화)+殼(껍질 각)의 회의자로 벼나 조, 수수처럼 도리깨로 낱알을 벗겨야 하는 곡식으로 양식의 총칭百穀用成, 좋다穀旦于差, 기르다民莫不穀, 살다穀則異室, 녹봉, 알리다告 등으로 쓰인다. 주자: 穀은 녹봉祿也이다. 다산: 나라에 도가 있을 때는 유익한 일을 하지 못하고 단지 복록만 받아먹을 줄 아는 것, 이것은 시위소찬尸位素餐(관직에 있으면서 자기 역할을 못하면서, 녹봉만 받아먹는 것)이다. 단지 곡穀이란 한 글자 가운데에 이 시위소찬 네 글자의 뜻을 함의할 수 없으니, 아마도 본뜻은 그렇지 않은 듯하다.

168

14.2 克伐怨欲을 不行焉이면 可以爲仁矣잇가 子曰 可以爲難矣어니와
극 벌 원 욕   불 행 언   가 이 위 인 의   자 왈 가 이 위 난 의

仁則吾不知也케라
인 즉 오 부 지 야

(원헌이 물었다) 이기려는克 것, 자랑하려는伐 것, 원망怨하는 것, 욕심
欲 내는 것(원한과 탐욕의 싹을 쳐서 이기는 것:克伐怨欲=克伐其怨欲之萌)이 행行해지
지 않게 하면行焉, 인仁이 된다爲고 할 수 있습니까可以矣? 공자께서 말
씀하셨다. "어려운 것爲難이라 하겠지만可以, 인인지는仁則 나吾는 알지
못하겠다不知也."

사람으로서 극克·벌伐·원怨·욕欲이 없는 것은 오직 인자仁者라야 능히
할 수 있다. 이런 것들이 있으면 그 감정을 제재하여 행해지지 않게 하는
것, 이것 역시 능히 하기는 어렵지만 그것을 아직 '인仁'이라고 할 수는 없
다. 이는 성인께서 깊이 열어 보여 주신 것이지만, 안타깝게도 원헌이 다
시 질문하지 못했다." 〈정자〉

마융: 극克은 남에게 이기기를 좋아함好勝人이고, 벌伐은 스스로 그 공
을 자랑함自伐其功이고, 원怨은 작은 원한을 시기함忌小怨이고, 욕欲
은 탐욕貪欲이다

주자: 극克은 이기기를 좋아한다好勝는 뜻이고, 벌伐은 스스로를 자랑하
는 것自矜이고, 원怨은 분하고 한스러운 것忿恨이고, 욕欲은 탐욕貪慾
이다. 이 네 가지를 지니고 있으면서도 능히 억제하여 행하지 않도
록 하는 것은 어렵다고 할 수 있다. 인仁의 경우에는 천리天理가 혼연
하여 자연히 이 네 가지의 누累가 없으니, (이 네 가지를 의도적으로)
행하지 않는 것은 말할 것도 없다.

다산: 극克은 이김勀이다. 벌伐은 공격攻이다. 자기에게 없는 것을 한스
러워 하는 것恨己之所無을 원怨이라 한다. 남이 지닌 것을 탐하는 것
을 욕欲이라 한다. 군자는 하늘을 원망하지 않고, 남을 탓하지 않으

며, 해치지 않고 탐하지 않는다. 극벌원욕克伐怨欲이란 악을 제거하는 것去惡이다. 선을 행한 연후에 이에 인仁이 되니, 극기할지라도 복례의 공부가 없으면 그 인은 아직 익지 않은 것이다. 살펴건대, 선유先儒들은 모두 극벌원욕克伐怨欲을 네 가지 일四事로 보았다. 그러나 이기기를 좋아하는 것과 스스로 사랑함이, 어찌 행해지지 않는다고 말할 수 있겠는가? 싸워서 이기지 못하면 이기기를 좋아하는 마음이 행해지지 않으며, 자랑해도 믿지 않으면 스스로 자랑하는 말이 행해지지 않는다(남에게 말미암는 것이다). 원망을 품고 그 독을 펼치면 원망이 이에 행해지고, 욕망에 따라 그 탐함을 시행하면 원망이 이에 시행된다(자기에게 말미암는 것이다). 이로써 말한다면 극벌克伐이 행해지지 않는 것은 남에게 말미암은 것이며, 원욕怨欲이 행해지지 않는 것은 자기에게서 말미암는 것이니, 네 가지는 동일한 종류가 아니다. '극벌원욕克伐怨欲'이란 그 원욕의 맹아怨欲之萌를 극벌克伐하여 행해지지 않도록 하는 것이다.

- 克극은 十(열 십: 머리, 투구)＋兄(맏 형:人體)의 회의자로 강경히 버팀을 나타내어 사욕에 끌리는 자신을 이겨내다克己復禮爲仁, 난관·고생·적 등을 이겨내다戰必克, 견뎌내다旣克反葬, 승벽克伐怨欲, 무게의 단위(그램) 등으로 쓰인다.
- 伐벌은 人(사람 인)＋戈(창 과)의 회의자로 사람이 창을 가지고 적을 치다征伐, 두드리다伐鼓, 죄 있는 자를 치다伐罪, 베다伐木, 공적且旌君伐, 자랑하다願無伐善 無施勞, 방패蒙伐有苑, 일구다一耦之伐 등으로 쓰인다.
- 怨원은 夗(누워 뒹굴 원)＋心(마음 심)의 회의자로 원망하다怨而不怒, 원한構怨於諸侯, 힐책하다心不怨, 원수外擧不避怨의 뜻이다.
- 欲욕은 谷(골 곡)＋欠(하품 흠)의 회의자로 하고자 하다欲速則不達, 바라다七十而從心所欲 不踰矩, 탐내다人情欲生而惡死, 좋아하다與人者 不問其所欲, 탐내고 아끼는 마음君子以窒欲, 육진六塵을 희구하는 마음 등으로 쓰인다.

14.3 子曰 士而懷居면 不足以爲士矣니라
자 왈 사 이 회 거 부 족 이 위 사 의

공자께서 말씀하셨다. "선비가 되어士而 편안居하기를 생각하면懷, 선비가 되기以爲士에 부족하다不足矣."

공자께서 이미 선비가 되기에 부족하다고 하셨으니, '회거懷居'란 거실의 편안함을 생각하는 것에 그치지 않고, 편안하다고 생각하는 모든 것을 말한다. 편안하기를 바라는 마음을 품는 것은 곧 이익을 구하는 마음이다. 선비는 의리를 바로 세우며, 이익을 모모하지 않는다. 〈운봉 호씨〉

이 구절은 "군자는 덕을 생각하지만, 소인은 땅을 생각한다. 군자는 법을 생각하지만, 소인은 은혜받기를 생각한다子曰 君子 懷德 小人 懷土 君子 懷刑 小人 懷惠."(4.11)는 말과 맥락을 같이한다.

한자 해설

• 懷회는 心(마음 심)+裏(품을 회: 衣자 안에 눈과 눈물)의 회의자로 마음속에 정회를 가지다有女懷春, 마음, 생각, 정情從懷如流, 편안히 하다願言則懷, 둘러쌈懷山襄陵, 이르다有懷于衛, 오다曷又懷止, 보내어 위로함懷之好音으로 쓰인다. **다산:** 懷는 그리워함戀이다.

• 居거는 尸(주검 시)+古(옛 고)의 회의자로 살다, 머무르다, 앉다居 吾語女, 처하다居上克明, 쌓다, 차지하다, 평소居則日 不吾知也, 벼슬길에 나서지 않다. 무덤, 산 사람, 본받다禮居成物, 다스리다士居國家, 경과하다居數日는 뜻으로 쓰인다. **주자:** 居는 편안하다고 생각되는 곳意所便安處也을 말한다. **다산:** 居는 가정생활의 안락室家生居之樂이다. 살펴건대, 居란 몸이 거처하는 곳身所處이다. 단란한 가정생활의 즐거움과 원예를 하는 전원생활의 이로움은 대개 사람들의 마음에 모두 그리워하는 것이다. 공자가 주유천하를 하고, 맹자가 제후들을 두루 순방한 것은 회거懷居하지 않았음을 말한다.

子曰 邦有道엔 危言危行하고 邦無道엔 危行言孫이니라
　　　자 왈 방 유 도　　위 언 위 행　　　방 무 도　　위 행 언 손

공자께서 말씀하셨다. "나라邦에 도가 있을有道 때에는 준엄危하게 말言
하고 준엄危하게 행行한다. 나라邦에 도가 없을無道 때에는 준엄危하게
행行하지만, 말言은 낮고 공손孫해야 한다."

> 행동은 어느 때나 준엄하게 해야 하니, 이른바 '나라에 도가 있으면 궁색
> 했을 때의 지조를 바꾸지 않고, 나라에 도가 없을 때에는 죽음에 이르러도
> 지조를 바꾸지 않는다.'(『중용』10장)는 것이다. 말은 간혹 (화를 면하기 위해)
> 공손하게 해야 할 때가 있으니, 이른바 '나라에 도가 있으면 그 말이 충분
> 히 나라를 흥하도록 하고, 나라에 도가 없으면 그 침묵이 자신을 보존하게
> 한다.'(『중용』27장)는 것이다. 〈쌍봉 요씨〉

한자 해설

- 危위는 厄(재앙 액)+人(사람 인) 혹은 厃(우러러볼 첨)+卩(병부 절)의 회의자
  로 벼랑에 사람이 웅크리고 있는 모양으로 위태하다國危矣, 불안을 느
  낌處之危之, 위태롭게 하다危士臣, 높이 솟아 있는 모양獨上危樓凭曲欄,
  준엄하게 하다邦有道 危言危行 등으로 쓰인다. 주자: 危는 높고 준엄함
  高峻이다. 다산: 危는 엄려嚴厲이다.
- 孫손은 子(아들 자)+系(이을 계)의 회의자로 아들이 이어지다라는 뜻으로
  손자玄孫, 후손嗣孫, 움稻孫, 달아나다夫人孫於齊, 순종함民有孫心으로
  쓰인다. 하안: 孫은 온순順이다. 행동을 염려하게 하여 시속에 따르지
  말고, 말을 온순하게 하여 해를 멀리해야 한다. 주자: 孫은 낮고 온순
  함卑順이다

子曰 有德者는 必有言이어니와 有言者는 不必有德이니라
　　　자 왈 유 덕 자　　필 유 언　　　유 언 자　　불 필 유 덕

仁者는 必有勇이어니와 勇者는 不必有仁이니라
인 자 필 유 용   용 자 불 필 유 인

공자께서 말씀하셨다. "덕 있는 사람有德者은 반드시必 말씀이 있지만有, (훌륭한) 말씀이 있는 사람有言者이라도 반드시必 덕이 있는 것有德은 아니다. 인한 사람仁者은 반드시必 용기가 있지만有勇, 용감한 사람勇者이라고 해서 반드시必 인함이 있는 것有仁은 아니다不."

덕 있는 사람은 반드시 말이 있지만, 한갓 말만 잘 하는 사람은 반드시 덕이 있는 것은 아니다. 인자는 의지가 있어 반드시 용감하지만, 단순히 용감할 줄 아는 사람은 반드시 인함이 있지는 않다. 〈윤돈〉

신불해·한비자·등석·여불위 등도 후세에 드리울 말을 세우지 않음이 없었지만, (후세에 드리울) 말이 있는 사람이라고 해서 반드시 덕이 있지는 않다는 것은 아마도 이런 부류일 것이다. 임금과 어버이에게 돈독히 하면 용기를 기약하지 않아도 어려움에 임해서 두려워하지 않지만, 혈기에 사역使役되면 인仁에 참여할 수 없고 몸을 죽이면서 후회한다. 〈다산〉

한자 해설
• 德덕은 『설문』에서 '승升(上昇=登)'을 의미하며, 척彳이 형부가 되고 덕悳이 성부가 된다從彳悳聲.'고 했다. 덕德이란 얻음得이니, 만물이 제 자리를 얻는 것, 도를 마음에 얻어 잃지 않는 것, 그리고 곧은 성품直性으로 나의 곧은 마음直心을 행하는 것을 말한다.
• 言언은 입에서 나온 말이 펴져나가는 것을 형상화한 것으로 말씀言心聲也, 가르치는 말受言藏之, 맹세하는 말士載言, 말하다言而不語, 타이르다然後言其喪筭, 논의함使天下之士不敢言을 의미한다. 다산: 유언有言이란 후세에 드리울 말을 세우는 것을 말한다(말만 잘하는 것이 아니다).
• 勇용은 甬(청동 종 용)+力(힘 력)의 회의자로 용감民勇於公戰, 과감함一槍之勇, 병사非一勇所抗 등으로 쓰인다. 인은 모든 덕을 포괄하는 보편적

인 덕全德이기 때문에, 특수한 덕(지혜, 용기 등)을 포괄한다. 따라서 인한 사람은 용감하지만, 용감한 사람이라고 인한 것은 아니다. **주자:** 덕 있는 사람은 '화순함이 마음 가운데 쌓여, 밖으로 찬란하게 드러나지만和順積中 榮華發外'(『예기』「악기」), 말을 잘 하는 사람能言者 중에는 간혹 아첨하는 밀재주만 있는 경우가 있다. 인자仁者는 마음에 사사롭게 얽매임이 없기 때문에 의를 보면 반드시 행하지만見義必爲, 용자勇者는 간혹 혈기만 강성한 경우가 있다. **다산:** 충효가 지극한 것을 인仁이라 하고, 화난禍難에 두려움이 없는 것을 용勇이라 한다.

14.6 南宮适이 問於孔子曰 羿는 善射하고 奡는 盪舟하되
남 궁 괄 문 어 공 자 왈 예 선 사 오 탕 주

俱不得其死어늘 然禹稷은 躬稼而有天下시니이다 夫子不答이러시니
구 부 득 기 사 연 우 직 궁 가 이 유 천 하 부 자 불 답

南宮适이 出커늘 子曰君子哉라 若人이여 尙德哉라 若人이여
남 궁 괄 출 자 왈 군 자 재 약 인 상 덕 재 약 인

남궁괄南宮适이 공자께於孔子 물었다問." 예羿는 활쏘기射를 잘善 했고, 오奡는 (육지에서) 배舟를 밀고 다녔지만盪, 모두俱 제 명에 죽지其死는 못했습니다不得. 그러나然 우禹와 직稷은 몸소躬 농사를 지었어도稼而 천하天下를 소유有했습니다. 공자夫子께서 대답答하지 않으셨다不. 남궁괄南宮适이 나가자出, 공자께서 말씀하셨다. "군자로다君子哉, 이 같은 사람若人이여! 덕德을 숭상하는구나尙德哉. 이 같은 사람이여若人!"

예羿는 궁나라의 임금有窮之君으로 활을 잘 쏘았다. 하나라 임금夏后 상相을 멸하고 그 자리를 찬탈했다. 예羿의 신하인 한착寒浞이 다시 예를 죽이고 그 자리를 대신했다. 오奡는 한착의 아들로 힘이 땅에서 배를 끌고 나닐 만큼 세었지만, 후에 하나라 임금夏后 소강少康에 의해 죽었다. 우禹는 물과 토지를 평정하고, 직稷과 함께 몸소 농사를 지었다. 우는 순임금의 선양을

받아 천하를 차지했고, 직의 후손은 주나라 무왕에 이르러 또한 천하를 차지했다.

괄括의 뜻은 대개 예와 오를 당시의 권력자에 비유하고, 우와 직으로 공자에 비유한 것이리라. 그런 까닭에 공자께서 대답하지 않으셨다. 그러나 괄의 말이 이와 같았으니 군자다운 사람이라고 할 수 있고, 덕을 숭상하는 마음을 가졌다고 인정하지 않을 수 없었기 때문에 그가 나가기를 기다려 찬미하신 것이다. 〈주자〉

한자 해설

다산: 남궁괄이 질문한 내용은 착한 이에게는 복을 주고, 음란한 이에게는 화를 준다는 것이다. 명命과 천도天道는 공자께서 드물게 말한 것이었기에, 대답하지 않았다. 상尙은 상上이니, 상덕尙德이란 덕이 있음을 귀하게 여기는 것貴有德이다. 군자재君子哉란 그 말을 가상하게 여긴 것이고, 상덕재尙德哉란 그 뜻을 찬미한 것이다.

• 羿예에 대해서는 세 가지 설이 있다. 첫째는 요임금 시대에 지구 위에서 뜨겁게 불타고 있던 10개의 태양 가운데 9개를 활로 쏘아 떨어뜨린 궁술의 명인, 둘째는 하나라의 제후로 유궁국有窮國의 군주로 활을 잘 쏘아 하나라의 임금 상相을 죽이고 그 자리를 찬탈하였으나 부하인 한착寒浞에게 피살당한 인물, 셋째는 활 잘 쏘는 이의 일반 명칭 등을 말한다. 여기서는 두 번째의 뜻으로 후예候羿라고 한다.

• 奡오는 『춘추좌전』에 나오는 한착寒浞의 아들 요澆로 '탕주盪舟(힘이 세어 육지에서 배를 잡아끌 정도였다)'하였으나, 후에 하나라 임금 소강少康에게 죽임을 당한 인물로 본다. 그러나 다산은 오奡를 요澆라고 하는 것은 전혀 근거가 없으며, 음과 뜻이 전혀 다르다고 주장한다. 그는 오奡는 오傲로 통하니 단주丹朱의 무리를 이루었던 자無若丹朱奡이며, 탕주盪舟는 글자 그대로 '뭍에서 배를 잘 끌었다'는 뜻이라고 주장했다.

• 盪탕은 湯(끓일 탕)+皿(그릇 명)의 형성자로 깨끗하게 씻다以盪腸正世, 밀어 움직이다, 갈마들다八卦相盪, 방종하다, 소탕하다 등으로 쓰인다.

- 舟주는 배 모양을 그린 상형자로 배剝木爲舟 刳木爲楫, 받치는 그릇裸用鷄彝 鳥彝 皆有舟, 얹다, 띠다何以舟之 維玉及瑤, 나라 이름舟人之子 등으로 쓰인다.

- 俱구는 人(사람 인)+具(갖출 구)의 형성자로 모두父母俱存兄弟無故 一樂也, 함께하나, 갖추다兩馬一曅子俱, 같다 등으로 쓰인다.

- 稼가는 禾(벼 화)+家(집 가)의 형성자로 심다樊遲請學稼, 익은 벼 이삭十月納禾稼, 베지 아니한 벼曾孫之稼를 의미한다. **마융**: 우禹는 구혁溝洫에서 힘을 다하고, 직稷은 백곡百穀을 파종했기에 몸소 농사를 지었다躬稼고 말한다. 우는 그 자신이, 직은 후대이지만 모두 왕이 되었다.

- 尙상은 八(여덟 팔)+向(향할 향)의 형성자로 여전히視吾舌尙在不, 보태다好仁者 無以尙之, 꾸미다尙之以瓊華, 숭상하다不尙賢 使民不爭, 높이다何謂尙志 曰 仁義而已矣, 자랑하다不自尙其功, 짝하다得尙于中行, 오래 되다尙書, 원컨대尙輔予一人로 쓰인다.

子曰君子而不仁者는 有矣夫어니와 未有小人而仁者也니라
자 왈 군 자 이 불 인 자 유 의 부   미 유 소 인 이 인 자 야

공자께서 말씀하셨다. "군자라도君子而 불인한 때不仁者(불인한 자)가 있을 수 있지만有矣夫, 소인小人而이 인한 적仁者(인한 자)은 있지 않다未有也."

군자란 덕을 실현하기 위해 끊임없이 노력하는 가능성의 존재이다. 소인은 이익에 뜻을 두고 다른 사람의 인정을 받기를 노력하는 사람이다. 따라서 아직 미완성의 존재로서 군자도 인을 온전히 실현하지 못할 때가 있다. 그러나 이익을 구현하려는 소인이 인간의 온전한 덕인 인을 실현할 때는 거의 없다.

『논어』에서 '군자君子'는 85절에서 걸쳐 107회 출현하는데, 거의 대부분 도덕적 인격을 갖춘 사람과 관계가 있다. 군자는 좁은 의미로 쓸 때는

성인과 인자의 다음으로 이상적인 인격의 세 번째 단계를 나타낸다. 그리고 넓은 의미로 쓰일 때는 이상적인 인격 일반의 명칭으로 위로는 성인을 포괄하고, 아래로는 인자 및 거기에 도달하려고 노력하는 사람을 포함한다. 주자는 심성론의 측면에서 인仁이란 마음의 덕이자 사랑의 이치心之德而愛之理로 정의하였다. 그래서 주자의 영향을 받은 쌍봉 요씨는 "인은 순전한 천리天理로서 털끝만 한 인욕의 사사로움도 없는 것이니, 잠시라도 끊어짐이 있다면 곧 불인이다."고 하였다. 이에 비해 다산은 인의 본의는 두 사람仁=二+人으로 관계적 상황에서 실현되는 것이라고 정의하고, 행사의 측면을 강조하면서 성리학적 심성론을 비판했다.

군자는 학식이 두루 통하여, 백성들의 윗사람이 되기에 충분한 자이다. 소인은 이욕利欲만을 따라, 남의 아랫사람이 되는 것을 달갑게 여긴다(하류에 처한다). 인이란 인륜의 지극이다仁者, 人倫之至也. 어버이에게 효도하고, 임금에게 충성하고, 대중에게 자애하는 것이 인이다. 대체大體가 비록 선하다고 할지라도 덕을 이루기는 실제로 어려우니, 본령이 이미 잘못되었으면 지극한 행실이 따라오지 않는다. 인이란 마음의 덕이 아니며仁不是心德, 천리天理가 아니다. 오늘날 배우는 사람들이 비록 인에 종사하려고 할지라도, 혼융하여 형상을 알 수 없는데 어떻게 하겠는가? 인이란 인륜의 지극이다. 소인은 인륜에 돈독한 실한 마음實心이 아직 없는 자이다. 만약 인을 마음의 덕이라고 한다면, 애초부터 논할 필요조차 없다. 〈다산〉

14.8 子曰 愛之란 能勿勞乎아 忠焉이란 能勿誨乎아
자 왈 애 지　능 물 노 호　충 언　능 물 회 호

공자께서 말씀하였다. "사랑한다면愛之, (어찌) 수고롭게 하지勞 않을 수 있겠는가能勿乎? 충성한다면忠焉, (어찌) 깨우쳐 주지誨 않을 수 있겠는가能勿乎?"

자식을 사랑하면 자연히 수고롭게 하여 성취하도록 해야 하며, 임금에게 충성하려면 자연히 깨우쳐주어 인정人政을 펼치도록 도와주어야 한다. 대개 사람들의 사사로운 정은 종종 자식을 수고롭게 하는 것이 사랑이 되는 것을 알지 못하고, 임금을 깨우쳐주는 것이 충성이 됨을 알지 못하기 때문에 이런 말씀을 한 것이다. 〈경원 보씨〉

사랑하되 수고롭게 하지 않은 것은 짐승의 사랑이고, 충성하되 깨우쳐주지 않은 것은 아녀자와 내시의 충성이다. 사랑하면서 수고롭게 할 줄 알면 그 사랑됨이 깊고, 충성하면서 깨우쳐주는 것을 알면 그 충성됨이 크다. 〈소식〉

한자 해설

다산: 능물能勿이란 '어찌 그렇게 하지 않을 수 있느냐?'란 뜻이니, 정이 지극하면 그렇게 하지 않을 수 없다는 것이다.

• 愛애는 ⺥(손톱 조)+冖(덮을 멱)+心(마음 심)+夂(천천히 걸을 쇠)의 회의자로 가슴의 심장, 혹은 손으로 심장을 감싸 안은 것으로 사랑人間愛, 소중히 여김慈親之愛其子也, 즐기다愛讀, 친밀하게 대하다汎愛衆而親仁, 가엾게 여기다愛憐, 편들다召置門下幸愛, 사모하다愛親者 不敢惡於人, 아끼다文臣不愛錢 武臣不愛死, 물욕貪染名愛 등으로 쓰인다. **공안국**: 사람이 사랑하는 대상이 있으면, 반드시 그를 위로하여 오게 해야 한다고 말한 것이다.

• 勞로는 熒(등불 형)+力(힘 력)의 회의자로 노동勞動, 애쓰다犧牲不勞 則牛馬育, 수고先勞後祿, 위로하다以勞王爵, 돕다神所勞矣 등으로 쓰인다. **다산**: 勞는 근골筋骨을 피곤勞하게 하는 것이다.

• 誨회는 言(말씀 언)+每(매양 매: 어머니)의 회의자로 가르치다敎誨爾子, 보이다, 교시하다, 가르침朝夕納誨 以輔台德 등으로 쓰인다. 『시경』 「탕아」편에서 "가르칠 수도 깨우칠 수도 없는 것은 저 부녀자와 내시일세匪敎匪誨 時惟婦寺"라고 했다. **다산**: 誨는 과실을 질책하는 것이다.

178

14.9 子曰 爲命에 裨諶이 草創之하고 世叔이 討論之하고
자왈 위명 비침 초창지 세숙 토론지

行人子羽修飾之하고 東里子産이 潤色之하니라
행인 자우 수식지 동리 자산 윤색지

공자께서 말씀하셨다. "(정나라에서) 국서命(=辭命)을 만들면爲, 비침
裨諶이 대략草(=略) 초고를 처음 만들고創之, 세숙世叔이 토론하고討論之,
사신을 담당하는 관리行人 자우子羽가 그것을 수식하고修飾之, 동리東里
자산子産이 윤색했다潤色之."

명命이란 이웃 국가에 조빙할 때 가지고 가는 글國朝聘之文인데, 이미 술명
述命이라고 했으니, 문자가 있었음이 분명하며, 오늘날의 국서와 같다. 네
명의 어진 이를 거쳐서 이루어지기 때문에, 일을 그르친 적은 거의 드물었
다(공안국). 토討란 정리治이니, 세숙이 다시 정리하고復治 논평하여 상세히
살핀 것이다(마융). 토討란 그 흠과 병폐를 논하였기 때문에 치治라 한다. 수
식修飾은 산정하여 보완하는 것刪補之을 말한다(산개刪改를 수修라 하고, 보익
補益을 식飾이라 한다). 윤색潤色은 빛나고 윤택이 나게 하는 것光澤之이다(화
미華美하게 하는 것이다: 형병). 〈다산〉

한자 해설

주자: 초草는 대략, 창創은 만드는 것造이니 초안을 잡는 것造爲草藁也을
말한다. 토討는 탐구尋究이고, 론論은 강의講議이고, 행인行人은 사신
업무를 관장하는 관직이다. 자우子羽는 공손휘公孫揮이다. 수식修飾은
더하고 덞이다增損之. 동리東里는 지명으로 자산이 사는 곳이다. 윤색
潤色은 문채를 더함加以文采也을 일컫는다.

• 草초는 艸(풀초)+早(새벽 조)의 형성자로 풀在彼豐草, 풀을 베다則民弗敢草
也, 천하다草野而倨侮, 거칠다以惡草具進楚使, 처음天造草昧, 초草를 잡음
蕭何草律, 초안草案(輒削其草), 초서草書 등으로 쓰인다.

• 創창은 倉(곳집 창)+刀(칼 도)의 회의자로 시작하다創業垂統, 만들다禮儀
是創, 흔이 나다予創若時, 상처頭有創則沐 등으로 쓰인다.

- 討토는 言(말씀 언)+寸(마디 촌: 又+一)의 회의자로 토벌하다是故天子討而不伐, 정벌하다以討其故, 제거함君子之於禮也 有順而討也, 다스리다其君無日不討國人而訓之, 탐구하다 등으로 쓰인다.

- 論론은 言(말씀 언)+侖(둥글 륜: 조리條理나 순서順序)로 사리事理를 분석하여 조리條理있게 밀로 실명하고 논의論議하는 것으로 서술하다不可勝論, 해명하다論道經邦, 왈가왈부함世叔討論之, 이치를 생각하다於論鼓鐘, 우열을 헤아리다凡官民材 必先論之, 의정하다論功行封, 경륜하다論 本又作綸, 차서次序, 윤리倫理, 문체의 하나, 도리道理 등으로 쓰인다.

- 修수는 攸(바 유: 攴+人+水: 물로 씻다)+彡(터럭 삼: 치장)의 회의자로 배움修其身, 기르다修養, 다져 만들다宮室己修, 다듬어 정리하다內修政事, 엮어 만들다修國史, 수식修飾 등으로 쓰인다.

- 飾식은 食(먹을 식)+人(사람 인)+巾(수건 건)의 회의자로 사람人이 행주巾로 식기食를 닦고 있는 모습으로 꾸미다, 단장하다, 위장하다, 경계하다(칙), 신칙申飭하다, 정돈하다 등으로 쓰인다.

- 潤윤은 水(물 수)+閏(윤달 윤)의 형성자로 물이 사물의 표면에 젖어 윤기가 나는 모습으로 젖다, (은혜를) 받다, 윤택하다, 윤을 내다, 이득 등으로 쓰인다.

14.10 或이 問子産한대 子曰 惠人也니라 問子西한대 曰 彼哉彼哉여
혹 문 자 산 자 왈 혜 인 야 문 자 서 왈 피 재 피 재

問管仲한대 曰人也奪伯氏駢邑三百하여늘 飯疏食沒齒하되
문 관 중 왈 인 야 탈 백 씨 병 읍 삼 백 반 소 사 몰 치

無怨言하니라
무 원 언

어떤或 사람이 자산子産에 대해 물으니問, 공자께서 말씀하셨다. "은혜로惠운 사람이다人也." 자서子西에 대해 물으니問, (공자께서) 말씀하셨다曰. "그 사람인가彼哉, 그 사람인가彼哉!" 관중管仲에 대해 물으니問,

180

(공자께서) 말씀하셨다曰. "그 분은人也 백씨伯氏의 병읍騈邑 삼백三百을 빼앗아奪, (백씨는) 거친 밥疏食을 먹었지만飯, 죽을 때沒齒까지 원망의 말怨言이 없었다無."

자산子產의 정치는 오로지 관용만 베풀지는 않았지만, 그 마음은 한결같이 사람을 사랑하는 것을 위주로 하였기 때문에 공자께서 은혜로운 사람이라 하셨다.

자서子西는 초나라 공자 신申으로 초나라를 사양하고 소왕을 세워 그 정치의 기강을 세우고 개혁하였지만, 또한 어진 대부이다. 그러나 그는 참람히 사용한 왕의 호칭을 혁파하지 못했고, 소왕이 공자를 등용하려고 하니, 또한 저지하였다. 그 후에 끝내는 백공을 불러들여 화란禍亂을 초래했으니, 그 사람됨을 알 수 있다.

대개 환공이 백씨의 식읍을 빼앗아 관중에게 주었는데, 백씨는 자기의 죄를 스스로 알고 관중의 공로에 마음으로 복종했기 때문에 종신토록 궁핍했으면서도 원망의 말이 없었다. 〈주자〉

한자 해설

주자: 피재彼哉란 그를 외면하는 말이다. 인야人也는 '이 사람이此人也'라는 말과 같다. 병읍騈邑은 땅이름이다. 치齒는 나이이다.

다산: 베푸는 것을 좋아함好施을 혜惠라고 말한다. 피재피재彼哉彼哉는 지척指斥하는 말이다. '인야人也'의 앞에 자산을 혜인이라고 말한 것과 같이, 한 글자가 빠진 듯하다. 치齒는 언령齡이다. 몰치沒齒는 그 연령을 다하고 죽는 것이다.

• 惠혜는 心(마음 심)+專(오로지 전: 紡錘)의 회의자로 <u>선한 마음을 베푼다</u>, 은혜小人懷惠, 사랑하다惠此中國, 따름終溫且惠, 세모창二人雀弁執惠, 슬기롭다觀君所言 將不早惠乎 등으로 쓰인다.

• 彼피는 彳(조금 걸을 척)+皮(가죽 피: 겉)의 회의자로 길 바깥쪽을 말하지만, <u>저(쪽)</u>, <u>그(쪽)</u> 등으로 쓰인다.

- 奪탈은 大(클 대)+隹(새 추)+寸(마디 촌)의 회의자로 품 안의 새가 도망가 다는 뜻에서 잃다, 없어지다, <u>빼앗다</u>, 약탈하다는 뜻이다.
- 騈병은 馬(말 마)+幷(어우를 병)의 회의자로 나란히 하다, 늘어놓다, 늘어 서다, (두 말이) 한 멍에를 매다, 패를 짓다, 이웃, <u>땅이름</u> 등으로 쓰인다.
- 邑읍은 口(에워쌀 위: 성이나 지역)+巴(꼬리 파)의 회의자로 <u>성안에 사람들 이 모여 살고 있다</u>는 뜻이다. <u>고을</u>, 마을, 도성, 나라, <u>영지</u>, <u>읍</u>, 영유 하다 등으로 쓰인다.
- 疏소는 疋(발 소)+㐬(깃발 류)의 회의자로 길이 물 흐르듯이 순조롭다, 트이다疏通知遠 書教也, 트다禹疏九河, 우활함毋乃己疏乎, 서투르다惜哉劍 術疏 奇功遂不成, 먼 친척定親疏, 성기다天網恢恢 疏而不失, <u>조악하다</u>客殯 主人辭以疏, 새기다飯疏食飲水, <u>채소</u>菜蔬聚斂疏材, <u>거칠다</u>疏屏 天子之廟飾 也, 주注, 주석注釋, 상소문·주소奏疏 따위로 쓰인다.
- 沒몰은 水(물 수)+殳(몽둥이 수)의 회의자로 물에 빠져 잠김沈沒, 끝남曷 其沒矣, 죽음包犧氏沒 神農氏作, 없다怕沒有枝葉花實, 지나치다君子不以美 沒禮, <u>강제로 빼앗음</u>沒收 등으로 쓰인다.
- 齒치는 나란히 난 이 모양의 상형자로 <u>이</u>齒其面牙, 어금니齒革羽毛, <u>나 이</u>貴德而尙齒, 나이를 세다齒路馬有誅, 비견함不敢與諸任齒, 기록함終身不 齒, 동류同嗛以齒로 쓰인다. 몰치沒齒는 연령을 다하여 죽는 것盡其年齡 而死을 말한다. 『맹자』에 "천하에 두루 통용되는 존귀함이 셋 있으니, 관작爵이 하나며, 나이齒가 하나며, 덕德이 그 하나이다. 조정에서는 관작에 견줄 것은 없고, 향당에서는 나이에 견줄 것이 없고, 세상을 돕고 백성을 자라게 하는 데에는 덕에 견줄 것이 없다天下有達尊三 爵一 齒一德一 朝廷莫如爵 鄉黨莫如齒 輔世長民莫如德 惡得有其一."(「공손추」하편 2) 라는 말이 보인다.

14.11 子曰 貧而無怨은 難하고 富而無驕는 易하니라
자 왈 빈 이 무 원   난   부 이 무 교   이

공자께서 말씀하셨다. "가난하면서貧而 원망이 없기無怨는 어렵고難, 부유하면서富而 교만이 없기無驕는 쉽다易."

가난하면 입을 옷이 없고 먹을 밥이 없어 살아남을 수 없으니, 이 때문에 원망이 없기가 어렵다. 부유하면 입을 옷이 저절로 있고 먹을 밥이 저절로 있기에, 다만 의리를 알아 조그만 분수를 지킬 수 있으면 곧 교만하지 않기가 쉽다. 두 가지는 그 형세가 이와 같다. 가난하면서 원망하지 않는 것은 가난하면서 즐거운 것에는 미치지 못하지만, 가난하면서도 아첨하지 않는 것보다는 더 나은 듯하다. 〈주자〉

이는 부자富者를 경계하는 말이다. 쉬운 데도 범하면 그 죄가 더욱 무겁다. 〈다산〉

한자 해설

- 貧빈은 分(나눌 분)+貝(조개 패)의 회의자로 돈을 나누어주어 가난하다終窶且貧, 가난한 사람無財謂之貧, 적다富于萬篇 而貧于一字 등으로 쓰인다.
- 富부는 宀(집 면)+畐(가득할 복)의 회의자로 항아리에 술이나 물건이 가득 차 있는 모습으로 재물이 넉넉함富而無驕 貧而無諂, 행운維昔之富 등으로 쓰인다.
- 驕교는 馬(말 마)+喬(높을 교)의 회의자로 6척 높이의 잘 달리는 말로 무례하다在上而不驕, 교만得志而覺驕, 방자하다 등을 의미한다.
- 易이는 햇살은 어디에나 비치므로 쉽다, 편안하다, 평탄하다, 다스리다의 뜻이다.

14.12 子曰 孟公綽이 爲趙魏老則優어니와 不可以爲滕薛大夫니라
자왈맹공작 위조위로즉우 불가이위등설대부

공자께서 말씀하셨다. "맹공작孟公綽은 조趙·위魏씨의 가신이 되기에는 爲老則 넉넉優하지만, 등滕·설薛나라의 대부大夫는 될 수는 없다不可以爲."

사람을 미리 알리 못하여 그 재주와 어긋나게 쓰면 사람을 버리는 것이 된다. 이것이 군자가 사람을 알아보지 못할까 걱정하는 까닭이다(1.16) 이 말에서 공자의 인재 등용 방법을 알 수 있다. 〈양시〉

조趙·위魏는 진晉나라 경卿의 가문이다. 큰 가문은 세력이 크더라도 제후의 일은 없으니, 가신의 장家老은 명망은 높지만 관직의 책임은 없다. 등·설은 (작은) 두 나라의 이름이다. 대부는 국정을 관장하는 자를 말한다. 등과 설이 비록 작은 나라라고 할지라도 정사는 번다하고, 대부는 지위가 높고 책임이 크다. 그렇다면 공작은 대개 청렴하고 조용하며 욕심이 적지만, 재주는 별로 없는 사람일 것이다. 〈주자〉

조趙·위魏는 당시에 세력을 이루어 땅이 넓었으니, 그 가재家宰의 직무가 번다하여 등滕·설薛의 대부보다 갑절이었다. 그러나 공작의 사람됨이 번거롭고 복잡한 일을 능히 처리할 수 있었지만, 경대부의 체모體貌는 없었다. 그러므로 저 일에는 넉넉하나, 이 일에는 부족하다고 말했으니, 대개 낮게 본 것이다. 〈다산〉

한자 해설
• 趙조·魏위는 지금의 산서성山西省 지방인 진晉나라의 대부이다. 커다란 영지를 갖고 있던 상당히 유력한 가문으로, 나중에 진晉나라를 분할하여, 각각 전국시대 칠웅七雄의 하나인 조趙나라와 위魏나라를 세웠다. 등滕·설薛은 각각 노나라의 이웃에 있던 작은 제후국이다. 『맹자』에서 등 나라는 긴 쪽을 잘라 짧은 쪽에 잇대면 오십 리가 된다고 했으니, 그 크기를 대략 짐작할 수 있다. 전국 칠웅戰國七雄이란 전국

시대부터 진나라의 시황제가 중국을 통일할 때까지 멸망하지 않고 살아남은 일곱 나라인데, 연燕·위魏·제齊·조趙·진秦·초楚·한韓나라를 말한다.

- 老로는 노인을 그린 상형자 혹은 毛(털 모)+人(사람 인)+匕(비수 비)의 회의자로 머리카락이 길고 허리가 굽은 노인이 지팡이를 짚고 서 있는 모양으로 오래 삶君子偕老, 쉬다治之道美不老, 쇠하다師直爲壯 曲爲老, 늙은이及其老也, 치사致仕하다(歸老於家), 경로하다上老老而民興孝, 신료의 우두머리, 천자의 상공屬於天子之老二人, 천자의 대부天子之老, 제후의 상경國君不名卿老世婦, 대부의 가신老牽牛以致之, 군리의 존장授老牘, 어른을 높여 부르는 말卿老 등으로 쓰인다. **주자**: 老는 가신의 수장이다. 큰 가문은 세력이 크더라도 제후의 일은 없으니, 가신의 장家老은 명망은 높지만 관직의 책임은 없다.

- 憂우는 마음이 차분하고도 부드러운 모습의 회의자로 너그러운 모양優美, 연기하는 광대俳優, 넉넉하다仕而優則學 學而優則仕, 우수함德優則行, 도탑다維其優矣, 주춤거리다優柔不斷 등으로 쓰인다. **주자**: 優는 여유가 있음이다有餘也.

14.13 子路問成人한대 子曰 若臧武仲之知와 公綽之不欲과
자로문성인　　　　자왈 약장무중지지　공작지불욕

卞莊子之勇과 冉求之藝에 文之以禮樂이면 亦可以爲成人矣니라
변장자지용　염구지예　문지이예악　　역가이위성인의

曰 今之成人者는 何必然이리오 見利思義하며 見危授命하며
왈 금지성인자　하필연　　견리사의　　견위수명

久要에 不忘平生之言이면 亦可以爲成人矣니라
구요　불망평생지언　　역가이위성인의

자로子路가 성인成人에 대해 물으니問, 공자께서 말씀하셨다. "만일若 장무중의 지혜臧武仲之知·맹공작의 탐욕하지 않음公綽之不欲·변장자의 용기卞莊子之勇·염구의 재예冉求之藝에 예악으로以禮樂 문식한다면

文之, 또한亦 성인成人이라 할 수 있을 것이다可以爲矣." (공자 혹은 자로가) 말했다曰. "지금의今之 성인成人이야, 어찌何 반드시必 그렇겠는가然? 이익을 보면見利 의리를 생각하고思義, 위태로울 때見危 목숨을 바치고授命, 오랜 약속久要일지라도 평소의 말平生之言을 잊지 않는다면不忘, 또한亦 성인成人이라 할 것이다可以爲矣."

지혜의 밝음知之明ㆍ믿음의 돈독함信之篤ㆍ행실의 과단성行之果은 천하의 달덕達德이다. 공자의 이른바 성인成人의 경우 또한 이 세 가지를 벗어나지 않는다. 무중은 지혜知이고, 공작은 인仁이고, 변장자는 용勇이고, 염구는 예藝이니, 모름지기 이 네 사람의 재능을 합하고 예악으로 문채내면 또한 성인成人이 될 수 있다. 그렇지만 그 대성大成을 논한다면 여기에 그치지 않는다. 오늘날의 성인은 충신忠信은 지니나, 예악에는 미치지 못하니, 또한 다음 가는 자이다. 〈정자〉

이 네 사람의 장점을 겸하면 앎은 이치를 궁구하기에 충분하고, 청렴은 마음을 기르기에 충분하고, 용기는 힘써 행하기에 충분하고, 재예藝는 두루 응하기에 충분하며, 또한 여기에다 예로써 절제하고 악으로써 조화롭게 하여 안으로 덕이 이루어지고 밖으로 문채가 드러나도록 하면, 재질이 온전하고 덕이 갖추어지니 혼연히 하나의 선으로만 이름을 이른 흔적이 보이지 않고, 중정中正ㆍ화락和樂하고, 순수해서 다시 편벽하거나 잡박함의 폐단이 없게 되어 그 사람됨이 또한 온전하다는 말씀이다. 그러나 '또한亦'이라는 말은 그것이 지극하지 않다는 것이다. 다시 '왈曰'자를 덧붙인 것은 이미 답하고 나서 다시 말씀하신 것이다. 이러한 충신忠信의 실질을 지녔으면, 그 재지와 예악이 아직 갖추지 못한 것이 있다고 할지라도 또한 성인成人에 버금간다고 할 수 있다. 호인이 말하길, '금지성인今之成人 이하는 곧 자로의 말이다. 대개 들으면 곧 그것을 행하는 용기(11.22)를 실천에 옮기지 않고, 종신토록 그것을 외우는(9.27) 고집스러움이 있다.'고 했는데, 옳은지 그른지 상세하지 않다. 〈주자〉

이 네 사람의 장점을 겸하는 것으로 바탕을 삼고, 또한 예악으로 문식한다. 마융이 말하길, '의義에 맞은 뒤에 취해야 구차하게 얻는 것이 아니다.'고 했다. 군자는 이득을 보면 의로움을 생각한다. 형병이 말하길, '임금과 어버이께 위난이 있음을 보면 마땅히 목숨을 바쳐 구해야 한다.'고 했다. 살피건대, 이 장은 공자께서 자로가 예악에 힘쓰지 않은 것을 기롱하여 농담으로 답변하고, 문인들이 자로가 그 능한 것을 스스로 늘어놓으면서 공자의 가르침을 따르지 않은 것을 기록한 것이다. 〈다산〉

한자 해설
- 成성은 戊(다섯째 천간 무)+丁(넷째 천간 정)의 회의자로 한창 때戊의 장정 丁이란 뜻으로 이루다成己仁也, 이루어지다地平天成, 중재하다以民成之, 층계九成之臺를 말한다. 성인成人이란 재와 덕을 겸비한 사람을 말한다. 주자: 성인成人은 온전한 사람全人이라는 말과 같다.
- 藝예는 艹(풀 초)+埶(재주 예: 무릎을 꿇고 나무를 심는 모습)+云(이를 운←土)의 상형자로 재주, 기예, 재능求也藝, 심다純其藝黍稷, 과녁藝殖仆, 도리協於分藝, 육예六藝(依於仁 游於藝), 육경六經(亦講論六藝) 등으로 쓰인다. 다산: 藝는 재능이 많은 것多才能이다.
- 授수는 手(손 수)+受(받을 수)의 회의자로 손에서 손으로 내려 줌을 뜻한다. 손으로 건네주다男女不親授, 교부하다則從而授之, 가르치다立精舍講授, 받다登再拜授幣로 쓰인다. 주자: 수명授命은 자기의 목숨을 아끼지 않고 보전하였다가 남에게 바치는 것이다. 다산: 수명授命은 목숨을 버린다는 말과 같다
- 要요는 여자가 손을 허리腰에 대고 서 있는 모양의 상형자로 요구함以要人爵, 원하다後人謂欲曰要 亦懷字, 허리띠要之襋之, 모으다要其節奏, 통괄하다要之以仁義爲本, 잠복하여 노리다將要而殺之, 조사하다丕蔽要囚, 언약하다夷蠻要服, 이루다倡予要女, 근본先王有至德要道, 생략하다辭尙體要, 요컨대要自胸中無滯礙 등으로 쓰인다. 주자: 구요久要는 옛 약속이다.
- 平평은 干(방패 간)+八(여덟 팔)의 지사문자로 악기 소리가 고르게 퍼져

나간다는 것을 형상화한 것이다. 평평하다八月湖水平, 바르게 하다平八索, 고르다平室律, 편안하다天下平, <u>보통</u>顧以思致平凡, 공평稱其廉平, 표준廷尉天之平也, 쉽다平易, 사성四聲의 하나, 운韻의 하나平仄, 나누다平章百姓 등으로 쓰인다. **주자**: 평생平生은 평일이다平日也.

14.14 子問公叔文子於公明賈曰信乎夫子不言不笑不取乎아
자 문 공 숙 문 자 어 공 명 가 왈 신 호 부 자 불 언 불 소 불 취 호

公明賈對曰 以告者過也로소이다
공 명 가 대 왈 이 고 자 과 야

夫子時然後言이라 人不厭其言하며 樂然後笑라 人不厭其笑하며
부 자 시 연 후 언　　　인 불 염 기 언　　　낙 연 후 소　　　인 불 염 기 소

義然後取라 人不厭其取하나니이다 子曰 其然가 豈其然乎리오
의 연 후 취　　　인 불 염 기 취　　　　　자 왈 기 연　　　기 기 연 호

공자子께서 공명가에게於公明賈 공숙문자公叔文子에 대해 물으시며問, 말씀하셨다曰. "참으로信乎 부자夫子께서는 말씀도 않으시고不言, 웃지도 않으시며不笑, 취하지도 않으십니까不取乎?" 공명가公明賈가 대답해서 말했다對曰. "알린 사람이以告者 지나쳤습니다過也. 부자夫子께서는 때가 된 뒤時然後에 말을 하시니, 사람人들이 그其 말씀言을 싫어하지 않습니다不厭. 즐거운樂 뒤에然後 웃으시니笑, 사람人들이 그其 웃음笑을 싫어하지 않습니다不厭. 의義로운 흑에야然後 취取하시니, 사람人들이 그其 취取하시는 것을 싫어하지厭 않습니다不." 공자께서 말씀하셨다. "그렇습니까?其然, 어찌豈 그럴 수 있겠습니까然乎?"

공숙문자公叔文子는 위衛나라의 대부 공손발公孫拔이다. 공명公明은 성이고 가賈는 이름인데, 역시 위나라 사람이다. 문자의 사람됨은 그 상세함은 알 수 없지만, 필시 염정廉靜한 선비였기 때문에 세 가지로 칭송하였다. 염厭이란 그 많음을 괴로워하며 싫어하는 말이다. 일이 그 타당함에 적합하면 사람들은 싫증내지 않고, 그것이 있었다는 것조차 깨닫지 못한다. 그

런 까닭에 칭찬이 혹 지나쳐 '말하지 않고, 웃지 않고, 취하지 않는다.'고 했던 것이다. 그러나 이런 말은 예의禮義가 마음 가운데 충일充溢하여 때에 알맞게 조치하는 자가 아니라면, 능히 해낼 수 없다. 공순문자는 비록 현명하지만, 아마도 여기에는 미치지 못한 듯하다. 다만 군자는 남이 선을 행한 것을 인정하고 그 잘못을 바로 말하려 하지는 않는다. 그러므로 "그러한가? 어찌 그러할까?"라고 하셨으니, 대개 회의하신 것이다. 〈주자〉

한자 해설

- 夫부는 大(큰 대)+一(한 일)의 상형자로 성인식을 치른 남자로 지아비, 사나이, 역부役夫, 부역賦役, 선생, 100묘의 논밭, 저, 발어사, 감탄사 등으로 쓰인다. 부자夫子는 남자에 대한 존칭, 공자에 대한 존칭, 그리고 지아비를 뜻한다.

- 笑소는 竹(대나무 죽)+夭(어릴 요)의 회의자로 눈웃음 짓는 모습을 형용한 것으로 웃음, 웃다, 비웃다, 조소하다, 꽃이 피다 등으로 쓰인다.

- 厭염은 猒(물릴 염: 犬+肉+口)+厂(기슭 엄)의 형성자로 싫다海不厭深, 미워하다無厭惡心, 물리다原憲不厭糟糠, 족하다求索無厭, 실컷弟子厭觀之, 진압하다於是因東游以厭之, 숨기다厭然揜其不善 등으로 쓰인다.

- 然연은 犬(개 견)+肉(고기 육)+火(불 화)의 회의자로 본래 까맣게 타다燃는 뜻이었지만, 가차되어 그러하다, 틀림이 없다, 명백하다, 듯하다, 동의하다, 연후에, 그렇지만, 상태를 나타내는 접미사로 쓰인다. **다산**: 기연其然이란 공명가의 말을 듣고, 그 실상을 알게 된 것을 기뻐하신 것이다(이치에 합당한 것이다). 기기연豈其然이란 이전에 들은 것이 이치에 어긋난다는 것을 깨달았다는 것이다(이전의 의문을 푼 것이다). 사람이 어찌 전혀 말하자 않거나 웃지 않으며 전혀 물건을 취하지 않을 수 있겠는가?

14.15 子曰 臧武仲이 以防으로 求爲後於魯하니 雖曰不要君이나
자왈 장무중 이방 구위후어노 수왈불요군

吾不信也하노라
오 불 신 야

공자께서 말씀하셨다. "장무중臧武仲이 방읍(을 거점)으로以防 노나라
에於魯 후사를 세워 주기爲後를 구求하였다. 비록雖 임금君에게 강요하지
않았다不要고 말하지만曰, 나吾는 믿지 않는다不信也."

무중은 죄를 얻어 주邾나라로 달아났다가, 주나라에서 방읍으로 가서, 사
자를 보내 후사를 세워주면 방읍을 떠나겠다고 청하였다. 만약 청을 들어
주지 않으면 장차 읍을 거점으로 하여 모반을 것을 드러냈었으니, 이는 인
군을 강요한 것이다. 〈주자〉

공자의 말씀은 또한『춘추』의 '의도를 주벌하는 방법誅意之法'이다. 〈양시〉

- 求구는 머리에 손발이 달린 동물의 모피毛皮를 나타내는데, 찾다同氣相
求, 얻고자 하다寤寐求之, 묻다上志而下求, 오게 함是自求禍也, 청함童蒙
求我, 책망하다君子求諸己, 탐내다不忮不求, 다잡다求其放心而已矣, 힘쓰
다君子行禮 不求變俗 등으로 쓰인다.
- 要요는 여자가 손을 허리腰에 대고 서 있는 모양으로 요구하다以要人
爵, 원하다後人謂欲曰要 亦憿字, 허리띠要之襟之, 잠복하여 노리다將要而
殺之 등으로 쓰인다. 주자: 要는 무엇을 끼고서 구하는 것有挾而求이다.
다산: 살펴건대, 공안국이 (요要를) 눌러서 맺는 것約勒이다고 한 것이
경의 뜻에 가장 적중하는 것이니, 지금 취한다. 요要란 약속을 강제하
여 구하는 것約勒以求之이다. 要란 약속約이다(腰란 약속처約束處이다). 要
가 구求한다는 뜻이 되는 것은 가차법이다.

190

14.16 子曰 晉文公은 譎而不正하고 齊桓公은 正而不譎하니라
자왈 진문공 휼이부정 제환공 정이불휼

공자께서 말씀하셨다. "진晉 문공文公은 속이고譎而 바르지 않았지만不正, 제齊 환공桓公은 바르고正而 속이지 않았다不譎."(진문공은 비상시의 권도譎=權道에는 능했으나 일상적인 정치의 상도正=常道에는 취약했고, 제환공은 정치의 상도正=常道에는 능했으나 권도譎=權道에는 취약했다.)

진 문공과 제 환공은 제후의 맹주로서 오랑캐를 물리쳐서 주 왕실을 받든 자이다. 비록 그들이 무력으로 인을 가장하여以力假仁 모두 마음이 바르지 않았지만, 환공이 초를 정벌함에 의리에 기대어 명분을 내세우고 궤도詭道로 말미암지 않았으니, 오히려 환공이 문공보다 나았다. 문공은 위나라를 치면서 초나라를 끌어들여 음모로 승리를 취했으니 그 간휼함이 매우 심하였다. 〈주자〉

휼譎이란 속임詐이다(정현). 살피건대, 제 환공과 진 문공은 당시에 병칭竝稱되었지만, 공자께서 오로지 환공만 선하다고 하였기 때문에 그 정률正譎을 변증한 것이다. 공자께서는 여러 번 관중을 칭하였지만, 진 문공의 일은 언급한 적이 없다. 〈다산〉

춘추시대 제후 간의 회맹會盟에서 맹주盟主를 패자霸者라 한다. 『순자荀子』에 의하면, 제환공齊桓公, 진문공晉文公, 초장공楚莊王, 오합려吳闔閭, 월구천越勾踐을 춘추오패라 한다. 제환공은 지금 산동성 일대인 제나라를 기원전 685~643년까지 다스린 춘추오패의 시초이다. 지금 산서성山西省 일대 진나라의 군주였던 문공은 기원전 636~628년까지 제환공의 뒤를 이어 패자가 되었다. 주자는 이러한 패자霸者들에 대해 맹자의 이른바 왕패지변王霸之辨에 입각하여 엄격한 도덕주의에 입각하여 평가하지만, 다산은 사공事功적인 입장에서 훨씬 더 긍정적으로 평가한다.

그런데 청清의 왕인지王引之의『경의술문經義述聞』, 송상봉宋翔鳳의『논어발미論語發微』, 유보남劉寶楠의『논어정의』등의 청유淸儒들의 책에서는 '휼譎'을 일상 원칙에 구애받지 않고, 시의에 따라 경중輕重을 헤아려 행하는 권도權道로, '정正'은 평상시에 쓰는 정치의 상도常道라고 해석한다. 즉 진문공은 권도權道에는 능했으나 상도常道에는 취약했고, 제환공은 정치의 상도에는 능했으나 권도에는 취약했다는 것이다.

한자 해설

- 譎휼은 言(말씀 언)+矞(송곳질할 율)의 형성자로 기만함, 속임수權譎自在, 바뀌다瑰異譎詭, 어긋나다倍譎不同, 풍간하다譎諫, 굽다紆譎, 선악을 판단함譎與決同 등으로 쓰인다. **주자:** 譎은 속임詭이다.
- 正정은 一(한 일)+止(머무를 지)의 회의자로 절대적 표준인 하늘一에 나아가 합일하여 머무르는 것이 **바르다**(치우치지 않다, 단정하다, 반듯하다, 곧다, 정확하다), **올바르다**(정직하다, 공정하다), **바로잡다**(도리나 원칙에 어긋난 것을 바로잡다), 결정하다, 다스리다, 관장하다, 정실(정처, 본처, 적장자), 정(주가 되는 것), 바로, 막, 정사(=政), 상법常法, 군대의 편제단위三領爲一正, 정벌하다天子失義 諸侯力正, 노역勞役 등으로 쓰인다.

14.17 子路曰 桓公이 殺公子糾하여늘 召忽은 死之하고 管仲은 不死하니
　　　　자 로 왈 환 공　　살 공 자 규　　　　소 홀　사 지　　관 중　불 사
曰 未仁乎인저 子曰 桓公이 九合諸侯하되 不以兵車는
왈 미 인 호 인저　자 왈 환 공　구 합 제 후　　불 이 병 거 는
管仲之力也니 如其仁如其仁이리오
관 중 지 력 야 니　여 기 인 여 기 인

자로子路가 말했다曰. "환공桓公이 공자公子 규糾를 죽이니殺, 소홀召忽은 함께 죽었지만死之, 관중管仲은 죽지 않았으니不死, 말하자면曰 (관중은) 인仁하지 않지요?" 공자께서 말씀하셨다. "환공桓公이 제후諸侯를

> (아홉 번?) 규합九(=糾)하면서, 병거兵車를 쓰지 않은 것不以은 관중의 管仲之 공력이었다力也. (누가) 그其(관중)의 인仁함만 하겠는가如? (누가) 그其의 인仁함만 하겠는가如?(소흘其의 인仁함에 상당한다如=當, 소흘의 그 인함에 상당한다)."

자로와 자공은 관중이 공자 규糾를 모시고 있던 젊은 시절, 왕위 쟁탈전에서 패배한 공자 규糾를 따라 함께 죽지 않고, 오히려 경쟁자였던 공자 소백(小白; 훗날의 환공)의 휘하로 들어간 것을 문제로 삼아 관중을 인仁하지 못했다고 비평했다. 그러나 공자는 비록 그런 문제가 있다고 할지라도 관중이 제후국들을 규합하여 질서를 유지하고 사방의 오랑캐로부터 주나라의 강토와 문화를 지켜낸 긍정적인 역할을 했다는 점에서 과소평가할 수 없다고 말했다.

한자 해설

주자: 구九는 『춘추전』에 '규糾'로 되었는데 독려督라는 뜻으로, 옛 글자는 통용되었다. 九가 규糾가 되는 것은 (『춘추좌전』에 나오는) 전희의 말(규합제후糾合諸侯)이나 '종족을 규합한다糾合宗族'가 같은 것이 그 증거가 된다. 설명하는 자가 그러한 것을 고찰하지 않고, 곧바로 '아홉 번 제후를 회합했다.'라 하고, 환공의 회합을 세어보면 아홉 번에 그치지 않자, 또 '무력을 쓰지 않았다'는 것을 근거로 '의상의 회합이 아홉 번이고, 나머지는 군사회합이다.'고 했다. 『공양전』이나 『곡량전』이래 모두 이 설을 주장하니, 억지라 하겠다. 병거를 쓰지 않았다不以兵車는 것은 위력威力을 빌리지 않았다는 말이다. '여기인如其仁'이란 '누가 그 인만 하겠는가?誰如其仁者'라는 말인데, 또 그 말씀을 거듭하시어 깊이 인정하셨다. 대개 관중은 비록 인인仁人이라고 할 수는 없지만, 사람들에게 이익과 은택을 미쳤으니, 인의 공로가 있다.

다산: 자로는 소흘은 살신성인했다고 평가하면서도, 관중은 인仁하지 못했다고 의심했다. 구합九合이란 제후들을 회합한 것이 8번, 9번에 이

르렀다는 것이다. 병거를 쓰지 않았다不以兵車는 것은 신의信義로 서로 믿고, 군비를 설치하지 않음을 밝힌 것이다. 여如는 당當과 같고, 기인其仁은 소홀의 인을 가리킨다. 관중의 인이 족히 소홀의 인에 해당할 수 있음을 말한 것이다. (인을) 두 번 말한 것은 비교하고 계량해 보아 노 결국은 그것이 서로 같을 만하다고 깨달은 것이다. 질의한다. 주자가 말하기를, '구九는 『춘추전』에 규糾로 되어 있는데, 옛 글자는 통용되었다'고 했다. 살피건대 규糾란 새끼를 세 가닥에서 합치는 것繩三合이다. 구九와 상통한다니, 본래 이럴 리가 있는가? 『좌전』은 『좌전』대로 그 자체가 규합糾合의 뜻이고, 『노론』은 『노론』대로 그 자체가 구합九合인데, 어찌 반드시 억지로 이것들을 합해야 유쾌하겠는가? 구합九合이 수목數目임이 분명하다.

- 糾규는 糸(가는 실 사) + 니(얽힐 구)의 회의자로 실이 엉켜있다는 뜻으로 꼬다何異糾纆, 모으다收離糾散, 규합함糾合宗族于成周, 얽히다糾糾葛屨, 바루다以糾邦國, 규탄하다繩愆糾繆, 삿갓이 가뜬하다其笠伊糾, 느직하다舒窈糾兮 등으로 쓰인다.

- 九구는 구부린 사람의 팔뚝(肘: 팔꿈치 주)을 그린 상형자이나 아홉으로 가차되어 아홉 번中國之外 有赤縣神州者九, 수효의 끝天地之至數 始於一終於九焉, 주역에서의 양효九 潛龍 勿用, 모으다九雜天下之川, 합하다桓公九合諸侯 등으로 쓰인다.

14.18 子貢이 曰 管仲은 非仁者與인저 桓公이 殺公子糾어늘 不能死오
자공 왈 관중 비인자여 환공 살공자규 불능사

又相之온여 子曰 管仲이 相桓公覇諸侯하여 一匡天下하니
우상지 자왈 관중 상환공패제후 일광천하

民到于今히 受其賜하나니 微管仲이면 吾其被髮左衽矣러니라
민도우금 수기사 미관중 오기피발좌임의

豈若匹夫匹婦之爲諒也라 自經於溝瀆而莫之知也리오
기약필부필부지위량야 자경어구독이막지지야

자공子貢이 말하였다曰. "관중管仲은 인자仁者가 아닌 듯합니다非與! 환공桓公이 공자公子 규糾를 죽였지만殺, 능能히 죽지 못하고不死, 또한又 환공을 보좌했습니다相之." 공자께서 말씀하셨다. "관중管仲은 환공桓公을 보좌相하여, 제후諸侯들을 제패霸하여 한— 번 천하天下를 바로 잡았으니匡, 백성民들은 지금에 이르기까지到于今 그其 은택賜을 받고受 있으니, 관중管仲이 없었다면微(=無) 우리吾는 아마도其 머리를 풀어헤치고被髮, 옷깃을 왼쪽左衽으로 여미었을 것이다矣. 어찌豈 필부필부匹夫匹婦之 작은 신의를 위해서爲諒也 스스로自 도랑에於溝瀆 목매어 죽어도經而 아무도 알아주는 이가 없는 것莫之知也과 같겠는가若?"

관중은 제齊나라 환공桓公을 보필하여, 춘추오패의 첫 패자로 등극하도록 정치적 역량이 보인 인물이다. 포숙鮑叔의 추천으로 등용된 이후, 관중은 약 40년간 환공과 정치적 고락을 함께 했다. 특히 그는 연燕나라가 북방 이민족의 침략으로 곤경에 처했을 때, 주 왕실이 서방 이민족의 압박으로 어려울 때, 그리고 남방의 대국으로 초楚나라에 주 왕실에 조공을 바치지 않겠다고 선언했을 때, 직접 문제를 해결하여 이른바 '구합제후九合諸侯, 일광천하—匡天下'라는 말이 나오게 했다. 공자의 관중에 대해 평가는 양의적이다. 먼저 부정적인 평가를 보자.

공자께서 말씀하셨다. "관중의 그릇이 작구나!" 어떤 사람이 말했다. "관중은 검소했습니까?" 공자께서 말씀하셨다. "관씨는 삼귀를 두고 가신들을 겸직시키지 않았으니, 어떻게 검소할 수 있었겠느냐?" (어떤 사람이) 말했다. "그러면 관중은 예禮를 알고 있었습니까?" 공자께서 말씀하셨다. "나라 임금이라야 병풍으로 문을 가릴 수 있는데 관씨 역시 병풍으로 문을 가렸으며, 나라의 임금이라야 두 임금이 우호를 위한 모임에 반점을 두거늘 관씨 역시 반점을 두었으니, 관씨가 예를 안다면 누가 예를 모르겠는가?" (3. 22)

여기서 관중에 대한 공자의 평가는 '(성현의 도를 모른다는 점에서) 그
릇이 작고 검소하지 않았으며, (제후의 예를 참람하여) 예를 알지 못했
다'는 것이다. 그런데 앞서 공자는 관중을 위의 본문과 같이 긍정적인 평
가를 한 바 있다.

> 관중에 대해 물으니, 말씀하셨다. "그분은 백씨의 병읍 삼백호를 빼앗아, (백
> 씨는) 거친 밥을 먹게 되었지만 죽을 때까지 그를 원망하지 않았다." (14.10)

이렇게 『논어』에 총 4번 나오는 공자의 관중에 대한 평가는 도덕적 혹
은 인간됨인 측면에서 '관중은 그릇이 작고, 검소하지도 않았고, 또한 예
禮를 알지도 못 했다.'는 것이다. 다른 한편 역사적 혹은 문화적 공과功過
의 측면에서 공자는 관중의 역할에 대해 긍정적으로 평가했다.

<hr>

한자 해설

주자: 패霸는 백伯와 같으니, 우두머리長이다. 광匡은 바로 잡다正이다.
주 왕실을 받들고 오랑캐를 물리친 것은 모두 천하를 바로잡은 것이
다. 미微는 없다無이다. 임衽은 옷깃衣衿이고, 피발좌임被髮左衽은 오랑
캐의 풍습이다. 량諒은 사소한 신의小信이다. 경經은 목을 매는 것縊이
다. '막지지莫之知'는 사람들이 몰라주는 것이다.

다산: 상相이란 보輔(보좌, 大臣)인데, 한 사람의 경一卿이 정권을 잡는 것을
상相이라 한다. 일광一匡은 천하가 환공의 시대에 한 번 광정匡正되었
음을 말한다(한 번 정돈整頓되었다고 말하는 것과 같다). 백성이 지금에 이르도
록民到于今은 그 흘러온 은택이 멀리까지 이르렀음을 말하는데, 그 기
간이 거의 200년이다. 피발被髮은 머리카락을 정수리에 덮어쓰고 그
끝을 땋아 내리는 것을 말한다. 중국의 풍속에 관자冠者는 상투하고,
동자童子는 관각丱角한다. 형병이 말하길, '임衽은 옷깃衣衿을 말한다.
옷깃을 왼쪽으로 향하는 것을 좌임左衽이라 한다. 오랑캐 지역의 사람
들이 피발좌임했다.'고 했다. 구독溝瀆은 구덩이壑나 도랑渠인데, 은벽

한 곳이다. 살피건대, 당시 제나라 사람들이 포숙의 계략鮑叔之計을 이
용해 관중을 살려 얻으려 했으니, 관중이 비록 죽고 싶어도 죽을 수 없
었다. 그러므로 스스로 목내는 것으로 비유했는데, 오랜 옛날부터 성
현으로 자살한 사람은 없었다(스스로 목매지 않았다면 관중은 죽을 수 없었다).

- 相상은 木(나무 목)＋目(눈 목)의 회의자로 나무를 자세히 살핌을 뜻한다.
  서로戚戚 內相親也, 바탕追琢其章 金玉其相, 점치다以相民宅 而知其利害, 관
  상을 보다其能相人也, 형상無如季相, 돕다莫相予位焉, 다스리다楚所相也,
  정승相被冕服 등으로 쓰인다.

- 匡광은 匚(상자 방)＋王(임금 왕)의 형성자로 네모난 대그릇으로 바루다一匡
  天下, 구원하다匡乏困, 굽다輮雖敝不匡, 두려워하다衆不匡懼 등의 뜻이다.

- 覇패는 襾(덮을 아)＋朝(으뜸 패)의 형성자로 우두머리(盟主: 五覇桓公爲盛), 제
  후의 맹주, 뛰어나다文采必覇, 패도覇道(有欲以其君爲者也) 등으로 쓰인다.

- 賜사는 貝(조개 패)＋易(바꿀 역)의 형성자로 하사하다凡賜君子與小人 不同
  日, 은혜를 베풀다非相爲賜, 분부하다賜卿大夫士爵, 은덕報賜以力, 다하
  다若循環之無賜 등으로 쓰인다.

- 微미는 彳(조금 걸을 척)＋散(작을 미)의 형성자로 몰래 간다는 뜻이었다.
  작다具體而微, 적다雖有危邪而不治者則微矣, 은밀히昔仲尼沒而微言絶, 어둡
  다彼月而微 此日而微, 천하다虞舜則微, 다치다故逃而微, 종기旣微且尰, 소
  수점 이하 6째 자리, ～이 아니다微我無酒, 만약 ～없으면微管仲 吾其被
  髮左衽矣, 가령 ～없었다고 해도微子之言 吾亦疑之 등으로 쓰인다.

- 被피는 衣(옷 의)＋皮(가죽 피)의 형성자로 덮는 침구翡翠珠被, 미치다西被
  于流沙, 덮다皐蘭被徑兮, 옷을 입다被衫衣, 피해防險被創, 쓰다被髮衣皮,
  갓이나 옷 따위의 총칭被練三千, 당하다信而見疑 忠而被謗, 머리꾸미개
  被之僮僮, 깎다被髮文身, 두르다被苫蓋, 띠를 안 맨 모양褐被, 긴 모양被
  被 등으로 쓰인다.

- 髮발은 髟(머리털 드리워질 표)＋犮(달릴 발)의 형성자로 터럭一沐三握髮, 초
  목窮髮之北, 길이의 단위十髮爲程 一程爲分 十分爲寸 등으로 쓰인다.

- 衽임은 衣(잇 의)+壬(아홉째 천간 임)의 형성자로 옷깃且斂衽以歸來兮, 옷섶, 여미다衽襟而肘見, 요衽席, 깔다衽金革, 치마衣衽不斂 등으로 쓰인다. 피발좌임被髮左衽이란 머리를 풀어 헤치고 옷깃을 왼쪽으로 여미는 오랑캐의 복식을 말한다.

- 匹필은 匚(감출 혜)+八(여덟 팔)의 회의사로 비단의 길이를 말했지만, 의미가 파생어 짝이나 상대라는 뜻이 나왔다. 맞수, 혼자, 벗, 동아리, 천한 사람, 필(길이의 단위), 비교하다 등으로 쓰인다.

- 諒량은 言(말씀 언)+京(서울 경: 크다)의 회의자로 믿다不諒人只, 신실友直友諒友多聞益矣, 하찮은 의리를 지키는 일豈若匹夫匹婦之爲諒也, 참으로諒不我知, 돕다諒彼武王, 완고君子貞而不諒, 양찰諒察하다. 어질다易直子諒之心生則樂, 흉하다高宗諒陰 三年不言 등으로 쓰인다.

- 經경은 糸(가는 실 사)+巠(물줄기 경)의 회의자로 베틀 사이로 날실이 지나가는 모습으로 날실黑經白緯曰織, 떳떳하다政有經矣, 법凡爲天下國家有九經, 이치是非之經, 다스리다經國家, 구제하다君子以經綸, 헤아리다經始靈臺, 비롯하다經起秋毫之末, 경계夫仁政必自經界始, 목매다靈王經而死, 경도經度, 지내다, 경서制成六經로 쓰인다.

- 溝구는 水(물 수)+冓(짤 구)의 형성자로 종횡으로 판 용수로 곧 도랑十夫有溝, 하수도血流入溝中, 해자垓字深溝高壘, 도랑을 파다制其畿疆 而溝封之, 어리석다溝瞀 無知也 등으로 쓰인다.

- 瀆독은 水(물 수)+賣(팔 매)의 형성자로 도랑溝瀆澮池之禁, 더러워지다瀆則不吿, 업신여기다上交不諂 下交不瀆, 어지럽히다再三瀆 등으로 쓰인다.

公叔文子之臣大夫僎이 與文子로 同升諸公이러니 子聞之하시고
공 숙 문 자 지 신 대 부 선　　여 문 자　　동 승 제 공　　　　자 문 지

曰 可以爲文矣로다
왈 가 이 위 문 의

198

(본래) 공숙문자의 가신(이었던)公叔文子之臣 대부大夫 선僎이 문자文子와 함께與 공조에諸公 같이 올랐다同升. 공자子께서 그것을 들으시고聞之 말씀하셨다曰. "(시호를) 문文이라고 할 만하다可以爲."

비천한 가신인데도 끌어올려 자신과 나란하게 하였으니, 세 가지 선이 있다. 사람을 알아본 것이 첫째고, 자신을 잊은 것이 둘째고, 임금을 섬긴 것이 셋째다. 〈홍흥조〉

사람을 아는 것은 지혜知이고, 자신을 잊은 것은 공公이고, 임금을 섬기는 것은 충忠이니, 이 세 가지가 있으면 이치를 따르고 문장을 이룬 것이니, 찬란해서 볼 만하다. 어찌 문文이라고 칭할 수 없겠는가? 〈경원 보씨〉

시호諡란 言(말씀 언)+益(더할 익)의 회의자로 왕이나 사대부가 죽으면, 그 선악을 구별하여 후대에 권장과 징계를 전하기 위해 그 행적에 따라 더하여 주는益 호칭號이다. 요堯·순舜·우禹·탕湯·문文·무武도 시호諡號로 보기도 하지만, 일반적으로 시법諡法은 주나라 주공 때 형성되어, 시호에 의해 문왕과 무왕이라 불렀다고 한다. 우리나라에서는 신라 법흥왕 원년(514)에 죽은 부왕을 지증왕智證王이라 시호한 것이 그 효시가 된다. 시호를 정할 때는 원칙적으로 세 가지 시호를 올렸으며三望, 그 글자는 수에는 일정하게 정해져 있었다(『주례』의 시법에는 28자, 『사기』에는 194자 등). 실제로 자주 사용된 글자는 문文·정貞·공恭·양襄·정靖·양良·효孝·충忠·장莊·안安·경景·장章·익翼·무武·경敬·화和·순純·영英 등으로 모두 좋은 뜻을 담고 있었다. 예컨대, '문文'은 '온 천하를 경륜하여 다스리다經天緯地', '배우기를 부지런히 하고 묻기를 좋아하다勤學好問', '도덕을 널리 들어 아는 바가 많다道德博聞', '충신으로 남을 사랑한다忠信愛人', '널리 듣고 많이 본다博聞多見', '공경하고 곧으며 자혜롭다敬直慈惠', '총민하고 학문을 좋아한다敏而好學' 등 15가지로 쓰였다. 시법은 옛날 왕조의

한 제도로서, 벼슬한 사람이나 학덕이 높은 선비의 한 평생을 공의公議에 부쳐 엄정하게 평론했다는 데에 그 의미가 있다. 『논어』에 다음과 같은 구절이 있다.

자공이 물어 말하였다. "공문자는 어떻게 해서 문文이라고 시호하였습니까?" 공자께서 말씀하셨다. "민첩하여 배우기를 좋아하고, 아랫사람에게 묻는 것을 부끄러워하지 않았다. 이런 까닭에 문이라고 시호한 것이다."子貢 問曰 孔文子 何以謂之文也 子曰 敏而好學 不恥下問 是以謂之文也. (5.14)

한자 해설

주자: 신臣은 가신家臣이고, 공公은 공조公朝이니, 그(가신인 선僎)를 천거하여 자신과 함께 같이 공조의 신하가 되었다는 말이다. 문文이란 이치에 따르고 문장을 이루었나는 것順理而成章을 일컫는다. 「시법諡法」에 이른바 백성에 작위를 내려준 것을 문文이라 한다고 되어 있다.

다산: 인증한다. 『예기』 「단궁」에서 말했다. 공숙문자가 죽자 그 아들 수戌가 시호를 청하자, 임금이 말하기를 '부자가 우리 위나라의 국정을 맡게 되어서는 반제班를 정비하고, 이웃나라와 우호를 맺었기 때문에 위나라의 사직이 굴욕을 당하지 않았으니, 또한 문文이 아닌가? 그러므로 부자를 정혜문자貞惠文子라 했다. 살피건대, 문자가 '문'이라는 시호를 얻은 것은 이 때문이다.

14.20 子言衛靈公之無道也러시니 康子曰 夫如是로되 奚而不喪이니잇고
자언위령공지무도야   강자왈 부여시   해 이 불 상

孔子曰 仲叔圉는 治賓客하고 祝鮀는 治宗廟하고
공자왈 중숙어   치빈객   축타   치종묘

王孫賈는 治軍旅하니 夫如是니 奚其喪이리오
왕손가   치군려   부여시   해기상

공자子께서 위衛나라 영공靈公之의 무도無道를 언급言하자, 계강자康子

200

가 말했다日. "대저夫 그와 같은데도如是 어찌하여奚而 (군주의 지위를) 잃지喪 않습니까不?" 공자孔子께서 말씀하셨다日. "중숙어仲叔圉가 빈객賓客을 잘 관장하고治, 축타祝가 종묘宗廟를 잘 다스리며治, 왕손가王孫賈가 군대軍旅를 잘 담당하고 있습니다治. 대저夫 이와 같은데如是 어찌하여奚而 (군주의 지위를) 잃겠습니까喪?"

위령공은 무도無道하여 마땅히 지위를 잃어야하지만, 능히 이 세 사람을 등용할 수 있었기에 오히려 그 나라를 충분히 보존하였는데, 하물며 도를 지닌 임금이 능히 천하의 현명한 인재를 등용할 수 있음에랴?『시경』「억抑」편에 이르기를, "더 없이 훌륭한 인재를 등용하니無競維人, 사방이 본보기로 삼았네四方其訓之"라고 하였다. 〈윤돈〉

빈객을 모시는 일에 그 마땅함을 얻으면 이웃나라에 예를 잃지 않으니, 틈이 벌어지거나 화를 초래하지 않는다. 군대를 다스리는 일에 마땅함을 얻으면, 적국이 감히 엿보지 못한다. 종묘를 섬기는 일에 마땅함을 얻으면, 귀신과 사람이 함께 기뻐하니 인심의 근본에 더욱 깊이 관련된다. 세 가지 일은 모두 나라의 큰 근본인 까닭에, 그 마땅한 사람을 얻으면 또한 지위를 잃지 않을 수 있다. 〈쌍봉 요씨〉

한자 해설
다산: 빈객을 다스리는 자治賓客者는 대행인大行人이다(『주례』의 중대부中大夫). 종묘를 관리라는 자治宗廟者는 대축大祝이며(『주례』의 하대부), 군려를 다스리는 자治軍旅者는 사마司馬이다. 공숙어는 인륜을 어지럽혔고(5.14), 축타는 말재주를 부렸으며(6.14), 왕손가는 권세를 팔았으니(3.13) 모두 인자仁者가 아니다. 그러나 그 재능과 식견은 충분히 나라를 보존할 만했다.
• 治치는 水(물 수)+台(클 태)의 회의자로 물의 흐름을 잘 조절한다는 뜻으로 보살펴 통제하거나 관리하다治國, 治療, 잘 수습하여 바로잡다以治人

情, 잘 다루어 처리하거나 다듬어 정리하다治山治水, 죄를 다스리다治臣
之罪, 평정하다治亂持危, 세상의 모든 것이 그 자리를 얻다家齊而後國治,
정치擧舜而敷治焉, 배워 익힘治其大禮, 정도是以與治雖走 등으로 쓰인다.

- 客객은 宀(집 면)+各(각각 각)의 회의자로 집에 이르러 멈춤다各는 뜻으
  로 손님主人敬客 則先拜客, 나그네光陰者百代之過客, 식객跖之客可使刺由,
  단골손估客不至, 대상客體 등으로 쓰인다.

- 宗종은 宀(집 면)+示(보일 시)의 회의자로 신을 모신 집(종묘·사당)으로 마
  루, 일의 근원, 근본禮之宗也, 사당設爲宗祧, 우두머리爲世儒宗, 제사陳其宗
  器, 제사 받는 주체禋于六宗, 제사·예의 등을 맡은 벼슬宗伯, 유파禪宗,
  적장자敬宗故收族, 높이다學者宗之, 덕망 있는 조상殷王中宗으로 쓰인다.

- 軍군은 車(수레 차)+勻(고를 균→宀: 덮을 면)의 회의자로 전차가 즐비하게
  고르게 배치된 것으로 군제의 명칭(주周의 1만 2천 500명: 五師爲軍), 병사水
  上軍 皆殊死戰, 전투韓王成無軍功, 진치다晉之餘師不能軍 등으로 쓰인다.

- 旅려는 㫃(나부낄 언)+从(좇을 종)의 회의자로 깃발 아래 많은 사람들이
  모인 모양인데, 군대는 이동하기에 나그네羈旅之臣, 행상商旅不行, 군
  대軍旅之事, 무리受率其旅若林, 자제侯亞侯旅, 벌이다殽核維旅, 여괘(간하이
  상: 艮下離上), 제사 이름季氏旅於泰山 등으로 쓰인다.

- 喪상은 哭(울 곡)+亡(죽을 망)의 회의자로 복입다子夏喪其子 而喪其明, 복
  제父母之喪 無貴賤一也, 널送喪不由徑, 잃다受祿無喪, 지위를 잃다喪不若
  速貧之愈也, 망치다天喪予, 달아나다獻公好攻戰則國人多喪矣 등으로 쓰인
  다. 주자: 喪은 지위를 잃음이다失位也.

14.21 子曰 其言之不怍이면 則爲之也難하니라
자 왈 기 언 지 부 작   즉 위 지 야 난

공자께서 말씀하셨다. "그其 말한 것을言之 부끄러워하지怍 않는다면不
則, 그 말之을 실천하기爲也 어렵다難."

202

다음 두 구절과 연관된다.

공자께서 말씀하셨다. "옛날에 말을 함부로 하지 않은 것은, 몸소 실천하지 못함을 부끄럽게 여겼기 때문이다."子曰 古者 言之不出 恥躬之不逮也. (4.22)

사마우가 인을 물으니, 공자께서 말씀하셨다. "인자는 그 말을 참아서 한다." (사마우가) 물었다. "그 말을 참아서 하면, 인이라고 할 수 있습니까?" 공자께서 말씀하셨다. "실천하기가 어려우니, 말하기를 참아서 하지 않을 수 있겠는가?"司馬牛問仁 子曰 仁者 其言也訒 曰其言也訒 斯謂之仁矣乎 子曰 爲之難 言之得無訒乎. (12.3)

큰소리 쳐놓고 부끄러워하지 않는다면大言不慚 반드시 그 말을 실천하겠다는 의지가 없으면서 그 능력 여부를 헤아리지 않는 것이다. (이런 사람이) 그 말을 실천하고자 하여도 어찌 어렵지 않겠는가? 〈주자〉

안에 그 실질이 있으면 그것을 말하는 것이 부끄럽지 않다. 그 실질을 축적하는 것이 어렵다. 말이 실질을 넘지 않아야 이에 부끄러움이 없다. 바야흐로 그 실질을 채우는 것 역시 어렵지 않겠는가? 〈다산〉

한자 해설

• 怍작은 心(마음 심)＋乍(잠깐 사)의 형성자로 <u>부끄러워하다</u>其言之不怍, 안색이 변하다顏色不怍, 성난 모양 등으로 쓰인다. **마융: 怍은 부끄러움慙이다.**

• 難난은 隹(새 추)＋堇(노란 진흙 근)의 형성자로 <u>어렵다</u>爲君難 爲臣不易, 어려워하다惟帝其難之, 어려운 사정責難於君, 잎이 우거짐隰桑有阿 其葉有難, 근심君子以儉德辟難, 거절하다而難任人, 꾸짖다於禽獸又何難焉으로 쓰인다.

14.22 陳成子弒簡公이어늘 孔子沐浴而朝하사 告於哀公
진 성 자 시 간 공　　　　　 공 자 목 욕 이 조　　　 고 어 애 공

曰陳恒이 弒其君하니 請討之하소서 公曰告夫三子하라
왈 진 항　 시 기 군　　 청 토 지 하소서　 공 왈 고 부 삼 자

孔子曰 以吾從大夫之後라 不敢不告也호니
공 자 왈 이 오 종 대 부 지 후　 불 감 불 고 아

君曰告夫三子者온여 之三子하여 告하신대 不可라하여늘
군 왈 고 부 삼 자 자　 지 삼 자 하여　 고 하신대　 불 가 라하여늘

孔子曰 以吾從大夫之後라 不敢不告也니라
공 자 왈 이 오 종 대 부 지 후　 불 감 불 고 야

진성자陳成子가 간공簡公을 시해弒하니, 공자孔子께서 목욕沐浴하고 조정朝에 나아가 애공哀公께 아뢰었다曰. "(제나라 대부) 진항陳恒이 그其 임금君을 시해弒했으니, 청請컨대 그를 토벌하소서討之!" 공公이 말하였다曰. "저夫 삼자三子에게 말하라告." 공자孔子께서 말씀하셨다曰. "내吾가 대부의 뒤大夫之後를 따랐기 때문에以從 감敢히 아뢰지告 않을 수不 없었는데不也, 임금君께서 말씀하시길曰 '저夫 삼자三子에게 말하라告'고 하시는구나." 삼자三子에게 가서之 고告하니, 안 된다不可고 하였다. 공자孔子께서 말씀하셨다曰. "내吾가 대부의 뒤大夫之後를 따랐기 때문에以從 감敢히 아뢰지告 않을 수不 없었다不也."

『춘추』 애공 14년에 공자께서는 벼슬을 그만두고 노나라에 기거하셨다. 목욕재계하고 임금께 아뢴 것은 그 일을 중시하고, 감히 소홀하게 여기지 않으신 것이다. 신하가 그 임금을 시해한 것은 인륜의 큰 변고이고 천리天理에 용납되지 않는 것이니, 모든 사람들이 주살할 수 있거늘, 하물며 이웃 나라이겠는가! 따라서 공자께서 이미 노년으로 은퇴하셨지만, 토벌할 것을 청하셨다. 〈주자〉

공자의 뜻은 반드시 그 죄의 명분을 바로 잡아, 위로는 천자께 고하고 아래로는 방백에게 알려 동맹국을 이끌어 토벌하는 것이었고, 제나라를 이

기는 것은 공자로서는 여분의 일이다. 어찌 노나라 사람의 많고 적음을 헤아렸겠는가? 〈정자〉

한자 해설
- 殺살은 殳(주살 익)+式(법 식→시)의 형성자로 윗사람을 죽임臣弑其君 子弑其父, 살해하다君臣未嘗相弑也의 뜻이다.
- 沐목은 水(물 수)+木(나무 목)의 회의자로 머리를 감다沐者去首垢也, 다스리다夫子助之沐椁, 휴가晩沐臥郊園 등으로 쓰인다.
- 浴욕은 水(물 수)+谷(계곡 곡)의 회의자로 목욕하다新浴者必振衣, 몸에 받음儒有澡身而浴德, 새가 나는 모양黑鳥浴이다. 『예기』에 따르면, 3일에 목沐하고 7일에 욕浴한다. 마용: 장차 임금에게 아뢰려고 했기 때문에 먼저 재계하셨다. 재계 때는 반드시 목욕한다. 다산: 몸을 깨끗이 하여 정성을 다한 것은 임금이 자기의 의견을 들어주기를 바라는 것이다.
- 討토는 言(말씀 언)+寸(마디 촌)의 형성자로 토벌하다是故天子討而不伐, 정벌하다以討其故, 없애다君子之於禮也 有順而討也, 죄를 다스림其君無日不討國人而訓之, 탐구하다世叔討論之로 쓰인다. 다산: 討는 죄를 다스리는 것治罪이다.
- 告고는 牛(소 우)+口(입 구)의 회의자로 아뢰다告諸往而知來者, 告厥成功, 고발하다不告姦者 腰斬, 타이르다上敎下日告, 뵙고 청함出必告 反必面, 국문하다告于甸人로 쓰인다.

14.23 子路問事君한대 子曰 勿欺也오 而犯之니라
자 로 문 사 군　　자 왈 물 기 야　　이 범 지

자로子路가 임금君을 섬기事는 방법을 묻자問, 공자께서 말씀하셨다. "속이지欺(欺: 거짓말을 하고 곧지 않음僞言不直) 말며勿也而, 범犯之(犯: 곧은 말을 하고 숨김이 없음直言無隱)해야 한다.

안색을 거스르고 간쟁하는 것犯은 자로에게 어려운 일이 아니지만, 속이지 않는 일은 어렵다고 여겼기에 공자께서는 먼저 속이지 말고, 그런 후에 안색을 거스르고 간쟁하라고 가르쳐주셨다. 〈범조우〉

한자 해설

주자: 범犯은 안색을 거스르면서 간쟁하는 것犯顏諫爭을 말한다.

면재 황씨: 거짓말을 하고 곧지 않은 것偽言不直을 속인다欺고 말하고, 곧은 말을 하고直言 숨김이 없는 것無隱을 범犯한다고 말한다.

다산: 실정을 숨기고 은폐하는 것隱情壅蔽을 속인다欺(곧음直으로 고하지 않는 것이다)고 하고, 위엄을 무릅쓰고 간쟁하는 것冒威諫爭을 범犯한다고 한다(싫어하는 안색을 보임을 말한다). 『예기』 「단궁」에서 말하기를, 임금을 섬김에 범함이 있어도 숨김은 없어야 한다.

• 事사는 손又에 붓聿을 잡은 모습으로 일事有終始, 관직無功受事, 국가대사, 직업, 공업工業立功立事, 섬기다事君之道, 일삼다事商賈 爲技藝, 변고事變, 재능吳起之裂 其事也, 다스리다勞力事民而不責焉, 힘쓰다先事後得, 부리다無所事得, 벌管絃三兩事, 전고典故 등으로 쓰인다.

• 欺기는 其(그 기)＋欠(하품 흠)의 형성자로 속이다吾誰欺, 거짓反任爲欺, 업신여기다見陵於人爲欺負, 보기 흉하다欺猥로 쓰인다.

• 犯범은 犬(개 견)＋卩(병부 절: 꿇어 앉은 사람)의 회의자로 저촉하다衆怒難犯, 상대를 능멸함其爲人也孝弟 而好犯上者鮮矣, 거스르다事親有隱而無犯, 어긋나다犯令陵政則杜之, 법령을 거역한 죄私鬻茶三犯, 죄인共犯, 변조變調의 사곡詞曲 등으로 쓰인다.

14.24 子曰 君子는 上達하고 小人은 下達이니라
자 왈 군 자 상 달 소 인 하 달

공자께서 말씀하셨다. "군자君子는 위上로 달達하지만, 소인小人은 아래下로 달達한다."

운봉 호씨가 말했다. 공자께서 일찍이 '하학이상달下學而上達'이라고 하셨을 때의 상과 하는 천리와 인사를 꿰뚫는 것이고, 여기서 말한 상달과 하달은 천리와 인욕을 구분한 것이다. 〈운봉 호씨〉

군자는 근본德義에 밝게 효달曉達하고, 소인은 말달財利에 효달한다. 본本이 상上(덕의德義이다)이 되고, 말末이 하下(재리財利)가 된다. 이 장은 군자와 소인이 효달하는 바所曉達가 같지 않음을 말했다. 〈형병〉

군자는 천리天理를 따르는 때문에 날로 높고 밝은 곳으로 정진하고, 소인은 인욕人欲을 따르기 때문에 날로 더럽고 낮은 곳으로 떨어져 마침내 밑바닥으로 타락한다. 〈주자〉

군자 · 소인은 그 처음에는 모두 보통사람中人이지만, 털끝만 한 차이가 한쪽은 의로움에 깨닫고, 한 쪽은 이로움에 깨달아, 군자는 날로 덕에 나아가 한 등급 두 등급 위로 올라가서 최상의 등급에 도달하고, 이와 달리 소인은 날로 퇴보하여 한 등급 두 등급 아래로 내려가서 최하의 등급에 도달한다. 〈다산〉

한자 해설

- 上상은 하늘을 뜻하는 지사문자로 위쪽天上, 나은 쪽上品, 높은 쪽上官, 표면海上, 임금主上, 처음上篇, 존장長上, 곁大同江上樓, ~에서理論上, 오르다雲上於天, 가하다草上之風必偃, 숭상하다上賢以崇德, 올리다毋上於面, 간절히 바라건대上愼旃哉 猶來無止, 상성上聲 등으로 쓰인다.
- 下하는 기준아래에 짧은 선을 두어 아래를 가리키는 지사문자로 낮은 곳天下, 손아래上下階級, 백성上之化下, 내리다下船, 떨어지다下雨, 낮추다卑下, 떠나다下野 등을 나타낸다.
- 達달은 辶(쉬엄쉬엄 갈 착)+羍(어린 양 달: 大+羊: 양을 모는 사람)의 회의자로 통달하다理塞則氣不達, 다다름專達於川, 눈트다驛驛其達, 성장함先生如達,

막힘없이 통하다賜也達, 엇갈리다挑兮達兮, 널리則達觀于新邑營, 괜찮음受小國是達 受大國是達, 갖추어지다非達禮也, 영달하다達則兼善天下, 사리에 밝음性明達好謀, 새끼 양先生如達, 방자하다挑兮達兮 등으로 쓰인다.

공자께서 말씀하셨다. "옛날의古之 배움이란(배우는 자)學者 자기己를 위爲했지만, 오늘날의今之 배움이란(배우는 자)學者 남人을 위爲한다."

위기爲己는 실천하여 행하는 것이고, 위인爲人은 (남에게) 한갓 말만 할 줄 아는 것이다. 공공연하게 남을 위한다고 말만 하고, 정작 자기 자신은 실행하지 않는다. 〈공안국, 형병〉

위기爲己는 자신에게 터득되기를 바라는 것欲得之於己也이고, 위인爲人은 남이 알아주게 되기를 바라는 것欲見知於人也이다. 옛날 배우는 사람의 위기爲己는 마침내 남을 완성시키는 데에 이르고, 오늘날 배우는 사람의 위인爲人은 끝내 자기를 상실하는 데에 이른다고 말했다. 〈정자〉

성현께서 배우는 자의 마음 쓰는 일의 득실을 논하신 것은 그 설이 많다. 그러나 이처럼 말이 절실하고 긴요한 것은 없다. 여기에서 밝게 분별하고 날마다 성찰하면, 아마도 따르는 바에서 어둡지 않게 될 것이다. 〈주자〉

몸소 착한 행실을 하면 내가 덕에 나아가게 되고, 입으로 착한 말을 하면 남이 도를 듣게 된다. 위기爲己란 자기에게 유익한 것이고, 위인爲人이란 남에게 유익한 것이다. 만약 남에게 알려지는 것이 비록 나에게는 유익하지 않다고 하더라도, 또한 남에게도 유익하지 않다면 위인爲人이라 할 수 있겠는가? 요컨대 실로 남에게 알려지게 되고, 남을 위한 것이 있게 된 뒤에라야 바야흐로 위인爲人이라 할 수 있으니, 공안국의 주는 아마도 바꿀 수 없을 듯하다. 〈다산〉

• 爲위는 爪(손톱 조)＋象(코끼리 상)의 회의자로 코끼리를 조련시킨다는 뜻에서 ~을 하다, ~을 위하다는 뜻이다. 행하다不仁而不可爲也, ~라고 하다一爲乾豆 二爲賓客 三爲充君之庖, 만들다以爲樂器, 완성하다五穀不爲, 당하다伍胥父兄 爲戮於楚, 삼다乾爲馬 坤爲牛, ~라고 여김百姓皆以王爲愛也, 배우다抑爲之不厭, 있다將爲君子焉 將爲野人焉, ~을 위하여 꾀함古之學者爲己, 위하여爲人謀而不忠乎, 돕다夫子爲衛君乎, 하게 하다爲我心惻, 함께道不同不相爲謀로 쓰인다. 다산: 爲는 돕다助와 같다.

14.26 蘧伯玉이 使人於孔子어늘 孔子與之坐而問焉曰 夫子는 何爲오
거 백 옥 　시 인 어 공 자　　공 자 여 지 좌 이 문 언 왈 부 자 　하 위
對曰 夫子欲寡其過而未能也니이다 使者出커늘 子曰 使乎使乎여
대 왈 부 자 욕 과 기 과 이 미 능 야 　시 자 출　　자 왈 시 호 시 호

거백옥蘧伯玉이 공자께於孔子 사람을 보내자使人, 공자孔子께서 그와 함께與之 앉으시면서坐而 물어問焉 말씀하셨다曰. "부자夫子께서는 어떻게何 하시는가爲?" (사자가) 대답하여 말했다對曰. "부자夫子께서는 그其 허물을 적게寡過 하고자 하시지만欲而, 아직 잘하시는 못하십니다未能也." 사자使者가 나가자出, 공자께서 말씀하셨다. "사자使로구나乎, 사자使로구나乎!"

거백옥蘧伯玉은 위나라 대부이고 이름은 원瑗이다. 부자夫子는 그를 가리키는데, 단지 그 허물을 줄이고자 하지만 아직 잘하지 못한다고 했으니, 그가 자신을 성찰하고 극기해 항상 미치지 못하는 듯이 여기는 뜻이 나타나 있다. 사자의 말은 오히려 스스로 낮추고 겸손하지만 그 주인의 현명함이

더욱 빛나게 했으니, 또한 군자의 마음을 깊이 알고 사령詞令을 잘 한 자라고 할 수 있다. 그런 까닭에 두 번 '사자로구나!'라고 하여 찬미하신 것이다. 살피건대, 장주莊周는 백옥을 칭찬하여 50세가 되어 49세 때의 잘못을 알았다고 말했고, 또 백옥이 60세가 되었을 때 60번 변했다(「칙양」)고 말했다. 대개 덕에 나아가는 공부가 늙어서도 게을러지지 않은 것이니, 실천이 독실하여 광채가 뚜렷이 드러났다. 단지 사자만 안 것이 아니라, 공자께서도 또한 신뢰하였다. 〈주자〉

한자 해설

- 使새(시)는 人(사람 인)+吏(아전 리)의 회의자로 실무를 맡은 아전 같이 벼슬하여 일하는 사람이란 뜻한다. 부리다使役, 행하다, 사신吳使使問仲尼, 사신 가다使于四方, 벼슬 이름少正使之數, ~에게 ~시키다使子路問津焉, ~이(가) ~한다면使我有洛陽負郭田二頃 豈能佩六國相印乎 등으로 쓰인다. **진력**: 거듭 '사호使乎'라고 말한 것은 좋게 본 것이니, 사자使者로서 그 알맞음을 얻었다는 말이다.

- 坐좌는 土(흙 토)에 두 개의 人(사람 인) 자가 결하여 사람이 나란히 앉아 있다男女雜坐, 무릎 꿇다坐行而入, 죄에 빠지다及莊坐法黥, 좌석與虎賁同坐으로 쓰인다. **주자**: '그와 함께 좌정했다與之坐'는 사자의 주인을 공경함이 사자에게까지 미친 것이다.

- 寡과는 宀(집 면)+頁(머리 혈)+分(나눌 분) 혹은 宀+頒(나눌 반)의 회의자로 적다職寡者易守, 약하다寡我襄公, 임금의 겸칭寡人之於國也, 홀어미時瑤石宮 有寡公主, 뒤돌아보다君子寡其言而行로 쓰인다.

14.27 子曰 不在其位하여는 不謀其政이니라
자 왈 부 재 기 위　　　불 모 기 정

공자께서 말씀하셨다. "그其 지위位에 있지 않으면不在, 그其 정사政를 도모하지 않는다不謀."

이 장은 사람들이 다른 관원의 직권을 참람하게 침범하는 것을 경계한 것이다. 만일 자기가 그 지위에 있지 않으면, 그 지위의 정사를 모의謀議해서는 안 된다는 말씀이다. 〈형병〉

거듭 나왔다重出.(8.14) 〈주자〉

14.28 曾子曰 君子는 思不出其位니라
증 자 왈 군 자   사 불 출 기 위

증자曾子가 말했다曰. "군자君子는 생각思이 그其 지위位를 벗어나지 않는다不出."

증자의 말은 『주역』 「간괘艮卦」 「상전象傳」의 말(象辭: 兼山 艮 君子 以思不出其位)이다. 간괘艮卦는 52번째 괘卦로 산(☶)이 위아래로 이어져 중산간괘重山艮卦라 한다. 산이 거듭됨을 상징하여 앞의 진괘震卦를 뒤집은 모습이다. 진괘의 움직임動이 언제까지나 계속될 수는 없기에, 움직임이 다하면 멈춘다. 간괘는 멈춤, 머묾, 그침이다. 자연물로는 산의 이미지이다.

간艮은 그치는 것이다. 생각이 그 지위를 벗어나지 않는다는 것은 몸이 처하는 바가 그 마땅한 곳에 그치고, 마음이 생각하는 것 또한 그 마땅한 곳에 그치는 것이다. 〈운봉 호씨〉

지위位는 단지 직책만 말하는 것이 아니다. 크게는 군신과 부자, 작게는 하나의 일과 하나의 사물에 대해서도 그 때와 장소에 따라 생각하는 것이 머물러 넘어서지 않는 것, 그것이 모두 그 지위를 벗어나지 않는 것이다. 〈남헌 장씨〉

• 位위는 人(사람 인)＋효(설 립)의 회의자로 사람이나 물건이 있어야 할 장소材非長也 位高也, <u>지위, 신분, 관직의 자리</u>不患無位, 천자나 제후의 자리春 王正月 公卽位, 지위 또는 수數의 자릿수見季子位 高金多也, 자리 잡다位列將, 天地位焉 萬物育焉, 높여서 어떤 사람을 가리키는 말各位, 神位로 쓰인다.

14.29 子曰君子는恥其言而過其行이니라
자 왈 군 자 치 기 언 이 과 기 행

공자께서 말씀하셨다. "군자君子는 그其 말이言而 그其 행동行을 넘어서는 것過을 부끄러워 한다恥(형병, 다산)."

공자께서 말씀하셨다. "군자君子는 그其 말言을 감히 다하지 않고恥(＝不敢盡)而, 그其 행行은 여유 있게 하고자 한다過(＝欲有餘)(주자)."

어떤 사람은 '말이 행동을 넘어서는 것을 부끄러워해야 한다는 뜻이다.'고 했는데, 본디 통하기는 하지만, 반드시 주자의 『집주』와 같이 두 가지 일로 해석해야 공자께서 말씀하신 본뜻을 얻는 것이다. 〈운봉 호씨〉

만일 형병 설과 같다면, 앞의 '기其' 자는 흡사 쓸데없는 것 같은 까닭에 주자가 이와 같이 해석했다. (인증해) 살펴건대, 상편에서 '옛날에 말을 함부로 하지 않은 것은 몸소 행함이 미치지 못함을 부끄러워했기 때문이다'(4.22)고 했으니, 모두 형병의 설이 옳음을 뒷받침하는 확실한 증거다. 〈다산〉

군자는 말과 행실을 상호 고려해야 한다. 만일 말이 그 행실보다 지나치면若言過其行 말만 있고 행실이 따르지 않는 것有言而行不副으로, 군자가 부끄러워하는 것이다君子所恥也. 〈형병〉

말은 쉽게 나가기 때문에 마땅히 부끄러워해야 하며, 행동은 다하기 어렵기 때문에 마땅히 넘치게 해야 한다. 〈면재 황씨〉

- 恥치는 耳(귀 이)+心(마음 심)의 회의자로 부끄러워하다其心愧恥 若撻于市, 부끄럼人不可以無恥, 치욕越王苦會稽之恥으로 쓰인다. 주자: 恥는 감히 다하지 못한다不敢盡는 뜻이다.

- 言언은 입에서 소리가 퍼져나가는 모습으로 언어言心聲也, 가르치는 말受言藏之, 맹세하는 말士載言, 말하다言而不語, 타이르다然後言其喪筭, 말씨婦德婦言, 한 마디의 말一言而蔽之 曰思無邪, 이에言旣遂矣 至于暴矣, 조사田有禽 利執言, 땅 이름出宿于干 飲餞于言, 화평하다出宿于干 飲餞于言, 고소함 등으로 쓰인다.

- 過과는 辶(지나갈 착)+咼(입이 비뚤어질 괘)의 형성자로 거치다東過洛汭, 넘다皆過栗姬, 내 이름逈其過澗, 과실不貳過, 고의가 아닌 범죄宥過無大, 죄과著有過, 그르치다過則勿憚改, 분수를 잃다日月不過 而四時不忒 등으로 쓰인다. 주자: 過는 『주역』「소괘」「상전」의 "초상에 슬픔이 '과過'하고, 소비에 검소함이 과하다喪過乎哀 用過乎儉"고 할 때의 과過와 같으니, 힘써 행하는 것을 말한다. 과過는 여유 있게 하려 한다欲有餘는 말이다.

- 行행은 왼발(彳: 조금 걸을 척)과 오른발이 교차하는 모습 혹은 사거리를 그린 것으로 걷다入山行木 毋有斬伐, 돌다日月運行, 흐르다水逆行, 움직이다天行健, 보내다激而行之 可使在山, 행함吾無所行而不與二三子者, 도로行有死人, 도리女子有行, 여정千里之行 始於足下, 길의 신其祀行, 행실觀其行, 항렬實彼周行 등으로 쓰인다.

14.30 子曰君子道者三에 我無能焉호니 仁者는 不憂하고 知者는 不惑하고
자왈 군자도자삼 아무능언 인자 불우 지자 불혹
勇者는 不懼니라 子貢이 曰夫子自道也삿다
용자 불구 자공 왈 부자자도야

공자께서 말씀하셨다. "군자君子의 도道者가 셋三인데, 나我는 능能한 것이 없다無. 인자仁者는 근심하지 않고不憂, 지자知者는 미혹되지 않고不惑, 용자勇者는 두려워하지 않는다不懼." 자공子貢이 말했다曰. "공자夫子께서 스스로自 하신 말씀道이다(자신의 길임을 말씀하신 것이다)."

인자는 천도를 즐기고, 운명을 알아 마음속으로 살펴보아도 허물이 없기 때문에 근심하지 않는다. 지자는 사리에 밝으므로 미혹되지 않고, 용자는 적을 무찔러 침략을 막기 때문에 두려워하지 않는다. 〈공영달〉

한자 해설

주자: 도道는 말하다言이다. 자도自道는 겸사謙辭와 같다.

다산: 도道란 사람이 행하는 바이다. 군자가 도로 삼는 것은 셋이 있다. 자도自道란 이른바 인仁·지知·용勇이 특별한 사람의 행실만이 아니라는 것을 말한다.

- 道도는 辶(갈 착)+首(머리 수)의 회의자로 향하여 가는 길(방법)이자 목적으로 도로道聽而塗說, 도리道也者 不可須臾離也, 우주의 본체道者 萬物之始, 작용一陰一陽之謂道, 방법吾未知吾道, 주의吾道非耶 吾何爲於此, 예악道謂禮樂, 인의君子樂得其道, 기예凡有道者 有德者, 정령顧瞻周道, 교설設何道何行而可, 방향北道姚氏, 가다九河旣道, 도교造作道書 以惑百姓, 행정 구획唐之盛時 雖名天下爲十道, 말하다故君子道其常 而小人道其怪, 다스리다道千乘之國, 말미암다故君子尊德性而道問學, 인도하다先道之以德로 쓰인다.

- 我아는 삼지창(무기)을 그린 상형자 혹은 手(손 수)+戈(창 과)의 회의자로 나(우리)는 너(너희)와 무기를 들고 대적하는 관계를 뜻한다. 나父兮生我, 나의我田旣臧, 아집毋固毋我, 굶주리다吾無糧我無食 등으로 쓰인다.

- 能능은 곰을 그린 상형자로 ~할 수 있다唯仁者能好人 能惡人, ~할 수 없다閭義不能徙, 어찌 ~할 수 있을까豈能佩六國相印乎 로 쓰인다.

14.31 子貢이 方人하더니 子曰賜也는 賢乎哉아 夫我則不暇로라
자공 방인 자왈사야 현호재 부아즉불가

자공子貢이 사람을 비교하니方人, 공자께서 말씀하셨다. "사야賜也! 현명한 것일까賢乎哉? 대저夫 나는我則 그럴 겨를이 없다不暇."

사람을 비교하여 그 장단을 견주는 것은 비록 이치를 궁구하는 일이지만, 이 일에만 전념하면 마음이 밖으로 치달아서 자신을 다스리는 일에 소홀해진다. 그런 까닭에 칭찬하시면서도 그 말씀을 의문의 형태로 남기시고, 다시 당신을 낮춤으로써 깊이 자공을 누르셨다. 배우는 자는 모름지기 '무엇 하느라 겨를이 없을 것인지'를 생각해야 한다. 모름지기 '자기 자신'에 대해 몸소 살펴보아야 비로소 알 수 있다. 〈주자〉

자공은 언어에 재주가 있었고言語宰我子貢(11.2) 비록 천명을 체득하지는 못했지만 재물을 늘리는 재주가 있었다賜不受命而貨殖焉(11.18). 또한 인물됨을 비교 평가하기를 좋아하고(11.15) 하나를 들으면 둘을 알고(5.8), 옛것을 말해주면 새로 올 것을 알았다.(1.16). 그러나 스스로 안회에 미치지 못한다는 것을 아는 인물이었다賜也何敢望回 回也聞一以知十 賜也聞一以知二. (5.8)

한자 해설
• 方방은 좌우에 손잡이가 있는 쟁기 모양의 상형자로 모毀方而瓦合, 사방文王之囿 方七十里, 방향敎之數與方名, 나란하다方舟而濟于河, 뗏목江之永矣 不可方思, 비교함, 같은 무리君子可欺以其方, 나라誕告萬方, 곳神無方, 제사 이름以社以方, 방법官修其方, 의술夫子之爲方也, 거스르다方命虐民, 약乃悉取其禁方書, 바야흐로血氣方剛, 보존함維鳩方之, 퍼짐實方實苞으로 쓰인다. 주자: 方은 비교하는 것이고, 호재乎哉는 의문사이다. 다산: 方은 좌우로 서로 비교하는 것이다. 방인方人이란 고금의 인물을 취하여, 두 사람씩 서로 비교하며 그 장단점을 논하는 것이다. 공안국이 말하길, '사람을 비교한 것이다比方人'고 했다. 살펴건대, 方은 두

배가 나란히 있는 것이다(『설문』에서 '배가 서로 나란히 있으면, 반드시 그 길고 짧음을 견주게 된다.'고 했다).

- 暇가는 日(해 일)+叚(빌릴 가)의 회의자로 '날을 빌리다'는 뜻으로 겨를, 틈壯者 以暇日修其孝悌忠信, 느긋하게 지내다不敢自暇自逸 등으로 쓰인다.

- 賢현은 貝(조개 패)+臤(구휼할 현·간)의 형성자로 많은 재화를 갖고 남에게 잘 나누어 주어 재지才智와 덕행이 있는 사람을 말한다. **다산:** 賢은 낫다愈이다. 스스로 닦음이 이미 극진해야 남을 논의할 수 있는데, 자공은 이미 남을 비교하니, 이미 나보다 낫다는 뜻이다. 현호재賢乎哉는 칭찬하는 말이지만, 공자는 자공이 심히 그릇되었다고 여겼기 때문에 칭찬하는 말을 하여 기롱했다. 나는 스스로 닦음이 아직 미진하여, 이런 한가할 짓을 할 겨를이 없다는 말이다.

14.32 子曰 不患人之不己知오 患其不能也니라
자 왈 불 환 인 지 불 기 지   환 기 불 능 야

공자께서 말씀하셨다. "남이人之 나己를 알아주지 않는다不知고 근심하지 말고不患, (단지) 자기의其 잘 하지 못함不能을 근심하라患也."

이 장과 같은 취지의 말씀은 모두 4번(1.16, 4.14, 15.19) 나오는데, 문장은 모두 다른 점이 있다. 따라서 이 한 가지 일에 대해 여러 번 말씀하신 것이니, 정녕 그리해야 한다는 뜻을 알 수 있다. 〈주자〉

인증하면, 공자께서 말씀하시길, '남이 나를 알아주지 않는 것을 걱정하지 말고, 남을 알지 못하는 것을 걱정하라.'(1.16), '나를 알아주지 않는 것을 걱정하지 말고, 알아줄만한 사람이 되기를 구하라.'(4.14), '군자는 능력이 없음을 걱정하지, 남이 나를 알아주지 않는 것을 걱정하지 않는다'(15.18)고 하였다. 〈다산〉

- 患환은 串(꿰미 천)+心(마음 심)의 회의자로 꼬치처럼 마음에 걸리는 일로 근심思則有備 有備無患, 고난而無後患, 재해君子以思患 而豫防之, 병遇風患 手足不隨, 걱정함不患人之不己知, 앓다疾患不能自存으로 쓰인다.

14.33 子曰 不逆詐하며 不億不信이나 抑亦先覺者是賢乎인저
　자 왈 불 역 사　　　불 억 불 신　　　억 역 선 각 자 시 현 호

공자께서 말씀하셨다. "(남이) 속일 것詐이라고 미리 짐작逆하지 말고不, 믿지信 않을 것不이라고 미리 억측億하지 말라不. 그렇지만抑 또한亦 (남의 진정과 허위에 대해) 먼저 깨닫는 자先覺者가 곧是 현명할 것이리라賢乎!"

비록 미리 짐작하지 않고, 억측하지 않지만, 사람의 진실과 거짓에 대해 저절로 미리 깨달아야 현명한 것이라는 말씀이다. 〈주자〉

- 逆역은 辶(쉬엄쉬엄 갈 착)+屰(거스를 역: 사람 혹은 大자를 뒤집어 그린 것)의 회의자로 윗사람을 넘보다爲下而勝 逆也, 배반하다勇而不中禮 謂之逆, 불러오다逆時雨, 미리 앎知來者逆 是故易逆數也, 합류하다同爲逆河, 죄악從逆凶, 거꾸로吾故倒行而逆施之, 내치다逆牆六分로 쓰인다. **주자**: 逆은 아직 이르지 않았는데 미리 맞이하는 것未至而迎之也이다.

- 詐사는 言(말씀 언)+乍(잠깐 사=만들다)로 만든乍 말로 속이다匿行曰詐, 기롱하다掎契司詐, 말을 꾸미다繁戰之君 不恥於詐, 문득詐戰不日으로 쓰인다. **주자**: 詐는 남이 나를 속이는 것人欺己이다. 불신不信은 남이 나를 의심하는 것人疑己이다. 억抑은 반어사이다.

- 億억은 人(사람 인)+意(뜻 의)로 사람이 뜻대로 만족함을 말하여 억億兆蒼生: 萬x萬, 편안하다心億則樂, 헤아리다不億不信는 뜻이다. 憶억(心+意: 마음에 담은 뜻), 臆억(肉+意: 가슴에 담은 뜻)과 통용된다. **주자**: 億은 아직 드러나지 않았는데 미리 의견을 내는 것未見而意之이다. 불신不信은 남

이 나를 의심하는 것人疑己이다. **다산**: 億은 '억즉누중億則屢中: 헤아리면 자주 들어맞았다'(11.18)의 億과 같이 읽는다.

- 抑억은 手(손 수)＋卬(나 앙＝卬꿇고 있는 사람을 짓누르는 모습)의 회의자로 누르다抑心而自強, 도장을 찍다若璽之抑埴, 물러나다不激詭 不抑抗, 막다禹抑鴻水, 아름다운 모양抑若揚今, 도대체, <u>도리어, 게다가</u>抑王興甲兵危士臣, 혹은求之與 抑與之與, 추측抑臣又聞之, 감탄 탄식抑齊人不盟 若之何 등으로 쓰인다. **주자**: 抑은 <u>반어사</u>이다. **다산**: 무릇 抑 자는 모두 <u>대략 앞 글의 뜻을 뒤집는 것</u>이다.

14.34 微生畝謂孔子曰 丘는 何爲是栖栖者與오 無乃爲佞乎아
미 생 묘 위 공 자 왈 구   하 위 시 서 서 자 여   무 내 위 녕 호
孔子曰 非敢爲佞也라 疾固也니라
공 자 왈 비 감 위 녕 야   질 고 야

미생묘微生畝가 공자孔子를 일컬어謂하여 말했다曰. "구丘는 어찌하여何爲 이처럼是 연연하는가栖栖者與? 말재주나 부리는 것乃爲佞이 아닌가無?" 공자께서 말씀하셨다. "감敢히 말재주를 부리는 것爲佞이 아니라非也, 고집스러움固을 질시하는 것입니다疾也."

「헌문」14장과 「미자」18장에는 미생묘와 같은 은자隱者들이 자주 등장하여, 공자의 현실에 대한 개혁의지와 처신을 이처럼 기록하고 있는 것을 볼 수 있다. 이른바 비관적 허무주의자인 이들과는 구별되게, 공자는 언제나 때에 알맞게時中 행하고 처신하려고 했다.

말재주를 부려 남을 즐겁게 하는 것은 미치지 못함의 잘못이고, 하나만 잡고 통하지 않는 것은 지나침의 잘못이다. 성인께서는 단지 중도中道를 가실 뿐이다. 〈경원 보씨〉

주자: 미생微生은 성이고, 묘畝는 이름이다. 공자의 이름을 부르고 말씨가 심히 거만하니, 아마도 나이와 덕이 있는 은둔자일 것이다. 서서栖栖는 연연함依依이다. 위령爲佞은 말재주로 남을 즐겁게 하는데 힘쓰는 것을 말한다. 질疾은 싫어함이다疾惡也. 고固는 하나만 잡고 통하지 않는 것이다執一而不通也. 성인께서 뛰어난 존자達尊에게 예는 공손히 하면서도 말은 곧게 하신 것이 이와 같으니 그 경계하심이 또한 깊다.

다산: 형병이 말하길, '서서栖栖는 황황皇皇과 같다.'고 했다(무엇 때문에 이처럼 동서남북으로 허둥지둥 바쁘게 돌아다니는가?), 서서栖栖는 편안하지 못함을 뜻不安之意한다. 질疾은 염오厭惡이지, 증오憎惡하는 것은 아니다. 고固는 막히고塞 고루陋하다는 것이다. 은거하여 혼자서만 선하여隱居獨善 세상을 버리고 남과 인연을 끊은 자는 그 도가 막히고 고루하기 때문에 군자는 싫어한다. 공자는 스스로 본의를 말씀하였을 뿐, 미생을 반박하듯이 절박하게 기롱하지는 않았다.

• 栖서는 木(나무 목)+西(서녘 서: 새의 둥지)의 형성자로 서棲(棲息處)와 같이 깃들다, 살다, 쉬다, 집, 바쁜 모양, 고적한 모양의 뜻이다. 서서栖栖는 외롭고 영락한 모양, 바쁘고 불안한 모양을 나타낸다. **쌍봉 요씨:** 새가 나무에 집을 지어 깃들어 살면서 떠나지 않는 것이다. **다산:** 『시경』「소아」의 '육월서서六月栖栖 융거기칙戎車旣飭'의 서서栖栖(병거를 검열하여 군사들이 분주한 모양)'와 같다.

• 佞(侫)녕은 女(여자 녀)+仁(어질 인)의 회의자로 여자가 친근하게 대하다는 뜻에서 전의되어, 아첨하다友便佞損矣, 간사하다以邪導人謂之佞, 영리함我不佞雖不識亦不可感, 말재주가 있음是故惡夫佞者,佞人으로 쓰인다.

• 疾질은 疒(병들 녁)+矢(화살 시)의 회의자로 사람이 화살에 맞아 누워있는 것으로 질병若藥弗瞑眩 厥疾弗瘳, 근심하다君子疾沒世而名不稱焉, 고생하다使民疾與, 미워하다夫撫劍疾視, 시새우다人之有技 冒疾以惡으로 쓰인다.

• 固고는 囗(에운담 위)+古(옛 고)의 회의자로 완고함稽首固辭, 단단하다兵勁城固, 굳이毋固獲, 본디固有, 진실로固不可以敵大로 쓰인다.

14.35 子曰驥는 不稱其力이라 稱其德也니라
자 왈 기 불 칭 기 력 칭 기 덕 야

공자께서 말씀하셨다. "훌륭한 말驥(=駿馬)은 그其 힘力을 칭稱한 것이 아니라不, 그其 덕德을 칭한 것이다稱也.

이 장은 당시 힘으로 승리를 쟁취하는 것만 숭상하고, 덕을 중요하게 보지 않던 것을 경계한 것이다. 〈형병〉

훌륭한 천리마가 비록 힘이 있다고 할지라도, 그 칭찬은 덕에 있다. 사람이 재주가 있지만, 덕이 없다면, 또한 어찌 숭상할 만하겠는가? 〈윤돈〉

덕德은 『설문』에서는 "승升(上昇=登)으로 척彳이 형부가 되고, 덕悳이 성부가 된다從彳悳聲."고 하였다. 본래 천자의 순행·순시·은혜·전렵·정벌 등과 같은 주요한 업적을 말했지만, 서주西周초기에 그런 업적을 가능하게 하는 내면의 상태를 강조하기 위해 '심心'자가 부가 되었다. 덕德이란 선천적으로 주어진 것인가, 아니면 후천적으로 체득되는 것인가 하는 논쟁이 있어 왔다. 여기서는 힘과 덕의 관계가 문제된다. 주자(윤돈)는 힘과 덕 가운데 덕에 높은 비중을 두었다 그렇지만, 행사行事 이후에 덕의 명칭이 있다고 주장한 다산은 사공事功의 입장에서 재주와 덕의 분리를 거부하면서 힘과 덕의 병진을 주장한다. 다음의 주자와 다산의 해설을 비교해 보자.

범조우와 여대림은 재능才은 하늘에서 부여받고, 덕德은 습관에 달렸다고 여겼다. 그들이 덕을 알았다고 할 수 없다. 사람이 우주의 중화의 기운을 받아 생겨날 때, 이 덕도 이미 그 본성 속에 뿌리박고 있다. 모든 사람들이 태어날 때부터 알아 자연스럽게 실천하지는 못하기 때문에, 학문에 의지하여 덕을 완성하는 것이지, 학문에 의지해야 비로소 덕이 생겨는 것이 아

220

니다. 어찌 덕이 순전히 습관의 결과이고, 천부적인 것이 아니라고 할 수 있겠는가? ⋯ 성인의 뜻은 천리마가 힘도 있지만, 칭찬받는 것은 그 덕 때문이지 그 힘 때문이 아니라는 말이다. 군자의 경우도 재주가 쓸모없다는 말이 아니다. 주공은 재주와 기예가 많았고, 공자도 온갖 비천한 일에도 능했는데 어찌 재주가 없었겠는가? 다만 주공답고 공자다운 까닭은 재주가 아니라, 덕이 찬양받기 때문이다. 〈주자〉

말이 잘 조련되고 양순한 것 역시 그 재주이다. 옛사람은 덕을 재주로 여겼으니, 어찌 재주를 경계하겠는가? 예羿는 활쏘기를 잘 하고, 오奡는 배를 잘 끌고, 우禹와 직稷은 몸소 농사를 지었는데, 이는 모두 힘과 덕이다. 형병의 설은 바꿀 수 없다. 〈다산〉

한자 해설

- 驥기는 馬(말 마)+冀(바랄 기)의 형성자로 하루에 천 리를 달리는 준마驥不稱其力 稱其德, 준재附驥尾而行益顯를 말한다. **형병**: 驥는 옛날의 좋은 말의 이름古之善馬名이다. **정현**: 덕德이란 길이 잘 들어 양순한 것調良을 말한다(호병문이 말하길, '조調란 잘 길들여져서 당기고 몰기 쉬운 것이고, 양良이란 순하게 복종하여 차거나 물지 않는 것이다.'고 했다).
- 稱칭은 禾(벼 화)+再(들 칭)의 회의자로 벼의 무게를 달다, 저울질하다가 원뜻이다. 이르다其知不足稱也, 칭찬함君子稱人之善則爵之, 명칭子者男子之通稱也, 들어올리다稱爾戈, 등용함禹稱善人, 저울질하다蠶事旣登 分繭稱絲, 맞다巽稱而隱, 알맞다禮不同 不豐不殺 蓋言稱也, 알맞은 정도貧富輕重 皆有稱者也로 쓰인다.
- 力력은 팔에 힘을 줄 때 근육이 불거진 모양의 상형자로 근육의 운동或勞心 或勞力, 운동·작용·활동·기능 등을 가능하게 하는 힘信爲造化力, 효험效力, 물체 상호간의 작용原子力, 부지런히 일함農服田力穡, 병사率見力決戰 등으로 쓰인다.

14.36 或이 曰 以德報怨이 何如하니잇고 子曰 何以報德고 以直報怨이오
혹　왈　이덕보원　　하여　　　　자왈하이보덕　　이직보원

以德報德이니라
이덕보덕

어떤或 사람이 말했다曰. "덕으로以德 원한怨을 갚으면報 어떻습니까何
如?" 공자께서 말씀하셨다. "(그러면) 무엇으로何以 덕德을 갚겠는가報?
곧음으로以直 원한怨을 갚고報, 덕으로以德 덕德을 갚는다報."

『노자』에 나오는 말을 직접 인용하고, 약간의 비판을 가하고 있는 이
구절을 통해 유가와 도가의 차이를 찾아볼 수 있다. 공자는 존재론적인
측면에서 뿐만 아니라, 윤리적인 측면에서도 명실이 상부하는 정명正名
을 주장했다. 이러한 정명의 원리에서 "곧음으로 원한을 갚고, 덕으로
덕을 갚는다."라고 주장했다. 그런데 우주 전체를 포괄하는 도의 관점에
서 모든 존재의 상의상대성相依相對性을 주장하는 노자는 "원한을 덕으
로 갚을 때에 진정한 화해가 이루어진다."고 주장했다. 『노자』에 다음과
같은 말이 나와 있다.

"무위를 실천하고, 무사의 일을 하고, 무미를 맛으로 하여, 큰 것을 작게
하고, 많은 것을 적게 하며, 원한은 덕으로 갚으니, 어려운 일은 쉬울 때
도모하고, 큰일은 세미할 때에 처리한다. 천하의 어려운 일은 반드시 쉬
운 일에서 일어나며, 천하의 큰일은 반드시 작은 일에서 일어난다. 그러므
로 성인은 끝내 큰일을 하지 않으나, 그런 까닭에 그 큰일을 이룬다. 대저
쉽게 승낙하는 것은 필시 미덥지 못하고, 쉬운 일이 많으면 반드시 어려
운 일이 많아진다. 그러므로 성인은 (쉬운 일을) 오히려 어렵게 여기니, 그
런 까닭에 끝내 어려운 일이 없느니라.事無事 味無味 大小 多少 報怨以德 圖難於
其易 爲大於其細 天下難事 必作於易 天下大事 必作於細 是以聖人 終不爲大 故能成其大
夫輕諾 必寡信 多易必多難 是以聖人 猶難之故終無難 ─『도덕경』63장

222

기독교 또한 신의 무조건적 사랑에 기반하여 "원수를 사랑하라"고 명령했다.

> 나는 너희에게 이르노니 너희 원수를 사랑하며 너희를 박해하는 자를 위하여 기도하라. ―「마가」 5.44

> 그러나 너희 듣는 자에게 내가 이르노니 너희 원수를 사랑하며 너희를 미워하는 자를 선대하며 ―「누가」 6.27

> 오직 너희는 원수를 사랑하고 선대하며 아무 것도 바라지 말고 꾸어 주라. 그리하면 너희 상이 클 것이요 또 지극히 높으신 이의 아들이 되리니 그는 은혜를 모르는 자와 악한 자에게도 인자하시니라. ―「누가」 6.35

이러한 언명들에 대한 공자가 비판한 까닭은 주자의 다음 말이 잘 설명해 준다. 비유컨대 남이 나에게 천금을 주었다면 내가 천금으로 보답하는 것은 당연한 일이다. 그런데 혹시 어떤 사람이 내게 천금을 도둑질했는데 내가 또 천금을 준다면 이 무슨 이치이랴! 이는 천금을 준 사람과 경중의 차이가 없는 것으로 보이니, 단연코 이런 일은 할 수가 없다. 우리는 이러한 언명들에서 공자, 노자와 예수의 사상 간의 차이점을 확인할 수 있다.

한자 해설
주자: 어떤 사람이 칭한 것은 지금 『노자』에 나온다. 덕은 은혜恩惠를 말한다. 원한이 맺힌 자에게 이미 덕으로 갚았다면, 남이 나에게 덕을 베풀었다면 또한 장차 무엇으로 보답하겠는가? 라는 말이다. 원한이 맺힌 자에게 애증愛憎과 취사取捨가 하나 같이 하여 지극히 공정하고 사사로움이 없는 것一以至公而無私이 이른바 곧음直이다. 덕을 베푼 자에 대해서는 반드시 덕으로 보답하고 잊어서는 안 된다.

다산: 덕은 은恩이다(하안이 말하길, '은혜의 덕恩惠之德이다). 박박薄하게 할 것에 후厚하면, 후하게 할 것에는 할 것이 없기 때문에, (원한에는) 덕을 유보하고, (덕으로) 덕에 보답해야 한다. 직直이란 속이지 않는 것不罔이다(앞 편의 망罔과 직直은 대칭對稱이다). 사람이 원한이 있는 자에게는 속이지 않고 원한을 깊으면, 그것으로 충분하다. 살피건대, 노자의 도는 자애慈愛를 주로 삼았기 때문에 덕으로서 원한을 갚는 것이다.

- 報보는 執(잡을 집)+又(또 우)의 회의자로 붙잡아 대가를 치르다(갚다)가 원뜻이다. 보답有親不能報, 結草報恩, 알리다行泣報壹子, 速報, 나아가다 毋報往 등으로 쓰인다.

- 怨원은 夗(누워 딩굴 원)+心(마음 심)의 회의자로 원망하다老使我怨, 고깝게 여기다祿厚者民怨之, 책망하다我其不怨, 슬퍼하다其民必怨, 원한困以寡怨, 원수外舉不辟怨 등으로 쓰인다.

- 直직은 目(눈 목)+十(열 십)+乚(숨을 은)의 회의자로 굽은 데가 없다其直如矢, 바름爰得我直, 공정하다王道正直, 꾸미지 않다尤簡直, 바른 길友直, 바로잡다正直是與의 뜻이다.

14.37 子曰 莫我知也夫인저 子貢이 曰 何爲其莫知子也잇고
자 왈 막 아 지 야 부   자 공   왈 하 위 기 막 지 자 야

子曰 不怨天하며 不尤人이오 下學而上達하노니 知我者는 其天乎인저
자 왈 불 원 천   불 우 인   하 학 이 상 달   지 아 자   기 천 호

공자께서 말씀하셨다. "나我를 알아보는知 이가 없구나莫也夫!" 자공子貢이 말했다曰. "어찌何 그其 선생님子을 알아보는知 이가 없다莫고 하십니까爲也?" 공자께서 말씀하셨다. "하늘天을 원망怨하지 않고不, 사람人을 탓尤하지 않고不, 아래로 배워서下學而 위로 (천리에) 통달上達하니, 나我를 아는 이知者는 아마도其 하늘일 것이다天乎!."

『사기』「공자세가」에서는 이 말을 공자가 죽기 2년 전인 노나라 애공

哀公 14년(기원전 481년)의 했던 말이라고 했다. 그해 봄에 기린이 잡혀 죽었다. 상서로운 짐승인 기린의 죽음을 보고, 공자는 자신의 사람도 이제 끝이로구나 하는 절망감을 느끼고, 그 가운데에 이런 말을 했다는 것이다. 다른 한편, 이 말은 공자가 지천명知天命에 도달한 소회를 밝힌 것으로 해석되기도 한다.

가장 큰 쟁점은 '하학이상달下學而上達'이란 말을 어떻게 해석할 것인가 하는 점이다. 주자는 하학을 형이하의 인사人事를 배우는 것이며, 상달上達은 형이상의 이치를 통달하는 것, 즉 인사를 배워 이치에 통달하는 것이라고 해석했다. 그런데 다산은 여기서 학學은 도를 배우는 것이고, 달達이란 여기서 저기에 이르는 것을 말하는데, 우선 인사人事에서 효제인의孝弟仁義의 도리를 배우는 것에서 시작하여 배움을 쌓아 올라, 마침내 하늘을 섬김事天에 도달하는 것이라 했다. 이렇게 다산은 인사의 도리에서 시작하여 덕을 쌓아 하늘을 섬기는 데에 나아가는 것을 중시했다. 형이하의 인사와 형이상의 도천리, 천, 상제의 관계설정은 철학적으로 주요한 문제이다. 주자의 입장은 다음과 같다.

물었다. 하학하여 상달한다는 것은 처음에는 하학으로 시작하여 끝내는 상달한다는 말씀일 뿐입니다. 그런데 지금 정자는 사람의 일人事을 하학하는 것이 곧 하늘의 이치天理를 상달하는 것이라 했으니, 어째서입니까? 주자가 답했다. 배우는 것은 사람의 일을 배우는 것이니 형이하의 것이지만, 그 일의 이치는 본디 하늘의 이치이니 형이상의 것이다. 이 일을 배워 그 이치에 통하는 것은 형이하의 것에 근거해 형이상의 것을 깨닫는 것이니, 하늘의 이치를 깨닫는 것이 아니고 무엇이겠는가?

한자 해설

마융: 세상에 쓰이지 못하여도 하늘을 원망하지 않으며, 사람들이 알아주지 않아도 사람을 탓하지 않는다.

공안국: (하학이상달下學而上達이란) 아래로 사람의 일을 배우고, 위로 천

명을 아는 것이다.

하안: 성인은 천지와 그 덕이 합치하기 때문에 오직 하늘만이 자기를 안다고 말씀하셨다.

주자: 하늘로부터 얻지 못해도 하늘을 원망하지 않고, 사람과 부합하지 않아노 사람을 탓하지 않으며, 다만 아래로 배워서 자연히 위로 통달한 것을 안다. 이는 단지 자신을 돌이켜 스스로 닦고 순서에 따라 점차 나아갈 뿐 남과 다르게 해 알아줄 것을 바라지는 않는다고 공자께서 스스로 말씀하신 것이다. 그러나 그 말뜻을 깊이 음미해보면 그 안에는 사람이 미처 알지 못하지만, 하늘만 홀로 아는 신묘함이 원래 있음을 알 수 있다.

다산: 하늘을 원망하지 않고 사람은 탓하지 않는 것은 곧 마음속의 은밀한 공부라서 남들이 알 수 있는 것이 아니다. 하학下學은 도를 배우는 것學道을 말하는데, 사람의 일에서부터 시작한다(곧 효제인의即孝弟仁義). 상달上達은 공덕을 쌓음積功을 말하는데, 천덕天德에 이르러서 그친다(곧 말한바, 사친事親에서 시작하여 사천事天에서 마친다). 하학下學은 남이 아는 것이다(행사行事에 나타난다). 상달上達은 남이 아는 것이 아니다.

• 怨원은 夗(누워 딩굴 원)+心(마음 심)의 회의자로 원망, 책망하는 마음老使我怨, 我其不怨을 말한다.

• 天천은 사람大 위의 하늘一을 나타내는 회의자로 하늘天地, 조화의 주재자順天者存, 운명樂天知命, 기후雨天, 천성先天的, 양陽: 飛龍在天, 자연自然 등으로 쓰인다.

• 尤우는 상형자로 손又으로 가로막힌 끝一을 넘어 나아가려는 모양 혹은 손에 난 무사마귀로 더욱汝時尤小, 유달리 뛰어남拔其尤, 탓君無尤焉, 탓하다로 쓰인다.

• 人인은 서 있는 사람의 상형자로 인간惟人萬物之靈, 백성勤恤人隱, 남修己以安人, 어떤 사람今有人 見君則映其一目으로 쓰인다.

• 學학은 『설문』에서 학이란 각오覺悟라고 하고 하여, 배워서 깨친다는

뜻이라 했다. 배우다學而時習之, 不亦說乎, 학문爲學日益, 爲道日損, 학생, 학자碩學, 학교國有學, 학파易有京氏之學를 뜻한다.

- 達달은 辶(쉬엄쉬엄 갈 착)+羍(어린 양 달)의 회의자로 양을 모는 사람을 그려, 막힘이 없이 통달하다理塞則氣不達, 이르다專達於川, 눈트다驛驛其達, 꿰뚫다蹶達膝, 자라다先生如達, 깨닫다能達虛實之數者, 사리에 밝음性明達好謀의 뜻이다.

14.38 公伯寮愬子路於季孫이어늘 子服景伯이 以告曰
　　　공백료소자로어계손　　　자복경백 이고왈

夫子固有惑志於公伯寮하나니 吾力이 猶能肆諸市朝니이다
부자고유혹지어공백료　　　오력　유능사저시조

子曰 道之將行也與도 命也며 道之將廢也與도 命也니
자왈 도지장행야여 명야 도지장폐야여 명야

公伯寮其如命에 何리오
공백료기여명 하

공백료公伯寮가 계손에게於季孫 자로子路를 참소愬하니, 자복경백이子服景伯 공자께 아뢰어以告 말하였다曰. "그 분夫子(＝季孫)이 본래固 공백료 (의 참소) 때문에於公伯寮 (자로에게) 의혹을 품고 있지만有惑志, 나의 힘吾力은 오히려猶 능히能히 (공백료를 죽여) 저자市나 조정朝에 (그 시신을) 내걸肆 수 있습니다(그 분夫子이 본래固 자로에게 의혹을 품고 있지만有惑志, 공백료에 대해서於公伯寮 나의 힘吾力은 오히려猶 능히能히 공백료를 죽여 저자市나 조정朝에 그 시신을 내걸肆 수 있습니다)." 공자께서 말씀하셨다. "도가道之 장차將 행하여지는 것行也與도 운명命이며, 도가道之 장차將 폐하여지는 것廢也與도 운명命이다. 공백료公伯寮가 그其 운명命을 어찌 하겠는가如何?"

이 말씀을 하시어 경백을 깨우치고, 자로를 안심시키고, 백료를 경고하셨을 뿐이다. 성인께서는 이해관계의 갈림길에서 명命의 결정을 기다린 후에야 태연하신 것이 아니다. 〈주자〉

군자는 벼슬을 하여 장차 도를 행하려 한다. 성인께서는 명命을 말씀하시지 않는다. 그러나 도가 행해지거나 행해지지 않는 것은 명命이 있는데, 하늘에 달려 있으니, 한 사람의 공백료가 능히 어떻게 할 수 있는 것이 아니다. 참소가 마음을 움직이는 것도 아니며, 주륙하여도 명을 맞이할 수 없는 것이 아니라는 것을 말하였다. 〈다산〉

한자 해설

- 愬소는 朔(초하루 삭)+心(마음 심)의 형성자로 하소연하다薄言往愬, 하소연膚受之愬, 헐뜯어 말함, 두려워하다履虎尾愬愬 終吉, 놀라다愬而再拜로 쓰인다. **마융**: 愬는 참소讒이다.

- 肆사는 툱(길 장)+隶(미칠 이)의 회의자로 방자하다寧貪賤而輕世肆志焉, 거리낌 없이 말하다古之狂也 肆, 죄인을 죽여 효시梟示하다, 진열함問大夫之幣 俟于郊爲肆, 마침내肆類于上帝, 그러므로肆予以爾衆士, 참으로肆其靖之, 이제肆王惟德用和懌, 크다越厥彊土 于先王肆, 길다其風肆好, 빠르다肆伐大商, 찌르다是伐是肆, 고사子惟率肆矜爾, 관영官營 공장百工居肆, 악장 이름肆夏으로 쓰인다. **정현**: 죄가 있어 이미 처형되어, 그 시체를 펼쳐놓는 것을 肆라 한다. **형병**: 대부 이상은 조정에 펼쳐놓고, 사土이하는 저자에 펼쳐놓는다. **주자**: 肆는 시체를 늘어놓음이니, 공백료를 죽이고 싶다는 말이다.

- 朝조는 艸(풀 초)+日(해 일)+月(달 월)의 회의자로 아침朝夕, 비롯하는 때正月一日爲歲之朝, 제후가 천자를 알현하다朝宗于海, 제후끼리 회견하다交世相朝, 조정朝臣, 정사暮年不聽朝, 왕조王朝, 흘러들다江漢朝宗于海로 쓰인다. **다산**: 朝란 백관의 부서가 늘어서 있는 곳이다百官府署之所列也.

- 廢폐는 广(집 엄)+發(필 발)의 회의자로 폐하다道術之廢, 엎드리다千人皆廢, 떨어지다廢於爐炭, 그만두다半塗而廢, 바뀌다廢爲殘賊, 움직이다廢中權로 쓰인다.

- 命명은 『설문』에 "口+령令의 형성자로 입을 열어 호령하는 모습"으로 시킨다使는 뜻이다. 명命에는 요수・사생・도의 흥폐를 결정하는

운명命定之命과 내재적인 자율적인 성명性命(德命義, 使命)이 있다, 어찌할 수 없는 것으로 주어진 운명은 인간에게 주어진 객관적인 제약·한계를 의미하지만, 자각과 자율로 실천해야 할 사명으로 주어진 천명은 인간의 가능성과 자유의 실현을 의미한다. **주자:** (공자께서) 무릇 命을 말씀하신 것은 모두 중인들 때문에 말씀하신 것이다. 보통의 경우는 어쩔 수 없는 처지에 이르러서야 비로소 命을 말씀하신다. 여기서 '명命이다'는 것은 경백 때문에 말씀하신 것이다. 성인께서는 등용되면 행하고, 버려지면 숨어서 일찍이 어쩔 수 없는 처지에 놓이신 적이 없으니, 어찌 命을 말씀하실 필요가 있겠는가?

14.39 子曰 賢者는 辟世하고 其次는 辟地하고 其次는 辟色하고
자 왈 현 자 피 세 기 차 피 지 기 차 피 색

其次는 辟言이니라
기 차 피 언

공자께서 말씀하셨다. "현자賢者는 세상世을 피辟하고, 그其 다음次은 땅地을 피辟하며, 그其 다음次은 안색色을 보고 피辟하고, 그其 다음次은 말言을 듣고 피辟한다."

천하에 도가 없으면 은둔하는 것이니, 백이伯夷나 태공太公의 경우가 그것이다. 어지러운 나라를 떠나 잘 다스려지는 나라로 가는 것이다. 예의를 갖춘 모습이 아니면 떠난다는 것이다. 어그러진 말이 있으면 떠난다는 것이다. 〈주자〉

천하는 크고 나라는 작지만, 피세와 피지는 모두 그 나라를 피하는 것이고, 피색과 피언은 그 사람을 피하는 것이다. 대소의 순서로 현자의 덕의 우열이 있다는 것이 아니라, 사람이 부딪히는 상황(경우)에 따라 나열한 것이다. 〈운봉 호씨〉

다산: 이름을 감추고 자취를 숨기어서, 세상에 살아도 세상이 알아보지 못하는 것이 바로 피세辟世이다. 마융이 말하길, '어지러운 나라를 떠나 잘 다스려지는 나라로 가는 것이다.'고 했는데, 이것이 피지辟地이다. 안색을 보고 떠나는 것이 바로 피색辟色(형병이 말했다. 치란治亂을 미리 선택할 수는 없지만, 단지 임금의 안색을 살펴 자기를 싫어하는 기색이 있으면 즉시 떠나는 것이다)이다. 한마디 말을 듣고, 장차 난亂이 일어날 것을 알고 떠나는 것이 바로 피언辟言이다. 살피건대, 피세辟世란 후세의 이른바 대은大隱이다(성시에 숨었다隱城市). 피지辟地란 곧 소은小隱인다(산림에 숨었다隱山林).

- 賢현은 貝(조개 패)＋臤(구휼할 현·간)의 형성자로 많은 재화를 갖고 남에게 잘 나누어 주다, 혹은 신하와 재산을 잘 관리又하는 재능 많은 사람이다. 재지才智와 덕행이 있다使仁者佐賢者, 아성의 재덕賢者 亞聖之名, 어진 사람野無遺賢, 착하다必以肆奢爲賢, 낫다某賢於某若干純, 재물이 넉넉함賢 貨貝多於人也, 많다賢於千里之地, 지치다我從事獨賢, 두텁다賢於兄弟, 존경하다賢賢易色, 재물을 나누어 어려운 사람을 구제하는 일以財分人 謂之賢, 남에 대한 존칭 등으로 쓰인다.

- 辟벽은 辛(매울 신: 형벌의 칼)＋尸(볼기 독: 尸＋口)의 회의자로 형벌의 주재권을 지닌 군상下民之辟, 천자辟遇有德, 제후百辟卿士, 장관三卿一長曰辟, 지아비夫曰皇辟, 하늘蕩蕩上帝 下民之辟, 본받다辟爾爲德, 구슬於樂辟廱, 없애다辟除, 길쌈함妻辟纑, 피하다主人般還曰辟, 사특하다其命多辟, 개간함辟土地, 마음이 치우치다人之其所親愛而辟焉, 가슴을 치다寤辟有摽, 견주다辟如行遠로 쓰인다.

- 次차는 二(두 이)＋欠(하품 흠)의 회의자로 입에서 침이 튀는 모습으로 마음대로, 비방하다가 원뜻이나, 후에 '버금가다'나 '다음'으로 가차되었다. 버금其次致曲, 이어짐論孟次之, 다음에次言存養省察之要, 매기다差次列侯功, 유숙함王次于河朔, 其行次且, 여관旅卽次, 회수三次論靜退, 다음의次車之乘, 어조사造次必於是, 나아가지 못하다王次于河朔로 쓰인다.

공자께서 말씀하셨다. "일어난 사람作者은 일곱 사람이다七人矣."

작作은 하다爲이다. 이렇게 실행한 자가 무릇 일곱 사람이니, 장저長沮, 걸익桀溺, 장인丈人, 석문石門, 하궤荷蕢, 의봉인儀封人, 초광접여楚狂接輿를 말한다. 〈포함〉

작作은 일어나는 것起也이니, 일어나서 은둔하러 간 사람起而隱去者이 지금 일곱이라는 말이다. 누군지는 알 수 없으나, 구태여 사람들을 찾아 밝히려고 한다면 지나치게 천착하는 것이다. 〈이욱〉

살피건대, 『역경』「계사하전」에 '기미를 보고 일어난다見幾而作'고 했으니, 일어난 일곱 사람은 진실로 은둔한 사람이고, 또 반드시 공자와 시대를 같이한 사람들이다. 포함의 설이 조금 낫지만, 다만 누구누구라고 말하는 것은 믿지 못하겠다. 〈다산〉

무릇 책에 실린 내용 중에 마땅히 깊이 탐색해야 하는 것이 있는데, 이 경우 깊이 탐색하지 않으면 대충하는 잘못을 범하게 된다. 반드시 지나치게 구할 필요가 없는 것도 있으니, 이 경우에 지나치게 구하면 천착하는 잘못을 범하게 된다. 이른바 마땅히 깊이 탐색해야 하는 것은 의리義理이고, 지나치게 구할 필요가 없다는 것은 이 대목章에 해당된다. 〈경원 보씨〉

한자 해설
• 作작은 人(사람 인)+乍(잠깐 사: 옷깃에 바느질하는 모습으로 만들다)의 회의자로 새로 창안해 만들어냄述而不作, 創作, 하다自作孽不可逭, 되다翻手作雲覆手雨, 생겨남有聖人作, 만든 것傑作, 작황作況(豊作), 저작田舍翁火爐頭之作, 원망하다侯作侯祝으로 쓰인다.

자로子路가 석문에서於石門. (하룻밤) 유숙宿했다. 문지기晨門가 (물어) 말했다曰. "어디에서奚自 오셨소?" 자로子路가 말했다曰. "공씨孔氏(문하)에서自 왔소." (문지기가) 말했다曰. "바로是 그其 할 수 없다不可는 것을 알면서도知而 하는 사람爲之者 말이지요與?"

신문은 공자가 세상에 (도를) 펼칠 수 없다는 것을 알면서도 억지로 그 일을 하며, 능히 은둔하여 세상을 피하지 못한다고 비난하려고 했다. 〈포함과 형병〉

신문은 성인께서 천하를 보심에 어떻게 할 수 없는 때는 없다는 것은 알지 못했다. 〈호인〉

말한 것은 기롱이지만, 그 마음만은 사랑함이 지극하였다. 정情이 그 말에 나타나 있는 것이 천년이 지난 뒤에도 눈앞에 보이는 듯하다. 〈다산〉

한자 해설

- 宿숙은 사람人이 집안宀에서 자리 위에 쉬는 모습으로 자다, 유숙하다, 묵히다不宿肉, 오래 머무르다破宿血, 숙위宿衛하다, 미리(사전에: 學不宿習無以明名), 숙소宿所, 재계齋戒하다三日宿로 쓰인다.

- 晨신은 日(해 일)+辰(때 신: 풀을 베는 도구)의 형성자로 이른 새벽에 낫으로 풀이나 벼를 베는 모습으로 새벽夜鄕晨, 晨旦, 새벽을 알림牝鷄之晨, 28수宿의 하나農祥晨正로 쓰인다. **주자**: 신문晨門은 새벽에 성문을 여는 일을 관장하는 자인데, 대개 현인인데 문지기로 은둔한 자이다.

- 自자는 코의 상형자로 스스로 친히, 몸소 자기天行健 君子以自彊不息, 저절로自然而已, 쓰다自仁率親, 출처知風之自, 비롯하다晨門曰 奚自, ~으로

부터有朋自遠方來 不亦樂乎, 夫仁政必自經界始, ~이 아닌 한自非聖人 外寧
必有內憂으로 쓰인다. **주자:** 自는 '(~로) 부터從'이니, 그가 어디에서 왔
는지를 물은 것이다.

14.42 子擊磬於衛러시니 有荷蕢而過孔氏之門者曰 有心哉라 擊磬乎여
자 격 경 어 위　　유 하 궤 이 과 공 씨 지 문 자 왈 유 심 재　 격 경 호

旣而曰鄙哉라 硜硜乎여 莫己知也어든 斯已而已矣니
기 이 왈 비 재　 경 경 호　 막 기 지 야　　사 이 이 이 의

深則厲오 淺則揭니라 子曰 果哉라 末之難矣니라
심 즉 려　 천 즉 게　　자 왈 과 재　 말 지 난 의

공자子께서 위나라에서於衛 경쇠磬를 치실擊 때, 삼태기蕢를 지고荷而 공
자의 문孔氏之門을 지나던 자有過者가 말하였다曰. "마음心이 있구나有,
경쇠磬를 치는 것에擊乎." 조금 있다가旣而 말하였다曰. "비록하구나鄙哉,
저 경경한 소리여硜硜乎! 자기己를 알아주지 않으면莫知也 곧斯 그만 둘
뿐이지已而已矣. 물이 깊으면深則 옷(잠방이)을 입고 건너고厲, 물이 얕으면
淺則 옷자락을 걷고揭 건너면 될 것이다." 공자께서 말씀하셨다." 과감
하도다果哉! 그러면 어려울 것(힐난할 것)難이 없을 것이다末之矣."

삼태기를 멘 사람 또한 숨은 선비이다. 성인의 마음은 천하를 잊은 적이
없으니, 이 사람이 경쇠소리를 듣고 그것을 알았으니 또한 보통사람이 아
니다. 공자께서 남이 당신을 알아주지 않는 데에도 그치지 않고, 깊고 얕
음의 마땅함에 맞추지 못한 것을 기롱했다. 성인께서는 마음이 천지와 같
아서 천하를 한집안처럼 보시고, 중국을 한 사람처럼 보시어 하루도 잊지
않으셨다. 그런 까닭에 삼태기를 멘 사람의 말을 듣고 세상 잊음의 과감함
을 탄식하였고, 또 사람이 출처를 다만 이와 같이 한다면 또한 어려운 일
이 없을 것이라고 말씀하셨다. 〈주자〉

주자: 경磬, 악기樂器이다. 하荷는 멤擔이다. 궤蕢는 풀로 만든 도구草器이
다. 경경硜硜은 돌의 소리이니, 또한 오로지 확고하다專確는 뜻이다.
옷을 입은 채로 물을 건너는 것以衣涉水을 여厲라 하고, 옷자락을 걷고
물을 건너는 것攝衣涉水을 게揭라고 한다. 이 두 구절은『시경』「위풍衛
風, 포유고엽匏有苦葉」의 시이다. 과재果哉는 과감하게 세상을 잊은 것
을 탄식하신 것이다. 말末은 없다無이다.

다산: 격경擊磬은 음악을 익히는 것이다. 생경笙磬·송경頌磬이 있다. 형
병이 말하길, '하荷는 메다擔揭이다.'이다. 비鄙는 비루陋이다. 경경硜硜
은 경쇠소리磬聲이다. 과재果哉란 그 말이 이치에 적중함을 허어한 것
이다(과연 말한 것과 같다). 말지난의末之難矣란 대답할 말이 없음을 이른
다. 난難이란 따져 논변하는 것이다. 살피건대, '심즉려深則厲, 천즉게
淺則揭'란 것은 본래 재고 참작해서 세밀하게 한다는 말裁酌細密之言이
지, 세상을 잊는 데에 과감하다는 말이 아니다. 또 '과果'라는 한 글자
의 안에 세상을 잊는다는 뜻은 없는 듯하다.『이아爾雅』「석수釋水」에
무릎 이하에서 걷고 건너는 것繇膝以下을 게揭라 하고, 무릎 이상에서
걷고 건너는 것繇膝以上을 섭涉이라 하며, 허리 이상繇帶以上일 때는 여
厲라 하는데, 잠방이를 입고 건너를 것以衣涉水을 여厲라 한다(곽박郭璞
은 의衣는 '곤禪: 잠방이'라고 했다. 곤禪이란 속옷이다. 선왕의 시대에는 백성이 예의를
중시할 줄 알아 특별히 작은 잠방이를 만들어 이를 입고서 깊은 물을 건넜는데, 자체로
음부를 노출시키지 않기 위함이다).

- 擊격은 轂(부딪힐 격: 바퀴의 회전)+手(손 수)의 형성자로 <u>두드리다</u>抱關擊析,
  <u>때리다</u>如畫鷹隼 使人見之 則有擊搏之意 然後爲工, 공격하다急擊之勿失, 싸
  우다日夜相擊于前,계도함擊蒙으로 쓰인다.
- 荷하는 艹(풀 초)+何(어찌 하)의 형성자로 어깨에 짐을 멘 사람으로 <u>메
  다</u>, 연蓮: 隰有荷華, 책망하다, 번거롭다荷禮로 쓰인다.
- 蕢궤는 艸(풀 초)+貴(귀할 귀)의 형성자로 상하다草鬱則爲蕢, 흙덩이夫禮

之初…蕢桴而土鼓, <u>삼태기</u>以一蕢障江河로 쓰인다.

- 磬경은 殸(소리 성)+石(돌 석)의 회의자로 <u>경쇠, 경석</u>, 목매다, 굽히다, 절하다 등으로 쓰인다. 돌石은 실絲, 대竹, 박匏, 흙土, 가죽革, 나무木 과 함께 8가지 악기 재료의 하나였다.

- 硜경은 石(돌 석)+巠(지하수 경)의 형성자로 <u>돌소리</u>石聲硜硜, <u>소인의 모양</u> 硜硜然小人哉, <u>비천한 모양</u>, 경쇠옥이나 돌로 만든 아악기雅樂器로 쓰 인다.

- 深심은 水(물 수)+冞(점점 미: 햇불을 들고 동굴 속으로 들어가는 모습→探)의 회 의자로 '물이 깊다'는 뜻이다. 밑바닥이 깊다, <u>생각이 멂</u>其慮患也深, 인 정이 두텁다情深而文明, 엄하다慘急刻深, 깊이深 鑑物情으로 쓰인다.

- 厲려는 厂(기슭 엄)+萬(일만 만)의 형성자로 <u>맹렬함</u>不厲而威, 숫돌, 갈다鈍 金必將待礱 厲然後利, 엄격함溫而厲, 가혹하다, 폭군에게 붙이는 시호厲 民以自養也로 쓰인다. 『시경』의 '<u>심즉려</u>深則厲'는 옷자락을 걷고 물을 건 너다, 혹은 <u>아랫도리를 벗어 들고 건너다</u> 등으로 해석된다.

- 淺천은 水(물 수)+戔(해칠 잔: 戈+戈)의 회의자로 본래 <u>물의 깊이가 얕음</u> 을 뜻하지만, 미숙하다, 부족하다, 기술이나 지식의 깊이가 얕다는 뜻 으로 쓰인다.

- 揭게는 手(손 수)+曷(어찌 갈)의 형성자로 <u>들다</u>揭揚, 옷자락을 걷음涉氷揭 河, 우뚝 솟은 모양西柄之揭, 표시娥媚爲泉陽之揭로 쓰인다.

- 果과는 나무의 과실을 그린 상형자로 실과果樹, <u>해내다</u>善者果而已, <u>용감</u> <u>함</u>由也果, <u>결단성이 있다</u>行必果, 반드시於是弗果用, 결과成果, 과단성果 斷性(言必信 行必果), 과연果然 등으로도 쓰인다.

- 末말은 木(나무 목)+一(한 일)의 지사문자로 나무의 '끝부분'을 나타낸다. 나무 끝木末, 차례의 마지막末席, 중요하지 아니한 부분反本成末, 백성 本末弱, 후예垂及後世裔末也, 마침내我則末惟成德之彥, 가루粉末, <u>없다</u>吾末 如之何也已로 쓰인다.

- 難난은 堇(진흙 근)+隹 (새 추)의 형성자로 <u>어렵다</u>爲君難 爲臣不易, 어려워

하다惟帝其難之, 어려운 사정責難於君, 잎이 우거진 모양隰桑有阿 其葉有難, 근심君子以儉德辟難, 거절하다而難任人, <u>꾸짓다</u>於禽獸又何難焉로 쓰인다.

지위에는 귀천이 있지만, 부모에게서 태어남은 다를 것이 없다. 따라서 삼년상은 천자로부터 서인에 이르기까지 통달한다. 자장이 그것을 의심한 것이 아니라, 아마도 임금이 3년간 말을 하지 않으면 신하는 명령을 받을 곳이 없으니, 화란禍亂이 혹 이로 말미암아 일어날 수도 있다고 여긴 것이다. 공자께서는 총재에게 명을 들으니, 화란은 우려할 바가 아니라고 일러 주셨다. 〈호인〉

인증하면, 『예기』「상복사제喪服四制」에 다음과 같이 말했다. "『서경』에 '고종이 양암으로 3년간 말하지 않았다.'고 한 말은 그를 칭찬한 말이다. 임금이면 누구나 이 예禮를 행하는데, 어찌 유독 그 임금만 칭찬하였는가? 말하자면 고종이란 무정武丁이며, 무정은 은나라의 어진 임금이다. 대를 이어 즉위하여 집상執喪중에는 자애慈愛의 정성을 다하였다. 이때를 당하여 은

236

나라가 쇠퇴해 있었으나 이를 부흥시키고, 예가 피폐해 있었으나 이를 다시 일으켰기 때문에 그를 칭찬한 것이다. 그를 칭찬했기 때문에 『서경』에 기재하여 그를 높였던 것이다. 그러므로 그를 시호하여 고종高宗이라 한 것이다. 3년간 집상 중에 임금은 말하지 않은 것은 정해져 있었는데도 『서경』에 '고종이 양암으로 3년간 말하지 않았다.'라고 한 것은 이런 것을 두고 말한 것이다. 살피건대, 양암불언諒闇不言의 예禮는 아마도 하夏·은殷나라의 법인 듯하고, 주周나라에 이르러 조금 변했기 때문에 면류관을 벗고 상복을 바꾼다고 하였다. 춘추시대에 와서 또 크게 변했다. 〈다산〉

<table><tr><td>한자 해설</td></tr></table>

주자: 고종高宗은 상商나라 임금 무정武丁이다. 양암諒陰은 천자가 상喪 중에 있는 것을 명명한 것인데, 그 뜻은 상세하지 않다. '임금이 죽으면君薨'이라고 했으니, 제후의 경우 또한 그러하다. 총기總己는 자기의 직무를 총괄한다總攝己職는 말이다. 총재冢宰는 태재大宰이다. 백관이 총재에게 명을 듣기 때문에 임금은 3년간 말하지 않을 수 있다.

다산: 공안국은 '양諒은 신임信也이다. 암陰은 침묵默과 같다.'고 했다. 불어不語란 조령詔令을 내리지 않음을 말한다. 고지인古之人은 하夏·은殷나라 사람을 말한다. 총總은 통統이다. 총재에게서 듣는다는 것聽於冢宰은 총재의 조령을 듣고 따른다는 것을 말한다. 공안국이 말하길, '총재冢宰는 천관경天官卿이다.'고 했다. 살피건대, 양암諒陰에 관한 시비 또한 분분하지만, 신임하고 말하지 않음信默의 뜻이 조금 낫다.

• 諒양은 言(말씀 언)+京(서울 경)의 회의자로 믿다不諒人只, 거짓이 없음友直友諒友多聞益矣, 하찮은 의리를 지키는 일豈若匹夫匹婦之爲諒也, 참으로諒不我知, 돕다諒彼武王, 완고君子貞而不諒, 흉하다高宗諒陰 三年不言, 諒闇 등으로 쓰인다. 양암諒陰이란 양암諒闇과 같이 제왕이 거상居喪하는 곳인데, 인신引伸하여 제왕의 거상을 말한다.

• 陰음(암)은 阜(언덕 부)+今(이제 금)+云(구름 운)의 회의자로 큰 언덕과 구름에 의해 형성된 그늘을 표현했다. 그늘(음), 응달, 음, 음기, 그림자,

세월, 어둠, 음부陰部, 암컷, 뒷면, 음각, <u>침묵하다(암)</u>, 입을 다물다 등
으로 쓰인다.

- 薨훙은 歹(뼈 부서질 알→死)+夢(꿈 몽)의 형성자로 제후의 죽음天子死日崩
諸侯日薨, 떼 지어 모인 모양蝝斯羽薨薨兮, 빠르다 등으로 쓰인다.

- 恩(悤)총은 糸(가는 실 사)+悤(바쁠 총)의 형성자로 <u>실을 모아 한 다발로
묶다德之所總要</u>, 합하다總集瑞命, <u>이끌다若總其罪人以臨之</u>, <u>모두總員</u>, 짚
단百里賦納總, 갑자기寒氣總至, 꿰매다, 그물 등으로 쓰인다.

- 冢총은 冖(덮을 멱)+勹(쌀 포)+豕(발을 묶은 돼지 축)의 상형자로 무덤還祭黃
帝冢, 봉토乃立冢土, 산꼭대기山冢崒崩, 크다友邦冢君, 맏子則大牢의 뜻
이다. 육경六卿 가운데 국정을 주관하는 사람을 총경冢卿, 자기 직책을
다 하는 것을 총기總己, <u>국정을 총괄하는 대신을 총재冢宰</u>라 한다.

14.44 子曰上이 好禮則民易使也니라
자 왈 상   호 례 즉 민 이 사 야

공자께서 말씀하셨다. "윗사람上(임금)이 예禮를 좋아하면好則, 백성民들
이 부리기使가 쉽다易."

윗사람이 예를 좋아하면 아래 백성들이 그 윗사람이 존경하기 때문에 부
리기 쉽다. 〈하안〉

천리의 절문이자 인사의 의칙天理之節文而人事之儀則인 예를 윗사람이 좋아
하면, 상하가 분별되고 각자의 분수가 정해져서 백성들이 교화되어 명을
따르기를 좋아하기 때문에 부리기가 쉽다. 〈사량좌, 주자〉

한자 해설

다산: 우춘우牛春宇가 말하길, '여기서 사使자는 백성을 부려서 일하게 하
는 것이 아니라, 그들로 하여금 선善하게 하는 것이다.'라고 하였다.

살피건대, '백성을 부리기가 쉽다民易使'란 마치 몸이 팔을 부리고, 마치 팔이 손가락을 부리는 것과 같이 혈맥이 고르게 잘 통하여 어느 곳도 뻣뻣하거나 마비되는 병이 없는 것이지, 백성으로 하여금 정역征役에 나가도록 부리는 것이 아니다.※

• 禮예는 『설문』에서 "예는 이행이다禮履也. 그러므로 신을 섬겨 복이 이르도록 하는 것이다所以事神致福也. 시示와 풍豊에서 유래했다."고 풀이했다. 예란 군신·부자의 구별을 바로잡고, 남녀·장유의 서열을 밝혀주는 것이다禮所以正君臣父子之別 明男女長幼之序.(고주) 예란 천리의 절도·문식이자 인사의 의식·준칙이다禮者 天理之節文而人事之儀則也.(주자) 예禮란 백성이 욕심을 지니고 있기에 예로써 절제하지 않으면 사치하여 법도를 잃기 때문에 사치함과 검박함의 중용을 권형權於奢儉之中하여 예를 만들었다聖人作.(다산)

• 易이(역)는 '이'로 발음될 때에 용이容易하다, 편안하다君子居易以俟命, 평탄하다, 가벼이 보이다, 다스리다易其田疇, 대수롭지 않게 하다人之易其言也 無責耳矣로 쓰인다.

14.45 子路問君子한대 子曰 修己以敬이니라 曰 如斯而已乎잇가
자 로 문 군 자   자 왈 수 기 이 경   왈 여 사 이 이 호
曰 修己以安人이니라 曰 如斯而已乎잇가 曰 修己以安百姓이니
왈 수 기 이 안 인   왈 여 사 이 이 호   왈 수 기 이 안 백 성
修己以安百姓은 堯舜도 其猶病諸시니라
수 기 이 안 백 성   요 순   기 유 병 저

※ 여기서 다산은 치자와 백성의 관계에 대한 하나의 주요한 비유를 하고 있다. 즉 그는 치자와 백성의 관계를 하나의 유기체 내에서 마음과 몸, 팔과 손가락 등에 비유한다. 그리고 예를 좋아한다는 것은 유기체 내에서 각자의 맡은 바 역할수행을 좋아하는 것이며, 나아가 그렇게 할 때 유기체의 각 기관들이 상호 소통하여 질병 없이 온전한 유기체를 형성할 수 있다는 것이다. 다산의 비유는 탁월하다.

자로子路가 군자君子에 대해 물으니問, 공자께서 말씀하셨다. "경건함으로以敬 자기를 닦아야修己 한다." (자로가) 말했다曰. "그斯와 같을如 따름입니까?而已乎" (공자께서) 말씀하셨다曰. "자기를 닦아서修己 남人을 평안安하게 해야 한다." (자로가) 말했다曰. "그斯와 같을如 따름입니까而已乎?" (공자께서) 말씀하셨다曰. "자기를 닦음으로써修己以 백성百姓을 평안安하게 해야 한다. 자기를 닦음으로써修己以 백성百姓을 평안安하게 하는 것은 요堯·순舜도 그其 오히려猶 병통으로(어렵게) 여기셨다病諸."

'경건함으로 자신을 닦는다修己以敬'는 공자의 말씀은 지극하고 완전한 것이다. 그런데도 자로는 모자란다고 여겼기 때문에, 그 가득차고 쌓인 (덕의) 성대함이 자연히 남에게 미친다는 것으로 다시 알려주셨으니, 다른 방도란 없다. 남人이란 자기己와 상대하여 말한 것이고, 백성이란 남을 모두 포괄하는 것이다. '요순도 오히려 병통으로 여기셨다'란 '여기에 더할 것이 없다'는 말이니, 이로써 자로를 눌러, 돌이켜 가까운 곳에서 구하도록 하신 것이다. 대개 성인의 마음은 무궁하니, 세상이 비록 지극하게 다스려졌다고 하더라도, 어찌 사해 안에 하나의 사물도 원하는 바를 얻지 못하는 일이 없다고 진정 반드시 단정할 수 있겠는가? 그런 까닭에 요순도 오히려 백성을 편안하게 하는 것을 병통으로 삼았다. 만약 나의 다스림이 이미 충분하다고 말한다면, 성인이 될 수 없다. 〈주자〉

수기이경修己以敬이란 의지를 성실히 하여 마음을 바로 잡는 것誠意正心이다. 수기이안인修己以安人이란 자신을 닦아 집안을 가지런히 하는 것修身齊家이다. 수기이안백성修己以安百姓이란 나라를 다스리고 천하를 평안하게 하는 것治國平天下이다. 〈다산〉

한자 해설

다산: 군자는 윗자리에 있는 사람在上之人을 말한다. '남을 편안하게 한다安人'는 것은 효제孝悌와 돈목敦睦으로 구족九族을 친애하는 것을 말

한다. 백성은 백관百官과 만인萬民을 말한다. '병病으로 여긴다'는 것은 어렵게難 여긴다는 뜻이다. 손월봉孫月峰이 말하길, '요순은 백성의 불안함을 어렵게 여긴 것이 아니라, 자기 자신을 닦지 못하여 백성을 평안하게 해 주지 못하는 어렵게 여겼다. 백성이 평안하지 못한 곳이 있는 곳은 곧 자신이 닦이지 않은 데에서 온다.'고 했다. 살피건대, 이 설은 심히 정통하다.

- 君군은 신장神杖을 손에 든 성직자로서 의례를 행하거나 정사를 맡아 보는 사람으로 '존귀尊貴'를 뜻한다. 그리고 공자 이전 문헌에서 군자란 최고 통치자인 천자天子로부터 정치를 하는 '귀족계급' 일반을 지칭하는 외적인 지위(신분)를 의미했지만, 점차 내적인 덕목으로 관심이 이동하게 된다. 고주는 군자라는 말을 주로 신분在上之人, 大夫士, 卿大夫으로 해석했지만, 주자는 도덕을 완성한 선비成德之士로 정의했고, 다산은 양자를 종합하여 본래 신분과 도덕을 겸칭한 것이라 했다.

- 敬경은 苟(진실로 구)＋攴(칠 복)의 회의자로서 본래 정복자에게 꿇어앉아 비는 것恭敬, 尊敬에서 출발하여 참된 마음으로 절대자를 섬기는 것敬畏, 敬虔을 의미한다. 경敬자의 초기 형태는 '驚(敬+馬: 놀란 말)'으로 주체적 대처능력이 없는 동물적 형태의 본능적 놀람을 의미했다. 그 후 警(敬+言: 놀라움을 표현함)으로 발전하여 인간이 어떤 사태에 부딪치기 이전에 지식이나 경험에 의거하여 경계警戒·경비警備하는 상태를 의미한다. 종합하면, 敬이란 본래 정복자(절대자)에 대한 참된 복종(순종) 또는 사태에 대한 본능적 놀라움驚異感에서 출발하여 그 놀라운 사태를 대비하는 '주체'의 마음가짐, 그리고 타자(사태)와의 만남에서 자신이 해야 할 도리를 다하기 위한 내적인 마음가짐, 마침내 천명이 부여한 운명을 책임지기 위한 참된 마음가짐敬以直內 등으로 내면화된다. 『서경』「소고」의 '경덕敬德'이란 말은 바로 이런 연유에서 형성되었는데, 여기서 敬이란 덕을 자각·구현함으로써 바름을 지향하는 치자의 내적 마음가짐이라 하겠다. 『논어』의 敬은 자기를 닦는 근본이며修

己以敬, 또한 禮(祭祀)의 근본으로 자기의 행동을 바르게 하여 부모孝·인군·윗사람上·선배·귀신 등을 섬기는 방법이며, 나아가 정치에서 백성에게 임하거나 사역하고 정사를 처리하는 방법敬事而信이 된다. **공안국**: 그 자신을 경건하게 하는 것敬其身이다. **주자**: 敬은 단지 외면상으로 공경할 뿐만 아니라, 모름지기 내면에서 한 터럭이라도 곧지 않은 곳이 없어야 곧 경으로 안을 방정하게 하는 것이다方是敬以直內. **다산**: 敬이란 향하는 대상이 있는 이름이니, 향하는 바가 없으면 경한 곳이 없다. 군자가 자신에게 경건한 것은 또한 하늘에게 경건하게 하는 것이면서 어버이를 공경하는 방법이 된다.

- 安안은 宀(집 면)＋女(여자 녀)의 회의자로 편안하다靜而后安, 편안하게 하다在安民, 즐기다百姓安之, 안으로安忘其志, 왜君安與項伯有故, 어디에沛公安在, 而今安在哉, 어찌燕雀安知鴻鵠之志哉 등으로 쓰인다.

- 病병은 疒(병들어 기댈 녁)＋丙(남벽 병)의 형성자로 질병疾病外內皆埽, 흠皆切於時病, 근심是楚病也, 앓다病瘉 我且往見, 근심하다子病無能焉, 어려워하다, 피곤하다今日病矣, 주리다從者病로 쓰인다.

14.46 原壤이 夷俟러니 子曰 幼而不孫弟하며 長而無述焉이오
원 양   이 사   자 왈 유 이 불 손 제   장 이 무 술 언
老而不死가 是爲賊이라하시고 以杖叩其脛하시다
노 이 불 사   시 위 적   이 장 고 기 경

원양原壤이 (거만하게) 걸터앉아夷 기다리니俟, 공자께서 말씀하셨다. "어려서는幼而 공순하지 않고不孫弟, 장성해서는長而 칭술한 것이 없고無述焉, 늙어서는老而 죽지도 않으니不死, 이놈은 적이다爲賊." 하시고, 지팡이로以杖 그其 정강이脛를 살짝 치셨다叩.

원양原壤은 공자의 옛 친구이다. 어머니가 죽자 노래를 불렀으니(『예기』「단궁하」), 대개 노자의 부류로 스스로를 예법 밖에 내놓은 자인 듯하다. 어려서

부터 어른이 되어 늙을 때까지 선한 모습은 하나도 없고, 세상에 오래 살아 다만 상규常를 무너뜨리고 풍속을 어지럽혔으니, 이는 '적賊'일 뿐이다. 공자께서 이미 그를 책망하시고 끌고 다니는 지팡이로 그의 정강이를 가볍게 치셨는데, 마치 다리를 뻗고 걸터앉지 말게 하듯이 하신 것이다. 〈주자〉

주자는 『장자』「지락편」의 다음 구절에 연관시키면서 원양을 노자의 유파라고 판단했을 것이다.

장자의 처가 죽자 혜자가 조상弔喪하러 갔다. 장자는 그때 두 다리를 뻗고 앉아 동이를 두드리면서 노래하고 있었다. 혜자가 말했다. "그분과 함께 살았고 자식을 길렀으며 함께 늙었네. 그런 부인이 죽었는데 곡을 안 하는 것은 물론, 동이를 두드리며 노래까지 부르고 있으니 너무 심하지 않은가?" 장자가 말했다. "그렇지 않네. 그가 처음 죽었을 때에야 나라고 어찌 슬픈 느낌이 없었겠는가? 그러나 그가 태어나기 이전을 살펴보니 본시는 삶이 없었던 것이었고, 삶이 없었을 뿐만 아니라 본시 형체조차도 없었던 것이었으며, 형체가 없었을 뿐만 아니라 본시 기운조차도 없었던 것이었네. 흐릿한 사이에 섞여 있었으나 그것이 변화하여 기운이 있게 되었고, 기운이 변화하여 형체가 있게 되었고, 형체가 변화하여 삶이 있게 되었던 것이네. 지금은 그가 또 변화하여 죽어간 것일세. 이것은 봄·가을과 겨울·여름의 사철이 운행하는 것과 같은 변화였던 것이네. 그 사람은 하늘과 땅이란 거대한 방 속에 편안히 잠들고 있는 것일세. 그런데도 내가 엉엉하며 그의 죽음을 따라서 곡을 한다면 스스로 운명에 통달하지 못한 일이라 생각되었기 때문에 곡을 그쳤던 것이네."

한자 해설
• 夷이는 『설문』에서 평평하다는 뜻이며, 大(큰 대)＋弓(활 궁)의 회의자로 동방의 사람이다夷, 平也. 从大从弓, 東方之人也고 했다. 동쪽 오랑캐, 평평하다大道甚夷, 유쾌하다云胡不夷, 깎다(평평하게 닦다), 진열하다, 오만하

다不由禮則夷固僻違, <u>걸터앉다</u>(혹은 쭈그리고 앉다: 夷俟), 상하다, 떳떳하다彝, 크다降福孔夷로 쓰인다. **주자**: 夷는 다리를 뻗고 걸터앉음蹲踞이다.

- 俟사는 人(사람 인)+矣(어조사 의)의 형성자로 <u>기다리다</u>, 대기하다, 떼지어 가다, 가는 모양, 서행하는 모양, 성姓의 하나(기)로 쓰인다. **주자**: 俟는 기다림待이나. 공사가 오는 것을 보고 다리를 뻗고 걸터앉아 기다렸다는 말이다.

- 孫손은 子(아들 자)+系(이를 계)의 회의자로 자식을 이었다는 뜻으로 손자玄孫, 후손嗣孫, 움稻孫, 달아나다夫人孫於齊, <u>순종함</u>民有孫心, <u>겸손하다</u>危行言孫의 뜻이다.

- 述술은 辵(쉬엄쉬엄 갈 착)+朮(차조 출←又: 손재주)의 형성자로 글을 지음著述, 거듭 말하다不述命, 선인의 설을 이어 논술함述而不作, 조술祖述, 뜻을 풀이함識禮樂之文者能述으로 쓰인다. **주자**: 述은 <u>칭술稱</u>과 같다.

- 賊적은 鼎(솥 정)+戈(창 과)의 회의자로 맹서 혹은 규율을 어긴 사람으로 도둑賊盜如豺虎, <u>해치다</u>賊夫人之子, 죽이다寇賊姦宄, 학대하다賊賢害民 則伐之, 헐뜯다稱人之惡 謂之賊, 역적逆賊(誅賊臣辟陽侯), 원수上陴看賊로 쓰인다. **주자**: 賊이란 사람을 해친 자의 명칭害人之名이다.

- 杖장은 木(나무 목)+丈(어른 장)의 회의자로 <u>지팡이</u>几杖, 짚다五十杖於家, 잡다左杖黃鉞, 곤장으로 때리는 형벌杖刑로 쓰인다.

- 叩고는 攴(칠 복→口)+句(글귀 구)의 형성자로 <u>두드리다</u>我叩其兩端, 조아리다叩頭自請, 잡아당기다伯夷叔齊叩馬而諫, 묻다叩問로 쓰인다.

- 脛경은 肉(고기 육)+巠(지하수 경)의 형성자로 <u>정강이</u>以杖叩其脛, 보행想白日之寸脛今을 뜻한다. **주자**: 脛은 정강이 뼈이다足骨也. **다산**: 脛은 다리脚이다.

14.47 闕黨童子將命이어늘 或이 問之日 益者與잇가
　　　　　궐 당 동 자 장 명　　혹　　문 지 왈 익 자 여

子曰吾見其居於位也하며 見其與先生並行也호니
자 왈 오 견 기 거 어 위 야　　　견 기 여 선 생 병 행 야

非求益者也라 欲速成者也니라
비 구 익 자 야　　　욕 속 성 자 야

궐당闕黨의 동자童子가 명령을 받들어 전달하고將命 있으니, 어떤或 사람이 그에 대해 물어問之 말했다曰. "(학문에) 더욱 나아가는 아이益者입니까?" 공자께서 말씀하셨다. "나吾는 그其아이가 (어른) 자리에於位 앉아 있는 것居을 보았고見, 그其 어른과與先生 나란히 걷는 것並行을 보았다見也. (학문에) 나아가기를 측구하는 아이求益者가 아니라非也, 빨리 이룩고자速成 하는 자이다欲者也."

어떤 사람이 동자가. 장명하는 말솜씨와 지혜를 보고 질문하여, 이 아이는 마땅히 진전이 있지요? 라고 말한 것이다.(태재순) 동자는 모퉁이에 낮아야 하니 자리가 없고, 성인이 되어야 이에 자리가 있다.(하안) 부모의 연배와 갈 때는 뒤처져 따라가고隨行, 형의 연배와 갈 때는 기러기 행렬처럼 나란히 간다.(형병) 거처할 때는 빨리 그 자리를 차지하려고 하고, 길을 갈 때는 그 걸음을 서둘러 갈려고 했으니, 이것으로 본다면, 그 학업 또한 반드시 그 완성을 속히 추구하려고 할 것이니, 겸손하게 낮추어 더욱더 나아감을 추구할 리가 없다(이는 공자께서 사람을 관찰하는 법을 기록했다). 〈다산〉

한자 해설
• 童동은 立(설 립)+里(마을 리)의 회의자로 동네里 어귀에 서서立 노는 아이成童舞象, 뿔이 나지 않은 어린 양이나 소童牛之牿, 종童手指千으로 쓰인다. 주자: 동자童子는 아직 관례를 치르지 않은 자의 호칭이다未冠者之稱.

• 將장은 月(육달 월)+寸(마디 촌)+爿(나무 조각 장: 몸을 의지하는 침대: 寢牀)의 형성자로 어린아이 혹은 노인의 팔꿈치를 이끄는 것으로 인솔자斬將刈旗, 거느리다將軍擊趙, 바라건대將子無怒, 하다固天縱之將聖, 돕다福履將之, 보내다百兩將之, 나아가다日就月將, 전진시키다無將大車, 전하여

줌請還贊於將命者, 실천함奉將天罰, 받들다湯孫之將, 기르다天不我將, 좇다九夷賓將, 가지런히 하다或肆或將, 크다亦孔之將, 성盛하다鮮我方將, 곁在渭之將, 장차 ~하려고 한다天將以夫子爲木鐸, 무릇將爲君子焉 將爲野人焉, 어찌, ~과. ~로써. 당연·의무 마땅히 ~하여야 한다君人者將禍是務去, 한정·세한, 가능今尹將必來辱 爲惠已甚 등으로 쓰인다. **주자**: 장명將命은 빈객과 주인의 말을 전하는 것傳賓主之言이다. **다산**: 將은 받들다奉와 같다.

- 益익은 水(물 수)+皿(그릇 명)으로 그릇에 물을 더한다, 덧붙이다益一言 臣請烹, 증가請益則起, 효험終夜不寢以思 無益, 넓다益 以弘裕爲義, 익괘震下巽上, 차츰故亂益亡, 24냥兩으로 쓰인다.

- 竝병은 나란히 선효 모양으로 아우르다竝於鬼神, 모여들다人倫竝處, 모두以竝受此丕丕基, 연함竝南山, 짝하다 등으로 쓰인다. **포함**: 병행竝行은 조금 뒤쳐져 가지 않는 것이다不差在後.

- 速속은 辵(조금 걸을 척)+束(묶을 속)의 형성자로 빠르다其去之必速, 빨리하다可以速則速, 빨리王速出令, 초청하다不速之客, 초래하다速福로 쓰인다.

이 편은 공자께서 예禮를 우선하고 병법을 뒤로
여기신 것, 어지러운 나라를 떠나 다스려지는 나
라로 나아가신 것, 아울러 충忠·신信·인仁·
지知와 권학勸學을 밝히신 것, 나라를 다스림에
있어 헐뜯거나 기리는 바가 없이 반드시 호오好
惡를 살피신 것, 지자志士·군자君子의 도와 임
금을 섬기고 맹인 악사를 돕는 예의를 기록한
것이니, 모두 "부끄러워함도 있고 선에 도달함
有恥且格의 일이다. 그러므로 앞 편「헌문」의 다음
이다. 〈형병〉

衛靈公이 問陳於孔子한대 孔子對曰 俎豆之事는
위 령 공   문 진 어 공 자   공 자 대 왈 조 두 지 사

則嘗聞之矣어니와 軍旅之事는 未之學也라하시고 明日에 遂行하시다
즉 상 문 지 의   군 려 지 사   미 지 학 야   명 일   수 행

위衛나라 영공靈公이 공자께於孔子 진陳법을 물으니問, 공자孔子께서 대답하여 말씀하셨다對曰. "조두의俎豆之 일이라면事則 일찍이嘗 들은 적이 있지만聞之矣, 군려의軍旅之 일事은 아직 배우지 못하였습니다未之學也." 다음날明日 떠나셨다遂行.

조두俎豆를 진열하는 법은 일찍이 들은 바가 있지만, 군려를 진열하는 법은 예전에 배우지 못했다는 말이다. 당시 위나라 임금이 무도無道하여 진晉나라와 사이가 나빴는데, 몇 년간 계속해서 군대를 소집하고 진법을 물어 장차 원한을 갚으려 하였다. 공자께서는 (위나라의 계략에) 모주謀主가 되고 싶지 않았기에, 권도의 말로써 모면한 것이다. 다음날 드디어 떠난 것은 위나라 임금이 이를 강행하여 장차 화가 있을까 염려한 것이다. 〈다산〉

나라는 예禮로써 다스리는 것이니, 전쟁과 진법의 일은 임금이 마땅히 질문해야 할 것은 아니다. 〈주자〉

한자 해설

• 陳진은 阜(언덕 부)+車(수레 거)의 회의자로 늘어놓다陳芋瑟兮浩倡, 펴다陳錫哉周, 두다不成三瓦 而陳之, 말하다事君欲諫不欲陳, 채집命大師陳詩 以觀民風, 당하에서 문까지의 길胡逝我陳, 진법胡逝我陳으로 쓰인다. 주자: 陳은 군사 항오의 대열軍師行伍之列을 말한다.

• 軍군은 車(수레 차)+勻(고를 균)의 회의자로 전차의 배치로 군제의 명칭五師爲軍, 병사水上軍 皆殊死戰, 군영晉之餘師不能軍을 말한다.

• 旅려는 㫃(나부낄 언)+从(좇을 종)의 회의자로 깃발 아래 모인 사람으로 군대軍旅之事, 나그네羈旅之臣, 행상商旅不行, 무리受率其旅若林, 자제侯亞侯旅, 벌이다殽核維旅, 여괘(艮下離上: 간하이상), 제사 이름季氏旅於泰山

248

으로 쓰인다.

- 俎조는 肉(고기 육)+且(또 차: 도마)의 회의자로 어육을 조리하는 도마如今人方爲刀俎, 적대(炙臺: 俎 載牲之器)를 뜻한다.

- 豆두는 굽이 높은 제기祭器의 상형자로 콩奴當飯豆飲水 不得嗜酒, 제기卬盛于豆, 제수爲豆孔庶, 잔대, 너 되四升爲豆, 무게의 단위十六黍爲一豆 六豆爲一銖로 쓰인다. **주자**: 조두俎豆는 예식을 행할 때 쓰는 그릇禮器이다. **다산**: 조두俎豆란 나무로 만든 제기를 말한다. 진陣이란 행군열오行軍列伍의 법이고 조두俎豆는 진열하는 기물이니, 그 형태가 군사가 포진하는 것과 같다. 조俎는 희생을 올리는 제기升牲之器이다. 두豆는 절인 음식과 젓갈을 담는 제기菹醢之器이다.

15.1
②

在陳絶糧하니 從者病하여 莫能興이러니 子路慍見日
재 진 절 량　　從者병　　막 능 흥　　자 로 온 현 왈
君子亦有窮乎잇가 子曰君子 固窮이니 小人은 窮斯濫矣니라
군 자 역 유 궁 호　　자 왈 군 자 고 궁　　소 인　궁 사 람 의

(공자께서 위나라에서 진나라로 가셨다.) 진陳나라에 계실 때在, 양식糧이 떨어져絶 따른 이從者들이 주려서病 일어나지興 못했다莫能. 자로子路가 화난慍 안색으로 (공자를) 알현見하고 말하였다日. "군자君子도亦 곤궁窮할 때가 있습니까有窮乎?" 공자께서 말씀하셨다. "군자君子는 (환란에서) 본디固 곤궁窮하지만(곤궁함을 고수하지만), 소인小人은 곤궁窮하면 곧斯 참람濫한다."

성인께서는 마땅히 떠나야 하면 떠나셨고, (다른 어떠한) 고려하는 바가 없으셨고, 곤궁함에 처하셔도 형통하셔서(『역』곤괘困卦에서 말하길, '곤困은 형통亨하고 정절貞하다'고 했고, 또 '형통한 바를 잃지 않는다'고 했다), 원망하고 후회하는 것이 없으셨음을 알 수 있다. 배우는 자들은 마땅히 깊이 음미해야 할 것이다. 〈주자〉

- 絶절은 糸(실 사)＋刀(칼 도)＋卩(병부 절)의 형성자로 실을 자르다, 교제를 끊다晋侯使呂相絶秦, 없애다子絶四 毋意 毋必 毋固 毋我, 멸하다天用剿絶其命, 실이 잘리다淳于髡仰天大笑 冠纓索絶, 후사가 끊어지다繼絶世, 더 이상 없음奏女絶美으로 쓰인다.

- 糧량은 米(쌀 미)와 量(헤아릴 량)의 형성자로 식량의 총칭每月初得祿 裁留身糧 其餘悉分振親族, 건량共其資糧屝屨, 학량若學糧不繼 使至者無歸, 조세度田屋錢糧之數 以給之, 봉록新至官者 計日給糧으로 쓰인다.

- 病병은 疒(병들어 기댈 녁)＋丙(남벽 병)의 형성자로 위독한 병疾病外內皆掃, 성벽好辭工書皆癖病也, 앓다病瘉 我且往見, 위독해지다曾子寢疾病, 근심하다君子病無能焉, 어려워하다堯舜其猶病諸, 피곤하다今日病矣, 주리다從者病 등으로 쓰인다. 다산: 종자從者는 제자 및 수레꾼 등 따라다니는 자들이다弟子及僕御從行者. 病은 굶주리고 지친 것이다飢憊.

- 興흥은 同(함께 동)＋舁(마주들 여)의 회의자로 번성하다以莫不興, 시작되다入門而懸興, 행하여지다則禮樂不興, 떨쳐 일어나다則民興於仁, 일어나다夙興夜寐, 견주다詩可以興, 시경 육의의 하나詩有六義焉 一曰風 二曰賦 三曰比 四曰興 五曰雅 六曰頌로 쓰인다. 주자: 興은 일어나다起이다.

- 慍온은 心(마음 심)＋昷(어질 온)의 회의자로 성내다慍于群小, 원망하다人不知而不慍, 노여움肆不殄厥慍, 번민하다慍愉로 쓰인다. 다산: 온현慍見은 성난 안색으로 공자를 알현한 것이다.

- 固고는 囗(에운담 위)＋古(옛 고)의 회의자로 완고함稽首固辭, 굳히다欲固諸侯, 단단하다兵勁城固, 본디臣固聞之, 진실로小固不可以敵大, 항상時固不易로 쓰인다.

- 窮궁은 穴(구멍 혈)＋躬(몸 궁)의 회의자로 끝나다永世無窮, 멈추다儒有博學而不窮, 막히다遁辭知其所窮, 곤란하다亂則窮矣, 추구하다窮理盡性 以至於命, 끝出奇無窮, 불운我諱窮久矣을 말한다. 주자: (고궁固窮이란) 하안이 말하길, '군자에게도 본래 곤궁한 때가 있지만 소인처럼 곤궁하다

250

고해서 멋대로 잘못을 저지르지는 않는다.'고 했다. 정자가 말하길 '고궁固窮이란 그 곤궁함을 고수함固守其窮이다.'고 했는데 역시 통한다.

다산: 군자는 난세에 기거할 때에는 본디 마땅히 곤궁하니固當窮(분수가 본래 그러한 바이다分之所固然), 벼슬할 때에나 그만 두었을 때에도 절도를 넘지 않기 때문이다. 소인은 곤궁하면 참람하여, 그릇된 행동을 하기 때문에 곤궁하지 않다.

- 濫람은 水(물 수)+監(볼 감)의 형성자로 퍼지다氾濫於中國, 넘치다不潛不濫, 어지럽힘不濫其度, 훔치다小人窮斯濫矣, 탐하다濫於寶與馬로 쓰인다.

하안: 濫은 넘치다溢이다. **다산**: 절도를 넘어서고, 분수를 침범하는 것을 일러 濫이라 한다.

15.2 子曰賜也아 女以予로 爲多學而識之者與아 對曰然하이다 非與잇가
자왈 사야 여이여 위다학이지지자여 대왈연 비여

曰非也라 予는 一以貫之니라
왈비야 여 일이관지

공자께서 말씀하셨다. "사야賜也, 너女는 나予를 많이 배워多學而 기억하는 사람識之者으로 여기느냐以爲與?" (자공이) 대답對하여 말했다曰. "그렇습니다然. 그렇지 않습니까非與?" (공자께서) 말씀하셨다曰. "아니다非也. 나予는 하나로써一以 관통했다貫之."

저 구절(4.15)에서는 '나의 도吾道'라는 말을 '일이관지一以貫之' 위에 두었고, 이 구절에서는 '다학이지多學而識'라는 말로부터 시작하여 단지 '나는 하나로써 관통했다'라고만 말씀하였다. 저 구절은 행위를 말씀하신 것이고, 이 구절은 앎을 말씀하는 것임을 알 수 있다. 〈신안 진씨〉

선에는 으뜸이 있고善有元, 일에는 마침이 있으니事有會, 천하의 일이 길은 다르지만 돌아가는 곳은 같고天下殊塗而同歸, 생각은 백 가지이지만 이치는

하나이다百應而一致. 선의 으뜸元을 알면 온갖 선을 거명할 수 있기 때문에, 많이 배우기를 기다리지 않고도 하나의 이치로 알 수 있다. 〈하안〉

성인의 도는 커서 사람들이 두루 보고 다 알 수 없으니, 의당 많이 배워 기익한다고 생각한다. 그러나 성인이 어찌 넓히기에 힘쓰는 자이겠는가? 마치 하늘이 뭇 형상들에 대해 사물 하나하나마다 쪼고 새기지 않는 것과 같다. 그러므로 "나는 하나로써 관통했다."고 하셨다. 덕은 털처럼 가볍다고 했지만, 털은 오히려 어떤 무엇이 있다. 하늘의 일은 소리도 없고 냄새도 없다고 하여야 지극하다. 〈사량좌〉

한자 해설

다산: 다학多學은 널리 배움博學을 말한다(뭇 경전을 널리 섭렵하여 도를 배움이다). 지識는 기억記이다(형병이 말했다. 기억하는 것이다). 대왈연對曰然이란 겸손하게 따르는 것이다. 왈비여曰非與란 장차 가르침을 받으려는 것이다. 일一이란 서恕이다. 오전五典·십륜十倫(사람이 행해야할 다섯 도리와 제사를 통해 나타내는 열 가지 도리)의 가르침과 경례삼백經禮三百·곡례삼천曲禮三千을 행하는 방법이 서恕이니, 이것을 일이관지一以貫之라 말한다.

• **女**여는 팔과 무릎을 굽히고 앉은 상형자로 여자貴女賤男, 딸女子附於王母, 너女聞人籍, 시집보냄女子時으로 쓰인다.

• **予**여는 손으로 물건을 주는 모양의 상형자로 나今予忘孝之道, 주다君子來朝 何錫予之, 함께 하다有所共予也, 용서하다春秋予之로 쓰인다.

• **識**식(지)은 言(말씀 언)+戠(찰흙 시)의 회의자로 말글과 소리音를 통해서도 식별한다君子是識, 깨달아 알다不識不知, 지식鄙夫寡識, 기록함(지)以計識其人衆畜牧 기억하다 등으로 쓰인다.

• **貫**관은 毌(꿰뚫을 관)+貝(조개 패)의 회의자로 꿰뚫다貫魚以宮人寵, 통하다貫大人之國, 맞다射則貫今, 이어지다以次貫行, 통괄함吾道一以貫之, 쌓다若夫貫日而治詳, 이르다商罪貫盈, 돈꿰미累百鉅萬 貫朽而不可校, 전례仍舊貫, 섬기다三歲貫女, 익숙해짐我不貫與小人乘, 1관(3.75kg)으로 쓰인다.

252

15.3 子曰 由아 知德者鮮矣니라
자 왈 유　지 덕 자 선 의

공자께서 말씀하셨다. "유야由, 덕德을 아는 이知者(덕을 지니고 있는 사람을 아
는 이)가 드물구나鮮矣!"

공자께서 '도를 안다知道'라고 말하지 않고, '덕을 안다知德'고 말씀하신 것
은 무엇 때문인가? 덕과 도는 같지 않다. 앎이 행위 이전에 있는 것을 도를
안다고 한다. 앎이 행위 이후에 있다면 덕을 안다고 말한다. 앎이 행위 이
전에 있으면, 도는 아직 나의 소유가 아니어서 아직 친절親切하지 못한다.
앎이 행위 이후에 있으면, 이 도는 실제로 나의 소유가 되어 앎이 깊어진
다. 이미 이 내면의 깊은 맛을 알았다면 외면의 세상의 맛은 저절로 그것
을 빼앗아가기 부족하다. 맹자는 '인의義를 배불리 먹었기에 다른 사람의
기름진 음식의 맛을 원하지 않는다飽乎仁義 所以不願人之膏粱之味也.'(「고자상」
17)고 하였다. 자로는 아직 이 덕을 자기 내면에 실지로 소유할 수 없었다.
그래서 식량이 떨어지자마자 곧 성난 기색으로 알현했다. 〈쌍봉 요씨〉

한자 해설
다산: 지덕知德은 다른 사람이 덕을 지니고 있음을 아는 것知人之有德이
다. 공자는 자로와 더불어 사방의 나라를 두루 돌아다녔으나, 자기를
알아주는 이를 만나지 못하자 감개하여 일러주신 것이다. '드물다鮮矣'
는 말은 본시 세인들을 개탄하고 애석하게 여겨서 한 말이다. 만약 자
로를 개탄하고 애석하게 여겼다면, 어찌 '드물다'고 말했겠는가? 자로
가 덕을 알지 못해서 그에게 '덕을 아는 사람이 드물구나!'라고 하였다
면, 이는 자로를 용서하는 것이지, 어찌 자로를 꾸짖는 것이겠는가?
이 장은 자로가 성난 얼굴로 공자를 알현했다는 것慍見과 아무런 상관
이 없다.
• 德덕은 만물이 하늘로부터 품부받아 얻어得 지니고 태어난 것, 도를
행할 때에 마음에 터득되는 것行道而得於心者, 혹은 곧은直 마음心으로

서 인간이 타고난 본성을 잘 실현하는 행위(行: 德=直+心+行) 즉 곧은 마음으로 인간의 길을 잘 가는 것을 말한다. 그래서 공자는 도에 뜻을 두고, 덕德인 바 仁에 의거하여야 한다고 말했다. 요컨대 공자는 하늘의 명령으로 인간에게 내려진 본성의 덕을 자각하고, 귀가 순해지고 마침내 자연스럽게 존재와 당위가 일치하는 성인聖人의 경지에 들어서게 되었다고 자신의 인생역정에 대한 술회하고 있다. **주자**: 덕은 의리가 자신에게 터득된 것을 말하니德謂義理之得於己者, 자신이 지니고 있지 않으면非己有之 그 의미의 실제를 알 수 없다. **다산**: '德(彳+直+心)'이란 곧은 마음直心을 행行하는 것이다. 자기 몸에 덕을 닦는 것을 수덕修德이라 하고, 다른 사람에게 덕을 살피는 것을 지덕知德이란 한다. 그런데 선유先儒들은 매양 덕을 풀이하여 득得이라 한 것은 해성諧聲이기 때문이다. 그러나 그 근거를 더듬어 찾아보기란 실로 어려운 일이다.

- 鮮선은 魚(물고기 어)+羊(양 양)의 회의자로 선명하다五色一何鮮, 맑고 깨끗함鮮耀於陽春, 싱싱하다芳草鮮美, 생선이나 날고기割芳鮮, 작다巧言令色鮮矣仁, 드물다惡而知其美者 天下鮮矣, 다하다君子之道鮮矣, 멀리 있는 작은 산度其鮮原으로 쓰인다.

15.4 子曰 無爲而治者는 其舜也與신저 夫何爲哉시리오
자 왈 무 위 이 치 자   기 순 야 여   부 하 위 재
恭己正南面而已矣시니라
공 기 정 남 면 이 이 의

공자께서 말씀하셨다. "무위하면서無爲而 다스린 이治者는 아마도其 순舜임금일 것이다也與! 대저夫 무엇何을 했겠는가爲哉? 자신을 공경히 하며恭己 바르게正 남면南面했을 따름이다而已矣."

순임금의 무위정치無爲之治에 대해 여러 해석이 있는데, 여기서 관건은 '무위'란 어떤 정치인가 하는 것이다. 『논어』에서는 "공자께서는 네 가

지를 끊으셨는데, 사사로운 의지가 없으셨고, 기필함이 없으셨고, 고집이 없으셨고, 아집이 없으셨다子絶四 毋意 毋必 毋固 毋我"(9.4)고 했다. 그래서 주자는 '무위'란 작위作爲함이 없는 것, 즉 인위적인 조작을 가하지 않고 천연의 본성이 그대로 실현되는 것을 말한다고 설명했다. 그런데 다산은 주자가 해석한 그러한 '무위' 혹은 '무위정치'는 노자의 정치이론이라고 비판한다.

다산이 생각한 노자적 무위 혹은 무위정치는 부정적·소극적·허무적 정치이다. 다산은 역사에서 무위를 표방한 정치의 허상을 지적한다. 다산은 아마도 당시 문란했던 현실 정치에서 무위정치를 표방하는 것은 소극적 허무주의로 귀결될 수 있다고 생각하고, 이상 정치가 실현될 수 있는 체계를 만들어 최선을 다하는 정치를 해야 한다고 말했다. 그런데 여기서 우리는 '무위'란 아무것도 하지 않는 것이 니라, 인의예지로 대표되는 본성의 덕을 자연스럽게 그대로 실현하는 것이라는 점을 간과해서는 안 된다. 『맹자』에 "요순은 본성 그대로 삶을 영위하신 분이고, 탕무는 본성을 체득한 사람이다堯舜性之也 湯武反之也"(「진심」 하편 33)는 구절은 바로 무위정치의 본뜻을 잘 설명해 준다.

관직에 마땅한 사람을 얻어 임명했기에, 무위했지만 다스려졌다. 〈하안〉

제왕의 도는 무위·청정하여 백성들을 교화함이 있는 것을 귀중하게 여겼지만, 후의 임금들은 능히 (제왕의 도에) 거의 미치지 못하였다. 〈형병〉

무위로서 다스린다無爲而治는 것은 성인의 덕이 융성하여 백성이 교화되어, 작위作爲하는 것이 있을 필요가 없다는 것이다. 〈주자〉

순임금이 비록 사람을 얻었지만 일찍이 무위로 다스린 적은 없다. 여기서 말한 무위無爲란 사람을 얻어 편안한 것을 지극히 말한 것이니, 찬탄하고 칭양한 것이다. 살피건대 청정무위淸靜無爲란 노자의 학설이다. 한漢나라 이전의 『서전』에는 이런 학설이 없었다. 한나라 초기 천하를 통일했을 때에 군신이 모두 어리석고 황망하고 문화가 없어 다스릴 방도를 알지 못하자, 차제에 백성들의 마음을 순화하고자 이러한 학설을 만들어 휴식을 주고자 했으니, 이른바 문제·경제의 치세文景之治 삼대 이후에 (가장 잘 다스려진 시대로) 이름이 있었다. 그러나 이런 까닭으로 예악·문물이 이런 시대에는 부흥되지 못하고, 칠국의 난을 불러일으켜 한나라가 거의 전복될 운명에 처했으니, 청정무위의 설이 난망의 술책임을 이미 입증되었다. 순이 섭정한 연간에 분발하여 사업을 일으킨 공적은 모두 서책에 실려 있다. 그가 관리를 임명한 이후에 대해서는 『서』에서 언급한 바가 없는 것은 다스림이 이루어지고 제도가 정비되어 법을 살펴 시행했기 때문에 다시 기재하지 않았던 것이니, 어찌 무위를 이루어 그렇게 했겠는가? 〈다산〉

한자 해설

- 爲위는 爪(손톱 조)＋象(코끼리 상)의 회의자로 코끼리를 조련하여 무언가를 하게 시킨다는 뜻이다. 행하다不仁而不可爲也, 爲政, ～라고 하다一爲乾丑, 만들다以爲樂器, 정치를 하다何以爲民, 간주함乾爲馬 坤爲牛, ～라고 여김百姓皆以王爲愛也, 배우다抑爲之不厭, 있다將爲君子焉 將爲野人焉, 위하여 하다古之學者爲己, 위하여爲人謀而不忠乎, 돕다夫子爲衛君乎, 하게 하다爲我心惻, 함께道不同不相爲謀, ～을 ～로 삼다天將以夫子爲木鐸, ～로 여기다子曰 事君盡禮 人以爲諂, ～하는 바가 되다爲流矢所中로 쓰인다. 무위無爲란 아무 일도 하지 않음, (억지로, 강제로) 함이 없음, 자연(본성) 그대로 시행함, 인위적으로 하지 않고 법으로 하는 것(법가적 무위) 등의 의미이다.
- 恭공은 共(함께 공)＋心(마음 심)의 회의자로 공손하다貌曰恭, 삼감仁者之思也恭, 직분을 다하다允恭克謹, 받들다今予惟恭行天之罰, 갖추다貸之非唯恭其之而已로 쓰인다. 주자: 스스로 공손히 했다恭己는 것은 성인이 덕을 공경하는 모습敬德之容이니, 이미 작위하는 바가 없으니無所爲, 사람들

256

이 보기에 이와 같을 뿐이다. **다산**: 공기恭己는 경신敬身과 같으니, 지극히 공순한 용모로 단정히 앉아 있는 것을 말한다(『상서』「홍범」에서 말했다. 용모는 공손해야 한다). 정남면正南面은 그 지위에 기거하면서 움직이지 않는 것을 말하니, 『역경』에서 '밝은 데를 향하여 다스린다.'고 말했다.

15.5 子張이 問行한대
자 장   문 행

子曰 言忠信하며 行篤敬이면 雖蠻貊之邦이라도 行矣어니와
자왈 언충신   행독경   수만맥지방   행의

言不忠信하며 行不篤敬이면 雖州里나 行乎哉아
언불충신   행불독경   수주리   행호재

立則見其參於前也오 在輿則見其倚於衡也니 夫然後行이니라
입즉견기참어전야   재여즉견기의어형야   부연후행

子張이 書諸紳하니라
자 장   서저신

자장子張이 행세行함에 대해 물으니問, 공자께서 말씀하셨다. "말을이 충성忠·믿음직信스럽고(충심으로 신실하고: 信由中), 행동行이 돈독篤·경건敬하면(신실함으로 공경하면: 敬以實), 비록雖 오랑캐의 나라蠻貊之邦에서도 행세行할 수 있고, 말을이 충성忠·믿음직信스럽지 않고不(충심으로 신실하지 않고), 행동行이 돈독篤·경건敬하지 않으면不(신실함으로 공경하지 않으면), 비록雖 고을州과 마을里에서도 행세行할 수 있겠는가乎哉? 일어서면立則 그것其(忠信篤敬)이 눈앞에於前 나란히 있는 것參을 보고見, 수레를 타서는在輿則 그것其이 멍에에於衡 기대고 있는 것倚을 보아야見 한다. 무릇夫 그런 뒤에야然後 행세行할 수 있다." 자장子張이 허리띠에諸紳 적었다書.

자장은 뜻이 밖에서 행세할 수 있는 데得行於外에 있었기 때문에, 공자께서는 자신을 돌이키는 것으로 말씀하셨다. 이는 녹을 구함干祿(2.18)과 현달함問達(12.20)에 대한 질문에 답했던 것과 의미가 같다. 기其는 충忠·신信·독

篤·경敬을 지칭하여 말한다. 사람이 충신독경忠信篤敬에 대해 항상 생각하고 잊지 않고, 있는 곳마다 항상 눈앞에 보는 것처럼 하여 비록 잠시나마 떠나려고 하여도 그럴 수 없게 된 다음에야 말 한 마디와 행동 하나까지도 모두 자연히 충신독경忠信篤敬에서 떠나지 않아 오랑캐 나라에서도 행세할 수 있다는 말씀이다. 〈주자〉

주래봉周萊峰이 말하길, '충신독경忠信篤敬을 송유들처럼 네 글자忠·信·篤·敬로 나누어 볼 수 없다. 신신은 반드시 충신忠信으로 말하며, 경敬은 반드시 독경篤敬을 말한다. 신신은 마음 가운데에서 나오지 않으면 비록 신信하더라도 또한 망령妄되며, 경敬은 돈독함을 지극히 하지 않으면 비록 경敬하다라도 또한 속이게 됨(이치를 굽힘)을 볼 수 있다.'고 했다. 살피건대, 이 설이 좋다. 〈다산〉

한자 해설

• 行행은 본래 사거리를 그린 상형자로 걷다臣少多病疾 九歲不行, 떠나다告之使行, 돌아다니다入山行木 毋有斬伐, 돌다日月運行, 행함吾無所行而不與二三子者, 사용하다掌行火之政令, 베풂行靡粥飲食, 도로行有死人, 도리女子有行, 여정千里之行 始於足下, 여장旅裝, 흐르다水逆行, 움직이다天行健, 보내다激而行之 可使在山, 하다吾無所行而不與二三子者, 길의 신其祀行, 먼저乃行卜, 행서行書, 시체詩體의 한 가지琵琶行 등으로 쓰인다. **다산**: 行은 교령敎令이 시행될 수 있음을 말한다.

• 篤독은 竹(대 죽)+馬(말 마)의 형성자로 말이 천천히 안정적으로 걸을 때 나는 말발굽 소리로마음이 굳다信道不篤, 인정이 많다君子篤於親, 미쁘다朋友不篤, 도타이 하다天之生物 必因其材而篤焉 등으로 쓰인다. **주자**: 篤은 후厚함이다. 충忠과 신信은 모두 진실함實으로 해석된다. 충忠은 마음에서 나오는 것出於心이고, 신信은 일에 드러나는 것見於社事이다. 만일 입으로는 그렇게 말하면서, 마음속은 그렇지 않다면 불충不忠이다. 입으로는 그렇게 말하면서, 일에서 겪게 되는 것이 그렇지 않다면

불신不信이다. 충은 앞의 한 단계이고, 신은 뒤의 한 단계이다. 마음속이 진실하다고 해도, 실제 행동에서 믿음직하지 못하다면 옳지 않다. **다산**: 충신忠信은 신실함이 마음 가운데에서 나온 것信由中이고, 독경篤敬은 신실함으로 공경함敬以實也이다.

- 蠻만은 虫(벌레 훼)+䜌(어지러울 련)의 형성자로 벌레를 숭상하던 변방지방의 오랑캐, 미개민족, 모멸하다, 업신여기다, 거칠다 등으로 쓰인다.

- 貊맥은 豸(돼지 시)+百(흰 백)의 형성자로 맥국, 북방 종족, 오랑캐, 맹수 이름 등으로 쓰인다. **주자**: 만蠻은 남쪽 오랑캐南蠻이다. 맥貊은 북쪽 오랑캐北狄이다. **다산**: 남방을 만蠻이라고 하고, 동북東北을 맥貊이라 한다(숙신肅愼·부여夫餘가 곧 맥貊이다). 살펴건대, 적狄이란 옛날의 험윤獫狁, 한대의 흉노匈奴, 당대의 돌궐突厥, 송대의 몽고蒙古가 그것이다. 맥貉이란 옛날의 도이鳥夷, 한대의 부여夫餘, 당대의 막힐鄚頡, 송대의 동단東丹이 그것이다. 적狄은 중국의 북방에 있었고, 맥貉은 우리나라의 북방에 있었다. 정사농鄭司農이 북방이라고 통칭한 것은 타당하지만, 맥貊을 적狄으로 간주한다면 종족이 본래 다르니, 타당하지 않다.

- 州주는 水(물 수)+州(고을 주)의 회의자로 강물에 실려 온 흙이 모래톱을 이루고 있는 모습으로 섬在河之洲, 三角洲, 대륙天下有五大洲을 말한다. 구주九州처럼 행정단위로 쓰였다. **주자**: 2,500가二千五百家가 주州이다.

- 里리는 田(밭 전)+土(흙 토)의 회의자로 밭과 땅이 사이 사람이 사는 마을無踰我里, 거리連里竟街, 주거然後收其田里, 상점賦里以入, 이웃里 猶鄰也, 행정 구획의 명칭五家爲鄰 五鄰爲里, 근심하다云如何里로 쓰인다. **다산**: 5가二十五家가 리里이다.

- 參참(삼)은 厽(담 쌓을 루)+人(사람 인)+彡(터럭 삼)의 회의자로 별빛의 빛남(오리온) 혹은 三삼으로 셋, 섞이다, 한패에 끼다의 뜻이다. 참여하다參政權, 뵈다欲參楊素, 뒤섞이다立則見其參於前也, 헤아리다參稽治亂, 셋이 서로 나란하다三王之德 參於天地, 가지런하지 않다參差, 셋參分天下有其二으로 쓰인다. **주자**: 參은 무왕참언毋往參焉(가서 끼어들지 마라)의 參과 같이

읽어야 하니, 나와 더불어 서로 참여함을 말한다.

- 輿_여는 車(수레 거)+舁(마주들 여)의 회의자로 <u>수레의 총칭</u>輿者車之總名也, 거상車箱, 싣다扶傷輿死 履腸涉血, 메다, 들다輿轎而隃嶺, 가마乘籃輿 등으로 쓰인다.

- 倚_의는 人(사람 인)+奇(기이할 기)의 형성자 <u>의지하다</u>設机而不倚, 치우치다中立而不倚, 인연하다禍兮福之所倚, 가락을 맞추다倚瑟而歌, 맡기다倚其所私로 쓰인다.

- 衡_형은 行(갈 행)+角(뿔 각)+大(큰 대)의 형성자로 소뿔에 잡아맨 뿔 나무로 천칭의 가로대·저울·균형의 뜻이다. 저울대猶衡之於輕重也, 저울질함銓衡, 쇠뿔의 가름대設其楅衡, 들보衡門之下, <u>수레채 끝에 댄 가로나무</u>倚於衡, 멍에加之以衡扼, 고르다均衡, 혼천의渾天儀의 굴대 구실을 하는 가로나무璿璣玉衡, 가로合從連衡로 쓰인다. **주자**: 衡은 멍에軛이다. **다산**: 참어전參於前이란 멍에軛이고, 의어형倚於衡이란 수레 끌채輈(=輈)이다. 참參은 참驂으로 통하니(참승驂乘은 참승參乘이라고도 한다), 참驂이란 말을 수레에 바짝 붙이는 것이고(『설문』), 형衡이란 여러 멍에 위에 가로진 횡목橫木이다. 말을 수레에 붙여 반드시 멍에軛에 묶고, 말에 멍에를 매우면 반드시 수레 채輈에 묶는다. 수레에 서면 수레 앞에 말을 붙여서 멍에를 매워 놓은 것을 보게 되고, 수레에 앉으면 수레 채가 멍에에 닿아 있을 것을 보게 된다. 그런 뒤에야 수레가 가는 것이다. 수레와 말은 본시 두 가지 다른 것으로 서로 연접할 수 없지만, 반드시 수레 채輈와 멍에軛로 둘을 연결한 뒤에야 수레를 운행할 수 있다. (사람의 경우도) 나와 남은 본래 두 몸으로 서로 연접할 수 없으니, 반드시 신信과 경敬으로 두 사람 사이를 연결한 뒤에야 나의 교령이 시행될 수 있다.

- 紳_신은 糸(가는 실 사)+申(아홉째지지 신)의 형성자로 <u>큰 띠</u>加朝服拖紳, 紳士, 다발 짓다 등으로 쓰인다. **주자**: 紳은 큰 띠의 드리워진 부분인데, 거기에 썼다는 것은 잊지 않고자 한 것이다.

15.6 子曰直哉라 史魚여 邦有道에 如矢하며 邦無道에 如矢로다 君子哉라
자 왈 직 재 사 어 방 유 도 여 시 방 무 도 여 시 군 자 재

蘧伯玉이여 邦有道則仕하고 邦無道則可卷而懷之로다
거 백 옥 방 유 도 즉 사 방 무 도 즉 가 권 이 회 지

공자께서 말씀하셨다. "곧구나直哉, 사관史 어魚여! 나라邦에 도가 있을 때有道에는 (곧기가) 화살矢 같았고如, 나라邦에 도가 없어도無道 (곧기가) 화살矢 같았다如. (성인의 도에 부합하는) 군자君子로다哉, 거백옥蘧伯玉이여! 나라邦에 도가 있으면有道則 벼슬仕하고, 나라邦에 도가 없으면無道則 거둬들여卷而 간직懷之할 수 있었구나可!"

사관史 어魚는 스스로 현자를 나아가게 하거나, 불초한 자를 물러나게 하지 못했다고 생각하고, 몸은 죽어서도 주검으로 간했기 때문에, 공자께서 그가 곧다고 칭찬했다.(『공자가어』) 백옥의 출처出處는 성인의 도에 부합하였기 때문에 '군자로다!'고 하셨다. 예컨대 송림보孫林父와 영식甯殖이 임금을 몰아내고 시해하려는 음모에 대해 대꾸하지 않고 밖으로 나간 것 또한 그 사례이다. 곧음은 본디 좋은 것이지만, 오로지 곧기만 하면 곧 치우친 것이니, 어찌 거백옥과 같은 군자가 될 수 있겠는가? 〈주자〉

한자 해설

• 史사는 손又에 붓을 들고 문서나 역사를 기록하는 관리로 사기國史以裁前記, 사관動則左史書之 言則右史書之, 문장가宋元君將畫圖象史皆至, 화려함文勝質則史, 장관 밑의 벼슬아치府六人 史十有二人를 말한다. 주자: 史는 관직명官名이다

• 矢시는 화살의 상형자箭 自關而東 謂之矢로 투호에 쓰는 화살 모양의 대 산가지侍投則擁矢, 벌여 놓다皐陶矢厥謨, 맹세하다之死矢靡它, 바르다得黃矢貞吉, 맞다無矢我陵, 베풀다矢其文德, 떠나다適矢復眚로 쓰인다. 공안국: 도가 있을 때나 도가 없을 때나, 행실이 화살처럼 곧았다는 것은 굽히지 않았다不曲는 말이다. 주자: 화살같다如矢는 곧다直는 말이다.

• 卷권은 艹(두 손으로 받들 공)+卩(병부 절)+釆(분별할 변)의 회의자로 물건을

둥글게 싸서 두 손으로 받는 모양으로 책書卷, 권卷(雍書萬卷), 굽다其小枝卷曲 不中規矩, 두르다白雲四卷天無河, 아름답다로 쓰인다. **다산**: 卷은 거둬들이다曲斂也이다.

- 懷회는 心(마음 심)+裏(품을 회: 衣자 안에 눈과 눈물)의 회의자로 마음속에 정회를 사시다有女懷春, 마음, 생각, 정情(從懷如流), 편안히 하다願言則懷, 둘러쌈懷山襄陵, 이르다有懷于衞, 오다曷又懷止, 보내어 위로함懷之好音으로 쓰인다. **포함**: 권이회卷而懷는 시정時政에 참여하지 않고, 유순하며 남을 거스르지 않는 것이다. **주자**: 懷는 간직하다藏이다. **다산**: '거둬들여 간직할 수 있다可卷而懷之'는 것은 도가 있었을 때에 처신을 잘한 결과에서 오는 것을 가리킨다. 공자가 거백옥을 칭찬한 것은 그가 바야흐로 벼슬할 때의 일이니, 저 무도한 날과 같았던 그런 시기에는 그 이전의 공적을 토대로 하여 그 형적을 찾아볼 수 없다.

15.7 子曰 可與言而不與之言이면 失人이오
자왈 가여언이불여지언 실인

不可與言而與之言이면 失言이니
불가여언이여지언 실언

知者는 不失人하며 亦不失言이니라
지자 불실인 역불실언

공자께서 말씀하셨다. "더불어與 말을할 만한데도可而 더불어與之 말하지를 않으면不 사람人을 잃게失 되고, 더불어與 말을할 만하지 않는데도不可而 더불어與之 말한다면言 말을 잃게失 된다. 지혜로운 사람知者은 사람人을 잃지失 않으며不, 또한亦 말을 잃지도失 않는다不."

오직 지자知者만이 사람을 알 수 있기 때문에, 그 사람이 더불어 말할 만하지, 혹은 그렇지 않은지를 안다. 사람을 알지 못하면 마땅히 말해야 하는데 침묵하고, 마땅히 침묵해야 하는데 말하니, 사람을 잃거나 아니면 말을 잃게 된다. 〈신안 진씨〉

형병이 말하길, '예를 들면 중인中人이상은 상上을 말할 수 있으니, 이런 사람과는 더불어 말할 수 있지만, 더불어 말하지 않는다면 이는 저 사람을 잃는 것이다. 예를 들면 중인이하는 상上을 말할 수 없으니, 자기가 그와 더불어 말한다면 자기의 말을 잃는 것이다. 오직 지자만이 일에 밝아 두 가지 모두에서 잃지 않는다.'고 했다. 살피건대, 이 설이 정밀하다. 〈다산〉

한자 해설

• 與여는 与(어조사 여)+舁(마주들 여)의 형성자로 '함께' 들어 올리다舁는 뜻으로 주다可以與 可以無與, 무리群臣連與成朋, 허락하다吾與女弗如也, 함께하다今王與百姓同樂則王矣, 동류人之貌有與也, 상대善勝者不與, 기다리다歲不我與, 꾀하다惟我與爾有是夫, 와富與貴是人之所欲也, 비교·선택禮與其奢也 寧儉 喪與其易也 寧戚, 의문·반어求之與 抑與之與, 가정我之大賢與 於人何所不容 我之不賢與 人將拒我, 영탄舜其大孝也與로 쓰인다. 다산: '더불어 말할 만하다可與言'란 '더불어 우리 도를 말하여, 이끌어 나아가게 할만하다'는 것을 말한다. 자질이 아름다워도 도에 들어가지 못하면 사람을 잃는 것이고, 충고를 받아들이지 않는다면 말을 잃은 것이다.

15.8 子曰 志士仁人은 無求生以害仁이오 有殺身以成仁이니라
자 왈 지 사 인 인 무 구 생 이 해 인 유 살 신 이 성 인

공자께서 말씀하셨다. "뜻있는 선비志士와 인인仁人은 삶生을 구하여求以 인仁을 해침害이 없고無, 몸身을 죽여서도殺以 인仁을 이룸成이 있다有."

삶을 구하여 인仁을 해치는 일이 없고, 죽은 이후에라도 인仁을 이룰 수 있다면, 지사志士와 인인仁人은 그 몸을 아끼지 않는다. 〈공안국〉

지사志士는 뜻있는 선비이고, 인인仁人은 덕을 이룬 사람이다. 인仁은 단지 내 마음의 바른 이치일 뿐이다只是吾心之正理. 삶을 구하여 인을 해치는 것은 비록 무도無道하게 삶을 얻었지만, 오히려 내 마음 안의 온전한 이치를

깨뜨리는 것이다. 몸을 죽여 인을 이룰 때, 내 몸은 죽지만 오히려 이치의 완전함을 얻는다. 〈주자〉

지사志士는 도에 뜻을 둔 선비이고, 인인仁人은 인한 마음의 사람이다. 인仁이란 인륜의 지극함이다人倫之至也. 소체小體로써 내체大體를 손상시키지 않기에 인仁을 훼상하는 일이 없고, 몸을 죽이는 일이 있다. 〈다산〉

한자 해설

- 志지는 心(마음 심)+士(선비 사←之)의 형성자로 마음이 향하는 곳으로 의향父在觀其志, 희망亦各言其志也, 뜻하다吾十有五 而志於學, 의義를 지키다志士 不忘在溝壑, 기록함掌天星以志星辰日月之變動, 표지公西赤爲志焉를 뜻한다.

- 仁인은 친애親愛한다는 뜻으로 두 사람(人+二)에서 유래한 회의자로 유교를 대표하는 인간의 보편적 덕으로 모든 덕목들의 기초이자 완성이다.

- 害해는 宀(집 면)+丰(예쁠 봉: 흉기)+口(입 구)의 회의자로 집안에 다툼이 일어나고 있음을 뜻하여, 해치다以文毋害, 손해損以遠害, 시기하다心害其能, 어찌時日害喪로 쓰인다.

- 身신은 사람의 몸을 그린 상형자로 신체身也者 父母之遺體也, 자신仰悲先意 府思身愆, 신분臣出身而事主, 몸소身不識也, 임신함大任有身로 쓰인다.

15.9 子貢이 問爲仁한대 子曰 工欲善其事인댄 必先利其器니
자 공 문 위 인   자 왈 공 욕 선 기 사   필 선 리 기 기
居是邦也하여 事其大夫之賢者하며 友其士之仁者니라
거 시 방 야   사 기 대 부 지 현 자   우 기 사 지 인 자

자공子貢이 인의 실천爲仁에 대해 묻자問, 공자께서 말씀하셨다. "장인工이 그其 일事을 잘善하려면 반드시必 먼저先 그其 기구器를 예리利하게 한다. 그是 나라邦에 살면서居 그其 대부 중의大夫之 현명한 이賢者를 섬기고事, 그其 선비 중之士之 인한 이仁者를 벗友해야 한다."

264

장인은 예리한 기물을 용구로 삼고, 사람은 어진 벗을 조력자로 삼아야 한다는 말이다. 〈공안국〉

인을 실천할 때爲仁에 먼저 인한 자와 현명한 자를 가까이 하는 것은 장인匠人이 그 일을 잘하려 할 때 먼저 그 연장을 예리하게 하는 것과 같으니, 인한 자와 현명한 자로부터 얻어 그 덕을 이루려는 것이다. 〈주자〉

- 工공은 천지二사이에 사람ㅣ 서서 법도에 맞게 일을 함, 혹은 수준기二와 먹줄ㅣ로 대목이 연장을 들고 있음을 뜻하여 장인, 교묘하다帝工書善畫, 만드는 일天工人其代之, 벼슬아치嗟嗟臣工, 베 짜는 사람工不下機, 공적苗頑弗卽工을 말한다. **다산**: 工은 장인匠이다.
- 利리는 禾(벼 화)＋刂(칼 도)의 회의자로 병장기 날의 예리銳利함과 수확收穫을 뜻한다. 날이 서 있다子之劍 蓋利劍也, 편리함利涉大川, 이롭다利用厚生, 이익營利, 이자逐什一之利, 요해天時不如地利, 이기다乘利席卷, 세력國之利器, 조화를 이룸元亨利貞으로 쓰인다.
- 器기는 여러 그릇을 개가 지키는 형상으로 그릇器受一升 以一升則平, 재능이나 도량少敏惠有才藝 權器愛之, 기관臟器, 도구器械體操, 중히 여기다朝廷器之, 재능으로 여겨 쓰다其使人器로 쓰인다. **다산**: 器는 목공木工의 도끼나 톱木工之斧鋸과 같은 것이다.
- 賢현은 貝(조개 패)＋臤(구휼할 현·간)의 형성자로 신하와 재산을 잘 관리又하는 재능 많은 사람으로 재지才智와 덕행이 있다使仁者佐賢者, 아성의 재덕賢者 亞聖之名, 어진 사람野無遺賢, 착하다必以肆奢爲賢, 낫다某賢於某若干純, 재물이 넉넉함賢 貨貝多於人也을 뜻한다.
- 友우는 손又과 손을 맞잡고 의좋게 감싸 주는 사이를 뜻하여 벗同門曰朋 同志曰友, 벗하다無友不如己者, 우애惟孝 友于兄弟로 쓰인다.
- 仁인은 두 사람二人이 친밀함을 뜻하는 회의자로 어질다博愛之謂仁, 인덕仁德을 갖춘 사람汎愛衆而親仁, 사람井有仁焉, 사람의 마음仁者 人心也,

모든 덕의 총칭渾然與物同體 義禮智信 皆仁也, 불쌍히 여김人皆有所不忍達之於其所忍 仁也, 과실의 씨杏仁, 桃仁, 오행五行에서 동東·건乾·춘春·목木, 벗에 대한 경칭仁兄으로 쓰인다. **주자:** 현賢은 일로써 말하는 것이고, 仁은 덕으로 말하는 것이다. **다산:** 인을 행함爲仁이란 백성을 편안하게 하여 그 은택을 입도록 하는 것이다

15.10 顔淵이 問爲邦한대
❶ 안 연 문 위 방

안연顔淵이 나라를 다스리는爲邦 방도를 물으니問,

한자 해설

• 邦방은 丰(예쁠 봉: 밭에 나무를 심은 형상)＋邑(고을 읍)의 회의자로 나라王此大邦, 봉토邦國若否 仲山甫明之, 천하顔淵問爲邦, 제후로 봉하다乃命諸王邦之蔡로 쓰인다. **주자:** 안자는 왕을 보좌할 인재王佐之才이기 때문에 천하를 다스리는 도를 물었지만, 위방爲邦(제후국을 다스림)이라 말한 것은 겸사이다. **다산:** 위방爲邦은 치국治國이라고 말한 것과 같다. 안자는 대개 왕국王國에 대해 물은 듯하다.

15.10 子曰 行夏之時하며
❷ 자 왈 행 하 지 시

공자께서 말씀하셨다. "하나라의 역법夏之時을 시행行하고,

한자 해설

하안: 만물의 생성을 보고·의거하여 (인월寅月을) 사시四時의 시작으로 삼았으니, 알기 쉬움을 취하신 것이다

주자: 하시夏時(하나라의 역법)는 북두칠성의 자루부분이 초저녁에 인寅방향이 되는 달을 한 해의 처음으로 삼는 역법을 말한다(소강절의 『황극경세』에서 나온 말이다). 하나라는 인寅방향의 달을 인정人正(사람 기준의 정월)으

로 삼았고, 상나라는 축표을 지정地正(땅 기준 정월)으로 삼았고, 주나라
는 자子방향의 달을 천정天正(하늘 기준 정월)로 삼았다. 그러나 때를 기
준으로 일을 하는 것이니時以作事(『좌씨전』), 세월歲月(역법)은 본디 마땅
히 사람을 기준으로 삼아야 한다. 그러므로 공자께서는 일찍이 말씀
하시길, "내가 하나라의 역법을 얻었다吾得夏時焉"(『예기』, 「예운」)고 하였
고, 해설하는 자는 '하소정夏小丁은 하나라 역서의 이름이다'고 했다.
대개 그 계절의 올바름과 월령月令의 좋은 것을 취한 것으로 여기에서
또 안자에게 일러주신 것이다.

다산: 주나라의 역曆은 분分(춘분春分 추분秋分)과 지至(하지夏至 동지冬至)를 사
계절의 시작으로 삼고, 하나라의 역은 계啓(입춘立春 입하立夏)와 폐閉(입
추立秋 입동立冬)를 사계절의 시작으로 삼고 분分과 지至를 그 중간에 두
었으니 모두가 근거한 것이 있다. 그러나 은나라의 역은 이 둘에 해당
하는 것이 없기 때문에 선유들이 의심한 것이다. 원래 저 삼정설三正說
은 『상서』 「감서甘誓」에서 비롯되었는데, 「감서」에서 말한 바의 삼정三
正은 반드시 자子ㆍ축표ㆍㆍ인寅의 설이 아니다.

• 夏하는 頁(머리 혈)＋夊(뒤쳐져올 치)의 회의자로 여름夏季, 중국蠻夷滑夏,
중국 사람을 뜻한다. 황하를 다스린 우禹(수확의 신)가 건립한 왕국으로
우임금의 음악을 뜻한다.

• 時시는 日(날 일)＋寺(머무를 사)의 회의자로 해의 머무름을 나타내어 사
철天有四時 春夏秋冬, 시掌夜時, 연대朕獨不能與此人同時哉, 운명天時不如地
利, 시세以其時考之則可矣, 때때로學而時習之, 훌륭함俋殷既時, 엿보다孔
子時其亡也 而往拜之, 이것黎民於變時雍으로 쓰인다.

15.10 乘殷之輅하며
❸ 승 은 지 로

　은나라의 수레殷之輅를 타고乘,

한자 해설

주자: 상나라의 수레商輅는 나무 수레木輅이다. 로輅란 큰 수레의 이름大車之名이다. 주나라 사람들은 금과 옥으로 장식하여 지나치게 사치스럽고 쉽게 망가졌으니, 상나라의 수레가 소박하면서 견고하고 신분에 따른 위의等威가 분별되고, 질박하견서도 그 중정함을 얻은 것만 못했다.

다산: 로路와 로輅는 천자와 제후가 타는 큰 수레의 명칭大車之名인데 은나라 사람이 처음 만든 것이다. 『주례』의 오로五輅가 그 남은 제도이다.

- 殷은은 殳(창 수)+身(몸 신←㐆: 떨치다)의 회의자로 무기를 들고 성대하게 춤추다는 뜻으로 성하다方事之殷, 많다殷其盈矣, 우렁찬 소리殷其靁在南山之陽로 쓰인다. 중국의 삼대의 나라夏殷周 중 하나로서 은(기원전 1600년 ~기원전 11세기 경)은 상商이라고도 하는데 청동기의 제정일치 사회에서 전차, 왕릉의 구축, 갑골문 사용 등으로 알려져 있다.
- 輅로는 車(수레 거)+各(각각 각)의 형성자로 임금의 수레龍輅充庭, 은의 수레, 섶으로 덮개를 한 허술한 수레乘其華輅, 큰 수레輅車十五乘, 끌채의 횡목橫木 등으로 쓰인다.

15.10 服周之冕하며

④ 복 주 지 면

주나라 면류관周之冕을 쓰고服

한자 해설

포함: 면冕은 예관禮冠이다. 주나라의 예는 문채가 나고 갖추어 졌으니, 주황黈纊이 있어 귀를 막아 함부로 보고 들을 수 없는 점을 취하신 것이다.

주자: 주나라의 면류관은 다섯 가지가 있었으니, 제복祭服의 관冠이다. 황제黃帝 이래로 대개 이미 있었지만, 제도와 신분에 맞는 등급은 주나라에 와서 비로소 갖추어졌다. 화려하지만 호사스럽지 않고, 비용이 들더라도 사치스럽지 않았다. 공자께서 취하신 것은 대개 또한 문

채가 있으면서도 중정함을 얻었다고 여기신 것이다.

다산: 옛날에는 복식을 관명冠名으로 이름 붙였으니, 주나라의 면류관을 쓴다면 복식은 그 안에 있었다. 곤袞·별鷩·취毳·치絺·현玄이라 했던 것들이 모두 사용되었던 것이다.

• 服복은 月(달 월←舟)+卩(병부 절)+又(또 우)의 회의자로 옷被服, 옷 따위를 입다非先王之法服 不敢服, 따르다服從, 들어맞다五刑有服, 약을 먹다令更服丸藥, 직책無替厥服, 생각하다服念, 사용함放牛于桃林之野 示天下弗服, 수레를 끄는 말兩服上襄 兩驂雁行, 일共武之服, 구역弼成五服, 다스리다服之無斁, 전동象弭魚服, 마소에게 멍에를 메우다服牛乘馬으로 쓰인다.

• 冕면은 冂(멀 경)+免(면할 면)의 형성자로 임금이 정복正服을 갖출 때 쓰던 관을 말한다. 관의 겉은 검고 속은 붉었으며, 위에 장방형의 판을 놓고, 판의 앞뒤에 끈을 늘이어 주옥을 꿰었는데, 천자의 관은 12줄, 제후의 관은 9줄이었다.

15.10 樂則韶舞요
⑤ 악 즉 소 무

음악은樂則 소무韶舞를 연주할 것이다.

한자 해설

하안: 소韶는 순임금의 음악이니, 진선진미盡善盡美하기 때문에 취하신 것이다.

주자: 음악 가운데 지극히 선하고 지극히 아름다운 것을 취하신 것이다.

다산: 정삭正朔·수레車·복식服은 삼대에서 취하셨고, 음악은 삼대를 넘어 올라가서 취했기 때문에, 별도로 음악은 소무韶舞를 쓴다고 말하였다.

• 韶소는 音(소리 음)+김(부를 소)의 형성자로 순임금의 음악簫韶九成, 아름답다韶顔慘驚節, 잇다 등으로 쓰인다. "공자께서는 순임금의 음악韶을 평하시어 지극히 아름답고 또 지극히 선하다고 하였다. 무왕의 음

악을 평하시어 지극히 아름답기는 하지만 지극히 선하지는 않다고 하
였다子謂韶 盡美矣 又盡善也 謂武 盡美矣 未盡善也."(3.25) "공자께서 제나라
에 계실 때 순임금의 음악을 들으시고, 석달 동안 고기 맛을 모르셨
다. 그리고 말씀하시길, 음악을 연주하는 아름다움이 이와 같은 정도
에 이르리라고는 생각하시 못했다고 하였다子在齊聞韶 三月 不知肉味 曰
不圖爲樂之至於斯也."(7.13)

• 舞무는 無(없을 무)+舛(어그러질 천)의 회의자로 무용不知足之蹈之 手之舞
之, 뛰다百獸率舞, 고무하다鼓之舞之 以盡神로 쓰인다.

15.10 放鄭聲하며 遠佞人이니 鄭聲은 淫하고 佞人은 殆니라
6 방 정 성   원 영 인   정 성 음   영 인 태

정鄭나라 음악(세속 음악)聲을 물리치고放, 말 잘하는 사람佞人을 멀리하라
遠. 정鄭나라 음악聲은 음란淫하고, 말 잘하는 사람佞人은 위태롭다殆."

정치에 대한 질문이 많았지만, 오직 안연에게만 이러한 말씀으로 일러 주
셨다. 대개 3대의 제도는 모두 시대에 따라 덜고 더하였지만, 오래되면 폐
단이 없을 수 없다. 주나라가 쇠하여 성인이 나오지 않았기 때문에 공자께
서 선왕의 예를 참작하시어 만세토록 항상 행해질 법도를 세우시고자, 이
말씀을 하시어서 실마리로 삼으셨다. 이로부터 탐구한다면 나머지는 모두
상고할 수 있을 것이다. 〈정자〉

한자 해설
공안국: 정성鄭聲 · 녕인佞人 또한 모두 사람의 마음을 미혹할 수 있는 것
이, 아악과 현인이 사람의 마음을 감화시킬 수 있는 것과 같아서 사람들
을 음란 · 위태롭게 할 수 있기 때문에, 마땅히 물리치고 멀리해야 한다.
다산: 살피건대, 공안국은 정성鄭聲은 군주를 인도하여 음황荒淫하게 만
들고, 영인佞人은 사람과 국가를 혼란스럽게 하여 위태롭게 만든다고

생각한 듯하지만, 아마도 그렇지 않을 듯하다. 어리석은 내가 생각하기로는 정성鄭聲은 그 자체 음란하고, 영인은 그 스스로 위태롭다. 교언巧言과 영색佞色은 인함이 드므니, 그 또한 위태롭지 않은가?

• 放방은 方(모 방)+攴(칠 복)의 형성자로 석방하다放免, 내치다放驩兜于崇山, 널리 펴다放之則彌六合, 멋대로 하다放言, 달아나다人有雞犬放 則知求之, 그만두다隱居放言, 의지하다放於利而行, 이르다放乎四海로 쓰인다. **주자**: 放은 금지하여 끊는 것禁絶之을 말한다. **다산**: 放은 물리치다屛와 같다.

• 鄭정은 邑(고을 읍)+奠(제사지낼 전)의 형성자로 <u>주대의 제후국</u>(선왕宣王의 동생 환공桓公 우友를 봉한 나라: 鄭伯克段于鄢), <u>정鄭의 풍류</u>雅鄭異音聲, 鄭聲, 성姓의 하나로 쓰인다.

• 聲성은 声(소리 성: 石磬)+殳(몽둥이 수)+耳(귀 이)의 회의자로 석경을 치는 모습으로 <u>음향</u>風聲鶴唳, <u>음성</u>聞其聲不忍食其肉, 언어府吏嘿無聲, <u>음조</u>五聲, 명예聲施千里, 평판交絶不出惡聲, 가르치다朔南曁聲敎, 소리가 울리다金聲而玉振之也로 쓰인다. **주자**: 정성鄭聲은 정나라의 음악이다. **다산**: 정성鄭聲은 정나라 사람의 속악鄭人之俗樂이다. 그 소리가 간람姦濫한데, 난쟁이의 잡희雜戲로 이어졌다.(「악기」)

• 淫음은 水(물 수)+㸒(가까이할 음)의 형성자로 물(욕정)을 가까이하다는 뜻으로 <u>음란하다</u>, 미혹시키다, 사치하다, 탐하다, 지나치다, 장마, 방종하다 등으로 쓰인다.

• 佞(侫)녕은 女(여자 녀)+仁(어질 인)의 회의자로 여자가 친근하게 대하다는 뜻에서 전의되어 아첨하다友便佞損矣, 간사하다以邪導人 謂之佞, 영리함我不佞 雖不識 亦不可感, <u>말재주가 있음</u>是故惡夫佞者, 佞人로 쓰인다. **주자**: '영인佞人'은 비굴하게 아첨하며 말 잘하는 사람이다卑諂辨給之人.

• 殆태는 歹(뼈 부서질 알)+台(별 태)의 형성자로 위태하다晉有三不殆, 의심하다故相與往殆乎晉也, 거의此殆空言, 다가서다無小人殆, 처음殆及公子同歸, 게을리하다思而不學則殆로 쓰인다. **주자**: 殆는 위태危殆롭다는 것이다.

子曰人無遠慮면 必有近憂니라
자 왈 인 무 원 려　필 유 근 우

공자께서 말씀하셨다. "사람人이 멀리遠 염려慮함이 없으면無, 반드시必 가까이近에서 근심憂이 있게 된다有."

군자는 마땅히 환난을 생각하여, 미리 예방해야 한다(이것은 『주역』 「기제旣 濟 · 상사象辭」이다). 〈왕숙〉

사람이 밟는 것으로 치면 발을 디디는 곳 이외에는 모두 쓸모 없는 땅이지 만, 버릴 수 없다. 그러므로 생각이 천리의 밖에 있지 않으면, 근심이 앉은 자리 밑에 있게 된다. 〈소식〉

소식蘇軾은 단지 장소의 원근을 말했을 뿐, 시간의 원근을 빠뜨리고 말했 다. 예컨대 생각이 천백 년 멀리까지 미치지 않으면, 근심이 조석의 가까 움에 있다고 해야 뜻이 비로소 완전하다. 〈쌍봉 요씨〉

한자 해설

- 慮려는 虎(범 호)+思(생각할 사)의 회의자로 사려考慮, 꾀하다子爲寡人慮 之, 근심하다念慮, 생각困於心 衡於慮로 쓰인다.
- 憂우는 頁(머리 혈)+心(마음 심)+夂(뒤쳐져서 올 치)의 회의자로 애태움樂以 忘憂, 근심하다仁者不憂, 환난君子在憂, 질병某有負薪之憂, 친상丁憂, 앓 다文王在胎 母不憂, 괴로워함小人道憂也으로 쓰인다.

子曰 已矣乎라 吾未見好德을 如好色者也게라
자 왈 이 의 호　오 미 견 호 덕　여 호 색 자 야

공자께서 말씀하셨다. "그만 두어야겠다已矣乎! 나吾는 덕德을 좋아하기好 를 색色을 좋아하는 것과 같이如好 하는 자者를 아직 보지 못했다未見."

272

덕이란 도심道心이 좋아하는 바이고, 색色이란 인심人心이 좋아하는 바이다. 도심은 항상 약하기 때문에 성실하기 어렵고, 인심은 항상 치열하기 때문에 억지로 조장할 필요가 없다. 〈다산〉

한자 해설

- 已이는 다 자란 태아의 출산이 임박했다 혹은 巳를 거꾸로 한 자형으로 양기陽氣가 나와서 음기가 숨는다는 데에서 그치다難鳴不已, 이미漢皆已得楚乎, 물러나다已之, 매우不然則已慤, 반드시已然諾, 어조사 등으로 쓰인다. 주자: '이의로已矣乎'란 (덕을 색을 좋아하듯이 좋아하는 사람을) 끝내 볼 수 없었음을 탄식한 말이다. 다산: 已는 그만두다슑이다.
- 色색은 人(사람 인)＋卩(병부 절)의 회의자로 얼굴빛以五氣五聲五色 眡其死生, 빛깔以五采彰施于五色, 기색大夫占色, 색정少之時 血氣未定 戒之在色, 꾸미다東里子産潤色으로 쓰인다.

15.13 子曰 臧文仲은 其竊位者與인저 知柳下惠之賢而不與立也로다
자 왈 장 문 중　　기 절 위 자 여　　　지 유 하 혜 지 현 이 불 여 입 야

공자께서 말씀하셨다. "장문중臧文仲은 그其 관위位를 절취竊한 자者일 것이다與! 유하혜의柳下惠之 현명함賢을 알면서도知而 함께與 조정에 서지 않았다不立也."

장문중臧文仲은 노나라의 대부 장손씨臧孫氏이고 이름은 신辰이다. 유하혜柳下惠는 노나라의 대부 전획展獲으로 자는 금禽이며, 유하柳下는 식읍食邑의 지명이며, 시호는 혜惠이다. 여립與立은 천거하여 함께 조정에 나아가는 것을 말한다. 그러나 유월兪樾은 『군경평의羣經平議』에서 입立을 위位로, 곧 장문중이 유하혜의 현명함을 알고도 그에게 벼슬을 주지 않았다는 뜻이라 했다. 장문중은 지혜롭다는 평판이 있었지만, 공자는 좋게 평가하지 않았다. 『논어』에 다음 구절이 있다.

공자께서 말씀하셨다. "장문중은 점치는 거북을 간직했는데, 그 집 기둥머리의 두공에는 산山 형상을 세기고, 들보의 동자기둥에는 마름 풀을 그렸으니, 어찌 지혜롭다고 하겠는가?"子曰 臧文仲 居蔡 山節藻梲 何如其知也 (5.17)

- 竊절은 穴(구멍 혈)＋釆(분별할 변←米)＋卨(사람이름 설: 쌀벌레)의 형성자로 쌀벌레가 쌀을 갉아먹는 모습으로 훔치다賢人不爲竊, 범하다竊仁人之號, 헛되이 녹을 받다竊位, 도둑鼠竊狗盜, 몰래竊負而逃로 쓰인. **주자**: 절위竊位란 그 지위에 걸맞지 않아 마음에 부끄러움이 있는 것으로, 마치 도둑질하여 몰래 지니고 있는 것과 같다는 말이다.

- 與여는 与(어조사 여)＋舁(마주들 여)의 형성자로 함께 들어 올리는 것을 나타내어 더불어, 목적을 함께 하는 무리, 허여하다, 같아하다, 참여하다, 어조사 등으로 쓰인다. **주자**: 여립與立은 천거하여 함께 나란히 조정에 서는 것을 말한다.

15.14 子曰躬自厚而薄責於人이면 則遠怨矣니라
자 왈 궁 자 후 이 박 책 어 인   즉 원 원 의

공자께서 말씀하셨다. "자기를 책망하기를躬自(=責己) 두텁게 하고厚而, 남을 책망하기責於人를 박하게 하면薄則 원망怨에서 멀어진다遠矣."

자기를 책망하기를 두텁게 하면, 자신은 더욱 수양되어 원망이 없을 수 있다. 남을 책망하기를 적게 하면, 남이 쉽게 따르기 때문에 원망을 초래하지 않는다. 〈채청〉

자기를 책망하기를 두텁게 하면 내가 남을 원망하지 않고, 남을 책망하기를 적게 하면 남이 나를 원망하지 않는다. 원원遠怨은 '원망에서 멀어진다' 遠於怨는 뜻이다. 〈다산〉

274

- 躬궁은 身(몸 신)+弓(활 궁)의 형성자로 몸, 자기 자신, 몸소, 굽히다, 곤궁하다의 뜻이다. 궁기躬自란 자기 자신을 삼가고 공손히 함 혹은 몸소 행함이라는 뜻이 있다.

- 厚후는 厂(기슭 엄)+旱(두터울 후)의 형성자로 두텁다不臨深谿 不知地之厚也, 무겁다, 후하다, 진하다, 크다의 뜻이다. 자후自厚 뒤에 책責자가 생략되었다고 할 수 있다. **주자:** 厚(責)는 무겁게 자책하는 것이니, 자책하고 또 자책하기를 거듭해 그치지 않는다는 뜻이다.

- 薄박은 艸(풀 초)+尃(양하 박)의 형성자로 엷다如履薄氷, 적다德薄而位尊, 천하다年少官薄는 뜻이다.

- 責책은 貝(조개 패)+朿(가시 자)의 회의자로 가시가 돋친 돈이라는 뜻으로 요구하다宋多責略於鄭, 꾸지람하다痛自刻責, 바라다責善朋友之道也, 책임任其事而自當其責, 책망是有召子之責于天, 부채負責數百萬로 쓰인다.

15.15 子曰 不曰如之何如之何者는 吾末如之何也已矣니라
자 왈 불 왈 여 지 하 여 지 하 자 오 말 여 지 하 야 이 의

공자께서 말씀하셨다. "어떻게 할까如之何 어떻게 할까如之何라고 말하지 않는 자不曰者는 나름도 어떻게 할 수如之何 없을 뿐이다未也已矣."

'어떻게 할까, 어떻게 할까?'란 깊이 사려하여 면밀히 살펴 대처할 때 하는 말이다. 이처럼 하지 않고 망령되게 행동하면, 비록 성인聖人이라 하더라도 또한 어떻게 할 수 없다. 〈주자〉

선善을 향해 나아가는 사람은 학업의 부진을 우려하고, 세월이 함께 하지 않음을 슬퍼하고, 새벽부터 밤늦게까지 우려와 탄식을 하니, 스스로 우려하고 스스로 속상하여 '어떻게 할까, 어떻게 할까'라고 말한다. 그 분발하고 스스로 진작함이 이와 같지 않은 자는 성인 또한 어떻게 할 수 없다. 〈다산〉

15.16 子曰 群居終日에 言不及義요 好行小慧면 難矣哉라
자왈 군거종일 언불급의 호행소혜 난의재

공자께서 말씀하셨다. "여럿群이 종일終日토록 거처居하면서도 말들이 의義에 미치지 않고不及, 작은 지혜小慧를 행行하기를 좋아好한다면, 어려울難 것이다矣哉."

말이 의義에 미치지 않으면 방자하고 사치스런 마음이 불어나고, 사사로운 잔꾀나 행하기를 좋아하면, 위험하게 행하면서 요행을 바라는 기틀이 완숙해질 것이다. '어려울 것이다難矣哉'란 덕으로 들어갈 방법이 없어 장차 걱정과 손해만 있을 것이라는 말이다. 〈주자〉

한자 해설
- 群군은 羊(양 양)+君(임금 군)의 형성자로 군집 생활을 하는 양으로 무리或群或友, 떼지다群而不黨, 모으다群天下之英傑로 쓰인다.
- 義의는 『설문』에서 '자기의 위엄威嚴 있는 거동으로 아我와 羊(善, 美)을 따른다고 했는데, 곧 인간 자신의 선하고 착한 본성에서 나온 위엄 있는 행동거지威儀로서 알맞다, 적당하다, 마땅하다의 뜻이다.
- 慧혜는 彗(비 혜)+心(마음 심)의 회의자로 사람의 총명함을 나타내어 슬기롭다聰慧質仁, 지혜智慧, 교활하다便辟佞慧는 뜻이다. 정현: 소혜小慧는 자잘한 재지才智를 말한다. 주자: 소혜小慧는 사사로운 지혜私慧이다. 의리에 근본하지 않은 것으로, 이익과 욕심을 셈하고 따지는 사사로운 마음에서 나온 것이다.

15.17 子曰 君子義以爲質이오 禮以行之하며 孫以出之하며
자왈 군자의이위질 예이행지 손이출지

信以成之하나니 君子哉라
신이성지 군자재

공자께서 말씀하셨다. "군자君子가 의로써義以 바탕삼고爲質, 예로써禮以 그것을 행하고行之, 퇴손으로孫以 그것을 드러내고出之, 신실함으로信以 그것을 이루니成之, 군자君子로다哉!"

의義로써 바탕으로 삼는다는 것은 바탕 · 근간처럼 여긴다는 것이다. 예禮는 의를 행하고, 겸손은 의를 나타내고, 믿음은 의를 완성한다. 이 네 구절은 단지 하나의 일이며, 의를 근본으로 삼는다. 〈정자〉

의義란 일을 제어하는 근본인 까닭에 바탕 · 근간으로 삼아야 한다는 것이다. 의義를 행함에 있어 반드시 등급 · 법도節文가 있고, 나타낼 때는 반드시 퇴손退遜으로 하고, 이룸에서는 반드시 성실함이 있어야 하니, 곧 군자의 도이다. 〈주자〉

한자 해설

다산: '출지出之'란 언어로 표현하는 것이고, '예이행지禮以行之'란 고결한 행위危行이며, '손이출지孫以出之'는 말이 겸손한 것이고, 신信이란 언행을 총괄하는 것이다. 의義와 신信은 머리와 꼬리가 되고, 언言과 행行은 두 날개이다.

• 君子군자는 유교가 추구하는 이상적 인격의 전형으로, 군자君子라는 용어는 공자에 의해 결정적인 의미 전환을 겪으면서 <u>유교가 추구하는 이상적 인격의 전형</u>으로 정립되었다. 그래서 '군자君子'라는 말은 '인仁'(59절)보다 더 많은 85절에서 걸쳐 107번 내외로 나타났다. '군君'자는 '윤尹'과 '구口'자로 구성되어 있다. 그리고 '尹'(다스리다, 바로잡다, 벼슬이름)은 '곤ㅣ + 차叉'로 구성되어 있는데, '곤ㅣ'은 신장神杖으로 성직자가 손에 잡는 물건을, 그리고 '차叉'는 손을 나타낸다. 따라서 '군君'이란 신장을 손에 든 성직자로서 의례를 행하거나 정사를 맡아보는 사람을 뜻한다. 그리고 '군'의 글자적 의미는 '존귀尊貴'를 뜻하며, 군주가 앉아 있는 모양을 형상화 한 글자이다. 독음은 벼슬이름으로 다스린

다는 의미를 지니는 '윤尹'자에서 비롯되었으며, '입口'으로 명령을 하달하여 백성을 통치한다는 의미에서 尹과 口가 만나서 형성된 회의문자이다. 君子 또한 정치적 의미가 부여된 君의 연장선상에서 생각할 수 있다. 공자 이전 문헌에서 사용된 용례를 보면, 군자는 (君, 人君, 君者, 人主 등과 거의 비슷한 의미로) 최고 통치자인 천자로부터 '정치하는 귀족 계급 일반'을 지칭하는 지위 또는 신분을 나타내다가 점차적으로 그 군자가 갖추어야할 덕목을 말하기도 하였다. 어쨌든 공자이전에 '군자'라는 용어는 "점차 도덕적 품성을 지칭하는 용어로 사용되기도 하였지만, 어느 경우든 지위 혹은 신분의 의미를 다분히 내포하고 있었다." 고주는 군자를 주로 신분적인 용어로(在上之人, 大夫士, 卿大夫) 사용했지만, 주자는 도덕적인 의미로 사용했다成德之士. 다산은 양자를 종합하여, 본래 신분과 도덕을 함께 지칭하는 것이었지만 후대에는 주로 도덕적인 의미로 사용되었다고 했다

- 義의는 羊(양 양)+我(나 아)의 회의자로 손에 무기를 잡고(我=手+戈) 희생물羊을 신神들이 흠향할 수 있도록 알맞게 다듬어宜 알맞다, 적당하다, 마땅하다, 이치에 맞게 분배하다, 공평하다를 의미한다.

- 質질은 所(모탕 은: 저당물)+貝(조개 패)의 회의자로 저당물로 돈을 빌리는 것을 나타내어 바탕大圭不磨 美其質也, 순진하다遺華反質, 품성太素者質之始也, 근본, 실체原始要終 以爲質也, 이루다虞芮質厥成, 기초以鍊銅爲柱質로 쓰인다.

- 禮예는 示(보일 시)+豊(풍성할 풍)의 형성자로 예도不議禮, 예의禮儀, 예법禮賢者, 경례敬禮, 예식凶荒殺禮, 예물無禮不相見也, 음식 대접饗禮乃歸, 귀천·상하의 구별天秩有禮, 예의의 총칭禮樂射御書數으로 쓰인다.

- 孫손은 子(아들 자)+系(이을 계)의 회의자로 손자玄孫, 순종함民有孫心을 뜻하며, 여기서는 해성諧聲으로 遜손(공손恭遜, 겸손謙遜, 사양辭讓)이다.

- 信신은 "가치상 추구할 만한 것을 일러 선善이라고 하고, 이러한 선을 자기 안에 지니고 있는 것을 일러 신信이라고 한다"고 맹자가 말했듯

278

이, 선한 본성仁義禮智을 지니고 실현하기 위해 신실하게 행하는 것을 말한다. 믿음朋友有信, 믿다盡信書 則不如無書, 편지信書, 진실로, 징험하다其中有信, 오행의 토土, 펴다往者屈也 來者信也로 쓰인다.

15.18 子曰 君子는 病無能焉이오 不病人之不己知也니라
자 왈 군 자 병 무 능 언 불 병 인 지 불 기 지 야

공자께서 말씀하셨다. "군자君子는 능력이 없음無能을 걱정病하지, 남人이 자기己를 알아주지 않는 것不知을 걱정하지 않는다不病."

이 구절은 『논어』의 다음 구절과 함께 살펴보자.

남이 나를 알아주지 않는다고 걱정하지 말고, 내가 잘하지 못함을 걱정하라. (14.32)
남이 나를 알아주지 않는 것을 걱정하지 말고 남을 알지 못하는 것을 걱정하라. (1.16)
나를 알아주지 않는 것을 걱정하지 말고, 알아 줄 만한 사람이 되기를 구하라. (4.14)

한자 해설
• 病병은 疒(병들어 기댈 녁)+丙(남벽 병)의 형성자로 위독한 병疾病外內皆掃, 앓다病癒 我且往見, 근심하다君子病無能焉, 어려워하다堯舜其猶病諸, 주리다從者病로 쓰인다.
• 能능은 본래 크고 용기와 능력이 뛰어난 곰의 상형자로 능하다寡人弗能拔, 잘하다唯聖者能之, 미치다不能被德承澤, 능히愛之能勿勞乎, 재주가 뛰어나다足以容天下之能士矣, 재량君知我而使我畢能, 곰의 한 가지 등으로 쓰인다. 다산: 무능無能이란 예능藝能이 없음無을 말한다. 내게 예능이 있으면, 남이 나를 반드시 알아줄 것이다.

子曰君子는 疾沒世而名不稱焉이니라
자 왈 군 자 질 몰 세 이 명 불 칭 언

공자께서 말씀하셨다. "군자君子는 세상을 다할 때沒世(죽을 때까지 혹은 죽은 이후에) 명성名이 떨쳐지지 않는 것不稱을 싫어한다疾焉."

군자는 자신을 위해爲己 배우므로, 남이 알아주기를 구하지 않는다. 그러나 죽은 이후에 명성이 떨쳐지지 않는다면, 선을 행한 실제가 없다는 것을 알 수 있다. 〈범조우〉

몰세沒世란 관 뚜껑을 덮은 다음에야 평판이 정해진다는 뜻이다. 혹 생전에 명성이 나기를 구할 수도 있지만, 죽은 다음에는 꾸밀 수 없으니 바야흐로 공론이 정해진다. 죽은 다음에 일컬어질 만한 명성이 있으면, 진정선善이 있었음을 알 수 있다. 〈쌍봉 요씨〉

한자 해설
- 病병은 疒(병들어 기댈 녁)+丙(남벽 병)의 형성자로 병, 근심하다, 어려워하다는 뜻이다. 하안: 疾은 병病과 같다. 태재순: 疾은 병病 자와 비교하면 뜻이 무겁다. 疾은 질嫉과 통하며, 싫어한다惡의 뜻이다.
- 沒몰은 水(물 수)+殳(몽둥이 수)의 회의자로 물살 위로 손이 올라와 있는 모습으로 빠지다沈沒, 마치다曷其沒矣, 죽음包犧氏沒 神農氏作, 없다怕沒有枝葉花實로 쓰인다. 주자: 沒은 몰계沒階(계단을 다 내려오다)、몰치沒齒(나이를 다 먹다)와 같은 뜻으로 읽어야 한다(沒沒은 다하다盡는 뜻이다). 몰세는 필세畢世(세상을 다하는 것盡世)라고 말하는 것과 같다.
- 稱칭은 禾(벼 화)+再(들 칭)의 회의자로 무게를 달아 가격을 제시한다는 뜻이다. 저울질하다, 들다, 추천하다, 칭찬하다, 드러나다, 명성, 걸맞다로 쓰인다. 다산: 稱은 떨쳐 드날리다揚이다.

15.20 子曰 君子는 求諸己오 小人은 求諸人이니라
자왈 군자 구 저 기 소 인 구 저 인

공자께서 말씀하셨다. "군자君子는 자기에게諸己 구求하고(책망하고), 소인 小人은 남에게諸人 구求한다(책망한다)."

군자는 자기를 책망하고, 소인은 남을 책망한다. 〈포함〉

군자는 비록 남이 자신을 알아주지 않는 것을 걱정하지 않지만, 그러나 또한 죽은 후에 명성이 일컬어지지 않는 것을 싫어한다. 비록 죽은 후에 명성이 일컬어지지 않은 것을 싫어하지만, 구하는 방식은 또한 돌이켜 자신에게서 구할 뿐이다. 소인은 남에게 구하는 까닭에, 도를 어기고 명예를 구하여 이르지 않는 곳이 없다. 세 가지 글은 서로 겹치지 않지만, 의미는 실로 서로 보완되니, 또한 말씀을 기록한 자의 의도이다. 〈양시〉

살핀다. 이 글을 (양시처럼) 앞 장과 연결시켜 말하는 것은, 그 뜻이 아마도 잘못된 듯하다. 안연이 인仁을 물으니, 공자께서 '나를 이기고 예로 되돌아하는 것克己復禮이 인仁이다'고 하고, 이어서 '인仁을 행하는 것은 나로부터 말미암는 것이지, 어찌 남으로부터 말미암겠는가?'라고 하였다. 이것이 바로 자신에게서 구하고, 남에게서 구하지 않는 것이다. 〈다산〉

한자 해설
• 求구는 가죽 털옷의 상형자인데, 가죽 털옷은 귀하고 비쌌기 때문에 얻고자 하다寤寐求之, 구하다同氣相求, 묻다上志而下求, 부르다是自求禍 也, 빌다童蒙求我, 책망하다, 탐내다不忮不求로 쓰인다. 다산: 求는 인을 구하는 것求仁을 말한다.

子曰君子는 矜而不爭하며 群而不黨이니라
자왈군자 긍이부쟁 군이부당

공자께서 말씀하셨다. "군자君子는 긍지를 지니되矜而 다투지 않고不爭,
뭇사람들과 어울리면서도群而 편당 짓지 않는다不黨."

『논어』의 다음 구절들과 연관하여 살펴보자.

"군자는 여러 사람들과 두루 조화를 이루지만, 치우쳐서 파당을 짓지 않는
다. 소인은 치우쳐 파당을 짓지만, 두루 조화를 이루지는 않는다君子 周而不
比 小人 比而不周."(2.14)

"군자는 조화를 이루지만 남과 똑같이 하지는 않지만, 소인은 다른 사람
과 똑같이 되려고 하지만 조화를 이루지는 않는다君子 和而不同 小人 同而不和."
(13.23)

한자 해설

주자: 장엄하게 자기를 지키고 단속하는 것莊以持己을 긍矜이라 하지만,
어그러진 마음乖戾之心이 없기 때문에 다투지 않는다不爭. 조화로움으
로 무리에 처하는 것을 군群이라 하고, 아첨하는 뜻阿比之意이 없으므
로 편당을 만들지 않는다.

다산: 장중하게 스스로를 단속하는 것莊重自持을 긍矜이라 하고(경敬·지持
이다), 높음을 서로 다투는 것高亢相競을 쟁爭이라 하고(다른 사람과 그 높
음을 다투다), 화목하여 모여 마음을 같이하는 것和輯同心을 군群이라 하
고, 아첨하여 힘을 보태는 것比暱助力을 당黨이라 한다.

• 矜긍은 矛(창 모)+今(이제 금)의 형성자로 불쌍히 여기다吾聞之君子見人之
厄, 괴로워하다爰及矜人, 아끼다不矜細行 終累大德, 위태함居以凶矜, 공경
하다皆有所矜式, 자랑하다不矜而莊, 엄숙하다君子矜而不爭, 스스로 삼가다
矜矜, 홀아비至于矜寡로 쓰인다. **포함**: 矜은 근엄하고 장중함矜莊이다.

- 爭쟁은 爪(손톱 조)+又(또 우)+亅(갈고리 궐)의 회의자로 소의 뿔을 놓고 서로 잡아당기며 겨루다天下莫與汝爭能, 소송하다使人不同功 故莫爭訟, 논의有競有爭, 싸움又好爭訟으로 쓰인다.
- 群군은 君(임금 군)+羊(양 양)의 형성자로 무리獸三爲群, 동아리吾離群而索居, 부류用其則必有群, 친족因以飾群, 한데 모임群而不黨, 모으다群天下之英傑로 쓰인다.
- 黨당은 尙(오히려 상: 집)+黑(검을 흑: 아궁이)의 회의자로 아궁이에서 피어오르는 연기가 집안을 가득 메우고 있다는 뜻으로 무리, 일가, 한동아리各於其黨, 친척睦於父母之黨 可謂孝矣, 사귀다無所交黨, 돕다群而不黨, 불공평하다無偏無黨, 알랑거리다比而不黨로 쓰인다. **공안국**: 黨은 돕다 助이다. 군자는 비록 많은 사람과 어울려도 서로 사사로이 돕지 않고, 오직 의義만 따른다.

15.22 子曰君子는 不以言擧人하며 不以人廢言이니라
자 왈 군 자   불 이 언 거 인   불 이 인 폐 언

공자께서 말씀하셨다. "군자君子는 말로써以言 사람人을 천거擧하지 않고不, 사람 때문에以人 말言을 폐廢하지 않는다不."

(좋은) 말이 있는 자有言者는 반드시 덕이 있는 것은 아니므로, 말로써 사람을 천거할 수 없다. 덕이 없더라도 좋은 말을 폐할 수는 없다. 〈포함·왕숙〉

말 때문에 사람을 등용하면 실천하지 않는 자가 나오니, 이는 본디 옳지 않다. 그러나 비록 설사 소인이 말했다고 하더라도, 그 말이 선하면 선한 말이 되는 데는 문제가 없다. 사람 때문에 그 말을 버리면, 선한 말이 버려진다. 그러므로 군자는 비록 말 때문에 사람을 등용하지는 않지만, 또한 사람 때문에 말을 버리지는 않으니, 가려짐이 없는 공정한 마음이다. 〈장남헌〉

『논어』의 다음 구절과 연관하여 살펴보자.

공자께서 말씀하셨다. "덕 있는 사람은 반드시 말이 있지만, 말이 있는 사람이라고 해도 반드시 덕이 있는 것은 아니다. 인한 사람은 반드시 용감하지만, 용감한 사람이 반드시 인함이 있는 것은 아니다."子曰 有德者 必有言 有言者 不必有德 仁者必有勇 勇者不必有仁. (14.5)

- 擧거는 舁(마주들 여)+与(어조사 여)+手(손 수)의 회의자로 손手을 함께 하여 물건을 들어 올린다擧白而進之, 손에 들다獨擧之以行者, 천거하다諸公多薦擧之者, 일으키다擧廢國, 등용하다擧賢人, 열거함過而擧君之諱則起, 흥하다其政擧, 과거科擧로 쓰인다.
- 廢폐는 广(집 엄)+發(쏠 발)의 회의자로 쏜 화살을 집广 안에 버린다, 혹은 망가진發 집广으로 폐하다道術之廢, 엎드리다千人皆廢, 떨어지다廢於爐炭, 그만두다半塗而廢, 비축하다好廢擧의 뜻이다.

15.23 子貢이 問曰 有一言而可以終身行之者乎잇가
자공 문왈 유일언이가이종신행지자호

子曰 其恕乎인저 己所不欲을 勿施於人이니라
자왈 기서호 기소불욕 물시어인

자공子貢이 물어 말했다問曰. "한마디 말로一言而 종신終身토록 행할만한 것可以終行之者이 있습니까有乎?" 공자께서 말씀하셨다. "그것은其 서恕일 것이다乎! 자기己가 하고 싶지 않은 것所不欲을 남에게於人 베풀지施 말라勿."

이 글은 『논어』의 다음 구절과 상호 연관되어 있다.

"삼아, 나의 도는 하나로써 관통하느니라." 증자가 대답했다. "예, 그렇습

니다." 공자께서 나가시니 문인들이 물어 말하기를, "무슨 말씀입니까?" 중자가 말하였다. "선생님의 도는 충서일 따름이다." 參乎 吾道 一以貫之 曾子 曰 唯 子出 門人 問曰何謂也 曾子曰 夫子之道 忠恕而已矣. (14.15)

중궁이 인을 물으니, 공자께서 말씀하셨다. "문 밖을 나서면 큰 손님을 접견하듯이 하고, 백성을 부림은 큰 제사를 받들 듯이 하고, 자기가 하고 싶지 않은 것을 남에게 베풀지 마라. 그리하면 나라에 원망이 없고, 가정에 원망이 없어질 것이다." 중궁이 말하였다. "제가 비록 불민하지만, 청컨대 이 말씀을 실천하고자 합니다." 仲弓問仁 子曰 出門如見大賓 使民如承大祭 己所不 欲 勿施於人 在邦無怨 在家無怨 仲弓曰 雍雖不敏 請事斯語矣. (12.2)

다음의 주석을 참조하자.

서恕는 내 마음을 미루어 저 사물에 흘러 들어가는 것일 뿐이다. 서恕의 뜻은 매우 넓고 큰데, 한나라 이래 서恕 자의 의미가 밝혀지지 않았다. 그래서 심지어는 자신을 용서容恕하고, 임금을 헤아리기를 잘하는 것이라고 해석한 경우도 있다. 범충선范忠宣 또한 '자신을 용서하는 마음으로 남을 용서하는 것恕己之心恕人'이라고 했으니, 서恕 자에는 기己 자를 붙일 수 없다 (恕己라 할 수 없다)는 것을 몰랐다. 그의 설에 의하면, 서恕 자는 단지 남에게 너그럽게 한다는 뜻과 비슷할 뿐이니, 흡사 요즘 사람들이 말하는 '또 용서하라' 혹은 '가벼이 용서하지 말라'라 할 때의 뜻과 같다. 이렇다면 자신이 허물이 있으면 또 스스로 용서하고, 남이 허물이 있으면 또 똑같이 남을 용서하는 것이다. 이는 곧 서로 이끌어 어리석음으로 귀결되니, 이것이 어찌 자신의 마음과 같이 미루어 나아감推己如心의 뜻이겠는가? 〈서산 진씨〉

주자: 자기를 미루어 남에게 미치면推己及物 그 베풂은 끝이 없기 때문에 종신토록 행할 수 있다.

다산: 일언─言은 한 글자─字를 말한다. 사람의 도는 인仁을 구하는 데에서 벗어나지 않고, 인을 구하는 것求仁은 인륜에서 벗어나지 않는다. 경례삼백經禮三百과 곡례삼천曲禮三千에서 천하의 만사만물에 이르기까지 모두 인륜에서 일어난다. 서恕란 인륜에 처하는 방법이고(곧 혈구지도即絜矩之道), 하나로써 관통하기 때문에 한 글자이면서 종신토록 행할 수 있다.

- 恕서는 『설문』에서 "서恕는 인仁이다. 심心 자에서 유래하여 여如 자로 소리 난다."고 했고, 『이아』에서는 "여如는 가는 것이다往也."고 풀이했다. 따라서 '心+如(=往)'로서 '자기의 마음을 미루어, 외부에 나아가는 것이다.'고 할 수 있다. 용서하다竊自恕, 恕宥, 남의 처지를 잘 헤아려 줌忠恕而已矣, 恕思 등으로도 쓰인다. 『좌전』에서 6번 출현하는데, '자기 자신이 이해한 상황에 근거하여, 이성적으로 추론하면 사정의 결과가 그와 같다.'는 뜻이다. 『논어』에서는 단지 2회 출현했다.

- 施시는 㫃(=旗깃발 기)+也(어조사 야)의 형성자로 베풀다施三川而歸, 행하다, 개구리得此戚施, 발어사盃施舍之所養勇也, 은혜를 베풀다博施於民, 자랑하다不施勞, 옳다施於中谷, 뻗다(이)施及三王로 쓰인다.

15.24 子曰吾之於人也에 誰毀誰譽리오 如有所譽者면 其有所試矣니라
자 왈 오 지 어 인 야   수 훼 수 예   여 유 소 예 자   기 유 소 시 의

斯民也는 三代之所以直道而行也니라
사 민 야   삼 대 지 소 이 직 도 이 행 야

공자께서 말씀하셨다. "내가吾之 사람에 대해於人也 누구誰를 헐뜯거나毁 누구誰를 예찬譽하겠는가? 만일如 예찬한 것所譽者이 있었다면有, 그것斯은 시험해본 바所試가 있는 것이다有矣. 이斯 백성民들이야말로 (하은즉) 삼대의三代之 도를 곧게 하여以直道而 시행해 왔던 대상들이다所行也."

286

공자께서 남들에 대해 어찌 헐뜯거나 예찬하려는 의도가 있었겠는가? 그 예찬하신 까닭은 대개 시험해 보시고, 그 아름다움을 아셨기 때문이다. 이 백성들은 삼대 때 곧은 도로써 행했던 사람들이니, 어찌 그 사이에 사사로움을 용납할 수 있겠는가? 〈윤돈〉

당시 공자께서 어떤 사람을 예찬했는데, 사람들 중에 편파적으로 좋아한 것阿好이라고 의심하는 자가 있어, 공자가 스스로 해명했다. 〈다산〉

한자 해설
- 誰수는 言(말씀 언)+隹(새 추)의 형성자로 의문·반어(누가 ~인가:夫執輿者 爲誰, 誰能出不由戶), 누구의~. 어디의誰家玉笛暗飛聲, 묻다漢帝宜誰差天下 求索賢人, 옛날 혹은 발어사誰昔然矣로 쓰인다.
- 毁훼는 臼(절구 구)+工(장인 공)+殳(몽둥이 수)의 회의자로 절구통을 깨부수는 모습으로 만든 것을 깨뜨리다人皆謂我毁明堂, 남을 헐뜯어 말하다, 야위다毁不滅性, 뜯어 없애다至於廟門 不毁牆, 이를 갈다男八歲毁齒 女七歲毁齒로 쓰인다. 주자: 毁란 남의 악을 칭하면서 그 참모습보다 깎아내리는 것이다.
- 譽예는 與(줄 여)+言(말씀 언)의 회의자로 기리는 말, 찬양하는 말好而譽 人者 亦好背而毁之, 바로잡다君子不以口譽人 則民作忠, 명성譽望所歸, 즐기다韓娒燕譽로 쓰인다. 주자: 譽란 남의 선을 띄우면서 그 실상보다 더 과장하는 것이다.
- 試시는 言(말씀 언)+式(법 식)의 회의자로 법식에 맞는데 징험하다不可試 也, 시험 삼아 해보다嘗試言之, 비교하다로 쓰인다. 다산: 試는 증험驗 과 같다. 무릇 내가 예찬한 자는 모두 일찍이 증험한 바가 있었으며, 구차하게 칭예하지 않았다.
- 斯사는 其(그 기)+斤(도끼 근)의 회의자로 이것, 여기 등 지시대명사로 쓰인다. 주자: 사민斯民이란 지금의 이 사람들이다. 3대는 하·은·주 이다. '직도直道'는 사사로운 왜곡이 없음이다.

15.25 子曰 吾猶及史之闕文也와 有馬者借人乘之호니 今亡矣夫인저
자왈 오유급사지궐문야 유마자차인승지 금무의부

공자께서 말씀하셨다. "나吾는 오히려猶 사관이史之 글文을 빼는 것闕과, 말馬을 가진 자有者가 남人에게 빌려주어借 타게 하는 것乘之을 본 적이 있지만及, 지금今은 없어졌구나亡矣夫!"

사관이 기록을 빼는 것과 말을 남에게 빌려주는 것, 이 두 가지 일을 공자께서는 오히려 목격한 적이 있다. 지금은 없어졌다今亡矣夫는 말씀은 당시에 각박함이 더 심해진 것을 슬퍼하신 것이다. 〈양시〉

이는 필시 연유가 있어 하신 말씀이니, 대개 작은 일이지만 시대의 변화가 크다는 것을 알 수 있다. 〈주자〉

사관이 의심나는 글을 빼는 것은 삼가는 자세이고, 말을 남에게 빌려주는 것은 후한 인정이다. 후세로 내려오면서 근후謹厚한 풍습이 쇠퇴했다. 〈다산〉

한자 해설

- 猶유는 犬(개 견)+酋(묵은 술 추→유)의 형성자로 원숭이가 의심이 많은 것을 반영하여 의심하다猶豫, 오히려天作孽 猶可違, 닮다定命不猶, 마찬가지임過猶不及, 모략王猶允塞, 그림允猶翕河, 앓다無相猶矣로 쓰인다.
- 及급은 人(사람 인)+又(또 우)의 회의자로 뒤따르던 사람에게 손이 닿음을 나타내어 따라가다往言不可及, 능력을 견줄 만하다非爾所及也, 도달하다及是時明其政刑, 미치다老吾老 以及人之老, 및予及女偕亡, 더불어 하다周王于邁 六師及之, 급제及第로 쓰인다.
- 史사는 붓을 손又으로 쥔 모습으로 사관動則左史書之 言則右史書之, 문장가宋元君將畫圖 衆史皆至, 화려함文勝質則史, 장관 밑의 벼슬아치府六人 史十有二人로 쓰인다.
- 闕궐은 門(문 문)+厥(그 궐)의 형성자로 대궐大闕, 빠지다亡者闕之, 부족

하다聚必有閼, 부수다入自閼, 결원缺員로 쓰인다.

- 借차는 人(사람 인)+昔(옛 석←腊: 포 석)의 형성자로 남에게人 음식腊을 빌린다는 의미로 빌다借用, 빌려 줌假借, 가령借日未知으로 쓰인다. **다산**: 남에게 빌려 주어 타게 한다借人乘는 거마를 붕우와 함께 한다는 말이다.

- 今금은 口(입 구)자를 거꾸로 뒤집어 그린 것으로 머금다含는 뜻이었지만, 이제今也不然, 곧吾屬今爲之虜矣, 이에今有殺人者로 쓰인다.

15.26 子曰 巧言은 亂德이오 小不忍則亂大謀니라
자왈 교언 난덕 소불인즉난대모

공자께서 말씀하셨다. "교묘히 말巧言은 덕德을 어지럽히고亂(덕 있는 사람을 묵너뜨려 어지럽게 만들고), 작은 것小을 참지 못하면不忍則 큰 계책大謀이 어지럽힌다亂."

교언巧言은 시비를 변환變幻시키기 때문에 어진 덕을 지닌 이를 참소하거나 헐뜯을 수 있다. 작은 것을 참지 못하면 기밀을 누설하기 때문에 반드시 큰 계획을 망친다. 〈다산〉

한자 해설

- 巧교는 工(장인 공)+丂(공교할 교: 책략, 재주)의 회의자로 훌륭한 솜씨大巧若拙, 꾸며서 말하는 솜씨가 있다巧言令色鮮矣仁, 예쁘다巧笑倩兮, 기능公輸子之巧로 쓰인다. **주자**: 교언巧言은 옳고 그름을 어지럽히고 바꾸니, 이것을 들으면 사람들로 하여금 그 지키는 바를 잃게 한다.

- 亂란은 위아래 손爪, 又이 가운데 엉켜있는 실무더기를 푸는 모습으로 뒤섞여 혼잡함收敗亂之兵, 어지럽히다不軌之臣…亂法, 어지러움을 바로잡음予有亂臣十人 同心同德으로 쓰인다. **다산**: 완전한 하나의 물物이 있는데 또 어떤 물이 외부에서 와서 무너뜨려 어지럽히는 것을 난亂이라 한다.

- 忍인은 刃(칼날 인)+心(마음 심)의 회의자로 칼날의 아픔을 견디다百姓弗

能忍, 용서함是可忍也 孰不可忍也, 잔인하다其上貪以忍, 질기다柔忍之木로
쓰인다. **주자:** 소불인小不忍이란 부인의 인婦人之仁과 필부의 용맹匹夫
之勇이 모두 그에 해당한다. **설방산:** 소불인小不忍에는 두 가지 뜻이 있
다. 혹 능히 용인容忍하지 못하여 가벼운 시험에 무너지거나, 혹 능히
견인堅忍하시 못하여 마음대로 하여 혼란스러워지는 까닭에 큰 계획
을 어지럽힌다고 말했다. **다산:** 부인의 인婦人之仁은 항우項羽가 패공沛
公을 죽이지 못한 것과 같은 그런 것이다. 부인의 불인婦人之不忍에서
인忍은 잔인殘忍의 인忍(맹자의 이른바 차마 못하는 사람의 마음不忍人之心)이
고, 필부의 불인不忍에서 인忍은 함인含忍의 인忍(참음)이다. 이 경문의
경계하는 바는 곧 함인의 인이니, 어떻게 여기에 부인의 설을 만들 수
있겠는가? **경원 보씨:** 부인의 인은 끊지 못하는 데서 잘못을 저지르고,
필부의 용맹은 가벼이 결행하는 데서 잘못을 저지른다. 두 경우의 잘못
은 같지 않지만, 모두 계책을 어지럽히기에 족하다. 대개 큰 계책은 비
록 결단을 내려야하지만, 가벼이 결단하면 또 잘못을 저지르게 된다.

15.27 子曰 衆惡之라도 必察焉하며 衆好之라도 必察焉이니라
자왈 중오지 필찰언 중호지 필찰언

공자께서 말씀하셨다. "뭇사람衆들이 싫어해도惡之 반드시必 살펴야 하
며察焉, 뭇사람衆들이 좋아해도好之 반드시必 살펴야 한다察焉."

혹 다중들에게 아첨하여 편을 만들어 친밀하기도 하고, 혹 그 사람이 특별
히 독립하여 무리를 이루지 않는다. 〈왕숙〉

설령 어떤 한 사람이 다중의 미움을 받으면 곧바로 뇌동雷同하여 미워해서
는 안 되며, 설령 어떤 한사람이 다중의 애호를 받아도 곧바로 따라서 그
를 좋아해서도 안 된다. 〈형병〉

여러 사람이 미워해도 혹 고충孤忠이 있기도 하고, 여러 사람이 좋아해도 혹 향원鄉愿이 있기도 하다. 〈다산〉

다음 구절과 상호 보완된다.

자공이 물었다. "동네 사람들이 다 좋아하는 사람은 어떻습니까?" 공자께서 말씀하셨다. "아직 괜찮다고 할 수 없다." (자공이 물었다.) "동네 사람들이 다 싫어하는 사람은 어떻습니까?" 공자께서 말씀하셨다. "아직 괜찮다고 할 수 없다. 동네 사람 중에 선한 사람이 좋아하고, 악한 사람이 싫어하는 사람만 못하다." 子貢問曰 鄉人 皆好之 何如 子曰 未可也 鄉人 皆惡之 何如 子曰 未可也 不如鄉人之善者好之 其不善者 惡之. (13.24)

한자 해설
• 察찰은 宀(집 면)+祭(제사 제)의 회의자로 집안 제사의 준비에서 자세히 살피다察所其由, 알다察於人倫, 드러내다言其上下察也, 다스리다今君王不察로 쓰인다.

15.28 子曰 人能弘道오 非道弘人이니라
자 왈 인 능 홍 도   비 도 홍 인

공자께서 말씀하셨다. "사람人은 능能히 도道를 넓힐弘 수 있지만, 도道가 사람人을 넓히는 것弘은 아니다非."

사람 이외에 도는 없고(사람의 몸은 곧 도가 기거하는 곳이다: 人之身卽道之所寓), 도 이외에 사람은 없다(도는 곧 사람이 되게 하는 이치이다: 道卽人之所以爲人之理). 그러나 사람의 마음은 지각이 있지만, 도의 본체는 작용이 없다. 그러므로 사람은 능히 그 도를 크게 할 수 있지만, 도는 사람을 크게 만들 수 없다. 도는 부채와 같고, 사람은 손과 같다. 손은 부채를 흔들 수 있지만,

부채가 어찌 손을 흔들 수 있겠는가? 〈주자〉

도의 큰 근본道之大本은 하늘에서 나왔다出於天(동중서董仲舒). 더 큰 것이 없는 것이 도이다. 그러나 끌어서 넓히는 것引而廣之은 사람에게 달려있고 (요·순·우·탕 같은 분이다), 노가 사람을 끌어서 넓히는 것이 아니다. 그러므로 성인이 일어나면作 천하에 도를 넓히게 되나, 성인이 일어나지 않으면 도도 따라서 망하게 된다. 도가 능히 사람을 끌어서 넓히거나, 사람으로 하여금 도를 닦게 할 수는 없다. 〈다산〉

한자 해설

- 弘홍은 弓(활 궁)+厶(사사 사)의 회의자로 활시위를 당기는 모습(引+宏)으로 넓다士不可以不弘毅 任重而道遠, 크다私欲弘侈의 뜻이다. **형병**: 弘은 크다大이다. **주자**: 弘은 넓혀서 크게 함廓而大이다. **다산**: 弘은 끌어서 넓히는 것이다(홍이광지弘而廣之). 弘이라는 글자는 궁弓에 따르고 굉厷으로 소리 나는 지사문자다. 굉厷은 굉肱(팔뚝)이니. 사람이 팔로 활을 당기는 것을 형상하였으니, 확연하게 넓히는 것이다.

- 道도는 물리적인 도로道路라는 의미에서 출발하여, 인간과 사물이 나아가 도달해야 할 목표나 목적을 의미한다. 나아가 우주 만물의 운동변화 과정과 운용원리를 의미한다. 『주역』「계사전」에 '형상을 넘어서는 것을 일러 도라 하고, 형상 아래의 것을 일러 기라고 한다形而上者謂之道 形而下者謂之器.'고 했다. 끊임없이 생성하는 도란 형상을 지닌 사물의 속성을 기술하는 언어로써 기술하거나 명명할 수 없다. 원리상·순서상 가장 앞서는 것으로 형상을 지닌 만물을 초월하지만, 언제 어디서나 만물을 만물이게 하는 원리가 바로 도이다. **형병**: 道란 만물에 통하는 명칭으로 텅 비어 (형체가) 없지만, 묘하게 작용하니虛無妙用 잠시도 떠날 수 없다.

15.29 子曰 過而不改 是謂過矣니라
자 왈 과 이 불 개 시 위 과 의

공자께서 말씀하셨다. "허물인데도過而 고치지 않으면不改, 이를을 일러謂 허물過이라고 한다(지나쳤지만過而 고치지 않으면不改, 이를을 일러謂 죄과過라고 한다)."

허물이 있으면 능히 고친다면 허물이 없는 데로 돌아간다. 오직 고치지 않으면 그 허물이 마침내 완성되어, 고칠 수도 없는 데에 이르고 만다. 〈주자〉

과過란 중中을 얻지 못한 것의 명칭이다. 과過하여 중을 잃은 것失中은, 고쳐서 중中을 얻으면 과過하다고 하지 않는다. 만약 그 과함을 그대로 두고 고치지 않는다면, 이것을 죄과罪過라 한다. 〈다산〉

한자 해설

- 過과는 辶(지나갈 착)+咼(입이 비뚤어질 와)의 형성자로 거치다東過洛汭, 넘다皆過粟姬, 과실不貳過, 고의가 아닌 범죄宥過無大, 죄과著有過, 그르치다過則勿憚改, 분수를 잃다日月不過 而四時不忒로 쓰인다. **다산**: 채청이 말하길, '두 과過자는 대략 부浮·실實의 구별이 있다'(『몽인蒙引』)고 했다. 살피건대, 중용中庸이란 선善을 선택한 것의 명칭인대, 예컨대 저울에 추를 안배하는 것과 같다. 중용을 얻지 못하면 앞으로 기울고 뒤로 쏟아지니, 추를 옮겨 중中에 안배하면 그 과過를 고쳐 중中을 얻는 것과 같다. 기울고 쏟아지는 데도 고칠 줄 모르면, 이것이 과過가 된다. 그렇다면 앞의 과過자는 중을 넘어서는 것過中을 말하고(평성), 뒤의 과過자는 죄과罪過를 말한다(거성). 채청의 설이 극히 옳다.
- 改개는 己(자기 기)+攴(칠 복)의 회의자로 자기의 과오를 뉘우쳐 회초리로 치는 것으로 새롭게 고치다改革, 바로잡다過則勿憚改, 새삼스럽게敍予又改爲今로 쓰인다.

15.30 子曰 吾嘗終日不食하며 終夜不寢하여 以思호니 無益이라
자 왈 오 상 종 일 불 식   종 야 불 침   이 사   무 익

不如學也로다
불 여 학 야

공자께서 말씀하셨다. "내吾가 일찍이嘗 종일終日토록 먹지 않고不食 밤
새도록終夜 자지 않고不寢以 사유思했지만 유익益이 없었다無. 배우는 것
學만 같지 못했다不如也."

『논어』에 이와 연관된 구절은 다음과 같다.

> 공자께서 말씀하였다. "배우고 생각하지 않으면 자기의 것이 되지 않고, 생
> 각만 하고 배우지 않으면 위태롭다."子曰 學而不思則罔 思而不學則殆. (2.15)

이는 생각만하고 배우지 않는 자(2.15)를 위해 말씀하신 것이다. 대가 마음
을 수고롭게 하여 기필코 구하려는 것은 뜻을 겸손히 하여 자연히 터득하
는 것만 못하다. 〈주자〉

생각만 하고 배우지 않는 것이나, 배우기만 하고 생각하지 않는 것은 그
폐단이 균등하다. 공자께서 여기서는 학學을 중하게 여기고, 사思를 가볍
게 여겼다. 그러므로 이는 까닭이 있어 그렇게 말한 것임을 알겠다. 〈다산〉

한자 해설
- 吾오는 五(다섯 오)+口(입 구)의 형성자로 나吾日三省吾身, 우리吾等라는 지
  시대명사로 쓰인다.
- 思사는 田(밭 전: 두뇌 골)+心(마음 심)의 회의자로 사유仁者之思也恭, 바라
  다思皇多士, 사모하다寤寐思服, 子惠思我, 발어조사思樂泮水, 생각書思對
  命, 도덕이 순일하게 갖추어지다欽明文思로 쓰인다. 다산: 思는 스스로
  자기 마음에 연구하는 것이고(미루어 탐구하는 것推究이다).

• 學학은 臼(절구 구)+宀(집 면)+爻(효 효)+子(아들 자)의 회의자로 『설문』에서는 각오覺悟로 배워서 깨친다는 뜻이라 했다. 학이란 자신에게 가리어져 있어蒙 알지 못했던 어떤 무엇을 누구에게서 배워서 깨달아 알고·본받아 체득하여 자기 것으로 만드는 총체적인 활동이다. 자신에게 가리어져 있어蒙 알지 못했던 세계를 조명하여 알고識·깨닫고覺·본받는效 활동을 의미한다. 배우다學而時習之, 不亦說乎, 학교國有學, 학문爲學日益, 爲道日損, 학생, 학자학파易有京氏之學로 쓰인다. **다산: 學은 전적典籍에 기록된 것을 징험하는 것이다.**

15.31 子曰君子는 謀道오 不謀食하나니
자 왈 군 자　모 도　불 모 식

耕也에 餒在其中矣오 學也에 祿在其中矣니
경 야　뇌 재 기 중 의　학 야　녹 재 기 중 의

君子는 憂道오 不憂貧이니라
군 자　우 도　불 우 빈

공자께서 말씀하셨다. "군자君子는 도道를 도모謀하지, 먹는 것食을 도모謀하지 않는다. 농사를 지어도耕也 굶주림餒이 그其 가운데中 있을 수 있고在矣, 학문을 하여도學也 봉록祿이 그 가운데 있을 수 있다在矣. 군자君子는 도道를 우려憂하지, 가난貧을 우려憂하지 않는다不."

군자는 그 근본을 다스리지 그 말단을 걱정하지는 않으니, 어찌 밖에 있는 것으로 근심하거나 즐거워하겠는가? 〈윤돈〉

'군자는 도를 도모하지, 먹는 것을 도모하지 않는다.'는 말은 하나의 구절로써 통설하는 중에 또 두 부분으로 나누어 말한 것이다.
'농사를 지어도 굶주림이 그 가운데 있을 수 있고, 학문을 하여도 봉록이 그 가운데 있을 수 있다.'는 말은 사람들이 이 뜻을 오해하여, 마치 사람들에게 도를 도모해 먹는 것을 구하라고 가르치는 것처럼 생각할 우려가 있다. 그런 까닭에 아래쪽에 또 한 구절을 엮어 '군자가 학문하는 까닭은 그 걱정이 도에 있기 때문이지, 가난을 걱정해 학문하는 것이 아니다'고 하셨다. 학문은 본디 봉록을 도모하는 것은 아니지만, 그러나 꼭 봉록을 얻지 못하는 것은 아니다. 농사는 본디 굶주림을 구하지는 않지만, 그러나 꼭 먹게 되는 것은 아니다. 비록 이러하나 군자의 마음은 도만 볼 뿐 봉록을 보지 않는다. 모든 '그 가운데 있다'라는 말은 대개 '반드시 그 가운데 있는 것은 아니지만, 있을 수 있다.'라는 말이다. 〈주자〉

도란 대체大體(마음)가 따르는 것이고, 먹을 것食은 소체(이목耳目)가 누리는 것이다. 그러므로 군자가 도모하는 것은 대체에 있고, 소체에 있지 않다. 〈다산〉

한자 해설

- 道도는 辶(가다: 방법)+首(머리: 목적, 목표)의 회의자로서 '향하여 가는 길(방법)이면서 목적'을 나타낸다. 도道는 물리적인 도로라는 의미에서 출발하여 <u>인간이 마땅히 가야 할 길이자 궁극적으로 도달해야 하는 목표나 목적</u>을 의미한다.

- 食식은 음식을 담는 그릇의 상형자로 <u>음식, 먹다</u>食而不知其味, 庶羞食, <u>녹祿을 받다</u>食萬錢, 식사發憤忘食, 녹祿(以制其食), 기르다穀也食子, 제사薦其時食, 일식日有食之, 길조惟洛食, 밥飯疏食飲水, 양식廩人職稍食, 먹이다飲之食之로 쓰인다.

- 謀모는 言(말씀 언)+某(아무 모)의 형성자로 어떤 무엇을 의논하다周爰咨謀, <u>도모하다</u>嗣王謀於廟也, 논의함二人對議 謂之謀, 계책弗詢之謀勿庸을 의미한다.

- 耕경은 耒(쟁기 뢰)+井(우물 정=田)의 회의자로 <u>쟁기로 논밭井을 갊</u>深耕易耨, 농사三年耕 必有一年之食, <u>부지런히 힘쓰다</u>耕道而得道 獵德而得德로 쓰인다.

- 學학은 『백호통』에서 '깨달음覺이니, 아직 알지 못한 바를 깨닫는 것覺悟이다.'고 했다. **주자:** 學이란 말의 뜻은 본받는 것效이다. 사람의 본

성은 모두 선하지만 깨달음에는 선후가 있기 때문에 후각자가 선각자의 하는 바를 본받아서 선을 밝혀 그 처음을 회복하는 것이다. **다산:** 學이란 알기 위하여學所以知 가르침을 받는受教 일체의 행위이다.

- 餒뇌는 食(먹을 식)+妥(떨어질 타)의 형성자로 음식이 떨어져서 주리다(=餧), 굶기다凍餒其妻子, 썩다魚餒而肉敗不食로 쓰인다. **정현:** 餒는 굶주림餓이다.

- 祿록은 示(보일 시)+彔(나무 깎을 록)의 형성자로 복록福祿(使女受祿天), 녹봉祿位, 상으로 주는 물건福祿如茨, 곡식祭天之司民司祿을 의미한다.

15.32 子曰 知及之_{오도} 仁不能守之_면 雖得之_나 必失之_{니라}
자 왈 지 급 지 인 불 능 수 지 수 득 지 필 실 지

知及之_{하며} 仁能守之_{오도} 不莊以涖之則民不敬_{이니라}
지 급 지 인 능 수 지 부 장 이 리 지 즉 민 불 경

知及之_{하며} 仁能守之_{하며} 莊以涖之_{오도} 動之不以禮_면 未善也_{니라}
지 급 지 인 능 수 지 장 이 리 지 동 지 불 이 례 미 선 야

공자께서 말씀하셨다. "지혜知(예지)가 그것之(이치, 혹은 위정자로서의 지위에 머물기)에 미치더라도及, 인仁으로 능能히 그것之을 지키지 못한다면不守, 비록雖 그것之을 얻었다得 하더라도, 반드시必 그것之을 잃을 것이다失. 지혜知가 그것之에 미치고及, 인仁으로 그것之 능能히 지키더라도守, 장엄하게莊而 백성之에게 임涖하지 않는다면不則 백성民들이 공경敬하지 않을 것이다不. 지혜知가 그것之에 미치고及, 인仁으로 능能히 그것之을 지키고守, 장엄하게以莊 그것之(백성들)에 임涖하더라도, 그것之(백성들)을 움직이기動를 예로써以禮 하지 않는다면不 아직 선善하지 않다未"

학문을 하여 인仁에 이르면 선善이 자신에게 있어 큰 근본이 선 것이다. 장엄하게 백성들에게 임하지 못하거나 예禮로서 움직이게 하지 못하는 것은 곧 기질과 학문의 작은 흠결이다. 그러나 또한 완전히 선하는 도는 아니다. 그

러므로 공자께서 단계별로 말씀하셔서, 덕이 더욱 완전할수록 더욱 갖추기를 요구하시고, 작은 절차라도 소홀히 할 수 없다는 것을 알게 하셨다. 〈주자〉

『역경』에 '무엇으로 그 지위를 지키는가 하면, 이는 인仁이다何以守位 曰仁(『繫辭下』)라고 하였으니, '인으로 능히 그것을 지킨다仁能守之'는 것은 '그 지위'를 두고 말했다. 또 예악형정禮樂刑政과 전장법도典章法度는 모두 예지叡智가 마땅히 미쳐 나아가야 할 바이니, 모름지기 그 조례條例를 실제로 분별해야 한다. 만약 단지 이 이치를 아는 데에 그치면, 일용에서 시행할 때에 혹 허광虛曠하여 실상이 없을까 염려스럽다. 인仁이란 사람人이다. 어버이를 친애하고, 어른을 공경하고, 임금에게 충성하고, 민중에게 자애로운 것이 인仁이다. 인仁을 구하는 것은 힘써 서恕를 행하는 것이고, 힘써 서恕를 행하는 것은 반드시 자신을 이겨야克己 한다. 주자가 사욕을 끊는 것이 인이다以絶私欲爲仁고 한 것은 진실로 이 때문이다. 그러나 자신을 이기는 것은 인仁을 구하는 방법이고, 곧바로 인仁이 되는 것은 아니다. 배우는 이는 마땅히 살펴야 한다. 〈다산〉

한자 해설

• 知지는 矢(화살 시)＋口(입 구)의 회의자로 화살이 과녁을 관통하듯 사물의 본질에 적중하여 말할 수 있다는 뜻으로 인정하다知我者其天乎, 깨닫다而終不自知, 분별함以寒暑日月晝夜知之, 기억함父母之年 不可不知也, 지식淮南太史公者其多知與, 지자擇不處仁 焉得知, 아는 작용草木有生而無知, 짝樂子之無知, 슬기好學近乎知로 쓰인다.

• 及급은 人(사람 인)＋又(또 우)의 회의자로 도망하는 사람의 등에 뒤쫓는 사람의 손이 미치는 것을 말하여, 뒤쫓아 따라가다往言不可及, 능력을 견줄 만하다非爾所及也, 미치게 하다老吾老 以及人之老로 쓰인다. **다산**: 及이란 체逮(미친다. 도달하다. 뒤따라가 붙잡다)이다.(『설문』) '지급지知及之'란 예지叡知가 큰 지위에 머물기에 충분하여 미치지 못함이 없다는 뜻이다.

• 仁인은 『논어』의 주제이며, 유교를 특징짓는 개념이다. 『백호통의』에서

298

는 생명을 베풀고 사람을 사랑하는 것施生愛人이라 했고, 동중서는 인은 자애로움으로 다른 사람을 편안하게 해 주는 것以仁安人이라 했다. 한유는 인이란 박애博愛라고 했으며, 주자는 인이란 마음의 덕이자 사랑의 이치이다仁者 心之德而愛之理고 정의했다. 그리고 다산은 인仁은 두 사람二人으로 관계적 상황에서 실현되는 행사이후에 성립되는 명칭이라고 했다. **다산**: 仁이란 목민牧民의 사랑이며, '얻는다得之 · 잃는다失之'고 말한 것은 지위로써 말한 것이다.

- 守수는 宀(집 면)+寸(마디 촌)의 회의자로 집안의 일을 보아 지키다設險守其國, 벼슬 이름郡守, 太守, 임지境守淸靜로 쓰인다.

- 莊장은 艹(풀 초)+壯(씩씩할 장)의 형성자 장대하게 자란 풀 혹은 土(흙 토)+广(집 엄)으로 큰 상점이나 농장莊園을 지칭한다. 엄숙하다臨之以莊則敬, 무게가 있어 존귀하게 보임不莊以涖之 則民不敬, 성대하게 꾸미다莊 盛飾也, 씩씩하다顔色之莊與로 쓰인다. **다산**: 莊은 단정하고 위엄 있는 것이다端嚴也.

- 涖리는 水(물 수)+位(자리 위)의 형성자로 도달하다, 다스리다. 그 자리에 임함請涖于衛, 그 현장에 가서 봄涖玉卪, 물소리涖涖下瀨로 쓰인다. **주자**: 涖는 임하는 것臨이니, 백성에게 임하는 것臨民을 말한다. **다산**: 涖는 임臨하다는 뜻이다. '장이리지莊以涖之'는 위의威儀에 나태함이 없고, 정령政令을 희롱하거나 경시하지 않는 것이다.

- 敬경이란 주자에 따르면 마음을 하나로 집중하여 다른 곳으로 가지 않는 것(主一無適 · 整齊嚴肅 · 常惺惺 · 其心收斂不容一物)을 말한다. 다산에 따르면, 향하는 대상에게 경계하고 삼가는 것所嚮警謹을 경敬이라고 한다(향하는 대상이 없으면, 敬을 쓸 곳이 없다).

- 禮예란 주자에 따르면, 천리의 절도 · 문식이자 인사의 의식 · 준칙이다禮者 天理之節文而人事之儀則也. 대개 예의 본체는 비록 엄격하지만, 모두 자연의 이치自然之理에서 나왔다. 절節이란 등급等級이다. 문文이란 곧장 자르지 않고 부드럽게 돌아가는 모습이니, 치장을 잘한 것이

다. 천하의 마땅히 그래야 하는 이치當然之理가 있지만, 다만 이 이치는 형영形影이 없기 때문에, 이러한 예문禮文을 짓고 하나의 천리天理를 그려 사람들이 보게 하고, 규구規矩로써 의거할 수 있도록 하기 때문에, 천리의 절도·문식이라고 말한다. **주자:** 禮는 의리의 등급과 문식節文이다.

- 動동은 重(무거울 중)＋力(힘 력)의 회의자로 무거운 것을 힘을 써서 움직이다風勝則動, 놀라다使人心動, 변하다變動, 생기다草木繁動, 동물群動咸遂, 벼슬하다動息無兼遂로 쓰인다. **주자:** 동지動之는 백성을 격동시키는 것動民也이니, 고무鼓舞하여 흥을 일으킨다作興고 말하는 것과 같다. 예禮는 의리義理의 절문節文을 말한다. 동動는 감동感動이라고 할 때의 동動이 아니고, 백성을 부린다使民는 의미로써 백성을 부려 일을 하게 하는 것에도 예가 있다는 말이다. 이것이 예로써 부린다는 것이다. 사용된 예禮 자는 백성의 몸으로 귀착된다. **다산:** 동지이례動之以禮는 '예로써 가지런히 한다齊之以禮'(「위정」)는 말과 같다.
- 善선은 길상吉한 것으로 의롭고義 아름다운 것美이다.(『설문』)

15.33 子曰君子는 不可小知而可大受也오
자 왈 군 자 불 가 소 지 이 가 대 수 야

小人은 不可大受而可小知也니라
소 인 불 가 대 수 이 가 소 지 야

공자께서 말씀하셨다. "군자君子는 작은 일小에서는 알아볼 수 없지만 不可知(작은 일은 맡을 수 없지만), 큰 직임大을 받을 수 있다(큰일은 총괄할 수 있다). 소인小人은 큰 직임大을 받을 수는 없으나不可大受而(큰일은 총괄할 수 없으나), 작은小 인정을 받을 수 있다可小知也(작은 일은 맡을 수 있다)."

나의 일을 잘 할 수 있는지 없는지를 가지고 군자의 온축된 역량을 다 알기에는 충분하지 않다. 그러나 군자는 천하의 중대한 임무를 능히 맡아 두러워하지 않을 수 있다. 소인은 하나의 재주에 장점이 있고 또한 그릇으로 부릴 수 있지만, 다만 큰일을 맡길 수는 없다. 〈주자〉

한자 해설

주자: 지知는 사람을 보는 법觀人之法을 말한 것이다我知之也. 지知는 내가 아는 것이고我知之也, 수受는 그가 받는 것이다彼所受也.

다산: 소지小知는 작은 일에 관여하여 맡는 것(작은 직책을 관장하는 것)을 말하고, 대수大受는 대임大任을 온전히 맡는 것(큰 직책을 총괄하는 것)을 말한다. 지知란 관여하여 맡는다與知는 뜻이다. '불가소지不可小知'란 유사有司의 직으로 하나의 그릇─器으로 하나의 일─事을 맡는 것을 이르니, 군자가 마땅한 것이 아니다. '불가대수不可大受'란 천자 제후의 직과 보상輔相 사보師保의 소임을 이르니, 소인으로서 마땅한 바가 아니다. 그리고 '대가수大可受'란 순임금이 요임금에게 천하를 받고, 관중管仲이 환공桓公을 도와 정승이 된 것과 자산子産이 정나라의 정사를 맡은 것이다. '가소지可小知'란 기예와 재능을 일일이 헤아려 이에 맞는 직책을 줄 수 있음을 말한 것이다.

- 受수는 ⺥(손톱 조)+冖(덮을 멱)+又(또 우)의 회의자인데 갑골문에 舟(배 주) 자 위아래로 손이 손에 받아 줘다拜而受之, 받아들이다太子受而舍之, 어려운 경우를 맞다幽囚受辱, 당하다忘受欺於姦諛의 뜻이다.

- 知지는 矢(화살 시)+口(입 구)의 회의자로 '알다'는 기본적인 의미 이외에, 사귀다公孫明知叔孫於齊, 다스리다子産其將知政矣, 교유絶賓客之知 亡室家之業, 대접忽蒙國士知, 지사知事, 주현州縣의 우두머리로도 쓰인다.

15.34 子曰 民之於仁也에 甚於水火하니
자 왈 민 지 어 인 야 심 어 수 화

水火는 吾見蹈而死者矣어니와 未見蹈仁而死者也케라
수 화 오 견 도 이 사 자 의 미 견 도 인 이 사 자 야 공자께서 말씀하셨다. "백성들이民之 인에서於仁也 (절실하게 필요한 것이, 혹은 멀리하기가) 물·불보다於水火 더 심甚하다. 나吾는 물水·불火은 밟다가蹈而 죽는 자死者를 보았지만見矣, 인仁을 밟다가蹈而 죽는 자死者는 아직 보지見 못하였다未也."

물·불과 인仁은 모두 백성이 우러러 소중히 여기며 살아가는 것인데, 그 가운데 인이 가장 중하다. 물·불을 밟다가 때로는 사람을 죽이기도 하지만, 인을 밟다가 사람을 죽이는 일은 일찍이 없었다. 〈마융〉

백성이 인仁을 멀리하는 것이 물·불보다 더 심하였다. 물·불을 밟는 자가 있음을 보았으나, 인을 밟는 자는 일찍이 보지 못하였다. 〈왕필〉

백성들은 물·불에 의뢰하여 살기 때문에, 하루도 없을 수 없다. 이 점은 인仁 역시 그러하다. 다만 물·불은 외부의 사물이고, 인仁은 자기에게 있다. 물·불이 없으면 사람의 몸을 해치는데 불과하지만, 인仁하지 않으면 그 마음을 잃는다. 이것이 인이 물·불보다 심하며, 더욱이 하루라도 없을 수 없는 이유이다. 하물며 물·불은 간혹 사람을 죽이지만 인은 사람을 죽이는 경우가 없으니, 또한 어찌 꺼려서 행하지 않겠는가? 〈주자〉

살핀다. 마융의 주장은 반드시 따를 수 없는 점이 있다. 만약 마융의 설과 같다면 '공자께서 말씀하시길子曰, 인이 백성에 대한 관계는 물·불보다 심하다仁之於民也 甚於水火'라고 하는 것이 옳지, '백성이 인에 대해서는 물·불보다 심하다民之於仁也甚於水火'라고 하는 것이 옳겠는가? (인仁자가 앞에 있으면 수화水火와 상대가 되고, 민民자가 앞에 있으면 민民자가 주격이 된다.) 하물며 인仁이란 인륜의 완성된 덕이니仁者 人倫之成德, 마음을 기르는 것이 아니며, 물·불처럼 몸을 기르는 것과는 그 실상이 같지 않는데, 어떻게 이를 인용하여 비유할 수 있겠는가? 또 물·불은 음식을 삶고 익히는 데에 쓰여 사

302

람을 양육하기도 하지만, 불에 태우고 물에 빠지게 하여 사람을 죽이기도 한다. 장차 그 악을 논하려고 하면서 먼저 그 덕을 말하여 문자의 어맥을 두 단락으로 만들어 놓았다면, 어떻게 사람을 일깨울 수 있겠는가? 왕필이 주석한 뜻은 바꿀 수 없다. 〈다산〉

한자 해설

• 仁인은『설문』에서 '친애한다는 의미로 두 사람에서 유래仁 親愛也 由人 由二 會意한다.'고 했다. 다산은『논어고금주』에서 총35번에 걸쳐 인의 개념을 재천명하면서, '인仁은 두 사람(二+人)이다. 인仁이란 것은 사람과 사람의 지극함이다. 자식이 부모를 효로써 섬기니 자식과 부모는 두 사람이다. …창힐과 복희가 문자를 제작한 처음부터 원래 행사로써 회의한 글자이다. 인이란 다른 사람에 향한 사랑이다仁者 嚮人之愛. 자식이 어버이를 향하고子嚮父, 신하가 임금을 향하고臣嚮君, 목민관이 백성을 향하니牧嚮民, 무릇 사람과 사람의 서로 향하여 온화하고 부드럽게 서로 사랑하는 것을 일어 인이라고 한다. 그리고 인이란 인륜의 완성된 덕이고, 효제충신총명이다. 효제는 또한 인仁이며, 인 또한 효제이다. 다만 인은 총명이고, 효제란 전칭專稱으로 오직 어버이를 섬기고 형을 공경하는 것이 그 실상이 된다.'고 했다.

• 甚심은 甘(달 감)+匕(비수 비)의 회의자로 큰 수저 뒤로 甘자가 그려져진 입에 음식을 가득 집어넣으려는 모습으로 편안하고 즐겁다甚 尤安樂 也, 심하다甚矣 吾衰也, 두텁다舜者宰殺臣之觴吾子也甚歡, 깊다王之不說嬰 也甚로 쓰인다.

• 水수는 흐르는 물의 상형자로 물上善若水, 흐르는 물知者樂水, 若涉大水, 하천 이름洛水, 渭水, 물의 범람堯禹有九年之水, 오행의 하나(북, 흑黑, 겨울, 우羽, 임壬과 계癸)로 쓰인다.

• 火화는 타오르는 불 혹은 화산의 상형자로 불鑽燧取火, 타는 것若夜蛾之 投火, 불타는 무늬, 오행의 하나(남, 여름, 심성心星, 병과 정丙丁, 12지支의 인寅, 오사五事의 시視, 오장五臟의 심心, 화급火急: 帝特愛非時之物 取求火急)로 쓰인다.

• 蹈도는 足(발 족)+舀(퍼낼 요: 절구의 곡식)의 형성자로 밟다白刃可蹈也, 행하다蹈道則未也, 좋아서 춤을 춤不知手之舞之 足之蹈之也, 요동함上帝甚蹈로 쓰인다. **형병**: 蹈는 밟다履와 같다. 인도仁道를 이행하면, 일찍이 사람을 죽인 적은 없다.

15.35 子曰當仁하여 不讓於師니라
자 왈 당 인 불 양 어 사

공자께서 말씀하셨다. "인仁을 담당當함에 있어서는(인을 행하는 일에 당해서는當行仁之事) 스승에게도於師 양보讓하지 않는다不."

인仁을 행하는 일에 당當해서는 다시 스승에게도 양보하지 않는다는 것이니, 인을 행함이 급하다는 말이다. 〈공안국〉

당인當仁이란 인을 자신의 임무로 삼는 것이다. 비록 스승이라도 또한 양보함이 없다는 것은 마땅히 용감하게 나아가 반드시 행해야 한다는 말씀이다. 〈주자〉

한자 해설
• 仁인은 인간의 보편 덕으로 유가를 다른 학파와 구분하게 하는 『논어』의 주도 개념이다. **다산**: 질의하건대 주자가 말하길, '인仁이란 사람이 본래부터 지니고自有 스스로 행하는 것所自有而自爲之으로 경쟁하는 것이 아니니 무슨 사양이 있으리오.'라고 했다. 그리고 정자가 말하길, '인을 행하는 것은 나에게 달려 있으니爲仁在己, 누구에게 사양할 것이 없다. 만일 밖에 있는 명성이 밖에 있는 것이라면 사양하지 않을 수 없다.'고 했다. 살피건대, 인仁에 대해 밝지 못함이 오래되었다. 인을 가능케 하는 이치는 본심에 있다可仁之理 在於本心. 인을 행하는 근본도 본심에 있다行仁之根 在於本心. 그런데 인의 이름은 반드시 일을 행한

이후에 이루어진다若仁之名 必待行事而成焉. 순임금은 고수瞽瞍를 즐겁게 한 뒤에야 그 효를 이루었으며, 비간比干은 은나라의 주왕紂王에게 매우 간절히 간한 뒤에 그 충을 이루었으며, 문왕은 사궁四窮(鰥寡孤獨)을 진휼한 뒤에야 그 자慈를 이루었다. 무릇 사람과 사람 사이에서 그 본분을 다한 뒤에라야 이를 인이라고 명명한다凡人與人之間 盡其本分 然後名之曰仁. 한갓 허령불매虛靈不昧한 가운데 충막무짐沖漠無朕한 이치를 지칭하여 인仁이라고 하니, 고경古經에는 그런 예가 없다. 인을 이치라고 하면以仁爲理 사서四書와 『시경』, 『서경』, 『역경』, 『예기』의 무릇 인仁이라는 글자는 모두 해독하기 어려우니, '당인불양當仁不讓'이란 말만 해독하기 어려운 것이 아니다. 하물며 선한 명성이 밖에 있어, 내가 능히 주거나 빼앗을 수 있는 것이 아님에 있어서랴! 왜 그런가? 인한 마음이 있어 인정仁政을 시행하여 인하다는 명성을 얻고, 인하다는 소문이 퍼지는 것, 이것을 일러 '선한 명성이 밖에 있다'고 한다. 사람들이 바야흐로 나를 칭송하는데, 그들로 하여금 나의 스승을 칭송하라고 권한다는 것은 이치상 통하지 않는 것이고, 헛된 명성을 선생께 바치는 것도 인정상 편안하지 않을 것이니, 장차 어떻게 이를 사양할 수 있겠는가? 감히 깨닫지 못할 바이다.

- 當당은 尙(오히려 상→당)+田(밭 전)의 형성자로 본래 밭은 서로 '대등하다'는 의미였는데, 마땅하다當殺之, 맞서다一騎當千, 당해 내다當仁不讓於師, 擔當, 상당하다必當其位, 당면하다當食不歎, 떠맡다當國 秉政, 주관하다鼓無當於五聲, 사리에 맞다唯其當之爲貴로 쓰인다. 주자: 당인當仁의 당當은 담당擔當의 당當이다. 이 인仁자는 큰 것, 하기 어려운 것을 가리켜 말한 것이다. 이런 것은 모름지기 꽉 잡아 당당해야지, 스승이 하는 일이라고 말할 수 없다.
- 讓양은 言(말씀 언)+襄(도울 양)의 형성자로 양보하다退讓以明禮, 겸손하다其尊讓有如此者, 넘겨줌堯以天下讓舜, 사양一家讓 一國興讓으로 쓰인다.
- 師사는 堆(흙을 모아서 쌓을 퇴)+帀(둘러칠 잡)의 형성자로 여러 지식을 모아

온고지신溫故知新한 스승으로서 남을 깨우쳐 이끄는 사람百世之師, 모범이 되는 사람師表, 부덕婦德을 가르치던 여자 스승言告師氏, 임금의 스승赫赫師尹, 전문적인 기예를 닦은 사람畫師, 스승으로 삼다師範, 군사出師表, 군제五旅爲師, 많은 사람殷之未喪師, 장관州十有二師, 관리工師得大木, 밉으로 삼세 함百僚師師로 쓰인다. **다산:** 스승師이란 선생과 어른 가운데 가장 높은 분이니, 예禮로써는 사양하지 않는 바가 없지만, 오직 인仁을 행하는 일에 당해서만은 스승으로 하여금 먼저 하도록 사양하지 않는다.

15.36 子曰君子는 貞而不諒이니라
자 왈 군 자　정 이 불 량

공자께서 말씀하셨다. "군자는 바르되貞而 (필부의 작은 신의, 옳고 그름을 가리지 않음, 의義에 부합하지 않는 것 등을) 믿으며 얽매이지 않는다不諒."

군자는 의리에 헤아려 보고 예법에 징험하여 반드시 그가 잡고 고집하는 것이 천지에 내세울 수 있고 귀신에게 질정할 수 있으며, 삼왕에게 고람考覽하고 백세를 기다려도 아무런 의혹할 만한 것이 없는 뒤에라야 이에 그 견고함을 지키게 되는 것이니, 이것이 이른바 정貞이다. 필부필부들이 스스로 구덩이나 도랑에서 목매어 죽은 것과 같은 것은, 혹 좁은 마음에 창자가 뒤틀리고 감정이 격렬하여 그 조그마한 의義를 지킨 것인데, 이것이 이른바 량諒이다. 이 두 가지는 서로 매우 비슷하여 가장 분별하기 어렵다. 그러므로 공자께서 변별하신 것이다. 〈다산〉

한자 해설

공안국: 정貞은 정正이다. 량諒은 신信이다. 군자인 사람은 그 도를 바르게 할 뿐, 말에서 작은 신의小信를 기필하지 않는다.

주자: 정貞은 바르며 굳센 것이다正而固也. 량諒은 옳고 그름을 가리지 않은 채不擇是非 반드시 믿는 대로만 하는 것이다必於信.

다산: 정貞에는 견고堅固하다는 뜻이 있고, 량諒에는 견강堅强하다는 뜻이 있으나 그 뜻을 정正이니, 신信이니 하는 것은 미비한 점이 있다. 군자의 정貞은 난세를 당했을 때 우뚝하게 마치 강물의 중류에서 버티고 있는 지주砥柱와 같이 빼앗을 수 없는 절의를 지키고 있으니, 그 견고함이 필부의 량諒과 비슷한 점이 있다. 량諒은 믿으면서 견강한 것이다信而堅也. 정貞과 량諒은 뜻은 매우 서로 비슷하나, 오직 정貞은 의義에 부합하지만 량諒은 의에 어긋난다.

- **君子**군자는 본래 고귀한 사람을 말하나, 공자 이래 호학을 통해 성인이 되고자 하는 사람을 말한다. **주자:** 군자는 덕을 이룬 선비이다成德之士, 君子成德之名. 덕을 이룬 선비는 체단體를 갖추지 않음이 없다. 그런 까닭에 작용用이 두루 미치지 않음이 없어 비단 하나의 재주와 하나의 기예에 국한되지 않는다. 군자가 군자인 까닭은 그 인仁 때문이다. 만약 부귀를 탐하고 빈천을 싫어한다면, 이는 스스로 그 인에서 떠나서 군자의 실상이 없는 것이니, 어디에서 그 이름을 이루겠는가?

- **貞**정은 貝(조개 패←鼎: 솥 정)+卜(점 복)의 회의자로 『설문』에서는 '점으로 묻는 것이다卜問也'고 했다. 곧다君子貞而不諒, 정하다萬邦以貞, 절개貞婉有志節, 진실한 마음貞固足以幹事, 만물 성숙의 덕乾 元亨利貞, 당하다我二人共貞, 내괘內卦爲貞 外卦爲悔로 쓰인다.

- **諒**량은 言(말씀 언)+京(서울 경: 높다, 크다)의 회의자로 말言을 크게京 믿다, 양해를 구하다, 살피다, 참되다友諒, 일에 얽매이다豈若匹夫匹婦之爲諒也, 고집부리다의 뜻이다.

15.37 子曰 事君하되 敬其事而後其食이니라
　　　자 왈 사 군　　　경 기 사 이 후 기 식

공자께서 말씀하셨다. "임금君을 섬김事에 그其 맡은 일事에 경건하고敬而, 그其 봉록食을 뒤로 한다後食."

먼저 힘을 다한 이후에 녹을 먹는다. 〈공안국〉

반드시 훈적勳績이 있은 이후에 녹을 먹는다. 〈형병〉

군자가 벼슬함에 관천을 맡은 자가 그 직무를 잘 다스리고, 언론의 책무를 맡은 사는 ㅗ 충성을 다함으로써 모두 자신의 일을 경건히 할 뿐, 먼저 봉록을 구하는 마음을 가져서는 안 된다. 〈주자〉

그 일을 경건히 한다는 것은 맡은 직책에 마땅히 충심을 다하는 것이고, 그 먹는 것을 뒤로 한다는 것은 뜻이 배부른 데에 있지 않은 것이다. 이에 반대되는 것은 의義를 뒤로 하고 이利를 앞세우는 것이다. 〈다산〉

『논어』의 다음 구절과 보완된다.

번지가 인에 대해 묻자, 공자께서 말씀하셨다. "어려움을 먼저로 하고 얻은 것을 뒤로 여긴다면 인하다고 할 수 있다."樊遲問仁 曰仁者 先難而後獲 可謂 仁矣 (6.20)

번지가 말했다. "덕을 높이는 것 …대해 감히 여쭙니다." 공자께서 말씀하셨다. "좋은 질문이구나! 일을 먼저하고 얻는 것을 나중으로 하는 것이 덕을 높이는 것이 아니겠는가?"樊遲曰敢問崇德 子曰 善哉問 先事後得 非崇德與. (2.21)

한자 해설

- 事사는 손又에 붓聿을 잡고 관리가 문서를 기록하는 모습으로 통상 일 혹은 직무事有終始를 말하는데, 왕조시대의 관료가 직무를 보는 것은 곧 임금을 섬기는 것이었으므로 '섬기다事君以忠'는 뜻이 나왔다.
- 敬경은 苟(진실로 구)＋攵(칠 복)의 회의자로서 본래 정복자(절대자)에 대한 참된 복종(순종) 또는 사태에 대한 본능적 놀라움驚異感에서 출발하여 그 놀라운 사태를 대비하는 '주체'의 마음가짐, 그리고 타자(사태)와

의 만남에서 자신이 해야 할 도리를 다하기 위한 내적인 마음가짐, 마침내 천명이 부여한 운명을 책임지기 위한 참된 마음가짐敬以直內 등으로 내면화된다. 주자 이전에 경敬이란 정치하는 주체己,身의 경신敬愼·장경莊敬·공경恭敬·근경謹敬 등으로 부연되었다. 주자는 경敬을 마음을 하나로 집중하여 다른 곳으로 가지 않는 것主一無適·整齊嚴肅·常惺惺·其心收斂不容一物으로 풀이하면서, 성학聖學의 시종을 관통하는 요체로 정립했다.

- 後후는 彳(조금 걸을 척)+幺(작을 요)+夊(뒤져서 올 치)의 회의자로 발에 족쇄가 채워져 걸음이 뒤처진 것을 나타낸다. 나아가는 반대쪽, 후세知古則可知後, 후계자, 자손或救爾後, 끝난 다음, 뒤지다子畏於匡 顏淵後, 뒤로 돌리다居室爲後, 결命彼後車, 뒤로 하다事君敬其事而後其食, 뒤서다非敢後也 馬不進也로 쓰인다. 주자: 後는 '후획後獲(얻는 것을 뒤로 한다)'의 후後와 같다.

- 食식은 밥그릇의 상형자로 음식乞食於西周, 밥을 먹다庶羹食, 食而不知其味, 녹록祿을 받다食萬錢, 식사發憤忘食, 녹록祿(以制其食), 생계를 세움背本而趨末 食者甚衆, 제사薦其時食, 일식과 월식日有食之, 길조惟洛食, 밥飯疏食飮水, 양식廩人餼稍食, 먹이다飮之食之로 쓰인다. 주자: 食은 록祿이다

15.38 子曰有教면 無類니라
자 왈 유 교 무 류

공자께서 말씀하셨다. "가르침敎이 있으면有(가르침을 드러내었고), 종류類가 없어진다無(귀천의 종류를 구별함이 없었다)."

이 구절은 "속수 이상의 예를 행하면, 나는 일찍이 가르쳐 주지 않은 적이 없다自行束脩以上 吾未嘗無誨焉."(7.7)와 함께, 공자가 신분에 차별을 두지 않고 보통 교육을 실시했다는 전거로 인용되어 왔다. 예컨대, 고주인 『논어주소』

에는 "누구나 가르쳤고, (가르침에는) 종류의 구별이 없었다"로, 그리고 현대 양백준은 "사람들마다 교육을 받는데 구별이 없었다."로, 그리고 이택후는 "학생을 가르치는데 구별하지 않았다"고 주석했다. 그러나 이는 잘못된 해석이다 - 이중텐, 심규호 역, 『백가쟁명』, 에버리치홀딩스, 2010, 78~80쪽

주자는 이 구절을 자신의 심성론인 본연지성本然之性과 기질지성氣質之性이라는 도식에 의해 해설했다. 즉 가르침이란 기질에 타재墮在되어 있는 선한 본연지성을 회복하여 성인이 되는 것인데, 가르침을 받아 본연지성을 회복하면 선악의 구별이 없어진다는 것이다. 그리고 다산 정약용은 유類를 신분상의 귀천과 원근상의 문명과 야만의 구별로 이해한다. 즉 가르침이 있으면 가르치기 전에 구분되었던 귀함과 천함, 문명과 야만의 구분이 없어진다는 것이다.

비록 다산은 인성에는 구분이 없기 때문에 인성은 종류로 나눌 수 없다고 말하여 주자의 해석을 비판하고 있지만, 두 사람의 해석 모두 나름으로 일리가 있다. 말하자면, 이 구절에 대해 주자는 "가르침이 온전히 시행되면, 현상적으로 나타났던 선인과 악인의 구별이 없어져서 모두가 온전한 성인이 된다"고 해석했다. 이에 반해 다산은 "가르침이 온전히 시행되면, 모두가 성인이 되기 때문에 그 이전에 구분되어 사회에 존재하였던 귀천과 화이와 같은 차별은 없어지게 된다."고 해석했다. 예컨대 가르침이 완전히 시행되어 개별적으로 우리 모두가 온전한 인간(성인)이 된다면, 그 이전에 구분되었던 선인과 악인 혹은 귀천과 화이와 같은 그 어떠한 차별이 없는 조화로운(화이부동和而不同) 사회가 구현된다는 것이다. 이 점과 연관하여 이중텐은 다음과 같이 말하고 있다.

교육을 통해 차별을 해소한다는 것은 참으로 대단한 구상이다. 그렇기 때문에 우리는 공자를 중국 역사상 가장 위대한 교육가로 칭송하는 것이다. - 앞의 책, 80쪽

그렇다면 공자가 지향한 인문학 교육의 목표는 모두가 선한 인간의 본성을 자각하여 그 본성으로 자신을 완성하여 각자 온전한 인간이 되게 하며, 나아가 사회는 (선악, 귀천, 화이 등과 같은) 차별이 없는 화평한 사회를 구현하는 것이다. 바로 모두가 성인이 되어 차별이 없는 조화로운 사회, 바로 이것이 공자가 추구한 인문주의이념이자 인문학의 목표라고 하겠다.

한자 해설

주자: 사람의 본성은 모두 선하지만, 사람의 유類에는 선악의 다름이 있는 것은 기질과 습관에 물들었기 때문이다. 그러므로 군자의 가르침이 있으면 사람은 모두 선으로 돌아갈 수 있으니, 마땅히 다시 그런 유의 악함類之惡을 논할 필요는 없다.

다산: 도를 닦는 것을 가르침이라 한다修道之謂教. 유類에는 두 가지가 있다. 하나는 족류族類이니, 백관과 만민을 귀천貴賤으로 구별한 것이다. 다른 하나는 종류種類이니, 구주九州와 사이四夷를 원근遠近으로 구별한 것이다. 가르침이 있으면 모두 대도大道에 돌아갈 수 있으니, 이것이 바로 유가 없어진다無類는 것이다. 마융이 말하길, '사람이 있으면 가르침을 나타내었고, 종류의 구별이 있지 않았다고 말한 것이다(형병은 말하길, '귀천貴賤의 종류가 있지 않다.'고 했다)'고 했다. 살피건대 형병의 소疏는 다만 귀천으로만 말하였으니, 그 뜻이 좁다. 하늘의 강충降衷(하늘이 내린 착한 마음)에는 귀천도 없고, 원근도 없다. 가르침이 있으면 모두가 같아지니, 이것이 유가 없는 것無類이다. 인증하건대, 『순자』에서 말했다. (남방의) 오·월과 북방의 이·맥의 아이들은 태어날 때는 같은 울음소리를 내지만, 장성해서는 습속을 달리하는데, 가르침이 그렇게 한 것이다(「권학」편). 살피건대, 가르침이 있으면 습속을 다르게 함이 없으니, 이것이 유가 없는 것無類이다.

• 教교는 爻(본받을 효)+子(아들 자)+攵(칠 복)의 회의자로 <u>가르치다</u>古者易子而教之, <u>일깨움</u>先生施教 弟子是則, 종교佛老 異方教耳, 종지, 교리, 훈계幼

被慈母三遷之教, 스승置助教十五人 以教生徒, ~하게 하다進則教良民作姦로
쓰인다.

- 類류는 頪(엇비슷할 뢰)+犬(개 견)의 회의자로 본래 개떼를 말했으나, 후
에 사물의 닮음을 나타내어 동류同類, 패以養群類, 서로 비슷한 것方以
類聚, 닮다非君也 不類, 품별晉君類能而使之, 착하다克明克類, 견주다比類
以成其行, 임시 제사類乎上帝, 선례以類度類, 치우치다刑之頗類로 쓰인다.

15.39 子曰 道不同이면 不相爲謀니라
자 왈 도 부 동   불 상 위 모

공자께서 말씀하셨다. "도道가 같지 않으면不同, 서로相 도모謀할 수 없
다不爲."

바라보고 그것에 말미암는 것을 '도道'라 한다. 선왕先王의 도를 말미암는
자도 있고, 잡패雜霸에 말미암는 자도 있고, 은벽하고 괴이한 것에 말미암
는 자도 있다. 그 추향趨向하는 것이 같지 않으면, 함께 일을 도모할 수 없
다. 〈다산〉

한자 해설
- 道도란 辶(쉬엄쉬엄 갈 착=行止)+首(머리 수: 목적, 목표)의 회의자로 도로道
聽而塗說, 이치道也者 不可須臾離也, 우주의 본체道者 萬物之始, 묘용一陰
一陽之謂道, 방법吾未知吾道, 주의吾道非耶 吾何爲於此, 예악道謂禮樂, 정령
顧瞻周道, 교설設何道何行而可, 인도하다先道之以德, 말미암다道問學로 쓰
인다.
- 同동은 凡(무릇 범: 큰 그릇, 모두)+口(입 구)의 회의자로 모두가 같은 말을
하다는 뜻으로 한가지歲歲年年人不同, 균일하게 함與民同之, 모이다福祿
攸同, 상응함附和雷同, 같이踏花同惜少年春 등으로 쓰인다. 주자: '같지 않
다不同'는 것은 예컨대 선함과 악함善惡, 사특함과 올바름의 구별惡邪正

之類이다. **신안 진씨**: 선과 악은 군자와 소인을 말하고, 사특함과 바름은 유가와 이단을 말한다. 음과 양, 어름과 숯처럼 서로 상반하니, 이것은 저것을 위해 도모할 수 없고, 저것 또한 이것을 위해 도모할 수 없다.

15.40 子曰 辭는 達而已矣니라
자 왈 사 　 달 이 이 의

공자께서 말씀하셨다. "말辭(언어나 문장 혹은 사신이 전대專對하는 말)은 뜻이 통하면達 그만이다而已矣."

무릇 일은 실상보다 지나치지 말아야 한다. 사辭는 전달되면 충분하니, 말을 화려하게 하기 위해 번거로울 필요가 없다. 〈공안국〉

사辭는 뜻의 전달을 취하는 것으로 그치고, 풍부하고 화려한 것을 잘하는 것으로 삼지 않는다. 〈주자〉

한자 해설
• 辭사는 𤔔(란: 뒤섞인다, 다스리다)+辛(매울 신: 司)의 회의자로 복잡하게 얽힌 문제를 풀어 심판한다는 의미에서 말씀(=詞)을 뜻한다. 언어無辭不相接也, 어구不以文害辭, 일러바치는 말明淸于單辭, 알리다使人辭於狐突曰, 사양하다禹拜稽首固辭, 타이르다辭之輯矣, 문체의 하나, 효사辯吉凶者存乎辭로 쓰인다. **다산**: 辭란 사신이 전대하는 사이다史臣專對之辭. 살피건대, 사辭는 어떤 것인가? 선유先儒들은 이에 대한 분명한 설명이 없다. 경전을 고람해 보면, 기축의 사祈祝之辭, 맹저의 사盟詛之辭, 복서의 사卜筮之辭, 혼인의 사婚姻之辭, 옥송의 사獄訟之辭가 있다. 사辭가 쓰인 것은 다 지적할 수는 없으나, 요컨대 사辭의 실체는 마땅히 뜻을 전달하는 것일 뿐이다. 만약 번거롭게 말이 많아지면 성설성에 손상이 있게 된다. 이 장의 이른바 사달事達이란 모든 사辭를 통틀어서

말하는 듯하다. 그러나 공자께서는 '나는 사명에는 능하지 못하다我於辭命則不能'(『맹자』「공손추」상편)고 했고, '사명을 만들 때에 비침이 초고를 짓고…'(14.9)라고 말한 것은 모두 『의례』「빙례」의 사명辭命을 말한 것이니, 이 경문에서 말한 사달辭達 역시 대부의 사신이 전대專對하는 사辭이며 그 밖의 사辭가 아니다. 근세 유학자들이 이 경문을 논하면서 모두 문장가의 사구詞句의 공졸工拙로써 말했으니, 한참 잘못되었다.

- 達달은 辶(쉬엄쉬엄 갈 착)＋羍(어린 양 달: 大＋羊: 양을 모는 사람)의 회의자로 통달하다理塞則氣不達, 다다름專達於川, 눈트다驛驛其達, 성장함先生如達, 막힘없이 통하다賜也達, 엇갈리다挑兮達兮, 널리則達觀于新邑營, 괜찮음受小國是達 受大國是達, 갖추어지다非達禮也, 영달하다達則兼善天下, 사리에 밝음性明達好謀, 새끼 양先生如達, 방자하다挑兮達兮 등으로 쓰인다. **신안 진씨:** 達이라는 한 글자는 말의 법칙을 정의한 것이다. 소동파는 사람들과 글을 논할 때, 매번 공자의 이 말씀을 주로 삼았다.

15.41 師冕이 見할새 及階어늘 子曰 階也라하시고 及席이어늘
　　　　사 면　현　급 계　자 왈 계 야　　　급 석

子曰 席也라하시고 皆坐어늘 子告之曰某在斯某在斯라하시다
자 왈 석 야　　　　개 좌　자 고 지 왈 모 재 사 모 재 사

師冕이 出커늘 子張이 問曰 與師言之道與잇가
사 면　출　자 장　문 왈 여 사 언 지 도 여

子曰 然하다 固相師之道也니라
자 왈 연　고 상 사 지 도 야

(소경인) 악사師 면冕이 알현見할 적에, 계단階에 이르자及 공자께서 말씀하셨다. "계단입니다階也." 자리席에 이르자及, 공자께서 말씀하셨다. "자리입니다席也." 모두皆 자리에 앉았다坐. 공자子께서 그에게 일러告之 말씀하셨다曰. "누구某는 여기에 있고在斯, 누구某는 여기에 있습니다在斯." 악사師 면冕이 나가자出, 자장子張이 물어 말했다問曰. "(이렇게 하

는 것이) 악사師와 더불어與 말하는言之 도리입니까道與?" 공자께서 말씀하셨다. "그렇다然. 본래固 악사를 돕는相師之 도리이다道也."

성인의 문하의 배우는 자들이 공자의 말씀 하나, 동작 하나에 대해 마음을 두고 성찰하지 않는 것이 없음이 이와 같다. 옛날에 소경 악사는 반드시 조력자가 있었으니, 그 도리가 이와 같다. 대개 성인께서 이 일에 대해 일부러 그러하신 것이 아니고, 다만 그 도리를 다 하신 것일 뿐이다. 〈주자〉

성인께서는 스스로 처신하신 것이나 남을 위하는 것이나, 그 마음이 일치하는 것은 그 정성을 다하지 않음이 없기 때문이다. 학문에 뜻을 둔 이가 성인의 마음을 찾는다면, 여기서도 또한 볼 수 있다. 〈윤돈〉

한자 해설
- 師사는 阜(언덕 부)+帀(두를 잡)의 회의자로 선생敎師, 백성을 교도하던 벼슬아치, 전문적인 기예를 닦은 사람畫師, 군대出師表, 벼슬아치州+有二師, 악관樂官, 악공邶鄘師有出新曲者을 말한다. 주자: 師는 악사樂師로서 소경이다. 면冕은 악사의 이름이다.
- 見견(현)은 目(눈 목)+人(사람 인)의 회의자로 사람이 눈으로 보다行其庭 不見其人, 보이다心不在焉 視而不見, 밝히다不見賢良, 벼슬하다天下有道則見, 대면하다從者見之, 해돋이見晛日消로 쓰인다. 형병: 見은 와서 뵙는다는 뜻이다.
- 階계는 阜(언덕 부)+皆(다 개)의 형성자로 섬돌舞干羽于兩階, 사닥다리階梯, 사다리를 놓다猶天之不可階而升也, 품계品를 말한다..
- 席석은 广(집 엄)+廿(스물 입)+巾(수건 건)의 상형자로 그늘진 바닥에 까는 자리席子, 차지하고 있는 곳觀覽席, 직위席順, 깔다相枕席於道路, 앉음必正席, 의뢰하다席寵惟舊로 쓰인다.
- 坐좌는 土(토)+从(두 사람 종)의 회의자로 사람이 마주보고 멈춘다, 앉아 있다男女雜坐, 무릎 꿇다坐行而入, 지키다楚人坐其北門, 죄에 빠지다連坐,

대질하다, 자리로 쓰인다. **형병**: 개좌皆坐란 공자께서 맹인을 보시면 반드시 일어나셨으니, 제자들 또한 일어난 것이다. 면冕이 자리로 올라와 앉자, 공자 및 제자들도 모두 앉았다.

- 某모는 甘(달 감)+木(나무 목)의 회의자로 본래 단甘 열매를 맺는 매화나 무木를 뜻했으나, 가치되어 이무개, 호칭을 일 수 없는 사람·사물·장소 등을 나타내는 대명사使勇士某者, 누구라고 이름을 밝히지 않고 가리키는 말惟爾爾玄孫某, 성현의 존함을 꺼리어 쓴 호칭으로 쓰인다. **주자**: '모는 여기에 있다某在斯'라고 두 번 말씀하신 것은 좌석에 있는 사람을 차례를 들어 알려 주신 것이다.

- 相상은 木(나무 목)+目(눈 목)의 회의자로 서로戚戚 內相親也, 바탕追琢其章 金玉其相, 자세히 보다相時而動, 형상無如季相, **돕다**莫相予位焉, 인도하다問誰相禮, 정승相被冕服, 시중드는 사람使相告之, 담당자爲計相로 쓰인다. **주자**: 相은 돕는 것助이다. 옛날에 소경 악사는 반드시 조력자가 있었으니, 그 도리가 이와 같다. **다산**: 『예기』「예기禮器」에 '음악에는 악공을 돕는 이가 있다樂有相步.'고 했는데, 정현의 주에는 또한 (상보相步를) 부공扶工(일을 돕는 역役)이라 하였고, 어떤 이는 '상相이란 지팡이다'라고 하였다. 상相이라는 글자의 구조는 木(나무 목)변에 目(눈 목)에서 나온 글자로서, 이는 맹인이 눈이 없어 지팡이로 눈을 삼음을 형상한 것이다. 이에 맹인을 인도하여 돕는 이를 상보相步라 하고, 빈객을 인도하여 주인을 돕는 이를 빈상儐相이라 하고, 정사를 돕는 신하를 상신相臣이라 한다. 인주人主는 구중궁궐에 깊숙이 거처하고 있어 분명히 통달하지 못하는 것이 있는데, 오로지 상신相臣의 도움과 인도에 힘입어 그 전복될 위기를 부지扶持하기 때문에, 상相이라 한다.

이 편은 천하에 도가 없어 정권이 대부에게 있었던 까닭에 공자께서 그 정도正道를 개진하시어 그 쇠실衰失을 드러내셨으며, 유익한 것과 손해되는 것을 말씀하시어 사람들을 가르치시고, 『시詩』·『서書』를 들어 자식을 훈육하셨으며, 군자의 행실을 밝히고 부인夫人의 명칭을 바로잡으신 것을 논했다. 앞 편「계씨」의 수장首章 후에는 위나라 영공靈公의 실례失禮를 말하였고, 이 편의 수장에는 노나라 신하 계씨季氏의 전횡을 말하였다. 그러므로 이 편이 (「위령공」 편의) 다음이다. 〈형병〉

홍증조洪興祖가 말하였다. "이 편은 혹 제나라 『논어』라고 하기도 한다." 모두 14장이다. 〈주자〉

16.1 季氏將伐顓臾
❶ 계 씨 장 벌 전 유

계씨季氏가 장차將 전유顓臾를 정벌伐하려 하자,

전유顓臾는 복희伏羲씨의 후예이고 풍風 성姓의 나라인데, 본래 노나라의 부용附庸으로 당시 신하로 노나라에 속했다. 계씨가 그 땅을 탐내어 멸하여 취하고자 했다. 염유와 계로는 계씨의 가신이었는데, 공자께 와서 고하였다. 〈공안국〉

한자 해설
• 伐벌은 人(사람 인)+戈(창 과)의 회의자로 <u>사람人이 창戈을 지니고 적을 치다征伐</u>, 두드리다伐鼓, 베다伐木, 공적且旌君伐, 자랑하다願無伐善 無施勞, 방패蒙伐有苑의 뜻이다.

16.1 冉有季路見於孔子曰 季氏將有事於顓臾로소이다
❷ 염 유 계 로 현 어 공 자 왈 계 씨 장 유 사 어 전 유

염유冉有와 계로季路가 공자를於孔子 알현見하고 말했다曰. "계씨季氏가 장차將 전유에서於顓臾에서 전쟁을 벌이려有事 합니다."

한자 해설
형병: 장유사將有事란 장차 정벌의 일이 있을 것이다將有征伐之事라는 말이다.

• 事사는 붓을 들고 직무를 보는 형상으로 직분先事後得, 정치禮以行事, 사물物有本末 事有終始, 사건秦有荊軻之事, <u>사변事變</u>, 일삼다請 事斯語矣, 섬기다事父母, 세우다事 猶立也로 쓰인다. 여기서 유사有事란 전쟁을 말한다

16.1

❸

孔子曰 求아 無乃爾是過與아

공 자 왈 구 　 무 내 이 시 과 여

공자께서 말씀하셨다. "구求야! 네爾가 이 일是에 잘못過이 있는 게 아니
겠는가無乃與?"

염구는 계씨를 위해 세금을 가혹하게 거두어들였고聚斂(11.17), 게다가 권
력을 행사하였다. 그래서 공자께서 유독 염유를 책망하셨다. 〈주자〉

16.1

❹

夫顓臾는 昔者에 先王이 以爲東蒙主하시고 且在邦域之中矣라

부 전 유 　 석 자 　 선 왕 　 이 위 동 몽 주 　 　 차 재 방 역 지 중 의

是社稷之臣也니 何以伐爲리오"

시 사 직 지 신 야 　 하 이 벌 위

"저夫 전유顓臾국은 옛적昔者에 선왕先王께서 동몽東蒙산의 제주(祭)主로
삼았고以爲, 또한且 노나라의 영토 안邦域之中에 있으니在矣, 이是는 사직
의社稷之 신하이다臣也. 무엇 때문何以에 정벌伐하려는가爲?"

이때는 노나라가 넷으로 나누어 계씨가 둘을 차지하고, 맹손과 숙손이 각각
하나씩을 가졌다. 오직 부용국만은 아직도 공신公臣이었는데, 계씨가 또 취
해 자신에게 더하려 했다. 그러므로 공자께서는 전유는 곧 선왕이 나라로
봉한 나라이니 정벌할 수 없으며, 나라 안에 있으니 정벌할 필요가 없고, 또
사직의 신하이므로 계씨가 합당하게 정벌할 바가 아니라고 하였다. 〈주자〉

한자 해설

- 蒙몽은 艹(풀 초)+冡(덮어쓸 몽)의 회의자로 눈을 가려 어리석다는 의미로
덮다蒙被縟綈, 어지럽히다蒙者 君臣上下相冒亂也, 섞이다蒙伐有苑, 만나
다以蒙大難, 어리석다蒙昧, 어린이童蒙求我, 어린 모양物生必蒙, 몽괘坎
下艮上, 노魯의 고을公會齊侯盟于蒙로 쓰인다. **주자**: 동몽東蒙은 산 이름
인데, 선왕이 전유를 이 산 아래에 봉하여 그 제사를 주관하게 하였으

니, 노나라 땅 700리 안에 있다.

- 社사는 示(보일 시)+土(흙 토)의 회의자로 <u>토지의 신社 所以神地之道也</u>, 25호의 <u>자치 단체請致千社</u>, 일을 같이 하는 사람이 모여 만든 단체遠法師與諸賢結社 등으로 쓰인다.

- 稷직은 禾(벼 화)+昃(날카로울 측)의 회의자로 <u>기장彼稷之苗</u>, <u>오곡의 신祭社稷五祀五嶽</u>, 농관農官(稷 田正也), 빠르다旣齊旣稷 등으로 쓰인다. **주자**: <u>사직社稷</u>은 공과公家라 하는 것과 같다.

16.1 ❺ 冉有曰 夫子欲之언정 吾二臣者는 皆不欲也로이다
염 유 왈 부 자 욕 지　　　오 이 신 자　　개 불 욕 야

염유冉有가 말했다曰. "그분夫子(季氏)이 바라는 것이지欲之, 우리吾 두 신하二臣者는 모두皆 원하지 않았습니다不欲也."

부자夫子는 계씨季氏를 지칭한다. 염유는 실제로 같이 모의했지만, 공자께서 비판했기 때문에 허물을 계씨에게 돌린 것이다. 〈주자〉

한자 해설
- 臣신은 고개를 숙인 사람의 눈을 그려 <u>신하臣下</u>, 백성, <u>하인</u>, 포로, 어떤 것에 종속됨을 나타낸다.

16.1 ❻ 孔子曰 求아 周任이 有言曰 陳力就列하여 不能者止라하니
공 자 왈 구　주 임　유 언 왈 진 력 취 열　　불 능 자 지
危而不持하며 顚而不扶면 則將焉用彼相矣리오
위 이 부 지　　전 이 불 부　즉 장 언 용 피 상 의

공자께서 말씀하셨다. "구求야! 주임周任(옛 훌륭한 사관)이 말이 있어有言, '능력力을 펴서陳 (직위의) 대열列에 나아가되就, 할 수 없으면不能者 그

320

만 둔다止'고 하였다曰. 위태로운데도危而 유지하지 못하고不持, 넘어지는데도顚而 북축하지 못한다면不扶則, 장차將 어디에焉 그彼 도웁는 자相(家宰)를 쓰겠느냐用矣?"

두 사람이 원하지 않았다면 마땅히 간언해야 했고, 간언해도 듣지 않으면 마땅히 떠나야 한다는 말씀이다. 〈주자〉

주자: 주임周任은 옛날의 훌륭한 사관古之良史이다. 진陳은 펼침布이다. 열列은 지위이다. 상相은 소경의 보조자이다瞽者之相也.

다산: 진陳은 배포排布하는 것이고, 열列은 군대의 대오軍伍인데, 군대의 포진법布陣法으로 선비가 자신의 재력材力에 알맞게 배치되어, 벼슬하는 것을 비유했다. 5명씩 한 조를 이루어 열列이 되고(말이 힘을 합하여 수레를 끄는 것과 같다), 힘이 부족한 자는 대열에 나아가지 못한다. 위危는 기울어지는 것이고(넘어지는 데에는 이르지 않는 것이다), 전顚은 넘어지는 것이다. 가볍게 잡는 것을 지持라 하고, 견고하게 붙잡는 것을 부扶라 한다(보호하여 몸에 품어서 안는 것이다). 가재家宰를 상相이라 말한 것은 본래 고상瞽相의 뜻에서 취한 것이다. 그러므로 이를 부지扶持라는 말에 비유하였다. 사람이 악한 짓을 하는 것은 전복顚覆과 같고, 바로잡아 구제하는 것은 부지扶持와 같다.

- 陳진은 阜(언덕 부)+東(동녘 동: 씨앗을 담은 보따리)의 회의자로 바닥에 짐을 풀어 늘여놓다陳竽瑟兮浩倡, 넓게 베픔陳錫哉周, 벌여 놓다陳魚而觀之, 당하에서 문까지의 길胡逝我陳, 진법 등으로 쓰인다.

- 列열은 歹(뼈 부서질 알)+刀(칼 도)의 회의자로 뼛조각을 수습하여 진열陳列하다, 행렬不鼓不成列, 여러列强, 반열陳力就列, 나누다分列天下로 쓰인다.

- 止지는 사람의 발을 그려 발걸음이 멈추다樂與餌過客止, 나아가지 않다戎馬還濘而止, 살고 있다惟民所止, 자리잡다在止於至善, 모이다交交黃鳥止于桑, 붙들다止子路宿, 그만두다譬如爲山 未成一簣 止 吾止也, 이르다魯侯

戾止, 한계艮爲止, 행동거지人而無止, 예의國雖靡止로 쓰인다.

- 危위는 厄(재앙 액)+人(사람 인) 혹은 厃(우러러볼 첨)+㔾(병부 절)의 회의자로 벼랑에 웅크리고 있는 사람의 형상으로 **위태하다**國危矣, 불안을 느낌處之危之, 위태롭게 하다危士臣, 높이 솟은 모양獨上危樓凭曲欄, 준엄하게 하다邦有道 危言危行 등으로 쓰인다.

- 持지는 手(손 수)+寺(머무를 사)의 회의자로 손에 쥐다持弓矢審固, 보전하다以相持養, **지키다**曠日持久, 돕다所以持平奉吉也, 의지持其世而已로 쓰인다.

- 顚전은 眞(참 진)+頁(머리 혈)의 형성자로 넘어지다顚沛之揭, 거꾸로 하다顚裳以爲衣, 떨어지다顚越不恭, 꼭대기山頂 謂之顚, 이마有馬白顚로 쓰인다.

- 扶부는 手(손 수)+夫(지아비 부)의 형성자로 손으로 **부축하여 돕다**若扶梁伐趙, 받치다蓬生麻中 不扶而直, 다스리다扶撥以爲正로 쓰인다.

- 相상은 木(나무 목)+目(눈 목)의 회의자로 서로戚戚 内相親也, 바탕追琢其章 金玉其相, 자세히 보다相時而動, 형상無如季相, **돕다**莫相予位焉, 인도하다問誰相禮, **정승**相被冕服, **시중드는 사람**使相告之, 담당자爲計相로 쓰인다.

16.1 ❼ 且爾言이 過矣로다
차 이 언　　과 의

虎兕出於柙하며 龜玉이 毁於櫝中이 是誰之過與오
호 시 출 어 합　　 귀 옥　 어 독 중 훼　 시 수 지 과 여

> "또한且 너의爾 말言은 잘못되었다過矣. 호랑이虎와 외뿔소兕가 우리에서於柙 뛰쳐나오고出 귀갑龜이나 옥玉이 궤 안에서於櫝中 훼손毁되면, 이是는 누구의誰之 잘못이겠느냐過與?"

호랑이와 외뿔소는 계씨의 포려暴戾를 비유하고, 귀갑과 옥은 계씨의 존귀함을 비유한다. 뛰쳐나가 들이박고 물면 이는 우릿간의 지키는 자의 죄이며, 훼손하여 파괴하면 이는 궤짝을 지키던 자의 죄이다. 계씨가 악을 행해 죄를 짓는 것은 가상家相이 그 허물을 떠맡지 않을 수 없음을 밝혔다. 〈다산〉

- 兕시는 외뿔 들소 혹은 무소(코뿔소)의 상형자이다. 주자: 兕는 들소野牛
  이다.
- 龜귀는 거북이를 그린 상형자로 거북, 거북 껍데기, 땅 이름, 터지다
  (균)로 쓰인다.
- 玉옥은 구슬 세 개를 끈으로 꿴 모양으로 아름다운 돌의 총칭鼎玉鉉,
  옥으로 만든 홀執玉, 패옥玉不去身, 남의 것에 대한 미칭得見君之玉面,
  아껴 소중히 여기다毋金玉爾音, 갈다玉欲玉女로 쓰인다.
- 柙합은 木(나무 목)+甲(첫째 천간 갑)의 형성자로 짐승을 가두는 우리, 잡
  아 가두다遂生束縛而柙 以予齊, 궤柙匱, 궤 속에 넣다柙而藏之는 뜻이다.
  주자: 柙은 우리檻이다.
- 櫝독은 木(나무 목)+賣(팔 매)의 형성자로 물건을 넣어두는 나무 궤, 신
  주를 넣어 두는 궤主櫝, 관公將爲之櫝, 간직하다櫝而藏之 등으로 쓰인다.
  주자: 櫝은 궤匱이다.

16.1 冉有日 今夫顓臾固而近於費하니
⑧ 염유왈 금부전유고 이근어비

今不取면 後世에 必爲子孫憂하리이다
금불취 후세 필위자손우

염유冉有가 말했다日. "지금今 저夫 전유顓臾는 (성곽이) 견고하고固而
(계씨의 읍인) 비 땅에於費 가깝습니다近. 지금今 취取하지 않으면不, 후
세後世에 필시必 자손子孫들의 근심憂거리가 될 것입니다爲."

후세에 필시 계씨 자손들의 근심거리가 될 것이라는 말이다. 〈형병〉

비 땅은 계씨의 사읍私邑이다. 이는 염유가 꾸며낸 말이지만, 또한 실제로
계씨의 모의에 참여했음을 드러내고 있다. 〈주자〉

- 固고는 囗(에운담 위: 성벽)+古(옛 고)의 회의자로 <u>성벽이 오래도록 견고</u>
<u>하다</u>兵勁城固, 완고稽首固辭, 굳이毋固獲, 본디臣固聞之, 진실로小固不可
以敵大로 쓰인다. **마융**: 固는 성벽이 완벽·견고完堅하고, 병기와 갑옷
兵甲이 예리한 것을 말한다. **주자**: 固는 성곽城郭이 완비되고 견고한
것完固이다.

16.1 ⑨ 孔子曰 求아 君子는 疾夫舍曰欲之오 而必爲之辭니라
공자왈구 군자 질부사왈욕지 이필위지사

공자께서 말씀하셨다. "구求야! 군자君子는 '(이익을) 원한다고欲之 말
하지日 않고舍(=捨) 굳이而必 변명하는 것爲之辭을 미워한다疾夫." ("구
求야! 군자君子는 그렇게夫 말하는 것을 미워한다疾. 단지舍(=止) 그것
을 탐한다고欲之 말하면日 그만이지, 굳이而必 다른 말을 만드느냐爲之辭
=今必更作他辭!")

그 이익을 탐했다는 말을 하지 않고 다시 다른 말로 꾸며 내니, 이를 미워
하신 것이다. 〈공안국〉

- 欲욕은 谷(골짜기)+欠(하품, 모자라다)의 회의자로 <u>하고자 하다</u>欲速則不達,
바라다七十而從心所欲 不踰矩, 탐내다人情欲生而惡死, 욕심君子以懲窒欲,
바라고 원하는 마음欲不可從으로 쓰인다. **주자**: 욕지欲之는 그 이익을
탐하는 것을 말한다.
- 舍사는 舌(혀 설)+人(사람 인)의 회의자로 본래 집을 받치는 토대 위에
기둥과 지붕이 얹어져 있어 가옥, 거처神歸其舍, 숙영凡師出 一宿爲舍,
관청舍人, 서재精舍, 묵다舍故人之家, 무엇舍皆取諸其宮中而用之, <u>버려두</u>
<u>다</u>山川其舍諸, <u>하지 않다</u>舍我稽事, 그치다不舍晝夜, 제거하다舍彼有罪, 벗
어나다舍正路而不由, 받다舍命不渝, 30리 등으로 쓰인다. **다산**: 舍는 단

지止이고, 다만但의 뜻이다. ('사왈욕지사曰欲之, 이필위지사而必爲之辭'
란) '다만 마땅히 그것을 탐한다고 말하면 될 터인데但當曰欲之而已, 지
금 굳이 다시 다른 말을 만든다今必更作他辭'는 뜻이다.

16.1
⑩
丘也는 聞有國有家者 不患寡而患不均하며
구야   문유국유가자 불환과이환불균

不患貧而患不安이라호니 蓋均이면 無貧이오 和면 無寡오
불환빈이환불안   개균   무빈   화   무과

安이면 無傾이니라
안   무경

"내가丘也 듣건대聞, 나라와 가문을 소유한 자有國有家者는 적음寡을 근
심患하지 않고不而 고르지均 못함不을 근심患하며, 궁핍貧을 근심患하지
않고不而 편안하지 않음不安을 근심患한다.'고 하였다. 대개蓋 고르면均
궁핍貧이 없고無, 화평和하면 적음寡이 없고無, 편안安하면 기울어짐傾이
없다無."

정교政敎가 균평均平하면 가난하지 않고, 상하가 화동和同하면 적음을 걱정
하지 않는다. 〈포함〉

고르면 가난함을 근심하지 않아 화평하며, 화평하면 적음을 근심하지 않
아 편안하며, 편안하면 서로 의심하거나 시기하지 않아 기울거나 엎어질
걱정이 없어진다. 〈주자〉

군주와 대부와 사士는 그 전록田祿에 차등이 있으며, 그 의물儀物에도 후박
厚薄이 있으니, 각각 그 분수에 합당한 몫을 얻으면 받는 녹이 고르게 되어
재용財用이 부족하지 않기 때문에 가난함이 없을 것이다. 사람이 화목하면
백성이 적어도 많은 수를 대적할 수 있기 때문에 적음이 없다. 〈다산〉

- 家가는 宀(집 면)+豕(돼지 시)의 회의자로 돼지가 새끼를 많이 낳듯 사람이 모여 번성한다는 뜻으로, 가문克定厥家, 사람이 사는 건물平原君家樓臨民家, 가족上地家七人, 남편罷女無家, 아내泥又貪夫厥家, 친척宜其室家, 학파罷黜百家 등을 나타낸다. **공안국**: 국國은 제후이고, 가家는 경대부鄕大夫이다.

- 寡과는 宀(집 면)+頒(나눌 반)의 회의자로 적다職寡者易守, 약하다寡我襄公, 임금의 겸칭寡人之於國也, 홀어미時瑤石宮 有寡公主, 뒤돌아보다君子寡其言而行로 쓰인다. **주자**: 寡는 백성이 적은 것을 말한다.

- 均균은 土(흙 토)+勻(두루 미칠 균)의 회의자로 흙이 두루 미쳐 고르다賦丈均, 도량掌均萬民之食, 운韻(音均不恒), 따르다均于江海로 쓰인다. **주자**: 均은 각각 합당한 몫을 얻는 것을 말한다.

- 貧빈은 分(나눌 분)+貝(조개 패)의 회의자로 돈을 나누어 가난하다終竆且貧, 가난한 사람無財謂之貧, 적다富于萬篇 而貧于一字 등으로 쓰인다. **주자**: 貧은 재물이 궁핍한 것을 말한다.

- 安안은 宀(집 면)+女(여자 녀)의 회의자로 분수에 편안하다靜而后安, 편안하게 하다在安民, 즐기다百姓安之로 쓰인다. **주자**: 安은 상하가 서로 편안한 것을 말한다.

- 傾경은 人(사람 인)+頃(기울 경)의 형성자로 기울다檣傾楫摧, 위태롭게 하다傾國, 어느 한쪽으로 기울다傾向, 左傾로 쓰인다.

16.1 夫如是故로 遠人이 不服則修文德以來之하고 旣來之則安之니라
⑪ 부여시고 원인 불복 즉 수 문 덕 이 래 지 기 래 지 즉 안 지

대저夫 이와 같기에如是, 그러므로故 멀리 있는 사람들遠人이 복종하지 않으면不服則, 문덕文德을 닦아修以 오게 하고來之, 이미旣 왔으면來之則 편안하게 해주는 것이다安之."

내치內治가 닦인 뒤에야 멀리 있는 자가 복종한다. 복종하지 않음이 있으면 덕을 닦아 오게 해야지, 또한 군대를 멀리까지 보내 수고롭게 해서는 안 된다. 〈주자〉

문덕文德은 인의仁義가 그것이다. 임금은 임금다워야 하고, 신하는 신하다워야 하고, 아비는 아비다워야 하고, 자식은 자식다워야 하는 것 등이다. 〈채청〉

문덕을 닦는다는 것은 효제孝悌를 돈독히 하고, 예악禮樂을 흥하게 하는 것을 말한다. 편안하게 한다는 것은 침범하거나 어지럽히지 않는 것을 말한다. 멀리 있는 사람遠人이란 국경 밖의 여러 나라의 사람을 말한다. 〈다산〉

16.1
⑫

今由與求也는 相夫子호대
금 유 여 구 야   상 부 자

遠人이 不服而不能來也하며 邦分崩離析而不能守也하고
원 인 불 복 이 불 능 래 야   방 분 붕 리 석 이 불 능 수 야

지금今 유由와 구求也는 부자夫子(= 季氏)를 보필相하면서 멀리 있는 사람遠人이 복종服하지 않는데도不而 능能히 오게 하지 못하고不來也, 나라邦가 갈라져分 무너지고崩 분리離되어 쪼개져도析 능能히 지키지 못한다不守.

자로는 비록 모의에 참여하지 않았지만, 평소 의義로써 보필하지 못했으니 또한 죄가 없을 수 없다. 그런 까닭에 함께 책망했다. 멀리 있는 자는 전유를 말한다. 갈라져 무너지고 분리되어 쪼개진다分崩離析는 것은 공실公室이 사분四分되고, 가신家臣이 자주 배반한 것을 이른다. 〈주자〉

한자 해설
• 分분은 八(여덟 팔)+刀(칼 도)의 회의자로 칼로 나누다分軍爲三, 구별하다 是君子小人之分也, 24절기秋分, 단위五分, 신분分限, 名分, 한도各守其分, 맡은 일職分, 몫四國皆有分으로 쓰인다.

• 崩붕은 山(뫼 산)+朋(벗 붕)의 형성자로 산의 토사가 무너져내린다岸善崩, 쇠퇴하다三年不爲樂 樂必崩, 무너뜨리다百姓歸周 若崩厥角, 흩어지다邦分崩離析, 앓다不騫不崩, 천자의 죽음天子死曰崩 諸侯曰薨 大夫曰卒 士曰不祿 庶人曰死으로 쓰인다.

• 離리는 离(흩어질 리)+隹(새 추)의 형성자로 떠나가다進退無恒非離群, 헤어지다性情不離, 어긋나다形性相離, 이반하다民人離落, 화합하지 않다上下離心, 걸리다鴻則離之, 분명함離也者 明也, 불離爲火, 근심亂離瘼矣, 8괘의 하나(火 中女, 南)로 쓰인다.

• 析석은 木(나무 목)+斤(도끼 근)의 회의자로 나무를 도끼로 쪼개다析薪, 분석하다疑義相與析, 흩어지다厥民析로 쓰인다. **공안국**: 백성들이 다른 마음을 품는 것民有異心을 분分이라 하고, 떠나고자 하는 것欲去을 붕崩이라 하니, (흩어져 있어) 모을 수 없는 것不可會聚을 일러 이석離析이라 한다. **다산**: 분붕分崩은 흙이 무너지는 것과 같고如土之崩也, 이석離析은 나무가 쪼개는 것과 같다如木之析也. 이는 계씨의 죄이지만, 바로 잡아 구제하지 못했기 때문에 두 사람에게 죄를 준 것이다.

16.1 而謀動干戈於邦內하니
⑬ 이 모 동 간 과 어 방 내

吾恐季孫之憂不在顓臾而在蕭墻之內也하노라
오 공 계 손 지 우 부 재 전 유 이 재 소 장 지 내 야

"그런데도而 영토 내에서於邦內 방패와 창干戈을 동원動할 것을 도모謀하니, 나吾는 계손씨의 근심거리季孫之憂가 전유顓臾에 있지 않고不在, (계손씨의) 소장蕭牆(병풍, 집의 담장)의之 안內에 있을까在 두렵다恐."

이 당시에 삼가三家는 강했고, 공실은 약했다. 염구는 또 전유를 정벌해 삼가의 땅을 덧붙여주려고 하였다. 공자께서 그를 깊이 단죄하신 것은 노나라를 피폐하게 해서, 삼가三家를 더 부유하게 했기 때문이다. **〈사량좌〉**

고르지 않거나 화평하지 않으면, 장차 내변內變이 일어날 것이란 말이다. 그 뒤 실제로 애공이 월나라로 하여금 노나라를 공격하여 계씨를 제거하고자 하였다. 〈주자〉

한자 해설
- 干간은 상형자로 방패未干玉戚, 범하다以干闔閭, 막다陪臣干撗, 구하다子張學干祿, 천간天干, 교외出宿于干으로 쓰인다. 주자: 干은 방패楯이다.
- 戈과는 상형자로 창修我戈矛, 戈戟, 전쟁止戈興仁, 兵戈을 뜻한다. 간과干戈는 창과 방패, 무기의 총칭, 싸움, 전쟁을 뜻한다. 주자: 戈는 창戟이다.
- 蕭소는 艸(풀 초)+肅(엄숙할 숙)의 형성자로 쑥, 쓸쓸하다蕭寥激前階, 삼가다肅, 바람 부는 소리風蕭蕭兮易水寒이다. 소장蕭牆이란 대문이나 중문 등의 정면 조금 안쪽에 설치하여 밖에서 안을 볼 수 없게 만든 가리개로, 인신하여 내부를 말한다. '소장지변(우)蕭墻之變(憂)'은 내부에서 일어난 변란으로 인한 소란을 말한다. 정현: 蕭의 뜻은 엄숙肅이다. 장牆은 가림屛(병풍 혹은 담장)이다. 군신의 상견례에서는 병풍屛에 이르러서는 더욱 엄숙·경건해야 하니, 이 때문에 소장蕭牆이라 한다. 주자: 소장蕭牆은 병풍屛이다. 다산: 소장蕭牆은 집안의 담장家之垣이다. 담장 안의 근심은 염유와 자로 두 사람을 지칭한다. 두 사람이 바야흐로 계씨의 가신이 되어 그의 담장 안에 있으면서, 멀리 있는 자를 포용하거나 나라를 편안하게 하는 정책을 쓰지 못하고, 명분 없는 전쟁을 일으키려고 모의하였으니, 이는 주군의 근심거리이다.

16.2 孔子曰 天下有道則禮樂征伐이 自天子出하고
공 자 왈 천 하 유 도 즉 예 악 정 벌　자 천 자 출

天下無道則禮樂征伐이 自諸侯出하나니
천 하 무 도 즉 예 악 정 벌　자 제 후 출

自諸侯出이면 蓋十世에 希不失矣오
자 제 후 출　　개 십 세　희 불 실 의

自大夫出이면 五世에 希不失矣o
자 대 부 출　　　오 세　　　희 불 실 의

陪臣이 執國命이면 三世에 希不失矣니라
배 신　　집 국 명　　　삼 세　　　희 불 실 의

天下有道則政不在大夫하고 天下有道則庶人이 不議하나니라
천 하 유 도 즉 정 부 재 대 부　　　천 하 유 도 즉 시 인　　불 의

공자께서 말씀하셨다. "천하天下에 도道가 있으면有則 예악禮樂과 정벌征伐이 천자로부터自天子 나오고出, 천하天下에 도道가 없으면無則, 예악禮樂과 정벌征伐이 제후로부터自諸侯 나온다出. 제후로부터自諸侯 나오면出 대략蓋 10세十世만에 잃지 않음不失이 드물고希矣, 대부로부터自大夫 나오면出 5세五世만에 잃지 않음不失이 드물다希矣. 가신陪臣이 국권國命을 잡으면執 삼세三世만에 잃지 않음不失이 드물다希矣. 천하天下에 도道가 있으면有則, 정치政가 대부大夫에게 있지 않고不在, 천하天下에 도道가 있으면有則 서인庶人들이 의논議하지 않는다不."

주나라 유왕이 견융에게 피살되어, 평왕이 동천하면서 주나라가 미약해지기 시작했다. 제후가 마음대로 예악을 짓고, 정벌을 전행專行한 것이 은공隱公에서 시작되었다. 10세가 되는 소공召公에 이르러 정권을 잃고 건후乾侯에서 죽었다. 계문자季文子가 처음 정권을 잡았는데, 5세가 되는 환자에 이르러 가신 양호에게 구금되었다. 양씨梁氏는 계씨의 가신인데, 3세가 되는 호虎에 이르러 제나라로 도망갔다. 〈공안국, 마융〉

이 장은 천하의 형세를 통론하였다. 선왕의 제도에서 제후는 예악을 변경하거나 정벌을 마음대로 할 수 없다. 이치를 거스름이 심할수록 그 잃는 것도 더욱 빠르다. (망하게 되는) 대략의 세수世數는 이런 정도를 넘지 않는다는 뜻이다. 정사를 전횡해서는 안 된다는 말이다. 위에서 실정失政이 없으면, 아래에서 사사로이 의논함이 없다. 그 입에 재갈을 물려 감히 말하지 못하게 하는 것은 아니다. 〈주자〉

- 道도란 辶(쉬엄쉬엄 갈 착=行止)+首(머리 수: 목적, 목표)의 회의자로 마땅히 가야할 길이자 방법이며, 목표이다. 도로道聽而塗說, 이치道也者 不可須 臾離也, 우주의 본체道者 萬物之始, 묘용一陰一陽之謂道, 방법吾未知吾道, 주의吾道非耶 吾何爲於此, 예악道謂禮樂, 정령顧瞻周道을 말한다.

- 禮예는 示(보일 시: 신적 존재)+豊(풍성할 풍: 제기에 담긴 제물)의 형성자로 인간행위에 합당한 절도와 문식을 규정해 주고 친소와 도덕의 체득 정도에 따라 인간 상호간의 관계를 구분해 주는 제도制度와 품절品節을 말한다. 그리고 예는 항상 악樂 개념을 수반한다. 악樂은 조화를 본질로 하면서 예에 의해 구분된 인간관계를 조화시켜 주는 것으로 윤리와 통하는 것通倫理者이다.

- 征정은 彳(조금 걸을 척)+正(바를 정)의 형성자로 가서 바르게 함肅肅宵征, 잘못을 바로잡다以征不義, 천자의 명을 받들어 무도한 자를 치다雖不請 於天子 而征之可也, 취하다上下交征利, 세금夫圭田無征로 쓰인다. 征은 위에서 아래는 정복하는 것이고, 벌伐은 제후가 서로를 침략하는 것이다.

- 侯후는 人(사람 인)+厂(기슭 엄)+矢(화살 시)의 회의자로 변방에서 일정 부분의 영토를 가지고 백성을 다스리던 군주射中者獲封爵 故因謂之諸侯, 후작侯爵(公侯伯子男), 도성에서 5백 리 떨어진 사방五百里侯服, 아름답다洵直且侯, 오직侯誰在矣으로 쓰인다. 다산: 대부大夫는 제후의 신하이다.

- 希희는 爻(효 효: 刺繡)+巾(수건 건)의 회의자로 자수를 놓은 천으로 귀하기 때문에 원하다希求, 드물다希有, 희소하다, 성기다鼓瑟希, 멀다其所 以異於深山之野人者幾希로 쓰인다. 공안국: 希란 적다少也이다. 다산: 希는 드물다鮮이다. 이 경문에서 '대개蓋'나 '드물다希'고 말한 것은 본래 통론이며, 어떤 특정적인 지적이 있는 것은 아니다.

- 陪배는 阝(阜: 언덕 부)+咅(침 부)의 형성자로 흙더미를 거듭 쌓아 올려 불어남分之土田陪敦, 모시다鎬京陪樂飲 柏殿奉文飛, 더하다殽有陪鼎, 삼공三公(以無陪無卿), 수행원儐前導兮紛後陪, 배신陪臣, 가신襄饋浹乎家陪을 뜻한

다. **마융**: 陪는 거듭重이니, 가신家臣을 말한다. **주자**: 배신陪臣은 가신
家臣이다.

- 執집은 幸(다행 행)+丸(알 환)의 형성자로 본래 죄수의 손에 수갑을 채운
모습으로 잡다執天下之器, 다스림執獄牢者, 처리하다執行로 쓰인다. **형
병**: 국명을 잡는다執國命는 것은 권력을 천단하고 국가의 정책과 법령
을 장악하는 것이다.

- 政정은 正(바를 정)+攴(칠 복)의 회의자로 정의구현을 위해 권력을 사용
하는 정사夫子至於是邦也 必問其政, 정권, 정책政寬則民慢, 금령道之以政,
직책棄政而役 등으로 쓰인다.

- 庶서는 广(집 엄)+炗(빛 광)의 회의자로 불이 있는 곳에 모인 많은 사람
을 나타내어 뭇, 여러庶無罪悔, 많다我事孔庶, 벼슬 없는 사람于今爲庶,
지손慶流支庶, 천하다同于貧庶, 바라다庶見素冠今로 쓰인다.

- 議의는 言(말씀 언)+義(옳을 의)의 형성자로 옮음을 의논하다徒持文墨議
論, 자문하다議事以制 政乃不迷, 여러 모로 두루 생각하다唯酒食是議, 입
안함非天子不議禮, 논죄하다法有八議, 일을 논하여 사리를 밝히는 글을
말한다. **형병**: 議는 헐뜯어 비방함을 말한다. 천하에 도가 있으면 군
상이 백성들의 말을 참작하여 정교政教로 삼으니, 시행하는 바가 모두
옳으면 서인들이 헐뜯고 비방하는 일이 없다는 것이다. **다산**: 살피건
대, 가장 잘 다스려졌던 때에도 또한 비방의 나무(誹謗之木: 군주의 과실
을 적어 놓는 나무)를 설치해 두었는데, 어떻게 서인이 논의하지 않는다고
말할 수 있겠는가? 도가 하나로 돌아가면 처사處士는 감히 횡의橫議가
있지 않고, 정령이 하나에서 나오면 서인은 감히 유세로써 국정에 간
여하지 않는다.

16.3 孔子曰 祿之去公室이 五世矣오
공 자 왈 녹 지 거 공 실   오 세 의

政逮於大夫 四世矣니 故로 夫三桓之子孫이 微矣니라
정 체 어 대 부 사 세 의   고   부 삼 환 지 자 손   미 의

공자께서 말씀하셨다. "녹봉(을 주는 권한)이祿之 공실公室을 떠난 지去 5세(선·성·양·소·정공)가 되었고五世矣, 정사政가 대부에게於大夫 넘어간 지逮 4세(문·무·도·평자)나 되었다四世矣. 따라서故 (예악과 정벌이 대부로부터 나와 5세가 되면, 잃지 않는 자가 드물기 때문에) 저夫 삼환의三桓之 자손子孫은 쇠미微해질 것이다."

이 장은 오로지 노나라 일을 논했는데, 아마도 앞 장과 함께 모두 정공定公 때 말씀인 듯하다. 노나라는 문공文公이 죽자, 공자 수遂가 자적子赤을 살해하고 선공宣公을 옹립하니, 임금이 그 정권을 상실하였으니, 성成공·양襄공·소昭공·정定공을 거치니 모두 다섯 공公이다. 계무자季武子로부터 국정을 전횡하기 시작하여 도悼·평平·환자桓子 등 모두 4세四世인데, 가신 양호에게 (국정이) 장악되었다. 삼환三桓은 삼가三家이니, 모두 환공의 후손이다. 〈주자〉

공자의 뜻이 단지 계씨季氏만 지칭한 것이라면, 어찌 '정권이 대부에게 미치면'이라고 말했겠는가? 유독 계씨만 4세 동안 권력을 전횡하여 악행을 저질렀는데, 삼환三桓의 자손들이 함께 그 재앙을 받는다면, 괴이한 일이 아니겠는가? 삼환자손三桓子孫이라는 한 구절을 보면, 정권이 대부에게 미쳤다는 말은 삼가三家를 통틀어서 지칭하는 것임이 분명하다. 〈다산〉

한자 해설
• 祿록은 示(보일 시)＋彔(나무 깎을 록)의 형성자로 하늘이 내려주는 복使女受祿天, 福祿, 녹봉祿位, 상으로 주는 물건福祿如茨, 작위更名光祿勳, 곡식祭天之司民司祿을 의미한다.
• 公공은 厶(사사로울 사)＋八(여덟 팔: 깨다)의 회의자로 사사로움을 벗어난

공정公正, 공평公平, 숨기지 않고 나타냄公公然, 公開, 공적公的(天下爲
公), 관무夙夜在公, 관청退食自公, 제후掌公墓之地, 5등작의 첫째公侯伯子
男, 천자의 보필公卿大夫, 三公, 노인·장자의 존칭으로 쓰인다.

- 逮체는 辶(쉬엄쉬엄 갈 착)+隶(미칠 이: 여우꼬리)의 회의자로 가서 꼬리를
집은 것을 나타내어 미치나恐不逮事也, 쫓다, 제보함逮諸證者로 쓰인다.
주자: 逮는 미치다及也이다.

- 世세는 세 개의 十(십)을 이어 삼십 년 즉 한 세대로 인간 세상世界, 세
상사람, 한 왕조의 어떤 임금의 재위 기간 또는 즉위 차례治世, 五世,
가계의 차례五世孫, 대대로世有哲王, 대를 잇다世子, 세대必世而後仁, 시
대中世, 평생終世로 쓰인다.

- 微미는 彳(조금 걸을 척)+散(작을 미)의 형성자로 몰래 간다는 뜻으로 작다
具體而微, 적다雖有危邪而不治者則微矣, 은밀히昔仲尼沒而微言絶, 어둡다彼
月而微 此日而微, 전하다虞舜則微, ~이 아니다微我無酒, 미약하다, 쇠락
하다, 100만 분의 일 등을 말한다. **다산:** 微란 쇠했다衰也인데, 삼가三
家는 정공 때에 이르러 모두 쇠해졌다.

16.4 孔子曰 益者三友ᴼ 損者三友니 友直하며 友諒하며 友多聞이면
공 자 왈 익 자 삼 우   손 자 삼 우   우 직   우 량   우 다 문
益矣ᴼ 友便辟하며 友善柔하며 友便佞이면 損矣니라
익 의   우 편 벽   우 선 유   우 편 녕   손 의

공자께서 말씀하셨다. "유익益한 것은 세三 종류의 벗友이고, 해로운損 것
은 세三 종류의 벗友이다. 곧은直 이를 벗友하고, 신실한諒 이를 벗友하며,
견문이 많은多聞 이를 벗友하면 유익益하다. 편벽便辟된 이를 벗友하고,
선유善柔한 이와 벗友하고, 말만 잘하는 이便佞를 벗友하면 손해다損矣."

곧은 이를 벗하면 자신의 허물을 들을 수 있고聞其過, 신실한 이를 벗하면
더욱 성실함으로 나아가고進於誠, 견문이 많은 이를 벗하면 지식의 밝음으

로 나아간다進於明. 편벽便辟은 위의에만 익숙하고習於威儀 (내면은) 정직하지 않은 것不直을 말한다. 선유善柔는 아부해 기쁘게 하기는 잘 하지만工於媚悅 신실하지 않은 것不諒을 말한다. 편녕便佞은 말 잘하는 것에는 익숙하지만習於口語 견문의 실질은 없는 것無聞見之實을 말한다. 이 세 가지 경우의 손익이 완전히 상반된다. 〈주자〉

한자 해설

• 益익은 水(물 수)+皿(그릇 명)의 회의자로 그릇에 물을 더하다, 보태다而益之以三怨, 덧붙이다益一言 臣請烹, 많아짐其家必日益, 보탬請益則起, 효험終夜不寢以思 無益, 이득小損當大益, 넓다益 以弘裕爲義, 익괘(震下巽上: 위를 덜고 아래를 더하는 상)로 쓰인다.

• 損손은 手(손 수)+員(수효 원)의 형성자로 손으로 덜어내는 것으로 줄이다損下之憂, 줄다爲道日損, 손해不過費損日月之間, 해치다勞損聖慮, 손괘(兌下艮上: 아래를 덜고 위를 보태는 상)으로 쓰인다. 원석공袁石公: 익益은 그 능하지 못한 것을 보완하여 능하게 하는 것이고, 損은 본래 지니고 있는 것을 훼손하는 것이다.

• 友우는 손을 맞잡고 의좋게 감싸 주는 사이의 벗同門曰朋 同志曰友, 벗하다無友不如己者로 쓰인다.

• 直직은 目(눈 목)+十(열 십)+乚(숨을 은)의 회의자로 열개+의 눈目으로 숨어 있는 乚 것을 바르게 보아 굽은 데가 없다其直如矢, 굽히지 않다骨直以立, 바름愛得我直, 공정하다王道正直, 꾸미지 않다尤簡直, 직면하다直夜潰圍로 쓰인다. 형병: 곧음直은 정직正直을 말한다. 다산: 곧음直은 언행에 굽음이 없는 것無曲이다.

• 諒량은 言(말씀 언)+京(서울 경: 크다)의 회의자로 믿다不諒人只, 신실, 하찮은 의리를 지키는 일豈若匹夫匹婦之爲諒也, 양찰諒察하다, 어질다易直子諒之心生則樂로 쓰인다. 형병: 諒은 성신誠信을 말한다. 다산: 諒은 곧고 신실함이 변하지 않는 것이다.

• 聞문은 耳(귀 이)+門(문 문)의 형성자로 귀로 소리를 알아듣다聽而不聞,

들어서 알다我未聞者, 들어서 관여하다必聞其政로 쓰인다. **형병**: 많이 들음多聞은 널리 배움博學을 말한다.

- 便편은 人(사람 인)+更(고칠 갱←鞭: 채찍)의 회의자로 채찍으로 사람에게 편리便利하도록 짐승으로 훈육하는 것에서 유래하여 편의便宜, 유리한 빙법士吳敢言一朝之便, 좋은 기회據五勝之便, 이용하기 쉽다憩便房以偃息, 簡便, 숙달함謹其所便, 소식行雨東南 思假飛山之便, 전하는 방편人便, 말 잘하다便便言로 쓰인다. **주자**: 便은 익숙한 것이다習熟也. **다산**: 便은 편안安·익숙習이다.

- 辟벽은 辛(매울 신: 죄인을 표식하는 도구로 고통과 아픔: 신고辛苦)+尸(주검 시)+口(입 구)의 회의자로 형벌의 결정하는 주군下民之辟, 천자, 제후百 辟卿士, 절름발이辟馬毀輿, 사특하다其命多辟, 개간함辟土地, 마음이 치우치다人之其所親愛而辟焉, 땅이 궁벽하다國小處辟, 가슴을 치다寤辟有摽 등으로 쓰인다. 僻벽은 人(사람 인)+辟(임금 벽)의 형성자로 편벽偏僻되다는 뜻이다. **마융**: 편벽便辟은 사람들이 꺼리는 것을 교묘하게 피해서 아첨하여 기용되기를 구하는 것이다. **다산**: 辟은 간사邪·기울다側이다(사악함에 엷게 기울어짐에 익숙해진 모양).

- 善선은『설문』에 길상吉한 것으로 의롭고義 아름다운 것美이라고 하였는데, 착하다聞一善言 見一善行, 좋다, 잘하다, 교묘하게 하다. 많다 등으로 쓰인다.

- 柔유는 木(나무 목)+矛(창 모)의 회의자로 창矛 자루로 쓰는 탄력 있는 나무로 부드럽다外柔內剛, 약하다柔情綽態, 복종함我且柔之矣, 편안하게 하다柔遠人, 사랑하다柔惠로 쓰인다. **마융**: 선유善柔는 면유面柔이다(형병이 말했다. 면유面柔는 안색을 화열하게 꾸며, 남을 유혹하는 것이다). **다산**: 善은 호好의 뜻이고, 유柔는 순順하다는 뜻이다(善柔란 강직剛直하지 못한 모양).

- 佞(侫)녕은 女(여자 녀)+仁(어질 인)의 회의자로 아첨하다友便佞損矣, 간사하다以邪導人 謂之佞, 영리함我不佞 雖不識 亦不可感, 말재주가 있음是故惡夫佞者, 佞人로 쓰인다. 편녕便佞이란 듣기 좋은 말을 잘하는 것이

336

다. **다산**: 정현이 말하길, '편便은 말을 잘하다辯이다'고 했다. 살피건 대, 『이아・석훈釋訓』에서 '편편便便은 호辯이다.'고 했다. 侫은 말재주 를 부리는 것口給이다.

16.5 孔子曰 益者三樂o 損者三樂니
공 자 왈 익 자 삼 요   손 자 삼 요

樂節禮樂하며 樂道人之善하며 樂多賢友면 益矣o
요 절 예 악   요 도 인 지 선   요 다 현 우   익 의

樂驕樂하며 樂佚遊하며 樂宴樂이면 損矣니라
요 교 락   요 일 유   요 연 락   손 의

공자께서 말씀하셨다. "유익한 것益者은 세 가지 좋아함三樂이고, 손해 되는 것損者은 세 가지 좋아함三樂이다. 예禮(制度)와 악樂(聲容)의 절도 節를 좋아하는 것樂, 남의 선함人之善을 말道하기를 좋아하는 것樂, 현명 한 벗賢友이 많음多을 좋아하는 것樂은 유익하다益矣. 교만驕 떠는 즐거 움樂을 좋아하고樂, 안일하게佚 유람遊을 좋아하고樂, 향락宴의 즐거움 樂을 좋아하는 것樂 손해다損矣."

절節은 예禮의 제도와 악樂의 성용聲容의 절도를 변별함을 말한다. 교만 떨 기를 즐기면驕樂 사치하고 방자하여侈肆 절제를 모른다. 안일하게 놀면佚遊 태만惰慢하여 좋은 말을 듣기를 싫어한다惰慢. 잔치를 즐기면宴樂 음란함에 빠져淫溺 소인을 가까이 한다淫溺. 이 세 가지 손익은 서로 상반된다. 〈**주자**〉

• **樂**악(락, 요)은 악기樂器(搖鈴)와 악기자루의 상형자로 음악禮樂射御書數, 연 주하다比音而樂之, 악기太師抱樂, 즐기다(락)可在樂生, 즐겁다有朋自遠方來 不亦樂乎, 즐거움回也不改其樂, 즐겁게 하다樂爾妻孥, 풍년歲粒米狼戾, 편안하다而民康樂, 좋아하다(요)知者樂水 仁者樂山, 바라다皆得其所樂 등으 로 쓰인다. **형병**: 남의 선함을 말하기를 좋아한다樂道人之善는 것은 남의

미행을 칭찬하기를 좋아한다는 말이다. **다산:** 樂은 좋아하다好이다.

- 節절은 竹(대나무 죽)+卽(곧 즉)의 형성자로 대나무의 마디夕則然松節讀書, 가락音節, 절개士大夫莫不敬節死制, 규칙夫祀國之大節也, 법도必有節於今, 예절與秋節, 등급大禮與天地同節, 맞는 정도發而皆中節 謂之和, 단락, 매듭, 행사臨大節而不可奪, 두공山節藻梲, 줄이다節用而愛人, 부신若合符節, 경절仲秋節, 높고 험한 모양節彼南山, 절괘(兌下坎上: 일정한 곳에 머무는 상)으로 쓰인다.

- 驕교는 馬(말 마)+喬(높을 교)의 회의자로 6척 높이의 잘 달리는 말이 업신여기다富而無驕, 무례하다在上而不驕, 교만得志而覺驕, 속이다果而不驕, 방자하다로 쓰인다. **공안국:** 존귀함을 믿고 방자하게 구는 것이다. **다산:** 교락驕樂은 남에게 오만하고 기세가 방자한 것이다.

- 佚일은 人(사람 인)+失(잃을 실)의 형성자로 잃어버린 사람으로 일민佚民, 편안하다心欲慕佚, 安佚, 佚樂, 속세를 떠남遺佚而不怨, 빠져 나가 없어지다亡佚, 느슨함以佚道使民, 방탕하다佚蕩, 갈마들다佚宕中國로 쓰인다. **왕숙:** 일유佚游는 출입에 절도가 없는 것이다.

- 宴연은 宀(집 면)+晏(편안할 안)의 형성자로 집안이 편안하다, 손님이 편안하게 즐길 수 있도록 잔치를 베푼다는 뜻이다. 잔치宴有折俎, 祝賀宴, 즐기다總角之宴, 편안하다入宴息는 뜻이다. **다산:** 연락宴樂은 술에 빠져 스스로 방탕한 것이다.

16.6 孔子曰 侍於君子에 有三愆하니 言未及之而言을 謂之躁오
공자왈 시 어 군 자　유 삼 건　언 미 급 지 이 언　위 지 조

言及之而不言을 謂之隱이오 未見顏色而言을 謂之瞽니라
언 급 지 이 불 언　위 지 은　미 견 안 색 이 언　위 지 고

공자께서 말씀하셨다. "군자를 모시는 데侍於君子에 세 가지 허물三愆이 있다有. 말씀이 (중용, 도리, 이치, 순서에) 아직 미치지 않았는데도未及之而 말씀해버리는 것을 평하여謂之 조급躁하다고 하고, 말씀이 (이미 중

338

용, 도리, 이치 순서에) 미치었는데도言 말하지 않은 것不言을 평하여謂
之 은닉隱한다고 하고, 안색顔色을 살피지 않고未見而 말하는 것言을 평
하여謂之 소경瞽이라 한다."

비천한 자가 존귀한 분을 모실 때에 말을 삼가는 법도를 지키도록 경계한
것이다. 〈정현〉

성인의 이 말씀은 단지 사람들에게 때에 맞게 말하고, 망발해서는 안 된다
는 것을 경계하신 것이다. 〈주자〉

한자 해설

- 侍시는 人(사람 인)＋寺(절 사: 손으로 떠받치고 있는 모습)의 회의자로 모시다
  侍膳曾調鼎, 시중드는 사람解官充侍, 양육함以養疾侍老也, 임하다大夫之喪
  大胥侍之, 기다리다待, 믿다, 권하다侍以節財儉用 등으로 쓰인다.
- 君子군자는 본래 귀한 신분의 사람을 지칭하였지만, 공자 이래 학문을
  좋아하여 성인이 되고자 끊임없이 노력하는 사람이라는 도덕적인 명
  칭이 되었다. 여기서는 지위를 나타낸다고 생각된다. 주자: 군자는 덕
  과 지위를 지닌 사람의 통칭이다. 다산: 덕이 있는 이를 지칭한다. 정
  의『예기』「옥조」편의 주에서는 '군자는 대부大夫와 사士이다.'고 했고,
  「소의」편의 주에서는 '군자는 경卿과 대부大夫이다.'라고 했다. 군자란
  대군大君의 아들이니, 임금을 천자天子라고 이르는 것과 같다. 옛날에
  는 오직 덕 있는 자만 벼슬을 얻었기에, 후세에는 비록 벼슬이 없더라
  도 모든 덕 있는 자를 군자라 칭했다.
- 愆건은 衍(넘칠 연: 넘쳐 가는 것)＋心(마음 심)의 회의자로 정도를 넘어선 마
  음으로 허물帝德無愆, 어기다美人愆歲月, 잃다失所屬愆의 뜻이다. 공안국,
  주자: 愆은 허물過이다.
- 躁조는 足(발 족)＋喿(떠들썩할 소)의 형성자로 조급함, 떠들썩함動搖躁躁,
  빠르다狗赤股而躁臊, 거칠다躁者皆化而愨로 쓰인다. 정현: 躁는 안정되

지 못한 것不安靜이다,

- 隱은은 阝(언덕 부)+㥯(삼갈 은)의 회의자로 산속에 숨어 드러나지 아니함雖形隱而事動, 벗어나다龍德而隱者也, 잠재함天地閉 賢人隱, 아끼다以我爲隱乎, 희미하다君子之道費而隱, 숨은 사리探頤索隱, 불쌍히 여기다如有隱憂, 점치다隱 占也, 바루다尚皆隱哉, 붓둑士不隱塞, 기대다隱几而臥를 말한다. 공안국: 은닉하고 실정을 다하지 않는 것이다.

- 瞽고는 鼓(두드릴 고)+目(눈 목)의 회의자로 소경瞽者無以與乎文章之觀, 분별이 없음舜父有目不能分別善惡 故時人謂之瞽, 악관瞽 矇也 以爲樂官者, 눈치가 없는 사람 등으로 쓰인다. 주자: 瞽는 눈이 없어 말을 헤아리거나 안색을 살피지 못함이다.

16.7 孔子曰 君子有三戒하니 少之時에 血氣未定이라 戒之在色이오
공 자 왈 군 자 유 삼 계　　소 지 시　　혈 기 미 정　　계 지 재 색

及其壯也하여 血氣方剛이라 戒之在鬪오
급 기 장 야　　혈 기 방 강　　계 지 재 투

及其老也하여 血氣旣衰라 戒之在得이니라
급 기 노 야　　혈 기 기 쇠　　계 지 재 득

공자께서 말씀하셨다. "군자君子는 세 가지 경계三戒할 것이 있다有. 젊을 때少之時는 혈기血氣가 아직 안정定되지 않았으니未 경계할 것戒之은 색色에 있고在, 그其가 장성하면及壯也 혈기血氣가 바야흐로方 강강剛성해지니 경계할 것戒之은 싸움鬪에 있고在, 그其가 노년이 되면及老也 혈기血氣가 이미旣 쇠쇠衰했으니 경계해야 할 것戒之은 탐득得에 있다在."

성인聖人이 일반인과 같은 점은 혈기이고, 다른 점은 지기志氣이다. 혈기는 때가 되면 쇠하지만, 지기는 쇠하는 때가 없다. 어릴 때는 불안정하고, 장성하면 강해졌다가, 늙으면 쇠하는 것이 혈기이다. 색을 경계하고, 싸움을 경계하고, 탐욕을 경계하는 것이 지기志氣이다. 군자는 지기를 기르기 때

문에, 혈기에 휘둘리지 않는다. 그러므로 연륜이 높아질수록 덕은 더욱 높아진다. 〈범조우〉

시기에 따라 경계할 줄 알아隨時知戒 이치로써 이겨나가면以理勝之 혈기에 의해 부림을 당하지 않는다. 〈주자〉

천지만물의 본성은 꽉 차면 새어나가기 때문에 매양 뿜어내고, 텅 비면 채워야하기 때문에 매양 빨아들인다. 이는 만물이 스스로 그러한 것이지만, 또한 만물의 그러한 바의 까닭을 알지 못한다. 젊어서는 색을 생각하고, 장성하면 싸움을 생각하니, 이는 꽉 차서 새어나가기를 생각하는 것이다. 노년에는 혈血이 허약하고, 기氣가 모자라기 때문에 항상 채우기를 생각하기 때문에, 그 심정은 음식을 좋아하고 재물에 애착을 지니니, 이는 두려워할 만한 기틀이다. 〈다산〉

한자 해설

- 戒계는 戈(창 과)+廾(두 손 마주잡을 공)의 회의자로 창을 들고 경계하다勝敵而愈戒, 삼가다必敬必戒, 훈계戒之以休, 재계하다七日戒, 알리다主人戒賓, 경계하는 문체로 쓰인다.
- 血혈은 皿(그릇 명)+丿(삐침 별: 피)의 지사자로 혈액血液, 골육骨肉, 상처渙其血去, 울다泣血, 감괘坎爲血卦를 의미한다.
- 氣기는 소리·색깔·냄새·형적이 있는有形有爲 형이하자로서 만물의 재료(질료인)이면서 스스로 움직이는 운동인이다. 만물이 다양한 까닭은 기운이 제한적으로 이치를 드러내기 때문이다. 동양 사상에서 '기氣'란 용어는 예로부터 내포와 외연이 무척 다양하게 나타났는데, 대체로 우주론의 형성과 깊은 연관이 되어 우주 만물의 기본 구성 요소로서 질료적인 것으로 이해되었다. 먼저 갑골문에서 '氣' 자는 '三'로 수평 이동을 의미하는 동사였다. 나중에 '三'은 '气'로 변해 수평 이동과 수직 이동을 함께 의미하게 되었는데, 바람의 정령과 흙의 정령

이 오늘날 기운 개념의 원형이었다. 『설문』「기자부氣字部」에는 "气는 云气"이며 "云은 구름이 회전하는 모양을 본뜬 것이다"라고 되어 있다. 이는 기란 말이 처음에 구름에 대한 관찰에서 생겨났음을 설명해 준다. 그런데 '뜬구름'에서 '바람'으로 개념이 가리키는 대상이 옮겨 가면서 기의 의미가 확대되었다. 바람이 나무에 불어오면, 단지 나무가 움직이는 것만 보일 뿐 바람은 보이지 않는다. 이 바람이 곧 기라고 해석되면서, 사람들은 원인이 무엇인지는 알 수 없지만 명확하게 변화하는 현상들을 기가 작용한 결과라고 인식하게 되었다. 전국시대에 기의 개념을 정립하는 데 결정적인 역할을 한 맹자는 유명한 호연지기浩然之氣를 설명하면서, 외적 자연물로 인식되던 기 개념을 인간 주체에 대한 탐색으로 전환시켰다. 그는 기를 인간을 구성하는 질료로 파악하면서, 도의道義와 한 쌍이라고 주장했다. 다시 말해서 마음과 기운이 상호 보완해서 완성된다고 주장한 것이다. 한편 도가의 장자莊子 또한 음양의 기가 가장 본질적이고 근원적이며 천지 만물과 인류를 구성하는 질료라고 주장했다. 그는 음양의 두 기운이 모여서 응집하면 어떤 생명체를 이루고, 흩어지면 우주로 되돌아간다는 형기적 생사관을 제시했다. 중국 철학의 전성기인 송대에 맹자의 기 개념을 이어받아 정립하고 체계화 한 중심인물은 장재와 주자다. 이들에 따르면 모든 자연물과 자연 현상은 기에 의해 구성되며, 인간 또한 예외가 아니다. 심지어 주자에 따르면, 인간의 몸과 마음까지도 기운에 의해 구성되고, 인간의 구성체인 사회와 역사 현상 또한 기운의 작용에 의해 이루어진다. 기는 끊임없이 유동하면서 전변轉變해 다양한 차별상을 만들어내는 질료인이자 운동인이다. 기는 이치가 드러나도록 하는 매개자이면서 동시에 이치를 은폐한다는 모순을 가진다. 바로 이 점에서 서로 다른 만물이 발생한다. **주자**: 혈기는 형상을 지닌 것이 의지하여 살아가는 것形之所待以生者으로, 혈血은 음이고 기氣는 양이다.

• 定정은 宀(집 면)＋正(바를 정)의 회의자로 본래 안이 바로 되어 **평정되다**

以定王國, 결정하다文定厥祥, 바로잡다以閏月定四時, 평정하다撃定之, 다스려지다─戎衣 天下大定, 별 이름定之方中, 이마麟之定, 머무르다公定予往已, 변동하지 아니하다知止而后有定, 귀착하다天下惡乎定으로 쓰인다.

- 色색은 人(사람 인)+卩(병부 절)의 회의자로 허리를 굽히고 있는 사람과 巴(꼬리 파)의 결합으로 성관계色欲, 얼굴빛以五氣五聲五色 眠其死生, 빛깔以五采彰施于五色, 기색大夫占色, 색정, 꾸미다東里子産潤色之, 평온하다載色載笑 등의 뜻이다

- 壯장은 爿(나뭇조각 장←將)+士(선비 사)의 형성자로 본래 큰 남자, 씩씩한 남자, 왕성하다老當益壯, 젊다迎官驚其壯, 장하다克壯其猶, 상하다女壯로 쓰인다.

- 剛강은 岡(산등성이 강)+刀(칼 도)의 회의자로 칼刂로 위협해도 산岡처럼 버티고 서서 굴하지 않는 강직剛直, 견강堅剛, 의지가 군세다吾未見剛者, 군다剛性, 기수奇數의 날外事以剛日, 양陽, 수컷剛柔相推, 임금得中而應乎剛 등으로 쓰인다.

- 鬪투는 鬥(싸울 투: 두 사람이 싸우는 모습)+尌(세울 주)의 형성자로 싸움猶兩鼠鬪於穴中, 전쟁怒有戰鬪, 겨루다吾寧鬪智로 쓰인다.

- 老노는 머리카락이 길고 허리가 굽은 노인이 지팡이를 짚고 서 있는 모양으로 오래 삶君子偕老, 쉬다治之道美不老, 쇠하다師直爲壯 曲爲老, 늙은이, 천자의 대부天子之老, 어른의 높인 말卿老 등으로 쓰인다.

- 衰쇠는 마른풀로 엮어 볼품이 없는 도롱이의 상형자로 쇠하다, 상복斬衰, 齊衰, 줄다等衰, 도롱이何衰何笠로 쓰인다.

- 得득은 彳(조금 걸을 척)+貝(조개 패)+寸(마디 촌)에서 돈貝을 손寸으로 줍는 모양으로 차지함求則得之 舍則失之, 만족하다意氣揚揚 甚自得也, 깨닫다攄得, 들어맞음應而后得, 고맙게 여기다所識窮乏者得我與, 탐냄로 쓰인다. **공안국, 주자:** 得은 얻기를 탐하는 것貪得이다.

16.8 孔子曰君子有三畏하니 畏天命하며 畏大人하며 畏聖人之言이니라
공자왈군자유삼외   외천명   외대인   외성인지언

小人은 不知天命而不畏也라 狎大人하며 侮聖人之言이니라
소인 부지천명이불외야   압대인   모성인지언

공자께서 말씀하셨다. "군자君子는 세 가지 두려워할 것三畏이 있다有. 천명天命을 두려워畏하고, 대인大人을 두려워畏하고, 성인의 말씀聖人之言을 두려워畏한다. 소인小人은 천명天命을 알지 못하여不知而 두려워畏하지 않고不也, 대인大人을 친압狎하며, 성인의 말씀聖人之言을 업신여긴다侮."

천명이 두려워할 만한 것임을 알면 경계하고 삼가고 두려워하는 것을 저절로 그칠 수 없어, 부여받은 중한 책무를 잃지 않을 수 있다. 대인과 성인의 말씀은 모두 천명으로 마땅히 두려워해야 할 것이니, 천명을 두려워할 줄 알면 대인과 성인의 말씀을 두려워하지 않을 수 없다. 천명을 모르기 때문에, 의리를 알지 못해 이처럼 기탄하는 바가 없는 것이다. 윤돈이 말하길, '세 가지를 두려워하는 것은 성실하게 자기를 닦는 데에 당연한 것이다. 소인은 자신을 닦고, 자기를 성실하게 하는 데에 힘쓰지 않으니, 무슨 두려움이 있겠는가?'라고 했다. 〈주자〉

천도는 화·복의 이치禍福之理를 밝히고, 군주는 형벌·포상의 권한刑賞之權을 잡고 있으며, 성인은 상서·재앙의 경계祥殃之戒를 저술해 놓았으니, 이것이 군자의 세 가지 두려움이다. 성인은 혹 지위가 있기도 하고, 혹 지위가 없기도 하니, 그 지위가 있는 자는 진실로 두려워할 만하지만, 그 지위가 없는 자는 어찌 반드시 두려워하겠는가? 오직 그가 저술한 상서·재앙의 경계만이 반드시 징험이 되기 때문에, 성인이라고 말하지 않고 반드시 성인의 말씀이라고 말하였다. 〈다산〉

대인과 성인에 대해서는 맹자의 정의는 다음과 같다.

344

추구할 만한 사람을 선인善人이라고 하고, 선을 자기에게 갖추고 있는 사람을 신인信人이라 하고, 선에 충실한 사람을 미인美人이라 하고, 선에 충실하여 빛나는 사람을 대인大人이라 하고, 대인이면서 변화된 사람을 성인(大而化之之謂聖)이라고 하고, 성인이면서 알아볼 수 없는 경지에 도달한 사람(聖而不可知之之)을 신인神人이라 한다曰可欲之謂善 有諸己之謂信 充實之謂美 充實而有光輝之謂大 大而化之之謂聖 聖而不可知之之謂神. -『맹자』「진심」하편 25

한자 해설

- 畏외는 가면을 쓴 귀신의 형상으로 겁을 내다永畏惟罰, 꺼리다魚不畏綱, 경외畏天命, 심복하다畏而愛之, 삼가고 조심하다子畏於匡, 두려움, 조문하지 않는 죽음死而不弔者三 畏厭溺 등으로 쓰인다. **공안국**: 마음으로 복종하는 것心服을 일러 畏라 한다. **주자**: 畏는 엄격히 삼간다嚴憚는 뜻이다. **다산**: 畏는 두려워함恐懼이다.

- 天천은 본래 갑골문에서 머리가 돌출된— 사람人의 형상으로 대인大人이란 뜻에서 출발하여 그 사후 거주지인 하늘(大+一=天)을 나타내게 되어 고원高遠·광대廣大·존대尊大를, 그리고 존경尊敬·외경畏敬의 대상으로 의미가 확장되었다. 공자는 천을 만물의 근원이자 사시를 운행하는 주재천이자, 덕의 근원德生德於予으로 정립했다. 천명天命이란 하늘에서 받은 운명으로 궁곤窮困하느냐 현달顯達하느냐 하는 천분天分(窮達之分:고주), 천도가 유행하여 사물에 부여된 것(곧 性)으로 곧 사물이 마땅히 그러해야 하는 까닭(주자), 그리고 상제의 법칙이며, 따라서 지천명이란 상제의 법칙에 순응하여 궁함과 통함에 흔들리지 않으면서 천덕天德에 통달한 경지를 말한다(다산)고 주석되어 왔다. **하안**: 순종하면 길吉하고, 거스르면 흉한 것은 천명天命이다. **주자**: 천명天命이란 하늘이 부여한 바른 이치天所賦之正理也이다. **다산**: 주자는 성性을 리理라 했기 때문에, 드디어 천명을 리理라 했다. 비록 그렇다고 하나, 심성心性에 부여되어 사람으로 하여금 선으로 향하고 악에서 떠나게 하는 것은 진실로 천명이다. 나날이 굽어 살펴 착한 사람에게 복을

주고 음탕한 자에게는 화를 내리는 것 또한 천명이다. 『시경』, 『서경』에서 말한 천명을 어찌 이를 개괄하여 본심의 바른 이치正理라고 말할 수 있겠는가? 『시경』에 '하늘의 위엄을 두려워하여 이에 보존해 나가다畏天之威 于時保之'(「주송周頌, 아장我將」)라고 한 것을 만약에 '마음의 이지를 두려워하여 이에 보존해 나간다畏心之理 于時保之'라고 한다면 어찌 통할 수 있겠는가? 『서경』 「강고康誥」에 '오직 천명은 항상 일정한 곳에 머물러 있지 않다惟命不于常'라 하고, 『시경』에 '천명은 일정하지 않다天命靡常'(「대아大雅, 문왕文王」)고 하였는데, 마음의 바른 이치가 어찌 무상無常이겠는가?

- 大대는 양팔을 벌린 사람의 상형자로 크다(四大, 많다大家, 고귀하다畏大), 훌륭하다子日大哉問, 거칠다衣大布는 뜻이다. **하안**: 대인은 곧 성인이니, 천지와 그 덕을 합한다.

- 聖성은 耳(귀 이)+口(입 구)+壬(천간 임)의 회의자로 귀 기울일 줄 아는 총명聰明한 사람으로 지덕智德이 매우 뛰어나고 사리에 통하지 않음이 없는乃聖乃神, 거룩한 사람先聖後聖 其揆一也, 어느 방면에서 가장 뛰어난 사람樂聖, 詩聖, 書聖으로 쓰인다. **다산**: 성인의 말씀이란 6경六經에 실려 있는 훈계이다. 성인이 말씀하신 상서·재앙의 경계祥殃之戒는 반드시 오랜 뒤에 징험이 되기 때문에 소인이 업신여긴다.

- 狎압은 犭(큰 개 견)+甲(첫째 천간 갑→압)의 형성자로 친근함賢者狎而敬之, 업신여기다狎大人, 가벼이 여김水懦弱 民狎而翫之, 친압하다雖狎必變로 쓰인다. **형병**: 狎은 관홀慣忽이다. **다산**: 狎은 친압褻이다.

- 侮모는 人(사람 인)+每(매양 매→모)의 형성자로 업신여기다今商工受 狎侮五常, 侮辱, 참고 견디다 등으로 쓰인다. **주자**: 侮는 희롱함이다.

16.9 孔子曰 生而知之者는 上也오 學而知之者는 次也오
공 자 왈 생 이 지 지 자 상 야 학 이 지 지 자 차 야

346

困而學之又其次也니 困而不學이면 民斯爲下矣니라
곤 이 학 지 우 기 차 야 곤 이 불 학 민 사 위 하 의

공자께서 말씀하셨다. "나면서生而 아는 사람知之者이 최상이고上也, 배워서學而 아는 사람은知之者 그 다음이며次也, 막혔지만困而 배우는學之 사람은 또又 그其 다음이며次也, 막혔으면서困而 배우지도 않는不學之 사람은 민民으로 곧 하우下가 된다."

주자는 이 구절을 '기질氣質'에 의해 사람을 네 등급으로 나눈 것이라고 해석했다.

혹자가 기질 4등급 설에 대해 물었다. 주자가 대답했다. '사람이 태어남에 품부 받은 기질이 청명하고 순수하여 찌꺼기가 전혀 없으면 천지의 성과 간격이 없어 모든 의리의 당연함에 대해 배우기를 기다리지 않고도 가슴 속이 명료한 자가 있으니, 이른바 생이지지生而知之로서 성인聖人이다. 이에 미치지 못하는 자는 명암明暗, 청탁淸濁, 정편正編, 순박純駁 등이 많거나 적거나 이기거나 지거나 하여 차이가 있다. 혹 청명하고 순수한 기질을 얻었지만 약간의 찌꺼기가 있는 자는 비록 약간의 간격이 있는 것을 면하지 못하지만, 그 간격은 쉽게 도달할 수 있고 그 장애는 쉽게 통할 수 있다. 그러므로 그 통하지 못한 것에 대해서는 반드시 배워 통할 줄 아니, 그 배움은 또한 통하지 않는 것이 없으니, 이른바 학이지지學而知之로서 대현大賢이다. 혹은 혼탁하고 치우치고 잡박한 것을 많이 얻었지만 약간의 청명하고 순수한 것이 있는 자는 반드시 막혀 통하지 않은 것이 있는 후에야 배울 줄 아니, 그 배움은 또 통하지 않는 것이 꼭 없는 것은 아니니, 이른바 곤이학지困而學之로서 보통사람이다. 혹은 혼탁하고 치우치고 잡박함이 심해 다시는 조금의 청명하고 순수한 기질도 없는 자에 이르러서는 비록 통하지 않는 것이 있어도 어리석게도 깨닫지 못하고 당연하다고 생각하니, 끝내 배워 통하기를 구할 줄 모르니, 이는 하등의 백성下民일 뿐이다.

그런데 다산은 마음의 존재인 인간은 자주의 권형自主之權을 지닌 주체이며, 공자가 말한 인간의 등급은 후천적 학습에 의해 구분이라고 주장한다.

살핀다. 태어나면서 아는 자는 상등이고, 막혀 곤란함을 당했으면서도 배우지 않는 자는 하등이다. 그러나 배운 뒤에 알았던 자가 가령 배우지 않는다면, 이 또한 장차 막혀 곤란을 당할 것이다. 막혀 곤란을 당했는데도 배우지 않던 자도 가령 분발한다면, 이 또한 참여하여 할 수 있는 것이다. 막혀 곤란을 당했는데도 배우지 않기 때문에 하우下愚에 돌아가는 것을, 만약 기질氣質이 본래 하등이기 때문에 그렇다고 한다면 어떻게 (곤이불학을) 허물할 수 있겠는가? 공자께서는 그 성효成效를 논하였기 때문에 네 등급으로 나누었고, 주자朱子는 기질로써 말하여 또한 네 등분하였는데, 아마도 그렇지 않은 듯하다. 만약 서로 가까운 사람의 성품 가운데 이를 세분하여 등급을 한다면, 또한 어찌 단지 10층, 100층 뿐이겠는가?

한자 해설

- 生생은 초목이 땅속에서 나오는 것生進也 象草木生土으로 태어나다孔子生魯昌平鄉郰邑, 나면서부터, 살다生乎今之世 反古之道, 삶生亦我所欲也, 산사람事死如事生, 목숨 있는 것常畏生類之殄也, 기르다以生萬民으로 쓰인다.

- 知지는 口(입 구)+矢(화살 시)의 형성자로 화살矢이 과녁을 꿰뚫듯 상황의 본질을 파악하여 말口할 수 있는 능력인데, 단옥재는 '아는 것이 민첩하여, 입에서 나오는 말이 마치 화살처럼 빠르다識敏, 故出於口者疾如矢也'고 풀이했는데, 인지하다知我者其天乎, 깨닫다而終不自知, 변별하다以寒暑日月晝夜知之, 기억함父母之年 不可不知也, 들다不知其以匱之也, 지사知事, 슬기好學近乎知 등으로 쓰인다. 다산: 안다는 것은 도를 아는 것이다. 태어나면서 아는 자는 하늘이 이 백성을 위하여 개물성무開物成務하고자 하여 특별히 태어나게 한 신성한 사람이다.

- 學학은 『설문』에서 각오覺悟로 배워서 깨친다는 뜻이라 했다. 배우다學 而時習之, 不亦說乎, 학문爲學日益, 爲道日損, 학생, 학자碩學, 학교國有學, 학파易有京氏之學를 뜻한다.

- 困곤은 口(에워쌀 위)＋木(나무 목)의 회의자로 사방에 둘러싸여 빛을 모지 못하는 나무처럼 곤궁事前定則不困하고 난처함困難, 가난하다哀以思其民困, 곤괘(坎下兌上: 진퇴의 어려움을 상징)으로 쓰인다. **주자**: 困은 통하지 못하는 것이 있다는 말이다. 사람의 기질氣質은 같지 않아, 대략 이네 등급이 있다는 말이다. **다산**: 학이지지學而知之란 어려서부터 교육을 받아 바르게 된 자이다. 곤이학지困而學之란 어려서는 배우지 못했지만 중년에 분발한 자이다.

- 民민은 눈을 바늘로 찌른 모양을 본뜬 상형자로 아직 자각하지 못해 주체로서 서지 못하기 때문에 선각자의 교화를 받아親民 새롭게 태어나야 하는 사람으로 어둡다苗民弗用靈, 백성民者國之本也, 인민, 민중 등으로 쓰인다.

16.10 孔子曰 君子有九思하니 視思明하며 聽思聰하며 色思溫하며
　　　　공자왈 군자유구사　　시사명　　청사총　　색사온

貌思恭하며 言思忠하며 事思敬하며 疑思問하며 忿思難하며
모사공　　언사충　　사사경　　의사문　　분사난

見得思義니라
견득사의

공자께서 말씀하셨다. "군자君子는 아홉 가지 생각九思할 것이 있다有. 볼 때視는 명백明하게 보기를 생각하고思, 들을 때聽는 밝게聰 듣기를 생각하고思, 얼굴빛色은 온화溫함을 생각하고思, 용모貌은 공손恭함을 생각하고思, 말言은 충실忠함을 생각하고思, 일事은 경건敬함을 생각하고思, 의심스런 것疑은 묻기問를 생각하고思, 분忿할 때는 곤란難을 생각하고思, 이득得을 볼 때見에는 의로움義을 생각한다思."

자연스럽게 도에 맞는 경지에 이르지 못했으면, 늘 스스로를 성찰해야 한다. 그렇게 하면 비록 보존되지 않는 것이 있더라도 많지는 않을 것이니, 이를 일러 참됨을 생각함誠思이라 한다. 〈사량좌〉

볼 때視에 가리는 것이 없으면無所蔽 명백하여 보지 못하는 것이 없다. 들음에 막히는 것이 없으면無所壅 밝게 듣지 못하는 것이 없다. 색色은 얼굴에 나타나는 것이고, 모貌는 몸 전체를 말한다. 묻기를 생각하면 의심이 쌓이지 않고, 곤란해질 것을 생각하면 분노가 징치懲治되고, 의義를 생각하면 얻는 데에 구차하지 않게 된다. 〈주자〉

한자 해설

- 思사는 田(두뇌 골)+心(마음 심)의 회의자로 마음의 밭을 갈아 사유하다仁者之思也恭, 바라다思皇多士, 사모하다寤寐思服, 귀여워함子惠思我, 발어사思樂泮水, 어조사無思不服, 생각書思對命, 도덕이 순일하게 갖추어지다欽明文思로 쓰인다. **형병**: 思란 마음을 써서 사려하여用心思慮 예의에 맞게 해야 한다使合禮義也. **다산**: 思는 마음을 써서 찾아 구하는 것이다用心以求索.

- 視시는 見(볼 견)+示(보일 시)의 형성자로 똑똑히 보다次三事曰視, 뵈다殷覜曰視, 본받다視乃厥祖, 견주다受地視侯, 보이다視民不恌로 쓰인다.

- 明명은 日(날 일)+月(달 월)의 회의자로 봉창囧으로 달빛이 비쳐 들어와 밝다月明星稀, 눈이 밝다離婁之明, 사리에 밝다辨之不明不措也, 날이 밝다東方明矣, 깨닫게 함在明明德, 나타나다以通神明之德, 결백齊明盛服, 질서가 서다天地乃明, 낮以別幽明, 다음의明日子路行以告, 이승萬生都陽明 幽暗鬼所寰, 시력左丘失明으로 쓰인다.

- 聽청은 耳(귀 이)+悳(덕 덕)+呈(드릴 정→청)의 형성자로 귀 기울여 자세히 듣다聽其言而信其行, 말을 들어서 단정하다聽訟吾猶人也, 들어 주다王勿聽其事, 사물을 보고 듣는 기관且仁之用十里之國 則將有百里之聽으로 쓰인다.

- 聰총은 耳(귀 이)+悤(총명할 총: 머리와 심장)의 형성자로 귀가 밝다耳徹爲

聰, 총명하다聰作謀, 듣다尚寐無聰로 쓰인다. **형병**: 은미한 것을 보는 것이 명明인데, 마땅히 이루離婁처럼 은미한 것을 보아야 한다. 먼 소리를 듣는 것이 총聰인데, 마땅히 사광師曠처럼 먼 소리를 들어야 한다. **태재순**: 명明은 잘못 보지 않은 것이고不誤視也, 聰은 잘못 듣지 않은 것이다不誤聽也. **다산**: 聰은 요점을 알아들은 것이 참으로 명확한 것이다.

- 色색은 人(사람 인)＋卩(병부 절)의 회의자로 얼굴빛以五氣五聲五色 眠其死生, 빛깔以五采彰施于五色, 색정少之時 血氣未定 戒之在色, 꾸미다東里子産潤色之로 쓰인다.

- 貌모는 豸(해태 태←頁: 머리)＋皃(얼굴 모)의 형성자로 사람의 용모貌曰恭, 행동거지貌思恭, 외양禮節者 仁之貌也, 행동에 공경을 드러냄雖褻必以貌으로 쓰인다.

- 溫온은 水(물 수)＋囚(가둘 수)＋皿(그릇 명)의 회의자로 그릇에 물을 넣고 열을 가하여 따뜻하다溫風始至, 온화子溫而厲, 원만溫其如玉으로 쓰인다.

- 忠충은 中(가운데 중)＋心(마음 심)의 회의자로 알맹이가 가득 찬 마음으로 충직한 정성其忠至矣, 임금을 섬기는 도臣事君以忠, 정성을 다하다忠恕而已矣로 쓰인다. **형병**: 무릇 말하고 논한 것凡所言論이 숨기거나 속여서는 안 된다不可隱欺. **다산**: 忠은 속이지 않는 것不詐이다.

- 敬경은 苟(진실로 구)＋攵(칠 복)의 회의자로 진실하도록 하다, 예의를 갖추도록 하다는 의미이다. **다산**: 敬은 태만하지 않는 것不怠이다.

- 疑의는 匕(비수 비)＋矢(화살 시)＋疋(발 소)의 회의자로 본래 지팡이를 짚고 고개를 돌린 사람으로 헷갈리어 의혹三人疑之, 의심스럽다罪疑惟輕, 정해짐靡所止疑의 뜻이다.

- 問문은 口(입 구)＋門(문 문)의 형성자로 입으로 물어 밝힘問禮于老子, 안부를 물음問人於他邦 再拜而送之, 죄상을 알아보다淑問如皐陶, 묻기舜好問而好察邇言, 선사함離佩以問之으로 쓰인다.

- 忿분은 分(나눌 분)＋心(마음 심)의 회의자로 '찢어진 마음'으로 성내다身有所忿懥, 원망하다懲違改忿兊, 가득함忿滀之氣 등으로 쓰인다.

- 難난은 堇(진흙 근)+隹(새 추)의 형성자로 진흙 속에 빠진 새가 빠져 나오기 어렵다爲君難 爲臣不易, 어려워하다惟帝其難之, 어려운 사정責難於君, 고생하다瞋目而語難, 잎이 우거진 모양隰桑有阿 其葉有難, 근심君子以儉德辟難, 재앙臨難毋苟免, 거절하다而難任人, 꾸짖다於禽獸又何難焉, 문채論辯類로 쓰인다. **형병**: 하루아침의 분노로 그 몸을 잊고서 화가 그 어버이에게 미치게 한다면, 이는 환난을 생각하지 않은 자이다. **다산**: 難은 후환後患이다.

- 見견은 目(눈 목)+儿(어진사람 인)의 회의자로 사람이 눈으로 본다行其庭 不見其人, 보이다心不在焉 視而不見, 마음에 터득하다讀書百遍 而義自見, 소견敢陳愚見, 출사天下有道則見, 만나다某也願見, 대면하다從者見之, 현재現, 일출見睍日消로 쓰인다.

- 得득은 彳(조금 걸을 척)+貝(조개 패)+寸(마디 촌)에서 돈貝을 손寸으로 줍는 모양으로 이득利得, 차지함求則得之 舍則失之, 만족하다意氣揚揚 甚自得也, 깨닫다攄得, 들어맞음慮而后得으로 쓰인다. **태재순**: 견見은 만나다 遇와 같다. 견득見得이란 득이 되는 바가 있는 것을 만남이다.

- 義의는 羊(양 양)+我(나 아)의 회의자로 희생양을 잡아 알맞게 잘 다듬어 놓은 것으로 적당하다, 마땅하다, 옳다, 알맞다, 정의롭다 등으로 쓰인다. **다산**: 의를 생각함思義은 의에 부합하는지 헤아리는 것이다.

16.11 孔子曰 見善如不及하며 見不善如探湯을 吾見其人矣요
공 자 왈 견 선 여 불 급　　　견 불 선 여 탐 탕　　오 견 기 인 의

吾聞其語矣로라 隱居以求其志하며 行義以達其道를
오 문 기 어 의　　　은 거 이 구 기 지　　　행 의 이 달 기 도

吾聞其語矣요 未見其人也로라
오 문 기 어 의　　미 견 기 인 야

공자께서 말씀하셨다. "선善을 보면見 마치如 미치지 못하는不及 듯이하고, 불선不善을 보면見 마치如 끓는 물湯을 더듬은 것探처럼 한다고 했

는데, 나者는 그런 사람其人을 보았고見矣, 그런 말其語을 들었다聞矣. 은
거해서는隱居以 그 뜻其志을 추구求하고, 의義를 행하여行以 그 도其道를
달성達한다고 했는데, 나者는 그런 말其語을 들었지만聞矣, 그런 사람其人
을 아직 보지 못했다未見也."

선과 악을 참으로 알아 진실로 그것을 좋아하고 미워한 것은 안자·증
자·염백우·민자건의 무리가 대개 능할 수 있었다. 그 뜻을 추구한다求其
志는 것은 이루려는 도를 지키는 것이며, 그 도를 이룬다達其道는 것은 그
추구하는 뜻을 행하는 것인데, 이는 오직 이윤과 태공의 무리만이 해당될
수 있다. 당시에 안자의 경우는 거의 이와 같았지만, 은거하여 세상에 드
러내지 않았고, 또 불행히도 일찍 죽었다. 그런 까닭에 공자께서 이렇게
말씀하셨다. 〈주자〉

한자 해설
- 善선은 갑골문에서 羊(양 양)＋目(눈 목)으로 양처럼 선한 눈을 가진 사람
  으로 착하다聞一善言 見一善行, 좋다(아름답다, 훌륭하다, 상서롭다, 상쾌하다,
  긴밀하다, 솜씨가 좋다), 좋아하다施民所善, 잘하다惟截截善論言 등으로 쓰인
  다. 다산: 선을 본다見善는 것은 선을 행할 계기를 만나는 것이다. 불선
  을 본다見不善는 것은 악에 빠질 계기를 만나는 것이다.
- 及급은 人(사람 인)＋又(또 우: 손)의 회의자로 도망자의 등에 추적자의 손
  이 미치는 것을 나타내어, 뒤쫓아 따라가다往言不可及, 능력을 견줄 만
  하다非爾所及也 등으로 쓰인다. 태재순: 군자는 선에 있어, 마치 달아나
  는 짐승을 추적하여 그것에 미치고자 한다는 것처럼 한다 다산: 마치
  미치지 못하는 듯이 한다如不及는 것은 도망가는 것을 뒤쫓듯이 급하
  고 또 급하다는 것이다.
- 探탐은 手(손 수)＋罙(점점 미: 햇불을 들고 동굴로 들어가는 모습)의 회의자로
  동굴 속을 손으로 더듬어 뒤지다探賾索隱, 궁구하다深探其獄, 엿보다己
  探先君之邪志, 탐문探問하다로 쓰인다.

- 湯탕은 水(물 수)+昜(볕 양: 陽의 원래 글자)의 회의자로 끓인 물見不善如探湯, 온천, 목욕하다冬不頻湯 非愛火也, 탕약, 방탕하다子之湯兮, 데우다湯其酒百樽로 쓰인다. **공안국**: 탐탕探湯은 악을 신속히 제거하는 것을 비유한다. **형병**: 사람이 물이 끓는지를 시험하기 위해 손을 넣었다 물이 뜨거우면 반드시 속히 빼니, 악한 일 보고 속히 세서하는 것을 비유한다. **다산**: 우리나라의 속언俗諺에 무릇 놀라서 빨리 손을 떼는 것을 '앗 뜨거워!'라고 하니, 여탐탕如探湯이란 대개 이런 뜻이다.

- 語어는 言(말씀 언)+吾(나 오)의 나의 말이란 뜻으로 말僕以口語 遇遭此禍, 말씨教其鮮卑語, 어구十歲爲詩 往往有警語, 속담語曰 脣亡則齒寒, 담화樂年反而語功, 논란하다于時言言 于時語語, 대답하다敎國子興道 諷誦 言語 등으로 쓰인다. **주자**: 語는 대개 옛말이다古語也.

- 志지는 心(마음 심)+士(선비 사←之)의 형성자로서 마음이 가는 것心之所之之謂, 마음의 정향心之定向, 최상의 의지·의향·소망·목표 등을 말한다.

- 達달은 辶(쉬엄쉬엄 갈 착)+羍(어린 양 달)의 회의자로 양을 모는 사람을 그려 막힘없이 통달하다理塞則氣不達, 이르다專達於川, 눈트다驛驛其達, 꿰뚫다蹠達膝, 자라다先生如達, 깨닫다能達虛實之數者 등으로 쓰인다. **형병**: 은거하며 그 뜻을 구한다는 은둔하여 깊은 곳에 살면서 자기의 뜻을 이루기를 구하는 것을 말하고, 의를 행하여 그 도를 달성한다는 의로운 일을 행하기를 좋아하여 그 인도仁道를 달성하는 것을 말한다.

16.12 齊景公이 有馬千駟하되 死之日에 民無德而稱焉이오
제 경 공   유 마 천 사   사 지 일   민 무 덕 이 칭 언

伯夷叔齊는 餓于首陽之下하되 民到于今稱之하나니라
백 이 숙 제   아 우 수 양 지 하   민 도 우 금 칭 지

其斯之謂與인저
기 사 지 위 여

"제齊나라 경공景公은 말馬 4,000필千駟이 있었지만有, 죽은 날死之日에 백성民들이 덕德이 있다고 칭송稱함이 없었고無, 백이伯夷·숙제叔齊는 수양산 아래에서于首陽之下 굶어餓 죽었지만, 백성民들이 지금에于今 이르러서도到 그를 칭송하니稱之, ('진정 부유함 때문이 아니라誠不以富, 또한 단지 특이하기 때문이다亦祗以異.' (12.10)는 『시경』의 말은) 아마도其 이를 두고斯之 말한 것이라라謂與!"

호인이 말하길, "정자는 안연(12.10)편의 착간으로 '성불이부誠不以富, 역지이이亦祗以異'라는 구절은 마땅히 이 장의 첫머리에 있어야 한다고 했다. 지금 문세文勢를 자세히 살펴보면, 마땅히 이 구절(기사지위여其斯之謂與) 앞에 있어야 할 것 같다. 사람들의 칭송하는 것은 부유함이 아니라, 경이로움에 있다고 말씀하신 것이다."라고 했다. 내가 볼 때에, 호인의 설이 옳음에 가까운 듯하고, 이 장의 첫머리에 마땅히 "공자왈孔子曰"자가 있어야 할 것 같은데, 아마도 빠진 글인 듯하다. 대저 『논어』의 후반부 10편에는 빠지거나 잘못된 곳이 많다. 〈주자〉

'성불이부誠不以富, 역지이이亦祗以異'라는 구절은 저 장(12.10)에서는 빠질 수 없고, 이 장과는 전혀 서로 부합하지 않는다. '역지이이亦祗以異'는 『시경』의 말로 본래 폄사貶辭이다. 『시경』을 인용하는 법은 비록 단장취의斷章取義하더라도, 폄하하는 말로 포장褒獎하는 말로 삼는 이런 이치는 필시 없을 것이다. 역지亦祗 두 글자는 이로운 것은 없고 다만 해로움만 있음을 가리키는 말인데, 백이가 수양산에서 굶어 죽은 것이 만약 이로운 바는 없고 다만 해로움만 두고 말한 것이라면, 이것이 어찌 성인의 말씀이겠는가? 이 장절章節(16.12)은 본래 「탐탕장探湯節」(16.11)과 더불어 본래 한 장이기 때문에 '제경공齊景公'이란 말 앞에 '공자왈孔子曰'이란 세 글자가 없었다. 선유들은 잘못하여 두 장으로 만듦으로써 이에 끝의 한 구(기사지위여其斯之謂與)가 아무 데도 조응할 대상이 없는 구가 되어, 드디어 동쪽의 것을 깨뜨려 서쪽의 것을 보완하려고 했던 것이다. 이것이 어찌 자연스럽게 혼연히 이루어진 것과 같고, (인위적으로) 낫과 도끼로 깎은 흔적이 없는 문장이라 할 수 있겠는가? 백이는 수양산에서 굶어 죽었으니, 어찌 은거하여 의를 행한 것이 아니겠는가? 인仁을 구하다가 인을 얻었으니, 어찌 뜻을 구하여 달도한 행위가 아니겠는가? 말의 이치와 말의 맥락이 명백히 서로 조응하는데, 이를 두 단락으로 잘라 놓은 것은 천고에 합치하지 않으니, 경문을 쉽게 말할 수 있겠는가? 〈다산〉

한자 해설

- 駟사는 馬(말 마)+四(녀 사)로 네 마리 말이 끄는 수레駟介百乘, 말 네 필乃獻良馬十駟로 쓰인다. **공안국**: 천사千駟는 4천 필이다. **주자**: 駟는 네 마리의 말이고, 수양首陽은 산 이름이다.

- 稱칭은 禾(벼 화)+再(들 칭)의 회의자로 벼의 무게를 달다蠶事旣登 分繭稱絲, 칭찬함君子稱人之善則爵之, 명칭子者 男子之通稱也, 등용함禹稱善人으로 쓰인다.

- 餓아는 食(먹을 식)+我(나 아)의 형성자로 주리다飢餓, 굶기다其體膚, 굶주림伯夷守餓의 뜻이다. **형병**: (백이와 숙제는) 의리 때문에 주나라 곡식을 먹지 않고, 고사리를 케어 먹다가 마침내 굶어 죽었다.

- 到도는 至(이를 지)+刀(칼 도)의 형성자로 도착到着하다到於天 猶之無益也, 주밀함周到, 속이다不如出兵以到之로 쓰인다.

16.13 陳亢이 問於伯魚曰 子亦有異聞乎아 對曰 未也로라
진강 문어백어왈 자역유이문호 대왈 미야

嘗獨立이어시늘 鯉趨而過庭이러니 曰 學詩乎아 對曰 未也로이다
상 독 립 이추이과정 왈 학시호 대왈 미야

不學詩면 無以言이라하여시늘 鯉退而學詩호라 他日에 又獨立이어시늘
불학시 무이언 이퇴이학시 타일 우독립

鯉趨而過庭이러니 曰 學禮乎아 對曰 未也로이다
이추이과정 왈 학례호 대왈 미야

356

不學禮면 無以立이라하여시늘 鯉退而學禮호라
불 학 례 무 이 립   이 퇴 이 학 례

聞斯二者로라 陳亢이 退而喜曰 問一得三호니
문 사 이 자   진 강   퇴 이 희 왈 문 일 득 삼

聞詩聞禮하고 又聞君子之遠其子也호라
문 시 문 례   우 문 군 자 지 원 기 자 야

진강陳亢이 백어에게於伯魚 물어 말했다問曰. "그대子 또한亦 남다른 들음
異聞이 있었는가有乎?" (백어가) 대답하여 말했다對曰. "아직 없었습니다
未也. 일찍이嘗 (공자께서) 홀로 서 계실 때獨立에 제鯉가 종종걸음으로
趨而 뜰을 지나가니過庭, 말씀하시길曰, '시詩를 배웠느냐學乎?'고 하셔
서, 대답하여 말씀드리길對曰, '아직 (배우지) 못했습니다未也'고 했습니
다. (공자께서 말씀하시길) '시詩를 배우지學 않으면不以 말을 할 수 없다
無.'고 하셔서, 저鯉는 물러나退而 시詩를 배웠습니다學. 다른 날他日에 또
又 (공자께서) 홀로 서 계실 때獨立, 제鯉가 종종걸음으로趨而 뜰을 지나
가니過庭, 말씀하시길曰, (공자께서) '예禮를 배웠느냐學乎?'고 하셨습
니다. 대답하여 말씀드리길對曰 '아직 (배우지) 못했습니다未也.'고 했더
니, (공자께서 말씀하길) '예禮를 배우지學 않으면不以 설 수 없다無立'고
하셨습니다. 저鯉는 물러나退而 예禮를 배웠습니다學. 이斯 두 가지二者를
들었습니다聞." 진항陳亢이 물러나와退而 기뻐하며喜 말했다曰. "하나一
를 질문하여問 세三 가지를 얻었다得. 시詩를 듣고聞, 예禮를 듣고聞, 또又
군자가君子之 그其 아들子을 멀리하는 것遠을 들었다聞也."

진항이 개인적인 뜻으로 성인을 엿보면서, 필시 그 아들에게 은밀하게 후
하게 했으리라고 의심했다. (시詩를 배우면) 사리에 통달하고 심기心氣가
화평해지기 때문에 능히 말할 수 있다. (예禮를 배우면) 품절品節에 자세하
고 밝아지며, 덕성이 굳고 안정되므로 능히 설 수 있다. 홀로 서 있을 때 들
은 것이 이에 지나지 않았으니, 달리 들은 것이 없음을 알 수 있다. 〈주자〉

마융이 말하길, '백어伯魚는 공자의 아들이니, 들은 바에 마땅히 특이한 것이 있을 것이라고 생각한 것이다'고 했다. 시는 뜻을 말하는 수단詩所以言志인 까닭에 시를 배우면 능히 말할 수 있다. 예는 자기를 이겨 몸을 검약하는 방법禮所以克己約身인 까닭공자께서는 '예로써 자신을 단속하면 거의 도에서 어긋나지 않을 것이다'고 하셨다(6.25)에 예를 배우면 몸을 서게 할 수 있다. 〈다산〉

이 구절은 다음 언명과 상호 보완된다.

공자께서 항상 하신 말은 『시경』, 『서경』, 그리고 예를 지키는 것이었는데, 이것이 항상 하시는 말씀의 전부였다子所雅言 詩書執禮 皆雅言也. (7.17)

공자께서 말씀하셨다. "시詩에서 일어나고, 예禮에서 자립하고, 악樂에서 완성한다子曰 興於詩 立於禮 成於樂." (8.8)

"시詩는 감흥을 불러일으키며, 볼 수 있게 하고, 어울리게 하고, 원망할 수 있게 하며, 가까이로는 부모를 섬길 수 있게 하고, 멀리로는 임금을 섬길 수 있게 한다詩可以興 可以觀 可以群 可以怨 邇之事父 邇之事君." (17.9)

"예를 알지 못하면 자립하지 못한다不知禮 無以爲立." (20.3)

한자 해설
- **異**이는 田(밭 전)＋共(함께 공)의 상형자로 얼굴에 가면을 쓰고 양손을 벌린 기이한 행동을 하는 사람으로 다르다其志與衆異, 비범함皆異能之士也, 진기하다珍異之物 以時斂, 괴이함據有異焉, 이상하게 여김王無異於百姓之以王爲愛也로 쓰인다.
- **獨**독은 犬(개 견)＋蜀(애벌레 촉)의 형성자로 단독 생활하는 야수로 혼자哀此惸獨, 독특함其行獨也, 오로지獨可耕且爲與, 늙어서 자식 없는 사람老而無子曰獨, 홀어미無夫曰獨, 자손이 없는 사람無子孫曰獨, 그獨如宋王

何로 쓰인다.

- 趨추는 走(달릴 주)+芻(꼴 추)의 형성자로 빨리 가다過之必趨, 취향未知指趨, 재촉하다馳傳督趨로 쓰인다.
- 庭정은 广(집 엄)+廷(조정 정)의 형성자로 뜰庭園, 장소, 기구, 조정朝廷, 관아訟於郡庭, 내공來貢하다四征弗庭로 쓰인다.
- 喜희는 壴(악기이름 주)+口(입 구)의 회의자로 악기로 연주하며 노래를 부르니 기쁘다君子禍至不懼 福至不喜, 즐겁다我心則喜, 좋아하다閨中庶子喜方者는 뜻이다.

16.14 邦君之妻를 君이 稱之曰夫人이오 夫人이 自稱曰小童이오
방 군 지 처 군 칭 지 왈 부 인   부 인   자 칭 왈 소 동

邦人이 稱之曰君夫人이오 稱諸異邦曰寡小君이오
방 인 칭 지 왈 군 부 인   칭 저 이 방 왈 과 소 군

異邦人이 稱之에 亦曰君夫人이니라
이 방 인 칭 지   역 왈 군 부 인

나라 임금의 아내邦君之妻를 임금君이 칭할 때는稱之, 부인夫人이라 말하고曰, 부인夫人이 스스로를 칭할 때는自稱 소동小童이라 말하고曰, 나라 사람邦人들이 칭할 때는稱之 군부인君夫人이라 말하고曰, 다른 나라에게 諸異邦에게 칭할 때는稱 과소군寡小君이라 말하고曰, 다른 나라 사람이異邦人 칭할 때는稱之 또한亦 군부인君夫人이라 말한다曰.

이 당시에 제후의 정실과 첩실이 바르지 못하고, 칭호가 분명하지 않았기 때문에 공자께서 그 예를 바로잡아 말씀하신 것이다. 〈공안국〉

무릇 『논어』 가운데 실려 있는 이런 유는 무엇을 말하는지 알 수 없다. 혹 옛날에 있었다는 것인지, 혹 공자께서 일찍 말씀하신 것인지 상고할 수 없다. 〈오역〉

다음 구절을 참조하자.

천자의 비妃를 후后라 하고, 제후는 부인夫人이라 하고, 공후公侯는 부인夫人이 있고, 세부世婦가 있고, 처妻가 있고, 첩妾이 있다. 부인夫人이 천자에게 스스로를 칭할 때 노부老婦라 하고, 제후에게 스스로를 칭할 때에 과소군寡小君이라 하며, 그 임금에게 스스로를 칭할 때 소동小童이라 한다. 세부世婦이하는 스스로를 칭할 때 비자婢子라 한다. ―『예기』「곡례」

• 邦방은 丰(예쁠 봉: 밭에 나무를 심은 형상)+邑(고을 읍)의 회의자로 나라王此大邦, 봉토邦國若否 仲山甫明之, 천하顔淵問爲邦, 제후로 봉하다乃命諸王邦之蔡로 쓰인다. **다산**: 방군邦君은 제후諸侯다

• 君군은 尹(벼슬 윤)+口(입 구)의 회의자로 지팡이ㅣ를 손에 잡고又은 정사를 관직하며 명령口하는 임금君哉 舜也, 한 영지의 소유자樹后王君公, 봉호封號, 남편의 호칭君爾妾亦然, 부인歸遺細君, 부모의 존칭家人有嚴君焉 父母之謂也, 선조에 대한 존칭先君孔子生于周末, 어진이君子, 임금의 역할君不君로 쓰인다. **다산**: 군칭지君稱之는 나라의 임금國君이 궁중에서 그 아내를 부를 경우이다.

• 妻처는 女(여자 여)+又(또 우)+一(가로 획)의 회의자로 머리에 비녀를 꽂은(성인식) 여자로 아내娶妻不取同姓, 시집보내다以其子妻之는 뜻이다.

• 夫부는 大(큰 대)+一(한 일)로 사람의 정면 모습에 비녀를 상징하는 가로 획一을 더하여 비녀 곳은 성인 남성, 정장을 한 남성으로 지아비夫者 天也, 장정射夫旣同, 사나이, 역부役夫, 부역賦役, 선생, 100묘의 논밭, 다스리다夫圭田, 발어사夫天地者萬物之逆旅, 지시사觀夫巴陵勝狀, 감탄·영탄사逝者如斯夫 不舍晝夜로 쓰인다. 부인夫人은 제후의 아내, 천자의 첩, 명청시대에 1·2품 관리의 아내, 본처, 부인(아내의 높임말), 외교 사절의 부인으로 쓰인다. **형병**: 부인夫人이란 부夫의 뜻이 돕다扶이니, 능히 임금의 덕을 이루도록 도울 수 있다는 것이다.

360

- 童동은 立(설 립)+里(마을 리)의 회의자로 동네里 어귀에 서서立 노는 아이들成童舞象, 뿔이 나지 않은 어린 양이나 소童牛之牿를 말한다. 소동小童이란 옛날 제후의 부인이 자신을 낮추어 일컫는 말, 군주가 상喪 중에 자신을 일컫는 말이다. **형병**: 소동이란 자칭 겸양하여 자기는 소약한 어린아이己小弱之童稱라 말하는 것이다. **다산**: 스스로 소동小童이라 부르는 것은 부인이 남편인 그 국군國君에게 스스로를 일컫는 것이다. 소동은 무지無知하기가 동몽과 같다는 말이다.
- 寡과는 宀(집 면)+頁(머리 혈)+分(나눌 분) 혹은 宀+頒(나눌 반)의 회의자로 적다職寡者易守, 약하다寡我襄公, 임금의 겸칭寡人之於國也, 홀어미時瑤石宮 有寡公主, 뒤돌아보다君子寡其言而行로 쓰인다. **주자**: 寡는 덕이 부족함寡德이니, 겸손의 말이다.

이 편은 배신陪臣의 전횡을 논하고, 이어서 성습性習과 지우知愚, 예악禮樂의 본말, 육폐六蔽의 해악, 이남二南의 미덕, 군자·소인의 행실이 각각 다름, 지금과 옛사람의 병통이 같지 않음을 밝혔다. 앞 편의 수장首章에는 대부의 악을 말하고, 이 편의 수장에는 가신의 란亂을 기록하였으니, 존비尊卑의 차등이 있다. 그러므로 앞 편「계씨」의 다음이다. 〈형병〉

17.1 陽貨欲見孔子어늘 孔子不見하신대 歸孔子豚이어늘
양 화 욕 견 공 자   공 자 불 견   귀 공 자 돈

孔子時其亡也而往拜之러시니 遇諸塗하시다
공 자 시 기 무 야 이 왕 배 지   우 저 도

謂孔子曰 來하라 予與爾言호리라 曰懷其寶而迷其邦이
위 공 자 왈 래   여 여 이 언   왈 회 기 보 이 미 기 방

可謂仁乎아 曰不可하다 好從事而亟失時 可謂知乎아 曰不可하다
가 위 인 호 왈 불 가   호 종 사 이 기 실 시 가 위 지 호 왈 불 가

日月이 逝矣라 歲不我與니라 孔子曰 諾다 吾將仕矣로리라
일 월 이 서 의 세 불 아 여   공 자 왈 낙 오 장 사 의

양화陽貨가 공자孔子를 만나고자 했지만欲見, 공자孔子께서 만나주지
않으시니不見, (양화가) 공자孔子께 돼지豚를 선물 보냈다歸. 공자孔子
께서는 그其가 없는亡 때를 틈타時也, 가서而往 배례하고拜之, (들아오시
다가) 길에서諸塗 조우遇했다. (양화가) 공자孔子에게 일러謂 말했다曰.
"오시오來. 내가予 그대와 더불어與爾 말을 하고자 하오, 말하건대曰 그
其 보물寶을 품고도懷而 그其 나라邦를 혼미迷하게 두면, 인仁하다고 할
수 있습니까可謂乎?" (공자 혹은 양호가 자평하여) 말하길曰. "(인하다
고) 할 수 없습니다不可." (양화가 말했다) "일에 종사從事하기를 좋아
하면서好而 자주亟 때를 놓치면失時 지혜롭다知고 말할 수 있겠습니까
可謂乎?" (공자 혹은 양호가 자평하여) 말하길曰. "(지혜롭다고) 할 수
없습니다不可." (양화가 말했다) "해와 달日月은 가는 것이니逝矣, 세월
歲은 나我와 함께 하지 않소不與." 공자께서 말씀하셨다. "그렇습니다諾.
내吾 장차將 출사할 것입니다仕矣."

『사기』「공자세가」에 따르면, 공자는 모친상 때인 17세에 양호양화의 이
름와 첫 만남을 가졌다.

공자 모친 상중에 계손씨가 선비들을 초대하여 잔치를 베풀었다. 공자는
자신도 자격이 있다고 생각하여 잔치에 참석코자 했으나, 양호에 의해 문

앞에서 쫓겨나게 되었는데, 양호는 "계손씨는 선비들을 대접하고자 하는 것이지 너 같은 어린 사람을 대접하려는 것이 아니다."라고 하였다. 그래서 공자는 할 수 없이 물러 나왔다孔子要経, 季氏饗士. 孔子與往. 養虎絀曰, "季氏饗士, 非敢饗子也." 子由是退. 孔子年十七.

양화陽貨는 계씨의 가신으로 이름은 호虎이다. 일찍이 계환자를 가두고 국정을 전횡했다. 공자가 와서 자기를 만나게 하고자 했으나, 공자께서는 가지 않으셨다. 양화는 예법상 대부가 사士에게 선물을 했을 때 자기의 집에서 받지 못하면, 그 대부의 문에 가서 사례해야 하기에 공자께서 계시지 않은 틈을 엿보고 돼지를 보내, 공자로 하여금 와서 사례하고 알현하도록 한 것이다. 〈다산〉

양화가 공자를 만나고자 한 것은 비록 선한 뜻이었다. 그렇지만 자기를 도와 난을 일으키기를 바란 것에 불과하다. 그러므로 공자께서 만나지 않은 것은 의義이고, 가서 답례하신 것은 예禮이다. 필시 그가 없을 때에 가신 것은 그에게 상응하기를 바라신 것이고, 길에서 마주쳤을 때 피하지 않은 것은 끝내 끊지는 않은 것이다. 질문에 따라 답하신 것은 이치의 곧음이고, 대답하되 변론하지 않으신 것은 말씀은 공손하지만 또한 굽힌 것은 없으신 것이다. 〈주자〉

한자 해설
• 歸귀는 阜(언덕 부)+止(발 지)+帚(비 추)의 회의자로 시집가다婦人謂嫁曰歸, 되돌아가다使者歸則必拜送于門外, 돌려보내다歸馬于華山之陽, 선물 보내다, 편들다天下歸仁焉, 몸을 의탁하다歸依로 쓰인다. 다산: 歸는 궤饋와 같은 뜻으로 보내다遺는 말이다.
• 豚돈은 豕(돼지 시)+肉(고기 육)의 회의자로 돼지의 통칭 혹은 새끼돼지豚肩不掩豆를 말한다. 다산: 豚은 새끼 돼지豕子이다.
• 遇우는 辶(갈 착)+禺(원숭이 우)의 형성자로 길에서 만나다公及宋公遇于

淸, 우연히 만나다遇丈人以杖荷蓧, 제후의 임시 회합諸侯未及期相見曰遇, 겨울철의 알현冬見曰遇, 대우하다禹未之遇, 蓋追先帝之殊遇, 기회千載一遇 賢智之嘉會, 어리석다遇犬獲之로 쓰인다.

- 塗도는 土(흙 토)+涂(도랑 도)의 형성자로 진흙坐於塗炭, 칠하다塗料, 길거리遇諸塗, 塗說를 말한다.

- 懷회는 心(마음 심)+褱(품을 회: 衣자 안에 눈과 눈물)의 회의자로 마음속에 정회를 가지다有女懷春, 마음, 생각, 정情(從懷如流), 편안히 하다願言則懷, 둘러쌈懷山襄陵, 이르다有懷于衛로 쓰인다.

- 寶보는 宀(집 면)+玉(옥 옥)+貝(조개 패)+缶(장군 부: 항아리)의 회의자로 집안에 옥이나 돈이 가득한 모습으로 보배寶者 玉物之凡名, 귀중한 사물惟善以爲寶, 화폐東國通寶, 귀중한 사람今人愛惜其子 每呼之曰寶, 몸輕敵幾喪吾寶, 보배롭게 여기다所寶維賢, 학식과 미덕을 갖춘 사람을 말한다.

- 迷미는 辶(갈 착)+米(쌀 미: 사방으로 뻗은 모습→갈피를 잡지 못하는 상황)의 형성자로 헷갈리다先迷後得, 혼미함俗鑑之迷者, 흐트러지다迷亂, 그르치다迷錯, 미혹一身之迷 不足傾一家로 쓰인다. **주자**: 보물을 품고도 나라를 혼미하게 둔다懷寶迷邦는 것은 도덕을 품에 간직하고도 나라의 혼미함을 구제하지 않는다는 것이다. **다산**: 공자께서 벼슬을 하지 않은 것이 바로 보배를 품은 것이고(그 보배를 숨기고 팔고자 하지 않은 것), 나라가 다스려지지 않은 것을 알면서도 정치를 하지 않은 것이 곧 나라를 혼미하게 한 것이다(나라가 어지럽고 혼란스럽게 방임한 것: 마융). 일에 종사하기를 좋아하는 것好從事은 공자가 도를 행하고자 하는 것임을 말한다.

- 亟극은 二(두 이)+人(사람 인)+叹(또 우)의 회의자로 성급함經始勿亟, 빨리乃亟去之, 자주亟行暴虐, 仲尼亟稱水로 쓰인다. **주자**: 亟은 자주數이다.

- 時시는 日(날 일)+寺(머무를 사)의 회의자로 해의 머무름으로 사철天有四時 春夏秋冬, 시掌夜時, 연대朕獨不能與此人同時哉, 운명天時不如地利, 시세以其時考之則可矣, 때때로學而時習之, 훌륭함爾殽旣時, 엿보다, 이것黎民於變時雍으로 쓰인다. **주자**: 때를 잃는다失時는 것은 일할 기회를 잡지

366

못한다는 것이다. **다산:** (시기무야時其亡也의) 時는 엿보아 틈을 타는 것을 이른다謂伺而乘之也. 그가 없을 때를 엿보아 돼지를 보냈기 때문에(무亡은 무無와 같은 뜻이다), 그가 없을 때를 엿보아 가서 사례하는 것은 서로 꼭 들어맞는다.

- 逝서는 辵(쉬엄쉬엄 갈 착)＋折(꺾을 절: 도끼로 나무를 자르는 모습)의 회의자로 길이 끊어져 삶을 다하여 가다雖不逝今可奈何, 시간이 가다日月逝矣 歲不我延, 떠나가다龍俛耳低尾而逝, 영원히 가다逝去로 쓰인다. **다산:** 가서 돌아오지 않는 것往而不反을 逝라 한다.

- 歲세는 步(걸을 보)＋戌(다섯째 천간 무: 낫)의 회의자로 걸으며 낫戌으로 곡식을 수확한다는 의미로 해, 1년孔子居陳三歲, 세월玩歲而惕日, 나이同郡又同歲, 일생維以卒歲 등으로 쓰인다. **다산:** (歲不我與의) 여與는 잘해 주고善也, 돕는 것助也인데, 일월日月이 나에게 무정한 것임을 말한 것이다.

- 諾낙은 言(말씀 언)＋若(같을 약)의 회의자로 말을 같이하여 대답하는 말莫敢不諾, 좋소大師曰 諾, 승인하는 말輕諾必寡信, 수긍拜跪讀之 每句應諾, 승낙하다得黃金百斤 不如得季布一諾, 허락하다子路無宿諾로 쓰인다.

- 將장은 月(육달 월)＋寸(마디 촌)＋爿(나무 조각 장: 몸을 의지하는 침대: 寢牀)의 형성자로 어린아이 혹은 노인의 팔꿈치를 이끄는 것으로 인솔자斬將刈旗, 거느리다將軍擊趙, 바라건대將子無怒, 장차 ～하려고 한다天將以夫子爲木鐸, 무릇將爲君子焉 將爲野人焉, 어찌, ～과. ～로써, 마땅히 ～하여야 한다君人者將禍是務去, 가능今尹將必來辱 爲惠已甚 등으로 쓰인다. **주자:** 將이란 그렇게 하겠지만 기필하지 않는다는 말且然而未必之辭이다.

자 왈 성 상 근 야   습 상 원 야

공자께서 말씀하셨다. "성性은 서로相 가깝지만近也, 습관習은 서로相 멀다遠也."

성性은 사람이 하늘로부터 부여받고 태어나서 고요한 것으로 외물外物의 자극을 받기 전에는 사람들의 성性은 모두 서로 비슷하지만, 선악의 습관에 의해 군자·소인으로 멀어진다. 〈형병〉

성(=기질시성氣質之性이 지닌 미美·악惡)은 치음에는 서로 멀리 않았지만, (선·악의) 습관에 의해 서로 (천양지차로) 멀어진다. 〈주자〉

본성(맹자가 말한 性善)은 서로 같지만(近=同), (강剛·유柔의 기질이 선·악의) 습관에 의해 서로 멀어진다. 〈왕양명〉

현·불초(知·愚)는 성(= 本心의 好·惡)의 측면에서 본다면 서로 가까웠지만, 습관(聞見之慣熟)의 측면에서 보면 서로 멀어진다. 〈다산〉

한자 해설

형병: 성性은 사람이 부여받고 태어나 고요한 것이다. 아직 외물의 감응을 받지 않았을 때는 사람들은 모두 서로 유사하니, 이것이 가깝다는 것이다. 이미 외물의 감응을 받으면 습관에 의해 성이 형성된다習以性成. 만일 선에 습관이 되면 군자가 되고, 만일 악에 습관이 되면 소인이 되니, 이것이 서로 멀다는 것이다. 그러므로 군자는 익히는 바에서 삼간다.

주자: 여기서 이른바 성性이란 기질氣質을 겸하여 말한 것이다. 기질지성氣質之性은 본래 아름다움과 추함美惡의 차이가 있다. 그렇지만 그 처음을 말한다면 모두 서로 크게 먼 것은 아니다. 다만 선善에 습관이 되면 선해지고 악惡에 습관이 되면 악해지니, 이에 비로소 서로 멀어지게 된다.

다산: 성이란 본심의 좋아하거나 싫어하는 것이고性者, 本心之好惡也, 습이란 보고 듣는 데서 버릇으로 익혀진 것이다習者, 聞見之慣熟也. 덕을 좋아하고 악을 부끄러워하는 본성은 성인이나 범인이나 모두 같다. 이런 까닭에 본래 서로 가까우며(두 사람의 현賢과 불초不肖는 본래 서로 가깝

다). 어진 이를 친하고 소인을 친압하는 습성은 갑과 을이 다름이 있으니, 이 때문에 마침내 서로 멀어진다(두 사람의 현과 불초는 천리의 격차가 이다).

- 性성은『설문』에서 "심心 자에 의미 중심으로 두고 생生 자에 따라 발음 하는데, 사람의 양기陽氣로서 성性은 선하다人之陽氣性善也, 從心生聲"고 했다. 이렇게 '성性(心+生)'개념이 사유능력이나 도덕적 판단능력을 의 미하는 '심心'과 태어나면서부터 지니게 되는 자연적 욕구 혹은 본능을 의미하는 '생生'의 결합이라는 점에서, 어느 쪽에 비중을 두느냐에 따 라 그 의미가 달리 해석될 수 있어 이른바 '인성론 논쟁'이 제기될 수 밖에 없었다. 그런데 심心이 우리 몸을 주관한다는 점으로 본다면, 성 性은 <u>우리의 생물학적 몸生을 주관하여心 인간을 (금수禽獸와 구별되 게) 인간답게 해주는 선한 가치를 지닌 것</u>이라고 할 수 있다. **정자**: 이 는 기질지성을 말한 것이지, 성性의 본연을 말한 것은 아니다. 그 근본 으로 말하면 성은 곧 리이니性卽是理, 리는 선하지 않음이 없으니, 맹 자가 말한 성선性善이 바로 이것이다. 어찌 서로 가까움이 있겠는가?

- 習습은 羽(깃 우)+白(흰 백←日 : 날 일)의 회의자로 새가 하늘을 나는 법을 익 히다鷹乃學習, 되풀이하다學而時習之, 닦다不習无不利, 숙달하다不習於誦, 길들이다調習田馬, <u>습관</u>, 쌓임習坎入于坎으로 쓰인다.

17.3 子曰 唯上知與下愚는 不移니라
자 왈 유 상 지 여 하 우 　불 이

공자께서 말씀하셨다. "오직惟 상지上知와與 하우下愚만 옮겨가지移 않 는다不."

중인中人의 성性은 상지도 될 수 있고, 하우도 될 수 있다. 그러므로 선을 만나(익히)면 상승하고, 악을 만나(익히)면 추락한다. 공자께서 일찍이 말씀 하시길, 오직 상지의 성인만은 옮겨서 악을 행하게 할 수 없고, 하우의 필부는 옮겨서 억지로 현명하게 할 수 없다고 하셨다. 이런 상지와 하우의 사람은 성은 서로 가깝지만, 습관은 서로 먼 중인과 같은 부류가 아니다. 〈형병〉

사람의 성性이 본래 선한데도 변할 수 없는 자가 있는 것은 무엇 때문인가? 사람의 성으로 말한다면 모두 선하지만, 그 재질才로 말한다면 변화할 수 없는 하우下愚가 있다. 이른바 하우란 두 종류가 있으니, 자포자自暴者와 자기자自棄者이다. 사람이 진실로 선으로 자신을 다스린다면 변하지 못할 것이 없다. 비록 지극히 어둡고 어리석은 자라도 모두 점차 연마하여 나아갈 수 있다. 다만 자포자는 거부하고 믿지 않으며, 자기자는 끊어버리고 행하지 않으니, 비록 성인과 함께 거처하더라도 변화시켜 들어가데 할 수 없으니, 공자의 이른바 하우下愚이다. 〈정자〉

지우知愚란 지혜의 우열이지, 지우가 성性은 아니다. '상지하우上知下愚' 한 구절은 단지 습원習遠을 취하여 입론한 것이지, 성근性近을 취하여 설명을 첨가한 것이 아니다. 상지上知와 하우下愚는 그 성性은 서로 같지만, 다만 그 지知에 우열愚劣이 있을 뿐이다. 상지上知나 하우下愚나 이처럼 성性이 동일하지만, 오직 순은 악함을 보아 익혀도 물들지 않았고, 도척은 유하혜를 보고 익혀도 교화되지 않았으니, 이것이 이른바 불이不移이다. 만일 그 진덕수업의 단계로 논한다면, 순은 밭을 갈고 농사짓고 질그릇을 만들고 고기잡이 하였던 때부터 제帝가 되기까지 남들의 선한 것을 취하지 않음이 없어 한걸음씩 옮겨가며 한순간도 정지하지 않았음을 알 수 있으니, 어찌 불이不移라고 하겠는가? 악인이 날로 그 악에 나아가는 것도 이와 마찬가지다. 세상에 어찌 때어날 때부터 성숙하여 다시 옮길 수 없는 자가 있겠는가? 군자는 상달上達하고 소인은 하달下達하나. 그 근본은 모두 중간 단계부터 출발하는 것이다. 〈다산〉

한자 해설
다산: 불이不移는 남에 의해 옮겨지지 않은 것을 말하고, 본인이 한 곳에

곧게 앉아 있는 것을 말하지 않는다. 공자 또한 상지上知이다. 서른에 자립하였고, 마흔에 의혹되지 않았으며, 쉰에 천명을 알았으며, 예순에 귀가 순해졌으며, 일흔에 법도를 넘지 않았으니, 한걸음씩 옮겨가서 하학이상달下學而上達하였다. 이제 이에 말하길, 상지上知의 사람은 태어날 때 머리 위에 앉아 죽을 때까지 한걸음도 옮겨가지 않는다고 하니, 이럴 리가 있겠는가? 주紂는 이른바 하우下愚이다. 주紂의 악이 그처럼 심하지 않았기 때문에, 제을帝乙이 미자微子를 버리고 태자로 세웠다. 그가 왕위에 오른 뒤에 이르러서는 덕망 있는 노신과 오랫동안 관직에 있던 사람들을 거스르고, 오직 부인들의 말만 듣고, 혼미하여 부모형제를 버리고 돌보지 않고, 이에 사방에서 죄를 많이 짓고 도망쳐 온 자들을 어른으로 숭상하여 나라를 망치는 데에 이르렀으니, 주紂가 소인을 가까이 하여 익혔기 때문에習於小人之故 한걸음씩 옮겨간 것이니, 어찌 불이不移라고 할 수 있겠는가? 하우불이下愚不移란 선으로 옮겨가지 않는 것이다. 지금 이에 하우의 사람은 하층에서 태어나 죽을 때까지 한 걸음도 옮겨가지 않는다고 말하니. 이럴 리가 있는가?

- 知지는 口(입 구)+矢(화살 시)의 형성자로 화살矢이 과녁을 꿰뚫듯 상황의 본질을 파악하여 말口할 수 있는 능력을 지니고 있음을 말하는데, 인지하다知我者其天乎, 깨닫다而終不自知, 변별하다以寒暑日月晝夜知之, 기억함父母之年 不可不知也, 듣다不知其以贗之也, 지사知事, 슬기好學近乎知 등으로 쓰인다.

- 愚우는 禺(원숭이 옹)+心(마음 심)의 회의자로 원숭이처럼 머리가 나쁘고 어리석은 행동을 하는 사람으로 시비를 가리지 못하다靡哲不愚, 고지식하다柴也愚, 어리석은 마음謹竭愚以對策, 자기의 겸칭愚謂으로 쓰인다. **다산**: 이해利害에 밝은 것을 지知라하고, 이해에 어두운 것을 우愚라 한다. 지知와 우愚는 모신謀身의 방법이지, 본성의 품급이 아니다. 상지上知는 비록 악인과 함께 서로 익히더라도 오염되지 않으며, 하우下愚는 비록 선인善人과 함께 서로 익히더라도 훈도되지 않으니, 이것

이 불이不移이다.

- 移이는 禾(벼 화)+多(많을 다)의 형성자로 벼를 모판에서 옮겨심음移秧, 딴 데로 가다則民不移, <u>변하다</u>於是精一神駭, 바꾸다貧賤不能移로 쓰인다.

17.4 子之武城하사 聞弦歌之聲하시다 夫子莞爾而笑曰
　　　 자 지 무 성　　　 문 현 가 지 성　　　　　 부 자 완 이 이 소 왈

割鷄에 焉用牛刀리오 子游對曰昔者에 偃也聞諸夫子호니
할 계　　 언 용 우 도　　 자 유 대 왈 석 자　　 언 야 문 저 부 자

曰君子學道則愛人이오 小人이 學道則易使也라호이다
왈 군 자 학 도 즉 애 인　　 소 인　 학 도 즉 이 사 야

子曰二三子아 偃之言이 是也니 前言은 戱之耳니라
자 왈 이 삼 자　 언 지 언　 시 야　 전 언　 희 지 이

공자子께서 무성武城에 가셔서之 거문고와 슬에 맞추어 시가를 읊조리
는 소리弦歌之聲를 들으셨다聞. 공자夫子께서 빙그레 웃으시며莞爾而笑 말
씀하셨다曰. "닭 잡는 데割鷄 어찌焉 소 잡는 칼牛刀을 쓰느냐用?" 자유子
游가 대답하여 말했다對曰. "예전에昔者 제가偃也 선생님께諸夫子 들으니
聞, 말씀하시를曰, '군자君子는 도道를 배우면學則 백성民들을 사랑愛하
고, 소인小人이 道를 배우면學則 부리기使 쉽다易也'고 하셨습니다." 공자
께서 말씀하셨다. "제자들아二三子! 언의 말偃之言이 옳다是也. 앞의 말前
言은 농담일 뿐이라네戱之耳."

다스림의 대상에는 크고 작음이 있지만, 그 다스림에는 반드시 예와 악을
써야하니, 그것이 올바른 방법이 되는 것은 한 가지이다. 다만 뭇사람들이
능히 쓰지 못하는 경우가 많았지만, 자유는 홀로 실천했다. 그런 까닭에
공자께서 갑자기 음악소리를 들으시고 깊이 기뻐하셨다. 이어 그 말씀을
뒤집어 농담을 하셨는데, 자유가 정색하며 대답했다. 그런 까닭에 공자께
서 다시 그의 말을 인정하시고, 스스로 농담임을 밝히셨다. 〈주자〉

- 弦현은 弓(활 궁)+玄(검을 현: 실)의 형성자로 활시위, 활처럼 보이는 달弦 半月之名也, 上弦, 下弦, 줄이 있는 악기(絃: 五弦之琴), 현악기를 타다弦琴樂齿로 쓰인다. **주자**: 弦은 거문고와 슬琴瑟이다. 이때 자유가 무성의 읍재가 되어 예악으로 교화했기 때문에 읍사람들이 모두 거문고와 슬을 연주하고 노래를 불렀다. **다산**: 弦은 거문고와 슬이다琴瑟也.

- 歌가는 哥(노래 가)+欠(하품 흠)의 회의자로 입을 벌려 부르는 노래詩言志歌永言, 노래하다誦之歌之, 읊다我歌且謠, 노래를 짓다歌以訊之, 한시의 한 체로 쓰인다. **다산**: 歌는 시를 읊조리는 것이다詠詩也.

- 莞완은 艸(풀 초)+完(완전할 완)의 형성자로 왕골莞蒲爲席, 골풀莞 苻蘺, 왕골로 만든 자리下莞上簟, 빙그레 웃음漁父莞爾而笑로 쓰인다. **주자**: 완이莞爾는 살짝 웃는 모습으로, 대개 기뻐하신 것이다.

- 割할은 害(해칠 해)+刀(칼 도)의 회의자로 칼로 베어 해치다, 베다, 자르다, 끊다, 쪼개다, 나누어 주다, 할거하다, 해치다, 판단하다, 할割, 비율比率 등으로 쓰인다.

- 鷄계는 奚(어찌 해)+鳥(새 조)의 형성자(상형자)로 닭 볏과 다리, 꽁지를 묘사했다. 닭, 폐백의 하나, 성 혹은 현의 이름으로도 쓰인다. **형병**: 닭은 작은 짐승이니, 닭을 잡는 데에는 마땅히 작은 칼을 사용해야 한다.

- 用용은 卜(점 복)+中(가운데 중)의 회의자로 점쳐서卜 맞으면中 반드시 시행하다初九 潛龍勿用, 부리다晋實用之, 사용使用하다, 등용하다魯用孔丘, 행하다焉用稼, 다스리다仁人之用國, 능력顯諸仁 藏諸用, 비용有財此有用, 써王由足用爲善, 하다何用不臧, 통하다用也者 通也로 쓰인다.

- 牛우는 뿔이 달린 소의 머리 모양을 본뜬 상형자牛日一元大武, 무릅쓰다牛者冒也 言地雖凍 能冒而生也, 견우성斗牛之間, 희생諸侯之祭 牲牛日太牢로 쓰인다.

- 刀도는 상형자로 칼, 화폐의 이름, 거룻배, 종이 100장, 무게의 단위, 갈치 등으로 쓰인다.

- 道도는 『설문』에 辶(걸을 적: 行止)+首(머리 수: 목적)의 회의자로 향하여 가는 길(방법)이면서 목적을 나타낸다. 물리적인 도로道路라는 의미에서 출발하여 인간과 사물이 마땅히 경유해야應由 할 길, 사람들의 행위활동을 어떤 방향으로 이끌어 주는 통로이면서, 궁극적으로 그 길을 통해 나아갈 때에 도달하게 되는 목표나 목적을 의미한다. **공안국**: 道는 예악을 이른다. 악은 사람을 잘 어울리게 하니, 사람이 잘 어울리면 부리기가 쉽다.

- 易이(역)는 日(해 일)+勿(말 물: 月)의 상형자로 도마뱀 혹은 일월이 바뀌다, 고치다聖人易之以書契, 變項, 교환하다以小易大, 交易, 자리를 바꾸다易種于玆新邑, 물건과 물건을 바꿈貿易, 만상의 변화生生之謂易, 점掌三易之法, 도마뱀易在壁曰蝘蜓 在草曰蜥蜴, 쉽다乾以易知, 難易, 편안하다君子居易以俟命, 기쁘다我心易也, 경시함能慮勿易, 다스리다易其田疇로 쓰인다.

- 是시는 日(날 일)+正(바를 정)의 회의자로 세상에서 가장 올바른正 것은 해日라는 의미에서 옳다是非, 바로잡다是正文字, 다스리다王弗是, 진실則貴是而同今古, 이곳若是則弟子之惑 滋甚, 이에桑土旣蟫 是降邱宅土 등으로 쓰인다.

- 前전은 刀(칼 도)+歬(앞 전)의 형성자로 앞, 먼저, 앞날, 사전에, 가위, 나아가다로 쓰인다.

- 戲희는 虛(빌 허←虍: 호랑이 문양의 질그릇 희)+戈(창 과)의 회의자로 출정을 앞두고 승리를 기원하는 축제를 벌이던 모습에서 놀다戲而不嘆, 遊戲, 희롱하다無敢戲豫, 탄성於戲 前王不忘으로 쓰인다.

374

子曰 夫召我者는 而豈徒哉리오 如有用我者인댄
자왈 부소아자 이기도재 여유용아자

吾其爲東周乎인저
오기위동주호

공산불요公山弗擾가 비읍을 근거로以費 배반叛하고 (공자를) 부르니召,
공자子께서 가시려고 하셨다欲往. 자로子路가 기뻐悅하지 않으면서不 말
했다曰. "가실 곳이 없으면末之也 그만이지已, 하필何必이면 공산씨에게公
山氏之 가시려 합니까之也?" 공자께서 말씀하셨다. "대저夫 나我를 부른
이召者가 어찌而豈 공연히徒 불렀겠는가哉? 만약如 나我를 등용用하는
이者가 있다면有, 나吾는 그곳其을 동주東周로 만들의 것이다爲乎"

이 장은 공자께서 난적亂賊을 피하지 않고, 주나라의 도를 부흥시키고자
한 것을 논한 것이다. 〈공안국〉

성인은 천하에 일을 해내지 못하는 사람도 없다고 여기고, 또한 허물을 고
치지 못할 사람도 없다고 여긴 까닭에 가시고자 하셨다. 그러나 끝내 가시
지 않으신 것은 그가 반드시 고치지 않을 사람임을 아셨기 때문이다. 〈정자〉

한자 해설

- 畔반은 田(밭 전)+半(나눌 반)의 회의자로 밭과 밭을 나누는 두둑如周入界
  耕者皆讓畔, 지경修其疆畔, 떨어지다畔官離次, 배반하다公山弗擾以費畔, 畔
  逆, 사납고 강하다無然畔援로 쓰인다. 다산: 畔이란 계씨에 모반한 것
  이다(노나라에 반란한 것이 아니다).
- 召소는 刀(칼 도←匕: 수저)+口(입 구)의 회의자로 수저에 담긴 음식을 입
  에 가져다 대는 모습으로 음식을 대접하기 위해 손님을 초대하다況陽
  春召我以煙景, 부르다召門弟子, 초래하다遠禍召福로 쓰인다.
- 末말은 木(나무 목)+一(한 일)의 지사문자로 나무의 끝부분末末, 차례의
  마지막末席, 중요하지 아니한 부분反本成末, 없다吾末如之何也已로 쓰인

다. **주자**: 未은 없다無는 뜻이다.

- 之지는 발足이 땅에 닿는 모습으로 가다至姬之車, 이르다之死矢靡他, 관형격 조사(의)秦始皇有虎狼之心, 주격 조사(이)孤之有孔明 猶魚之有水也, 대명사學而時習之／使子路問之, 강조言之不出, 未之見／未見之로 쓰인다. **공안국**: 之는 가나適이다. 살 곳이 없으면 머물러 계실 것이지, 하필이면 공산씨에게 가시려고 합니까? 라는 말이다.

- 徒도는 彳(조금 걸을 척)＋走(달릴 주)의 회의자로 함께 길을 가는 무리, 동아리聖人之徒也, 걷다舍車而徒, 보병公徒三萬, 제자其徒數十人, 맨손, 맨발, 홀로徒善不足以爲政, 한정·강조徒以吾兩人在也, 다만非徒無益 而又害之로 쓰인다. **형병**: 徒는 공연히空이다. 저 사람이 나를 부른 것이, 어찌 공연한 것이겠느냐는 말이다. **주자**: 기도재豈徒哉란 필시 나를 등용할 것必用我也이란 말이다.

- 東周동주는 주나라西周가 13대 평왕平王 때에 동천東遷하여 도읍을 낙양洛으로 옮긴 이후 제37대 난왕赧王이 진秦에 멸망하기까지를 말한다. '오기위동주호吾其爲東周乎'에 대해서는 세가지 해석이 있다. 첫째, 나는 주나라의 도를 동방에 부흥시켜, 장차 노나라를 주나라가 되게 할 것이다(형병). 둘째, 나는 동방(동쪽에 있는 노나라)에서 주나라의 도를 부흥시키겠다(주자). 셋째, 나는 (노나라는 삼가三家에게 주고) 노나라 임금을 동쪽 비읍으로 천도시켜 동로東魯를 만들겠다(동주東周란 노나라를 동쪽으로 옮겨 동로東魯를 만든다는 은어隱語: 다산).

17.6 子張이 問仁於孔子한대 孔子曰 能行五者於天下하면 爲仁矣니라
　　　자장　문인어공자　　공자왈　능행오자어천하　　위인의

請問之한대 曰恭寬信敏惠니 恭則不侮하고 寬則得衆하고
청문지　　　왈공관신민혜　공즉불모　　관즉득중

信則人任焉하고 敏則有功하고 惠則足以使人이니라
신즉인임언　　민즉유공　　혜즉족이사인

376

자장子張이 공자께於孔子 인仁에 대해 묻자問, 공자께서 말씀하셨다. "다섯 가지五者를 천하에於天下 능能히 행行할 수 있으면, 인仁이 된다爲矣." (자장이 말했다.) "청請하여 묻습니다問之." 공자께서 말씀하셨다. "공손恭, 관대寬, 신실信, 민첩敏, 은혜惠로움이다. 공손하면恭則 업신여기지 않고不侮, 관대하면寬則 많은 사람을 얻고得衆, 신실하면信則 사람人들이 신임任하고, 민첩하면敏則 공적이 있고有功, 은혜로우면惠則 충분히足以 사람을 부릴 수 있다使人."

다섯 가지는 모두 마음에 갖추어져 있는 이치로서 인仁의 발현이다. 공恭은 인仁의 나타남이고, 관寬은 인의 넉넉함이고, 신信은 인의 진실함이고, 민敏은 인의 힘이고, 혜惠는 인의 은택이다. 무릇 인仁의 도는 갖추어지지 않은 것이 없으니, 곧 모든 선善의 강령이다. 그런데도 지금 다섯 가지만 말씀하신 까닭은 자장이 부족했기 때문에 말씀하신 것이라 했다. '당당하구나! 자장은'(19.16)이라 했으니, 아마도 공恭이 부족한 것 같고, '사랑하면 살기를 바라고 미워하면 죽기를 바란다'(12.10)고 했으니, 아마도 관寬이 부족한 것 같고, '행세함에 관해 물었을 때 충신忠信을 알려주신 것'(15.5)을 보면 아마도 신信이 부족한 것 같고, 정치에 대해 질문했을 때 '게으르지 말 것'(12.14)을 알려주신 것을 보면 아마도 민敏이 부족함이 있었던 것 같고, '겉으로는 인을 채택하는 듯이 하지만 행동은 어그러진다'(12.20)고 말한 것을 보면 아마도 혜惠에 부족함이 있었던 것 같다. 〈경원 보씨〉

한자 해설
• 仁인은 『논어』의 주도 개념이다. 공자는 그 이전에 『시경』과 『서경』에서 배면에 머물러 있던 인을 <u>인간의 보편 덕</u>으로 설정해 유교를 특징 짓는 개념으로 정립했다. 그런데 『논어』에서 공자는 인仁 개념을 대부분 소극적, 실천적인 방식으로 제시했다. 공자 이후에는 맹자에 의해 인간 본성의 덕으로 증명되고(「유자입정의 비유」) 인심人心(仁 人心也) 혹은 인간의 본성이라는 점에서 '인간의 편안한 집人之安宅'으로 묘사되었

다. 주자는 『논어』를 주석하면서, 인仁을 마음의 덕이자 사랑의 이치仁者心之德而愛之理, 천리의 공의로움天理之公이며, 한터럭만큼의 인욕의 사사로움人欲之私도 끼어들지 않는 것, 이치에 합당하고 삿된 마음이 전혀 없는 것當理而無私心則仁矣 등으로 정의했다. **주자**: 이 다섯 가지를 행하면 마음이 보존되어 이치를 얻는다. **다산**: 仁이란 두 사람 사이의 관계이니(옛 전문篆文에 '仁'이란 글자는 人과 人이 겹친 글자이니, 마치 孫자가 전문에 子자가 겹친 것과 같다.) 사람과 사람이 서로 함께 하는 것이다. 자장이 仁에 대해 묻자, 공자는 사람과 사람이 서로 함께 하는 방법으로 대답하였으니, 이런 방법이 안으로는 제가齊家와 치국治國을 할 수 있고, 밖으로는 천하를 평화롭게 하면서 만방을 협화協和할 수 있다. 그런데 선유들은 다만 심학心學으로만 풀이하였으니, 아마도 본뜻은 그렇지 않은 듯하다(오강재吳康齋가 말하길, '공자가 仁을 논한 것은 결코 공적空寂하지 않은데, 개별적인 마음의 보존으로 논함으로써 선경禪境에로 들어가고 말았다.'고 했다).

• 恭공은 心(마음 심)+共(함께 공)의 형성자로 양손으로 떠받드는 모습으로 공손하다貌曰恭, 공경하다仁者之思也恭, 직분을 다하다允恭克謹, 받들다今予惟恭行天之罰 등으로 쓰인다. **형병**: 자기가 공손으로 남을 접한다면, 남 역시 공손으로 자기를 대한다.

• 寬관은 宀(집 면)+莧(산양 환→관)의 형성자로 본래 넓은 방이란 뜻에서 넓다乘高宇宙寬, 너그럽다寬而靜, 온화하다不忍猛而寬으로 쓰인다. **형병**: (언행이) 관간寬簡하면 대중들이 귀의한다.

• 信신은 人(사람 인)+言(말씀 언)의 회의자로 사람의 본심에서 나온 거짓 없는 말로 믿음朋友有信, 믿다盡信書 則不如無書, 편지信書, 진실로, 징험하다其中有信, 오행의 토土, 펴다往者屈也 來者信也 등으로 쓰인다. **형병**: 말을 하는데 신의가 있으면 사람들이 위임한다.

• 敏민은 每(매양 매←母)+攴(칠 복←又)의 회의자로 여자를 낚아채는 약탈혼을 표현하여 재빠르다敏於事而愼於言, 총명하다回雖不敏 請事斯語矣, 힘쓰다人道敏政, 자세하다禮成而加之以敏, 엄지발가락履帝武敏歆, 상음商

音 등으로 쓰인다. **공안국**: 일에 응대함이 민첩하면, 많은 공을 이룬다.
주자: 민첩하지 못하면 곧 게으르고 소홀하게 되어, 마음이 보존되지
않고 중간에 끊어짐이 많아지게 되니, 곧 불인不仁이다

- **惠**혜는 心(마음 심)+專(오로지 전: 紡錘)의 회의자로 <u>선한 마음을 골고루
  베푼다</u>, 은혜小人懷惠, 사랑하다惠此中國, 슬기롭다觀君所言 將不无惠乎
  등으로 쓰인다. **형병**: 은혜가 있으면, 사람들은 그 수고로움을 잊는다.

- **侮**모는 人(사람 인)+每(매양 매→모)의 형성자로 <u>업신여기다</u>今商王受 狎侮
  五常, 侮辱, 참고 견디다 등으로 쓰인다. **공안국**: 불모不侮는 모멸당하지
  않음이다不見侮慢.

- **任**임은 人(사람 인)+壬(아홉 째 천간 임)의 형성자로 사람에게 <u>맡기다</u>任務,
  責務, <u>관직을 주다</u>任用, 직무有司惰任, 메다是任是負로 쓰인다. **주자**: 任
  은 맡기고 의지함倚仗이니, 또한 효과가 그러하다는 말이다.

- **功**공은 工(장인 공)+力(힘 력)의 형성자로 절구 공이를 다지며 <u>힘써 일함</u>
  婦容婦功, 공력功力, <u>공훈功勳</u>, 공을 자랑함公子自驕而功之, 복小功 十升若
  十一升, 大功 등으로 쓰인다.

17.7 佛肸이 召어늘 子欲往이러시니 子路曰 昔者에 由也聞諸夫子호니
필힐 소   자욕왕   자로왈 석자   유야문저부자

曰親於其身에 爲不善者어든 君子不入也라하시니
왈 친 어 기 신 위 불 선 자   군자불입야

佛肸이 以中牟畔이어늘 子之往也는 如之何잇고
필 힐 이 중 모 반   자지왕야   여지하

子曰 然하다 有是言也니라 不曰堅乎아 磨而不磷이니라 不曰白乎아
자왈 연   유시언야   불왈견호 마이불린   불왈백호

涅而不緇니라 吾豈匏瓜也哉라 焉能繫而不食이리오
날 이 불 치 오 기 포 과 야 재 언 능 계 이 불 식

필힐佛肸이 (공자를) 부르자召, 공자子께서 가시려고 하니欲往, 자로子路
가 말했다曰. "일전昔者에 제由也가 선생님께諸夫子 들었는데聞, 말씀하시

길曰 '그其 자신이於身 몸소親 불선不善을 행하는 자들爲者에게는 군자君子가 들어가지 않는다不入.'고 하셨습니다. 필힐佛肸이 중모 땅을 기반으로以中牟 배반叛하였는데, 선생님께서子之 가시겠다는 것往也은 어찌해서 입니까如之何?" 공자께서 말씀하셨다. "그렇다然. 그런 말是言을 한 적이 있다有也. 하지만 (지극히) 단단하다堅고 말하지 않겠느냐不曰乎? 갈아도磨而 얇아지지 않으니不磷! (지극히) 희다白고 말하지 않겠느냐不曰乎? 검게 물들여도涅而 검어지지 않으니不緇! 내吾 어찌豈 조롱박이겠는가匏瓜也哉? 어찌焉 능能히 매달려서繫而 먹지 못하는 것不食이겠는가?"

필힐佛肸은 진나라 대부 조씨의 영지인 중모의 읍재趙氏之中牟宰이다. 자로는 필힐이 공자를 더럽힐까 염려하여, 이렇게 질문하여 공자께서 가시는 것을 그치게 하려 했다. 〈주자〉

지극히 견고한 것至堅者은 갈아도 얇아지지 않고磨之而不薄, 지극히 흰 것至白者은 치涅에서 물들여도 검어지지 않는다染之於涅而不黑고 말했으니, 군자는 비록 혼탁하고 어지러운 데에 있어도 혼탁하고 어지러운 것이 오염시킬 수 없다는 것을 비유했다. 〈공안국〉

갈아도 얇아지지 않고磨不磷 물들여도 검어지지 않은涅不緇 후에야 해야 하는 것도 없고無可, 하지 말아야 하는 것도 없는 것이다無不可. 굳고 흰 것이 부족하면서堅白不足 스스로 갈고 물들이기磨涅를 시험한다면 얇아지거나 검어지지 않는 자不磷緇也者는 거의 드물 것이다幾希.〈양시〉

'내 어찌 조롱박이겠는가? 어찌 능히 매달려서 먹지 못하는 것이겠는가?'라는 것은 대개 조롱박은 미미한 한 물건으로 매달려 있으니 움직일 수 없고, 먹지 못하니 알아주지도 않는다. 나는 사람의 무리로 천지간에서 능히 움직일 수 있고 생각할 수 있으니, 본디 마땅히 쓰여서 사람에게 유익해야

한다. 어찌 미물에 비교할 수 있겠는가라는 말씀이다. 〈면재 황씨〉

- 召소는 刀(칼 도←匕: 수저)+口(입 구)의 회의자로 음식을 대접하기 위해 손님을 불러들인다況陽春召我以煙景(招請), 부르다召門弟子, 초래하다遠禍召福, 부름微召으로 쓰인다.

- 親친은 立(설 립)+木(나무 목)+見(볼 견)의 회의자, 혹은 辛(매울 신)+見(볼 견)의 형성자로 눈앞에 보이는 아주 가까운 사람燈火稍可親, 사랑하다人之親其兄之子, 가깝다本乎天者親上 本乎地者親下, 화목하다交親而不比, 친히, 손수世子親齊玄而養, 몸소하다弗躬弗親 庶民弗信, 자애慈保庶民親也, 어버이始聞親喪, 일가祿勳合親, 친구輕則失親, 새롭다在親民 등으로 쓰인다. 주자: 親은 스스로와 같다猶自也.

- 畔반은 田(밭 전)+半(반 반)의 형성자로 밭과 밭을 나누는 땅의 경계地境, 밭두둑坪, 배반하다(叛)背反·背叛, 어그러지다, 피하다, 발호跋扈하다, 떨어지다 등으로 쓰이다.

- 堅견은 土(흙 토)+臤(굳을 간)의 회의자로 흙의 단단함堅固, 굳셈堅剛, 굳어지다高壘堅營, 갑옷堅甲으로 쓰인다.

- 磨마는 石(돌 석)+麻(삼 마: 삼을 두드리다)의 회의자로 돌을 문질러 마찰함, 숫돌에 갈다如琢如磨, 닳다百世不磨矣, 연자매로 찧다의 뜻이다.

- 磷린은 石(돌 석)+粦(도깨비불 린)의 형성자로 돌 틈으로 물이 흐르는 모양으로 얇은 돌, 조약돌, 돌이 닳아서 얇아지다, 옥돌이 빛나는 모양磷磷 등으로 쓰인다. 인치磷緇는 얇아지고 검어짐을 말한다. 공안국과 주자: 磷은 엷어짐薄이다.

- 涅날은 水(물 수)+土(흙 토)+日(날 일→날)의 형성자로 갯바닥·진펄 등에 있는 검고 미끈미끈한 흙以涅染緇, 검은 색譬猶以涅拭素, 검은 물을 들이다涅而不緇, 열반涅槃으로 쓰인다. 형병: 涅은 물속의 검은 흙水中黑土이니, 공안국이 검은 물을 들일 수 있다可以染皁고 하였다. 주자: 涅은 물건을 검게 물들이는 것染皁物으로, 남의 불선不善이 자신을 더

럽히게 할 수 없다染皂物는 말이다.

- 緇치는 糸(실 사)+甾(꿩 치)의 형성자로 검게 물들임表弗緇之素質, 검은 옷衣緇衣而反, 검은색緇衣羔裘으로 쓰인다. **형병**: 緇는 검은 색黑色이다.

- 匏포는 夸(자랑할 과)+包(쌀 포)의 형성자로 박匏有苦葉, 바가지酌之用匏, 악기匏竹, 포과匏瓜 능으로 쓰인다.

- 瓜과는 오이와 같은 덩굴식물을 뜻하는 상형자이다.

- 繫계는 糸(실 사)+毄(매어기를 계)의 회의자로 소나 돼지를 매어 기르다以繩繫之, 머무르게 하다堪繫野人心, 구속함捕繫豪强, 잇다繫邦國之名, 매달림取金印如斗大 繫肘, 걸리다民命繫矣, 매듭解屨 是解繫也으로 쓰인다. **주자**: 포匏는 바가지瓠이고, 포과匏瓜(조롱박)는 한군데에 매달려繫 있어 먹고 마시지 못하지만 사람은 그렇지 않다. **공안국**: 포匏는 뒤웅박瓠이다. 뒤웅박이 한곳에 매달려 있는 것은 (음식을) 먹지 않는 식물이기 때문이니, 나는 스스로 먹는 존재이니(다산: 공자는 자신을 쓰일 수 있는 사람으로 여겼다) 동서남북 어디에도 다녀야 하며, 먹지 않는 식물처럼 한 곳에 매달려 있을 수 없다는 것을 말하였다.

17.8 子曰 由也아 女聞六言六蔽矣乎아
자 왈 유 야   여 문 육 언 육 폐 의 호

對曰 未也로이다 居하라 吾語女호리라
대 왈 미 야   거   오 어 여

好仁不好學이면 其蔽也愚오 好知不好學이면 其蔽也蕩이오
호 인 불 호 학   기 폐 야 우   호 지 불 호 학   기 폐 야 탕

好信不好學이면 其蔽也賊이오 好直不好學이면 其蔽也絞오
호 신 불 호 학   기 폐 야 적   호 직 불 호 학   기 폐 야 교

好勇不好學이면 其蔽也亂이오 好剛不好學이면 其蔽也狂이니라
호 용 불 호 학   기 폐 야 난   호 강 불 호 학   기 폐 야 광

공자께서 말씀하셨다. "유야由也, 너女는 6언六言(아름다운 덕)과 6폐六蔽를 들어보았느냐聞矣乎?" 자로子路가 대답하여 말했다對曰 "아직 듣지 못

했습니다未也." (공자께서 말씀하셨다.) "앉아라居. 내슴가 너女에게 말해주마語! 인을 좋아하고好仁 학문을 좋아하지好學 않으면不, 그 폐단은(그것仁에 가리어져서) 其蔽也 어리석게愚 된다. 지혜를 좋아하고好知 학문을 좋아하지好學 않으면不, 그 폐단은(그것知에 가리어져서) 其蔽也 방탕하게蕩 된다. 믿음을 좋아하고好信 학문을 좋아하지好學 않으면不, 그 폐단은(그것信에 가리어져서) 其蔽也 해치게賊 된다. 정직만 좋아하고好直 학문을 좋아하지好學 않으면不, 그 폐단은(그것直에 가리어져서) 其蔽也 조급해絞진다. 용감함을 좋아하고好勇 학문을 좋아하지好學 않으면不, 그 폐단은(그것勇에 가리어져서) 其蔽也 어지럽히게亂 된다. 강인함을 좋아하고好剛 학문을 좋아하지好學 않으면不, 그 폐단은(그것勇에 가리어져서) 其蔽也 광분하게狂 된다."

자로는 선善을 행하는데 용감했지만, 그의 단점은 배우기를 좋아하지 않아 선을 밝히지 못했기 때문에 이렇게 일러주셨다. 〈범조우〉

학문을 하면 밝아지고學則明, 학문을 좋아하지 않으면不好學 (선을 좋아하고, 악을 싫어하는) 본성의 기호가 가려진다爲性好所蔽. 〈다산〉

호학의 중요성을 말한 이 구절은 예禮의 중요성을 말한 다음 구절과 대비된다.

공자께서 말씀하셨다. "공손하지만 예禮가 없으면 피곤하고, 신중하지만 예가 없으면 두려워하고, 용감하면서 예가 없으면 난을 일으키고, 정직하면서 예가 없으면 급박하다恭而無禮則勞 愼而無禮則蒽 勇而無禮則亂 直而無禮則絞." (8.2)

한자 해설
• 六육은 덮개를 씌운 구멍穴의 상형자이지만 가차되어 여섯三兩爲六, 天五地六, 六卿, 역의 음효初六, 六四를 말한다.
• 言언은 입에서 나온 말이 퍼져나가는 것을 형상화한 것으로 말씀言心

聲也, <u>가르치는 말</u>受言藏之, 맹세하는 말士載言, 말하다言而不語, 타이르
다然後言其喪算, 논의함使天下之士不敢言, 말씨婦德婦言, 한 마디의 말一
言而蔽之 曰思無邪 등으로 쓰인다. **주자**: 6언은 모두 미덕美德이지만, 한
갓 좋아하기만 하고 배워서 그 이치를 밝히지 않으면 각각 가려지는
바가 있다有所蔽.

- 蔽폐는 艸(풀 초)+敝(해질 폐)의 형성자로 풀艸로 <u>덮어 감추는 것</u>雲能蔽
  日, 遮蔽, 속이다姦臣蔽主, 덮어 싸다功名蔽天地, 포괄하다一言以蔽之, 가
  리개, 어둡다聰明先而不蔽, 정하다惟先蔽志로 쓰인다. **주자**: 蔽는 덮어
  가림이다遮掩也.

- 居거는 尸(주검 시)+古(옛 고)의 회의자로 <u>사람이 의자에 앉아있는 모습</u>
  으로 앉다, 자리를 잡다는 뜻이다. **주자**: 『예기』에 '군자가 새로운 항목
  을 질문하면 일어나서 대답한다.'(「곡례상」)고 했다. 그래서 공자께서 자
  로를 깨우쳐 주심에, 다시 앉게 하고 일러주셨다.

- 好호는 女(여자 여)+子(아들 자)의 회의자로 엄마가 아이를 지긋이 바라
  보는 모습으로 좋다作此好歌, 아름답다不可謂好, 우의知子之好之, <u>좋아</u>
  <u>하다</u>人之好我로 쓰인다.

- 仁인은 사람이 따뜻한 방석 위에 앉아 있는 형상으로 <u>온화하고 따뜻한</u>
  <u>사람의 모습</u>衽席溫暖에서 출발하여, 두 사람의 의미를 나타내는 문자
  로 쓰이다가 사람과 사람의 관계 및 인간다움의 도리를 의미했다. 『논
  어』에서 仁은 모든 덕의 기초이자 그 종합적인 완성을 의미하기도 하
  지만, <u>개별적인 하나의 덕</u>智仁勇으로 쓰인 경우도 있다.

- 學학은 『논어』에서 42장(공자의 언명은 32장) 걸쳐 62번 내외로 등장한다.
  학의 강령綱領으로 시작하는 『논어』는 15세에 학에 뜻을 두고, 평생 호
  학자로 자임했던 공자의 학문론이라고 할 수 있다. 『설문』에서는 학이
  란 각오覺悟라고 하여, 배워서 깨친다는 뜻이라 했다. 학이란 자신에
  게 <u>가리어져 있어</u>蒙 알지 못했던 세계를 조명하여 알고識(지)·깨닫고
  覺·본받는效 활동을 의미한다. 혹은 널리 배우고, 깊이 묻고, 신중히

생각하고, 밝게 분별하며, 돈독하게 행함博學之 審問之 愼思之 明辨之 篤行之(『중용』 20장)의 연속적인 과정이라 할 수 있다. 공자는 호학자라고 자임했다. **다산**: 배우면 밝아지고學則明, 배우기를 좋아하지 않으면不好學 본성의 기호性好가 가려진다.

- 愚우는 禺(원숭이 우)+心(마음 심)의 회의자로 슬기 없는 원숭이의 생각이란 뜻으로 시비를 가리지 못하다靡哲不愚, 정직하여 고지식하다柴也愚, 어리석은 사람嚇愚欺庸, 자기의 겸칭愚不識方今夷狄之憂爲末 등으로 쓰인다. **형병**: 만물을 사랑하고 베풀기를 좋아하는 것愛物好與을 인仁이라 하는데, 베푸는 바가 합당하지 않으면所施不當 어리석은 사람과 같다如愚人. **주자**: 愚는 함정에 빠지거나 기만을 당하는 것과 같은 부류이다.

- 知지는 矢(화살 시)+口(입 구)의 회의자로 화살이 과녁을 관통하듯 사물의 본질에 적중하여 말할 수 있다는 뜻으로 인정하다知我者其天乎, 깨닫다而終不自知, 분별함以寒暑日月晝夜知之. 기억함父母之年 不可不知也, 지식淮南太史公者 其多知與, 지자擇不處仁 焉得知, 아는 작용草木有生而無知, 짝樂子之無知, 슬기好學近乎知로 쓰인다.

- 蕩탕은 艸(풀 초)+湯(끓일 탕)의 형성자로 쓸어 없애다蕩天下之陰事, 움직이다天下不能蕩, 흩어지다今我民用蕩析離居, 제멋대로 함今之狂也蕩, 평탄하다魯道有蕩, 깨뜨림幽王蕩以爲魁陵糞土溝瀆, 크다, 간편하다, 내 이름蕩水으로 쓰인다. **공안국**: 사물을 밝게 비추는 것을 지知라 하는데, 만약 배워서 제탁하지 않으면 그 폐단이 방탕蕩하여, 주장하여 지키는 바가 없어진다無所適守. **다산**: 지자知者는 일을 도모하기를 좋아하고, 올바름正으로 지키지 않으면 방탕해진다.

- 信신은 人(사람 인)+言(말씀 언)의 회의자로 사람의 본심에서 나온 말은 거짓이 없기誠實無欺에 믿을 수 있다, 신뢰, 미쁘다信實, 부신符信, 소식以爲登科之信, 진실로, 징험하다其中有信, 오음의 궁宮, 오행의 토土, 펴다往者屈也 來者信也로 쓰인다.

- 賊적은 鼎(솥 정)+戈(창 과)의 회의자로 맹서 혹은 규율을 어긴 사람으로 도둑賊盜如豺虎, 해치다賊夫人之子, 죽이다寇賊姦宄, 학대하다賊賢害民 則伐之, 헐뜯다稱人之惡 謂之賊, 역적逆賊(誅賊臣辟陽侯), 원수上牌看賊로 쓰인다. 주자: 賊은 남에게 상해를 입히는 것傷害於物을 말한다. 다산: 賊은 잔인함이나殘忍也. 하나만 잡고 변통할 줄 모르면 잔인해진다.

- 直직은 目(눈 목)+十(열 십)+乚(숨을 은)의 회의자로 열개十의 눈目으로 숨어 있는乚 것을 바르게 보아 굽은 데가 없다其直如矢, 굽히지 않다骨直以立, 바름爰得我直, 공정하다王道正直, 꾸미지 않다尤簡直, 직면하다直夜潰圍 등으로 쓰인다.

- 絞교는 糸(실 사)+交(사귈 교)의 형성자로 실糸을 교차交시켜 꼬는 것으로 교살絞殺, 교수絞首, 급박하다, 목매다若其有罪 絞縊以戮, 조금의 여유도 없음直而無禮則絞, 헐뜯다 등으로 쓰인다. 다산: 絞는 급절急切함이다. 끈을 끌어당겨 조르기만 하고 느슨하게 할 줄 모르면 그 실수가 급절하다.

- 勇용은 甬(길 용: 고리가 달린 종)+力(힘 력)의 회의자로 무거운 쇠 종을 들 수 있는 정도의 힘과 용기, 결단력, 날래다民勇於公戰, 과감함一檜之勇, 병사非一勇所抗 등으로 쓰인다.

- 亂란은 위아래의 손爪,又이 가운데에 뒤죽박죽 엉켜있는 실뭉더기를 푸는 모습으로 뒤섞여 혼잡함收敗亂之兵, 어지럽히다不軌之臣…亂法, 어지러움을 바로잡음予有亂臣十人 同心同德로 쓰인다. 다산: 용감한 사람이 가볍게 나아가기만 하고 검속할 줄 모르면, 난亂으로 귀결된다.

- 剛강은 岡(산등성이 강)+刀(칼 도)의 회의자로 칼刂로 위협해도 산岡처럼 버티고 서서 굴하지 않는 강직剛直, 견강堅剛, 의지가 굳세다吾未見剛者, 굳다剛性, 기수奇數의 날外事以剛日, 양陽, 수컷剛柔相推, 임금得中而應乎剛 등으로 쓰인다. 주자: 勇은 강剛의 발현이며 강剛은 용勇의 본체이다.

- 狂광은 犭(개사슴록변)+王(임금 왕)의 회의자로 얼빠지다吾以是狂而不信也,

상규를 벗어나다幼而狂, 경솔하다其蔽也狂, 허둥거리다狂顧南行, 가다我其發出狂, 어리석음狂者 下愚之稱, 한 가지 일에만 골똘한 사람映畵狂, 뜻은 높고 행동이 소략한 사람不得中行而與之 必也狂猖乎을 뜻한다. **공안국**: 狂은 함부로 남을 침범함이다妄抵觸人. **주자**: 狂은 조급하고 경솔한 것이다躁率也. **다산**: 강강剛한 사람이 기운에 맡기고 바로잡지 않으면 狂을 범하게 된다.

17.9 子曰 小子는 何莫學夫詩오 詩는 可以興이며
자왈 소자 하막학부시 시 가이흥

可以觀이며 可以群이며 可以怨이며
가이관 가이군 가이원

邇之事父며 遠之事君이오 多識於鳥獸草木之名이니라
이지사부 원지사군 다식어조수초목지명

공자께서 말씀하셨다. "소자小子들아! 어찌何 저夫 『시詩』를 배우지學 아니하느냐莫? 『시詩』는 일으키게興 할 수 있고可以, 관찰觀할 수 있게 하고可以, 어울리게群 할 수 있고可以, 원망怨할 수 있게 하고可以, 가까이는 邇之 부모를 섬기고事父 멀리는遠之 임금을 섬길事君 수 있게 하고, 초목草木과 조수의鳥獸之 이름도於名 많이多 알게識 해주느니라."

소자小子는 제자들이다. 의지意志를 감발시키고興, 득실을 상고할 수 있고觀, 조화하되 시류에 따르지 않게 하고群, 원망怨하되 분노하지 않게 한다. 인륜의 도가 『시』에 갖추어져 있지 않음이 없지만, 두 가지(가까이로 부모를 섬길 수 있게 하고, 멀리로는 임금을 섬길 수 있게 한다)는 중한 것을 들어 말한 것이다. 그 나머지 효과로 많은 지식의 밑천이 되기에 충분하다. 시를 배우는 방법學詩之法은 이 장이 완전하니, 『시경』을 읽는 자는 마땅히 마음을 다해야 할 것이다. 〈주자〉

『논어』에서 시詩를 논급한 것이 많지만, 오직 이 장만이 갖추었다. 배우는 자가 만약 이에 대해 마음을 다한다면, 그 의지를 감동시켜 선을 행하는 데에 게으르지 않을 것이고, 득실을 살펴봄이 있어 미혹되지 않을 것이고, 조화하되 휩쓸리지 않음으로 통상적인 어울리기에 처하고, 원망하되 노하지 않음으로 인성의 법직적 사태에 처한다. 부모에게 효도하고 임금에게 충성하여 인륜의 큰 항목에 부끄러움이 없다. 온갖 사물에 대해 지식을 두루 넓혀 하나의 작은 사물도 남겨두지 않는다. 시의 유익함이 많지 않은가? 〈경원 보씨〉

끌어들인 비유가 절실하기에 마음을 흥기할 수 있고, 권선징악이 절실하기 때문에 관찰하여 감동할 수 있다. 빈객과 붕우들이 좋아하는 것을 유도하기 때문에 그들과 어울릴 수 있고, 충신과 효자들의 심정을 알기 때문에 원망할 수 있다(「록명鹿鳴」「사빈四牝」「벌목伐木」「상체上棣」 등과 같다). 일의 변화에 통달하기 때문에 아비를 섬기고 임금을 섬길 수 있다(「개풍凱風」「소변小弁」편 등과 같다). 〈다산〉

한자 해설

- 何하는 人(사람 인)＋可(가할 가)의 회의자로 괭이를 멘사람人을 말했지만, 가차되어 반어사且許子何不爲陶冶, 감탄사何其多能也, **무슨**是誠何心哉, 何事非君 何使非民, **어느**吾何執, 牛何之, 왜냐하면, 힐문하다陳利兵而誰何로 쓰인다. **다산**: 하막何莫(어찌 않느냐?)은 안타깝게 여기는 말이니, 그 아름다움을 깊이 알고 있는 사람들이 이에 힘쓰지 않음을 안타깝게 여긴 것이다.

- 詩시는 言(말씀 언)＋寺(절 사←之)의 회의자로 말言이 가는 대로之 담아 가공하고 손질한寺 문학 장르이다. 중국 문헌에서 '詩'에 관한 최초 언명은 『서경書經』「순전舜典」의 "詩는 지志를 언표한 것이고詩言志, 노래는 그 말을 길게 뽑는 것이다歌永言."는 말로 나타났다. 『한서』「예문지」에서는 이 말을 "그러므로 슬프거나 즐거운 마음이 감응하여 노래하

388

는 소리가 발현하게 되는데, 그 말을 읊조리는 것誦을 시詩라 하고, 그 소리를 길게 뽑는 것詠을 가歌라 하였다書曰 詩言志 歌詠言 故哀樂之心感 而歌詠之聲發 誦其言謂之詩 詠其聲謂之歌."고 했다. 그런데 여기서 "詩는 지志를 말로 표현한 것이다."고 할 때의 '지志(心之所之之謂)'를 도덕주의 자는 마음의 의지心意로 해석하고, 낭만주의자들은 마음의 감정心情으로 읽는다. 즉 도덕주의자들은 지志(心+之→士+心, 선비의 굳은 의지)를 지향志向·의지意志·이상理想으로, 낭만주의자들은 정회情懷·정욕情欲·정서情緒 등으로 해석한다. 따라서 마음의 지향(의지, 이상) 혹은 마음의 정회(정욕, 정서)가 운율을 갖추어 가공되어 언표할 때 비로소 詩가 되고, 이 詩를 길게 읊을 때 노래歌가 된다. 고대 중국문화는 주周나라에 이르러 비로소 하나의 온전한 문명체로 정립되는데, 『시경』은 이러한 문화를 배경으로 황하 중심의 민간가요에서 기원을 둔 중국 최고最古의 시가총집詩歌總集이다. 『시경』에는 주周의 초기 역사적 사건과 전설, 사회제도, 그리고 당시의 정치사회적 상황이 반영되어 있다.

* 興흥은 同(함께 동)+舁(마주들 여)의 회의자로 함께同 힘을 합쳐 드는 것으로 떨쳐 일어나다則民興於仁, 생겨남而淫樂興焉, 행하여지다禮樂不興, 발동함未應將興, 일어나다夙興夜寐, 비유함詩可以興, 시의 한 체詩有六義 焉 一日風 二曰賦 三曰比 四曰興 五曰雅 六曰頌 등으로 쓰인다. **공안국:** 興은 이끌어 비유하면서 동류를 연이어 말하는 것引譬連類이다. **주자:** 興은 일어나는 것起이다.

* 觀관은 雚(황새 관)+見(볼 견)의 형성자로 황새처럼 넓게 보다不知務內觀, 드러내다以觀欲天下, 경관背湖山之觀, 의용習容觀玉聲, 관괘(坤下巽上: 內順外遜), 많다邇觀厥成, 살펴보다予欲觀古人之象, 널리 보다觀其所由, 시선坐者皆屬觀, 유람하다吾何修而可以比於先王觀也, 체계화한 견해人生觀, 사념하다萬物靜觀皆自得 四時佳興與人同로 쓰인다. **정현:** 觀은 풍속의 성쇠를 보는 것이다. **다산:** 觀은 저쪽에서 보여주고 이쪽에서 보는 것이다.

* 群군은 君(임금 군)+羊(양 양)의 형성자로 무리를 이루는 양의 생활양식

에서 유래하여 무리獸三爲群, 동아리吾離群而索居, 부류用其則必有群, 친족因以飾群, 한데 모임群而不黨, 모으다群天下之英傑로 쓰인다. **공안국**: 여럿이 어울려 지내며 서로 절차탁마하는 것群居相切磋이다.

- 怨원은 夗(누워 딩굴 원)+心(마음 심)의 형성자로 원망하는 마음老使我怨, 고깝게 여기다祿厚者民怨之, 슬퍼하다其民必怨, 풍자하다 등으로 쓰인다. **공안국**: 怨은 위上의 정치를 풍자함이다. **다산**: 군자는 하늘을 원망하지 않고 사람을 허물하지 않는데, 하물며 임금과 어버이를 원망할 수 있겠는가? 그러나 임금과 어버이의 과실이 적은데도 부딪칠 수 없는 것이고, 임금과 어비이의 과실이 큰데도 원망할 수 없다면 이는 더욱 소원해지는 것이다.(『맹자』「고자」하편) 그렇기 때문에 성인은 원망하는 것을 인정하면서도, 그 원망하는 것이 하나같이 혹 비방하고 헐뜯는 데에 가까움이 있으면 이를 큰 죄로 여긴 것이다. 『시경』의 시를 잘 공부하는 사람이 성인의 충후忠厚하고 간절한 뜻을 터득하였다면, 원망하는 뜻을 알고 원망하는 법을 알게 되기 때문에 원망할 수 있다고 말한 것이다. 이 뜻을 가장 정밀하게 잘 밝혀 놓은 것은 오직 맹자뿐이다.(『맹자』「만장」상편 1)

- 邇이는 辵(쉬엄쉬엄 갈 착)+爾(너 이: 바로 앞에 있는 당신)의 형성자로 가깝다父母孔邇, 가까이하다惟王不邇聲色 不殖貨利, 통속적이다好察邇言로 쓰인다.

- 識식(지)은 言(말씀 언)+戠(찰흙 시)의 회의자로 말言과 소리音를 통해서도 식별한다君子是識, 깨달아 알다不識不知, 지식鄙夫寡識, 기록함(지)以計識其人衆畜牧로 쓰인다.

- 獸수는 嘼(짐승 수: 사냥도구)+犬(개 견)의 형성자로 사냥도구로 짐승을 잡는다狩獵는 뜻이었으나, 사냥의 대상이 된 짐승四足而毛 謂之獸, 야생동물家養謂之畜 野生謂之獸, 포脯(實獸于其上東首)로 쓰인다.

17.10 子謂伯魚曰女爲周南召南矣乎아 人而不爲周南召南이면
자 위 백 어 왈 여 위 주 남 소 남 의 호   인 이 불 위 주 남 소 남

其猶正墙面而立也與인저
기 유 정 장 면 이 립 야 여

공자子께서 백어伯魚에게 일러謂 말씀하셨다曰. "너女는 (『시경』의) 「주남周南」과 「소남召南」을 배웠느냐爲矣乎(연주할 수 있느냐)? 사람으로서人而 「주남周南」과 「소남召南」을 배우지 않으면不爲(연주하지 못하면), 그것은其 바로正 담장墻을 마주面하고 서立 있는 것과 같을 것이리라猶也與."

『시』에 이남二南이 있는 것은 『역』에 건곤乾坤이 있는 것과 같다. 『시』를 배우는 것은 이로부터 들어가면, 수신—제가—치국—평천하의 도는 모두 이로부터 나오니, 참으로 『시』 공부에서 먼저 힘써야 할 일이다. 공자의 '뜰을 지날 때에 백어에게 알려주신 일'에서는 이미 『시』를 배우는 것을 예禮를 배우는 것보다 앞에 두셨고, 여기서는 또 이남을 시 배우는 일의 처음으로 삼으셨다. 그 아들에게 간곡히 당부하신 것에 어찌 다른 설이 있겠는가? 〈신안 진씨〉

한자 해설
주자: 위爲는 배운다學는 뜻이다. 「주남」과 「소남」은 『시경』 머리편의 이름으로, 말한 것은 모두 수신제가修身齊家의 일들이다. '바로 담장을 마주해 선다.'는 것은 지극히 가까운 거리에서 마주하여 하나의 사물도 볼 수 없고, 한 걸음도 앞으로 갈 수 없다는 말이다.

다산: 위爲라는 글자의 뜻은 음악을 연주하는 것이다. 공자가 제나라에 있을 때 소악韶樂을 듣고서 '소악을 연주하는 것이 이런 정도에까지 이르렀을 줄은 생각하지 못했다不圖爲樂之至斯'고 하였고, 한고조가 '너는 초나라의 춤을 추고, 나는 초나라의 노래를 부른다爾爲楚舞 我爲楚歌'고 하였다. 너는 「주남」과 「소남」을 음절에 맞게 현악기를 타면서 노래할 수 있는가? 명색이 사람이라 하면서 이를 연주하지 못하면 마치 담장을 향하여 맞대고 선 것과 같아서 마음과 눈이 소통하지 못한다.

- 爲위는 爪(손톱 조)+象(코끼리 상)의 회의자로 코끼리를 조련하여 무언가를 하게 시키다, 행하다不仁而不可爲也, 爲政, ~라고 하다—爲乾豆, 만들다以爲樂器, 정치를 하다何以爲民, 간주함乾爲馬 坤爲牛, ~라고 여김百姓皆以王爲愛也, 배우다抑爲之不厭, 있다將爲君子焉 將爲野人焉, 위하여 하다古之學者爲己, 위하여爲人謀而不忠乎, 돕다夫子爲衛君乎, 하게 하다爲我心惻, 함께道不同不相爲謀, ~을 ~로 삼다天將以夫子爲木鐸, ~로 여기다子曰 事君盡禮 人以爲諂로 쓰인다.

- 猶유는 犬(개 견)+酋(묵은 술 추→유)의 형성자로 본래 원숭이를 말했지만, 지금은 '망설이다, 오히려, 같다, 가히, 다만, 이미, 크게, 지나치게, ~부터, 그대로, 태연한 모양, 허물, 망설이다, 머뭇거리다, 말미암다, 똑같다, 흔들리다 등으로 쓰인다.

- 正정은 一(한 일)+止(머무를 지)의 회의자로 절대적 표준인 하늘一에 나아가 합일하여 머무르는 것이 바르다剛健中正, 예기하다必有事焉而勿正, 바른 길以順爲正者 妾婦之道也, 적자嫡子, 정실正室, 바로, 참으로正用此時持事來乎, 다만, 설령, 만일正有它心, 과녁正鵠 등으로 쓰인다.

- 牆장은 爿(나무 조각 장)+嗇(아낄 색)의 형성자로 담而在蕭牆之內也, 칸막이 등으로 쓰인다墻.

17.11 子曰 禮云 禮云이나 玉帛云乎哉아 樂云樂云이나 鍾鼓云乎哉아
자왈 예운예운 　　　 옥백운호재 　 악운악운 　　 종고운호재

공자께서 말씀하셨다. "예禮라고 말하고云, 예禮라고 말하는云 것이 옥백玉帛을 말하는 것이겠는가云乎哉? 악樂이라 말하고云, 악樂이다고 말하는云 것이 종고鍾鼓를 말하는 것이겠는가云乎哉?"

옥백玉帛은 다섯 가지 옥과 세 가지 비단을 말하니, 예의 문식 중에 중대한 것이다. 종鍾은 쇳소리이고 고鼓는 가죽 소리이니, 악기 중에 큰 것이다.

옥백이 아니면 예를 행할 방법이 없고, 종고가 아니면 음악을 행할 방법이 없다. 그러나 예악에는 근본과 말단이 있으니, 옥백과 종고는 말단이다. 예의 근본은 공경함에 있으니 옥백을 빌려 실행하는 것이고, 음악의 근본은 조화에 있으니 종고를 빌려 표현하는 것이다. 〈호병문〉

예악의 근본은 인仁에 있으니, 인이란 인륜의 지극이다. 삼가三家가 불충불효하여 예악을 참람하게 자행하면서도, 그들의 마음에는 다만 옥백을 갖추고 받드는 것을 예로 여기고, 단지 종고로써 연주하는 것을 악으로 여겼기에 공자께서 이를 논박하신 것이다. 〈다산〉

한자 해설

- 禮예는 『설문』에서 "실천이다禮履也. 그러므로 신을 섬겨 복이 이르도록 하는 것이다所以事神致福也. 시示와 풍豊에서 유래했다."고 풀이했다. 예禮는 인간행위의 합당한 절도와 문식을 규정해 주고, 친소와 도덕의 체득 정도에 따라 인간 상호간의 관계를 구분해 주는 역할을 한다. 그래서 따라서 공안국은 "예란 공손恭遜 · 검약儉約 · 장엄莊嚴 · 공경恭敬이니 입신立身의 근본이다. 만약 예를 알지 못하면, 입신할 수 없다."고 주석했다. 그리고 주자는 "예를 알지 못하면 귀와 눈을 둘 곳이 없고, 손과 발을 놓을 곳이 없다."라고 말했다. 나아가 다산은 "예는 위아래를 정定하고 혐의를 분별하니, 예를 알지 못하면 보거나 듣거나 말하거나 움직일 수 없는 까닭에 그 몸을 세울 수 없다."라고 해설했다. 정현: 禮는 단지 이러한 구슬과 비단을 숭상하는 것만이 아니며, 귀하게 여긴다는 것은 곧 그 윗사람을 편안하게 하고 백성을 잘 다스릴 수 있도록 하는 것이기에 귀하게 여긴다는 말이다.
- 樂악(락, 요)은 『설문』에 "악기樂器(요령搖鈴)와 악기자루로 횻架를 형상한 글자이다. 요령을 흔들어 그 소리로 신神을 즐겁게 해 준다."는 의미라고 했다. 그런데 유교의 예에는 악樂의 개념 또한 포함되어 있다. 악樂이란 조화를 본질로 하면서 예에 의해 구분된 인간관계를 조화시켜 주

는 것으로 윤리와 통하는 것이다. 그래서 다산은 "예禮는 엄격함을 주主로 하면서 조화로써 시행하고, 악樂은 조화를 주로 하면서 유탕함을 경계한다."고 말했다. 그런데 "선왕이 예악禮樂을 제정한 것은 신체적 욕망을 충족시켜 주려는 것이 아니라, 백성들에게 장차 호오好惡를 공평하게 가르쳐서, 인도의 바름으로 되돌아오게 한 것이다是故先王之制禮樂者也 非極口腹耳目之欲也 將以教民平好惡 而反人道之正也."(『禮記』「樂記」)고 하겠다. **마융**: 악을 귀하게 여기는 것은 기풍을 변화시키고 습속을 바꾸기 때문이지, 종고鍾鼓만을 말하는 것이 아니다. **정자**: 예는 단지 하나의 질서일 뿐이고, 악은 단지 하나의 조화일 뿐이지만, 단순한 이 두 글자는 수많은 의리를 함축하고 있다.

- **云운**은 하늘에 떠다니는 구름雲의 상형자이지만 가차되어 일컫다, 말하다는 뜻으로 쓰인다.

- **玉옥**은 구슬 세 개를 끈으로 꿴 모양으로 아름다운 돌의 총칭鼎玉鉉, 옥으로 만든 홀執玉, 패옥玉不去身, 남의 것에 대한 미칭得見君之玉面, 아껴 소중히 여기다毋金玉爾音, 갈다王欲玉女로 쓰인다. **정현**: 옥玉(구슬)은 규장圭璋 따위이다.

- **帛백**은 白(흰 백)＋巾(수건 건)의 회의자로 흰 비단으로 견직물布帛, 예물로 보내는 비단幣帛, 풀이름菓似帛者으로 쓰인다. 옥백玉帛은 예물을 대표한다. **다산**: 백帛(비단)은 현훈玄纁 따위이다.

- **鐘종**은 金(쇠 금)＋童(아이 동)의 형성자로 쇠북鐘鼓樂之, 시계自鳴鐘로 쓰인다.

- **鼓고**는 壴(악기이름 주)＋攴(칠 복)의 회의자로 북長鼓, 맥박鼓動, 용량의 단위百鼓之粟, 악기를 타다鼓瑟鼓琴, 고무鼓舞 등으로 쓰인다.

17.12 子曰 色厲而內荏을 譬諸小人컨대 其猶穿窬之盜也與인저
자왈 색 려 이 내 임　　비 저 소 인　　　기 유 천 유 지 도 야 여

공자께서 말씀하셨다. "겉(얼굴빛)色은 장중(위엄)하면서屬而 안內으로는 유약荏한 것은, 소인에諸小人 비유譬하자면, 벽을 뚫고 담을 넘는 도둑穿窬之盜과 같으니라其猶也與."

외면은 장중하고 엄숙하되 내면은 유약해 아첨하는 것, 사람됨이 이 같다면 소인이 도둑질할 마음盜心이 있는 것과 마찬가지라는 말씀이다. 〈공안국〉

이런 사람은 실질은 없이 명성만 훔쳐서無實盜名 항상 남이 알까 두려워 한다는 말씀이다. 〈주자〉

은봉 호씨가 말하길, 『역』「태괘泰卦」에는 안은 강하고 밖은 유순한 것內健外順을 군자의 도라고 하고, 「비괘否卦」에서는 안은 유약하면서 밖으로 굳센 것을 소인의 도이다.'라고 했다. 살피건대, 「태괘」는 『서경』「우서」의 이른바 "유순하면서도 꼿꼿이 서는 것柔而立"이다. 〈다산〉

한자 해설

- 色색은 人(사람 인)+ 卪(병부 절)의 회의자로 사람의 마음과 안색은 무릎마디卪처럼 일치한다는 데서 안색以五氣五聲五色 眡其死生, 빛깔以五采彰施于五色, 기색大夫占色, 색정少之時 血氣未定 戒之在色, 꾸미다東里子産潤色之, 평온하다載色載笑 등의 뜻이다. **쌍봉 요씨**: 色은 안색에 그치지 않으니, 무릇 겉으로 드러나는 형상이 모두 색이다. 앞(11.20)에서 언론이 독실한 자는 색장자色莊者라고 한 것이 그것이다. **다산**: 色은 인仁을 취하면서, 행위는 (인에) 어긋나는 것 또한 이런 유이다.

- 屬려는 厂(기슭 엄)+萬(일만 만)의 형성자로 거센 숫돌礪, 갈다鈍金必將待礱 屬然後利, 사납다不屬而成, 屬風, 엄격함溫而屬, 폭군屬民以自養也, 옷자락을 걷고 물을 건너다深則屬 淺則揭로 쓰인다. **형병**: 屬는 장중하고 엄숙하다矜莊也. **주자**: 屬는 위엄威嚴이다.

- 荏임은 艸(풀 초)+任(맡길 임)의 형성자로 들깨荏子秋未成 齊民要術, 荏油,

누에콩荏菽, 부드럽다色属而內荏, 점점荏染柔木으로 쓰인다. **공안국**: 荏
은 유약함柔이다. 내면은 장중하고 엄숙하되, 외면은 유약하여 아첨하
는 것이다.

- 穿천은 穴(구멍 혈)＋牙(어금니 아)의 회의자로 구멍을 뚫다何以穿我墉, 파
다穿井得土缶中如羊, 궁구함以意穿鑿로 쓰인다. **공안국과 주자**: 穿은 벽을
뚫음穿壁이다

- 窬유는 穴(구멍 혈)＋俞(점점 유)의 회의자로 작은 문蓽門圭窬, 넘다其猶穿
窬之盜也與, 속이 비다乃爲窬木方版, 뒷간厠窬으로 쓰인다. **공안국과 주자**:
窬는 담장을 넘는 것踰牆이다

- 盜도는 次(버금 차: 입을 벌려 침을 튀기는 모습)＋皿(그릇 명)의 회의자로 접시
속의 것을 먹고 싶어 군침을 흘리며 훔치다君子不爲盜, 도둑, 소인君子
信盜, 천인盜竊寶玉大弓로 쓰인다.

17.13 子曰 鄕原은 德之賊也니라
자 왈 향 원 　 덕 지 적 야

공자께서 말씀하셨다. "향원鄕原은 덕의德之 적이다賊也."

일설에 향鄕은 향向의 뜻이고, 옛글자도 같다. 사람이 강의剛毅하지 못하
고, 사람을 보면 문득 그 사람의 취향을 살펴 아첨하여 영합하는 것을 말
하니, 이는 덕을 해치는 것임을 말한다. 〈하안〉

성인께서는 사이비似而非를 미워한다. 만약 사정邪正과 시비是非가 흑백黑白
처럼 뚜렷이 구별되면, 성인이 굳이 변별하지 않아도 된다. 낯빛은 근엄하
나, 속은 흐물흐물하여 바른 것 같지만 바르지 않고, 향원은 덕인 것 같지
만 덕이 아니다. 임금이 이것을 변별할 줄 알면, 시비를 혼동하지 않게 된
다. 〈범조우〉

무릇 향원의 학이란 그 시비와 흑백이 하나같이 세상이 좋다고 하면 이에 따르는 것을 위주로 한다. 분명히 그것이 옳은 줄 알면서도 여러 사람이 아니라고 하면 따라서 아니라고 하고, 분명이 그것이 검은 줄 알면서도 여러 사람이 희다고 하면 따라서 희다고 하고, 경전을 말하면 선성先聖을 사모하지 않고 오직 주석만 으뜸으로 하고, 예를 논하면서 바른 제도를 구하지 않고 오직 풍속만 따르고, 새로운 뜻을 들으면 비웃고는 스스로 바른 것이라고 내세워 방류傍流에 돌아가고, 작은 관직을 주면 이를 양보하여 겉으로는 겸손한 듯이 보이나 욕심은 큰 것을 얻는 데에 있고, 행하는 일을 점검하면 별로 허물을 잡아낼 만한 것이 없으나 심술을 가만히 살펴보면 비루하다고 여기지 않을 수 없으니, 종신토록 배워도 함께 요순의 경지에 들어갈 수 없다. 무릇 이러한 자들은 모두 공자의 이른바 향원이다. 〈다산〉

한자 해설

• 鄕향은 식기를 두고 양옆에 앉아있는 사람(→ 食, 饗)의 모습으로 시골鄕稱善人, 행정 구역五州爲鄕 使之相賓, 고향富貴不歸故鄕 如衣繡夜行, 곳于此中鄕, 동료故君子之朋友有鄕, 향하다樂行而民鄕方, 음향如影鄕之應形聲也, 접때鄕也吾見於夫子而問知 등으로 쓰인다. 주자: 鄕이란 비속鄙俗하다는 뜻이다. 다산: 鄕이란 향向이다. 옛날에 장인匠人이 국도國都를 측량해 경영할 때, 그 구역을 9등분하여 중앙에는 왕궁을 만들고, 앞에는 조정, 뒤에는 저자, 좌우의 육향六鄕은 동서로 서로 향하게 하였기에 이를 鄕이라 했다. 향이란 경도京都의 방곡坊曲이니, 어찌 비루함이 있겠는가?

• 原원은 厂(기슭 엄)+泉(샘 천)의 회의자로 언덕의 물길의 시작되는 곳으로 평원平原, 기원竅仁義之原, 原泉, 시초道之大原 出於天, 처음부터陰夷原不滯胸中, 찾다原始要終, 고지식하다一鄕皆稱原人焉, 鄕原, 근본을 캐어 추론하는 글原道로 쓰인다. 원愿은 原(근원 원)+心(마음 심)의 형성자로 삼가다愿而恭, 성실하다 등으로 쓰인다. 주자: 原은 愿(삼갈 원)과 같다. 『순자』의 '원각原愨(공손하고 성실함)'의 주석에서 '원愿으로 읽는다'고 한 것이 그 예이다. 향원은 별로 견식이 없는데 원原(성실함)이라고 부르는 것은

참으로 꼭 성실하기 때문이 아니라, 비루하고 세속을 따르는 사람일
뿐이기 때문이다.

- 賊_적은 鼎(솥 정)+戈(창 과)의 회의자로 맹서 혹은 규율을 어긴 사람으로
도둑賊盜如豺虎, 해치다賊夫人之子, 죽이다寇賊姦宄, 학대하다賊賢害民 則
伐之, 헐뜯다稱人之惡 謂之賊, 역적逆賊(誅賊臣辟陽侯), 원수上障看賊로 쓰
인다. 주자: 향원이란 남을 위해 잘하기 때문에 사람들이 모두 칭찬하
지만 그 끝없는 재앙이 있음을 모른다. (여기서의) 적賊 자는 (다음 장
의) 기棄 자와 함께 보면 효과적이다. 향원은 오직 남의 비위를 맞추면
서 환심을 사려고 할 줄만 안다. 아주 사이비이기 때문에 사람이 모두
칭찬한다. 그래서 덕의 적이다. 길에서 듣고 길에서 떠드는 사람은 들
으면 곧 말해 버리고 내면에 축적하지 않는다. 마음에 저장하지 못하
니, 몸으로 실천하지 못한다. 이것이 덕의 버림이다. 다산: 향원은 한
고을의 이른바 원인愿人이다. 적賊은 대도大盜이니, 외모로만 위험이
있는 것은 소도小盜임을 밝힌 것이다.

17.14 子曰 道聽而塗說이면 德之棄也니라
자 왈 도 청 이 도 설　　덕 지 기 야

공자께서 말씀하셨다. "길道에서 듣고서聽而 길塗에서 말해 버리면說, 덕
을德之 버리는 것이다棄也."

길에서 듣고 길에서 말해버리는 자는 듣기만 하면 곧바로 말해버려 다시는
축적하지 못하니, 이미 마음에 그것을 가지지도 못하고 몸에 행하지도 못한
다. 이는 덕을 버리는 것이다. 그런 까닭에 '덕을 버린다'고 말했다. 〈주자〉

한자 해설
- 道_도는 辶(쉬엄쉬엄 갈 착)+首(머리 수)의 회의자로 물리적인 도로道路라는
의미에서 출발해 인간과 사물이 나아가 도달해야 할 목표나 목적을

의미한다. 나아가 우주 만물의 운동변화 과정과 운용원리를 의미한다.

• 塗도는 土(흙 토)+涂(칠할 도)의 형성자로 강 주변에 진흙坐於塗炭, 塗泥, 칠하다臺榭不塗, 塗料, 길거리遇諸塗, 塗說, 더럽히다以塗吾身로 쓰인다.

다산: 봇도랑澮 위를 도道라 하고(『주례』「수인」에서 말했다. 천부千夫에는 회澮가 있다), 도랑洫 위를 도涂라 한다(「수인」에서 말했다. 백부百夫에는 혁洫이 있다). 도塗는 涂도와 통한다. 회澮의 도랑 위에서 듣고 혁洫의 도랑 위에서 말하는 것은, 말을 참지 못하고 갑자기 그 말을 듣고는 바로 퍼뜨리는 것을 말한다. 말을 삼가지 못하고 이런 지경에 이르면 덕에서 가장 천하여, 비루해서 버려지게 된다.

• 德덕은 만물이 하늘로부터 품부 받고 태어난 것으로 우리가 도를 행할 때 마음에 체득되는 것行道而得於心者, 혹은 곧은直 마음心으로 타고난 본성을 잘 실현하는 행위(行: 德=直+心+行) 즉 곧은 마음으로 인간의 길을 잘 가는 것이다. 바로 이 점에서 공자는 도에 뜻을 두고, 덕에 의거하여야 한다고 말했다.

• 棄기는 木(나무 목)+弃(버릴 기)의 회의자로 양죽은 아이를 바구니에 담에 버리다棄兒, 그만두다棄稷不務, 꺼리어 멀리하다棄妹不仁也, 내쫓다, 잊다其庸可棄乎로 쓰인다.

17.15 子曰鄙夫는 可與事君也與哉아 其未得之也에 患得之하고
자 왈 비 부　가 여 사 군 야 여 재　기 미 득 지 야　환 득 지

旣得之하여는 患失之하나니 苟患失之면 無所不至矣니라
기 득 지　　患 失 之　　구 환 실 지　무 소 부 지 의

공자께서 말씀하셨다. "비루한 사람鄙夫과 같이與 임금君을 섬길事 수 있겠는가可也與哉? 그其 아직 얻지得之 못하면未也 얻으려得之 근심患하고(얻지 못할까 근심하고), 이미旣 얻고 나서는得之 잃을까失之 근심患한다. 진실로苟 잃을까失之 근심患한다면, 하지 않는 것所不至이 없을 것이다無矣."

자로가 공자에게 물었다. 군자 또한 근심이 있습니까? 공자께서 말씀하셨다. 없느니라. 군자가 수행修行하다가 그 작록을 얻지 못하였으면 그 뜻을 즐기고, 이미 작록을 얻었으면 또한 그 정치를 즐기니, 이런 까닭으로 종신의 즐거움은 있지만 하루의 근심도 없다. 소인은 그렇지 않아, 작록을 얻지 못하였으면 삭록을 얻지 못한 것을 근심하고, 이미 작록을 얻었으면 또한 잃을까 근심하니, 이런 까닭으로 종신의 근심은 있으되 하루의 즐거움도 없다. - 『공자가어』, 「재액在厄」

한자 해설

- 鄙비는 邑(고을 읍)+啚(인색할 비)의 회의자로 읍邑의 변두리로 두메伐我西鄙, 마을縣鄙, 식읍以入則治都鄙, 나의 겸칭鄙見, 鄙孫, 鄙夫, 비루함在位貪鄙, 고집세다鄙哉予乎, 질박하다焚符破璽 而民朴鄙, 천하게 여기다夫猶鄙我, 천한 사람賞鄙以招賢 등으로 쓰인다. 주자: 비부鄙夫는 용렬하고 악랄하고 더럽고 졸렬한 자의 칭庸惡陋劣之稱이다.

- 得득은 彳(조금 걸을 척)+貝(조개 패)+寸(마디 촌)에서 조개 화폐貝를 손寸으로 줍는 모양으로 차지함求則得之 舍則失之, 아이를 낳다得男, 만족하다意氣揚揚 甚自得也, 깨닫다吾聞之矣, 들어맞음應而后得, 고맙게 여기다所識窮乏者得我與, 탐냄戒之在得으로 쓰인다. 다산: 얻고 잃는 것得失은 녹봉과 직위이다祿位.

17.16 子曰 古者에 民有三疾이러니 今也엔 或是之亡也로다
자왈 고자 민유삼질 금야 혹시지무야

古之狂也는 肆러니 今之狂也는 蕩이오 古之矜也는 廉이러니
고지광야 사 금지광야 탕 고지긍야 염

今之矜也는 忿戾오 古之愚也는 直이러니 今之愚也는 詐而已矣로다
금지긍야 분려 고지우야 직 금지우야 사이이의

공자께서 말씀하셨다. "옛적古者에는 백성民들에게 세 가지 질병三疾이 있었는데有, 지금今也은 혹或 이마저도是之 없는 듯하다亡也. 옛적의古之

광자는狂也 얽매이지 않았지만肆, 지금의今之 광자는狂也 방탕蕩하다.
옛적의古之 긍자는矜也 행동에 방정하여 모가 났지만廉, 지금의今之 긍
자는矜也 분노하고 어그러졌다忿戾. 옛날의古之 우자는愚也 곧았지만直,
지금의今之 우자는愚也 속일 따름이다詐而已矣."

옛적에 질병이라 하던 것이 지금은 또한 그것마저도 없으니, 풍속이 더욱
야박해진 것을 아파하신 것이다.〈주자〉

삼질三疾이란 광狂·긍矜·우愚이다. '혹 이마저도 없는 듯하다或是之亦亡'는
세상이 더욱 쇠퇴하였음을 개탄한 것이다. 〈다산〉

- 疾질은 疒(병들 녁)+矢(화살 시)의 회의자로 사람이 화살에 맞아 누워있
  다는 뜻으로 질병若藥弗暝眩 厥疾弗瘳, 불구鰥寡孤疾, 흠中諸侯之疾, 앓다
  昔者疾 今日愈, 고생하다使民疾輿, 미워하다夫撫劍疾視 등으로 쓰인다. 주
  자: 기氣가 그 화평함을 잃으면 질이 된다失其平則爲疾. 그러므로 기품
  氣稟이 치우친 것偏者 또한 질疾이라 한다.
- 狂광은 犭(개사슴록변)+王(임금 왕)의 회의자로 얼빠지다昻以是狂而不信也,
  상규를 벗어나다幼而狂, 경솔하다其蔽也狂, 허둥거리다狂顧南行, 가다我
  其發出狂, 어리석음狂者 下愚之稱, 한 가지 일에만 골똘한 사람映畵狂, 뜻
  은 높고 행동이 소략한 사람不得中行而與之 必也狂狷乎을 뜻한다. 주자:
  狂이란 뜻하고 바라는 것이 너무 큰 것志願太高이다.
- 肆사는 镸(길 장)+隶(미칠 이)의 회의자로 방자하다寧貧賤而輕世肆志焉, 거
  리낌 없이 말하다古之狂也 肆, 진열함肆 大夫之幣 侯于郊爲肆로 쓰인다.
  포함: 肆는 뜻을 다해 과감히 말함極意敢言이다(남을 침범함이 많음多抵觸人
  이다: 형병). 주자: 肆는 작은 절도에 구애되지 않음不拘小節을 말한다. 다
  산: 肆는 내면에는 지킴이 있는데 밖으로 방자한 것이다中有守而外恣也.
- 蕩탕은 艸(풀 초)+湯(끓일 탕)의 형성자로 쓸어 없애다蕩天下之陰事, 움직

이다天下不能蕩, 흩어지다今我民用蕩析離居, 제멋대로 함放蕩: 今之狂也
蕩, 평탄하다魯道有蕩, 깨뜨림幽王蕩以爲魁陵糞土溝瀆 등으로 쓰인다. 공
안국: 蕩은 의거하는 바가 없음無所據이다(너무 방랑太放浪하는 것이다: 형
병). 주자: 蕩은 넘지 말아야 할 문지방(예의禮義)을 넘는 것踰大閑이다.
다산: 蕩이란 내면에 수장이 없어 밖으로 행동이 붕괴되는 것이다中無
主而外壞也.

- 矜긍은 矛(창 모)+今(이제 금)의 형성자로 창矛으로 상대를 찔러 불쌍히
여기다吾聞之 君子見人之厄, 괴로워하다爰及矜人, 아끼다不矜細行 終累大
德, 위태함居以凶矜, 공경하다皆有所矜式, 자랑하다不矜而莊, 엄숙하다君
子矜而不爭, 스스로 삼가다矜矜, 홀아비至于矜寡로 쓰인다. 주자: 矜이란
지키는 것이 지나치게 엄격한 것持守太嚴이다. 다산: 矜은 마땅히 견獧
으로 되어야 한다(견獧이 잘못되어 환鰥되었고, 또한 긍矜이 되었다).

- 廉렴은 广(집 엄)+兼(겸할 겸→렴)의 형성자로 본래 집안의 모퉁이, 모난
성격의 사람苦之務也廉, 소신대로 사는 사람으로 청렴淸廉(朕幼淸以廉潔
兮), 검소하다不以廉爲悲, 간략하다其業廉而事侠, 날카롭다其器廉以深, 곧
다殺君以爲廉로 쓰인다. 주자: 廉은 뾰족한 모서리가 있어 험하고 날카
로운 것稜角陗屬을 말한다. 다산: 廉이란 모서리가 뾰족한 것이니 행동
이 바른 것을 따르는 것이다陵角陗屬.

- 忿분은 分(나눌 분)+心(마음 심)의 회의자로 찢어진 마음으로 성내다身有
所忿懥, 원망하다懲違改忿兮, 가득함忿滀之氣 등으로 쓰인다.

- 戾려는 戶(지게 호)+犬(개 견)의 회의자로 개가 몸을 굽혀 문 아래로 나
오는 모양으로 어그러지다(違戾: 自以行無戾也), 사납다暴戾無親, 이르다
翰飛戾天, 안정하다民之未戾, 배반하다猛貪而戾, 탐하다虎者戾蟲로 쓰인
다. 공안국: 분려忿戾란 분노하여 사리를 거스름이 많음을 말한다. 주
자: 분려忿戾는 다툼에 이르는 것이다. 다산: 분려忿戾란 언행이 어그러
져言行乖悖 도리에 위배되는 것이다違於理也.

- 愚우는 禺(원숭이 우)+心(마음 심)의 회의자로 원숭이의 생각이란 뜻으로

시비를 가리지 못하다靡哲不愚, 정직하여 고지식하다柴也愚, 어리석은 사람嚇愚欺庸, 자기의 겸칭愚不識方今夷狄之憂爲末 등으로 쓰인다. **주자:** 愚는 어두워 밝지 못한 것暗昧不明이다.

- 直직은 目(눈 목)+十(열 십)+乚(숨을 은)의 회의자로 굽은 데가 없다其直如矢, 굽히지 않다骨直以立, 바름愛得我直, 공정하다王道正直, 꾸미지 않다尤簡直, 바른 길友直, 바로잡다正直是與 등으로 쓰인다. **주자:** 直은 곧 바로 자신의 뜻을 행하는 것徑行自遂이다. **다산:** 直이란 깨끗하고 꾸밈이 없으면서 꾀가 없는 것이다坦率而無謀也.

- 詐사는 言(말씀 언)+乍(잠깐 사=作: 만들어내다)로 말을 거짓으로 만들어 속이다匿行曰詐, 기롱하다掎契司詐, 말을 꾸미다繁戰之君 不足於詐, 문득詐戰不日으로 쓰인다. **주자:** 詐는 사사로움으로 망령되이 행하는 것挾私妄作이다. **다산:** 詐란 무지하면서도 성실하지 못한 것이다倥侗而不愿也.

17.17 子曰 巧言令色이 鮮矣仁이니라
자 왈 교 언 영 색　　선 의 인

공자께서 말씀하셨다. "말을 교묘巧하게 잘 하고, 낯빛色을 잘 꾸미는 슈 자는 인仁함이 드물다鮮矣."

교언巧言은 진실성이 없고無實, 영색令色은 실질이 없는 것이다無質. 〈왕숙〉

이 장은 「학이」(1.3)편과 같다. 제자들이 각각 들은 바를 기록하였기 때문에 거듭 나왔다. 〈형병〉

17.18 子曰 惡紫之奪朱也하며 惡鄭聲之亂雅樂也하며
자 왈 오 자 지 탈 주 야　　오 정 성 지 난 아 악 야

惡利口之覆邦家者하노라
오 이 구 지 복 방 가 자

공자께서 말씀하셨다. "(간색인) 자색이紫之 (정색인) 주朱색을 빼앗는
奪 것을 미워하며惡也, 정성이鄭聲之 아악(雅樂=정악正樂)을 어지럽히는亂
것을 미워하며惡也, 구변이 좋은 사람이利口之 방가邦家를 전복覆하는 것
을 미워한다惡."

주색朱色은 염담淡하지만 자색紫色은 농염豔하니, 자색이 주색과 함께 진설
되면 결단코 주색을 압도한다. 아성雅聲은 바르지만正 정성鄭聲은 음란淫하
니, 아성과 정성이 함께 연주되면 결단코 (정성이) 아성을 압도한다. 말재
주를 부리는 사람利口之人이 시비是非를 변란變亂하는 것은 바로 주색을 탈
취하는 것과 아성을 어지럽히는 것과 대비된다. 나라와 가문을 전복시킨
다覆邦家는 것은 한 걸음 미루어 나아가 설명한 것이다. 〈임차애林次厓〉

천하의 이치는 올바르면서 승리하는 경우는 항상 적고 올바르지 않으면
서 승리하는 경우가 항상 많으니, 성인께서 미워하셨다. 말재주를 부리는
사람은 옳은 것을 그르다하고 그른 것을 옳다 하고, 현자를 불초자라 하고
불초자를 현자라 한다. 군주가 진정으로 그런 자를 기뻐하여 신임한다면
나라가 엎어지는 것도 어렵지 않다. 〈범조우〉

한자 해설

공안국: 주朱는 정색正色이다. 자紫는 간색間色의 좋은 것이다. 부정(邪=不
正)한 간색을 좋아하여 정색正色을 빼앗은 것을 미워한 것이다. 정성鄭
聲은 음란한 성조가 애절한 것淫聲之哀者이다(포함). 구변이 좋은 사람利
口之人은 말은 많으나 성실성이 부족하니, 진실로 당시 군주에게 아첨
하여 환심을 살 수 있으면, 나라를 전복시킬 수 있다.

주자: 주朱(붉은색)는 정색이고, 자紫(자주색)는 중간 색間色이다. 아雅는 올
바름正이고, 이구利口는 민첩하게 대꾸함捷給이고, 복覆은 기울어 망함

404

傾敗이다.

다산: 주朱는 정색正色으로 담백淡하고, 자紫은 간색間色으로 요염艶하기 때문에 사람들은 자색紫을 취하니, 이것이 주색이 자색에게 빼앗기는 것이다. 정성鄭聲은 속악俗樂이니, 난쟁이들이 원숭이처럼 남녀가 뒤섞여, 나아갈 때도 몸을 구부리고 물러갈 때도 몸을 구부려 춤추면서 연주하는 간사하고 음란함이 넘치는 소리이다.(『예기』「악기」) 아악雅樂은 바르면서 성글고 느슨하며正而疏緩, 정성은 음란하면서 애절하고 절실淫而哀促하다. 그러므로 사람들은 정성鄭聲을 취하면, 이는 아악雅樂이 정성鄭聲에 의해 어지럽혀지는 것이다. 구변이 좋은 것利口은 마치 자줏빛이 붉은빛을 빼앗고, 정성이 아악을 어지럽히는 것처럼 시비를 뒤바꾸고 어진 이와 사악한 이를 뒤바꾸어 전복케 한다. 천자 · 제후는 방邦이라 하고, 경 · 대부는 가家라 한다.

- 紫자는 此(이 차)+糸(가는 실 사)의 형성자로 『설문』에서는 '푸른색과 붉은색의 간색青赤色이다.'고 했는데 자주색紫煙滿室, 자주빛 의관懷金垂紫, 신선 · 제왕이 사는 빛깔紫宮, 紫禁을 말한다. **다산:** 紫는 붉은 색과 검은 색의 간색赤黑色이다.

- 奪탈은 衣(옷 의)+隹(새 추)+寸(마디 촌)의 회의자로 품안의 새가 도망가다, 떠나다精氣奪則虛也, 잃다勿奪其時, 빼앗다襲奪齊王軍로 쓰인다.

- 朱주는 木(나무 목)+丿(삐침 별)의 지사문자로 『설문』에서는 본래 적심목赤心木이라 불리는 나무를 뜻하였다. 붉은 색朱色, 붉은 색을 지닌 물건, 나무 이름朱木 등으로 쓰인다.

- 雅아는 牙(어금니 아)+隹(새 추)의 형성자로 본래 갈까마귀鴉를 말했지만, 그 소리에 의해 우아優雅하다, 고상하다容則秀雅, 아름답다雍容閑雅甚都, 바르다言皆合雅, 본디雍齒雅, 크다雅量谿然, 시경 육의六義의 하나로 인신하여 시문時文 또는 문사文士로도 쓰인다. 그리고 아언雅言(=爾雅, 廣雅)이란 표준말 혹은 평소에 하는 말이며, 아악雅樂이란 정아正雅한 음악이란 뜻이며, 본래 주周에서 궁중의 제사음악을 말했다.

• 覆복은 襾(덮을 아)＋復(돌아올 복: 성城을 나갔던 사람이 다시 돌아오는 모습)의 회의자로 반전하다沐則心覆, 망하다國覆國事, 넘어뜨리다鼎折足覆公餗, 반대로覆出爲惡, 덮어 싸다, 덮개華蓋羽覆로 쓰인다.

17.19 子曰 予欲無言하노라
자왈 여욕무언

子貢이 曰 子如不言이시면 則小子何述焉이리잇고
자공 왈 자여불언 즉소자하술언

子曰 天何言哉시리오 四時行焉하며 百物이 生焉하나니
자왈 천하언재 사시행언 백물 생언

天何言哉시리오
천하언재

공자께서 말씀하셨다. "나予는 어떠한 말도 하지 않고자無言 한다欲." 자공子貢이 말했다曰. "선생님子께서 말씀言을 하지 않으신다면如不則, 저희小子들이 무엇何으로 전술하겠습니까述焉?" (공자께서) 말씀하셨다. "하늘天이 무슨何 말을 하던가哉? 사계절四時이 운행하고行焉 만물百物이 생장하는데生焉, 하늘天이 무슨何 말들을 하던가哉?"

사시四時의 절기가 번갈아 갈마들고 온갖 것들이 모두 사시에 의존하여 생장하는데, 하늘이 일찍이 어떤 언어나 교령이 있었던가? 사람의 경우도 말이 없고, 단지 그 실천만 있는 것이 또한 좋지 않겠는가라고 비유했다. 〈형병〉

배우는 자들이 대부분 언어로 성인을 관찰하고, 천리天理가 유행하는 실상이 말씀을 기다리지 않고도 나타나고 있음을 살피지 못한다. 이런 까닭에 한갓 그 말씀만 듣고 말씀하신 까닭을 알지 못한다. 그러므로 이 말씀을 하시어 경계하셨다. 자공은 바로 언어로써 성인을 살핀자인 까닭에 의문이 생겨 질문했다. 사계절이 운행하고 만물이 생장하는 모든 것이 천리天理가 발현하고 유행하는 실상이니, 말씀을 기다리지 않고도 볼 수 있다. 성인의 모든 행동거지가 오묘한 도와 정밀한 의리의 발현으로 또한 하늘일 따름이니, 말을 기다려 드러나는 것이겠는가? 이 또한 자공에게 절실하게 열어 보여주신 것인데, 애석하게도 그는 끝내 깨닫지 못하였다. 〈주자〉

한자 해설

• 天천은 머리가 돌출된─ 사람人의 형상으로 위대偉大한 사람을, 위대한 사람이 사후에 거주하는 장소인 하늘(大+─=天), 그리고 그 하늘에 거주하는 신神을 상징했다. 돌출된 머리를 형상했다는 점에서 천天은 고원高遠·광대廣大·존재尊大를, 그리고 가치론적으로 존경尊敬·외경畏敬의 대상으로 그 의미가 점차 확장되었다. 『설문』에서는 "천天은 정수리顚로서 지극히 높고 필적할 만한 것이 없다至高無對. 일─과 대大자의 결합으로 사람이 머리 위에 이고 있는 장소이다人所戴."고 하였다. 『석명』에서는 "천天이란 탄연坦然·고원高遠한 것이다."고 설명하였다. 학자들은 다양한 문헌에 나타난 천天 관념을 물질천, 자연천, 주재천, 운명천, 의리천, 조생천造生天, 재행천載行天, 계시천啓示天, 심판천審判天 등으로 세분한다. 천天자는 현존하는 가장 오래된 문자인 갑골문甲骨文부터 등장하지만, 정치사회적으로 중요한 의미를 지닌 개념으로 등장하는 것은 기원전 11세기~ 기원전 2세기인 은말주초殷末周初였다. 『논어』에서 '천天'자는 (天命과 天道는 포함하되, '天下와 天子'를 제외하면) 도합 22회 출현하며, 이 가운데 공자의 말로 기록된 것은 10문장 (16회)에 불과하다. 백성을 교화하는 데에 있어 언어는 말단에 해당한다. 주자는 천을 곧이치이다天卽理로 해석하였다. 이에 대해 다산 정약용은 "가르치고 깨우침에 입술이 수고롭고 혀가 닳도록 말해도 오히려 따르지 않는 백성이 있다. 묵묵히 몸소 행하고 행사에서 보여주기만 해도, 오히려 감동하는 백성이 있다. 단지 천도天道로써 증험하면, 일월성신이 운행하여 사계절이 어긋나지 않고, 풍뢰風雷와 우로雨露가 베풀어져 온갖 만물이 번성해가는 것 또한 묵묵히 스스로 주재할 따름이다. 단지 이치理의 발현으로 말한다면, 이치는 지각이 없으니, 비록 말

하고자 하여도 말할 수 있겠는가? 또한 자공은 언어로써 성인을 보았다는 명확한 증험도 없고, 자공이 끝내 깨닫지 못하였다는 실증도 없다. 그런데도 혀를 차고 탄식하며, 마치 하우下愚로서 미혹되어 변할 줄 모르는 자인 것처럼 간주하였으니, 이 또한 지나치다."고 말한다.

• 述술은 辵(쉬엄쉬엄 갈 착)+朮(차조 출)의 형성자로 길을 가며 곡물을 팔며 말하는 것에서 유래하여 저술, 거듭 말하다不述命, 설을 이어 논술함述而不作,祖述, 뜻을 풀이함識禮樂之文者能述, 밝히다述職方以除九丘, 기록前人之述備矣, 문체의 하나(언행의 기록)로 쓰인다. **다산:** 術은 (전수받은 것을) 따르고 전함이다循而傳也(남에게 받아서受之於人 남에게 전하는 것傳於人이다).

17.20 孺悲欲見孔子어늘 孔子辭以疾하시고
유 비 욕 견 공 자　　공 자 사 이 질
將命者出戶어늘 取瑟而歌하사 使之聞之하시다
장 명 자 출 호　　취 슬 이 가　　사 지 문 지

유비孺悲가 공자孔子를 알현하고자欲見 하니, 공자孔子께서는 병을 핑계로以疾 사양辭하셨다. 장명자將命者가 지게문戶을 나서자出, 슬瑟을 타면서取而 노래를 불러歌 그로 하여금使之 듣게 하셨다聞之.

성인의 문하에서는 오는 자는 거절하지 않으니, 까닭이 있는 경우가 아니면 물리치는 경우가 없었다. 그러나 그 죄를 얻은 까닭이 무엇인지를 알 수 없다. 병을 핑계로 사절하신 것은 의義에 있어 마땅히 만나지 말아야 했기 때문이었고, 슬을 타고 노래하여 듣게 하신 것은 인仁에 있어 끊을 수 없기 때문이었다. 공자께서는 여기서 인과 의를 함께 행하셨으나, 서로 모순되지 않았다. 그러나 사람을 사랑하는 마음은 끝내 그치지 않으셨다. 〈경원 보씨〉

이는 맹자가 말한 '탐탁하게 여기지 않아 거절함으로써 깨닫게 하는 가르침不屑之敎誨'이니, 깊이 가르치는 방법이 된다. 〈정자〉

- 將장은 月(육달 월)＋寸(마디 촌)＋爿(나뭇조각 장: 몸을 의지하는 침대寢牀)의 형성자로 어린아이 혹은 노인의 팔꿈치를 이끄는 것으로 인솔자斬將刈旗, 거느리다將軍擊趙, 보내다百兩將之, 나아가다日就月將, 전진시키다無將大車, 전하여 줌請還贄於將命者, 좇다九夷賓將, 가지런히 하다或肆或將 등으로 쓰인다. 장명將命이란 명령을 받들어 행함, 양쪽 사이에서 말을 전함, 장수의 명령 등의 뜻이다. **형병**: 將은 봉奉과 같다. 봉명자奉命者는 주인의 말을 전하기 위해 출입하는 사람이다. **주자**: 장명將命은 빈객과 주인의 말을 전하는 것傳賓主之言이다.

- 戶호는 외닫이 문을 그린 상형자半門曰戶, 출입구不出戶知天下, 집戶口, 주민溫戶彊丁으로 쓰인다.

- 瑟슬은 珡(현악기 각)＋必(반드시 필→슬)의 형성자로 슬搏拊琴瑟, 많은 모양瑟彼柞棫, 엄숙하다瑟兮僩兮, 차고 바람이 사납다悲哉秋之爲氣也 蕭瑟兮, 쓸쓸하다瑟居, 선명한 모양瑟彼玉瓚, 바람소리瑟瑟 등으로 쓰인다.

  형병: 옛날에는 병환이 있으면 금슬琴瑟을 타지 않고, 철徹해 둔다.(『의례』「사상례」) 비파를 타면서 노래를 부른 것은 병이 없음을 밝힌 것이다. 유비孺悲가 듣도록 한 것이다

17.21 宰我問三年之喪이 期已久矣로소이다
재 아 문 삼 년 지 상   기 이 구 의

君子三年을 不爲禮면 禮必壞하고 三年을 不爲樂이면 樂必崩하리니
군 자 삼 년 을 불 위 례   예 필 괴   삼 년 을   불 위 악   악 필 붕

舊穀이 旣沒하고 新穀이 旣升하며 鑽燧改火하니 期可已矣로소이다
구 곡 이 기 몰   신 곡 이 기 승   찬 수 개 화   기 가 이 의

子曰 食夫稻하며 衣夫錦이 於女에 安乎아 曰 安하이다
자 왈 식 부 도   의 부 금 이 어 여   안 호 아 왈 안

女安則爲之하라 夫君子之居喪에 食旨不甘하며
여 안 즉 위 지   부 군 자 지 거 상   식 지 불 감

聞樂不樂하며 居處不安故로 不爲也하나니 今女安則爲之하라
문 악 불 락   거 처 불 안 고   불 위 야   금 여 안 즉 위 지

宰我出커늘 子曰 予之不仁也여 子生三年然後에
재 아 출　　자 왈 여 지 불 인 야　　자 생 삼 년 연 후

免於父母之懷하나니 夫三年之喪은 天下之通喪也니
면 어 부 모 지 회　　　　부 삼 년 지 상　　천 하 지 통 상 야

予也有三年之愛於其父母乎아
여 야 유 삼 년 지 애 어 기 부 모 호

재아宰我가 물었다問. "3년의三年之 상喪은 1년期이면 이미己 (충분히) 오래입니다久矣. 군자君子가 3년三年이나 예禮를 강습하지 아니하면不爲 예禮가 반드시必 무너지고崩, 3년三年이나 악樂을 강습하지 않으면不爲 악樂은 반드시必 붕괴崩될 것입니다. (1년이면) 묵은 곡식舊穀은 이미己 다하고沒, 새 곡식新穀이 이미己 익고升, 나무를 뚫어鑽燧 불씨火(불씨로 쓰는 나무)를 (계절마다) 바꾸니改, 1년期으로 그쳐己도 괜찮을 것니다可己矣?" 공자께서 말씀하셨다. "(부모의 초상에) 저夫 쌀밥稻을 먹고 저夫 비단錦을 입는 것이 네게於女 편안한가安乎?" (재아가) 말하였다曰. "편안安합니다." (공자께서 말씀하셨다.) "네女가 편안하면安則, 그렇게 해라爲之. 대저夫 군자는君子之 상중에 있으면居喪 맛있는旨 음식을 먹어도食 달지 않고不甘, 음악樂을 들어도聞 즐겁지 않고不樂, 거처居處가 편안하지 않다不安. 그러므로故 하지 않는 것이다不爲也. 지금今 네女가 편안하면安則 그렇게 해라爲之也." 재아宰我가 나가자出, 공자께서 말씀하셨다. "재여의予之 불인함이여不仁也! 자식子은 태어나生 3년三年이 지난 뒤에야然後 비로소 부모의 품에서於父母之懷 벗어난다免. 대저夫 삼년의三年之 상喪은 천하의天下之 공통된 상례이다通喪也. 재아는予也 그其 부모에게서於父母 3년의 사랑三年之愛이 있었을 터인데有乎!"

(재아의 말은) 상을 치르는居喪 동안 예악을 익히지 않아 붕괴될 것을 우려한 것이다. 1주년期年이면 하늘의 운행이 한 바퀴 돌아 계절의 사물이 모두 변하니, 상례 또한 1년에 이르면 그쳐도 된다는 말이다.

공자께서는 재아가 마음에서 돌이켜 구하여 스스로 차마 그러하지 못하는

이유를 깨닫기를 바라셨다. 그런 까닭에 이 질문을 하셨는데, 재아는 살피지 못했다. (공자께서) 처음에 '네가 편안하면, 그리하라'고 말씀하신 것은 끊으시는 말씀이지만, 또 차마 그렇게 하지 못하는 이유를 말씀하시어 그 살피지 못함을 경계하시고 거듭 '네가 편안하다면 그리하라'고 말씀하시어 깊이 꾸짖으셨다.

재아가 이미 나가자, 공자께서는 그가 진짜로 편안히 여겨도 된다고 생각해 마침내 그렇게 행할까 걱정하셨던 까닭에 그 근본을 깊이 탐색해 (재아의 잘못된 생각을) 물리치셨다. 재아가 불인不仁한 까닭에 부모를 사랑함이 그처럼 박절했다는 말씀이다. 또 군자가 부모에게 차마 그렇게 하지 못하고 상을 반드시 3년 치르는 까닭을 말씀하셔서 재아가 듣도록 하여 혹시라도 돌이켜 구함으로써 마침내 그 본심을 얻을 수 있도록 하신 것이다. 〈주자〉

한자 해설

• 期기는 其(그 기)+月(달 월)의 형성자로 달의 주기週期처럼 일정한 기간이 되면 되돌아오는 돌期可已矣, 정하다期死非勇也, 약속하다期約, 기대하다刑期于無刑, 기회失期, 기한萬壽無期, 일주야叔孫旦而立 期焉, 어조사實維何期로 쓰인다. **주자**: 期는 1주년周年이다.

• 壞괴는 土(흙 토)+褱(품을 회: 옷에 눈물을 흘리는 모습)의 형성자로 흙이 무너짐禮必壞, 崩壞, 무너뜨리다魯恭王壞孔子宅, 앓다譬彼壞木로 쓰인다.

• 穀곡은 禾(벼 화)+殼(껍질 각)의 회의자로 벼의 껍질을 벗기는 모습으로 양식의 총칭百穀用成, 좋다穀旦于差, 기르다民莫不穀, 녹봉邦有道穀 등으로 쓰인다.

• 沒몰은 水(물 수)+殳(몽둥이 수)의 회의자로 물에 빠져 잠김沈沒, 끝남曷其沒矣, 죽음包犧氏沒 神農氏作, 없다怡沒有枝葉花實, 지나치다君子不以美沒禮, 강제로 빼앗음沒入 등으로 쓰인다. **주자**: 沒은 다하여 없어지는 것盡이다.

• 升승은 구기로 물건을 떠올리는 것爲銅升用頒天下을 나타내는 지사문자로 용량의 단위龠十爲合 合十爲升, 피륙의 날을 세는 단위(새)冠六升, 승괘巽下坤上, 오르다攝齊升堂, 바치다升觴擧燧, 번영하다道有升降, 곡식이

<u>익음</u>, 이루어지다男女無辨則亂升로 쓰인다. **주자**: 升은 (곡식이) 익은 것이다登.

- 鑽찬은 金(쇠 금)+贊(도울 찬)의 형성자로 강철로 만든 끌利汝椎與鑽, 구멍을 내다堅不可鑽, 깊이 연구하다鑽之彌堅, <u>부싯돌과 마주 쳐서 불을 일으키는 쇳조각</u>隊具火鑽으로 쓰인다.

- 燧수는 火(불 화)+遂(이룰 수)의 형성자로 <u>불을 일으키는 부싯돌</u>鑽燧改火期可已, 石燧, 木燧, 횃불幽王爲烽燧, 봉화攻烽燧, 불을 취하다薰燧而負鹿로 쓰인다. <u>찬수개화</u>鑽燧改火란 계절이 바뀔 때마다 적합한 나무를 써서 불씨는 얻는 것을 말한다. **형병**: 나무를 뚫어 불을 내는 것을 수燧라고 한다(다산: 찬鑽은 착穿이다). **주자**: 燧는 불씨를 얻는 나무이다取火之木也. 개화改火란 봄에는 느릅나무나 버드나무의 불을 취하고, 여름에는 대추나무나 살구나무의 불을 취하고, 늦여름에는 뽕나무나 산뽕나무에서 불을 취하고, 가을에는 떡갈나무나 졸참나무에서, 겨울에는 회나무나 박달나무에서 불을 취하는 것으로, 이 또한 1년이면 한 바퀴 돈다. **다산**:『주례』에 봄에 불을 낸다(『사관』의 글이다)고 했으니, 1년 한 번 불을 바꾸었다.

- 己이는 태아의 출산이 이미 임박했다 혹은 巳를 거꾸로 한 자형으로 양기陽氣가 나와서 음기가 숨는다는 데에서 <u>그치다</u>雞鳴不已, 이미漢皆已得楚乎, 물러나다三己之, 매우不然則已慤, 반드시已然諾, 어조사 등으로 쓰인다. **주자**: 己는 그침이다止也. 1주년期年이면 하늘의 운행이 한 바퀴 돌아 계절의 사물이 모두 변하니, 상례 또한 1년에 이르면 그쳐도 된다는 말이다.

- 稻도는 禾(벼 화)+舀(퍼낼 요)의 지사문자로 <u>절구 속의 벼를 꺼내는 모습</u>으로 쌀을 일다(흔들어서 쓸 것과 못 쓸 것을 가려내다), 벼로 쓰인다.

- 錦금은 金(쇠 금)+帛(비단 백)의 회의자로 <u>수를 넣고 금박을 붙여 여러 빛깔로 무늬를 넣어 짠 비단</u>子有美錦, 아름답다錦鳥雲翔로 쓰인다.

- 旨지는 匕(숟가락 비)+입(口→日)의 회의자로 숟가락으로 음식의 맛을 보

412

다爾酒旣旨, 맛있는 음식食旨不甘, 의의語高而旨深, 천자의 의향奉使稱旨, 선미玉曰 旨哉로 쓰인다.

- 甘감은 口(입 구)에 가로획—을 더한 지사문자인데 입안에 들어온 맛있는 음식을 나타내어 달다, 맛이 좋다, 쾌하다, 좋다고 하다甘易牙之和, 즐기다甘酒嗜音, 甘與子同夢, 만족해하다甘心首疾, 맛좋은 음식爲肥甘不足於口歟로 쓰인다. 주자: 지旨는 단 음식이다甘也.

- 懷회는 心(마음 심)+裹(품을 회: 衣자 안에 눈과 눈물)의 회의자로 마음속에 정회를 가지다有女懷春, 마음, 생각, 정情(從懷如流), 편안히 하다願言則懷, 둘러쌈懷山襄陵, 이르다有懷于衛, 오다曷又懷止, 보내어 위로함懷之好音으로 쓰인다. 주자: 懷는 품에 안다抱이다.

- 通통은 辶(쉬엄쉬엄 갈 착)+甬(길 용: 고리가 있는 종)의 회의자로 텅 빈 종처럼 길이 뻥 뚫려있다는 의미로 꿰뚫다貫通, 두루 미치다孔墨博通, 널리 퍼지다四時和爲通正, 원활함血脈欲其通也, 통달함此不通乎兵者之論, 끊이지 않다往來不窮謂之通, 통용함不通寢席, 두루 앎聖人以通天下之志, 白虎通, 通論, 수미가 완결한 편장宜寫一通, 書信一通, 악기 한 조每通皆施三絃)로 쓰인다. 공안국: 통상通喪이란 천자로부터 서인에 이르기까지 공통된다는 말이다.

17.22 子曰 飽食終日하여 無所用心이면 難矣哉라
자 왈 포 식 종 일   무 소 용 심   난 의 재
不有博奕者乎아 爲之猶賢乎已니라
불 유 박 혁 자 호   위 지 유 현 호 이

공자께서 말씀하셨다. "배불리 먹고飽食 종일토록終日 마음心 쓰는 바所用가 없으면無, 어려울 것이다難矣哉. 장기와 바둑 두기가博奕者 있지 않는가不有乎? 그것之이라도 하는 것爲이 오히려猶 아무것도 하지 않는 것보다乎已 나을 것이다賢."

성인께서 사람들에게 장기나 바둑을 하라고 가르치신 것이 아니라, 마음 쓰는 데가 없어서는 안 된다는 것을 심하게 말씀하신 것이다. 〈이욱〉

(마음 쓰는 바가 없다는 것은) 의지도 없고 하는 일도 없이 해이하고 나태해서 생각을 운용해 나가서나 일에 힘을 다하는 것이 없는 것이다. 박혁博奕하는 사람은 마음을 고치면 유익할 일을 할 수 있지만, 원래 마음을 쓸 수 없는 자는 아무것도 함이 없는 데에서 끝난다. 〈다산〉

한자 해설

• 飽포는 食(밥 식)＋包(쌀 포)의 회의자로 포식하다無醉飽之心, 가득 차다耳飽從諫之說, 물리게 하다旣飽以德, 배불리 먹다飽食煖衣로 쓰인다.

• 心심은 심장의 상형자인데, 『설문』에서는 심장을 음양오행 중 토土에 해당하는 장기다. 고대 중국인들은 생각思이나 상상想이 머리가 아닌 심장에서 나온다고 생각했다. 마음心者 形之君 而神明之主也, 의지二人同心 其利斷金, 염통祭先心, 가슴西施病心, 도의 본원復其見天地之心乎, 별자리心宿로 쓰인다.

• 難난은 隹(새 추)＋堇(노란 진흙 근)의 형성자로 날개가 묶여 진흙 속에서 고통스러워하는 새에서 어렵다爲君難 爲臣不易, 근심君子以儉德辟難, 고통臨難毋苟免, 원수穀圭以和難, 꾸짖다於禽獸又何難焉 등으로 쓰인다. **채청**: 난의재難矣哉란 덕에 들어갈 수 없고, 끝내 환란과 재해가 있는 것을 겸해서 말했다. **다산**: 難矣哉란 것은 유익한 일을 하기 어렵다는 것이다.

• 博박은 十(열 십: 전부)＋尃(펼 부: 손으로 실타래를 푸는 모습)의 회의자로 모든 실을 펴다, 넓다君子博學於文, 너르다壤土之博, 두루 미치다博愛之謂仁, 넓히다博我以文, 도박, 노름함不有博弈者乎, 賭博을 뜻한다. 박보博譜는 장기 두는 법을 풀이한 책, 박희博戲는 도박을 말한다. **형병**: 博은 『설문』에 박簙으로 되어 있으니, 장기놀이局戲이다(6저六箸와 12기十二碁이다. 옛날에 조조烏曹가 만들었다). **주자**: 博은 장기놀이局戲이다.

414

- 奕혁은 亦(또 역)＋大(큰 대)의 형성자로 크다往小來奕, 익다萬舞有奕, 이어짐奕世載德, 바둑 혹은 노름의 뜻도 있다. 혁기奕棊는 바둑돌을, 혁추奕楸는 바둑판을 말한다. **형병**: 바둑圍碁을 혁奕이라 한다(『설문』에 혁弈은 입廾(스물)을 따랐으며, 긴 손을 공손히 하여 잡는 것을 말한다. 혁弈이라 칭한 것은 또한 그 바둑판에 알을 놓는다는 뜻을 취하였다). **주자**: 弈은 바둑圍棋이다.

- 賢현은 貝(조개 패)＋臤(구휼할 현)의 형성자로 재화를 잘 관리하고 남에게 잘 나누어 주는 재능 많은 신화로 재지才智와 덕행이 있다使仁者佐賢者, 아성의 재덕賢者 亞聖之名, 어진 사람野無遺賢, 착하다必以肆奢爲賢, 낫다某賢於某若干純로 쓰인다. **형병**: 賢은 나음勝이다

- 己이는 태아의 출산이 이미 임박했다 혹은 巳를 거꾸로 한 자형으로 양기陽氣가 나와서 음기가 숨는다는 데에서 그치다雞鳴不己, 이미漢皆已得楚乎, 물러나다르己之로 쓰인다. **주자**: 己는 그침이다止也.

17.23 子路曰 君子尚勇乎잇가 子曰 君子義以爲上이니
　　　　자 로 왈 군 자 상 용 호　　　자 왈 군 자 의 이 위 상

君子有勇而無義의면 爲亂이오 小人이 有勇而無義면 爲盜니라
군 자 유 용 이 무 의 면　　위 란　　소 인　　유 용 이 무 의 면　　위 도

자로子路가 말했다曰. "군자君子는 용맹勇을 숭상합니까尚乎?" 공자께서 말씀하셨다. "군자君子는 의를義以 최상上으로 여긴다爲. 군자君子가 용기勇가 있되有而 의리義가 없으면無 난亂을 일으키고爲, 소인小人은 용기勇가 있되有而 의리義가 없으면無 도둑盜이 된다爲."

의義를 숭상한다면 그의 용맹이 크다. 자로는 용맹을 좋아했기에 때문에, 공자께서 이렇게 말씀하시어서 그 잘못을 구제하여 주신 것이다. 〈윤돈〉

이 구절과 연관되는 것은 다음과 같다.

공자께서 말씀하셨다. "공손하지만 예가 없으면 피곤하고, 신중하지만 예가 없으면 두려워하고, 용감하면서 예가 없으면 난을 일으키고, 정직하면서 예가 없으면 급박하다." 子曰 恭而無禮則勞 愼而無禮則葸 勇而無禮則亂 直而無禮則絞 (8.2)

- **君子**군자는 군君(지도자가 신장을 잡고 의례나 정사를 주관하는 것)의 개념에서 파생되어 위로 천자로부터 정치를 주관하는 귀족계급 일반을 지칭하는 신분(지위)을 나타내었다. 공자 이전의 군자 개념은 신분의 의미를 다분히 내포하고 있었지만, 점차 귀족이 지녀야 할 덕목 혹은 책무가 부가되어 도덕적 품성을 지칭하는 용어로 전환되고 있었다. 『논어』에서 공자는 군자를 기성의 어떤 완성된 존재자가 아니라, 끊임없이 학문을 좋아하여 성인이 되기를 노력하는 존재이며, 자기를 정립하여爲己 모든 시비선악의 근원을 자기에게서 찾고 주체인 삶을 영위하며, 천명을 인식하고 천명이 부여한 인의예지와 같은 덕성을 구현하고, 행위의 준칙으로 의義를 지향하며, 마지막으로 자신을 수양하여 백성을 편안하게 해주는修己以安民 · 安百姓 역할을 수행하는 존재라고 정의했다. **주자:** '군자는 난을 일으키고君子爲亂 소인은 도적이 된다小人爲盜'는 것은 모두 지위로써以位 (군자와 소인을) 말한 것이다.
- **尙**상은 八(여덟 팔)+向(향할 향)의 형성자로 위로 무언가가 퍼져나가는 증가하다好仁者 無以尙之, 꾸미다尙之以瓊華, 숭상하다不尙賢 使民不爭, 높이다何謂尙志 曰仁義而已矣, 자랑하다不自尙其功 등으로 쓰인다. **주자:** 尙은 그것을 높이 올리다上之이다. **다산:** 尙이란 최상으로 여긴다以爲上이니, 최상으로 여김以爲上이 상尙이다.
- **勇**용은 甬(청동 종 용)+力(힘 력)의 회의자로 용감民勇於公戰, 과감함一槍之勇, 병사非一勇所抗 등으로 쓰인다. 여러 특수한 덕목들智仁勇 중의 하나이다.
- **義**의는 羊(양 양)+我(나 아: 손手+창戈)의 회의자로 『설문』에서는 '자기의

416

위엄威嚴 있는 거동으로 아양我羊을 따른다.'고 했으니, 곧 <u>인간 자신</u>
<u>의 선하고 착한 본성에서 나온 위엄 있는 행동거지威儀 혹은 정의正義</u>
<u>의 구현으로서의 의식과 형벌</u>이라는 의미를 지닌다.

- 上상은 하늘을 뜻하는 지사문자로 <u>위쪽天上</u>, 나은 쪽上品, 높은 쪽上官,
  표면海上, 임금主上, 처음上篇, 존장長上, 숭상하다上賢以崇德 등으로 쓰
  인다.

- 亂란은 위아래의 손爪,又이 가운데에 뒤죽박죽 엉켜있는 실무더기를
  푸는 모습으로 뒤섞여 혼잡함收敗亂之兵, 폭동 따위로 시끄러움制治於
  未亂, <u>반역하다亂臣賊子, 叛亂</u>, 어지럽히다不軌之臣…亂法, 어지러움을
  바로잡음予有亂臣十人 同心同德 등으로 쓰인다. **다산:** 난을 일으킴爲亂은
  이를테면 임금을 정벌하고 대부가 서로 죽이는 것과 같은 것이다.

- 盜도는 沇(침을 흘릴 연)+皿(그릇 명)의 회의자로 접시 속의 것을 먹고 싶
  어 군침을 흘리다, <u>훔치다, 도둑</u>, 비적匪賊, 도둑질 등을 말한다.

17.24 子貢이 曰君子亦有惡乎잇가 子曰 有惡하니 惡稱人之惡者하며
자공 왈 군자역유오호 자왈유오 오칭인지악자

惡居下流而訕上者하며 惡勇而無禮者하며 惡果敢而窒者니라
오거하류이산상자 오용이무례자 오과감이질자

曰賜也亦有惡乎아 惡徼以爲知者하며
왈사야역유오호 오요이위지자

惡不孫以爲勇者하며 惡訐以爲直者하노이다
오불손이위용자 오알이위직자

자공子貢이 (물어) 말했다曰. "군자君子 역시亦 미워함惡이 있습니까有
乎?" 공자께서 말씀하셨다. "미워함惡이 있다有. 남의 악人之惡을 일컫는
자稱者를 미워惡하고, 하류에 있으면서居下流而 윗사람上을 비방訕하는
자者를 미워惡하고, 용감하면서勇而 무례한 자無禮者를 미워惡하고, 과
감하면서果敢而 막힌 자窒者를 미워惡한다." (공자께서) 말씀하셨다曰.

"사야知賜也, (너) 또한亦 미워함惡이 있느냐有乎?" (자공이 대답했다.) "엿보는 것을徼以 지혜知로 여기는爲 자者를 미워惡하고, 불손不孫을 용감勇으로 여기는爲 자者를 미워惡하고, 들추어내는 것을訐以 곧음直으로 여기는爲 자者를 미워惡합니다."

인자仁者는 사랑하지 않는 사람이 없으니, 군자는 아마도 미워함이 없는 듯하다. 자공은 이런 마음이 있었기 때문에 물어서, 그 옳고 그름을 질정했다. 〈양시〉

성현聖賢께서 미워한 것은 이와 같으니, 이른바 "오직 인자만이 남을 미워할 수 있다."(4.3)는 말이다. 〈후중량〉

남의 악을 말하는 것은 인후仁厚한 뜻이 없는 것이고, 아랫사람이면서 윗사람을 헐뜯음은 충직과 존경의 마음이 없는 것이며, 용감하면서 예禮가 없으면 난을 일으키고, 과감하면서 막혀 있으면 망령되이 행동한다. 그런 까닭에 공자께서 미워하셨다. 〈주자〉

> **한자 해설**

- 惡오(악)은 亞(버금 아→악)+心(마음 심)의 회의자로 사방이 막힌 집의 토대나 무덤을 위에서 본 모양이나 나중에 곱사등이의 모양으로 잘못 보아 보기 흉하다, 나쁘다善惡, 싫어하다의 뜻이다. 모질다形相雖善 而心術惡, 바르지 못하다知其美惡, 불쾌하다如惡惡臭, 과실씀以志前惡, 악인承天誅惡, 미워하다(오), 부끄러워하다惡 恥也, 꺼리다惡察察言, 감탄사惡 是何言也로 쓰인다.
- 流유는 水(물 수)+㐬(깃발 유: 아기가 순조롭게 태어나는 모양)의 회의자로 아기가 양수와 함께 순조롭게 태어남, 흘러나옴流水, 옮기어 퍼지다德之流行 速於置郵而傳命,流布, 물을 흐르게 하다以流魏氏, 흘러가는 물從流下而忘反, 흘러가는 방향逆流而上, 유배舜流共工于幽州,流刑, 근거가 없거나 출

418

처를 모름爲流失所中, 流言蜚語, 구하다左右流之, 절제를 잃다樂而不流로 쓰인다. **다산**: 거하류居下流란 덕과 재주가 없어, 몸이 마치 더러운 도랑처럼 비천한 것을 말한다. 상上은 덕과 재주로 남의 윗자리에 있는 사람을 말한다. 남의 단점을 말하는 자는 악한 마음이 있고, 아랫자리에 있으면서 윗사람을 비방하는 자는 질투하는 마음이 있는 것이다.

- 訕산은 言(말씀 언)+山(메 산)의 형성자로 꾸짖다, 헐뜯다, (윗사람을) 비방誹謗(산방訕謗)하다, 나무라다의 뜻이다. **주자**: 訕은 비방하고 헐뜯는 것이다誘毁也.

- 窒질은 穴(구멍 혈)+至(이를 지)의 형성자로 굴의 끝에 이르러 막히다穹窒熏鼠, 가득 차다, 통하지 않음, 멈추다惕中窒로 쓰인다. **마융**: 窒은 막음窒塞이다. **주자**: 窒은 통하지 않는 것이다不通也.

- 果과는 나무의 과실을 그린 상형자로 과실五穀百果乃登, 결과由其道者有四等之果, 과감하다(결단성)言必信 行必果, 고집스럽다硜硜然, 곧고 씩씩하다硜硜以才顯 등으로 쓰인다.

- 敢감은 爪(爫: 손톱 조)+又(또 우)+攵(칠 복)의 형성자로 본래 맹수의 꼬리를 붙잡는 모습으로 감히臣敢辭, 함부로敢用絜牲剛鬣, 과단성 있게誰敢不讓, 감당하다若聖與仁 則吾豈敢, 어찌 ～아니할 수 있겠는가敢不受教, 결코 ～하지 않다不敢愛死로 쓰인다.

- 徼요는 彳(조금 걸을 척)+敫(노래할 교→요)의 형성자로 돌아다니다, 구하다民離本而徼末矣, 훔치다惡徼以爲知者, 순찰하다行徼邯鄲中, 변방의 경계盜出徼外鑄錢, 막다徼麋鹿之怪獸, 샛길徼道綺錯, 미묘·심원한 경지常有欲以觀其徼로 쓰인다. **다산**: 徼는 맞아서 막는 것이다迎而遮之也. 남의 말을 막고 마치 자기가 평소 알고 있는 것처럼 하는 것이다.

- 孫손은 子(아들 자)+系(이를 계)의 회의자로 자식을 이었다는 뜻으로 손자玄孫, 후손嗣孫, 움稻孫, 달아나다夫人孫於齊, 순종함民有孫心, 겸손하다危行言孫의 뜻이다. **다산**: (불손이위용不孫以爲勇者이란) 존귀한 이를 범하고 어른을 능멸하는 것을 스스로 용맹으로 여기는 자이다.

• 訐알은 言(말씀 언)＋干(범할 간→알)의 형성자로 들추어내다, 비방하다, 거리낌 없이 말하다(계)의 뜻이다. 알양訐揚이란 들추어내어 폭로하는 것이다. 포함: 訐은 남의 은밀한 사생활을 들추어내어 공격하는 것攻發人之陰私이다.

17.25 子曰唯女子與小人이 爲難養也니 近之則不孫하고 遠之則怨이니라
자왈 유 여 자 여 소 인 위 난 양 야　근 지 즉 불 손　원 지 즉 원

공자께서 말씀하셨다. "오직惟 여자女子와與 소인小人만은 양육養하기 어려우니爲難也, 가까이 하면近之則 불손不孫하고, 멀리하면遠之則 원망怨한다."

기르기가 어렵다는 것을 알면 마땅히 그들을 대할 방법을 생각해야 한다. (그 방법이란) 오직 온화하되 제도가 있고, 잘 대해주되 엄해야 하는 것이리라! 〈남헌 장씨〉

이런 사람들은 비록 기르기 어려운 사정이 있지만, 군자라면 잘 기르는 도리가 있다. 장엄함으로 임하면 예禮가 있어 그 불손한 마음을 사라지게 할 수 있고, 자애로움으로 기르면 인仁이 있어 쉽게 원망하는 마음을 없앨 수 있다. 장엄함과 자애로움이야말로, 가까지 하지도 멀리하지도 않은 중도中道이다. 〈경원 보씨〉

한자 해설
• 女녀는 무릎을 꿇고 단아하게 앉은 여자의 상형자로 여자貴女賤男, 딸女子附於王母, 女息, 너女閨人籍, 시집보냄女子時으로 쓰인다.
• 小소는 작은 파편이 튀는 모습의 상형자 혹은 점 셋으로 작은 것을 나타내는 지사문자로 작다管仲之器小哉, 적다力小而任重, 짧다小年不及大年, 낮다不卑小官, 좁다自用則小, 첩妾(慍于群小, 小室), 삼가다小心, 도량이

좁은 사람衆小在位, 어린이老小殘疾, 겸양의 접두어小子로 쓰인다. **주자**: 소인小人은 노복僕隷이나 하인下人을 말한다. **다산**: 소인小人은 종과 말 몰이 하는 사람, 그리고 가까운 이近習를 말한다.

- 養양은 羊(양 양)＋食(밥 식)의 회의자로 양을 먹여 성장시키다養育, 튼튼하게 하다我善養吾浩然之氣, 젖먹이다父能生之 不能養之, 오래 살게 하다吾聞庖丁之言 得養生, 다스리다養心莫善於寡欲, 양육雨露之養, 취하다遵養時晦, 아이를 낳다王季遂立而養文王, 봉양하다不顧父母之養, 근심하다忠心養養로 쓰인다. **다산**: 養은 기른다畜이다. 『주역』「둔괘遯卦」에서 '신첩을 기르면, 길하다畜臣妾 吉'고 했다.

17.26 子曰 年四十而見惡焉이면 其終也已니라
　　　　자왈 연 사 십 이 견 오 언　　　기 종 야 이

공자께서 말씀하셨다. "나이年가 마흔이 되어서도四十而 미움惡을 받는다면見焉(見惡於人), 그대로其 끝이다終也已(종신토록 그와 같을 따름이다:終身如此而止)."

나이가 불혹不惑이 되어서도 남의 미움을 받으면 끝내 착한 행실은 없을 것이다. 〈정현〉

미움을 받는다는 것 역시 미움을 받을 만한 실상이 있어, 능히 남을 미워할 수 있는 자仁者에게 죄를 얻는 것을 말하지, 불선한 자가 미워하는 것을 말하는 것은 아니다. 〈주자〉

이름이 드날리지 않는 것無聞(9.20)과 미움을 받는 것見惡을 공자는 모두 마흔으로써 단정하였다. 대개 마흔에 이르면 그 혈기가 이미 쇠퇴해서 분발하여, 개과천선할 가망이 없다. 나 또한 이를 경험한 적이 많다. 〈다산〉

이 구절과 연관된 언명과 연관된다.

공자께서 말씀하셨다. "후배들은 두려워할 만하다. 그들의 장래가 지금 우리만 못할지 어찌 알겠는가? 마흔 혹은 쉰이 되어도 드날리는 것이 없다면, 이는 누려워할 만 것이 되지 못한다."子曰 後生 可畏 焉知來者之不如今也 四十五十而無聞焉 斯亦不足畏也已 **(9.22)**

• 見현(견)은 目(눈 목)+儿(어진사람 인)의 회의자로 사람이 눈으로 본다行其 庭 不見其人, 보이다心不在焉 視而不見, 마음에 터득하다讀書百遍 而義自 見, 소견愚見, 당하다信而見疑 忠而被謗, 나타나다情見力屈, 밝히다不見賢 良, 출사함天下有道則見, 대면하다從者見之로 쓰인다. **다산:** 견오見惡는 남에게 미움을 받는 것爲人所憎厭이다. 자신의 행실이 착하지 못하고, 업을 닦는 것이 일컬을 만한 것이 없으면서, 마흔이 되어서도 남의 미움을 받는다면 종신토록 이와 같을 뿐이다.

이 편은 천하에 도가 없고 예악이 붕괴되어, 군
자와 인인仁人이 혹 떠나거나 혹 죽었거나, 그렇
지 않으면 초야에 은둔하여 사방을 떠도는 것을
논하고, 이어서 주공周公이 노공魯公을 경계한
말과, 네 번의 쌍둥이로 출생한 팔사八士의 이름
을 기록하였다. 앞 편에 여러 소인들이 지위에
있으면 반드시 인인仁人이 있을 곳을 잃게 됨을
말하였기 때문에 이 편을 앞 편(r양화」)의 다음이
되었다.〈형병〉

이 편에서는 성현의 출처를 기록한 것이 많다.
모두 11장이다.〈주자〉

微子는 去之하고 箕子는 爲之奴하고
미 자 거 지   기 자   위 지 노

比干은 諫而死하니라 孔子曰 殷有三仁焉하니라
비 간   간 이 사   공 자 왈 은 유 삼 인 언

미자微子는 떠나고去之, 기자箕子는 종奴이 되고爲之, 비간比干은 간하다가
諫而 죽임死을 당했다. 공자께서 말씀하셨다. "은殷나라에는 세 명의 인
한 사람三仁이 있었다有焉."

『사기』「본기」에서 "미자微子는 수차례 간언하여도 듣지 않자, 이에 태사와
상의하여 드디어 떠났다. 비간比干이 '신하된 자는 죽더라도 간쟁하지 않을
수 없다.'고 하면서 계속해서 강하게 주왕에게 간언했다. 주왕이 진노하여,
'내가 듣기로 성인의 심장에는 일곱 구멍이 있다.'고 하면서, 비간을 해부하
여 그 심장을 보았다. 기자는 두려운 나머지 이에 거짓으로 미친 척하며 노
복이 되었고, 주왕은 또 그를 잡아 가두었다."고 했는데, 이것이다. 〈형병〉

미微와 기箕는 두 나라 이름이다. 자子는 작위이다. 미자微子는 주紂의 서형
庶兄이다. 기자箕子와 비간比干은 주紂의 숙부이다. 미자微子는 주紂의 무도
無道함을 목도하고 떠남으로 종사宗祀를 보존하였다. 기자와 비간은 모두
간언하였는데, 주는 비간을 죽이고, 기자를 가두고 노예로 삼으니, 기자
는 거짓으로 미친 척하며 치욕을 받아들였다. 세 사람의 행위는 같지 않았
지만, 동일하게 지극한 정성과 측달惻怛하는 뜻에서 나왔기 때문에 사랑의
이치仁에 어긋나지 않았으며, 그 마음의 덕을 온전히 함이 있었다. 〈주자〉

한자 해설
• 子자는 포대기에 싸인 어린 아이의 머리와 사지의 상형자로 자식爲吾
子矣, 새끼螟蛉有子, 남자의 통칭·존칭陽子居見老聃, 齊高子來盟, 스승·
공자의 호칭子曰, 사대부의 통칭, 여자의 호칭搜其處子, 상대자의 호칭
願聞子之志, 백성渡子未回舟, 赤子, 子庶民也, 열매, 이자利子, 접미사冊子,
12지支(북, 수水, 밤11시~1시), 오등작의 하나公侯伯子男, 子爵, 학파諸子百家

424

등으로 쓰인다. **주자**: 子는 작위이다.

- 之지는 사람의 발을 그린 상형자로 발이 움직이는 지점을 말하여 걸어
가다至姬之車, 이르다之死矢靡他, 변하여 가다遇觀之吾, 끼치다之後世君
子, 관형격 조사秦始皇有虎狼之心, 주격 조사孤之有孔明 猶魚之有水也, 그
것學而時習之, 강조言之不出, 未之見, 未見之로 쓰인다.

- 奴노는 女(여자 여)+又(또 우)의 회의자로 본래 여자 노비를 말했지만, 지
금음 노예耕當問奴, 자기의 비칭卑稱, 남을 천시하는 칭狂奴故態也, 賣國
奴, 倭奴 등으로 쓰인다. **다산**: 奴란 수인囚人이다.

- 諫간은 言(말씀 언)+柬(범할 간)의 회의자로 윗사람에게 직언하여 잘못을
고치게 하다掌諫王惡, 忠諫, 제지함內之則諫其君之過也, 간범하다又能聽其
規諫, 간언一曰諷諫 二曰慧諫 三曰降諫 四曰直諫 五曰風諫으로 쓰인다.

- 仁인은 『논어』에서 명료하게 제시되어 있지 않고, 여러 덕목을 제시
하면서 은유와 비유의 방식으로 "~하는 것이 인仁이다(仁에 가깝다 · 仁
이 그 가운데 있다.)" 혹은 부정적인 방식으로 "~하는 것은 인仁이 아니다
(드물다)."라고 말하고 있을 따름이다. 게다가 공자는 질문하는 제자
들의 상황과 근기根機에 따라 각각 강조점을 달리하여 인仁을 설명한
다. 첫째로 『논어』에서 인仁은 여전히 여러 덕목들智仁勇 중의 하나로
언급되는 곳이 있다. 둘째로 『논어』에는 仁이란 단순히 어떤 개별적인
덕목으로 환원될 수 없다(仁은 ~이 아니다. ~을 하더라도 仁이라고 할 수 있는지
는 모르겠다)고 말하는 곳이 있다. 셋째로 仁이란 어떤 무엇을 하는 것,
혹은 여러 덕목들을 종합적으로 잘 구현하는 것이라고 말하는 구절들
이 있다. 넷째로 인仁이란 다른 제 덕목들의 근거이자 최종목표로서
가장 온전한 덕全德이라고 말하는 구절들이 있다. **형병**: 공안국이 말했
다. 仁이란 사람을 사랑하는 것愛人이다. 세 사람의 행동은 달랐지만,
동일하게 仁이라 칭하는 것은 그들이 모두 환난을 근심하고 백성들
을 편안하게 했기 때문이다. **양시**: 이 세 사람은 각자의 본마음本心을
얻었기 때문에 동일하게 인仁라고 평하셨다. **다산**: 仁이란 인륜의 지

극人倫之至이다. 혹 해악을 멀리하여 혈맥을 보존하기도 하고, 혹 치욕을 참으면서 종경終竟을 보기도 하고, 혹 몸을 죽이면서 과오過惡를 간언하니, 모두 충효의 극치이니, 의리를 헤아려 보면 합치하기 때문에 그들이 인을 이룬 것은 동일하다. 仁이란 인인人人(두 사람)이다. 사람人과 사람人이 그 직분을 다하는 것을 인仁이라 하니, 마음의 덕心德이 인仁인 것은 아니다.

18.2 柳下惠爲士師하여 三黜이어늘 人이 曰子未可以去乎아
유 하 혜 위 사 사　　　삼 출　　인　왈 자 미 가 이 거 호

曰 直道而事人이면 焉往而不三黜이며 枉道而事人이면
왈 직 도 이 사 인　　언 왕 이 불 삼 출　　왕 도 이 사 인

何必去父母之邦이리오
하 필 거 부 모 지 방

유하혜柳下惠가 사사士師가 되어爲 세 번 내쫓기자黜, 어떤 사람人이 말했다曰. "그대는子 아직도 (노나라를) 떠날去 수 없는가未可以乎? (유하혜가) 말하였다曰. "도道를 곧게 하여直而 사람人을 섬긴다면事, 어디焉에 간들直道而 세 번 내쫓기지黜 않으리오不? 도道를 굽혀서枉而 사람人을 섬길 것이라면事, 어찌何 반드시必 부모의 나라父母之邦를 떠나겠는가去?"

유하혜는 세 번 내침을 당했지만 떠나지 않았고, 그의 사기辭氣가 옹용雍容하기가 이와 같았으니, 화和하다고 할 수 있다. 그러나 도를 굽힐 수 없다는 그의 뜻은 확고하여 뽑을 수 없음이 있었다. 이것은 곧 이른바 '바드시 올바른 도로써 하고 자기를 잃지 않았다必以其道而不自失焉者也.'(『맹자』「공손추」상편 9)는 것이다. 〈주자〉

한자 해설
• 士師사사는 고대 중국에서 법령과 형벌을 담당하던 재판관을 말하는데, 유대judea의 구약시대에 대권을 쥐고 이스라엘 백성을 다스리던

지배자를 사사士師라 번역했다. **공안국**: 士師는 형옥을 맡은 관직典獄 之官이다. **주자**: 士師는 옥관獄官이다.

- 黜출은 黑(검을 흑)+出(날 출)의 형성자로 묵형墨刑을 가해 내치다湯旣 黜夏命, 떨어뜨리다直士抗言 我將黜之, 쫓다黜公者 非吾意也, 勸賞黜陟, 제 거함君將黜嗜欲, 줄이다而黜其車, 끊다周公相成王 將黜殷으로 쓰인다. 주 자: 黜은 내침退이다.

- 事사는 손又에 붓聿을 잡고 관리가 문서를 기록하는 모습으로 통상 일 혹은 직무事有終始를 말하는데, 왕조시대의 관료가 직무를 보는 것은 곧 임금을 섬기는 것이었으므로 섬기다事君以忠는 뜻이 나왔다.

- 直직은 目(눈 목)+十(열 십)+乚(숨을 은)의 회의자로 굽은 데가 없다其 直如矢, 굽히지 않다骨直以立, 바름愛得我直, 공정하다王道正直, 꾸미지 않다尤簡直, 바른길友直, 바로잡다正直是與로 쓰인다. **다산**: 直은 곧게 하는 것이다直之也.

- 枉왕은 木(나무 목)+王(임금 왕)의 형성자로 나무가 휘다枉矢, 마음이 굽다能使枉者直, 枉渚, 굽히다, 사곡邪曲한 사람擧直錯諸枉 등으로 쓰인 다. **다산**: 枉은 굽히는 것이다枉之也.

18.3 齊景公이 待孔子曰 若季氏則吾不能이어니와 以季孟之間으로
제 경 공　대 공 자 왈　약 계 씨 즉 오 불 능　　　이 계 맹 지 간

待之호리라하고 曰 吾老矣라 不能用也라한대 孔子行하시다
대 지　　　　　왈 오 노 의　불 능 용 야　　　공 자 행

제齊나라 경공齊이 공자孔子의 대우待에 관해 말했다曰. "(상경으로 가장 귀한) 계씨季氏와 같이는若則 내吾가 (공자를) 대우할 수는 없지만不能, 계季씨와 (하경인) 맹孟씨의之 중간間으로以 대우하겠소待之." (또) 말 했다曰. "내吾가 늙어老矣, (공자를) 등용用할 수 없소不能也." 공자孔子 께서 떠나셨다行.

계씨는 강한 신하이니, 인군이 그를 대우한 예禮는 극히 융숭했을 것이지만, 공자를 (그런 사람처럼) 대우할 바는 아니었다. 계씨와 맹씨의 중간으로 대우한다면, 예 또한 지극한 것이다. 그러나 다시 말하길, '나는 늙어서 등용할 수 없다.'고 했기에 공자께서 떠나셨다. 대개 대우의 경중과 연계된 것이 아니라, 나만 등용되지 않았기 때문에 떠나신 것일 뿐이다. 〈정자〉

"오노의吾老矣"는 다른 날의 말이다(앞 절은 예우의 융성함을 말하고, 뒤 절은 향모嚮慕의 쇠퇴를 말한다). 하안이 말하길, '성인의 도를 이루기 어려웠기 때문에 나는 늙어서 등용할 수 없다'고 하였다. 행行은 노나라로 돌아온 것이다(「세가」에 보인다). 〈다산〉

한자 해설
• 待대는 彳(조금 걸을 척)+寺(절 사)의 형성자로 무엇을 행하기 위하여 준비를 갖추고 때가 오기를 기다림待時而動, 대우함皆歸齊 齊善待之, 막다其獨何力以待之, 때有待而行也, 모시다竊待于下風로 쓰인다. 다산: 待는 희뢰餼牢로써 접대하여 예우하는 것이다. 뢰예牢禮는 그 명수命數와 같다. 계씨는 노나라의 경상이니 삼뢰三牢를 넘지 못하지만, 그가 정치를 전횡했기 때문에 혹 오뢰五牢를 썼다. 맹씨는 군력이 없었기에 삼뢰를 썼다. 지금 공자는 비록 지위는 낮았지만 성덕聖德이 있었기 때문에, 희뢰를 계씨에 버금가게 했으니 예우가 융성한 것이다.

18.4 齊人이 歸女樂이어늘 季桓子受之하고 三日不朝한대 孔子行하시다
제 인   귀 여 악   계 환 자 수 지   삼 일 부 조   공 자 행

제나라齊 사람人이 여악女樂을 보내왔다歸. 계환자季桓子가 그들을 받아들여受之 삼일三日이나 조회朝를 하지 않으니不, 공자孔子께서는 떠나셨다行.

『사기』를 살피면, 정공 14년에 공자는 노나라의 사구司寇가 되어 재상의 일을 섭행攝行하였다. 제나라 사람들이 두려워하여 여악女樂을 보내 막았다. 〈주자〉

여악을 받고 이와 같이 정사에 태만했으니, 그가 현인을 소홀히 여기고 예의를 저버렸으니, 더불어 일을 도모하기에는 부족하다는 것을 알 수 있다. 공자께서 떠나신 까닭은 이른바 '기미를 보고 일어나서見幾而作, 날이 다 가기를 기다리지 않는다不俟終日.'는 것이리라. 〈윤돈〉

한자 해설

• 歸귀(궤)는 阜(언덕 부)+止(발 지)+帚(비 추)의 회의자로 시집가다婦人謂嫁日歸, 되돌아가다使者歸則必拜送于門外, 돌려보내다歸馬于華山之陽, <u>선물 보내다歸孔子豚</u>로 쓰인다. 여기서는 궤(=饋)로 음식이나 물건을 보내다, 증정하다歸孔子豚(17.1)는 뜻이다. **다산**: 歸는 보내다遺이다. 여악女樂은 여인의 춤으로, 또한 8인으로 열을 삼았다.

18.5 楚狂接輿歌而過孔子曰 鳳兮鳳兮여 何德之衰오
　　　초 광 접 여 가 이 과 공 자 왈　봉 혜 봉 혜　하 덕 지 쇠

往者는 不可諫이어니와 來者는 猶可追니 已而已而어다
왕 자　불 가 간　　　　 내 자　유 가 추　 이 이 이 이

今之從政者殆而니라 孔子下하사 欲與之言이러시니 趨而辟之하니
금 지 종 정 자 태 이　　　공 자 하　　욕 여 지 언　　　　 추 이 피 지

不得與之言하시다
부 득 여 지 언

초楚나라 미친狂 척하던 접여接輿가 노래하며歌而 공자孔子의 (수레) 앞을 지나가며過 말했다曰. "봉황이여鳳兮, 봉황이여鳳兮, 어찌何 덕이德之 쇠衰하였는가! 지난 일往者은 간諫할 수은 없지만不可, 오는 일來者은 오히려猶 따를追 수 있다可. 그만 둘 지이어다已而! 그만 둘 지어다已而! 오늘

날今之 정치에 종사하는 자從政者들은 위태롭구나殆而!" 공자孔子께서 수레에서 내려下 그와 함께與之 말씀言을 나누려고 하셨지만欲, 빠른 걸음으로趨而 피해가니辟之, 그와 함께與之 말씀言을 나누지 못하였다不得.

접여接與는 초나라 사람으로 미친 척하며 세상을 피하였다. 공자께서 이때 초나라로 가시려고 했기에 접여가 노래하며 그 수레 앞을 지나갔다. 봉황鳳은 도가 있으면 나타나고, 도가 없으면 숨으니, 접여가 봉황으로 공자를 비유하고 숨지 못함은 덕이 쇠했기 때문이라고 기롱했다. 대개 접여는 공자를 존경할 줄 알았지만, 추향이 같지 않았다. 공자께서 수레에서 내리신 것은 아마도 출처의 뜻을 알려주시고자 했던 것인데, 접여는 자신이 옳다고 여긴 까닭에 들으려 하지 않고 피하였다. 〈주자〉

한자 해설

• 鳳봉은 鳥(새 조)+凡(무릇 범→봉: 크다)의 형성자로 상서롭고 고귀함을 상징하는 전설의 새 봉황鳳凰을 말한다. 고대 중국에서는 기린, 거북, 용과 함께 봉황을 사령四靈의 하나로 여겼다.

• 衰쇠는 마른풀로 엮어 볼품이 없는 도롱이의 상형자로 쇠하다, 상복斬衰, 齊衰, 줄다等衰, 도롱이何衰何笠로 쓰인다

• 己이는 본래 다 자란 태아를 그린 것 혹은 巳를 거꾸로 한 자형으로 양기陽氣가 나서 음기가 숨는다는 데서 그치다雞鳴不己, 이미漢皆已得楚乎, 물러나다三己之, 매우不然則已慭, 반드시已然諾, 어조사 등으로 쓰인다. **공안국**: 이이이이己而己而는 세상의 혼란이 너무 심하여, 다스림을 회복할 수 없다는 것이다. 두 번 말한 것은 상심傷心이 깊음이다. **주자**: 己는 그치다止이고, 이而는 어조사이다. **다산**: 己而己而 今之從政者殆而는 지금은 정치에 종사할 때가 아니라는 것을 말한다.

• 殆태는 歹(뼈 부서질 알)+台(별 태)의 형성자로 위태하다晋有三不殆, 의심하다故相與往殆乎晋也, 거의此殆空言, 게을리하다思而不學則殆로 쓰인다. **형병과 주자**: 殆는 위태로움危이다.

430

- 追추는 辶(쉬엄쉬엄 갈 착)+阜(언덕 부)의 회의자로 언덕을 향해 올라가는 모습으로 뒤쫓아 가다公無所追, 추급함雖悔可追, 구하다, 보충하다追伸, 옛날로 거슬러 올라가다追尊, 추모하다慎終追遠, 전송함薄言追之, 나라 이름其追其貊, 탁마함追琢其章, 종의 용두以追蠡로 쓰인다. **공안국**: 왕자 불가간往者不可諫은 이왕 행한 바는 다시 간하여 중지할 수 없다는 말이다. 내자유가추來者猶可追란 오늘부터는 나를 따라 스스로 멈추고 난을 피하여 은거할 수 있다는 것이다. **주자**: '오는 일은 좇을 수 있다來者可追' 함은 지금 아직도 숨을 수 있다는 말이다.

- 下하는 기준아래에 짧은 선을 두어 아래를 가리키는 지사문자로 낮은 곳天下, 손아래上下階級, 백성上之化下, 내리다下船, 떨어지다下雨, 낮추다卑下, 떠나다下野 등을 나타낸다. **포함**: 下는 수레에서 내림下車이다.

- 趨추는 走(달릴 주)+芻(꼴 추)의 형성자로 빨리 가다過之必趨는 뜻으로, 향하여 가다秦人皆趨令, 성큼성큼 걷다走而不趨, 서둘러王命相者趨射之, 빠르다趨駕召顔淵로 쓰인다. **형병**: 趨는 빨리 걸음이다疾行也.

- 辟벽(피, 비)은 辛(매울 신: 죄인을 표식하는 도구로 고통과 아픔)+尸(주검 시)+口(입 구)의 회의자로 형벌의 결정하는 주군下民之辟, 하늘蕩蕩上帝 下民之辟, 마음이 치우치다人之其所親愛而辟焉 등으로 쓰인다. 피하다(=避)는 뜻일 때는 '피'로, 비유譬喩하다는 뜻일 때는 '비'로 읽는다.

18.6 長沮桀溺이 耦而耕이어늘 孔子過之하실새 使子路로 問津焉하신대
장저걸닉 우이경 공자과지 사자로 문진언

長沮曰 夫執輿者爲誰오 子路曰 爲孔丘시니라 曰是魯孔丘與아
장저왈 부집여자위수 자로왈 위공구 왈시노공구여

曰是也시니라 曰是知津矣니라 問於桀溺한대 桀溺이 曰子爲誰오
왈시야 왈시지진의 문어걸닉 걸닉 왈자위수

曰爲仲由로라 曰是魯孔丘之徒與아 對曰然하다
왈위중유 왈시노공구지도여 대왈연

曰滔滔者天下皆是也니 而誰以易之리오 且而與其從辟人之士也론
왈도도자천하개시야 이수이역지 차이여기종피인지사야

豈若從辟世之士哉리오하고 耰而不輟하더라 子路行하여 以告한대
기 약 종 피 세 지 사 재   우 이 불 철   자 로 행   이 고

夫子憮然曰鳥獸는 不可與同群이니 吾非斯人之徒를 與오
부 자 무 연 왈 조 수   불 가 여 동 군   오 비 사 인 지 도   여

而誰與리오 天下有道면 丘不與易也니라
이 수 여   천 하 유 도   구 불 여 역 야

장저長沮와 걸닉桀溺이 나란히耦而 밭을 갈고耕 있었다. 공자孔子께서 지나가시면서過之 자로子路에게 나루津를 묻게問 하셨다使. 장저長沮가 말했다曰. "저夫 수레고삐를 잡고 있는 이執輿者는 누구인가爲誰?" 자로子路가 말했다曰. "공구孔丘이십니다爲." (장저가) 말했다曰. "바로是 노魯나라의 공구孔丘인가與?" (자로가) 말했다曰. "그렇습니다是." (장저가) 말했다曰. "그렇다면是, 나루津를 알 것이오知矣." 걸닉에게於 걸닉桀溺 묻자問 걸닉桀溺이 말했다曰. "그대子는 누구인가爲誰?" (자로가) 말하였다曰. "중유仲由입니다爲." 걸닉桀溺이 말했다. "바로是 노魯나라 공구의孔丘之 문도인가徒與?" (자로가) 대답하여 말했다對曰. "그렇습니다然." (걸닉이) 말했다曰. "도도히 흐르는 것滔滔者이 천하天下가 모두皆 그러한데是也而, 누구誰와 더불어以 변역할 것인가易之? 또한且 그대는而 그 사람을 피하는 선비辟人之士를 따르는 것與從也이 어찌豈 세상을 피하는 선비辟世之士를 따르는 것만 하겠소若從哉?" 하고는, 씨앗을 덮기를耰而 계속하였다不輟. 자로子路가 돌아와行以 아뢰니告, 공자夫子께서 슬퍼하면서憮然 말씀하셨다曰. "조수鳥獸와는 더불어與 같이 무리지을同群 수 없으니不可, 내吾가 이 사람의 무리斯人之徒와 함께 하지 않는다면非與而, 누구誰와 함께與 하겠는가? 천하天下에 도道가 있다면, 나丘는 함께與 변역易 하지 않을 것이다不也(변역에 참여하지 않을 것이다)."

성인께서는 천하를 잊으려는 마음을 감히 지닐 수 없으셨기 때문에, 그 말씀이 이와 같았다. 〈정자〉

성인의 인仁은 천하가 무도하다고 단정하여 버리지 않으신다. 〈장횡거〉

한자 해설

- 耦우는 耒(쟁기 뢰)+禺(원숭이 우)의 형성자로 배우자人各有耦, 나란히 갈다耦而耕, 二耜爲耦, 짝수, 우수陽卦奇, 한 자 넓이二伐爲耦로 쓰인다. **정현**: 보습耜은 너비가 5치五寸이니, 두 사람이 각각 보습을 갖고 밭을 가는 것이 우耦이다. **주자**: 두 사람二人은 은자隱者이다. 우耦는 나란히 밭갈이 함並耕이다.

- 耕경은 耒(쟁기 뢰)+井(우물 정→경)의 형성자로 갈다深耕易耨, 農耕, 농사에 힘쓰다三年耕 必有一年之食, 부지런히 힘쓰다耕道而得道 獵德而得德로 쓰인다.

- 津진은 水(물 수)+聿(붓 율)의 회의자로 배를 타고 강을 건너는 나루使子路問津焉, 關津, 배가 발착하는 곳夜火臨津驛, 인체에서 분비되는 액체人有精氣津液으로 쓰인다. **주자**: 津은 물을 건너는 나루터濟渡處이다.

- 輿여는 車(수레 거)+舁(마주들 여)의 회의자로 수레의 총칭輿者 車之總名也, 거상車箱, 싣다扶傷輿死 履腸涉血, 메다, 들다輿轎而隃嶺, 가마乘籃輿 등으로 쓰인다. **형병**: 집여執輿는 고삐를 잡고 수레에 있는 것을 말한다. **주자**: 수레를 잡다執輿는 것은 고삐를 잡고 수레에 있는 것이다. 대개 본래 자로가 수레를 몰며 고삐를 잡았지만 지금은 내려서 나루를 물었기 때문에, 공자께서 대신 하셨다. **다산**: 輿란 수레의 사람을 태우는 부분이다. 고삐를 잡는 것執轡은 수레를 잡는 것執輿이 아니다

- 滔도는 水(물 수)+舀(퍼낼 요→도)의 형성자로 물이 넘치다浩浩滔天, 넓다西南戎州曰滔土, 그득함心道進退 而刑道滔趄, 모으다滔乎前而不知所以然로 쓰인다. 도도滔滔는 광대히 어지러운 모양, 도를 넘치다, 넓다, 크다, 모이다 등의 뜻이다. **공안국**: 滔滔는 두루 흐르는 모양周流之貌이다. **주자**: 滔滔는 흘러가 돌아오지 않는다는 뜻流而不反之意이다 **다산**: 滔滔는 큰물이 진 모양大水貌이다. 천하가 온통 혼란스런 것이 마치 큰물을 건너는데 나루가 없는 것과 같으니, (천하가) 모두 이 (도도한) 물

이니, 지금 도를 행할 수 없다는 말이다.

- 易역은 日(陽, 낮)+月(陰, 밤)의 회의자로 고치다聖人易之以書契, 교환하다以小易大, 옮김易種于玆新邑, 장사하다貿易, 만상의 변화生生之謂易, 화복 등을 아는 일掌三易之法, 주역孔子晚而喜易 韋編三絶, 도마뱀易在壁曰蠑蜓 在草曰蜥蜴, 쉽다乾以易知, 편안하다君子居易以俟命, 기쁘다我心易也, 생략하다簡易, 다스리다易其田疇 등으로 쓰인다. '역'은 네 가지 의미易四義를 지니는데, 변역變易(음과 양이 유행한다), 교역交易(음양이 대대한다), 불역不易(변역, 교역하는 이치는 변하지 않는다), 간이簡易(쉽게 배워 응용할 수 있다)가 그것이다. 주자: (수이역지誰以易之의) 이以는 여與(더불어)와 같다. 천하가 온통 혼란스러우니, 장차 누구와 함께 변역變易하겠는가? 라는 말이다.

- 而이는 수염을 본뜬 상형자이지만 가차되어 너余知而無罪也, ~와 같다 垂帶而厲, 그러하다啓呱呱而泣, 곧期逝不至 而多爲恤, 편안하다宜建侯而不 寧로 쓰인다. 주자: 而는 여汝(너, 그대)이다.

- 辟벽(피, 비)은 辛(매울 신: 죄인을 표식하는 도구로 고통과 아픔)+尸(주검 시)+口 (입 구)의 회의자로 형벌의 결정하는 주군下民之辟, 마음이 치우치다人之 其所親愛而辟焉, 피하다(=피避)로 쓰인다. 주자: 사람을 피하는 사람辟人 은 공자를, 세상을 피하는 사람辟世은 걸익 자신을 지칭한다. 다산: 피 세辟世는 농사 지으면서 은거하는 자신을 말한 것이다.

- 耰우는 耒(쟁기 뢰)+憂(근심 우)의 형성자로 씨를 덮다耰而不輟, 갈다深其 耕而熟耰之, 곰방메耒耜耰鋤로 쓰인다. 정현: 耰는 씨앗을 (흙으로) 덮는 것이다覆種也. 주자: 耰는 씨앗을 (흙으로) 덮는 것이다. 다산: 『설문』의 주에서 "우耰는 전기田器로써 두드리는 것이다."고 하였으니, 씨앗을 뿌린 다음 이 기구로써 두들겨 흙이 파헤쳐진 곳을 다시 합하여 씨를 덮는 것이다. 이 또한 정현의 주에 연원을 두었는데, 오류이다. 우耰란 추椎(방망이, 고무래)이다.

- 輟철은 車(수레 거)+叕(연할 철)의 형성자로 하던 일을 멈추다輟市, 그치 다, 꿰매다綴, 고친 수레 등으로 쓰인다. 정현: 輟은 그치다止이다. 다

산: 우이불철櫻而不輟은 생각이 한적閑適함을 나타낸다.

- 憮무는 心(마음 심)+無(없을 무)의 형성자로 어루만지다遲想歡憮, <u>실의한</u>
  <u>모양憮然</u>, 불어남亂如此憮, 업신여기다毋憮毋傲로 쓰인다. **주자**: 무연憮
  然은 창연悵然과 같으니, 그가 자기의 뜻을 알지 못함을 애석해 하신
  것이다.

- 群군은 君(임금 군)+羊(양 양)의 형성자로 <u>무리</u>獸三爲群, 동아리吾離群而索
  居, 부류用其則必有群, 친족因以飾群, <u>한데 모임</u>群而不黨, 모으다群天下之
  英傑로 쓰인다.

18.7 子路從而後러니 遇丈人이 以杖荷蓧하여 子路問日 子見夫子乎아
자로종이후　우장인　이장하조　　자로문왈 자견부자호

丈人이 曰 四體를 不勤하며 五穀을 不分하나니 孰爲夫子오하고
장인 왈 사체 불근 오곡 불분 숙위부자

植其杖而芸하더라 子路拱而立한대 止子路宿하여
치기장이운 자로공이립 지자로숙

殺鷄爲黍而食之하고 見其二子焉이어늘
살계위서이사지 현기이자언

明日에 子路行하여 以告한대 子曰 隱者也로다하시고
명일 자로행 이고 자왈 은자야

使子路로 反見之하시니 至則行矣러라 子路曰 不仕無義하니
사자로 반견지 지즉행의 자로왈 불사무의

長幼之節을 不可廢也니 君臣之義를 如之何其廢之리오
장유지절 불가폐야 군신지의 여지하기폐지

欲潔其身而亂大倫이로다 君子之仕也는 行其義也니
욕결기신이난대륜 군자지사야 행기의야

道之不行은 已知之矣시니라
도지불행 이지지의

자로子路가 (공자를) 따르다가 뒤쳐졌는데從而後, 지팡이로以杖 대망태
기蓧를 걸어 메고荷 있는 장인丈人을 만났다遇. 자로子路가 물어 말하였
다問曰. "어른子께서는 우리 부자夫子를 보셨습니까見乎?" 장인丈人이 말

했다曰. "사체四體를 부지런히勤 움직이지도 않고不, 오곡五穀도 분변分하지 못하는데不, 누가孰 부자夫子인가?"하고, 그其 지팡이杖를 세워놓고植而 김을 매었다芸. 자로子路가 두 손을 맞잡고拱而 서 있으니乎, 자로子路를 머물러止 묵게宿 하고, 닭鷄을 잡고殺 기장黍밥을 지어爲 먹이고食之, 그其의 두 자식二子을 뵙게 하였다見焉. 다음 날明日, 자로子路가 (공자께) 가서行 아뢰니以告, 공자께서 말씀하시길曰. "은자로구나隱者也!" 하시고, 자로子路에게 되돌아가反 만나게見之 하셨는데使, (되돌아와 그 집에) 이르니至則, 떠나 버렸다行矣. 자로子路가 말했다曰. "벼슬하지 않는 것不仕은 의義가 없음無이다. 어른과 어린이의長幼之 예절節도 폐廢할 수 없는데不可, 임금과 신하의君臣之 의리義를 어찌如之何 그其 폐廢之하겠는가? 그其 자신身만 깨끗이潔 하고자欲而 큰 윤리大倫를 어지럽히는 것亂이다. 군자가君子之 벼슬을 하는 것은仕也 그其 의리義를 행하기 위함이니行也, 도가道之 행해지지 않는다不行는 것은 이미已 알고 있다知之矣."

은자隱者는 고상하다고 여기므로, 떠나서는 돌아오지 않는다. 벼슬하는 자는 통달했다고 여기므로, 빠져서 멈추지 않는다. 조수와 같이 무리지어 살지 않으면, 성명의 실정性命之情을 무너뜨려 부귀를 탐한다. 이 두 가지는 모두 미혹된 것이니, 이런 까닭에 중용에 의거하는 것은 어려운 것이다. 오직 성인만이 군신의 의리義를 폐하지 않으면서 반드시 그 올바름으로 하시니, 혹은 출사하거나, 혹 처사로 있어도 끝내 도에서 떠나지 않는 것이다. 〈범조우〉

벼슬하는 것은 군신의 의리를 행하는 것이기 때문에, 비록 도가 행해지지 않는다는 것을 알더라도 폐할 수 없다. 그러나 '의리義'라고 했으니, 일의 가부可否와 몸의 거취 또한 그 자체로 구차해서는 안 된다. 이런 까닭에 비록 자신을 고결하게 하여도 인륜을 어지럽히지 않으며, 또한 의리를 잊고 녹을 따르지도 아니다. 〈주자〉

『주역』「건괘」에서 말하길, 군자는 세상을 피해 살아도 민망함이 없다고 하였고,『주역』「곤괘」에서는 천지가 닫히면 현인은 은둔한다고 하였으니, 군자는 본래 벼슬하지 않는 의리가 있다. 우중·이일이 어찌 모두 난륜자이겠는가? 자로는 계씨에게 벼슬했지만 노나라 임금을 섬기지는 않았고, 공리에게 벼슬했지만 위나라 임금을 섬기지는 않았다. 자로의 이른바 군신의 의리는 이와 같은 것에 불과하니, 어찌 이것으로 도리어 고답의 선비를 기롱하여 난륜으로 돌릴 수 있겠는가? 자로의 이 단락은 순전히 무단武斷이며 곧 그의 본색인데, 선유들은 이를 공자의 말씀으로 여겼으니, 아마도 그렇지 않은 듯하다. 〈다산〉

• 遇우는 辶(갈 착)+禺(원숭이 우)의 형성자로 길에서 만나다公及宋公遇于淸, 우연히 만나다, 제후의 임시 회합諸侯未及期相見曰遇으로 쓰인다.

• 丈장은 又(또 우)+十(열 십)의 회의자로 손又에 지팡이를 잡은 어른老人持杖 故曰丈人, 길이 단위白髮三千丈, 남자丈夫, 존칭老人丈, 春府丈으로 쓰인다. 포함: 장인丈人은 노인老人이다. 주자: 丈人은 은자隱者이다.

• 篠조는 艸(풀 초)+條(가지 조)의 형성자로 곡식 따위를 담아 나르는 삼태기以杖荷篠를 나타낸다. 형병: 篠는『설문』에 조莜로 썼으니, 밭에 김매는 기구이다. 주자: 篠는 대망태기竹器이다.

• 勤근은 堇(진흙 근)+力(힘 력)의 회의자로 힘을 들여 부지런히 진흙을 다지는 근로勤勞, 직무服勤至死, 위로하다枤杜以勤歸也, 바라다勤而無怨 등으로 쓰인다. 다산: 勤은 수고로움勞이다.

• 分분은 八(여덟 팔)+刀(칼 도)의 회의자로 칼로 나누다分軍爲三, 구별하다是君子小人之分也, 24절기秋分, 맡은 일職分, 몫四國皆有分으로 쓰인다. 주자: 分은 분변辨이다. 오곡을 분변하지 못한다五穀不分는 것은 콩과 보리를 분별하지 못한다'는 말과 같으니, 농업에 종사하지 않고 스승을 따라 멀리 종유함을 책망한 것이다.

• 植식(치)은 木(나무 목)+直(곧을 직)의 형성자로 나무를 곧게 심는다植木,

식물動植物, 근거를 두다植民, 기둥於四角立植而縣, 서다植耳, 늘어남植黨, 꽂다植其杖而藝, 두다植璧秉珪로 쓰인다. **공안국**: 植는 (지팡이를) 비스듬히 세움倚也이다. **형병**: 의倚는 세움立이다. **고린사**: 처음에는 삼태기를 지팡이에 꿰어서 메고 가다가, 자로와 말을 마치고, 문득 지팡이를 밭 가운데에 세워두고 삼태기를 취하여 김을 맨 것이다. **주자**: 植는 세운 것이다立之也.

- 芸운은 艸(풀 초)+云(이를 운)의 형성자로 운향芸始生, 성성한 모양夫物芸芸 各復歸其根, 김매다, 단풍들다芸其黃矣로 쓰인다. 여기서는 김매다(=耘: 농기구耒로 김을 매고 흙을 북돋우어 주는 것)는 뜻이다. **공안국**: 제초除草를 芸이라 한다. **주자**: 芸은 풀을 제거함除草이다.

- 拱공은 手(손 수)+共(함께 공)의 형성자로 두 손을 맞잡다, 팔짱을 지르다垂拱而天下治, 껴안다交拱之木, 아름拱把之桐梓, 두르다衆星拱北辰로 쓰인다.

- 黍서는 禾(벼 화)+水(물 수)의 회의자로 물이 찬 논에 기장을 심어놓은 모습으로 기장, 기장 한 알의 중량, 술그릇으로 쓰인다. **다산**: 黍는 각서角黍이다.

- 仕사는 人(사람 인)+士(선비 사)의 회의자로 학식을 갖춘 관리, 벼슬退而致仕, 사환仕宦으로 쓰인다.

- 義의는 羊(양 양)+我(나 아)의 회의자로 나我의 마음 씀을 양羊처럼 착하고 의리 있게 가진다는 뜻으로 옳다行而宜之 之謂義, 의롭다春秋無義戰, 군신간의 도덕君臣有義, 사람이 지킬 준칙仁義禮智信, 사람들과 맺는 일義合, 結義兄弟로 쓰인다.

- 節절은 竹(대 죽)+卽(곧 즉)의 형성자로 대나무의 마디夕則然松節讀書, 가락音節, 절개士大夫莫不敬節死制, 규칙夫祀國之大節也, 예절興秋節, 등급大禮與天地同節, 징험無節於內者 觀物弗之察矣, 맞음發而皆中節 謂之和, 행사臨大節而不可奪, 시절 구분夫陰陽四時八位二十四節, 두공山節藻梲, 줄이다節用而愛人, 부신若合符節, 경절仲秋節, 높고 험한 모양節彼南山, 절괘(兌下坎上: 일정한 곳에 머무는 상)로 쓰인다.

438

- 潔결은 水(물 수)+絜(헤아릴 혈: 삼베를 만들려고 깨끗하게 정리하여 묶어 놓은 삼대)의 회의자로 물처럼 깨끗함으로 더러움이 없다粢盛不潔, 행실이 바르다朕幼淸以廉潔兮, 깨끗이 하다人潔己以進 등으로 쓰인다.
- 倫륜은 人(사람 인)+侖(둥글 륜: 사람이 책을 읽고 많은 것을 생각함)의 회의자로 사람들과의 관계에서 지켜지는 인륜, 윤리言中倫, 彝倫攸敍, 五倫, 무리儗人必於其倫, 차례行同倫, 倫序, 나뭇결折幹必倫, 가리다雍人倫膚九으로 쓰인다. **포함**: 倫은 도리道理이다. **주자**: 倫은 질서序이다. 사람의 큰 윤리는 다섯이 있으니, 부자유친, 군신유의, 부부유별, 장유유서, 붕우유신이 그것이다. **다산**: 倫이란 질서序이고, 차례次이다. **다산**: 대륜大倫은 군신의 의를 말한다.

18.8 逸民은 伯夷와 叔齊와 虞仲과 夷逸과 朱張과 柳下惠와 少連이니라
일민 백이 숙제 우중 이일 주장 유하혜 소련

子曰 不降其志하며 不辱其身은 伯夷叔齊與인저
자왈 불강기지 불욕기신 백이숙제여

謂柳下惠少連하시되 降志辱身矣나 言中倫하며 行中慮하니
위유하혜소련 강지욕신의 언중륜 행중려

其斯而已矣니라
기사이이의

謂虞仲夷逸하시되 隱居放言하나 身中淸하며 廢中權이니라
위우중이일 은거방언 신중청 폐중권

我則異於是하여 無可無不可호라
아즉이어시 무가무불가

일민逸民은 백이伯夷·숙제叔齊·우중虞仲·이일夷逸·주장朱張·류하혜柳下惠·소련少連이다. 공자께서 말씀하셨다. "그其 뜻志을 낮추지降 않고不, 그其 자신身을 욕辱되게 하지 않은不 자는 백이伯夷·숙제叔齊이다." 유하혜柳下惠·소련少連을 평評謂하셨다. "뜻志을 낮추고降 자신身을 욕辱되게 하였으나矣, 말言은 윤리倫에 맞았고中 행실行은 사려慮에 맞았으니中,

그렇게 했을其斯 따름이다而已矣." 우중虞仲·이일夷逸을 평謂하셨다. "은
거隱居하면서 분방放하게 말言하였고, 자신身은 맑음淸에 맞았고中, (자
신을) 버리고廢 권權權도에 맞았다中." "나는我則 이들과於是 다르니異, 가
함可도 없고無, 불가不可함도 없다無."

일곱 사람은 각각 그 나름으로 하나의 절조를 지켰지만, 공자께서는 가함
도 없고 불가함도 없으셨으니, 이것이 항상 그 가함에 적중하면서, 일민의
무리와 달랐던 까닭이다. 〈윤돈〉

맹자가 말씀하시길, "공자는 벼슬할 만하면 벼슬하셨고可以仕則仕, 그만둘
만하면 그만 두시고可以止則止, 오래 머무르실 만하면 오래 머무르시고可以
久則久, 빨리 떠날 만하면 빨리 떠나셨다可以速則速."(『맹자』「공손추」 상편 2)라
한 것이 이른바 '가한 것도 없고, 불가한 것도 없다.'는 것이다. 〈주자〉

한자 해설
- 逸일은 辵(쉬엄쉬엄 갈 착)+兎(토끼 토)의 회의자로 토끼가 달아나 숨다逸
民, 隱逸, 달아나다以逸逃於襄, 잃음凡官署舊記 壁壞文逸而未克繼之, 빼어
나다繼絶世 舉逸民, 재덕이 뛰어난 사람必擢時儁 搜揚英逸, 은사舉逸拔才,
잘못하다天吏逸德, 즐기다民莫不逸, 방자함性致狂逸로 쓰인다. 하안: 일
민逸民이란 절조와 행실이 초일超逸한 사람이다. 주자: 逸은 버려져 쓰
이지 않음遺逸이고, 민民이란 직위가 없음을 칭한다. 다산: 버려진 이
를 逸이라 하고, 벼슬하지 않은 이를 민民이라 한다. 일곱 사람 가운
데 또한 직위를 얻은 이도 있었으니, 통상 일민이라 하는 것은 그 처
음에 의거한다.
- 降강은 阜(언덕 부)+夅(내릴 강)의 회의자로 언덕에서 내려오는 모습, 적
에게 항복하다成降于齊師, 떨어지다羽鳥日降, 기뻐하다我心則降, 내 이름降
水, 낮은 곳으로 내려가다降西階一等, 비가 오다如時雨降民大悅로 쓰인다.
- 志지는 心(마음 심)+士(선비 사←之)의 형성자로 마음이 향하는 곳으로

의향父在觀其志, 희망亦各言其志也, 뜻하다吾十有五 而志於學, 의義를 지키다志士 不忘在溝壑로 쓰인다. 다산: 뜻으로는 긍정하지 않지만, 굽혀 따르는 것이 바로 강지降志이다.

- 辱욕은 辰(별 신: 농기구)+寸(마디 촌: 손)의 회의자로 밭일하는 모습으로 풀을 베다는 뜻이었는데, 일이 고되다는 뜻으로 욕되다不辱其身 不羞其親, 수치吾幽囚受辱, 더럽히다大白若辱, 잃음寵辱若驚으로 쓰인다. 다산: 자신은 달갑게 여기지 않지만, 비굴하게 취하는 것이 바로 욕신辱身이다(욕辱은 비굴屈이다).

- 中중은 丨(뚫을 곤)+口(입 구)의 지사문자 혹은 씨족사회를 상징하는 깃발로 안심中, 한가운데中央, 마음情動於中, 치우침이 없는 것中也者 天下之大本也, 과녁에 맞다百發百中, 뜻에 맞다中吾志로 쓰인다.

- 倫윤은 人(사람 인)+侖(둥글 륜)의 회의자로 사람들 간의 윤리, 차례, 질서를 말한다. 다산: 倫은 윤리倫理이다.

- 慮려는 虍(범 호)+思(생각할 사)의 회의자로 산길을 가다 호랑이를 만날까 우려한다, 생각하다考慮, 꾀하다子爲寡人慮之, 걱정함念慮, 생각困於心 衡於慮, 연결함何不慮以爲大樽, 조사하다凡繫囚 五日一慮 등으로 쓰인다. 주자: 慮는 사려이다思慮也. '사려에 맞음中慮'은 의의意義가 인심에 부합함이 있었다는 말이다. 소련의 일은 고찰할 수 없다. 그러나 『예기』 「잡기」에 그는 "상을 잘 치렀으며, 사흘간 태만하지 않았고, 석 달간 해이하지 않았고, 1년을 비애하고, 3년을 근심했다."라고 했으니, 행실이 사려에 맞았음을 알 수 있다. 다산: 慮는 헤아림度이다. 언사가 반드시 의리에 합당하다면 언중륜言中倫이다. 자기의 행동이 마음의 헤아림에 부합한다면, 행중려行中慮이다

- 權권은 木(나무 목)+雚(황새 관)의 회의자가 황새가 나무 위에 앉아있는 모습으로 황새의 자태를 빗대어 '위세'나 '권세'를, 전轉하여 저울추正權概, 저울謹權量, 권력親權者不能與人柄, 권도權道(巽以行權), 잡다以經始權其多福 등으로 쓰인다. 다산: 신身이란 자신의 품행(操履: 지조志操와 행

실행實)이다. 폐廢란 자신의 흥폐興廢이다. 순결하여 더러움이 없다면 자신의 품행이 맑음에 맞는 것이고, 양을 헤아려 차이가 없다며 흥폐가 권도에 맞는 것이다(그 출처진퇴는 반드시 털끝만큼의 차이를 다투어야 한다).

- 放방은 方(모 방)+攴(칠 복)의 형성자로 석방하다放免, 내치다放驩兜于崇山, 널리 펴다放之則彌六合, <u>멋대로 하다放言, 放縱</u>, 달아나다人有雞犬放則知求之로 쓰인다. **다산**: 방언放言은 거리낌 없는 말縱言이다. 종묘와 조정에서는 말을 삼가여 그 뜻을 다하지 못하지만, 은거해서는 다시 꺼릴 것이 없다.

- 淸청은 水(물 수)+靑(푸를 청)의 회의자로 물이 푸를 정도로 맑다視容淸明, 청산淸算, 다스려지다苔之淸世, 온화하다養之以淸, 거른 술淸酒, 음료 등으로 쓰인다. **마융**: 淸은 순결純潔이다. 혼란한 세상을 만나 스스로를 버리고 환난을 면하는 것이 권도에 부합한다.

- 可가는 곡괭이와 口(입 구)의 회의자로 곡괭이질을 하며 입으로 흥얼거린다는 의미였지만, 가차되어 <u>좋다, 옳다, 괜찮음子曰可也, 可否</u>, 수긍함大夫辭之不可, 정도飮可五六斗, <u>가능·허용·인정·추측·당연可使足民</u>, 해도 좋다可與否, 할 만하다可以爲師矣, 할 것이다數口之家 可以無饑矣, 해야 한다可急使守函谷關 등으로 쓰인다. **마융**: <u>무가무불가無可無不可란 나아가기를 기필하지 않고, 또한 물러나기를 기필하지 않으며, 오직 의義가 있는 곳을 따를 뿐이다.</u>

18.9 大師摯는 適齊하고 亞飯干은 適楚하고 三飯繚는 適蔡하고
태 사 지 적 제　　아 반 간 적 초　　삼 반 료 적 채

四飯缺은 適秦하고 鼓方叔은 入於河하고 播鼗武는 入於漢하고
사 반 결 적 진　　고 방 숙 입 어 하　　파 도 무 입 어 한

少師陽과 擊磬襄은 入於海하니라
소 사 양 격 경 양 입 어 해

태사大師 지摯는 제齊나라로 가고適, 아반亞飯 간干은 초楚나라로 가고適,

442

삼반三飯 요繚는 채蔡나라로 가고適, 사반四飯 결缺은 진秦나라로 갔다適. 북을 치는鼓 방숙方叔은 하내에於河 들어갔고入, 소고를 흔드는播鼗 무武는 한중으로於漢 들어갔으며入, 소사少師 양陽과 경쇠를 치는擊磬 양襄은 바다의 섬으로於海 들어갔다入.

노나라 애공 때에 예악이 붕괴되어, 악인樂人은 모두 떠났다. 〈공안국〉

주나라가 쇠퇴하여 음악이 폐해졌지만, 공자께서 위나라에서 노나라로 돌아오셔서 한번 바로 잡으시니, 그 후에 광대와 천한 악공들도 음악의 올바름을 알게 되었다. 노나라가 더욱 쇠함에 이르러 삼환이 참람하게 망동하자, 태사 이하는 모두 사방으로 흩어져 가서 황하를 넘고 바다를 건너 어지러운 나라를 떠날 줄만 알았다. 〈장횡거〉

한자 해설

- 師사는 堆(흙을 모아서 쌓을 퇴)+帀(둘러칠 잡)의 형성자로 여러 지식을 모아 온고지신溫故知新한 스승으로 남을 깨우쳐 이끄는 사람百世之師, 전문적인 기예를 닦은 사람畫師, 스승으로 삼다師範, 장관州十有二師, 관리工師得大木, 법으로 삼게 함百僚師師로 쓰인다. **주자**: 태사大師는 노나라 악관의 장魯樂官之長이다.
- 適적은 辵(쉬엄쉬엄갈 착)+啇(밑동 적)의 형성자로 향하여 가다子適衛, 맞다(부합하다: 適我願兮), 조절하다聖人必先適欲, 한 가지 일에만 열중하다主一無適로 쓰인다.
- 飯반은 食(밥 식)+反(되돌릴 반)의 형성자로 밥毋摶飯, 밥을 먹다君祭先飯, 먹이다見信飢飯信로 쓰인다. **형병**: 천자·제후는 매 식사 때마다 음악을 연주하는데, 악장이 각각 다르고, 각각 악사도 있었다. **포함**: 삼반三飯·사반四飯은 악장樂章의 이름이고, 각각 악사師를 다르게 하였다. **주자**: 아반亞飯 이하는 음악으로 식사를 권하는 관직以樂侑食之官이다.
- 鼓고는 壴(악기이름 주)+攴(칠 복)의 회의자로 북長鼓, 맥박鼓動, 악기를

타다鼓瑟鼓琴, 고무鼓舞 등으로 쓰인다. **주자**: 鼓는 북을 두드리는 자擊
鼓者이다.

- 河하는 水(물 수)+可(옳을 가)의 회의자로 중국에서 두 번째로 긴 강인
황하導河積石至于龍門, 운하鑿河開渠, 주(洲: 入宅于河), 메다景員維河로 쓰
인다. **주자**: 河는 하내河內이다.

- 播파는 手(손 수)+釆(캘 채)+田(밭 전)의 회의자로 밭에 볍씨를 뿌림播厥百
穀, 퍼뜨리다播於諸侯, 나뉘다又北播爲九河로 쓰인다. **주자**: 播는 흔듦搖
이다.

- 鼗도는 鼓(두드릴 고)+兆(뛰어 오를 조→도)의 형성자로 땡땡이 혹은 소고
小鼓를 말한다. **주자**: 鼗는 소고小鼓이니, 양 옆에 귀가 있어兩旁有耳 그
자루를 쥐고 흔들면持其柄而搖之 옆의 귀가 다시 자신을 두드린다旁耳
還自擊.

- 漢한은 水(물 수)+堇(진흙 근)의 형성자로 양자강의 지류 가운데 하나인
한수漢水(嶓冢導漾 東流爲漢), 은하수維天有漢, 사나이何物漢子 我與官不肯
就, 왕조 혹은 종족 이름, 한구漢口의 약칭 등으로 쓰인다. **주자**: 漢은
한중漢中이다.

- 擊격은 㲉(부딪힐 격: 바퀴의 회전)+手(손 수)의 형성자로 두드리다抱關擊柝,
때리다如畫鷹隼 使人見之 則有擊搏之意 然後爲工는 뜻이다.

- 磬경은 石(돌 석)+聲(소리 성)의 회의자로 옥이나 돌로 만든 악기로 경쇠
子擊磬於衛, 말을 달리다抑磬控忌로 쓰인다.

- 海해는 水(물 수)+每(매양 매: 비녀를 한 어머니)의 회의자로 어머니의 물이라
는 뜻으로 바다, 풍부한 모양을 말한다. **주자**: 海는 바다의 섬海島이다.

18.10 周公이 謂魯公曰 君子不施其親하며 不使大臣으로 怨乎不以하며
주 공   위 노 공 왈 군 자 불 이 기 친   불 사 대 신   원 호 불 이
故舊無大故則不棄也하며 無求備於一人이니라
고 구 무 대 고 즉 불 기 야   무 구 비 어 일 인

주공周公이 노공魯公에게 일러謂 말씀하셨다曰. "군자君子는 그其 친척親을 버리지弛 않으며不, 대신大臣으로 하여금使 써주지 않는다고乎不以 원망怨하게 하지 않으며不, 오랜 벗故舊은 큰 이유大故가 없으면無則 버리지棄 않으며不, 한 사람에게於一人 (모두) 갖추기備를 요구求함이 없어야 한다無."

이는 백금이 책봉을 받고 (노)나라로 갈 때, 주공이 훈계한 말씀이다. 노나라 사람들이 읊조리며 전하여 오래 동안 잊지 않는 것이다. 혹 공자께서 일찍이 문하의 제자들에게 말씀하신 것일까? 〈호인〉

한자 해설
- 施시는 㫃(=旗깃발 기)+也(어조사 야)의 형성자로 깃발을 중심으로 사람을 모아놓고 정령을 공포하는 것에서 시행施行하다, 베풀다布施, 연장하다(이), 흩뿌리다 등으로도 쓰인다. 弛이는 弓(활 궁)+也(구부러질 야)의 형성자로 활줄이 늘어지다, 느슨하다, 느슨하게 하다徒皆弛解鉗, 解弛, 쉽게 함弛力, 폐하다大事殆乎弛, 없애다弛周室之憂, 떨어지다有時而弛로 쓰인다. 주자: 施는 육덕명의 본(『경전석문經典釋文』)에 이弛로 되어 있고, 복주본福本도 같다. 이弛는 버림遺棄이다. 다산: 施는 마땅히 이弛로 써야 한다. 해이解也, 방기放也, 이완緩이다. 불이기친不弛其親은 구족九族에게 후함을 말한다.
- 臣신은 임금 앞에 엎드려 있는 사람의 상형자로 신하事君不貳 是謂臣, 섬기다諸侯臣伏, 신하로서의 직분을 다하다君君臣臣로 쓰인다. 주자: 대신大臣은 마땅히 그 자리에 있어야 할 사람이 아니면 버리지만, 그 지위에 있으면 쓰지 않을 수 없다.
- 以이는 상형문자로 쟁기를 본뜬 글자로 수단을 나타내는데, ~을 써서以子之矛 陷子之楯 何如, ~에 의해君子不以言擧人, ~에 있어孟嘗君以五月五日生, ~라고 생각하다以爲畏狐也 등으로 쓰인다. 주자: 以는 씀用이다. 공안국: 以는 씀用이니, 보거나 듣거나 써주지 않는 것을 원망하는 것이다.
- 故고는 攵(칠 복)+古(옛 고)의 회의자로 아주 오래전證曩今故, 죽은 사람

故律大德上弘和尙石塔碑銘, 본래凡禮義者 是生於聖人之僞 非故生於人之性也, 오래 되다所謂故國者 非有喬木之謂也也, 옛것溫故而知新, 나이 많은 사람끔 彼故老, 그러므로故安其學而親其師, 사건身盡其故則美, 중요한 일諸侯無故 不殺牛, 사변國有故則令宿, 재앙君無故 玉不去身, 나쁜 일捐棄細故, 사리知 幽明之故, 실마리無禮義故, 훈고學者傳訓故而已로 쓰인다. 주자: 대고大故 는 간악惡하여 반역逆하는 것을 말한다.

- 求구는 동물의 가죽으로 만든 털옷은 비쌌기 때문에 구하여 얻고자 하다寤寐求之, 묻다上志而下求, 책망하다君子求諸己, 탐내다不忮不求 등으로 쓰인다. **형병**: 求는 요구함責이니, 사람은 마땅히 그 재주에 따라 임명하고, 한 사람에게 (모든 것을) 갖추기를 요구하지 말아야 한다.

18.11 周有八士하니 伯達과 伯适과 仲突과 仲忽과 叔夜와 叔夏와 季隨와
주유팔사　　백달　　백괄　　중돌　　중홀　　숙야　　숙하　　계수

季騧니라
계와

즉周나라에 여덟八 현사士가 있었으니, 백달伯達·백괄伯适·중돌仲突·중홀仲忽·숙야叔夜·숙하叔夏·계수季隨·계와季騧(백달伯達·백괄伯适, 중돌仲突·중홀仲忽, 숙야叔夜·숙하叔夏, 계수季隨·계화季騧)이다.

한 어머니가 네 번 생산하였는데, 낳으니 문득 쌍둥이며, 두 아들씩 네 번 태어났기 때문에 여덟 아들八子이다. 그것을 어떻게 알 수 있는가? 그 이름을 취하면 둘씩 서로 수반해 있어 쌍둥이로 태어난 것과 흡사하다. 〈황간〉

형제 여덟 사람이 모두 왕조에 벼슬하여 현명하다는 명성이 있었다. 살피건대, 이는 비록 고훈古訓이나 감히 깊이 신뢰하지 못하겠으니, 형제가 여덟 사람인 까닭에 둘씩 나누어 자를 지었을 뿐이다.〈다산〉

이 편은 사행士行·교정交情·인인仁人·면학勉學, 혹 부자와 접하면서 들은 말씀, 혹 성사聖師의 덕을 변양辨陽한 일을 기록했는데, 모두 제자들이 말한 것이다. 그러므로 (이전의) 모든 편들의 뒤에 차례했다. 〈형병〉

이 편은 모두 제자들의 말을 기록한 것인데, 자하子夏의 말이 많고 자공子貢이 그 다음이다. 대개 공자의 문하에 안자 이하로는 영특함이 자공만 한 이가 없고, 증자 이하로는 독실함이 자하만 한 이가 없었다. 그러므로 특히 기록한 것이 상세하다. 모두 25장이다. 〈주자〉

19.1 子張이 曰 士見危致命하며 見得思義하며
자 장 왈 사 견 위 치 명 　 　 견 득 사 의
祭思敬하며 喪思哀면 其可已矣니라
제 사 경 　 　 상 사 애 　 기 가 이 의

자장子張이 말했다曰. "선비士는 위난危을 보면見, 목숨命을 내맡기며致, 이득得을 보면見 의義를 생각하고思, 제례祭에는 경건敬을 생각하고思, 상喪에는 슬픔哀을 생각思한다면, (거의) 괜찮다可已矣."

이러한 행실이 있으면 선비라고 할 수 있다. 〈형병〉

네 가지는 입신立身의 큰 절목이니, 하나라도 이르지 못하면 나머지는 볼 것도 없다. 그러므로 선비가 이와 같이 할 수 있다면, 거의 괜찮다庶乎其可 矣는 말이다. 〈주자〉

한자 해설

- 士사는 『설문』에서 一(한 일)+十(열 십)의 회의자로 일을 처리한다는 뜻 이라 했다. 선비(학식이 있으나 벼슬하지 않은 사람: 士民其擦), 지식인의 통칭 智能之士, 남자(성인이 된 남자, 남자의 미칭), 벼슬이름(대부의 다음 지위: 諸侯 之上大夫卿 下大夫 上士 中士 下士 凡吾等), 관리殷士膚敏, 병사, 일雖執鞭之士, 일삼다勿士行枚는 뜻이다.

- 致치는 攵(칠 복)+至(이를 지)의 형성자로 이르게 하다—日 致夢, 선물하 다存問致賜, 반납함七十而致政, 내던짐, 전하다工祝致告, 옮기다是致是附, 지극히 하다致知在格物, 人未有自致者也 必也親喪乎, 정성스럽게 하다其致 之一也, 나아가다故致數車無車로 쓰인다.

- 命명은 『설문』에 口(입구)+令(명령 령)의 형성자로 생사여탈권을 가진 임 금의 명령으로 목숨見危授命, 운명今又遇難於此 命也, 명령子從父之命, 명 하다乃命羲和, 말我於辭命則不能也, 천명, 자연의 이법維天之命으로 쓰인 다. 주자: 치명致命은 그 목숨을 내맡긴다委致其命는 것을 말하니, '목숨 을 내어준다授命'(14.12)와 같다.

- 可가는 곡괭이와 口(입 구)의 회의자로 곡괭이질을 하며 흥얼거린다는 의미에서 노래하다는 뜻이었지만, 가차되어 괜찮음子曰可也, 인정하다 大夫辭之不可, 정도 ~쯤飮可五六斗 등으로 쓰인다.
- 已이는 본래 다 자란 태아의 상형자로 그치다雞鳴不已, 이미漢皆已得楚乎, 물러나다三已之, 매우不然則已慤, 반드시已然諾, <u>어조사</u> 등으로 쓰인다. **주자**: '가야可也'는 그 어조가 억누르는 것(겨우 괜찮다: 僅可)이고, '기 가이의其可已矣'는 그 어조가 띄우는 것(거의 괜찮다, 괜찮음에 근접했다→그 것만으로 충분하다)이다. **면재 황씨**: 큰 절목大節은 본래 마땅히 극진히 해야 하는 것이지만, 괜찮을 따름이다其可已矣고 잘라버린다면, 또한 지나치게 단정하는 잘못을 범하는 듯하다. **다산**: 가可란 적절하게 괜찮다適可之意는 뜻이다. 이已란 어사이다. 면재 황씨는 이已를 그치다止로 읽었기 때문에, 그 말이 이와 같았다.

19.2 子張이 曰 執德不弘하며 信道不篤이면 焉能爲有며 焉能爲亡리오
　　　　자장　왈　집덕불홍　　　신도부독　　　언능위유　　　언능위무

자장子張이 말했다曰. "덕德을 잡음執이 넓지弘 못하고不, 도道를 믿음信이 독실篤하지 못하다면不, 어찌焉 능히能 있다有고 하겠으며爲, 어찌焉 능히能 없다는고 하겠는가爲?"

스스로 덕을 가졌다고 여기지만(스스로 선을 택하여 잡고 있다고 여기지만) 잡은 바가 좁고 작으며, 스스로 도를 믿는다고 여기지만(선왕의 도를 믿지만) 그 믿는 것이 허박虛薄하면, 이와 같은 사람은 있다 혹은 없다고 평가할 만한 존재가 되지 못한다. 〈다산〉

한자 해설
- 弘홍은 弓(활 궁)+厶(사사 사)의 회의자로 활시위를 당기는 모습(引+宏)으로 넓다士不可以不弘毅 任重而道遠, 크다私欲弘侈의 뜻이다. **다산**: 弘은

크다大 · 넓다廣이다.

- 篤독은 竹(대 죽)＋馬(말 마)의 형성자로 말이 천천히 안정적으로 걸을 때 나는 말발굽 소리로 도탑다, 진심이 깃들어 있다, 전일하다, 견실하다 는 뜻이다. 다산: 篤은 두덮고厚 · 견고함固이다(견실堅實하다는 뜻이 있다).

19.3 子夏之門人이 問交於子張한대 子張이 曰 子夏云何오
자 하 지 문 인   문 교 어 자 장   자 장   왈   자 하 운 하

對曰 子夏曰 可者를 與之하고 其不可者를 拒之라하더이다
대 왈 자 하 왈 가 자   여 지   기 불 가 자   거 지

子張이 曰異乎吾所聞이로다 君子는 尊賢而容衆하며
자 장   왈 이 호 오 소 문   군 자   존 현 이 용 중

嘉善而矜不能이니 我之大賢與인댄 於人에 何所不容이며
가 선 이 긍 불 능   아 지 대 현 여   어 인   하 소 불 용

我之不賢與인댄 人將拒我니 如之何其拒人也리오
아 지 불 현 여   인 장 거 아   여 지 하 기 거 인 야

자하의子夏之 문인門人이 자장에게於子張 교제交에 대해 묻자問, 자장子張 이 말하였다曰. "자하子夏는 무엇何이라고 말하던가云?" (문인이) 대답하 여 말했다對曰. "자하子夏께서 말씀하시길曰, '교제할 만한 사람이면可者 함께 하고與之, 그其 사람이 교제할 만하지 않는 사람이면不可者 거절하 라拒之.'고 하셨습니다." 자장子張이 말했다曰. "내吾가 들은 바와乎所聞는 다르구나異! 군자君子는 현명賢한 사람을 존중하되尊而 대중衆을 포용容 하며, 선善량한 사람을 가상히 여기고嘉而 불능不能한 사람도 긍휼矜히 여 긴다. 내가我之 크게大 현명하다면賢與 남에 대해於人 포용하지 못할 바所 不容가 무엇何이겠으며, 내가我之 현명賢하지 못하다면不與 남人이 장차將 나我를 거절拒할 것이니, 어찌如之何 그其 남人을 거절拒하겠는가?"

벗과 사귈 때는 마땅히 자하의 말과 같이 하고, 뭇사람과 사귈 때는 마땅 히 자장과 같이 해야 한다. 〈포함〉

450

자하의 말은 박절·편협하니, 자장이 기롱한 것은 옳다. 다만 자장이 말한 것 또한 지나치게 높은 병통이 있다. 대개 크게 현명하면 비록 포용하지 않은 바가 없지만, 큰 잘못大故에는 마땅히 절교해야 한다. 현명하지 못하면 본디 남을 거절해서는 안 되지만, 손해되는 벗은 또한 마땅히 멀리해야 한다. 배우는 자는 살피지 않으면 안 된다. 〈주자〉

한자 해설

- 交교는 양다리를 꼬고 앉은 사람으로 엇갈리다, 교차하다交叉點, 사귀다上交不諂 下交不瀆, 交際, 바꾸다交換, 交易, 오가다交通, 주고받다獻酬 交錯로 쓰인다.

- 拒거는 手(손 수)+巨(클 거)의 회의자로 손에 큰 것을 들고 거부함其不可者拒之, 겨루다高談鮮能抗拒, 어긋나다將右拒卒로 쓰인다. 다산: 拒는 막다捍·떠나다違이다.

- 嘉가는 壴(북 주)+加(더할 가)의 형성자로 풍악과 음식을 더하여 기리다嘉乃丕績, 嘉尙, 예쁘다凡祭宗廟之禮 玉曰嘉玉, 훌륭하다採公卿之嘉議, 경사스럽다山川降嘉歲, 기뻐하다嘉樂君子 憲憲令德, 맛이 좋다飮旨食嘉, 오례의 하나嘉禮로 쓰인다.

- 矜긍은 矛(창 모)+今(이제 금)의 형성자로 불쌍히 여기다吾聞之 君子見人之厄, 괴로워하다爰及矜人, 아끼다不矜細行 終累大德의 뜻이다. 다산: 矜은 가련히 여기다憐이다.

- 容용은 宀(집 면)+谷(골 곡)의 형성자로 본래 '內(안 내)'에 항아리가 하나 그려있어, 사람의 얼굴과 비슷하여 얼굴孔德之容, 꾸미다居則設張容, 받아들이다容其請託, 寬容, 담다容器, 용량容量, 조용하다從容 등으로 쓰인다. 다산: '현명한 이를 존중하고 대중을 포용하라尊賢而容衆'는 '인한 사람과 친하되 널리 대중을 사랑하라親仁而汎愛衆'('학이')는 말과 같다.

19.4 子夏曰雖小道나 必有可觀者焉이어니와 致遠恐泥라 是以로
자 하 왈 수 소 도　　필 유 가 관 자 언　　　　치 원 공 니　　시 이

君子不爲也니라
군 자 불 위 야

자하子夏가 말했다曰. "비록雖 작은 도小道라도 반드시必 볼 만한 것可觀者이 있겠지만有焉, 먼遠 곳에 이르면致 막힐까泥 두렵다恐. 이 때문에是以 군자君子는 하지 않는다不爲也."

백가의 여러 기술은 마치 이목구비耳目口鼻가 모두 (각각) 밝은 바가 있지만, 서로 통하지 못하는 것과 같다. 볼만한 점이 없는 것은 아니지만, 멀리 가면 통하지 않은 까닭에 군자는 하지 않는다. 〈양시〉

한자 해설

- 道도란 辶(쉬엄쉬엄 갈 착)+首(머리 수: 목적, 목표)의 회의자로 도로道聽而塗說, 이치道也者 不可須臾離也, 우주의 본체道者 萬物之始, 묘용一陰一陽之謂道, 방법吾未知吾道, 주의吾道非耶 吾何爲於此, 예악道謂禮樂, 정령顧瞻周道, 교설設何道何行而可로 쓰인다. **하안**: 소도小道는 이단異端을 말한다. **주자**: 소도小道는 농사農·원예圃·의술醫·점술 따위이다. **면재 황씨**: 소도小道는 성인의 도에 합치하지만 작은 것이고, 이단은 성인의 도에 위반되어 다른 것이다. **다산**: 대체大體를 닦고 다스리는 것을 대도大道라 하고(곧 성명의 학이다), 소체를 보양하는 것을 소도라 한다(군려·농포·의약 따위). 각각 지극한 이치가 있기 때문에 볼 만하다.

- 遠원은 辶(쉬엄쉬엄 갈 착)+袁(옷 길 원)의 회의자로 옷깃이 늘어져 있듯이 길이 매우 '멀다'라는 뜻으로 아득하다日暮塗遠, 넓다巡彼遠方, 심오함其旨遠, 끝이 없다, 궁극에 이름逝曰遠 遠曰反, 이목이 미치지 못하다言無遠, 선조愼終追遠, 하늘无有遠近幽深, 사이를 띄우다是以君子遠庖廚也, 가까이하지 아니하다敬鬼神遠之, 쫓아 버리다驅虎豹犀象而遠之, 멀어지다不仁者遠矣로 쓰인다. **주자**: 치원致遠은 상달上達과 같은 말이니, 지선至善에 머무르는 것을 말한다.

• 泥니는 水(물 수)+尼(여승 니: 맞대고 있는 모양)의 회의자로 흙과 물이 뒤섞여 있는 진흙탕坤土得雨爲泥, 진창百步新廊不踏泥, 오염되고 썩다井泥不食, 약하다威夷長脊而泥, 빗물이 괴어 진창이 된 언덕水潦所止 泥丘, 지체되다는 뜻이다. 주자: 泥는 통하지 않음이다不通也. 다산: 泥는 정체滯니, 정체하면 통하지 않는다. 끈끈하게 아교처럼 달라붙어黏著膠滯 유통할 수 없기 때문에 가차假借하여 썼다.

19.5 子夏曰 日知其所亡하며 月無忘其所能이면 可謂好學也已矣니라
자 하 왈 일 지 기 소 무   월 무 망 기 소 능   가 위 호 학 야 이 의

자하子夏가 말했다曰. "날마다日 그其 없는 것所亡을 알고知, 달마다月 그其 능한 바所能를 잊지忘 않는다면無, 배우기를 좋아한다好學고 이를謂 만하다可也已矣."

매일 안다日知는 것은 새것을 안다知新는 것이고, 달로 잊지 않는다月無忘란 옛것을 익힌다溫故는 것이다. 지신知新은 급하기 때문에 일日이라고 말했고, 온고溫故는 완만하기 때문에 월月이라고 했다. 〈다산〉

이 장이 온고지신溫故知新장과 같지 않다. 저 온고지신溫故知新은 온고溫故 가운데 새로운 도리를 얻는 것이고, 이것은 도리어 지신知新으로 인해서 온고를 같이 따라 얻는 것이니, 말하자면 한 선을 얻으면 가슴속에 굳게 지켜 잃지 않는 것과 같다. 〈주자〉

한자 해설
• 亡망은 刀(칼 도)와 점으로 이루어져 칼날을 말하여 칼의 날은 베어 멸망하다國家將亡 必有妖孽, 죽다事亡如事存 孝之至也, 없어지다逝者其亡, 도망하다蕭何聞信亡 自追之, 빠지다樂酒無厭 謂之亡, 없다厚葬 誠亡益於死者, 亡識, 亡窮로 쓰인다. 주자: 무亡는 무無(없음)이니, 자기가 아직 지니지

못한 것己之所未有을 말한다. **우춘우**牛春宇: 망亡자는 무無로 쓸 필요는
없다. 도리는 원래 내 마음에 고유한 것이지만, 만일 잡아 보존하지
못하면 망실亡失되어 밖에 있다. 지소망知所亡이란 단지 그 망실된 바
를 구하는 것일 따름이다. **다산**: 망亡 자는 마땅히 글자대로 읽어야 하
며, 반드시 무無의 뜻으로 풀이할 필요도 없기 때문에 마찬가지로 그
음도 무無로 읽을 필요가 없다.

19.6 子夏曰 博學而篤志하며 切問而近思하면 仁在其中矣니라
자 하 왈 박 학 이 독 지　　절 문 이 근 사　　인 재 기 중 의

자하子夏가 말했다曰. "널리博 배우되學而 뜻志을 독실篤하게 하고, 절실
切하게 묻되問而 가까이近에서부터 생각思하면, 인仁은 그其 가운데中 있
다在矣."

배우기를 넓게 하면 고루함에 정체되지 않고, 뜻을 견고하게 하면 비속한
데로 흐르지 않는다. 묻기를 새기고 저미듯이 하면 아는 것이 정밀해 지
고, 생각하는 것이 근본적으로 자신으로부터 말미암으면 깨닫는 것이 실
질적이다. 인이란 인륜의 극치이다仁者 人倫之至也. 이 네 가지에 능할 수 있
으면 효제충신孝弟忠信에 힘쓰지 않을 수 없으니, 인이 그 가운데 있다. 아
는 자는 반드시 행한다고 말하였다.

살핀다. 이 장은 「학이」편의 "자하가 말하였다. 어진 이를 어진 이로 대하
되 색을 좋아하는 마음과 바꾸고, 부모를 섬김에 능히 그 힘을 다하고, 임
금을 섬김에 능히 그 몸을 바치고, 벗과 더불어 사귐에 말에 신의가 있으
면, 비록 아직 배우지 않았다고 말하더라도, 나는 반드시 그를 배웠다고
평가할 것이다子夏曰 賢賢易色, 事父母, 能竭其力, 事君能致其身, 與朋友交, 言而有
信, 雖曰未學, 吾必謂之學矣."(1.7)와 같이, 모두 자하의 입에서 나온 말이다.
「현현장」은 사람이 능히 효제충신을 할 수 있으면 그 학學을 알만하니, 학

이 그 가운데 있음을 말한 것이다. 「박학장」은 사람이 능히 박학博學·심문審問·신사愼思·명변明辨 할 수 있으면 그 인仁을 알만하니, 인이 그 가운데 있음을 말한 것이다. 두 장은 서로 흑백처럼 반대되는 것처럼 보이지만, 그 실상은 부계符契처럼 부합된다. 자하의 뜻은 대개 아는 자는 반드시 행하고, 행하는 자는 반드시 안다고 말한 것이다. 천하에 배우지 않고도 능히 인을 행할 수 있는 자가 없으며, 또한 능히 인할 수 있는 자는 배우지 않는 자가 없다. 두 장을 합해서 보면 그 취지가 분명하지만, 각각 나누어 하나만 보면 그 말이 편협한 듯하다. 〈다산〉

- 博박은 十(열 십: 전부)+尃(펼 부:손으로 실타래를 푸는 모습)의 회의자로 <u>모든 실을 펴다</u>, 넓다君子博學於文, 너르다壞土之博, <u>두루 미치다</u>博愛之謂仁, 넓히다博我以文로 쓰인다. 형병: 博은 넓다廣이다
- 學학은 『논어』의 강령綱領으로, 15세에 학에 뜻을 둔 이래 평생 호학자로 자임했던 공자의 학문론이다.『설문』에서 학學이란 각오覺悟라고 하고 하여, <u>배워서 깨친다</u>는 뜻이라 했다. 즉 자신에게 가리어져 있어蒙 알지 못했던 세계를 조명하여 알고識·깨닫고覺·본받는效 활동을 의미한다고 할 수 있다. 혹은 학이란 널리 배우고, 깊이 묻고, 신중히 생각하고, 밝게 분별하며, 돈독하게 행함博學之 審問之 愼思之 明辨之 篤行之(『중용』20장)의 연속적인 과정이라 할 수 있다.
- 切절은 七(일곱 칠: 뼈마디)+刀(칼 도)의 회의자로 끊다切之爲膾, 갈다切齒腐心, <u>정성스럽다</u>親切, <u>절실함</u>適切, 몹시切親, 삼가다切切 등으로 쓰인다. 다산: 切은 저미다割·새기다刻이다.
- 篤독은 竹(대 죽)+馬(말 마)의 형성자로 말이 천천히 안정적으로 걸을 때 나는 말발굽 소리로 마음이 <u>굳다</u>信道不篤, 인정이 많다君子篤於親, 미쁘다朋友不篤, <u>도타이 하다</u>天之生物 必因其材而篤焉 등으로 쓰인다. 다산: 篤은 굳음堅이다.
- 近근은 辶(쉬엄쉬엄 갈 착)+斤(도끼 근)의 회의자로 길을 나누듯, 거리를

줄여 가깝다爲其近于道也, 알기 쉽다言近而指遠者 善言也, 근사함好學者近
乎知, 가까운 데能近取譬, 대지无有遠近幽深, 몸求之近者, 곁側近, 친하게
지냄民可近 不可下, 핍박함二多譽 四多懼 近也, 어조사往近王舅로 쓰인다.
다산: 近이란 자신身이다.

• 仁인은 『설문』에서는 '진애親愛한다는 의미로 두 사람(人+二)에서 유래한
회의자이다'라 했다. 인간이란 모름지기 인仁해야 한다는 공자의 주장
은 곧 인간이란 정치적 · 사회적 존재homo politicus-socius이며, 다양한
사회적 · 관계적 상황에서 마땅히 해야 할 도리를 다할 때, 자기완성을
이룬다는 것을 함축한다. **다산: 仁이란 인륜의 극치이다仁者 人倫之至也.**

19.7 子夏曰 百工이 居肆하여 以成其事하고 君子學하여 以致其道니라
　　　자하왈 백공　 거사　　 이성기사　　 군자학하여 이 치 기 도

자하子夏가 말했다曰. "모든百 장인工은 작업장肆(진열장)이 있어야居 그其 일
事을 이룩고成, 군자君子는 배움으로써學以 그其 도道에 이른다致(지극히 한다)."

사람들에게 학문을 권면하면서, 백공을 들어 비유했다. 〈형병〉

공인이 제조창에 있지 않으면, (관심이) 다른 것으로 옮겨가서 작업이 정
밀하지 않고, 군자가 배우지 않으면 외물의 유혹에 마음을 빼앗겨 뜻이 독
실하지 않게 된다. 〈주자〉

백공은 몸이 항상 그 점포에 있고, 손은 항상 그 작업을 잡고 있어야만 그
일이 이루어진다. 군자의 학이 도에 이르게 하는 것 또한 이와 같다. 〈다산〉

한자 해설
• 百백은 白(흰 백)에 지사부호인 가로 획一을 첨가하여 1백이라는 숫자,
모든, 여러百官以治, 여러 번 행함人一能之 己百之로 쓰인다.

- 工공은 수준기工二와 먹줄丨을 들고 있는 장인工欲善其事 必先利其器, 교묘하다帝工書善畫, 만드는 일天工人其代之, 벼슬아치噫噫臣工를 말한다. **형병**: (금金, 목木, 피皮, 옥玉, 토土 등) 오재五材의 굽은 면面의 형세를 자세히 살펴 다듬어 백성에게 필요한 기구를 만드는 것을 백공百工이라 한다(『주례』「고공기」). **다산**: 백공百工은 뭇장인衆匠이다.

- 肆사는 長(길 장)+隶(미칠 이)의 회의자로 길게 늘어놓고 진열함閒大夫之幣 侯于郊爲肆, 죄인을 죽여 효시梟示하다吾力猶能肆諸市朝, 길다其風肆好, 빠르다肆伐大商, 찌르다是伐是肆, 관영官營 공장, 악장 이름肆夏으로 쓰인다. **형병과 주자**: 肆는 관청의 제조창官府制作之處이다. **다산**: 肆는 물품을 진열하는 곳이다(사肆는 진열陳이다).

- 致치는 攵(칠 복)+至(이를 지)의 형성자 도달하게至 하는 것攵으로 도달함一日 致夢, 나아가다故致數車無車, 합침以致萬民, 지극히 하다致知在格物, 다하다人未有自致者也 必也親喪乎, 정성스럽게 하다其致之一也로 쓰인다. **형병**: 致는 이르다至이다. **주자**: 致는 지극함極이다. **다산**: 致는 이르게 하다至之이다.

19.8 子夏曰 小人之過也는 必文이니라
자 하 왈 소 인 지 과 야　필 문

자하子夏가 말했다曰. "소인의小人之 허물過은 반드시必 꾸며댄다文."

그 허물을 문식文飾하고, 실정을 말하지 않음이다. 〈공안국〉

소인은 허물 고치는 것을 꺼리고, 자기 속이는 것을 꺼리지 않기 때문에 반드시 꾸밈으로 그 잘못을 가중시킨다. 〈주자〉

군자의 허물은 일식이나 월식과 같아서 사람들이 모두 보게 된다. 소인은 반드시 허물을 가릴 방법을 생각하기 때문에, 그것을 꾸며댄다. 〈다산〉

- 文문은 『설문』에서 "획을 교차하다는 뜻으로 교차한 무늬를 형상했다 錯劃也 象交文"고 했는데, 글월以能誦詩書屬文, 문치文治·문사文事, 무늬·문채文彩, 현상觀乎天文, 문화적 산물, 아름답다·선善하다禮滅而進以進爲文, 화미華美하다君子質而已矣 何以文矣, 꾸미다文之以禮樂, 가리다 小人之過也 必文 등으로 쓰인다. **주자**: 文은 꾸미는 것飾之이다.

19.9 子夏曰君子有三變하니 望之儼然하고 卽之也溫하고 聽其言也厲니라
자 하 왈 군 자 유 삼 변 망 지 엄 연   즉 지 야 온   청 기 언 야 려

자하子夏가 말했다曰. "군자君子는 세三 번의 변화變가 있으니有, 바라보면望之 장엄儼然하고, 나아가면卽之也 온화溫하고, 그其 말言을 들으면厲 명확厲(준엄)하다."

보통 사람은 멀리서 보면 태만함이 많고, 가까이 나아가면 안색이 사납고, 그 말을 들어보면 망령되고 사악함이 많다. 〈형병〉

다른 사람은 장엄하면 온화하지 않고, 온화하면 명확하지 않지만, 오로지 공자께서는 그것은 온전히 갖추셨다. 〈정자〉

- 儼엄은 人(사람 인)+嚴(엄할 엄)의 형성자로 준엄한 사람을 말해 의젓하다碩大且儼, 儼然, 儼恪, 삼가고 정중함儼若思을 말한다. **주자**: 엄연儼然이란 용모의 장엄함莊이다.
- 卽즉은 皀(어긋날 간)+卩(병부 절)의 회의자로 곧 즉시項伯卽入見沛公, 가까이하다子不我卽, 자리에 나아가다漢王卽皇帝位 등으로 쓰인다. **주자와 다산**: 卽은 나아감就이다.
- 溫온은 水(물 수)+囚(가둘 수)+皿(그릇 혹은 덮개 명)의 회의자로 그릇에 물을 넣고 열을 가해 따뜻하다溫風始至, 온화子溫而厲, 원만溫其如玉, 두텁

458

다飮食則溫淳, 배움溫故而知新 등으로 쓰인다. 주자: 溫은 안색의 온화함和이다.

- 厲려는 厂(기슭 엄)+萬(일만 만)의 형성자로 숫돌로 칼을 갈다鈍金必將待礱 厲然後利, 맹렬함不厲而威, 엄격함溫而厲, 가혹하다, 폭군에게 붙이는 시호厲民以自養也로 쓰인다. 형병: 厲는 엄정嚴正이다. 주자: 厲는 말의 명확함確이다. 다산: 厲란 말의 준엄한辭之峻이다.

19.10 子夏曰君子信而後에 勞其民이니 未信則以爲厲己也니라
자 하 왈 군 자 신 이 후　노 기 민　미 신 즉 이 위 여 기 야

信而後에 諫이니 未信則以爲謗己也니라
신 이 후　간　미 신 즉 이 위 방 기 야

자하子夏가 말했다曰. "군자君子는 신뢰信를 받은 이후而後에 그其 백성民을 수고롭게勞 해야 하니, 아직 신뢰信하지 않는데도未則 (백성을 수고롭게 하면) 자기己들을 괴롭힌다厲고 여길 것이다以爲. 신임信을 받은 이후而後에 간諫할 것이니, 아직 신임信하지 않는데도未信則 (임금의 잘못을 간하면) 자기己를 비방한다謗고 여길 것이다以爲."

윗사람을 섬기는 것과 아랫사람을 부리는 것 모두 반드시 성의가 서로 미덥게 된 이후에 (일을 도모) 할 수 있다. 〈주자〉

형병이 말하길, '군자가 마땅히 먼저 백성에게 신임을 보내야 하고, 마땅히 먼저 임금에게 충성을 다하고, 임금이 자기를 신임하기를 기다려야 한다.'고 했다. 논박하여 말하면, 그릇되었다. 자기를 신임해 주기를 바라는 뜻이 있으면 이미 불충不忠이니, 어떻게 미더울 수 있겠는가? 〈다산〉

한자 해설
- 信신은 "가치상 추구할 만한 것을 일러 선善이라고 하고, 이러한 선을 자기 안에 지니고 있는 것을 일러 신信이라고 한다"라고 맹자가 말했

듯이, 선한 본성仁義禮智을 지니고 실현하기 위해 신실하게 행하는 것으로 믿음朋友有信, 믿다盡信書 則不如無書, 편지信書, 진실로, 징험하다 其中有信, 오행의 토土, 펴다往者屈也 來者信也로 쓰인다. **주자**: 信은 성의誠意가 측달惻怛하여 남들이 그를 신뢰하는 것이다. **다산**: 信은 신임을 받는 깃見信을 말한다.

- 厲려는 厂(기슭 엄)+萬(일만 만)의 형성자로 <u>숫돌로 칼을 가는 것</u>으로 숫돌, 갈다, 떨치다, 소리가 높고 급하다, 엄하다子溫而厲, 사납다, 권면하다 등으로 쓰인다. **왕숙과 주자**: 厲는 괴롭히다病와 같다.

- 謗방은 言(말씀 언)+旁(곁 방)의 형성자로 말로 남을 <u>비방하다</u>大言曰謗 微言曰誹, 몰래 비방하다國人謗王, 대면하여 꾸짖다謗 對人道其惡, 헐뜯는 말反離謗而見攘로 쓰인다.

19.11 子夏曰 大德이 不踰閑이면 小德은 出入이라도 可也니라
자하왈 대덕 불유한 소덕 출입 가야

자하子夏가 말했다曰. "크게 덕 있는 사람大德(큰 절개)은 문지방閑(법도, 한계)을 넘지踰 않지만不, 작은 덕이 있는 사람小德(작은 절개)은 (법도, 한계를) 넘나들어도出入 괜찮다可."

한閑은 법규法와 같다. 작은 덕은 법칙을 넘지 않을 수 없기 때문에 드나들어도 괜찮다(공안국). 큰 덕은 상현上賢을 이르니, 그 행하는 것이 모두 법규를 넘지 않는다. 조금 덕이 있는 사람小德은 차현次賢의 사람이니, 법규를 넘지 않을 수 없다. 때때로 법규를 넘어 벗어남이 있어도 곧 뒤이어 들어와 그 법규를 지킬 수 있으니, 구비하기를 요구하지 않기 때문에 괜찮다고 말한 것이다. 〈형병〉

사람이 능히 그 큰 것을 먼저 세울 수 있으면, 작은 절개가 비록 혹 이치에 전부 부합하지 않는다고 할지라도 아무러 해가 없다는 말이다. 〈주자〉

이 장의 말은 폐단이 없을 수 없으니, 배우는 자는 상세히 살펴야 한다. 〈오역〉

한자 해설

- 德덕은 彳(조금 걸을 척)+直(곧을 직)+心(마음 심)의 회의자로 마음을 닦아 몸에 체득된 좋은 품격導之以德, 인품德有凶行吉, 본성有天德 有地德 有人德 此謂三德, 혜택何以報德, 도덕中庸之爲德也 其至矣乎, 공덕下非地德, 교화布德和令, 절조(節操: 大德不踰閑 小德出入可也), 어진 이以德詔爵, 능력通神明之德, 은혜를 베풀다西德於秦, 행복百姓之德也, 오르다君子德車, 목성(木星: 별의 이름), 건괘乾卦의 상 등으로 쓰인다. **호병문**: 『서경』「주서, 여오」편에 세행細行을 대덕大德에 대비시켜 말했으니, 세행은 곧 소덕이다. 큰 법규와 작은 법규는 그 관련된 일의 크고 작음을 가지고 나눈 것이다. **주자**: 대덕大德·소덕小德은 큰 절개大節·작은 절개小節라는 말과 같다. **다산**: 대덕大德은 성인을 말하고, 소덕小德은 배우는 이學者를 말한다. (주자에게) 질의하건대, 대덕大德·소덕小德을 큰 절개·작은 절개라고 말하는 것은 고경에는 근거할 수 없다. 맹자는 '소덕은 대덕에게 사역당한다小德役大德'(「이루상」), 『중용』에는 '소덕은 내처럼 흐르고, 대덕은 만물의 화육을 돈후하게 한다小德川流 大德敦化'(30장)고 하여, 모두 덕의 크고 작음으로 나누어 등급을 하였으니, 이것이 어찌 대절과 소절을 두고 말하는 것이겠는가?

- 閑한은 門(문 문)+木(나무 목)의 회의자로 문 사이에 나무를 질러 막다丈言曰 閑邪存其誠, 문지방, 가로막다曰閑輿衛, 한정하다中心閑也, 법규, 크다旅楹有閑, 익숙해지다旣閑且馳, 마굿간天子十有二閑, 한가하다貌甚閑暇로 쓰인다. **공안국**: 閑은 법규法와 같다. **주자**: 閑은 란闌(가로막다)이니, 사물의 출입을 금하는 것이다. **다산**: 閑은 예방禮防이다(한閑 자는 문門에 나무가 있는 것을 형상하여 내외의 한계를 짓는 것이다). 출입은 머지않아 회복하는 것을 이른다.

19.12 子游曰 子夏之門人小子當灑掃應對進退則可矣나
자유왈 자하지문인소자당쇄소응대진퇴즉가의

抑末也라 本之則無하니 如之何오 子夏聞之曰噫라 言游過矣로다
억말야 본지즉무 여지하 자하문지왈희 언유과의

君子之道孰先傳焉이며 孰後倦焉이리오 譬諸草木컨댄 區以別矣니
군자지도숙선전언 숙후권언 비저초목 구이별의

君子之道焉可誣也리오 有始有卒者는 其惟聖人乎인저
군자지도언가무야 유시유졸자 기유성인호

자유子游가 말했다曰. "자하의子夏之 문인門人 소자小子들은 쇄소灑掃·응대應對·진퇴進退와 같은 일에 당면해서는當則 그런대로 잘 하지만可矣, 하지만抑 말단일 뿐이니末也, 근본적은 것은本之則 없으니無, 어찌 된 것인가如之何?" 자하子夏가 듣고聞之 말하였다曰. "아噫! 언유言游가 지나치다過矣. 군자의 도君子之道가 어느孰 것을 먼저先하여 전傳할 것이며, 어느孰 것을 뒤後로하여 게을리倦 할 것인가? 초목에諸草木 비유譬하면, 구획지어區以 구별하는 것과 같다別矣. 군자의 도君子之道를 어찌焉 속일誣 수 있으리오可也. 시작이 있고有始 끝이 있는 분有卒者은, 오직惟 그其 성인뿐이시다聖人乎!"

자유는 자하의 제자들이 위의威儀·용절容節과 같은 데에서는 괜찮지만, 이는『소학』의 말단일 뿐이고, 『대학』의 정심·성의처럼 그 근본을 미루는 일은 없다고 기롱했다.

군자의 도는 그 말단을 우선으로 여겨서 전하는 것이 아니며, 그 근본을 차후로 여기거나 가르치기를 게을리 하는 것도 아니다. 단지 배우는 자가 이르는 것에 있어서는 자연히 얕고 깊음의 차이가 있으니, 예를 들면 초목에 크고 작음이 있어 그 유형에 본래 구별이 있는 것과 같다. 만일 그 얕고 깊음을 헤아리지 않고, 그 초보자인지 숙련자인지를 묻지를 않고, 대개 높고 먼 것으로 억지로 말해주면, 이는 그들을 속이는 것일 뿐이다. 군자의 도가 어찌 이와 같을 수 있는가? 무릇 시종·본말을 하나로써 관통할 수 있는 것은 오직 성인만이 그렇게 하실 수 있는 것이니, 문하의 제자에게 요구할 수 있겠는가?'라는 말이다. 〈주자〉

군자는 사람을 가르치는 데에 순서가 있으니, 먼저 작은 것과 가까운 것을 전하고, 후에 큰 것과 먼 것을 가르쳐준다. 가깝고 작은 것을 먼저 전해 주고, 멀고 큰 것을 가르쳐 주지 않은 것이 아니다. 쇄소·응대가 곧 형이상자인 것이니, 이치에 크고 작음이 없기 때문이다. 그러므로 군자는 단지 그 홀로 있음에 삼간다. 성인의 도는 다시 정밀함과 거칢이 없으니, 쇄소응대로부터 정의입신精義入神에까지 단지 하나의 이치로 관통한다. 비록 쇄소응대라고 할지라도 단지 그러한 까닭이 어떠한지를 볼 따름이다. 무릇 사물에는 근본과 말단이 있으니, 본말을 나누어 두 가지 일이라고 할 수 없다. 쇄소응대가 바로 그러함其然이라면, 반드시 그러한 까닭所以然이 있다. 쇄소응대로부터 올라가면 성인의 일에 도달할 수 있다. 〈정자〉

한자 해설

- 當당은 尙(오히려 상→당)+田(밭 전)의 형성자로 마땅하다當殺之, 맞서다─騎當千, 당해 내다當仁不讓於師, 擔當, 상당하다必當其位, 당면하다當食不歎, 떠맡다當國 秉政, 주관하다鼓無當於五聲, 해당該當하다로 쓰인다.

- 灑쇄는 水(물 수)+麗(아름다울 려→쇄)의 형성자로 물을 뿌리다灑水, 씻다淸灑舊京, 깨끗하다神韻蕭灑, 큰 거문고大瑟謂之灑로 쓰인다. 洒쇄는 水(물 수)+西(서녘 서: 대바구니)의 형성자로 물을 부어서 씻다는 뜻이다.

- 掃소는 手(손 수)+帚(비 추)의 회의자로 비로掃掌掃門庭, 청소淸掃, 소제掃除하다, 제거하다掃項軍於垓下, 토벌하다皇師外掃, 청소淸掃, 소제掃除하다는 뜻이다. 쇄소灑掃의 쇄灑는 땅에 물을 뿌려 먼지를 젖게 하고, 소掃는 비로 쓸어 먼지를 제거하는 것이다.

- 應응은 雁(매 응)+心(마음 심)의 회의자로 매사냥에서 매가 나의 요구에 부응하듯이 상대방이 나의 요구에 응한다齊王不應, 승낙하다汝可去 應之, 화동함同聲相應, 조짐關雎之應也, 응당 ~해야 한다罪應誅로 쓰인다. 응대應對의 응應은 유락唯諾(명령하는 대로 순종함)이며, 대對는 답술答述을 말한다. **다산:** 쇄소·응대·진퇴는 어린이들의 자잘한 예절인데, 어버이를 섬기고·어른을 섬기는 방법이다.

- 末말은 木(나무 목)+一(한 일)의 지사문자로 나무의 끝부분木末, 차례의 마지막末席, 중요하지 아니한 부분反本成末, 없다吾末如之何也已로 쓰인다.

- 本본은 나무의 뿌리昌本, 밑동枝大於本, 근본皆以修身爲本, 근원不知其本, 바탕張本, 본성必反其本, 조상報本反始, 종손本支百世, 임금本末弱也, 근본으로 삼다本之則無로 쓰인다. **다산**: 本이란 성명의 학性命之學이다. 『중용』에서 '천명을 성이라 하고, 중中이란 천하의 큰 근본大本이다.'고 했다. 자유子游는 '자하子夏가 사람을 가르침에 오직 외면의 예절에만 힘을 쓰고, 마음을 다스리고 본성을 닦도록 하지 않는다.'고 우려했다.

- 噫희는 口(입 구)+意(뜻 의)의 형성자로 탄식하다噫嗚 欵傷之貌也, 감탄사噫 言游過矣, 하품, 문득噫亦要存亡吉凶 등으로 쓰인다. **공안국**: 噫는 마음이 평안하지 않다는 탄성心不平之聲이다. **다산**: 噫는 한스럽다는 탄성恨聲이다.

- 倦권은 人(사람 인)+卷(굽을 권)의 형성자로 게으르다, 나태하다, 진력盡力나다, 고달프다, 피곤하다는 뜻이다. **주자**: 倦은 회인불권誨人不倦(사람 가르치기를 게을리 하지 않는다)의 권倦과 같다.

- 區구는 匸(감출 혜)+品(물건 품)의 회의자로 선반 위에 나누어져 있는 그릇 혹은 여러 물건品을 일정한 자리匸에 두어 나누다區分書體, 거처發起賊主名區處, 따로따로物性旣區로 쓰인다. **주자**: 區는 종류類와 같다.

- 別별은 骨(별 골)+刀(칼 도)의 회의자로 칼刀로 뼈를 갈라내듯 나누다宰庖之切割分別也, 떠나다告別莫忽忽, 이별黯然鎖魂者惟別而已矣, 구별하다我又欲與若別之, 다르다群物皆別, 갈래繼別爲宗로 쓰인다. **후재 풍씨**: 구區는 구역區域이다. 별別은 분별分이다. 옛날에 원포園圃에 초목을 키울 때, 대개 나무를 심고 씨를 뿌리는 일은 각각 구역區域을 나누었다.

19.13 子夏曰 仕而優則學하고 學而優則仕니라
자 하 왈 사 이 우 즉 학　학 이 우 즉 사

자하子夏가 말했다曰. "벼슬하여仕而 여력이 있으면優則 배우고學, 배우고 學而 여력이 있으면優則 벼슬한다仕."

벼슬하는 것과 배우는 것은 이치는 같지만 일은 다르다理同而事異. 그러므로 그 일을 담당하는 자는 반드시 먼저 그 일을 극진히 한 후에 그 나머지에 미칠 수가 있다. 그러나 벼슬하면서 배운다면 그 벼슬의 자질이 더욱 깊어지게 되고, 배우는 자가 벼슬한다면 그 배운 것의 증험이 더욱 넓어지게 된다. 〈주자〉

배움은 벼슬할 소이所以이고, 배움은 벼슬에서 자뢰資賴한다. 그러므로 서로 연관된다. 〈다산〉

한자 해설
- 仕사는 人(사람 인)+士(선비 사)의 회의자로 학식을 갖추고 임금을 모시던 관리退而致仕, 사환仕宦, 벼슬하다孔子不仕而退, 섬기다仕于家曰僕의 의미이다.
- 優우는 人(사람 임)+憂(근심 우)의 형성자로 마음이 차분하고도 부드러운 모습優美, 연기하는 광대俳優, 넉넉하다, 우수함德優則行, 도탑다維其優矣, 주춤거리다優柔不斷 등으로 쓰인다. 주자: 優는 여력이 있음이다有餘力也.
- 學학은 『설문』에서는 각오覺悟라 하여, 배워서 깨친다는 뜻이라고 한다. 요컨대 학이란 어떤 무엇을 무엇에게서 배워서 깨달아 알고, 본받아 체득하여 자기 것으로 만드는 종합적인 활동을 의미한다. 다산: 백성의 부류가 넷 있으니, 사士·농農·공工·상商이라 한다. 사士란 사仕(벼슬)이다. 學(배움)이란 벼슬할 것을 배움이다.

19.14 子游曰 喪은 致乎哀而止니라
자 유 왈 상 치 호 애 이 지

자유子游가 말했다曰. "상喪에서는 슬픔을乎哀 극진히 하되致而 그친다止."

훼상하여 목숨을 잃게 되지는 않는다毀不滅性. 〈공안국〉

(상례는) 그 슬픔을 지극히 다하고, 문식文飾을 숭상하지 않는다. 〈주자〉

이 장은 두 가지 뜻이 있으니, 하나는 구설舊說(훼불멸성毀不滅性)이다. 다른 하나는 초상에는 슬퍼하지 않을 수 없기 때문에 성인이 예를 제정하여 그 곡읍哭泣과 벽용擗踊(슬퍼 가슴을 치고 발을 구름)의 절도는 반드시 슬픔을 극진히 다하면 그치게 하였다는 것이다. 그 뜻이 또한 통한다. 〈다산〉

한자 해설
- 喪상은 哭(울 곡)+亡(죽을 망)의 회의자로 상喪, 상복을 입다子夏喪其子 而 喪其明, 복제父母之喪 無貴賤一也, 널送喪不由徑, 잃다受祿無喪 등으로 쓰인다.
- 致치는 攵(칠 복)+至(이를 지)의 형성자로 이르게 하다一曰致夢, 지극히 하다致知在格物, 人未有自致者也 必也親喪乎, 정성스럽게 하다其致之一也의 뜻이다.

19.15 子游曰 吾友張也 爲難能也나 然而未仁이니라
자 유 왈 오 우 장 야 위 난 능 야 연 이 미 인

자유子游가 말했다曰. "나吾의 벗友 자장은張也 어려운 일을 하는 데에는爲難 能能하다. 그러나然而 아직 인仁하지는 않다未."

자장子張은 행실이 과도하게 높았지만, 성실하거나 측달한 뜻이 적었다.
〈주자〉

466

자장은 남들이 행하기 어려워하는 것을 잘 해내었다. 그러나 힘써 서恕를 실천하지는 못했다. 〈다산〉

• 友우는 손又과 손을 맞잡고 의좋게 감싸 주는 벗同門曰朋 同志曰友, 벗하다無友不如己者, 우애惟孝 友于兄弟로 쓰인다.

19.16 曾子曰 堂堂乎라 張也여 難與竝爲仁矣로다
증 자 왈 당 당 호   장 야   난 여 병 위 인 의

증자曾子가 말했다曰. "당당堂堂하구나乎, 자장이여張也! (그러나) 함께與 竝 인仁을 행하기는爲 어렵구나難."

자장이 용의容儀는 성대했자만, 인도仁道에서는 박약했다는 말이다. 〈정현〉

자장이 외모에 힘쓰고 스스로 잘난 척하여 (다른 사람이) 도와서 인을 행하게 할 수 없고, 또한 다른 사람의 인仁을 도와주지도 못한다는 말이다. 〈주자〉

• 堂당은 土(흙 토)+尚(오히려 상←高)의 형성자로 터를 돋우어 높게 지은 큰 집金玉滿堂, 당당하다容貌堂堂, 8촌 안쪽의 친족堂叔, 문지방侯我乎堂을 말한다. 당당堂堂은 크고 위엄이 있음을 말한다. **주자**: 당당堂堂은 용모의 성대함容貌之盛이다. **다산**: 당당堂堂은 높게 드러난 모습니다 (『석명』에서 말했다. 정침正寢을 당당이라고 하니, 양陽에 해당하여 높이 드러난 것을 취한 뜻이다)

19.17 曾子曰 吾聞諸夫子호니 人未有自致者也나 必也親喪乎인저
증 자 왈 오 문 저 부 자   인 미 유 자 치 자 야   필 야 친 상 호

증자曾子가 말했다曰. "내吾가 선생님께諸夫子 들으니聞, 사람人이 스스로
自 극진히 하는 자致者가 아직 있지 않지만未有也, 반드시必也 어버이의
상親喪에서는 (스스로 극진함을) 다할 것이다乎!"

사람이 비록 다른 일에서는 스스로 극진함을 다할 수 없다고 할지라도, 친
상親喪에 이르러서는 반드시 스스로 지극함을 다한다. 〈마융〉

친상親喪이란 본래 스스로 다하는 것固所自盡也이니(『맹자』「등문공」상편 2), 친
상에서 그 정성을 쓰지 않는다면, 어디에 그 정성을 쓰겠는가? 〈윤돈〉

• 致치는 攵(칠 복)+至(이를 지)의 형성자로 지극히 하다致知在格物, 人未有
自致者也 必也親喪乎, 정성스럽게 하다其致之一也의 뜻이다. 주자: 致는
그 궁극까지 다함이니盡其極也, 대개 사람의 진정이 스스로 그만두지
못하는 것이다.

19.18 曾子曰 吾聞諸夫子호니 孟莊子之孝也 其他는 可能也어니와
증자왈 오문저부자　　맹장자지효야 기타　　가능야
其不改父之臣과 與父之政이 是難能也니라
기불개부지신　여부지정　시난능야

증자曾子가 말했다曰. "내吾가 선생님께諸夫子 들으니聞, '맹장자의孟莊子
之 효孝 중에 그 나머지其他 것들은 능能히 행할 수 가있지만可, 아버지
의 신하父之臣와與 아버지의 정사父之政를 고치지改 않은 것不, 그것은是
능能히 행하기가 어렵다難.'고 하셨다."

기타其他 곡읍하여 슬퍼한 것, 자최복이나 참최복을 입은 은정, 죽과 미음
을 먹은 것 등은 다른 사람도 능히 할 수 있다. 〈형병〉

아버지의 신하와 아버지의 정사에 비록 불선한 것이 있다고 하더라도 차마 고치지 않은 것이다. 〈마융〉

한자 해설
- 孝효는 老(늙을 노)＋子(아들 자)의 회의자로 자식이 늙은이(어버이)를 받든다孝者 畜也, 부조父祖 사후에 뜻을 올바로 이어받는 일, 신상親喪에 복服을 입다 등으로 쓰였다.

19.19 孟氏使陽膚로 爲士師라 問於曾子한대
맹 씨 사 양 부   위 사 사   문 어 증 자

曾子曰上失其道하여 民散이 久矣니 如得其情則哀矜而勿喜니라
증 자 왈 상 실 기 도   민 산   구 의   여 득 기 정 즉 애 긍 이 물 희

맹씨孟氏가 양부陽膚로 하여금使 사사士師가 되게爲 하자, (양부가) 증자에게於曾子 물으니問, 증자曾子가 말하였다曰. "윗사람上이 그其 도리道理를 잃어失 백성民들이 흩어진散 지가 오래되었다久矣. 만일如 그其 실정情을 알아낸다면得則, 슬퍼하고 긍휼히 여기되哀矜而 기뻐하지喜 말아야 한다勿."

백성이 흩어지는 것은 무도하게 부리거나 평소에 가르침이 없었기 때문이다. 그러므로 그들이 법을 어긴 것이 어쩔 수 없는 상황에 몰린 것이 아니라면, 무지한 탓에 빠진 것이다. 그러므로 그 실정을 알아내었으면, 불쌍히 여기되 기뻐하지 말아야 한다. 〈사량좌〉

한자 해설
- 師사는 堆(흙을 모아서 쌓을 퇴)＋帀(둘러칠 잡)의 형성자로 여러 지식을 모아 온고지신溫故知新한 스승으로 남을 깨우쳐 이끄는 사람百世之師, 전문적인 기예를 닦은 사람畫師, 스승으로 삼다師範, 군사出師表, 장관州十有二師, 관리工師得大木, 법으로 삼게 함百僚師師로 쓰인다. **다산**: 사사士師는 형옥을 맡는 관리이다.

- 散산은 㪔(흩어지다 산: 마를 두드려 폄)+月(육달 월)의 회의자로 고기를 다지는 모습에서 흩다風以散之, 흩어지다財聚則民散, 따로따로 떨어지다兄弟妻子離散, 문체 이름散文, 술잔 이름不過一散으로 쓰인다. **주자**: 민산民散(백성이 흩어진다)이란 인정과 의리가 괴리되어 상호 유지·연계되지 않음을 말한다.
- 情정은 心(마음 심)+生(날 생)+井(우물 정)의 회의자로 마음에서 피어나온 감정으로 뜻感情, 愛情, 性慾, 본성夫物之不齊 物之情也, 진리兵之情主速, 소망, 사정私情, 정황實情, 實際, 자태, 흥취, 민심 등으로 쓰인다. **다산**: 득기정得其情은 사실을 조사하여 옥사의 실정을 알아내는 것이다.

19.20 子貢이 曰紂之不善이 不如是之甚也니 是以로
자 공 왈 주 지 불 선   불 여 시 지 심 야   시 이

君子惡居下流하나니 天下之惡이 皆歸焉이니라
군 자 오 거 하 류   천 하 지 악   개 귀 언

자공子貢이 말했다曰. "주왕의紂之 불선不善이 그是와 같이如之 심甚하지는 않았다不. 그런 까닭으로是以 군자君子는 하류下流에 거居하는 것을 싫어하니惡, 천하天下之의 악惡이 모두皆 귀속歸되기 때문이다焉."

지역에 원근이 있고, 시대에 선후가 있는데, 전해들은 것이 반드시 모두 사실인 것은 아니다. 어리석은 세속의 사람들은 대개 부탄浮誕하여 어느 한 사람이 악명을 얻으면, 예전에 들었던 다른 사람의 악까지도 그와 비슷한 것이 있으면 그 사람에게 전부 귀속시키고, 또한 혹 보태고 부연하여, 허가虛假를 조작하여, 거짓으로 거짓을 전하여 오랜 후에 실록이 되니, 반드시 모두 증오해서 그런 것은 아니다. 이는 아무런 까닭도 단서도 없는 자연적인 형세이니, 악물惡物이 자연히 하류에 흘러들어가는 것과 같이 하류에 대한 증오가 있는 것은 아니다. 자공의 경계는 무릇 여기에 있다. 〈다산〉

- 紂주는 상商의 마지막 왕으로서 하夏의 걸桀과 함께 대표적인 폭군이다. 후기에 녹대鹿臺를 건축하고 주지육림酒池肉林의 방탕한 사치를 일삼고, 비간比干과 기자箕子 같은 현자를 박해하는 등 실정을 거듭하여 민심을 잃었고, 결국 주周 무왕武王에 의해 도읍인 조가朝歌가 함락되고 그 자신은 녹대에서 불길에 몸을 던져 죽어 기수淇水 가에 묻혔다고 전한다. **형병**: 紂의 이름은 신辛이고, 자는 수덕受德이고 시호는 주紂라고 하였다(『시법』에 의인을 잔혹하게 죽이고, 선인을 손상시킨 사람殘義損善을 일러 주紂라 한다).

- 善선은 '길吉한 것으로 의롭고義 아름다운 것美이다'(『설문』)는 의미인데, 착하다聞一善言 見一善行, 좋다(아름답다, 훌륭하다, 상서롭다, 상쾌하다, 긴밀하다, 솜씨가 좋다), 좋아하다施民所善, 잘하다惟截截善諞言, 다스리다窮則獨善其身, 성공善敗, 소중히 여기다善日者王 善時者霸 등으로 쓰인다.

- 甚심은 甘(달 감)+匕(비수 비: 수저)의 회의자로 큰 수저 입에 음식을 가득 집어넣으려는 모습으로 편안하고 즐겁다甚 尤安樂也, 심하다甚矣 吾衰也, 두텁다獮者宰穀臣之觴吾子也甚歡, 깊다王之不說嬰也甚로 쓰인다.

- 流유는 水(물 수)+㐬(깃발 유: 아기가 순조롭게 태어나는 모양)의 회의자로 아기가 양수와 함께 순조롭게 태어남, 흘러나옴流水, 옮기어 퍼지다德之流行 速於置郵而傳命, 流布, 흘러가는 물從流下而忘反, 흘러가는 방향逆流而上으로 쓰인다. **주자**: 하류下流는 지형이 낮은 곳으로 모든 물이 모여드는 곳이다. 사람의 몸에 더럽고 천한 실상이 있으면 또한 악명이 모여든다는 것을 비유했다.

19.21 子貢이 曰君子之過也는 如日月之食焉이라
자공   왈 군자지과야   여일월지식언

過也에 人皆見之하고 更也에 人皆仰之니라
과야   인개견지   경야   인개앙지

자공子貢이 말하였다曰. "군자의君子之 허물은過也 일식日食이나 월식月食
과 같아如, 과오를 범하면過也, 사람人들이 모두皆 보고見之, 과오를 고치
면更也 사람人들이 모두皆 우러러 본다仰之."

군자에게 만일 과오가 있으면 뭇사람들이 알게 되는 것은 마치 일식과 월
식 때에 만물이 모두 보는 것과 같다. 군자가 과오를 고쳤을 때기 되면 사
람들이 모두 다시 그 덕을 우러러보는 것은 마치 일식과 월식 걷히고 밝음
이 되살아난 후 만물이 또한 그 밝음을 우러러 보는 것과 같다. 〈형병〉

한자 해설

- 過과는 辶(쉬엄쉬엄 갈 착)+咼(입이 삐뚤어질 와)의 형성자로 바른 길을 지나
  쳤다, 넘다, 지나치는 일, 도를 넘치다, 과오過誤, 허물, 실수不貳過, 고
  의가 아닌 범죄宥過無大, 그르치다過則勿憚改 등으로 쓰인다.
- 更경(갱)은 攴(칠 복)+丙(=炳: 밝을 병→경)의 형성자로 분명한 쪽으로 향
  하게 하다, 새롭다, 다시更生, 새롭게 함變更, 바꾸다更酌, 밤 시각三更,
  지나다必更匈奴中, 경질更迭, 추경追更, 변경變更, 경신更新 등으로 쓰인
  다. 공안국: 更은 개선改이다.
- 日食일식이란 태양이 달에 의해서 숨겨지는 현상으로 이때는 태양,
  달, 지구가 일직선상으로 서고, 태양에 의한 달의 그림자가 지상에 생
  긴다. 다산: 달이 해를 가리면 일식日食이 된다. 대개 해가 하늘의 위에
  있고, 달이 하늘의 아래에 있어 초하루가 되었을 때에 해와 달일 서로
  만나고, 동서로 경도를 같이 하고, 남북으로 위도를 같이 하면 달이
  해를 가린다. 그러나 반드시 해·달·눈眼이 셋이서 일직선을 이루어
  야 이에 일식을 볼 수 있다(눈이란 사람의 눈이다).
- 月食월식은 태양, 지구 그리고 달이 태양—지구—달의 위치로 배열되어
  지구의 그림자에 달이 가려지는 현상이다. 다산: 지구가 해와 달 사이에
  있으면 월식이 된다. 대개 달은 본래 빛이 없고, 해의 빛을 얻어 밝게
  된다. 바로 보름에 달·지구·해, 셋이 일직선이 되어 지구가 햇빛을

가리면 사람이 지구와 해를 등지고 이에 월식을 보게 된다. 지극히 밝은 것이 그 본래의 밝음을 잃는 것은 사람이 과오를 범하는 것과 같다.

• 仰앙은 人(사람 인)＋卬(오를 앙: 경배하는 모습)의 형성자로 존경하다仰之彌高, 仰慕, 고개를 처들다欲仰首伸眉, 仰天, 의지하다衣食皆仰給於縣官, 높다―仰―低로 쓰인다.

19.22 衛公孫朝問於子貢曰 仲尼는 焉學고 子貢이 曰
위 공 손 조 문 어 자 공 왈 중 니 　언 학 　자 공 　왈
文武之道未墜於地하여 在人이라 賢者는 識其大者하고
문 무 지 도 미 추 어 지 　재 인 　현 자 　지 기 대 자
不賢者는 識其小者하여 莫不有文武之道焉하니
불 현 자 　지 기 소 자 　막 불 유 문 무 지 도 언
夫子焉不學이시며 而亦何常師之有시리오
부 자 언 불 학 　이 역 하 상 사 지 유

위衛나라 (대부) 공손조公孫朝가 자공에게於子貢 물어 말했다問曰."중니仲尼는 어디서焉 배웠는가學?" 자공子貢이 말하였다曰."문文·무武왕의 도道가 아직 땅에於地 떨어지지墜 않아서未, 사람人들에게 남아 있다在. 현명한 자賢者는 그其 중에 큰 것大者을 기록識하고, 현명하지 못한 자不賢者는 그其 작은 것小者을 기록識하여, 문文·무武왕의之 도道가 있지有 않음이 없으니莫, 부자夫子께서 어느焉 누구에겐들 배우지學 않았겠으며不, 또한而亦 어찌何 일정한常 스승이師之 계셨겠는가有?"

(문무의 도가) '아직 땅에 떨어지지 않았다未墜於地'는 것은 사람들이 보배로 여기고 아까워하면서, 다투어 받들어 받아들이는 것을 말한다. '사람들에게 있다在人'란 사람들이 기록한 전적典籍에 실려 있다는 말이지, 사람과 사람 간에 전해졌다는 것을 말하지 않는다. 노담, 장홍, 담자, 사양 등과 같은 이들이 자공의 본뜻이 아니고, 마땅히 육경六經을 공자의 학문이 유래하는 곳所從學으로 삼아야 한다. 그러나 공자 때에 『시』와 『춘추』는 이

미 잔결殘缺이 많았다. 그래서 공자께서는 동주의 열국의 시로부터 취하여 『시』를 보완했으며, 노나라 역사를 취하여 『춘추』로 삼았다. (문무의 도의) 큰 것大者이란 성명性命과 덕교德敎를 말하고, 작은 것小者이란 예악禮樂과 문장文章을 말한다. 공자께서는 무엇(어느 것)이든 좇아서 배우지 않은 것이 없었으며, 또한 항상 특정한 한 사람만을 가르침의 스승으로 삼지도 않으셨다. 〈다산〉

한자 해설

- 道도는 辶(갈 착)+首(머리 수)의 회의자로 향하여 가는 길(방법)이자 목적으로 도로道聽而塗說, 도리道也者 不可須臾離也, 우주의 본체와 작용一陰一陽之謂道, 방법吾未知吾道, 주의吾道非耶 吾何爲於此, 예악道謂禮樂, 인의君子樂得其道, 기예凡有道者 有德者, 정령顧瞻周道, 교설設何道何行而可, 다스리다道千乘之國, 인도하다先道之以德로 쓰인다. 주자: 문무의 도文武之道는 문왕과 무왕의 모훈과 공훈을 말하는데, 무릇 주나라의 예악과 문장 같은 것이 모두 이에 해당된다.

- 墜추는 隊(대오 대)+土(흙 토)의 형성자로 높은 곳으로부터 땅으로 떨어지다賁星墜, 墜落, 떨어뜨리다擊墜, 빠뜨리다敬不墜命, 失墜, 무너지다天地崩墜로 쓰인다.

- 識지(식)는 言(말씀 언)+戠(찰흙 시)의 회의자로 말言과 소리音를 통해서도 식별한다君子是識, 깨달아 알다不識不知, 지식鄙夫寡識, 기억 혹은 기록하다(지)以計識其人衆畜牧로 쓰인다. 주자: '사람에게 있다在人'란 사람 중에는 능히 그것을 문무의 도를 기록記하고 있는 자가 있다는 말이다. 識는 기록記하다는 말이다. 다산: 識란 기록記이다.

19.23 叔孫武叔이 語大夫於朝曰 子貢이 賢於仲尼하니라
숙 손 무 숙   어 대 부 어 조 왈 자 공   현 어 중 니

子服景伯이 以告子貢한대 子貢이 曰 譬之宮墻컨댄
자 복 경 백   이 고 자 공   자 공   왈 비 지 궁 장

賜之墙也는 及肩이라 窺見室家之好어니와 夫子之墙은 數仞이라
사지장야 급견 규견실가지호 부자지장 수인

不得其門而入이면 不見宗廟之美와 百官之富니
부득기문이입 불견종묘지미 백관지부

得其門者或寡矣라 夫子之云이 不亦宜乎아
득기문자혹과의 부자지운 불역의호

숙손무숙叔孫武叔이 조정에서於朝曰 대부大夫들에게 일러 말했다語曰. "자공子貢이 중니보다於仲尼 현명賢하다." 자복경백子服景伯이 자공子貢에게 이 말을 알리니以告, 자공子貢이 말했다曰. "궁宮실과 담장牆에 비유譬하면, 나의賜之 담장은牆也 어깨肩에 미쳐及 실가의室家之 좋은 것好들을 엿볼 수 있다窺見. 선생님의夫子之 담장牆은 여러數 길仞이어서 그其 문門을 들어가지而入 못하면不得 종묘의宗廟之 아름다움美과 백관의百官之 풍부富함을 볼見 수 없는不 것과 같다. 그其 문門을 들어갈 수 있었던得 자者는 적으니寡矣, 부자(=무숙)께서夫子之 그렇게 말하는 것云이 또한亦 마땅宜하지 않겠는가不乎?"

무숙武叔은 노나라 대부로 이름이 주구州仇이다. 담장이 낮고 집은 얕다牆卑室淺. 칠척七尺을 인仞(한 길)이라 한다. 그 문으로 들어가지 않으면 그 가운데 있는 것을 볼 수 없으니, 담장이 높고 궁궐이 넓다는 말이다. 뒤의 부자夫子는 무숙武叔을 가리킨다. 〈주자〉

옛날에 국도를 경영할 때 그 구역을 아홉으로 나누고, 앞에는 조정 뒤에는 저자, 좌우에 육향六鄕, 중앙에는 공궁公宮을 두었다. 그러므로 왼쪽의 종묘와 오른쪽의 사직 또한 궁궐의 담장 안에 있었다. 백관들의 조회 또한 공실 안에서 있었다. 살피건대, 담장이 낮은 것은 사실私室이기 때문에 단지 실가室家라고 말하였다. 담장이 높은 것은 공궁公宮이기 때문에, 반드시 종묘宗廟라고 말한다. 〈다산〉

- 武무는 戈(창 과)+止(발 지)의 회의자로 무사가 창을 들고 움직이는 모습으로 무사, 군대 위용, 병법, 병장기, 무왕, 무왕의 음악, 굳세다, 부리다, 지휘하다, 계승하다로 쓰인다. **마융**: 노나라 대부 숙손주구이다. 武는 시호이다. **다산**: 시법謚法에 강직하고 곧은 이치 있剛强直理가 있으면, 武라고 한다.

- 宮궁은 宀(집 면)+呂(등뼈 려)의 회의자로 여러 채의 큰 집이 서로 연결된 모습으로 궁궐起明光宮, 종묘公侯之宮, 신사丹陵幸舊宮, 울타리爲宮方三百步, 5음의 첫째中央土 其音宮, 궁형宮罪五百으로 쓰인다.

- 肩견은 戶(지게 호)+月(육달 월)의 회의자로 사람의 어깨를 말하는데, 견디다, 맡다, 짊어지다는 뜻으로도 쓰인다. **다산**: 급견及肩은 담장이 낮음을 말한다.

- 室실은 宀(집 면)+至(이를 지)의 형성자로 사람이 이르러 사는 집作于楚室, 거실由也上於堂矣 未入於室也, 거처歸于其室, 아내三十日壯 有室, 일가不得罪於巨室, 무덤室猶塚壙, 가재家財(施二師而分其室) 등으로 쓰인다. **다산**: 5가家는 린鄰이고, 2린鄰은 10실室이니, 그것이 작다는 말이다.

- 家가는 宀(집 면)+豕(돼지 시)의 회의자로 돼지우리 위에 사람이 기거하는 고대 가옥의 형태로 사람이 사는 건물平原君家樓 臨民家, 가족上地家七人, 남편罷女無家, 아내泥又貪夫厥家, 가계克定厥家, 친척宜其室家, 거주하다往家焉, 도성國家宮室, 학파罷黜百家, 전문가上嘗使諸數家射覆 등을 나타낸다.

- 仞인은 人(사람 인)+刃(칼날 인)의 형성자로 높이 길이를 재는 단위로 어른 키의 한 길이千仞絕壁, 재다仞溝洫, 높다峭仞聳巍로 쓰인다. 칠척七尺을 한 길仞이라 한다. **주자**: 칠척七尺을 한 길인仞이라 한다. 그 문으로 들어가지 않으면 그 가운데 있는 것을 볼 수 없으니, 담장이 높고 궁궐이 넓다는 말이다.

19.24 叔孫武叔이 毁仲尼어늘 子貢이 曰 無以爲也하라
숙 손 무 숙　훼 중 니　　자 공　왈 무 이 위 야

仲尼는 不可毁也니 他人之賢者는 丘陵也라 猶可踰也어니와
중 니　불 가 훼 야　타 인 지 현 자　구 릉 야　유 가 유 야

仲尼는 日月也라 無得而踰焉이니
중 니　일 월 야　무 득 이 유 언

人雖欲自絶이나 其何傷於日月乎리오 多見其不知量也로다
인 수 욕 자 절　　기 하 상 어 일 월 호　다 견 기 부 지 량 야

숙손무숙叔孫武叔이 仲尼를 헐뜯으니毁, 자공子貢이 말했다曰. "그렇게 해 헐뜯어도以爲 아무런 소용이 없다無也. 중니仲尼는 헐뜯을毁 수 없으니不可也, 다른 사람의他人之 현명함이賢者也 구릉丘陵과 같아, 오히려猶 넘을踰 수 있지만可也, 중니仲尼는 해와 달이어서日月也 넘을踰 수가 없다無得而焉. 사람人이 비록雖 (헐뜯음으로써) 스스로自 (공자로부터) 절연하려고 하지만欲絶, 그其 어찌何 해와 달에於日月 손상傷이 되겠는가乎? 단지多 (때마침) 그其 분량量을 알지 못함不知을 드러낸 뿐이다見也."

무이위無以爲는 '그렇게 (공자를) 헐뜯는 것은 아무런 소용이 없다'는 말과 같다. 땅이 높은 곳을 구丘라 하고, 큰 언덕을 릉陵이라 한다. 해와 달은 지극히 높음을 비유한다喩其至高. 자절自絶은 헐뜯음으로써 스스로 공자와 절연함을 일컫는다. 다多는 지祗(단지)와 같으니, 마침適(다만)이다. '양을 알지 못한다不知量'는 그 분량을 자신이 알지 못하는 것을 말한다. 〈주자〉

한자 해설
- 毁훼는 臼(절구 구)+工(장인 공)+殳(몽둥이 수)의 회의자로 절구통을 깨부수다人皆謂我毁明堂, 남을 헐뜯어 말하다誰毁誰譽, 야위다毁不滅性, 뜯어없애다至於廟門 不毁牆, 이를 갈다男八歲毁齒 女七歲毁齒로 쓰인다. 주자: 毁란 남의 악을 칭하면서 그 참모습보다 깎아내리는 것이다. 다산: 毁는 헐뜯음訾이다.
- 以이는 사람이 밭을 갈 때 수단으로 사용하는 쟁기의 상형자로 까닭, ~를 가지고, ~를 근거로, ~에 따라, ~에 의해서 등의 의미이다. 다

산: <u>무이위야無以爲也</u>란 저쪽으로 여긴다(도외시 한다)는 말이다.

- 丘구는 상형자로 <u>언덕</u>丘陵, 동산狐死正丘首 仁也, 무덤不斬於丘木, 마을四
  邑爲丘로 쓰인다.

- 陵릉은 阜(언덕 부)＋夌(언덕 릉)의 상형자로 본래 언덕 위를 오르는 사람
  을 그렸지만 전의하여 <u>큰 언덕</u>如岡如陵, <u>언덕</u>鴻漸于陵, 임금의 무덤陵爲
  之終, 높이 오르다陵重巘 獵昆驗, 순서를 뛰어넘음喪事雖遽不陵節, 능멸
  하다在上位 不陵下로 쓰인다.

- 絶절은 糸(실 사)＋刀(칼 도)＋卩(병부 절)의 형성자로 실이 <u>끊어지다</u>必絶其
  謀, 없애다子絶四, 버리다絶世于良 등으로 쓰인다.

- 多다는 두 개의 有(又＋肉: 손에 고기를 지님)로 구성되어 (고기를) <u>많이</u> 지
  니고 있음未堪家多難, 많게 하다多事好亂, 후하다爲我多謝, 뛰어남執與仲
  多, 전공治功日力 戰功日多, 때마침多見其不知量也으로 쓰인다.

- 量량은 旦(아침 단)＋里(마을 리)의 회의자로 봇짐에 곡식을 담으며 <u>양을
  헤아린다</u>量粟而舂, 길이를 재다不量鑿而正枘今, 넓이를 재다量地遠近, <u>길
  이</u>制其從獻脯燔之數量, 되同律度量衡, <u>양</u>量者 龠合升斗斛也 所以量多少也, <u>한
  계</u>月以爲量, 정도惟酒無量 등으로 쓰인다.

19.25 陳子禽이 謂子貢曰 子爲恭也언정 仲尼豈賢於子乎리오
　　　　진자금　위자공왈 자위공야　　중니기현어자호

子貢이 曰君子一言에 以爲知하며 一言에 以爲不知니
자공　왈군자일언　이위지　　일언　이위부지

言不可不愼也니라 夫子之不可及也는 猶天之不可階而升也니라
언불가불신야　　부자지불가급야　유천지불가계이승야

夫子之得邦家者인댄 所謂立之斯立하며 道之斯行하며 綏之斯來하며
부자지득방가자　　소위입지사립　도지사행　유지사래

動之斯和하여 其生也榮하고 其死也哀니 如之何其可及也리오
동지사화　기생야영　기사야애　여지하기가급야

진자금陳子禽이 자공子貢을 일러謂에게 말하였다曰. "그대子가 공경恭하

478

기 때문이지焉也, 중니仲尼가 어찌豈 그대보다於子 현명賢하겠는가乎?"
자공子貢이 말하였다曰 "군자君子는 한一 마디 말言에 의해以 지혜롭다知고 여겨지기도 하고以爲, 한一 마디 말言에 의해以 지혜롭지 못하다不知고 여겨지기도 하니以爲, 말言을 삼가지愼 않을 수 없다不可不. 선생님께서夫子之 미칠及 수 없는 것은不可也 마치 하늘天에 사다리로階而 오를升 수 없는 것不可과 같다猶也. 선생님께서夫子之 방가邦家를 얻으신다면得者, 이른바所謂 '세우면立之 이에斯 서고효, 인도하면道之 이에斯 행해하고行, 편안하게 해즉면綏之 이에斯 귀순해 오고來, 감동시키면動之 이에斯 동화하니和, 그其 분이 살아 계실 때에는生也 영광榮스러워하고, 그其 분이 돌아가시면死也 슬퍼했으니哀, 어떻게如之何 그런其 분에게 미칠及 수 있겠는가可也?"

자공이 성인을 칭송한 말을 보면, 만년에 덕을 증진시켜 지극히 고원高遠함에 이르렀음을 알 수 있다. 공자께서 나라를 얻으신다면 뭇백성들을 고무시켜 감동시킴이 북채와 북, 형체와 그림자, 그리고 소리와 메아리의 호응보다 더 빠를 것이다. 사람들은 비록 그 변화는 보더라도 그 변화의 까닭은 아무도 엿볼 수 없다. 대개 성스러움에서 벗어나지 않으면 알 수 없는 것을 보존한 것이니, 이는 생각하거나 노력함으로는 도달하기 거의 어려운 것이다. 〈사량좌〉

한자 해설

주자: 입지立之는 민생이 근거를 두도록 하는 것植其生을 말한다. 도道는 인도引이니, 가르쳐줌을 말한다. 행行은 따름從이다. 수綏는 편안함安이다. 래來는 귀부歸附이다. 동動은 고무하는 것鼓舞之也을 말한다. 화和는 이른바 오변시옹於變時雍(아! 변하여, 이에 화목하였다)이니, 그 감응의 오묘함이 이처럼 신묘하고 빠르다는 말이다. 영榮은 존경하고 친애하지 않음이 없음莫不尊親을 말한다. 애哀는 마치 부모를 잃은 듯 (슬퍼)함이다.

다산: 방가邦家는 국가國家라고 말하는 것과 같으니, 인주人主를 말한다. 사립斯立과 사행斯行은 백성이 명령에 따르는 것民從令을 말한다. 수綏는 품고 편안히 해주는 것을 말한다. 동動은 고무하는 것이다. 래來는 귀의歸이다. 화和는 온화雍이다. 사래斯來와 사화斯和는 백성들이 교화에 따름民從化을 말한다. 살피건대, 성인의 지극한 공화功化之極는 백성을 편안하게 하고 교화하는 데에 있다.

• 恭공은 共(함께 공)＋心(마음 심)의 회의자로 공손하다貌曰恭, 삼감仁者之思也恭, 직분을 다하다允恭克謹, 받들다今予惟恭行天之罰로 쓰인다. **주자**: 위공爲恭은 그 스승을 공경하여 추존하고, (자신은) 물러나는 것을 말한다. **다산**: 자위공자爲恭은 자공이 겸손하여 스승으로 받드는 것을 말한다.

• 階계는 阜(언덕 부)＋皆(모두 개)의 형성자로 언덕阜에 오르기 위해 만든 섬돌, 층계舞干羽于兩階, 사닥다리虞人設階, 階梯, 사다리를 놓다. 품계但以無階朝廷 故隨牒在遠方, 오르다不得階主로 쓰인다. **주자**: 階는 사다리이다. 대大(의 경지)는 추구할 수 있지만, 화化(의 경지)는 추구할 수 없다. 그러므로 '사다리로 올라 갈 수 없다不可階而升也'고 했다. **다산**: 사다리階는 낮은 곳에서 높은 곳으로 오르는 수단所以自卑升高이다.

• 綏수는 糸(가는 실 사)＋妥(타당할 타)의 회의자로 편안하다北州以綏, 수레 손잡이 줄升車 必正立執綏, 편안한 마음으로 지내다綏之斯來 등으로 쓰인다.

• 榮영은 木(나무 목)＋冖(덮을 멱)＋火(불 화)의 회의자로 여러 개의 횃불을 그려 밝다, 불빛이 온몸을 감싼다는 뜻으로 영예仁則榮, 꽃이 피다半夏生 木槿榮, 번영繁榮, 집雖有榮觀 등을 말한다.

480

이 편은 이제二帝·삼왕三王 및 공자의 말씀을 기록하여 천명과 정화政化의 아름다움을 밝힌 것이니, 모두 성인의 도로 장래에 교훈으로 드리울 만한 것이다. 그러므로 모든 편들의 뒤에 놓은 것이지, 차례를 정한 것은 아니다. 〈형병〉

20.1
①

堯曰 咨爾舜아 天之曆數在爾躬하니 允執其中하라
요 왈 자 이 순 천 지 역 수 재 이 궁 윤 집 기 중

四海困窮하면 天祿이 永終하리라 舜이 亦以命禹하시니라
사 해 곤 궁 천 록 영 종 순 역 이 명 우

> 요堯임금이 말했다曰. "아咨! 그대爾 순舜아, 하늘의天之 역수曆數가 그대
> 爾의 몸躬에 있으니在, 진실로允 그其 중中을 잡아라執. 사해四海의 백성
> 이 곤궁困窮하면 하늘의 봉록天祿이 영원히永 끊어질終 것이다." 순舜임
> 금 또한亦 우禹임금에게 이 말씀으로써以 명命하였다.

이는 요임금이 순에게 명하여 제위를 선양한 말이다. 사해 사람들이 곤궁
하면 임금의 봉록도 영원히 끊어질 것이니, 그것을 경계했다. 순임금이 후
에 우에게 제위를 선양하면서 또한 이 말씀으로 명했다. 지금 『서경』「우
서, 대우모」에 보이는데, 이에 비해서 상세함을 더했다. 〈주자〉

인증한다. 『서경』「대우모」에서 말하였다. "하늘의 역수가 그대의 몸에 있
으니, 그대는 마침내 왕의 지위에 오를 것이다. 인심은 오직 위태롭고, 도
심은 오직 미미하니, 오직 정성스럽고 하나같이 하여 진실로 그 중을 잡으
라天之曆數, 在汝躬, 汝終陟元后. 人心惟危, 道心惟微, 惟精惟一, 允執厥中." …… 또
말하였다. "공경하오! 그대의 지위를 삼가여, 그들이 바라는 일을 경건하
게 갖추시오. 사해가 곤궁하면 영원히 끊길 것이오欽哉! 愼乃有位, 敬備其可
願. 四海困窮, 天祿永終." 〈다산〉

한자 해설

• 咨자는 口(입 구)+次(버금 차→자)의 형성자로 물어서 꾀함諮中之事 事無
大小 悉以咨之, 咨問, 아아(감탄사, 嗟: 咨爾舜), 이것咨 此也로 쓰인다. **형병:**
咨는 탄식嗟이다. **주자:** 咨는 감탄의 소리嗟歎聲이다.

• 曆력은 日(날 일)+厤(헤아릴 역)의 형성자로 날과 계절이 바뀌는 것을 헤
아려 만든 책력視曆復開書, 역법曆法, 음력陰曆, 수효此其大曆也, 헤아림喟馮
心而曆玆, 운수曆命로 쓰인다. **하안:** 역수曆數는 (제왕의 교체) 열차列次

를 말한다. **주자**: 역수曆數는 제왕이 서로 계승하는 차례이니, 세시歲時 · 절기氣節와 같다.

- 躬궁은 身(몸 신)+弓(활 궁)의 형성자로 활弓처럼 약간 휜 몸체라는 의미를 그려, 몸, 자기 자신, 몸소, 굽히다, 곤궁하다의 뜻이다. **다산**: 상고에는 오직 신성神聖만이 이에 역상을 다스렸기 때문에 역수를 담당하는 자만이 결국 제위에 올랐다. 天之曆數在爾躬이란 이제 역수의 직책이 네 몸에 있다는 말이다.

- 允윤은 厶(나 사)+儿(어진 사람 인)의 형성자로 어진 사람을 임용함의 뜻을 나타내어 진실하다允恭克讓, 진실로, 승낙하다允許로 쓰인다. **주자**: 允은 참으로信이다.

- 中중은『설문』에서 " ㅣ(뚫을 곤)+口(나라 국)으로 구성되어 사방으로 둘러싸인 안口의 가운데를 관통ㅣ함을 나타내는 지사문자, 혹은 씨족사회를 상징하는 깃발幟을 의미한다. **주자**: 中은 지나침 · 미치지 못함이 없는 것의 명칭無過不及之名이다. **다산**: 中은 치우치지 않음不偏이다. 중을 잡는다執中는 것은 극을 세운다建極는 말과 같다. 살피건대, 중中이란 천명의 성天命之性이다. 사람의 본성은 지극히 선하니, 능히 이 본성을 잡아 지킬 수 있으면, 천하가 인으로 귀의한다. 이 또한 한 뜻이다.

- 困곤은 口(에워쌀 위)+木(나무 목)의 회의자로 사방에 둘러싸여 빛을 보지 못하는 나무처럼 곤궁事前定則不困하고 난처함困難, 가난하다哀以思其民困, 곤괘(坎下兌上: 진퇴의 어려움을 상징)으로 쓰인다. **다산**: 困이란 글자는 강강剛함이 가운데에서 에워 싸여있는 것을 형상화한 글자이다.

- 天천은 一(한 일)+大(큰 대)의 형성자로 사람이 머리 위에 이고 있는 장소이다人所戴. 고원高遠 · 광대廣大 · 존대尊大를, 그리고 존경尊敬 · 외경畏敬의 대상이다. 유교에서는 천을 만물의 근원이자 사시를 운행하는 주재천이자 덕의 근원天生德於予의 역할을 한다. **다산**: 천록天祿은 하늘의 총명寵命이다.

- 永영은 물줄기가 뻗어 나가는 모습으로 강이 길다江之永矣, 오램其寧惟

永, 길이永觀厥成, 길게 하다且以永日, 노래하다誰之永號로 쓰인다.

- 終종은 糸(가는 실 사)+冬(겨울 동: 새끼줄 양 끝을 묶어 마무리함)의 형성자로 끝내다, 마치다는 뜻이다. **다산**: 終이란 실이 끊어진 것을 형상화 했는데, 죽음死이고 다함盡이다.

20.1
❷

曰予小子履는 敢用玄牡하여 敢昭告于皇皇后帝하노니
왈 여 소 자 리   감 용 현 모   감 소 고 우 황 황 후 제

有罪를 不敢赦하며 帝臣不蔽니 簡在帝心이니이다
유 죄 불 감 사   제 신 불 폐   간 재 제 심

朕躬有罪는 無以萬方이오 萬方有罪는 罪在朕躬하니라
짐 궁 유 죄 무 이 만 방   만 방 유 죄   죄 재 짐 궁

(탕왕이) 말씀하셨다曰. "나予 소자小子 리履는 감敢히 (하나라의 예夏禮인) 검은 소玄牡를 (희생으로) 써서用, 감敢히 위대하고 위대하신皇皇 혹帝后帝께 於 밝게끔 아룁니다告. 죄가 있는有罪 자를 감敢히 사면赦하지 않았고不, 상제의 신하帝臣를 감敢히 가리지蔽 않겠습니다不. 열람簡(선발)하시는 것은 상제의 마음帝心에 달려 있습니다在. 내朕 몸躬에 죄罪가 있는 것有은 만방萬方 때문이以 아니며無, 만방萬方의 죄罪가 있는 것有은 내朕 몸躬에 있는有 죄罪입니다."

이것은 『서경』「탕고」의 말이다. 대개 탕湯왕이 이미 걸桀왕을 추방하고, 제후들에게 말한 것이다. 『서경』의 글과 대동소이하니, '왈曰'자 위에 마땅히 '탕湯' 자가 있어야 한다. 리履는 아마도 탕왕의 이름일 것이다. 검은 수소玄牡를 사용한 것은 하夏나라가 검은색을 숭상했는데, 그 예법을 아직 바꾸지 않은 것이다. 간簡은 열람閱이다. '걸왕이 죄가 있으므로 자기가 감히 사면할 수 없고, 천하의 현인들은 모두 상제의 신하이니 자기가 감히 (현능함을) 가릴 수 없다. 살펴보는 것은 상제에 달려있으니, 오직 상제의 명을 따른다.'고 말한 것이다. 이는 처음 명命을 청하며, 걸왕을 방벌할 때의 말

을 기술한 것이다. 또한 '임금이 죄가 있는 것은 백성이 그렇게 만든 것이 아니고, 백성에게 죄가 있는 것은 실로 임금이 그렇게 만든 것이다'고 말하였으니, 자기를 책망하는 데는 엄중하고, 남을 책망하는 데에는 가볍게 하겠다는 뜻을 드러내었다. 이는 탕왕이 제후들에게 말한 것이다. 〈주자〉

한자 해설

- 牡모는 牛(소 우)+土(흙 토)의 형성자로 수컷, 양성陽性, 남근, 열쇠 등으로 쓰인다. **공안국**: 은가殷家는 흰 색을 숭상했으나, 하나라의 예를 아직 바꾸지 않았기 때문에 검은 수소玄牡를 쓴 것이다.

- 昭소는 日(해 일)+召(부를 소)의 회의자로 해가 나와 밝다, 빛나다는 뜻이다.

- 皇황은 白(흰 백: 自)+王(임금 왕)의 상형자로 처음 왕 혹은 커다란 관이 받침 위에 놓여 있는 모양으로 최고의 왕皇維辟, 천자나 상제의 수식어皇器猶神器 謂天位也, 천제信上皇而質正, 죽은 이의 경칭祭王父曰皇祖考, 크다惟皇上帝, 아름답다繼序其皇之, 바로잡다四國是皇으로 쓰인다.

- 后후는 尸(주검 시: 사람이 몸을 펴고 있는 모양)+口(입 구)의 회의자로 본래 사람의 몸 뒤에 있는 구멍(똥구멍)을 말했지만, 侯(임금 후)와 음이 같아 임금我后不恤我衆, 황후天子有后, 토지 신皇天后土, 后祇, 뒤知止而后有定로 쓰인다.

- 罪죄는 罒(그물 망)+非(아닐 비)의 회의자로 비행非을 범한 사람을 그물罒에 잡아들이는 죄罪疑惟輕, 과오罪在朕躬, 罪過, 재앙懷璧有罪, 벌주다四罪而天下咸服, 罪我者 其惟春秋乎로 쓰인다.

- 帝제는 꽃꼭지花帝의 제帝, 제천의식祭天儀式에 사용되던 땔나무를 쌓던 틀, 부락연맹의 군사수장軍事首長ㆍ천재 혹은 인왕人王의 뜻을 가진 바빌론의 '米' 자, 태양광선이 사방을 비추는 형상, 새가 하늘로 날라 오르는 형상 등으로 설명된다. 상제上帝는 천상天上의 신神들의 위계에서 가장 높은 지위를 지니며(지상地上을 다스리는 하제下帝), 비ㆍ천둥ㆍ바람과 같은 자연현상과 운행을 주재하여 농업에 영향을 주어 경제적 풍흉豊

凶을 좌우하고, 인간만사를 주관하여 형벌을 내리는 권능을 지닌 동시에 왕권을 성립시키는 힘을 지닌 존재로 간주되었다. 이렇게 은나라에서는 절대적 주재신격主宰神格으로서 제帝가 인간사에 개입하여 길흉과 화복을 결정한다고 생각했기 때문에, 재앙을 피하고 복을 얻기 위해 제사祭祀를 올리고, 점복占卜을 통해 상제上帝의 뜻을 묻고, 그 뜻에 따라 최후의 결정을 내렸다. **공안국:** (황황후제皇皇后帝의) 황皇은 대大이고, 후后는 군君이니, 대대군大大君이다. 帝는 천제天帝를 말한다.

- 簡간은 竹(대나무 죽)+間(사이 간)의 형성자로 대쪽竹簡, 서책請肄簡諒, 줄이다簡珠玉, 소략하다可也 簡, 업신여기다是簡驪也, **선발簡兵蒐乘**, 검열하다正歲簡稼器, 크다簡兮簡兮로 쓰인다. **다산:** 천하의 군목君牧은 모두 상제의 신하이니, 내가 감히 현인을 가릴 수 없고, 그 가운데 선발하여 천자로 세우는 것은 오직 상제의 마음에 달려 있다. 簡은 열람閱이며, 선발選이다.

- 朕짐은 月(달 월)+关(소→짐)의 형성자로 일반인의 자칭二嫂使治朕棲이었지만, 진시황 이래 천자의 자칭朕爲始皇帝, 조짐未成兆朕, 朕兆으로 쓰인다.

20.1 **❸** 周有大賚하신대 善人이 是富하니라 雖有周親이나 不如仁人이오
주 유 대 뢰   선 인   시 부   수 유 주 친   불 여 인 인

百姓有過在予一人이니라 謹權量하며 審法度하며 修廢官하신대
백 성 유 과 재 여 일 인   근 권 량   심 법 도   수 폐 관

四方之政이 行焉하니라 興滅國하며 繼絶世하며 擧逸民하신대
사 방 지 정   행 언   흥 멸 국   계 절 세   거 일 민

天下之民이 歸心焉하니라 所重은 民食喪祭러시다
천 하 지 민   귀 심 언   소 중   민 식 상 제

즉周나라에서 크게大 베품賚이 있었으니有, 선인善人이 이에룰 부유富하게 되었다. (무왕이 민중들에게 맹서하여 말했다.) "(즉紂에게) 비록雖 지극히 가까운周 친척親이 있었지만有, 어진 사람仁人만 못하였다. 백성百姓들의 과오過가 있다면有, 나予 한 사람一人에게 있는 것이다有." (무왕이)

도량형權量을 삼가고謹, 법도法度를 살피며審, 폐지된 관직廢官을 수치修
하니, 사방의 정치四方之政가 잘 시행되었다行焉. 멸망한 나라滅國를 일으
켜 주고興, 끊어진 대絶世를 계승繼해 주고, 버려진 백성逸民은 들어 쓰니
擧, 천하의 백성天下之民이 마음心을 돌렸다歸. 소중히 여긴 것所重은 백성
民이었고, (특히) 양식食·상례喪·제례祭였다(백성의 양식民食·상례喪·제례祭였다).

주유대뢰周有大賚란 무왕이 그 보옥을 갈라 제후들에게 나눠주고, 재물과
곡식을 방출하여 빈약한 사람들을 구제하였다.(『사기』) 선인시부善人是富는
공덕이 있는 자가 봉토와 포상을 받았다는 말이다. 주친周親은 희씨의 친
족이다. 인인仁人은 미자·기자 등이다. (백성유과재여일인百姓有過, 在予一
人 이란) 무왕이 몸소 백성의 죄를 자임하고, 나 한 사람이라고 자칭한 것
은 천자의 책무가 자기에 있음을 천명한 것이다.

형병이 말하길 '이는(수유주친雖有周親 이하) 무왕이 주를 주벌하고 대중에
게 맹서한 말이다. (근권량謹權量은) 신중히 정돈하여 균형 있게 하고, (심
법도審法度은) 자세히 살펴 귀천의 구별이 있어 (윗사람에 대한) 참월과 핍
박이 없게 한 것이다. (수폐관修廢官은) 폐해지거나 빠진 관직이 있으면 다
시 수치修治하여 비어있는 것이 없게 하였다.'고 했다. 사방의 정치를 시행
함四方之政行이란 사방의 순수巡守·시망柴望(하늘과 산천)과 고적考績·법
률과 도량형의 통일·계절과 달의 협화·오례를 닦는 정치를 시행함을 말
한다(『시경』「주송」순수의 시). 버려지고 숨은 현재를 발탁하는 것이다.

민식民食은 농정을 말한다. 중요하게 여긴所重 셋은 무본務本(근본에 힘씀),
신종愼終(상례를 삼감), 추원追遠(멀리 추모함)을 말한다(민식을 반드시 말한 것은
임금 스스로가 민식을 중히 여기는 것을 싫어하기 때문이다).

살핀다. 도의 큰 근본은 하늘에서 나왔고, 요·순·우·탕은 하늘을 계승
하여 인극을 세웠으니, 마지막 편에 이르러 이 뜻을 밝혔다. 〈다산〉

한자 해설
• 賚뢰는 來(올 래)+貝(조개 패)의 회의자로 재물이 오는 것을 나타내어 하

사함予其大賚汝, 하사품周有大賚으로 쓰인다. **하안**: 주周는 주가周家이고, 賚는 주다賜이다. **주자**: 賚는 베풂予이다. 무왕은 상나라를 이기고, 사해에 크게 베푼 일은『서경』「주서, 무성」편에 나온다. 이는 풍부하게 된 자는 모두 선한 사람이라는 말이다.『시경』「서」에서 '賚는 선한 사람에게 주는 것이다所以錫予善人.'라고 하였으니, 대개 여기에 근거했다. **다산**: 무왕이 그 보옥을 갈라 제후들에게 나눠주고, 재물과 곡식을 방출하여 빈약한 사람들을 구제하였다(『사기』). 선인시부善人是富는 공덕이 있는 자가 봉토와 포상을 받았다는 말이다.

- 周주는 논밭의 둘레를 그린 상형자로 둘레周圍, 두루知周於萬物, 돌다周忌, 도움周急不繼富, 친하다周仁, 지극하다雖有周親 不如仁人, 모퉁이의 구부러진 곳生于道周, 무왕武王이 은殷을 멸하고 세운 왕조(기원전1122년 ~기원전 249년) 등으로 쓰인다. **공안국**: 周는 지극함至이니, 주왕의 지극한 친척이 비록 많더라도 주가周家의 인인仁人이 많음만 못하다는 말이다. **다산**: 주친周親은 희씨의 친족이다. 인인仁人은 미자·기자 등이다.

- 謹근은 言(말씀 언)+堇(노란 진흙 근)의 형성자로 제사 때처럼 말을 삼가 조심하다謹權量, 엄금함謹盜賊, 엄숙하게 하다丞相醇謹而已, 근신謹愼 등으로 쓰인다.

- 權권은 木(나무 목)+雚(황새 관)의 회의자인데 황새가 나무 위에 앉은 모습으로 저울추正權概, 저울謹權量, 저울로 달다權然後知輕重, 고르게 하다式權以相應, 권력親權者不能與人柄, 권도權道(巽以行權) 등으로 쓰인다. **포함**: 權은 저울秤이다. **주자**: 權은 저울추이다稱錘也.

- 審심은 釆(분별할 변: 辨)+田(밭 전)의 회의자로 논밭에 찍힌 동물의 발자국을 나타내어 살피다不可不審, 審査, 자세하다博學之 審問之, 밝게 알다審法度로 쓰인다.

- 法법은 水(물 수: 물처럼 공평함)+廌(해태 치)+去(갈 거)의 회의자로서 형법惟作五虐之刑曰法, 법령利用刑人 以正法也, 제도遵先王之法, 모범行爲世爲天下法, 표준이 되는 도량형度量衡이나 규구준승規矩準繩의 기계器機(工

488

依於法)로 쓰인다.

- 度도는 广(집 엄)+廿(스물 입: 돌맹이)+又(또 우)의 회의자가 본래 길이를 헤아리다는 뜻이었지만 법도度不可改, 제도以度教節, 한도, 정도用物過度, 길이의 표준度量衡, 헤아리다(탁)謀度而行로 쓰인다. **주자**: 법도法度란 예악과 제도가 모두 그것이다. **다산**: 법法은 형률刑律이고(지금 『대명률』과 같다), 度는 거복車服 · 정기旌旗 · 장채章采의 수목數目을 말한다.

- 量량은 旦(아침 단)+里(마을 리)의 회의자로 봇짐에 곡식을 담으며 양을 헤아린다量粟而春, 길이를 재다不量鑿而正枘今, 되同律度量衡, 양量者 龠合升斗斛也 所以量多少也 등으로 쓰인다. **포함과 주자**: 量은 말과 섬이다斗斛也.

- 滅멸은 水(물 수)+威(멸할 멸: 도끼+창+불)의 회의자로 싸워서 나라를 빼앗다滅不言入, 종묘사직을 헐다, 다하다滅我立王, 끊어지다流言滅之, 잠기다過涉滅頂, 죽다入滅 등으로 쓰인다. **태재순**: 滅國멸국이란 사람은 있는데 나라가 없는 것, 절세絕世란 후사가 없는 것, 계繼는 남은 서얼을 옹립하는 것을 말한다.

- 食식은 음식을 담는 그릇의 상형자로 음식, 먹다食而不知其味, 庶糶食, 녹祿을 받다食萬錢, 밥飯疏食飲水, 양식廩人餼稍食, 먹이다飲之食之로 쓰인다. **공안국**: 백성을 귀중하게 여기는 것重民은 나라의 근본이고, 양식을 귀중하게 여기는 것重食은 백성의 생명이고, 상례를 귀중하게 여기는 것重喪은 슬픔을 다하기 위함이니, 제사를 귀중하게 여기는 것은 경건을 다하기 위함이다. **다산**: (공안국의 주석을) 논박하여 말하면 그릇되었다. 민民이란 사람인데, 양식 · 상례 · 제사 등 세 가지와 똑같이 한 등급이라고 하니, 이럴 리가 있는가? 『서경』「홍범」의 팔정八政에 첫째는 양식食이라 하고, 둘째는 재화貨라 하고, 셋째는 제사祀라 하고, 일곱째는 빈객접대賓라 하였다. 식食 · 상喪 · 제祭, 세 가지는 본래 똑같이 나열할 수 있으니, 곧 산 사람을 기르고 죽은 사람을 보내는데 갖추어야 할 것인데, 백성民과 병칭竝稱할 수 있겠는가?

寬則得眾하고 **信則民任焉**하고 **敏則有功**하고 **公則說**이니라
관 즉 득 중   신 즉 민 임 언   민 즉 유 공   공 즉 열

(제왕이, 혹은 윗사람이) 너그러우면寬則 민중眾을 얻고得, 신의가 있으면信則 백성民들이 맡기고任, 민첩하면敏則 공적功이 있고有, 공평하면公則 (백성들이) 기뻐한다說.

이는 무왕의 일에는 나타나지 않는 것이다. 혹 제왕의 도를 범언泛言한 듯하다. 〈주자〉

『논어』의 글은 모두 성인의 미언微言이니, 그 문도들이 전수傳守하여 성인의 도를 밝힌 것들이다. 따라서 마지막 편에 요·순이 선양하면서 명한 말씀, 탕·무가 군사들에게 맹세한 뜻, 그리고 그들이 정사에 시행했던 것들을 갖추어 기재함으로써, 성학의 전한 바가 이와 같이 한결같을 뿐임을 밝혔으니, 20편의 대지大旨를 천명하였다. 『맹자』의 마지막 편에 또한 요·순·탕·문·공자가 서로 계승한 순서를 차례로 차례대로 서술한 것도 모두 이런 뜻이다. 〈양시〉

공안국이 말하길, '무릇 이것은 이제·삼왕이 다스렸던 방법이다. 그러므로 전하여 후세에게 보여 주었다.'고 했다. 형병이 말하길, '근권량謹權量에서부터 공즉열公則說에 이르기까지는 이제·삼왕의 정치와 교화의 방법을 총괄적으로 밝혔다.'고 했다. 살피건대, 요堯·은殷·주周에 관한 삼절三節은 반드시 통틀어 1장으로 할 필요는 없다. 또한 '근권량謹權量'이하는 무왕이 은을 정복한 뒤 초기 정치임이 분명한대, 주소注疏들은 통틀어 이제·삼왕의 정치라고 지목하니, 오류인 듯하다. 또 살피건대, '관즉득중寬則得眾'의 일절一節은 더욱이 앞의 몇 절과 상호 연속되지 않으니, 이는 윗자리에 있는 자들을 통틀어 경계한 것이다. 〈다산〉

- 任임은 人(사람 인)＋壬(아홉째 천간 임)의 형성자로 <u>사람人에게 맡겨또 임무</u>任務와 책임責任을 맡기다不自祇肅 笑唾任情, 관직 따위를 줌有司惰任, 짊어짐是任是負 등을 의미한다. **다산:** 은혜로 서로 믿는 것을 任이라 한다.

- 敏민은 每(매양 매←母)＋攴(칠 복←又)의 회의자로 여자를 낚아채는 약탈혼을 표현하여 <u>재빠르다</u>敏於事而愼於言, 총명하다回雖不敏 請事斯語矣, <u>힘쓰다</u>人道敏政 등으로 쓰인다. **다산:** 敏은 일에 재빠른 것을 말한다.

- 公공은 厶(사사로울 사)＋八(여덟 팔: 깨다)의 회의자로 <u>사사로움을 벗어난</u>공정公正, 공평公平, 숨기지 않고 나타냄公公然, 公開, 공적公的(天下爲公), 5등작의 첫째公侯伯子男, 천자의 보필公卿大夫, 三公로 쓰인다. **공안국:** 정교가 공평하면 백성들이 기뻐한다. **다산:** 公하면 만물의 실정이 평형된다.

20.2 子張이 問於孔子曰 何如라야 斯可以從政矣니잇고
자장 문어공자왈 하여 사가이종정의

子曰 尊五美하며 屛四惡이면 斯可以從政矣리라
자왈 존오미 병사악 사가이종정의

子張이 曰何謂五美니잇고 子曰 君子惠而不費하며 勞而不怨하며
자장 왈하위오미 자왈 군자혜이불비 노이불원

欲而不貪하며 泰而不驕하며 威而不猛이니라
욕이불탐 태이불교 위이불맹

子張이 曰 何謂惠而不費니잇고 子曰 因民之所利而利之니
자장 왈 하위혜이불비 자왈 인민지소리이이지

斯不亦惠而不費乎아 擇可勞而勞之어니 又誰怨이리오
사불역혜이불비호 택가로이노지 우수원

欲仁而得仁이어니 又焉貪이리오 君子無衆寡하며 無小大히
욕인이득인 우언탐 군자무중과 무소대

無敢慢하나니 斯不亦泰而不驕乎아 君子正其衣冠하며
무감만 사불역태이불교호 군자정기의관

尊其瞻視하여 儼然人望而畏之하나니 斯不亦威而不猛乎아
존기첨시 엄연인망이외지 사불역위이불맹호

子張이 曰 何謂四惡이니잇고 子曰 不敎而殺을 謂之虐이오
자장 왈 하위사악 자왈 불교이살 위지학

不戒視成을 謂之暴오 慢令致期를 謂之賊이오 猶之與人也로대
불계시성 위지포 만령치기 위지적 유지여인야

出納之吝을 謂之有司니라
출납지린 위지유사

자장子張이 공자께於孔子 물어 말했다問曰. "어떻게如何 해야, 이에斯 정사政에 종사從할 수 있습니까可以矣?" 공자께서 말씀하셨다. "오미五美를 높이고尊, 사악四惡을 물리치면屛 이에斯 정사政에 종사從할 수 있다可以矣." 자장子張이 말하였다曰. "무엇을 일러何謂 오미五美라 합니까?" 공자께서 말씀하셨다. "군자君子는 은혜롭되恩而 허비하지 않으며不費, 수고롭게 하되勞而 원망하지 않으며不怨, 하고자 하면서도欲而 탐하지 않으며不貪, 태연하면서도泰而 교만하지 않으며不驕, 위엄이 있으면서도威而 사납지 않은 것이다不猛."

자장子張이 말하였다曰. "무엇을 일러何謂 은혜롭되恩而 허비하지 않는 것不費이라 합니까?" 공자께서 말씀하셨다. "백성들의民之 이로운 바所利에 근거因하여 이롭게 해주니利之, 이것이斯 또한亦 은혜롭되恩而 허비하지 않는 것不費이 아니겠는가不乎? 수고롭게勞 할 만한 일을 가려서擇而 수고롭게 하니勞之, 또又 누구誰를 원망怨하겠는가? 인仁을 하고자 하여欲而 인仁을 얻었으니得, 또又 무엇焉을 탐貪하겠는가? 군자君子는 많거나 적거나 관계없이無衆寡, 크거나 작거나에 관계없이無小大, 감敢히 오만慢하게 대함이 없으니無, 이것이斯 태연하면서도泰而 교만하지 않은 것不驕이 아니겠는가不乎? 군자君子는 그其 의관衣冠을 바르게正 하며 그其 시선瞻視을 높여尊 엄숙하게儼然 사람人들이 바라보고望而 두려워하니畏之, 이것이斯 또한亦 위엄이 있으면서도威而 사납지 않은 것 不猛이 아니겠는가不乎?"

자장子張이 말하였다曰. "무엇을 일러何謂 사악四惡이라 합니까?" 공자께서 말씀하셨다. "가르치지 않고不敎 죽이는 것殺을 일러謂之 학虐이라 하고, 경계하지 않고不戒 성공을 요구하는 것視成을 일러謂之 포暴라 하고, 명

령을 태만히 하고慢令 기일을 각박하게 하는 것致期을 일러謂之 적賊이라
하고, 똑같이猶之 남에게 주면서도與人也 출납에出納之 인색吝한 것을 일러
謂之 유사有司라고 한다."

정치에 대해 일러주신 것은 많지만, 이와 같이 갖추어진 것은 없었다. 그러
므로 기록하여 제왕의 정치에 이었으니, 공자의 정치를 알 수 있다. 〈윤돈〉

한자 해설

- 政정은 正(바를 정)+攴(칠 복)의 형성자로 합법적 공권력攴으로 정의正義
  를 구현하는 것이 정치임을 나타내며, 정사夫子至於是邦也 必聞其政, 정
  권天下有道 則政不在大夫, 정책政寬則民慢, 직책棄政而役, 정사를 행하는
  사람均五政으로 쓰인다.

- 尊존은 酋(묵은 술 추)+寸(마디 촌)의 회의자로 높은 분에게 공손히 술을
  따르는 모습으로 높다天尊地卑, 높이다尊其位 重其族, 우러러보다尊五
  美, 중히 여기다尊德樂義, 따르다君尊用之로 쓰인다.

- 美미는 羊(양 양)+大(큰 대)의 회의자로서 살진 큰 양을 나타내어 희생양
  으로 가치가 있다, 아름답다, 훌륭하다, 좋다, 유용하다, 찬미하다 등
  으로 쓰인다.

- 屛병은 尸(주검 시)+幷(아우를 병)의 회의자로 시야를 가려 보이지 않게
  하는 병풍帷幕衾屛, 담山樹爲蓋 嶽石爲屛, 막음屛蔽, 물리치다屛之遠方, 屛
  人, 숨을 죽이다屛氣似不息者로 쓰인다. 공안국: 屛은 제거除이다.

- 惡악은 亞(버금 아: 사방이 꽉 막힌 집, 시신을 안치한 묘실)+心(마음 심)의 회의
  자로 갇혀있는 마음이란 의미로 악, 모질다形相雖善 而心術惡, 바르지 못
  하다知其美惡, 불쾌하다如惡惡臭, 재난反爲惡, 흠灌而剷之 以發其惡, 미워
  하다君子亦有惡乎, 부끄러워하다惡 恥也, 감탄사惡 是何言 也로 쓰인다.

- 惠혜는 心(마음 심)+專(오로지 전: 실을 푸는 모습)의 회의자로 선한 마음을
  베푼다는 뜻으로 은혜小人懷惠, 혜택以王命施惠, 사랑하다惠此中國, 아
  름답다惠色出喬樹로 쓰인다.

- 費비는 弗(아닐 불)＋貝(조개 패)의 회의자로 돈이나 물건을 소비하다君子 惠而不費, 비용君子有三費 飲食不在其中, 재화非愛其費也, 효용이 넓다君子 之道 費而隱로 쓰인다. **왕숙**: 백성을 이롭게 하는 것은 정치에 달려 있 으니, 재물에서 낭비가 없어야 한다는 말이다.

- 貪탐은 今(이제 금)＋貝(조개 패)의 회의자로 재물을 집어삼킨다는 뜻으로 지나치게 욕심을 내다暴戾頑貪, 더듬어 찾다搷狀以貪情로 쓰인다.

- 泰태는 水(물 수)＋大(큰 대)＋廾(받들 공)의 회의자로 사람大이 흐르는 물 水에 양손廾을 뻗고 씻고 있는 모습으로 크다橫泰河, 편안하다天下泰平, 너그럽다用財欲泰, 통하다泰者通也, 교만하다今拜乎上 泰也, 매우昊天泰 憮, 하늘泰元, 태괘(乾下坤上: 음양이 조화를 이루어 만사형통)으로 쓰인다. **다 산**: 많고 크면 또한 감히 업신여기지 않을 따름이니, 이른바 泰이다.

- 猛맹은 犬(개 견)＋孟(맏 맹)의 회의자로 개犬들의 우두머리孟라는 뜻에 서 용맹勇猛, 엄하다惟有德者 能以寬服民 其次莫如猛, 잔혹하다苛政猛于虎 也으로 쓰인다.

- 擇택은 手(손 수)＋睪(엿볼 역: 죄수를 눈으로 감시한다)의 회의자로 잡혀 온 죄수가 죄를 지었는지 판가름하다는 뜻에서 가리다, 구별하다, 선택 하다 등의 뜻이다. **다산**: 택가로擇可勞(수고할 만한 것을 가린다)는 이익을 일으키고 환난을 막는 일이다. 욕인欲仁은 백성을 편안하게 하고자 하 는 것欲安民을 말한다.

- 慢만은 心(마음 심)＋曼(길게 끌 만)의 회의자로 마음心이 늘어져曼 게으르 다怠慢, 오만王素慢無禮, 업신여김侮慢, 느리다叔馬慢忌, 거칠다其大讓如 慢는 뜻이다. **다산**: 慢은 업신여김侮이다.

- 瞻첨은 目(눈 목)＋詹(이를 첨)의 형성자로 보다瞻前而顧後今, 쳐다보다瞻 彼日月, 굽어보다는 뜻이다. **다산**: 존기첨시尊其瞻視란 백성들이 쳐다보 는 대상이 위의와 존엄한 것이다.

- 儼엄은 人(사람 인)＋嚴(엄할 엄)의 형성자로 준엄한 사람을 말해 의젓하 다碩大且儼, 儼然, 儼恪, 삼가고 정중함儼若思을 말한다.

- 戒계는 戈(창 과)+廾(두 손 마주잡을 공)의 회의자로 창을 들고 경계하다勝敵而愈戒, 삼가다必敬必戒, 훈계戒之以休, 재계하다七日戒, 알리다主人戒賓, 경계하는 문체로 쓰인다.

- 視시는 見(볼 견)+示(보일 시)의 형성자로 똑똑히 보다次三事日視, 뵈다殷覿日視, 본받다視乃厥祖, 견주다受地視侯, 보이다視民不恌로 쓰인다. 마융: 미리 경계하지 않고, 눈앞의 성과를 요구하는 것을 시성視成이라 한다.

- 暴포는 짐승의 시체를 햇볕에 말리는 모습으로 성질이 사납다暴惡, 세차다暴風雨, 해치다自暴自棄, 갑자기暴富, 맨손으로 때리다暴虎馮河, 모질게 굴다敢行暴虐, 악하다凶歲子弟多暴, 햇볕에 말리다秋陽以暴之, 따뜻하게 하다一日暴之, 드러내 보임暴露로 쓰인다. 주자: 暴는 갑작스러워서 점진성이 없음卒遽無漸을 말한다.

- 致치는 夂(칠 복)+至(이를 지)의 형성자로 이르게 하다一日致夢, 선물하다存問致賜, 반납함七十而致政, 내던짐士見危致命, 전하다工祝致告, 옮기다是致是附, 지극히 하다致知在格物, 人未有自致者也 必也親喪乎, 정성스럽게 하다其致之一也, 나아가다故致數車無車로 쓰인다. 주자: 치기致期는 기한을 각박하게 하는 것刻期이다.

- 虐학은 虍(호랑이 호)+爪(손톱 조)의 회의자로 호랑이가 발톱으로 해치다方命虐民, 학대함繼親虐則兄弟爲讐, 虐政, 재앙殷降大虐로 쓰인다. 주자: 虐은 잔혹殘酷하고 불인不仁함을 말한다.

- 賊적은 鼎(솥 정)+戈(창 과)의 회의자로 맹서 혹은 규율을 어긴 사람으로 도둑賊盜如豺虎, 해치다賊夫人之子, 죽이다寇賊姦宄, 학대하다賊賢害民 則伐之, 헐뜯다稱人之惡 謂之賊, 역적逆賊(誅賊臣辟陽侯), 원수上障看賊로 쓰인다. 주자: 賊이란 긴박하게 해친다切害之意는 뜻이니, 앞에서는 느슨하게 해놓고 뒤에서는 급박하게 하여 그 백성을 잘못되게 해놓고 반드시 벌을 준다면 이것이 적해賊害하는 것이다. 다산: (만령치기위지적慢令致期謂之賊의) 만慢은 태만하여 늦추는 것을 말하고謂怠而緩之也,

치致는 끌어서 이르게 하는 것이다謂引而至之也. 앞에서 느슨하게 하고 뒤에서 다그치면 백성들이 많이 훼상한다.

- 猶유는 犬(개 견)+酋(묵은 술 추→유)의 형성자로 원숭이가 의심이 많은 것을 반영하여 의심하다猶豫, 오히려天作孽 猶可違, 닮다寔命不猶, 마찬가지임過猶不及로 쓰인다. **주자:** 유지猶之는 마찬가지均之라고 말하는 것과 같다.

- 司사는 后(임금 후) 자를 거꾸로 그린 것으로 제사를 주관하는 사람으로 맡다欽乃攸司, 司法, 관리籩豆之事則有司存, 所司, 司務, 관아三司로 쓰인다. **주자:** 물건을 남에게 주는 것은 마찬가지인데, 그 출납의 시기에 혹 인색하여 과감하지 못하면 이는 유사有司의 일이고, 정치하는 체통이 아니니, 주는 것이 비록 많더라도 사람들 또한 그 은혜를 품지 않는다. **다산:** (유지여인야 출납지린猶之與人也 出納之吝은) 주지 않을 수 없는데 차마 곧바로 주지 않는 것이다. 공안국이 말하길, '이것은 유사의 임무일 뿐이고, 임금의 도는 아니다.'고 했다.

20.3 子曰 不知命이면 無以爲君子也오 不知禮면 無以立也오
자 왈 부 지 명   무 이 위 군 자 야   부 지 례   무 이 입 야

不知言이면 無以知人也니라
부 지 언   무 이 지 인 야

공자께서 말씀하셨다. "명命을 알지 못하면不知以 군자君子가 될爲 수 없다無. 예禮를 알지 못하면不知以 설立 수 없다無. 말言을 알지 못하면不知以 사람人을 알知 수 없다無."

이 세 가지를 알면 군자의 일이 갖추어진다. 제자들이 이 말로써 편을 맺은 것이 뜻이 없겠는가? 배우는 자가 어려서부터 이 책을 읽고도 늙어도 한마디 쓸 만한 말을 알지 못하면, 성인의 말씀을 모독하는 자에 가깝지 않겠는가? 공자께 죄지은 사람이 되니 유념하지 않을 수 있겠는가? **〈윤돈〉**

『노론』한 책은 '학學'으로 시작하고, '명命'으로 맺었으니, 이는 하학상달의 뜻이다. 〈다산〉

• 知지는 입口으로 표현됨이 화살矢처럼 빠름을 나타내는 회의자로 인정하다知我者其天乎, 깨닫다而終不自知, 변별하다以寒署日月晝夜知之, 기억함父母之年 不可不知也, 지식淮南太史公者 其多知與, 지자智者(擇不處仁 焉得知), 지능草木有生而無知, 슬기好學近乎知 등으로 쓰인다.

• 命명은『논어』에서 약 20여 장에 걸쳐 출현하는데,『설문』에 입을 열어 호령하는 모습으로 시킨다使는 뜻으로 거역할 수 없다는 의미로 설명했다. 명命이란 우선 요수·사생·도의 흥폐를 결정하는 운명으로, 외재적·객관적 제약과 한계라는 뜻命定之命이다. 그런데 명命에는 외재적으로 정해진 운명 이외에, 내재적·주체적·자율적인 성명性命(인성人性·천명天命)의 명命이 있다德命義, 使命. 공안국: 命은 곤궁과 영달의 분수窮達之分를 말한다. 형병: 命이란 곤궁과 영달의 분수를 말한다. 하늘이 부여한 운명에는 곤궁과 영달의 때가 있으니, 마땅히 때를 기다려 움직여야 한다. 만일 천명을 알지 못하고, 망령되이 움직이면 군자가 아니다. 주자: 이 구절과 '쉰에 천명을 알았다五十而知天命'고 할 때의 명命은 같지 않다. 천명을 알았다는 것은 그 이치의 유래한 한 바를 알았다는 것을 말한다. 여기서 '명을 알지 못하다不知命'고 할 때의 명은 사생·요수·부귀·귀천의 명을 말한다. 경원 보씨: 이 부지명不知命은 기氣를 가리켜 한 말이니, 빈부·부귀·궁통窮通의 얻음과 잃음이 한 번 정해져 바꿀 수 없는 것을 말한다. 반드시 이 명命을 알고 믿으면, 비로소 이익을 보고도 구차하게 나아가지 않고, 손해를 보고도 구차하게 피하지 않게 되는 까닭에 나의 의리를 온전히 할 수 있으니, (명을 알고 믿는 것은) 군자가 되는 방법이다. 다산: 命은 하늘이 사람에게 부여한 것인데, 성性(마음의 기호)이 덕을 좋아하는 것은 바로 명命이니, 생사·화복·영욕 또한 명이 있다. 명을 알지 못하면, 선

을 좋아하거나 지위에 편안할 수 없다(그 지위에 바탕 할 수 없다). 그러므로 군자가 될 수 없다.

- 君子군자는 공자 이전 문헌에서 최고 통치자인 천자로부터 '정치하는 귀족 계급 일반'을 지칭하는 지위 또는 신분을 나타내다가, 공자에 의혜 점차 도덕적 품성을 지칭하는 용어로 사용되었다. 군자는 먼저 기성의 어떤 완성된 존재자가 아니라 끊임없이 학문을 좋아하여 성인이 되기를 노력하는 존재이며, 자기를 정립하여(위기爲己) 모든 시비선악의 근원을 자기에게서 찾고 주체인 삶을 영위하며, 천명을 인식하고, 천명이 부여한 인의예지와 같은 덕성을 구현하고, 행위의 준칙으로 의義를 지향하며, 마지막으로 자신을 수양하여 백성을 편안하게 해주는修己以安民 安百姓 역할을 수행하는 존재라고 정의했다.

- 禮예는 『설문』에서 "예는 이행이다禮履也. 그러므로 신을 섬겨 복이 이르도록 하는 것이다所以事神致福也. 시示와 풍豊에서 유래했다." 형병: 禮는 공손恭遜 · 검약儉約 · 장엄莊嚴 · 공경恭敬이니 입신立身의 근본이다. 만약 예를 알지 못한다면 입신할 수 없다. 주자: 예를 알지 못하면 귀와 눈을 둘 곳이 없고, 손과 발을 놓을 곳이 없다. 다산: 예는 위아래를 정하고 혐의를 분별하니, 예를 알지 못하면 보거나 듣거나 말하거나 움직일 수 없는 까닭에 그 몸을 세울 수 없다.

- 言언은 입에서 나온 말이 펴져나가는 것을 형상화한 것으로 말씀言心聲也, 가르치는 말受言藏之, 맹세하는 말士載言, 말하다言而不語, 타이르다然後言其喪算, 논의함使天下之士不敢言 등으로 쓰인다. 마융: 말을 들으면 그 옳고 그름을 분별하는 것이다. 형병: 말의 옳고 그름을 분별할 수 없으면, 사람의 선악을 알 수 없다. 주자: 말의 얻음과 잃음으로 사람의 사악함과 정직함을 알 수 있다. 다산: 지언知言은 남의 말을 듣고 그 심술의 사악함과 올바름을 아는 것이다. 인증하건대, 『맹자』에서 말했다. "무엇을 지언이란 하는가何謂知言?" (맹자가) 말했다. "편벽된 말에 그 막힘을 알고, 음란한 말에 그 빠져 있음을 알고, 사악한 말에

그 이간하는 바를 알고, 회피하는 말에 그 궁함 바를 안다誠辭知其所蔽,

淫辭知其所陷, 邪辭知其所離, 遁辭知其所窮."

참고
문헌

『논어』와 연관하여

何晏 注 · 邢昺 疏(정태현 · 이성민 역), 『역주논어주소』 1~3, 전통문화연구회,
   2012-6 참
김동인 · 지정민 · 여영기 역, 『세주완역논어집주대전』 1~4, 한울아카데미,
   2009.
이성규 역주, 『대역논어집주』, 소나무, 2011.
박헌순 역주, 『논어집주』 1~2, 한길사, 2008.
정약용(이지형 역주), 『논어고금주』 1~5, 사암, 2010.
임헌규, 『3대 주석과 함께 읽는 논어』 1~3, 모시는 사람들, 2020.
程德樹, 『論語集解』, 中華書局, 1990
劉寶楠, 『論語正義』, 上海古籍出版社, 1995
한국고전번역원, 한국고전DB(https://www.itkc.or.kr)
전통문화연구회, 동양고전DB(http://db.cyberseodang.or.kr)
다산학술문화재단(http://tasan.or.kr/project).

한자의 형성과 용례

하영삼, 『한자어원사전』, 도서출판3, 2014.
최영찬 외, 『동양철학과 문자학』, 아카넷, 2003,
민중서림 편집부, 『漢韓大字典』 3판, 민중서림, 2018.
대한사전편찬실, 『漢韓大辭典』, 교학사, 2001.

이가원 외 감수,『東亞漢韓大辭典』, 동아출판사, 1982.

陳淳(김영민 역),『북계자의』, 예문서원, 1993.

이충구,『한자부수해설』, 전통문화연구회, 1998.

박헌순,『사서색인』, 신서원, 1992.

연세대 사서사전편찬실,『四書集解辭典』, 성보사, 2003.

傅佩榮,『孔子辭典』, 東方出版社, 2013.

湯可敬 撰,『說文解字今釋』, 岳麓書社, 2005.

李恩江·貫玉民 主編,『說文解字』, 中原農民出版社, 2000.

許愼撰·段玉裁注,『說文解字注』, 上海古籍蹟出版社, 1981.

白川靜,『字統』, 平凡社, 2004.

吳澤炎 外,『辭源』, 商務印書館, 1983.

네이버 한자사전(https://hanja.dict.naver.com)

다음 한자사전(https://dic.daum.net)

중국사전 홈페이지(zdic.net 및 ctxt.org)

* 편자는 오랜 기간 유가고전을 전공한 철학연구자이지, 한자학의 전문가는
아니다. 한자풀이에 제시된 여러 사항들은 편자가 독자들의 편의를 위해 여
러 사전들을 참조하여 재구성한 것으로 편자의 독창적인 견해는 아니다.

필자의 『논어』 및 공자에 관한 연구 목록

임헌규, 孔孟의 윤리이론 – '正名'과 '中庸'을 중심으로, 온지논총, 2009.

_____ , 공맹의 인간관과 노년, 온지논총, 2009.

_____ , 공자의 위기지학의 이념과 방법, 동양고전연구, 2009.

_____ , 다산 정약용의 『논어』해석(1) : 性개념을 중심으로, 동양고전연구, 2010.

_____ , 다산의 『논어고금주』에서 仁과 恕, 동방학, 2010.

_____, 유가에서 道德과 利財, 한국철학사연구회, 2011.

_____, 공자의 군자론과 철학의 이념, 동방학, 2011.

_____, 孔子의 正名論에 대한 일고찰, 철학연구, 2011.

_____, 천명과 윤리, 온지논총, 2011

_____, 중국인의 사유방식 : 유교의 四書를 중심으로, 동서사상, 2012.

_____, 이로움과 당위, 동방학, 2013.

_____, 형이상학과 중용, 동양고전연구, 2013.

_____, 공자의 인문주의와 그 교육, 한국철학논집, 2015.

_____, 朱子와 茶山의 『논어』學개념 해석비교, 동양고전연구, 2015.

_____, 『논어』 仁개념의 재해석, 동방학, 2015.

_____, 공자의 시경재구성과 詩論, 철학연구, 2016.

_____, 유교에서 죽음의 의미 : 『논어』와 그와 연관된 栗谷의 해석을 중심으로, 온지논총, 2016.

_____, 『논어』의 시詩에 대한 주자의 해석과 다산의 비평, 한국철학논집, 2016.

_____, 『논어』에서 道·德의 의미, 동양고전연구, 2016.

_____, 德개념 논쟁에 대한 일고찰: 『논어』의 '德句節'에 대한 朱子와 茶山의 해석비교, 퇴계학과유교문화, 2016.

_____, 다산 정약용의 『논어』학이 및 부지명장 주석에 대한 고찰, 동양고전연구, 2017.

_____, 주자의 『논어집주』에서 仁개념 주석, 온지논총, 2017.

_____, 『논어』의 仁에 대한 茶山의 정의와 해석 – 주자와 비교를 통하여, 동방학, 2017.

_____, 유교 인문학의 이념과 의미, 온지논총, 2018.

_____, 『논어』의 공자 '天'개념에 대한 일고찰, 동양고전연구, 2018.

_____, 『논어』에서 몸과 마음 : 주자와 다산의 주석을 중심으로, 철학연구, 2018.

_____, 인공지능시대 유교 심성론의 의미– 공맹과 퇴계를 중심으로, 대동철학, 2018

_____, 공자의 생애와 학문여정 ;「위정 2 :4」의 주석을 중심으로, 2019.

_____, 공자의 정치이념 : 다산 정약용의 '정명' 해석, 동방학, 2019.

_____,『논어』에서 공자의 덕치이념에 대한 일고찰–주자와 다산의 경과 덕치에 대한 주석을 중심으로, 남명학, 2019.

_____,『논어』의 義 · 利와 그 註釋에 대한 일고찰 : 新 · 古注와 茶山 丁若鏞의 주석, 공자학, 2019.

_____, 주자와 다산의『논어』禮개념 주석에 대한 일고찰, 철학연구, 2019.

_____,『논어』에서 공자의 '禮'개념 정립에 관한 일고찰 –『시』,『서』와 연관하여, 율곡학연구, 2019.

_____, 四書의 심성론적 연구, 온지논총, 2022.

기타 참고문헌

황준지예(최영진 · 안유경),『동아시아 유교경전 해석학』, 문사철, 2009.

안외순,『정치, 함께 살다』, 글항아리, 2016.

안외순 : 君子와 市民 그리고 '시민의 군자화'『동방학』10, 2004.

로저 에임즈(정병석 · 김대수),『중국고대정치철학』, 영남대출판부, 2017.

장대년(박영진 역),『중국윤리사상연구』, 소명, 2012.

가지보부유키(이근우 역),『침묵의 종교 유교』, 경당, 2002.

김승혜,『원시유학』, 민음사, 1994, 94쪽

陳大齊(안종수 역),『공자의 학설』, 이론과실천, 1996.

신오현,『절대의 철학』, 문학과지성, 1993.

남상호,『육경과 공자인학』, 예문서원, 2003.

바오평산(이연도 역),『공자전』, 나무의 철학, 2013.

王邦雄 외(황갑연 역),『논어철학』, 서광사, 2002.